Praxishandbuch Filmrecht

Hans-Jürgen Homann

Praxishandbuch Filmrecht

Ein Leitfaden
für Film-, Fernseh- und Medienschaffende

3., aktualisierte Auflage

Hans-Jürgen Homann, LL.M.
Marienstraße 2
10117 Berlin
homann@homann.com

ISBN: 978-3-540-48378-6   e-ISBN: 978-3-540-48380-9
DOI 10.1007/978-3-540-48380-9

Library of Congress Control Number: 2008938961

Bibliografische Information der Deutschen Nationalbibliothek
Die Deutsche Nationalbibliothek verzeichnet diese Publikation in der Deutschen Nationalbibliografie;
detaillierte bibliografische Daten sind im Internet über http://dnb.d-nb.de abrufbar.

© 2009 Springer-Verlag Berlin Heidelberg

Dieses Werk ist urheberrechtlich geschützt. Die dadurch begründeten Rechte, insbesondere die der Übersetzung, des Nachdrucks, des Vortrags, der Entnahme von Abbildungen und Tabellen, der Funksendung, der Mikroverfilmung oder der Vervielfältigung auf anderen Wegen und der Speicherung in Datenverarbeitungsanlagen, bleiben, auch bei nur auszugsweiser Verwertung, vorbehalten. Eine Vervielfältigung dieses Werkes oder von Teilen dieses Werkes ist auch im Einzelfall nur in den Grenzen der gesetzlichen Bestimmungen des Urheberrechtsgesetzes der Bundesrepublik Deutschland vom 9. September 1965 in der jeweils geltenden Fassung zulässig. Sie ist grundsätzlich vergütungspflichtig. Zuwiderhandlungen unterliegen den Strafbestimmungen des Urheberrechtsgesetzes.

Die Wiedergabe von Gebrauchsnamen, Handelsnamen, Warenbezeichnungen usw. in diesem Werk berechtigt auch ohne besondere Kennzeichnung nicht zu der Annahme, dass solche Namen im Sinne der Warenzeichen- und Markenschutz-Gesetzgebung als frei zu betrachten wären und daher von jedermann benutzt werden dürften.

Einbandgestaltung: WMXDesign GmbH, Heidelberg

Gedruckt auf säurefreiem Papier

9 8 7 6 5 4 3 2 1

springer.de

Meinen Eltern

Vorwort zur 3. Auflage

In den vier Jahren seit Erscheinen der zweiten Auflage dieses Handbuchs haben sich die gesetzlichen Grundlagen, die urheber- und filmrechtliche Rechtsprechung sowie Literatur erheblich geändert, so dass eine weitere Aktualisierung dieses Praxishandbuchs erforderlich war.

Das Urheberrechtsgesetz wurde mit Wirkung zum 01.01.2008 durch das Zweite Gesetz zur Regelung des Urheberrechts in der Informationsgesellschaft (dem so genannten Korb II) zugunsten der Verwerter geändert. Während bisher Verträge über die Einräumung von Nutzungsrechten für unbekannte Nutzungsarten an § 31 Abs. IV. UrhG a.F. scheiterten, können derartige Rechtsgeschäfte nunmehr wirksam geschlossen werden. Damit wurde einer der Grundpfeiler des deutschen Urheberrechts gestürzt. Eine Übergangsregelung in § 137l UrhG erlaubt darüber hinaus auch die Nutzung von Werken auf unbekannte Nutzungsarten bei „Altverträgen", d.h. Verträgen, die vor Inkrafttreten von Korb II geschlossen wurden. Diese Bestimmungen sind gerade im Bereich des Films aufgrund der zahlreichen neuen digitalen Nutzungsmöglichkeiten, wie Video-on-Demand (VoD), Mediatheken und Filmdatenbanken, Internet- und IPTV sowie Mobile Entertainment („Handy-TV") von erheblicher Bedeutung.

Neue höchstrichterliche Entscheidungen zum Persönlichkeitsrecht, wie „Esra" (BVerfG 2007), „Contergan" (BVerfG 2007), „Ehrensache" (BVerfG 2007), „Rothenburg" (OLG Frankfurt 2006), „Caroline von Hannover" (EGMR 2004, BVerfG 2008) und „Klaus Kinski" (BGH 2007) machten eine Überarbeitung des Kapitels über die Verletzung von Persönlichkeitsrechten im Film erforderlich, wie sie gerade im Bereich von Spielfilmdokumentationen („Dokufictions") eintreten können. Im Anschluss an die „Alpensinfonie"-Entscheidung (BGH 2006) wurden auch die Abschnitte über die Verwendung von Musik im Film aktualisiert. Im Bereich der Filmförderung und -finanzierung ist auf die anstehende Novelle des FFG, den neu eingerichteten Deutschen Filmförderfonds (DFFF) und den Fortfall wesentlicher steuerlicher Anreize bei Film- und Medienfonds hinzuweisen.

Im Rahmen der Neuauflage dieses Handbuchs sind alle für das Filmrecht wesentlichen Gesetzesänderungen in die Darstellungen eingearbeitet, damit sie bei der Planung und Gestaltung zukünftiger Vertragsverhältnisse berücksichtigt werden können. Rechtsprechung und Literatur wurden aktualisiert. Der praxisorientierte Aufbau des Handbuchs wurde beibehalten.

Hans-Jürgen Homann

Inhaltsübersicht

Inhaltsverzeichnis

Abkürzungsverzeichnis

Literaturverzeichnis

Einführung

A. Stoffentwicklung: Von der Idee zum Drehbuch

I. Der Drehbuchautor und seine Rechte

II. Welche fremden Rechte hat der Drehbuchautor zu beachten?

III. Vertragsgestaltung in der Stoffentwicklung

B. Produktion: Vom ersten Drehtag zum Final Cut

I. Die Filmschaffenden und ihre Rechte

II. Welche fremden Rechte hat der Filmhersteller zu beachten?

III. Vertragsgestaltung in der Produktion

C. Auswertung: Vom Festival zum Weltvertrieb

I. Die Lizenzpartner und ihre Rechte

II. Vertragsgestaltung in der Auswertung

Stichwortregister

Inhaltsverzeichnis

Einführung 1

A. Stoffentwicklung: Von der Idee zum Drehbuch 3
I. **Der Drehbuchautor und seine Rechte** 5
    1. Gesetzliche Grundlagen 5
        1.1. Systematische Einordnung des Urheberrechts 6
        1.2. Urheberrechte und Leistungsschutzrechte 7
        1.3. Werkbegriff im Urheberrecht 8
    2. Schutzfähigkeit von Filmstoffen 9
        2.1. Schutz der Filmidee 9
        2.2. Schutz von Filmexposés und -konzepten, Formatschutz .. 10
        2.3. Schutz von Treatments und Drehbüchern 12
    3. Wie entsteht Urheberrecht? 13
        3.1. Situation in Deutschland 13
        3.2. Situation in den USA 14
    4. Kann ich mein Urheberrecht „schützen" lassen? 15
    5. Wer ist der Urheber eines Drehbuchs? 16
        5.1. Der Begriff des „Autors" 16
        5.2. Miturheber 17
        5.3. Urheber verbundener Werke 18
        5.4. Bearbeiter 18
        5.5. Ideengeber und Gehilfen 19
    6. Welche Rechte habe ich als Urheber? 20
        6.1. Urheberpersönlichkeitsrechte 21
            6.1.1. Veröffentlichungsrecht 21
            6.1.2. Recht auf Anerkennung der Urheberschaft 22
                6.1.2.1. Bedeutung der „branchenüblichen Nennung" .. 25
            6.1.3. Recht auf Wahrung der Integrität des Werkes .. 26
                6.1.3.1. Einschränkung des Integritätsschutzes bei Filmwerken 27
            6.1.4. Weitere Rechte mit persönlichkeitsrechtlichem Bezug 29
        6.2. Verwertungsrechte 30
            6.2.1. Verwertung in körperlicher Form 31
                6.2.1.1. Vervielfältigungsrecht 31
                6.2.1.2. Verbreitungsrecht 32
                6.2.1.3. Ausstellungsrecht 33

	6.2.2. Verwertung in unkörperlicher Form	33
	6.2.2.1. Begriff der Öffentlichkeit	33
	6.2.2.2. Vortrags-, Aufführungs- und Vorführungsrecht....	34
	6.2.2.3. Recht der öffentlichen Zugänglichmachung	35
	6.2.2.4. Senderecht...................................	35
	6.2.2.5. Sonstige Verwertungsrechte.....................	35
	6.2.2.5.1. Satelliten- und Kabelweitersendung	35
	6.2.2.5.2. Wiedergabe durch Bild- und Tonträger ..	36
	6.2.2.5.3. Wiedergabe von Funksendungen und ... von öffentlicher Zugänglichmachung....	36
	6.2.2.5.4. Gibt es ein „Verfilmungsrecht"?.........	37

7. Schranken des Urheberrechts 37
   7.1. Allgemeines... 37
   7.2. Sammlungen für Kirchen-, Schul- oder Unterrichtsgebrauch...... 38
   7.3. Berichterstattung über Tagesereignisse......................... 38
   7.4. Öffentliche Zugänglichmachung für Unterricht und Forschung ... 39
   7.5. Vervielfältigung zum privaten und sonstigen eigenen Gebrauch ... 39
       7.5.1. Allgemeines... 39
       7.5.2. Keine Verbreitung und öffentliche Wiedergabe............. 41
       7.5.3. Keine Umgehung privaten Kopierschutzes 42
   7.6. Sonstige Schranken 42
8. Wann endet das Urheberrecht? 42

II. Welche fremden Rechte hat der Drehbuchautor zu beachten? 45
1. Urheberrechte an Werkvorlagen 45
   1.1. Bearbeitung oder freie Benutzung?............................. 45
       1.1.1. Parodie 48
       1.1.2. Sequels, Prequels und Spin-Offs 49
       1.1.3. Remake 51
       1.1.4. Plagiat 52
       1.1.5. Unabhängige Doppelschöpfung 53
   1.2. Zitate 53
   1.3. Gemeinfreie Werke und Stoffe 55
   1.4. Kann sich der Autor auf die Meinungs- und Kunstfreiheit berufen? . 57
       1.4.1. Meinungsfreiheit....................................... 57
           1.4.1.1. Begriff und Schutzbereich...................... 57
           1.4.1.2. Beschränkung durch die allgemeinen Gesetze...... 58
       1.4.2. Kunstfreiheit 58
           1.4.2.1. Begriff und Schutzbereich...................... 58
           1.4.2.2. Beschränkung nur durch die Verfassung selbst..... 59
2. Persönlichkeitsrechte.. 61
   2.1. Recht am eigenen Bild.. 61
       2.1.1. Allgemeines 61
       2.1.2. Grundsatz: Keine Verwertung eines Bildnisses ohne Einwilligung.................................... 62

	2.1.3.	Welche Personen darf ich ohne Einwilligung darstellen?	...	63
		2.1.3.1. Bereich der Zeitgeschichte	...	63
		2.1.3.1.1. Allgemeine Grundsätze in der deutschen Rechtsprechung und Literatur	...	63
		2.1.3.1.2. Rechtslage nach dem EGMR	...	64
		2.1.3.1.3. Personen aus dem Umfeld Prominenter.		65
		2.1.3.2. Privatpersonen als Beiwerk	...	65
	2.1.4.	Grenzen der Abbildungsfreiheit	...	66
	2.1.5.	Postmortaler Schutz	...	67
2.2.	Allgemeines Persönlichkeitsrecht	...		68
	2.2.1.	Allgemeines	...	68
	2.2.2.	Postmortaler Schutz	...	69
2.3.	Namensrecht	...		70
	2.3.1.	Allgemeines	...	70
	2.3.2.	Postmortaler Schutz	...	72
2.4.	Kann sich der Autor auf die Meinungs- und Kunstfreiheit berufen?	...		73
	2.4.1.	Allgemeine Grundsätze	...	73
	2.4.2.	Besonderheiten bei Werken mit realen und fiktiven Inhalten (z.B. Schlüsselromanen, Spielfilmdokumentationen)	...	76
		2.4.2.1. Besondere kunstspezifische Betrachtung	...	76
		2.4.2.2. Erkennbarkeit realer Personen	...	77
		2.4.2.3. Abwägung im Einzelfall	...	77
	2.4.3.	Besonderheiten bei der Satire und Karikatur	...	79

3. Marken- und Kennzeichenrechte ... 79
  3.1. Markenrechte ... 80
  3.2. Geschäftliche Bezeichnungen ... 82
  3.3. Namensrecht ... 82
  3.4. Wettbewerbsrecht ... 83
  3.5. Allgemeines Persönlichkeitsrecht ... 84
  3.6. Recht am eingerichteten und ausgeübten Gewerbebetrieb ... 85
  3.7. Kann sich der Autor auf die Meinungs- und Kunstfreiheit berufen? ... 86

III. Vertragsgestaltung in der Stoffentwicklung ... 89
  1. Vorbemerkung: Grundlagen des Vertragsrechts ... 89
    1.1. Wie kommen Verträge zustande? ... 89
    1.2. Was sind Vorverträge? ... 91
      1.2.1. Letter of Intent und Deal Memo ... 91
      1.2.2. Optionsverträge ... 92
    1.3. Was sind Allgemeine Geschäftsbedingungen? ... 95
  2. Was ist bei der Einräumung von Nutzungsrechten zu beachten? ... 96
    2.1. Kann ich mein Urheberrecht übertragen? ... 96
    2.2. Begriff der Nutzungsart ... 97
      2.2.1. Allgemeines ... 97
      2.2.2. Besondere Nutzungsarten im Filmbereich ... 99

2.2.2.1. Verfilmungsrecht, Filmherstellungsrecht 99
2.2.2.2. Auswertungsrechte............................ 100
  2.2.2.2.1. Vorführung von Filmen vor Publikum... 100
  2.2.2.2.2. Übermittlung von Filmen zu festen Sendeterminen...................... 100
  2.2.2.2.3 Übermittlung von Filmen durch Einzelabruf......................... 101
  2.2.2.2.4. Verbreitung von Filmen auf Videogrammen (DVD, Videokassette)... 101
  2.2.2.2.5. Preisliche Gesichtspunkte. 102
  2.2.2.2.6. Digitale und analoge Verwertung 102
  2.2.2.2.7. Synchronfassung, Voice-over, Untertitelung........................ 102
2.3. Ausschließliche und einfache Nutzungsrechte................... 103
  2.3.1. Allgemeines 103
  2.3.2. Besonderheiten im Filmbereich 105
2.4. Nutzungsrechte für unbekannte Nutzungsarten 105
  2.4.1. Neue Rechtslage ab dem 01.01.2008................... 105
  2.4.2. Begriff der unbekannten Nutzungsart 107
  2.4.3. Besonderheiten im Filmbereich 109
2.5. Die Zweckübertragungstheorie und andere Auslegungsregeln..... 110
  2.5.1. Allgemeines 110
  2.5.2. Besonderheiten im Filmbereich 112
    2.5.2.1. Auslegungsregel des § 88 UrhG 112
    2.5.2.2. Umfang des Verfilmungsrechts nach § 88 UrhG.... 113
    2.5.2.3. Umfang der Auswertungsrechte nach § 88 UrhG ... 114
    2.5.2.4. Schranken des § 88 UrhG 117
2.6. Angemessene Vergütung des Urhebers........................ 118
  2.6.1. Angemessene Vergütung nach § 32 UrhG................ 118
    2.6.1.1. Allgemeines................................... 118
      2.6.1.1.1. Bestimmung der angemessenen Vergütung 120
        2.6.1.1.1.1. Vorrang gemeinsamer Vergütungsregeln 120
        2.6.1.1.1.2. Vorrang tarifvertraglicher Regelungen................ 121
        2.6.1.1.1.3. Legaldefinition der angemessenen Vergütung ... 122
      2.6.1.1.2. Fälligkeit und Verjährung des Anspruchs. 123
    2.6.1.2. Besonderheiten im Filmbereich................. 124
      2.6.1.2.1. „Buy-Out-Honorare" und Pauschalvergütungen................... 125
      2.6.1.2.2. Beteiligungsvergütungen............... 128
      2.6.1.2.3. Rückstellungen 130

      2.6.1.2.4. Bemessung des Honorars nach der
          Höhe des Budgets.................... 130
      2.6.1.2.5. Querverrechnung von Teilvergütungen .. 131
      2.6.1.2.6. Sonderproblem: Ansprüche nur
          gegenüber Vertragspartner............. 131
      2.6.1.2.7. Ausblick........................... 134
   2.6.2. Weitere angemessene Beteiligung nach § 32a UrhG
      (Bestsellerparagraph)...................... 135
      2.6.2.1. Allgemeines........................... 135
      2.6.2.2. Besonderheiten im Filmbereich................ 137
   2.6.3. Gesonderte angemessene Vergütung für später bekannte
      Nutzungsarten nach § 32c UrhG 138
      2.6.3.1. Allgemeines........................... 138
      2.6.3.2. Besonderheiten im Filmbereich................ 139
   2.6.4. Vergütungsansprüche...................................... 139
  2.7. Rückruf von Nutzungsrechten 139
   2.7.1. Allgemeines 140
      2.7.1.1 Rückruf wegen Nichtausübung................. 140
      2.7.1.2. Rückruf wegen gewandelter Überzeugung......... 141
      2.7.1.3. Rückruf bei Änderung der
          Unternehmensverhältnisse..................... 143
   2.7.2. Besonderheiten im Filmbereich 144
 3. Vertragsarten in der Stoffentwicklung 145
  3.1. Verfilmungsvertrag 145
  3.2. Stoffentwicklungsvertrag 151
  3.3. Gestattungsvertrag (Depiction Release)......................... 153

B. Produktion: Vom Ersten Drehtag zum Final Cut............... 157

I. Die Filmschaffenden und ihre Rechte 159
 1. Was sind Leistungsschutzrechte?.................................. 159
 2. Wann ist ein Film ein Filmwerk?................................... 160
 3. Wer ist Urheber eines Filmwerks?.................................. 161
  3.1. Allgemeines.. 161
  3.2. Kandidaten für die Urheberschaft am Filmwerk.................. 162
 4. Wer erwirbt Leistungsschutzrechte an einem Filmwerk?............. 164
  4.1. Filmhersteller, Produzent und Producer......................... 164
  4.2. Ausübende Künstler... 167
  4.3. Lichtbildner.. 168
  4.4. Kein Leistungsschutz für Urheber 168
 5. Welche Rechte haben die Beteiligten?............................. 169
  5.1. Rechte des Filmherstellers..................................... 169
  5.2. Rechte der Urheber 170
  5.3. Rechte der ausübenden Künstler 171
  5.4. Rechte der Lichtbildner....................................... 173

6. Wann enden die Rechte an einem Filmwerk?	174
7. Rechte an Laufbildern	175
8. Schutz des Filmtitels	176
9. Verwertungsgesellschaften	179
9.1. Allgemeines	179
9.2. Einzelne Verwertungsgesellschaften	181

II. Welche fremden Rechte hat der Filmhersteller zu beachten? ... 185
1. Nutzung fremder Filmmaterialien ... 185
   1.1. Einblendung von Filmausschnitten ... 185
      1.1.1. Allgemeines ... 186
      1.1.2. In welche Rechte greift die Nutzung von Filmausschnitten ein? ... 186
         1.1.2.1. Urheberrechte ... 186
         1.1.2.2. Leistungsschutzrechte ... 189
   1.2. Filmzitate ... 191
2. Rechtsverletzungen bei Dreharbeiten ... 193
   2.1. Bildnisschutz erkennbar abgebildeter Personen ... 193
   2.2. Urheberrechte im Film erscheinender Werke ... 194
   2.3. Namens- und Kennzeichenrechte Dritter ... 195
   2.4. Dreharbeiten auf privatem und öffentlichem Eigentum ... 196
      2.4.1. Außenaufnahmen von Gebäuden und sonstigen Immobilien ... 196
         2.4.1.1. Urheberrechte an Werken der Baukunst ... 196
         2.4.1.2. Eigentumsrechte ... 197
         2.4.1.3. Persönlichkeitsrechte ... 198
         2.4.1.4. Recht am eingerichteten und ausgeübten Gewerbebetrieb ... 198
         2.4.1.5. Wettbewerbsrecht ... 198
      2.4.2. Das Filmen innerhalb von Gebäuden und befriedeten Besitztümern ... 199
      2.4.3. Dreharbeiten auf öffentlichen Straßen und Plätzen ... 200
3. Product-Placement ... 200
   3.1. Spielfilmproduktionen ... 201
      3.1.1. Liegt Werbung vor? ... 201
      3.1.2. Wann muss die Werbung ausreichend kenntlich gemacht werden? ... 201
   3.2. Fernsehproduktionen ... 204
      3.2.1. Verbot der Schleichwerbung ... 204
      3.2.2. Gebot der Trennung von Werbung und Programm ... 204
      3.2.3. Ausnahme: Programmauftrag der Sendeunternehmen ... 205
      3.2.4. Sonderfall: Sponsoring ... 205
      3.2.5. Änderung der EU-Fernsehrichtlinie ... 206
      3.2.6. Sonstige Werbeformen ... 206
   3.3. Fernsehausstrahlung von Spielfilmen ... 207

3.4. Rechtsfolge eines unzulässigen Product-Placements	208
4. Filmmusik	209
4.1. Allgemeines	209
4.2. Ist jeder Musiktitel urheberrechtlich geschützt?	209
4.2.1. Urheberrechte am Musikwerk	210
4.2.2. Leistungsschutzrechte an der Musikaufnahme	210
4.3. Ist jede Verwendung geschützter Musik im Film erlaubnispflichtig?	211
4.3.1. Musik als unwesentliches Beiwerk	212
4.3.2. Die Nutzung kurzer Werkteile und Tonfolgen	212
4.3.3. Das Musikzitat im Film	214
4.4. Was hat der Produzent bei der Rechteklärung zu beachten?	216
4.4.1. Welche Rechte benötige ich zur Musiknutzung im Film?	216
4.4.1.1. Filmherstellungsrecht (Synchronization right)	216
4.4.1.2. Einblendungsrecht (Master-use right)	219
4.4.2. Wer sind die Rechteinhaber der benutzten Musik?	219
4.4.2.1. Musiknutzung im Fernsehbereich	219
4.4.2.1.1. Synchronization right	219
4.4.2.1.2. Master-use right	220
4.4.2.2. Musiknutzung im Spielfilmbereich	221
4.4.2.2.1. Synchronization right	221
4.4.2.2.2. Master-use right	222
4.4.2.3. Besonderheiten bei der Fremdtiteleinblendung	222
4.4.2.4. Besonderheiten bei der Auftragskomposition	223
4.4.2.4.1. Einzeltitel	223
4.4.2.4.2. Score-Musik	223
4.4.2.5. Nachbearbeitung und Sounddesign	224
4.4.2.5.1. Welche Rechte werden bei der Nachbearbeitung tangiert?	224
4.4.2.5.2. Welche Rechte erwirbt der Bearbeiter?	225
III. Vertragsgestaltung in der Produktion	**227**
1. Besonderheiten bei der Einräumung von Nutzungsrechten in der Produktion	227
1.1. Rechteeinräumung der Urheber an den Filmhersteller	227
1.1.1. Allgemeines zur Einräumung von Nutzungsrechten	227
1.1.2. Spezielle Auslegungsregeln im Filmbereich	228
1.1.2.1. Urheber vorbestehender und filmbestimmt geschaffener Werke	228
1.1.2.2. Urheber am Filmwerk	228
1.1.2.3. Urheber in Arbeitsverhältnissen	230
1.2. Rechteübertragung der Leistungsschutzberechtigten auf den Filmhersteller	231
1.2.1. Allgemeines zur Übertragung von Leistungsschutzrechten	231
1.2.2. Spezielle Auslegungsregeln im Filmbereich	234

1.2.2.1. Ausübende Künstler................................ 234
1.2.2.2. Lichtbildner....................................... 236
1.2.2.3. Leistungsschutzberechtigte in Arbeitsverhältnissen. 236
1.3. Besonderheiten bei Laufbildern................................ 237
2. Vertragsarten in der Produktion.................................. 237
2.1. Produktions- und Finanzierungsmodelle......................... 237
  2.1.1. Koproduktion mit anderen Filmproduzenten................ 238
    2.1.1.1. Koproduktionsvertrag............................ 238
    2.1.1.2. Internationale Koproduktion..................... 242
      2.1.1.2.1. Allgemeines............................. 242
      2.1.1.2.2. Rechtswahl und Gerichtsstand............ 246
      2.1.1.2.3. Internationale Koproduktionsabkommen 248
  2.1.2. Kooperation mit Sendeunternehmen........................ 249
    2.1.2.1. Auftragsproduktion.............................. 249
    2.1.2.2. Ko- und Gemeinschaftsproduktion................. 252
  2.1.3. Kooperation mit reinen Lizenzpartnern................... 253
  2.1.4. Inanspruchnahme von Filmförderungen..................... 254
    2.1.4.1. Förderungen auf Bundesebene..................... 256
      2.1.4.1.1. Filmförderungsanstalt (FFA)............. 256
      2.1.4.1.2. Kuratorium junger deutscher Film........ 258
      2.1.4.1.3. Beauftragte(r) der Bundesregierung...... 258
      2.1.4.1.4. Deutscher Filmförderfonds (DFFF)........ 259
    2.1.4.2. Förderungen auf Landesebene..................... 260
      2.1.4.2.1. FilmFernsehFonds Bayern................. 261
      2.1.4.2.2. Filmstiftung Nordrhein-Westfalen........ 262
      2.1.4.2.3. Medienboard Berlin-Brandenburg.......... 262
      2.1.4.2.4. Filmförderung Hamburg
                  Schleswig Holstein (FFHSH)............. 263
      2.1.4.2.5. Mitteldeutsche Medienförderung.......... 264
      2.1.4.2.6. Sonstige Länderförderungen.............. 264
    2.1.4.3. Europäische Förderprogramme..................... 264
      2.1.4.3.1. MEDIA................................... 264
      2.1.4.3.2. EURIMAGES............................... 265
  2.1.5. Filmfonds und sonstige Investoren aus der Privatwirtschaft
         (Private Placements).................................... 266
2.2. Verträge mit Mitwirkenden..................................... 267
  2.2.1. Vorbemerkung: Arbeitsrecht bei der Filmherstellung....... 267
    2.2.1.1. Film- und Fernsehschaffende als Arbeitnehmer.... 267
    2.2.1.2. Tarifvertrag für Film- und Fernsehschaffende.... 269
    2.2.1.3. Arbeitsvertragliche Bestimmungen
             im Urheberrechtsgesetz.......................... 272
  2.2.2. Regievertrag.. 273
    2.2.2.1. Allgemeines..................................... 273
    2.2.2.2. Das Recht zum „Final Cut"....................... 275
  2.2.3. Verträge mit Schauspielern.............................. 279

2.2.4. Verträge mit sonstigen Film- und Fernsehschaffenden...... 284
2.3. Motivnutzungsverträge... 285
  2.3.1. Nutzungsvertrag für Requisiten......................... 285
  2.3.2. Product-Placement-Vertrag.............................. 285
  2.3.3. Location Agreement (Drehgenehmigung)................ 286
2.4. Filmmusikverträge... 287
  2.4.1. Fremdtiteleinblendung.................................. 287
    2.4.1.1. Synchronization license (Filmmusiklizenzvertrag).. 288
    2.4.1.2. Master-use license (Tonträgerlizenzvertrag)....... 290
  2.4.2. Auftragskomposition (Filmmusikvertrag)................ 292
2.5. Verträge in der Postproduktion............................... 294
  2.5.1. Sounddesign, Bild- und Tonnachbearbeitung 294
  2.5.2. Schnitt, Mischung...................................... 295
  2.5.3. Titelherstellung, Untertitelung, Synchronisation.......... 296

C. Auswertung: Vom Festival zum Weltvertrieb.................. 297

I. Die Lizenzpartner und ihre Rechte............................... 299
1. Was sind Lizenzen?... 299
2. Lizenzgeber und Lizenznehmer.................................. 300
3. Besonderheiten bei der Einräumung von Filmlizenzen höherer Stufen (Sublizenzen) 300
  3.1. Geltung der Zweckübertragungstheorie...................... 300
  3.2. Zustimmungsvorbehalte bei der Sublizenzvergabe............ 301
    3.2.1. Zustimmungsvorbehalte der Urheber und ausübenden Künstler 301
    3.2.2. Zustimmungsvorbehalte des Filmherstellers 302
  3.3. Angemessene Vergütung in der Lizenzkette.................. 303
  3.4. Rückruf von Lizenzen....................................... 306
  3.5. Vergabe von Sublizenzen über die Dauer der Hauptlizenz hinaus... 307
  3.6. Bestand der Sublizenz bei Wegfall der Hauptlizenz.............. 308
  3.7. Insolvenz von Lizenzpartnern................................ 310
    3.7.1. Insolvenz des Lizenznehmers............................ 311
    3.7.2. Insolvenz des Lizenzgebers............................. 313

II. Vertragsgestaltung in der Auswertung........................... 315
1. Filmische Auswertung.. 315
  1.1. Festivalteilnahme.. 315
  1.2. Verleih- und Vertriebsvertrag.............................. 316
  1.3. Filmvorführungsvertrag..................................... 319
  1.4. DVD- und Videolizenzvertrag................................ 321
    1.4.1. Vertrieb physischer Bildtonträger (DVD, VHS)........... 321
    1.4.2. Nicht-physische Auswertung (Video-on-Demand)......... 323
  1.5. Fernsehlizenzvertrag....................................... 324
    1.5.1. Terrestrisch, Kabel, Satellit.......................... 324

   1.5.2. Internet-TV, Web-TV, IPTV 327
2. Außerfilmische Auswertung. 327
 2.1. Merchandising und Licensing 327
 2.2. Soundtrack 331
 2.3. „Buch zum Film" und andere begleitende Printmedien 334
   2.3.1. Bestellvertrag mit dem Autor 334
   2.3.2. Verlagsvertrag zwischen Besteller und Verlag. 336
 2.4. Markenauswertung. 337
   2.4.1. Allgemeines zum Markenschutz. 337
   2.4.2. Markenlizenzvertrag. 342

Stichwortregister 345

Abkürzungsverzeichnis

a.A.	anderer Ansicht bzw. anderer Auffassung
a.a.O.	am angeführten Ort
Abs.	Absatz
a.F.	alte Fassung (eines Gesetzes)
AFG	Arbeitsförderungsgesetz
AfP	Archiv für Presserecht (Zeitschriftenreihe)
AG	Amtsgericht
AGB	Allgemeine Geschäftsbedingungen
AGBG	Gesetz zur Regelung der Allgemeinen Geschäftsbedingungen
Alt.	Alternative
Anm.	Anmerkung
Art.	Artikel (einer Rechtsnorm)
ARD	Arbeitsgemeinschaft der Rundfunkanstalten Deutschlands
AVermV	Arbeitsvermittlerverordnung
AV-Recht	Audiovisuelle Rechte
AZO	Arbeitszeitordnung
Bd.	Band (eines Verlagswerks)
BGB	Bürgerliches Gesetzbuch
BGH	Bundesgerichtshof
BGHZ	Amtliche Sammlung von Entscheidungen des Bundesgerichtshofs in Zivilsachen
Biopic	Biographic Picture
BVerfGE	Entscheidungen des Bundesverfassungsgerichts
BVerwG	Bundesverwaltungsgericht
CD	Compact Disc
CD-ROM	Compact Disc Read Only Memory
DAT	Digital Audio Tape
DFFF	Deutscher Filmförderfonds
d.h.	das heißt
DM	Deutsche Mark
DMV	Deutscher Musikverleger-Verband
DPMA	Deutsches Patent- und Markenamt
DVD	Digital Versatile Disc
EG	Europäische Gemeinschaft
EGBGB	Einführungsgesetz zum BGB

EG-Vertrag	Vertrag zur Gründung der Europäischen Gemeinschaft
Email	Elektronische Mail
EStG	Einkommenssteuergesetz
etc.	et cetera
EU	Europäische Union
EuGH	Gerichtshof der Europäischen Gemeinschaft
EUR	EURO
e.V.	eingetragener Verein
EWR	Europäischer Wirtschaftsraum
f.	folgend
F.Abk.ARD-ZDF/FFA	Film-Fernsehabkommen ARD-ZDF/FFA
F.Abk.VPRT/FFA	Film-Fernsehabkommen privater Sendeunternehmen/FFA
ff.	fortfolgend
FFA	Filmförderungsanstalt
FFG	Filmförderungsgesetz
FFG-E	Entwurf eines Gesetzes zur Änderung des FFG
FG	Finanzgericht
Fn.	Fußnote
Form.	Formular
GbR	Gesellschaft bürgerlichen Rechts
GebrMG	Gebrauchsmustergesetz
GG	Grundgesetz
GEMA	Gesellschaft für musikalische Aufführungs- und mechanische Vervielfältigungsrechte
GeschmMG	Geschmacksmustergesetz
GmbH	Gesellschaft mit beschränkter Haftung
GmbHG	GmbH-Gesetz
GRUR	Gewerblicher Rechtsschutz und Urheberrecht (Zeitschriftenreihe)
GVL	Gesellschaft zur Verwertung von Leistungsschutzrechten m.b.H.
GWB	Gesetz gegen Wettbewerbsbeschränkungen
HAP	Händlerabgabepreis
Hbg	Hamburg
HGB	Handelsgesetzbuch
h.M.	herrschende Meinung in Rechtslehre bzw. Rechtsprechung
IG Medien	Industriegewerkschaft Medien, Druck und Papier, Publizistik und Kunst
InsO	Insolvenzordnung
IPTV	Internet Protocol Television
i.V.m.	in Verbindung mit
Kap.	Kapitel
KG	Kammergericht bzw. Kommanditgesellschaft

KSchG	Kündigungsschutzgesetz
KUG	Kunsturhebergesetz
LG	Landgericht
LP	Langspielplatte
MarkenG	Markengesetz
M.E.	Meines Erachtens
MMR	Multimedia und Recht (Zeitschriftenreihe)
MTV	Manteltarifvertrag
m.w.N.	mit weiteren Nachweisen
n.F.	neue Fassung (eines Gesetzes)
NJW	Neue Juristische Wochenschrift (Zeitschriftenreihe)
NJW-RR	NJW-Rechtsprechungs-Report Zivilrecht (Zeitschriftenreihe)
Nr.	Nummer
n.r.	nicht rechtskräftig
OHG	offene Handelsgesellschaft
OLG	Oberlandesgericht
PatG	Patentgesetz
PC	Personal Computer
PVV	Positive Vertragsverletzung bzw. Positive Forderungsverletzung
r.	rechtskräftig
RBerG	Rechtsberatungsgesetz
RBÜ	Revidierte Berner Übereinkunft zum Schutz von Werken der Literatur und Kunst
Rd.	Randnummer
RGZ	Amtliche Sammlung von Entscheidungen des Reichsgerichts in Zivilsachen
RStV	Rundfunkstaatsvertrag
s.	siehe
S.	Seite, Satz (bei Rechtsnormen)
s.a.	siehe auch
SigG	Signaturgesetz
s.o.	siehe oben
StGB	Strafgesetzbuch
str.	strittig bzw. streitig
s.u.	siehe unten
TV	Television
TVG	Tarifvertragsgesetz
u.a.	unter anderem bzw. und andere
u.ä.	und ähnliches
UFITA	Archiv für Urheber-, Film-, Funk- und Theaterrecht (Zeitschriftenreihe)
umstr.	umstritten
UrhG	Urheberrechtsgesetz

UrhGE	Entwurf zum Urheberrechtsgesetz
USA	United States of America
usw.	und so weiter
u.U.	unter Umständen
UWG	Gesetz gegen den unlauteren Wettbewerb
v.	vom
VerlG	Verlagsgesetz
VFF	Verwertungsgesellschaft der Film- und Fernsehproduzenten m.b.H.
VG	Verwertungsgesellschaft bzw. Verwaltungsgericht
vgl.	vergleiche
WahrnG	Wahrnehmungsgesetz
WCT	WIPO Copyright Treaty
WDR	Westdeutscher Rundfunk
WIPO	World Intellectual Property Organization
WPPT	WIPO Performances and Phonograms Treaty
WUA	Welturheberrechtsabkommen
WZG	Warenzeichengesetz
z.B.	zum Beispiel
ZDF	Zweites Deutsches Fernsehen
Ziff.	Ziffer
ZPO	Zivilprozeßordnung
ZPÜ	Zentralstelle für private Überspielungen
ZUM	Zeitschrift für Urheber- und Medienrecht/Film und Recht
z.Z.	zur Zeit
zzgl.	zuzüglich

Literaturverzeichnis

I. Fachbücher, Kommentare und Gesetzesmaterialien

Ackermann, Wettbewerbsrecht, Berlin u.a., 1997
Becker/Schwarz (Hrsg.), Aktuelle Rechtsprobleme der Filmproduktion und Filmlizenz, Baden-Baden, 1999
Beier/Götting/Lehmann/Moufang (Hrsg.), Urhebervertragsrecht, Festgabe für Gerhard Schricker, München 1995
Beining, Der Schutz ausübender Künstler im internationalen und supranationalen Recht, Baden-Baden, 2000
Berg/Hickethier (Hrsg.), Filmproduktion, Filmförderung, Finanzierung, Berlin, 1994
Berndorff, Berndorff, Eigler, Musikrecht, Die häufigsten Fragen des Musikgeschäfts, 5. Auflage, Bergkirchen, 2007
Börsenverein des Deutschen Buchhandels, Recht im Verlag, Ein Handbuch für die Praxis, Frankfurt am Main, 1995
Brauner, Die urheberrechtliche Stellung des Filmkomponisten, Baden-Baden, 2001
Brehm, Filmrecht, Das Handbuch für die Praxis, 2. Aufl., Konstanz, 2008
Clevé, Wege zum Geld, 2. Aufl., Gerlingen, 1997
Clevé (Hrsg.), Investoren im Visier, 1. Aufl., Gerlingen, 1998
Clevé (Hrsg.), Von der Idee zum Film, 1. Aufl., Gerlingen, 1998
Dietz/Loewenheim/Nordemann/Schricker/Vogel, Entwurf eines Gesetzes zur Stärkung der vertraglichen Stellung von Urhebern und ausübenden Künstlern, Stand 17. 8. 2000, Bundesjustizministerium, Internet (zitiert als „Entwurf")
Diskussionsentwurf eines Fünften Gesetzes zur Änderung des Urheberrechtsgesetzes, Stand 7. 7. 1998, Bundesjustizministerium, Internet (zitiert als „Diskussionsentwurf")
Dreier/Schulze, UrhG, Kommentar, 2. Aufl., München, 2006
Dreyer/Kotthoff/Meckel, Urheberrecht, Heidelberg, 2004
Eggers, Filmfinanzierung, Grundlagen – Beispiele, 4. Aufl., Berlin, 2003
Ekey/Klippel, Markenrecht, Heidelberg, 2004
Ensthaler, Gewerblicher Rechtsschutz und Urheberrecht, 2. Aufl., Berlin u.a., 2003
Fezer, Markenrecht, 3. Aufl., München, 2001
Fischer/Reich (Hrsg.), Der Künstler und sein Recht, 2. Aufl., München, 2007
Fischer/Reich, Urhebervertragsrecht, München, 1993
Fromm/Nordemann (Hrsg.), Urheberrecht, Kommentar, 9. Aufl., Stuttgart, 1998
v. Gamm, Urheberrechtsgesetz, München, 1968
Götz von Olenhusen, Film und Fernsehen, Arbeitsrecht, Tarifrecht, Vertragsrecht – Deutschland, Österreich, Schweiz, Baden-Baden, 2001

Haberstumpf, Handbuch des Urheberrechts, 2. Aufl., Neuwied, 2000
Harke, Ideen schützen lassen?, 1. Aufl., München, 2000
v. Hartlieb/Schwarz (Hrsg.), Handbuch des Film-, Fernseh- und Videorechts, 4. Aufl., München, 2004
Haupt, Electronic Publishing, Rechtliche Rahmenbedingungen, München, 2002
v. Have, Filmförderungsgesetz, Kommentar, München, 2005
Homann, Praxishandbuch Musikrecht, Berlin u.a., 2007
Ingerl/Rohnke, Markengesetz, 2. Aufl., München, 2003
Jacobshagen, Filmrecht im Kino- und TV-Geschäft, Bergkirchen, 2002
Kirchhof. u.a. (Hrsg.), Münchener Kommentar zur Insolvenzordnung, Bd. 2, §§ 193-269, 2. Aufl., München, 2008
Klages (Hrsg.), Grundzüge des Filmrechts, München, 2004
Möhring/Nicolini, Urheberrechtsgesetz, 2. Aufl., München, 2000
Moser/Scheuermann (Hrsg.), Handbuch der Musikwirtschaft, 6. Aufl., Starnberg, 2003
Nordemann, Wettbewerbsrecht Markenrecht, 10. Aufl., Baden-Baden, 2004
Nordemann, Das neue Urhebervertragsrecht, München, 2002
Palandt, BGB, 67. Aufl., München, 2008
Pfaff, Lizenzverträge – Formularkommentar, 2. Aufl., München, 2004
Pieroth/Schlink, Grundrechte Staatsrecht II., 23. Aufl., Heidelberg, 2007
Rehbinder, Urheberrecht, 15. Aufl., München, 2008
Reupert, Der Film im Urheberrecht, Neue Perspektiven nach hundert Jahren Film, Baden-Baden, 1995
Schabel, Architektenrecht von A-Z, 2. Aufl., München, 1996
Schack, Urheber- und Urhebervertragsrecht, 4. Aufl., Tübingen, 2007
Schertz, Merchandising, Rechtsgrundlagen und Rechtspraxis, München, 1997
Schertz/Omsels (Hrsg.), Festschrift für Paul W. Hertin, München, 2001
Schricker (Hrsg.), Urheberrecht, Kommentar, 3. Aufl., München, 2006
Schütze/Weipert (Hrsg.), Münchener Vertragshandbuch, Band 3 Wirtschaftsrecht, II. Halbband, 5. Aufl., München, 2004 (zitiert als „Münchener Vertragshandbuch, Bd. 3/II.")
Schulze, E. (Hrsg.), Rechtsprechung zum Urheberrecht (Entscheidungssammlung), München, 1954 ff.
Schulze, G., Meine Rechte als Urheber, 3. Aufl., München, 1998
Schulze, M., Materialien zum Urheberrechtsgesetz, 2. Aufl., Weinheim u.a., 1997 (zitiert als „Materialien")
Söhring, Presserecht, 3. Aufl., Stuttgart, 2000
Storm, Strukturen der Filmfinanzierung in Deutschland, Potsdam, 2000
Uhlenbruck, Insolvenzordnung, Kommentar, 12. Aufl., München, 2003
Ulmer, Urheber- und Verlagsrecht, 3. Aufl., Berlin u.a., 1980
Ventroni, Das Filmherstellungsrecht, Baden-Baden, 2001
Wandtke/Bullinger, Praxiskommentar zum Urheberrecht, 2. Aufl., München, 2006

II. Aufsätze

v. Becker, Dokufiction – ein riskantes Format, ZUM 2008, 265

Brauneck/Brauner, Optionsverträge über künftige Werke im Filmbereich, ZUM 2006, 513

Eickmeier/Eickmeier, Die rechtlichen Grenzen des Doku-Dramas, ZUM 1998, 1

Erdmann, Urhebervertragsrecht im Meinungsstreit, GRUR 2002, 923

Feyock/Heintel, Aktuelle Fragen der ertragsteuerrechtlichen Behandlung von Filmverträgen, ZUM 2008, 179

Flechsig, EU-Harmonisierung des Urheberrechts und der verwandten Schutzrechte in der Informationsgesellschaft, ZUM 1998, 139

Flechsig, Der Entwurf eines Gesetzes zur Stärkung der vertraglichen Stellung von Urhebern und ausübenden Künstlern, ZUM 2000, 484

Flechsig/Kuhn, Das Leistungsschutzrecht das ausübenden Künstlers in der Informationsgesellschaft, ZUM 2004, 14

Frhr. Raitz v. Frentz/Marrder, Filmrechtehandel mit Unternehmen in der Krise, ZUM 2003, 94

Götting, Schöpfer vorbestehender Werke, ZUM 1999, 3

Hartel, Product-Placement, ZUM Sonderheft 1996, 1033

Hartel, Werbung im Kinofilm, ZUM 1996, 129

Haupt, Die Übertragung des Urheberrechts, ZUM 1999, 898

Hausmann, Insolvenzklauseln und Rechtefortfall nach der neuen Insolvenzordnung, ZUM 1999, 914

Henning-Bodewig, Werbung im Kinospielfilm, GRUR 1996, 321

Hertin, Das Musikzitat im deutschen Urheberrecht, GRUR 1989, 159

Ingerl/Rohnke, Die Umsetzung der Markenrecht-Richtlinie durch das deutsche Markengesetz, NJW 1994, 1247

Köhn, Die Technisierung der Popmusikproduktion – Probleme der „kleinen Münze" in der Musik, ZUM 1994, 278

Loewenheim, Der Schutz der kleinen Münze im Urheberrecht, GRUR 1987, 761

Manegold, Film als Umlaufvermögen? Zur Bedeutung des Leistungsschutzrechts des Filmherstellers gemäß § 94 UrhG für die Steuerbilanz, ZUM 2008, 188

Obergfell, Zur Auswertungspflicht des Filmverleihers, ZUM 2003, 292

Ory, Das neue Urhebervertragsrecht, AfP 2002, 93

Ory, Rechtliche Überlegungen aus Anlass des „Handy-TV" nach dem DMB-Standard, ZUM 2007, 7

Partsch/Reich, A., Die Change-of-Control-Klausel im neuen Urhebervertragsrecht, AfP 2002, 298

Peifer, Eigenheit oder Eigentum – Was schützt das Persönlichkeitsrecht?, GRUR 2002, 495

Pense, Der urheberrechtliche Filmherstellerbegriff des § 94 UrhG, ZUM 1999, 121

Poll, Urheberschaft und Verwertungsrechte am Filmwerk, ZUM 1999, 29

Radmann, Die Sperrfristenregelungen des FFG, ZUM 2008, 197

Reber, Die Redlichkeit der Vergütung (§ 32 UrhG) im Film- und Fernsehbereich, GRUR 2003, 393

Reinhard/Distelkötter, Die Haftung des Dritten bei Bestsellerwerken nach § 32 a Abs. 2 UrhG, ZUM 2003, 269

Schack, Urhebervertragsrecht im Meinungsstreit, GRUR 2002, 853

Schertz, Die Verfilmung tatsächlicher Ereignisse, ZUM 1998, 757

Schmidt, U., Der Vergütungsanspruch des Urhebers nach der Reform des Urhebervertragsrechts, ZUM 2002, 781

Schmitt, § 36 UrhG – Gemeinsame Vergütungsregelungen europäisch gesehen, GRUR 2003, 294

Schneider, GEMA-Vermutung, Werkbegriff und das Problem sogenannter „GEMA-freier Musik", GRUR 1986, 657

Schulz, Das Zitat in Film- und Multimediawerken, ZUM 98, 221

Schulze, G., Zur Beschränkung des Filmherstellungsrechts bei Musikwerken, GRUR 2001, 1084

Schwarz, M., Schutzmöglichkeiten audiovisueller Werke von der Idee bis zum fertigen Werk, ZUM 1990, 317

Schwarz, M./Klingner, Rechtsfolgen einer Beendigung von Filmlizenzverträgen, GRUR 1998, 103

Schwarz, M., Die ausübenden Künstler, ZUM 1999, 40

Schwarz, M./v. Zitzewitz, Die internationale Koproduktion, ZUM 2001, 958

Schwenzer, Urheberrechtliche Fragen der „kleinen Münze" in der Popmusikproduktion, ZUM 1996, 584

Straßer, Gestaltung internationaler Film-/Fernsehlizenzverträge, ZUM 1999, 928

Ventroni, Filmmusik aus der Perspektive der deutschen Tonträgerindustrie, ZUM 1999, 24

Ventroni, Anmerkung zu BGH – Alpensinfonie, MMR 2006, 309

Weiand, Rechtliche Aspekte des Sponsoring, NJW 1994, 227

Weltersbach, Produzent und Producer, ZUM 1999, 55

Wente/Härle, Rechtsfolgen einer außerordentlichen Vertragsbeendigung auf die Verfügungen in einer „Rechtekette" im Filmlizenzgeschäft und ihre Konsequenzen für die Vertragsgestaltung, GRUR 1997, 96

Einführung

Ein „*Filmrecht*" als solches gibt es nicht; die rechtlichen Beziehungen der an einer Filmproduktion Beteiligten finden ihre Grundlage in den unterschiedlichsten Normen und Gesetzen, wie dem Urheberrecht, dem Bürgerlichen Gesetzbuch, dem individuellen und kollektiven Arbeitsrecht, dem allgemeinen Persönlichkeitsrecht und dem Bildnisschutz, dem Kennzeichen- und Namensrecht, dem Wettbewerbsrecht, dem Rundfunk- und Medienrecht und nicht zuletzt in den verfassungsrechtlichen Garantien der Meinungs- und Kunstfreiheit.

Der *Schwerpunkt des Buches* liegt hierbei auf der Darstellung der urheber- und vertragsrechtlichen Beziehungen der beteiligten Film- und Fernsehschaffenden untereinander und im Verhältnis zur Allgemeinheit. *Ziel des Buches* ist es, dem Leser einen allgemeinverständlichen Überblick über die rechtlichen Grundlagen des Filmrechts zu geben, damit nach Möglichkeit bereits bei der Vertragsgestaltung Konflikte vermieden und Ansprüche gesichert werden können. Nur der Film- und Fernsehschaffende, der sich seiner Rechte und Ansprüche an seinen Werken oder Leistungen bewußt ist, kann diese auch gegenüber Vertragspartnern und Vertretern formulieren und durchsetzen.

Adressaten des Buches sind damit alle diejenigen Personen und Unternehmen, die im Film- und Mediengeschäft tätig sind und sich tagtäglich mit der Entwicklung, Produktion oder Auswertung von Film-, Fernseh- oder sonstigen Multimediaproduktionen befassen, also z.B. Drehbuchautoren, Storyliner, Editoren, Übersetzer, Romanautoren, Produzenten, Producer, Regisseure, Schauspieler, Statisten, Kameraleute, Bühnenbildner, Techniker, Cutter, Toningenieure, Komponisten, Texter, Sounddesigner, Musiker, Arrangeure, Music-Supervisor, Musikverlage, Schauspieleragenturen, Verleih- und Vertriebsunternehmen, Kinobetreiber, Sendeunternehmen, Filmförderungen, Videofirmen, Merchandisingagenturen, Buchverlage, Schallplattenfirmen, Online-Dienste, Internet-Anbieter, Filmfonds, Investoren, Banken, Versicherungen und schließlich Justitiare sowie Rechtsanwälte.

Der *Aufbau des Buches* folgt dem natürlichen Gang einer Filmproduktion von der Stoffentwicklung über die Produktion bis zur Auswertung. Innerhalb der einzelnen Kapitel werden die wesentlichen rechtlichen Fragen anhand konkreter Beispielsfälle in verständlicher Form aufgearbeitet und es wird versucht, praxisnahe Lösungsansätze zu entwickeln.

In dem ersten Kapitel „*Stoffentwicklung*" konzentriert sich die Darstellung auf die Rechtsbeziehungen zwischen den beteiligten Drehbuchautoren und dem Produzenten. Hier werden die Grundlagen des Urheberrechts an Werken dargestellt, wie z.B. die Schutzfähigkeit von Filmidee und Exposé, der Begriff des Autors, der Umfang und die Schranken des Urheberrechts am fertigen Drehbuch. Behandelt werden aber auch die Rechte derjenigen Personen, die durch die Drehbucherstellung verletzt werden können, wie z.B. Urheberrechte der Autoren benutzter Vorlagen, Bildnisschutz- und Persönlichkeitsrechte abgebildeter Personen sowie Marken- oder Kennzeichenrechte der Inhaber gewerblicher Schutzrechte. Schließlich werden die rechtlichen Fragen aufgezeigt, die bei der Vertragsgestaltung zu beachten sind; nach einer allgemeinen Einführung in das Vertragsrecht werden die Besonderheiten bei der Einräumung von Nutzungsrechten an urheberrechtlichen Werken sowie die wichtigsten Vertragstypen (Verfilmungsvertrag, Stoffentwicklungsvertrag und Depiction Release) vorgestellt.

Im zweiten Kapitel „*Produktion*" stehen die Rechtsbeziehungen zwischen den beteiligten Urhebern, ausübenden Künstlern, Lichtbildnern und dem Filmhersteller im Vordergrund. Hierbei werden insbesondere die Begriffe der Urheberschaft am Filmwerk sowie des Filmherstellers erläutert. Ein weiterer Schwerpunkt liegt bei der Darstellung möglicher Rechtsverletzungen im Zuge der Produktion, etwa bei der Verwendung von Filmausschnitten und Filmzitaten oder im Rahmen der Dreharbeiten. Ausführlich erörtert werden die Frage der Zulässigkeit sogenannter Product-Placements in Film- und Fernsehproduktionen sowie die Rechtsprobleme bei der Verwendung geschützter Musikwerke und -aufnahmen im Film. Schließlich werden die wichtigsten Vertragswerke und Finanzierungsmodelle in der Produktion besprochen (Koproduktion mit anderen Filmherstellern, internationale Koproduktion, Auftrags- und Gemeinschaftsproduktion mit Fernsehsendern, nationale und europäische Filmförderprogramme, Beteiligungsfinanzierung über Filmfonds und Privatinvestoren, Mitwirkendenverträge, Motivnutzungsverträge, Filmmusiklizenzverträge, Verträge in der Postproduktion).

Im Mittelpunkt des dritten Kapitels „*Auswertung*" stehen die Rechte und Pflichten der Lizenzgeber und Lizenznehmer, wobei ein Augenmerk auf die rechtlichen Besonderheiten bei der Einräumung sogenannter Sublizenzen gelegt wird. Ferner werden die wichtigsten Vertragswerke für die filmische und außerfilmische Auswertung dargestellt (Filmvorführungsvertrag, Verleih- und Vertriebsvertrag, DVD- und Videolizenzvertrag, Fernsehlizenzvertrag, Merchandising und Licensing, Soundtrackauswertung, „Buch zum Film" und andere Printmedien sowie Markenlizenz).

Selbstverständlich kann dieses Buch den Blick in die spezielle urheber- oder filmrechtliche Fachliteratur und die einschlägigen Gerichtsentscheidungen nicht ersetzen. Letztlich ist jede Lösung eines juristischen Problems abhängig von den *Umständen des konkreten Einzelfalls*, z.B. dem genauen Wortlaut der geschlossenen Verträge, den getroffenen mündlichen Absprachen oder dem tatsächlichen Verhalten der Beteiligten. In Zweifelsfällen kann dann nur der Gang zu einem spezialisierten Rechtsanwalt empfohlen werden.

A. Stoffentwicklung:
Von der Idee zum Drehbuch

I. Der Drehbuchautor und seine Rechte

1. Gesetzliche Grundlagen

An der Produktion eines Films sind eine Vielzahl von Personen mit unterschiedlichen Aufgaben und Leistungen beteiligt, angefangen beim Drehbuchautor, Regisseur, Produzenten nebst Produktionsstab, den Schauspielern, Requisiteuren, Kameraleuten bis zu den Cuttern und Tonmeistern in der Postproduktion.

Manche dieser Personen erwerben durch Ihre Mitwirkung an der Herstellung des Films besonders geschützte Rechtspositionen, die dem Bereich des „geistigen Eigentums" zuzuordnen sind. Das „geistige Eigentum" betrifft – in Abgrenzung zum Sacheigentum – nicht das Recht an den erschaffenen Materialien (z.B. dem Stapel Papier, auf dem das Drehbuch geschrieben wurde, der Filmrolle, auf die der Film kopiert ist), sondern das Recht an den in diesen Materialien verkörperten geistigen Inhalten (z.B. der Handlung und den Figuren des Drehbuchs oder des Films). Dieses Recht wird auch als „Immaterialgüterrecht" oder – im angloamerikanischen Sprachraum – als „Intellectual Property" bezeichnet.

Die Rechtsgrundlage für den Schutz des „geistigen Eigentums" an den in einer Filmproduktion verkörperten kreativen Schöpfungen bietet zum wesentlichen Teil das Urheberrecht. Das Urheberrecht bestimmt die Rechte und Pflichten der Urheber, ausübenden Künstler, Lichtbildner, Produzenten, Veranstalter, Sendeunternehmen und Verwertungsgesellschaften untereinander und in Beziehung zur Allgemeinheit. Das Urheberrecht findet in Deutschland seine gesetzliche Grundlage im Urheberrechtsgesetz vom 09.09.1965 (UrhG).

Das UrhG wurde in den Jahrzehnten seines Bestehens mehrfach geändert, um den Schutz der Urheber und sonstigen Berechtigten neuen Entwicklungen in der Technik und der Medienwirtschaft anzupassen oder mit internationalen Rechtsvorschriften zu harmonisieren. Gerade in den letzten Jahren haben drei Gesetzesnovellen das UrhG grundlegend geändert:

Zum 01.07.2002 trat das „Gesetz zur Stärkung der vertraglichen Stellung von Urhebern und ausübenden Künstlern" in Kraft. Kernstück der Reform war die Begründung eines unverzichtbaren Anspruchs der Urheber und ausübenden Künstler auf Zahlung einer angemessenen Vergütung für die Einräumung von Nutzungsrechten an ihren Werken und Leistungen (§ 32 UrhG). Zwar sind viele Ansätze des so genannten Professorenentwurfes, der Grundlage des Gesetzes zur Stärkung der vertraglichen Stellung von Urhebern und ausübenden Künstlern war, an dem Widerstand der betroffenen Industrievertreter gescheitert (etwa die Einführung eines

Kündigungsrechts in § 32 Abs. III. UrhGE, der Wegfall von § 90 UrhG oder die zeitlich unbeschränkte Rückwirkung des Anspruchs auf angemessene Vergütung auf Altverträge nach § 132 Abs. II. UrhGE). Die wesentlichen Reformbestrebungen konnten jedoch durchgesetzt werden, die das gesamte Urheber- und Urhebervertragsrecht und damit das Filmrecht einschneidend umgestaltet haben.

Das Gesetz zur Umsetzung der WIPO-Verträge WCT (WIPO Copyright Treaty) und WPPT (WIPO Performances and Phonograms Treaty) vom 20.12.1996 sowie des Vorschlags der EU-Richtlinie zur Harmonisierung bestimmter Aspekte des Urheberrechts und der verwandten Schutzrechte in der Informationsgesellschaft vom 10. 12. 1997 (so genannter I. Korb, in Kraft seit dem 13.09.2003) hat das Urheberrecht endlich an das digitale Zeitalter angepasst (z.B. im Hinblick auf die Nutzung von Werken im Internet). Ferner wurde die Rechtsposition der ausübenden Künstler an die der Urheber angeglichen (z. B. durch Einführung neuer Künstlerpersönlichkeitsrechte). Das Gesetz strukturierte dabei zahlreiche Verwertungsrechte, urheberrechtliche Schranken sowie Künstler- und Leistungsschutzrechte neu.

Schließlich wurde mit dem 2. Gesetz zur Regelung des Urheberrechts in der Informationsgesellschaft (so genannter II. Korb, in Kraft seit dem 01.01.2008) zugunsten der Verwerter einer der Grundpfeiler des UrhG gestürzt: erstmals ist nun die Einräumung von Nutzungsrechten für unbekannte Nutzungsarten wirksam. Eine Übergangsregelung ermöglicht auch die Nutzung von Werken auf damals unbekannte Nutzungsarten auf der Grundlage von „Altverträgen", wenn diese bereits die Einräumung aller wesentlichen Nutzungsrechte vorsahen (§§ 31a, 137l UrhG).

Im Rahmen der Neuauflage dieses Handbuchs sind alle für das Filmrecht wesentlichen Gesetzesänderungen in die Darstellungen eingearbeitet, damit sie bei der Planung und Gestaltung zukünftiger Vertragsverhältnisse berücksichtigt werden können. Hinsichtlich früherer Sachverhalte und Altverträge wird auf die Vorauflage verwiesen.

1.1. Systematische Einordnung des Urheberrechts

Das Urheberrecht ist Teil des gewerblichen Sonderrechtsschutzes, zu dem auch das Patent- und Gebrauchsmusterrecht, das Geschmacksmusterrecht, das Wettbewerbsrecht, das Markenrecht sowie das Verlagsrecht gehören. Das Patent- und Gebrauchsmusterrecht umfasst den technischen Sonderrechtsschutz, d.h. den Schutz von technischen Erfindungen (PatG) oder technischen Neuerungen an Gebrauchsgegenständen (GebrMG). Das Urheberrecht sowie die übrigen Gesetze regeln den nicht-technischen Sonderrechtsschutz, d.h. den Schutz von Werken der Literatur, Wissenschaft und Kunst (UrhG), Verlegern und Urhebern von Werken der Literatur und Tonkunst (VerlG), Entwürfen und Erzeugnissen im Mode- und Textilbereich, Möbel, Schmuck und Gebrauchsgegenstände, soweit die ästhetische Form im Vordergrund steht (GeschmMG), Marken, Werktiteln und Unternehmenskennzeichen (MarkenG) und des freien Wettbewerbs (UWG).

Das Urheberrecht fällt in den Bereich des Sonderprivatrechts und geht als solches den allgemeinen privatrechtlichen Gesetzen vor. Die spezialgesetzlichen

I. Der Drehbuchautor und seine Rechte

Bestimmungen des UrhG haben somit z.B. Vorrang vor den vertragsrechtlichen Regelungen des BGB. Dort, wo das UrhG keine Bestimmung trifft (z.B. bei der Frage des Zustandekommens eines Vertrages, Leistungsstörungen, Einreden und Einwendungen etc.), ist wieder auf die allgemeingesetzlichen Vorschriften zurückzugreifen.

1.2. Urheberrechte und Leistungsschutzrechte

Generell lassen sich die nach dem UrhG geschützten Rechte in zwei Gruppen einteilen, in Urheberrechte und Leistungsschutzrechte:

Urheberrechte erwerben die Schöpfer der in § 2 Abs. I. UrhG genannten Werke; das Urheberrechtsgesetz spricht hier von den geschützten Werken der Literatur, Wissenschaft und Kunst. Das Gesetz selbst definiert diese Begriffe nicht, gibt aber in § 2 Abs. I. UrhG eine Aufzählung bestimmter Werkkategorien, die auf jeden Fall zu den geschützten Werken gehören:

1. Sprachwerke, wie Schriftwerke, Reden und Computerprogramme;
2. Werke der Musik;
3. pantomimische Werke einschließlich der Werke der Tanzkunst;
4. Werke der bildenden Künste einschließlich der Werke der Baukunst und der angewandten Kunst und Entwürfe solcher Werke;
5. Lichtbildwerke einschließlich der Werke, die ähnlich wie Lichtbildwerke geschaffen werden;
6. Filmwerke einschließlich der Werke, die ähnlich wie Filmwerke geschaffen werden;
7. Darstellungen wissenschaftlicher oder technischer Art, wie Zeichnungen, Pläne, Karten, Skizzen, Tabellen und plastische Darstellungen.

Drehbücher, sowie die literarischen Vorstufen hierzu (Exposé, Treatment) können z.B. so genannte Sprachwerke im Sinne von § 2 Abs. I. Nr. 1 UrhG darstellen. Nur die Schöpfer der in § 2 Abs. I. UrhG genannten Werke werden als Urheber bezeichnet.

Daneben schützt das UrhG auch bestimmte Leistungen, die zur Formgebung oder Ausgestaltung eines Werkes künstlerisch, organisatorisch oder wirtschaftlich besonders beigetragen haben. Diese so genannten Leistungsschutzrechte, vom Gesetzgeber als verwandte Schutzrechte bezeichnet, fallen z.B. ausübenden Künstlern, Lichtbildnern, Filmherstellern, Tonträgerherstellern, Veranstaltern und Sendeunternehmen für ihre Leistungen zu.

Praktisch lassen sich Urheber- und Leistungsschutzrechte dahingehend abgrenzen, dass Urheberrechte in der Stoffentwicklungsphase, d.h. der inhaltlichen Gestaltung eines Werkes, und Leistungsschutzrechte in der Produktionsphase, d.h. der äußeren Formgebung eines Werkes begründet werden.

Da sich dieses Kapitel vornehmlich mit den Rechtsfragen beschäftigt, die im Zusammenhang mit der Entwicklung des Drehbuchstoffs aufgeworfen werden, wird hier auch die Diskussion der Urheberrechte an Werken im Mittelpunkt stehen. Die Leistungsschutzrechte werden dementsprechend im nachfolgenden Kapitel behandelt, welches sich mit den Rechten und Pflichten der Film- und Fernsehschaffenden in der Phase der Filmproduktion auseinandersetzt.

Die Frage, wann eine kreative Leistung als ein Werk im Sinne des Urheberrechtsgesetzes qualifiziert werden kann, ist in der Praxis nicht immer einfach zu beurteilen.

1.3. Werkbegriff im Urheberrecht

Ein Werk im Sinne der UrhG kann nur das sein, was das Merkmal einer persönlichen geistigen Schöpfung erfüllt, § 2 Abs. II. UrhG.

Persönlich bedeutet, dass die Leistung von einem Menschen erbracht wurde. Urheber nach deutschem Recht kann nur ein Mensch, bzw. im Falle der Miturheberschaft eine Gruppe von Menschen sein, nicht aber eine juristische Person, wie z.B. eine GmbH. Dadurch unterscheidet sich das deutsche Urheberrechtsgesetz von anderen Rechtsordnungen, wie z.B. den USA. Nach dem dortigen Rechtsinstitut der „works made for hire" gemäß § 201 (b) Copyright Act entsteht unter bestimmten Voraussetzungen das Urheberrecht nicht originär in der Person des eigentlichen „Schöpfers" der kreativen Leistung, sondern in der Person des Arbeitgebers oder Auftraggebers selbst; diese kann auch eine Firma oder Gesellschaft in jeder erdenklichen juristischen Form sein. Beauftragt eine amerikanische Filmproduktionsfirma einen Drehbuchautor mit der Erstellung eines Drehbuchs als „work made for hire", so erwirbt der Drehbuchautor selbst keine eigenen Rechte, vielmehr entstehen alle urheberrechtlichen Schutzrechte erstmals bei der Produktionsfirma selbst.

Eine geistige Leistung setzt voraus, dass die Tätigkeit das Ergebnis einer gewissen gedanklichen Anstrengung darstellt. Von einer geistigen Leistung kann erst dann nicht mehr gesprochen werden, wenn es sich um ein reines Zufallsprodukt handelt. Die Erstellung eines Drehbuchs erfordert aber stets ein Mindestmaß an geistiger Leistung, so dass dieses Merkmal immer erfüllt sein wird.

Eine Schöpfung ist gegeben, wenn der Urheber etwas Neues erschaffen hat. Erforderlich ist nicht etwas vollständig Neues, sondern vielmehr etwas Originelles oder Eigentümliches. Man spricht hier auch von der Notwendigkeit einer gewissen „Individualität" (vgl. Schricker/Loewenheim, § 2, Rd. 23 ff.).

Eine individuelle Leistung ist immer dann gegeben, wenn sich der Urheber nicht nur am Alltäglichen, Banalen oder Gemeingut orientiert, sondern etwas Eigenes schafft, das sich von dem bisher Bekannten abhebt und durch eine individuelle Machart auszeichnet. Die rein handwerkliche oder routinemäßige Leistung reicht hierzu nicht aus, notwendig ist das Hinzutreten eines persönlichen Zuges oder einer individuellen Note (vgl. Schricker/Loewenheim, § 2, Rd. 26 ff.). Das Urheberrechtsgesetz schützt weder Fleiß noch besondere technische Fähigkeiten, sondern Kreativität.

Die für den Werkschutz nach § 2 UrhG notwendige Individualität muss aber in quantitativer Hinsicht ein bestimmtes Mindestmaß erreichen, man spricht hier von der „Schöpfungshöhe", „Gestaltungshöhe" oder „Werkhöhe" (vgl. Schricker/Loewenheim, § 2, Rd. 24; Loewenheim, GRUR 1987, 761, 766; Fromm/Nordemann/Nordemann/Vinck, § 2, Rd. 13; Dreier/Schulze, § 2, Rd. 20). Das Maß der erforderlichen Schöpfungshöhe ist abhängig von der jeweils betroffenen Werkart (vgl. § 2 Abs. I. Nr. 1 – 6 UrhG).

I. Der Drehbuchautor und seine Rechte

Als Mindestmaßstab für das Erreichen der notwendigen Schöpfungshöhe wird oftmals der Grundsatz der so genannten „Kleinen Münze" herangezogen. Hiernach beinhalten selbst einfachste Leistungen noch die notwendige Schöpfungshöhe, sofern in ihnen die geringste Individualität und Eigenständigkeit des Schöpfers zum Ausdruck kommt, sei es auch nur in der Feststellung, dass ein anderer Urheber dieselbe Sache eventuell anders dargestellt hätte (vgl. Fromm/Nordemann/Nordemann/Vinck, § 2, Rd. 20).

Im Schrifttum wird die Anwendbarkeit des Grundsatzes der „kleinen Münze" teilweise abgelehnt (z.B. Köhn, ZUM 1994, 278; kritisch auch Schneider, GRUR 1986, 657, 661 ff.). An dem Grundsatz ist aber weiterhin mit der herrschenden Ansicht festzuhalten (vgl. z.B. die Erwiderung auf den vorgenannten Aufsatz von Schwenzer, ZUM 1996, 584, ferner Schricker/Loewenheim. § 2, Rd. 40), zumal die der „kleinen Münze" zuzuordnenden Werke anderenfalls schutzlos blieben (z.B. auch wettbewerbsrechtlicher Schutz versagt bliebe, Loewenheim, GRUR 1987, 761, 768).

Bei Werken der angewandten Kunst wird z.B. eine höhere Schöpfungshöhe verlangt, um hier eine Abgrenzung zum separat bestehenden Geschmacksmusterschutz zu ermöglichen (dem so genannten „kleinen Urheberrecht", Dreier/Schulze, § 2, Rd. 29; Schricker/Loewenheim, § 2, Rd. 33; zum Geschmacksmusterrecht siehe Schricker/Schricker, Einl., Rd. 28).

Für Sprachwerke im Sinne von § 2 Abs. I. Nr. 1 UrhG wird ein besonderer „ästhetischer Gehalt" nicht gefordert, hier ist allein das Vorliegen individueller Eigentümlichkeiten zu prüfen.

2. Schutzfähigkeit von Filmstoffen

2.1. Schutz der Filmidee

> Beispiel:
> Eine Filmstudentin und heimliche Hobbyautorin hat die originelle Idee für den nächsten Blockbuster und erzählt sie abends in der Kneipe einem Produzenten. In dem Film soll ein zurzeit beliebter Club in Berlin als Kulisse für einen Episodenfilm dienen. Unterschiedliche Handlungsstränge verschiedener Charaktere wie DJs, Touristen, Gäste, Drogendealer und Polizisten sollen am Ende auf kongeniale Weise miteinander verknüpft werden und in einem klassischen Showdown auf der Tanzfläche enden. Der Produzent möchte diese Idee sofort „klauen" und einen eigenen Autor mit der Erstellung des ersten Treatments beauftragen. Ist die Filmidee der Filmstudentin geschützt?

Jedes Filmprojekt beginnt zunächst einmal mit einer Idee. Die Idee, d.h. der Filmgedanke als solcher, wird vom UrhG nicht geschützt (vgl. KG GRUR 1931, 287, 288 – Berge in Flammen; BGH GRUR 1959, 379, 381 – Gasparone). Schutzfähig ist immer nur die konkrete Ausgestaltung der Idee, sofern diese die notwendige Schöpfungshöhe und Individualität besitzt. Eine schriftliche Niederlegung ist hierzu allerdings nicht erforderlich; auch eine im Gespräch erzählte Geschichte kann schutzfähig sein (s.u. A.I.3.).

Eine schutzfähige Idee besteht demnach immer aus zwei Komponenten, einem Einfall und einer eigenpersönlichen Form (vgl. KG UFITA 17, 62, 69 – Wer küßt Madeleine). Wann die Ausgestaltung der Idee genügend eigenschöpferische Merkmale besitzt, ist eine Frage des Einzelfalls. Wenn behauptet wird, eine gute Filmidee sei nur eine solche, die sich in zwei Sätzen erzählen lasse, so wird gerade diese der notwendigen eigenschöpferischen Ausgestaltung ermangeln.

> Im Beispiel hat die Autorin lediglich eine Idee, wie man einen Film herstellen könnte, es fehlt aber der konkrete Entwurf hierzu. Hier wäre es notwendig gewesen, die Charaktere der Figuren, die zu verknüpfenden Handlungsfäden und die entsprechenden Episoden herauszuarbeiten. Die Idee für einen „Episodenfilm in einem Berliner Club" ist für sich nicht schutzfähig.

Auch wenn im Falle der unbefugten Verwendung einer Filmidee urheberrechtlicher Schutz versagt bleibt, lassen sich unter Umständen gegen den Verwender Ansprüche aus unerlaubter Handlung (§§ 823 ff. BGB) oder unlauterem Wettbewerb (§ 1 UWG) herleiten (KG UFITA 17, 62, 70 – Wer küßt Madeleine; v. Hartlieb/Schwarz/Schwarz/Reber, Kap. 39, Rd. 6). Hier müssen dann aber besondere Unlauterkeitsmerkmale hinzutreten.

Dies kann z.B. dann angenommen werden, wenn ein Schöpfer einer Filmidee gerade einem bekannten Drehbuchautor diese Idee mitteilt im Vertrauen auf eine gemeinsame Ausarbeitung, und dieser dann dessen Vertrauen missbraucht und den mitgeteilten Gedanken für ein eigenes Drehbuch verwendet, um allein den Gewinn daraus zu erzielen (KG UFITA 17, 62, 70 f. – Wer küßt Madeleine).

> Im Beispiel könnte man unter den gegebenen Umständen wohl Ansprüche aus den §§ 823 BGB, 1 UWG bejahen.

Der Verrat einer Filmidee durch einen Mitarbeiter des Filmproduktionsunternehmens an einen Dritten zum Zwecke des Wettbewerbs, aus Eigennutz, zugunsten eines Dritten oder in schädigender Absicht kann eine Verletzung eines Betriebs- oder Geschäftsgeheimnisses darstellen und gemäß § 17 Abs. I. UWG strafbar sein (Schwarz, ZUM 1990, 317, 321).

2.2. Schutz von Filmexposés und -konzepten, Formatschutz

> Beispiel:
> Eine Autorin hat ein Konzept zu einer Fernsehserie „Forstrevier Alpsee" entwickelt und einem Produzenten zur Realisierung angeboten. Im Mittelpunkt des Konzeptes steht ein verwitweter Förster mit zwei erwachsenen Kindern; in der Spielhandlung der Serie sollen neben den schönen Seiten auch die Probleme und Nöte eines Försters zur Sprache kommen, etwa der Konflikt Rentabilität-Ökologie. Ferner sollen Kontrafiguren eingeführt werden, nämlich ein staatlicher Förster und ein hochengagierter Naturschützer. Weiter sollen die Waldprobleme eindringlich geschildert und auch das Problem der Überhege und die Belange der privaten Jagdpächter nicht ausgeklammert werden. Wesentliche Elemente des Konzeptes seien das eine tragende Rolle spielende Adelshaus sowie Drehorte, die einen Frontmann vor dem Hintergrund einer überwältigenden bayrischen Alpenland-

schaft agieren lassen. Inwieweit genießt dieses Exposé urheberrechtlichen Schutz? (nach OLG München GRUR 1990, 674 – Forsthaus Falkenau).

Unter einem Exposé versteht man einen knappen Entwurf für ein Filmdrehbuch, welcher meistens nicht mehr als 3–5 Seiten umfasst. In einem Exposé hat die Filmidee also bereits eine gewisse Konkretisierung und Ausgestaltung erfahren. Dennoch ist der Schutz solcher Filmkonzepte vor unbefugter Nachahmung oder Übernahme eingeschränkt:

In den meisten Fällen wird ein Filmexposé in seiner Gesamtheit als geschütztes Werk angesehen werden können. So kann das konkrete Konzept als Ganzes die für den Werkschutz notwendige schöpferische Individualität besitzen, so dass dieses in den von dem Autor gewählten konkreten sprachlichen Formulierungen geschützt ist (vgl. OLG München GRUR 1990, 674, 675 f. – Forsthaus Falkenau). Dies bedeutet im Ergebnis, dass der Autor vor einem direkten Abschreiben oder Kopieren seines Textes geschützt ist.

> Das OLG München hatte auch das dem Beispiel zugrunde liegende Exposé „Forstrevier Alpsee" zumindest in seiner Gesamtheit als in den konkreten sprachlichen Formulierungen geschützt angesehen.

Dies macht deutlich, dass nicht die Ideen und Handlungsansätze eines Konzeptes urheberrechtlich geschützt sind, sondern nur die konkrete Ausgestaltung dessen, was sich aus diesen Einfällen oder Konfliktsituationen erst dramaturgisch entwickelt. Ein Autor ist daher gut beraten, es in seinem Exposé nicht bei vorläufigen Ideenansätzen oder Ausgangssituationen zu belassen, sondern so konkret wie möglich die Entwicklungen der einzelnen Charaktere, Ereignisse und Situationen fortzuentwickeln und auch bereits die filmische Umsetzung zu entwerfen. Andernfalls gerät er in Gefahr, eine im Ansatz gute Filmidee zu „verschenken". Je filigraner und detailgetreuer er die Figuren und Ereignisse zeichnet und den filmischen Ablauf plant, um so eher wird es ihm gelingen, die Übernahme einzelner Elemente durch einen Dritten nachzuweisen und Rechtsverletzungen entgegenzutreten.

Eine ganz andere Frage ist aber, inwieweit auch die den sprachlichen Formulierungen innewohnende Fabel (also die Story oder Geschichte) ihrerseits geschützt ist. Grundsätzlich ist anerkannt, dass die den Romanen oder Drehbüchern zugrunde liegende Story schutzfähig ist, soweit sie auf der eigenen Phantasie des Urhebers beruht und durch eigenschöpferische Tätigkeit hervorgebracht wurde (vgl. OLG München GRUR 1956, 432, 434 – Solange Du da bist; zur schutzfähigen „Kernfabel" eines berühmten Romans vgl. OLG München ZUM 1999, 149, 151 – Das doppelte Lottchen). Dann können auch die ersonnenen Charaktere, das geschaffene Milieu und das Handlungsgefüge geschützt sein (OLG München GRUR 1990, 674, 675 – Forsthaus Falkenau). Nicht schutzfähig aber ist der Stil einer Erzählung, z.B. eine naive kindliche Sprechweise der Figuren (vgl. BGH GRUR 1971, 588, 589 – Disney-Parodie).

> Im vorliegenden Fall hat das OLG München den in dem Exposé enthaltenen einzelnen Bestandteilen und Handlungselementen jedoch keinen urheberrechtlichen Schutz zuerkannt. Solche Einfälle und Ideen könnten nur in ihrer konkreten Ausgestaltung schutz-

fähig im Sinne des Urheberrechtsgesetzes sein (OLG München GRUR 1990, 674, 676 – Forsthaus Falkenau). Als vage Ideen oder bloße Handlungsansätze fehle ihnen die notwendige eigenpersönliche Prägung. Die in dem Exposé niedergelegte vage Idee als solche, einen Witwer mit zwei Kindern als tragende Rolle zu verwenden, sei nicht ungewöhnlich und mangels Ausgestaltung nicht geschützt. Ferner könne auch nicht die bloße Nennung der Begriffe der angeschnittenen Problemkreise wie Rentabilität, Ökologie, Naturschutz, Jagd, Überhege, Waldschäden, Schutzwald, Erosion etc. die Schutzfähigkeit herbeiführen, da nicht einmal angedeutet sei, wie sich die Autoren mit den Konfliktthemen befassen wollen. Nur die konkret ausformulierte Darstellung könnte hier zur Schutzfähigkeit führen (OLG München GRUR 1990, 674, 676 – Forsthaus Falkenau).

Die Länge eines Exposés ist hierbei nicht entscheidend, auch ein einseitiges Filmexposé kann urheberrechtlichen Schutz genießen (BGH GRUR 1963, 40, 42 – Straßen – gestern und morgen). Bei einem Filmexposé kann der Urheberrechtsschutz gerade auch durch die eigenschöpferischen filmspezifischen Gestaltungsmerkmale, wie Angaben zum Aufbau des Filmes, zu einzelnen Aufnahmeobjekten und zu ihrer technischen Erfassung (z.B. durch Trickaufnahmen) begründet werden (BGH GRUR 1963, 40, 42 – Straßen – gestern und morgen).

Umstritten ist, inwieweit auch Formate für Fernsehsendereihen urheberrechtlich schutzfähig sind. Unter einem Sendeformat versteht man ein Konzept, das den grundlegenden Gestaltungsrahmen für eine Reihe von Fernsehshows festlegt. Hierunter fallen Gestaltungsmerkmale wie Titel, Logo, Ablauf, Show- und Spielelemente, Moderation, Erkennungsmelodien, Bühnendekoration, Farben, Ausstattung, Stil der Kameraführung, Beleuchtung, Schnitt, bestimmte Mitwirkende, bestimmte Sätze oder besondere Sprachwendungen (vgl. BGH, Urt. v. 26.06.2003, I ZR 176/01 – Sendeformat). In der Rechtsprechung wird Formatschutz grundsätzlich abgelehnt (BGH, a.a.O.; vgl. auch OLG München ZUM 1999, 244, 246 – Augenblix; LG München I ZUM-RD 2002, 17, 19 f. – High 5). Letztlich ist nur das konkret ausgestaltete Werk nach dem UrhG geschützt. Bei Fernsehformaten handelt es sich hingegen um bloße Anleitungen, unter Berücksichtigung der vorgegebenen Gestaltungsmerkmale konkrete Werke erst noch zu schaffen. Nach Ansicht des BGH scheidet ein urheberrechtlicher Schutz für solche Anleitungen, die lediglich als Vorbild zur Formung anderer Stoffe dienen, aus (BGH, a.a.O.).

Meist wird sich der Erfinder eines Fernsehformates gegen einen Nachahmer auch nicht auf einen ergänzenden wettbewerbsrechtlichen Leistungsschutz berufen können. Ein solcher Anspruch ist nur ausnahmsweise anzunehmen, wenn besondere Unlauterkeitsmerkmale gegeben sind (der BGH hatte in dem zitierten Fall hierüber nicht zu entscheiden, das Berufungsgericht hatte in der Vorinstanz die wettbewerbliche Eigenart des Sendeformats und eine Rufausbeutung verneint, BGH, a.a.O.).

2.3. Schutz von Treatments und Drehbüchern

Beispiel:
Eine Autorin hat nunmehr, basierend auf dem Exposé „Forstrevier Alpsee", zunächst ein Treatment und sodann ein Drehbuch geschrieben.

I. Der Drehbuchautor und seine Rechte   13

Ein Treatment ist eine feinere Ausarbeitung eines Filmkonzepts, in welchem die Personen und Handlungsstränge detaillierter vorgezeichnet werden. Auch einzelne Dialoge können hier bereits aufgenommen werden. In der Regel umfassen Treatments, je nach Art der Produktion, zwischen 30 und 60 Seiten.

Erst das Drehbuch enthält dann die vollständig ausformulierten Dialoge, Handlungsanweisungen für Kamera, Schnitt und unter Umständen Angaben zu Musik- und Geräuscheinspielungen. Bei Drehbüchern unterscheidet man zwischen der Rohfassung und der kurbelfertigen Endfassung, welche dann die Vorlage für den Film darstellt. Bei aufwendigen Produktionen werden meist zahlreiche Zwischenfassungen erstellt, bis ein Drehbuch die Endabnahme durch den Produzenten passiert. Kurbelfertige Drehbücher werden selten weniger als 100 Seiten umfassen.

Wie Exposés und Konzepte sind auch Treatments und Drehbücher zunächst in ihren konkreten sprachlichen Formulierungen geschützt. Daneben kann wieder die den Formulierungen zugrunde liegende Fabel schutzfähig sein, wenn diese durch eigenschöpferische Tätigkeit hervorgebracht wurde und auf der Phantasie des Autors beruht (OLG München GRUR 1956, 432, 434 – Solange Du da bist; zur geschützten Kernfabel eines berühmten Romans s. OLG München ZUM 1999, 149 f. – Das doppelte Lottchen; zur Schutzfähigkeit einer speziellen Variation einer historischen Fabel s. LG Hamburg ZUM 2003, 403, 412 – Die Päpstin). Dies ist eine Frage des Einzelfalls; entscheidend ist der kreative Gehalt einer Fabel, nicht die Anzahl der niedergeschriebenen Seiten.

> In dem Beispiel fehlen hierzu die notwendigen Informationen, hier wäre der gesamte Text des Treatments und des Drehbuchs in Augenschein zu nehmen.

Zusätzlich können bei Treatments und Drehbüchern ebenfalls die filmspezifischen Gestaltungsmerkmale, wie Angaben zum Aufbau, zu den Bild- und Tonaufnahmen, zum Gang der Handlung mit seinen dramatischen Konflikten und Höhepunkten, zur Szenenführung, Rollenverteilung und Charakterisierung der Personen zur Schutzfähigkeit führen (vgl. BGH GRUR 1963, 40, 42 – Straßen – gestern und morgen; vgl. auch BGH GRUR 1959, 379, 381 – Gasparone, dort für Bühnenwerke allgemein).

3. Wie entsteht Urheberrecht?

> Beispiel:
> Die hoffnungsvolle Filmstudentin hat auf der Grundlage ihrer Idee für den Episodenfilm ein detailliert ausgearbeitetes und schutzfähiges Treatment geschrieben. Ist sie nun automatisch Urheberin geworden? Hat sie bestimmte Formalien zu beachten, um urheberrechtlichen Schutz zu genießen?

3.1. Situation in Deutschland

Das Urheberrecht beginnt mit der Entstehung des Werkes automatisch in der Person des Schöpfers. Es ist lediglich erforderlich, dass der Gedanke eine sinnlich wahrnehmbare Ausdrucksform gefunden hat. Solange die Gedanken im Kopf nicht der Außenwelt mitgeteilt worden sind, kann kein Schutz bestehen; der Urheber ist hier auch nicht schutzwürdig, da die Gefahr einer unbefugten Übernahme seiner Leistungen nicht besteht.

Nicht notwendig ist, dass der Autor eine körperliche Fixierung oder Festlegung seiner Worte vornimmt, etwa durch Niederlegung auf Papier oder Aufnahme auf einem Tonband. Das Urheberrechtsgesetz schützt sowohl dauerhafte als auch vergängliche Werke (vgl. Fromm/Nordemann/Nordemann/Vinck, § 2, Rd. 27; Schricker/Loewenheim, § 2, Rd. 20). Damit ist auch die mündliche Erzählung geschützt, soweit diese die notwendige eigenpersönliche Ausgestaltung besitzt.

Der Urheber hat nach deutschem Recht auch keine Formalien zu beachten. Insbesondere ist weder eine Hinterlegung noch Registrierung eines Werkes zur Erlangung urheberrechtlichen Schutzes notwendig.

Dieses Formalisierungsverbot gilt im Übrigen in sämtlichen Rechtsordnungen der Vertragsstaaten der Revidierten Berner Übereinkunft (RBÜ), deren Mitglied auch die Bundesrepublik Deutschland ist. Die RBÜ ist ein internationales Abkommen verschiedener Staaten, das 1886 zum Schutz der Urheber und ihrer Werke gegründet wurde. Da die RBÜ in den über hundert Jahren ihres Bestehens mehrfach revidiert worden ist, sind die einzelnen Vertragsstaaten jeweils an die unterschiedlichen, von ihnen ratifizierten Fassungen gebunden.

3.2. Situation in den USA

Insofern unterscheidet sich das deutsche Recht von anderen Rechtsordnungen, wie z.B. den USA. Gemäß § 102 Copyright Act besteht nur für solche Werke Urheberrechtsschutz, die in einem körperlichen Ausdrucksmedium fixiert sind („fixed in any tangible medium of expression"), wobei diese Fixierung von einer gewissen Dauerhaftigkeit und Stabilität sein muss.

Die mündliche Erzählung ist nach amerikanischem Recht nur dann geschützt, wenn die Autorin sich z.B. im Vorfeld schriftliche Aufzeichnungen hierzu gemacht hat oder das Gespräch mit einem Kassettenrecorder aufzeichnet.

Früher verlangte das amerikanische Urheberrecht zur Erlangung des Urheberrechtsschutzes die Einhaltung verschiedener Formvorschriften: So war es notwendig, einen Copyright-Vermerk gemäß dem Welturheberrechtsabkommen (WUA) auf allen Vervielfältigungsstücken (©, Jahreszahl der Erstveröffentlichung, Name des Rechteinhabers) anzubringen, eine Registrierung beim Copyright Office und eine Hinterlegung eines Werkexemplars bei der Library of Congress in Washington, D.C. vorzunehmen. Bei Missachtung dieser Formalien fiel das Werk automatisch in die *public domain* und wurde Allgemeingut.

Nachdem auch die USA auf langjährigen internationalen Druck im Jahre 1989 der RBÜ beigetreten waren, wurden auch die bis dahin im Copyright Act geltenden Formvorschriften als Voraussetzung für die Erlangung von Urheberrechtsschutz abgeschafft. Für Werke, deren Herkunftsland (*country of origin* im Sinne von § 101 Copyright Act) die USA oder ein nicht zur RBÜ gehöriges Land ist, bleibt die Re-

I. Der Drehbuchautor und seine Rechte 15

gistrierung des Werkes allerdings Voraussetzung für die Erhebung einer Urheberrechtsverletzungsklage, § 411 (a) Copyright Act. Aber auch für nicht-amerikanische Werke aus einem Verbandsstaat der RBÜ (z.B. Deutschland) ist es ratsam, die dortigen Formalien einzuhalten. Denn nur im Falle der Verletzung von Rechten an registrierten Werken haben die Berechtigten Anspruch auf Ersatz der im US Copyright Act vorgesehen gesetzlichen Schadensersatzpauschalen (*statutory damages*) und Anwaltskosten (die bei einem Prozess in den USA erheblich sein können), § 412 Copyright Act.

4. Kann ich mein Urheberrecht „schützen" lassen?

Beispiel:
Die Filmstudentin möchte ihr Treatment nun einem Produzenten zur Ansicht übersenden, hat aber Angst, es einfach so aus der Hand zu geben. Wie kann sie ihre Rechte an dem Werk sichern?

Auch wenn eine Registrierung nach deutschem Recht nicht erforderlich ist, so ist dem Urheber zu empfehlen, rechtzeitig für Nachweise über den Zeitpunkt der Entstehung seines Werkes zu sorgen, um im Streitfall die Priorität seines Werkes beweisen zu können.

Abzuraten ist hierbei von der amerikanischen Methode, ein Werkexemplar in einem versiegelten Umschlag per Einschreiben an sich selbst zu senden. Der Gegner wird hierbei meist den Vorwurf einer Fälschung erheben. Bis zum Prozess können seit der Schaffung des Werkes Jahrzehnte vergangen sein, der Urheber wird sich fragen lassen müssen, ob er den genauen Aufenthaltsort des Päckchens über die Jahrzehnte überwacht habe, welche Personen Zugang gehabt hätten und inwieweit Umschlagmaterial und Klebestoff fälschungssicher sind.

Der Urheber hat stattdessen die Möglichkeit, vor einem Notar eine Prioritätsverhandlung vorzunehmen, wodurch der Zeitpunkt der Hinterlegung eines Werkexemplars beurkundet wird. Möglich ist auch die Variante, ein Werkexemplar bei einem Anwalt zu hinterlegen und sich den Zeitpunkt bestätigen zu lassen.

Sofern es sich um ein erschienenes Werk handelt, sollte der Urheber darauf achten, auf dem Werk in der branchenüblichen Weise als Urheber benannt zu werden. Ein Werk ist erschienen, wenn mit Zustimmung des Berechtigten Vervielfältigungsstücke in genügender Anzahl hergestellt und der Öffentlichkeit angeboten oder in Verkehr gebracht worden sind, § 6 Abs. II. UrhG. Gemäß § 10 Abs. I. UrhG genießt die auf den Vervielfältigungsstücken des erschienenen Werkes genannte Person bis zum Beweis des Gegenteils die Vermutung der Urheberschaft. Da die Vermutung der Urheberschaft nach § 10 UrhG nur für erschienene Werke gilt, sollte der Urheber vorab von den angesprochenen Hinterlegungsmöglichkeiten Gebrauch machen.

Keinesfalls sollte sich der Urheber dazu verleiten lassen, aus Rücksicht auf freundschaftliche oder geschäftliche Verbindungen unbeteiligte Dritte oder Berater als (Mit-)Urheber auf den Vervielfältigungsstücken aufzuführen.

Die Vermutung der Urheberschaft gemäß § 10 UrhG gilt im Übrigen auch für verwendete Pseudonyme; § 10 Abs. I. UrhG stellt so genannte Decknamen oder Künstlerzeichen ausdrücklich den Urheberbezeichnungen gleich.

Von der Urheberangabe wiederum zu unterscheiden ist der so genannte Copyright-Vermerk. Dieser erfolgt üblicherweise gemäß dem WUA durch Anbringung des Zeichens ©, der Jahreszahl und des Namens des Rechteinhabers. Dieser Copyright-Vermerk ist z.B. immer noch Voraussetzung für den Urheberrechtsschutz in solchen Ländern, die dem WUA, aber nicht der RBÜ angehören. Der Copyright-Vermerk bestimmt in erster Linie den derzeitigen Inhaber der ausschließlichen Nutzungsrechte, kann aber auch der Angabe des Urhebers als natürlicher Person dienen und dann die Urhebervermutung nach § 10 UrhG entfalten.

Bevor ein Urheber einem Produzenten sein Manuskript zusendet, kann er auch auf Unterzeichnung einer Geheimhaltungsvereinbarung bestehen, wie sie im Bereich der Lizenzierung von Patenten oder Know-how üblich ist. Im Filmbereich haben sich solche Vereinbarungen nur wenig durchgesetzt (Schwarz, ZUM 1990, 317, 321; Brehm, in: Clevé, Investoren im Visier, S. 124). Lediglich namhafte Autoren mit einem hohen Marktwert werden solche Vereinbarungen verlangen können, obwohl man sich hier ein Umdenken bei Filmproduktions- und Sendeunternehmen wünschen mag.

5. Wer ist der Urheber eines Drehbuchs?

Beispiel:
Die Filmstudentin soll nun im Auftrag des Produzenten ein englischsprachiges Drehbuch schreiben.
1. Da sie dieser Fremdsprache nur eingeschränkt mächtig ist, schreibt sie zunächst eine erste Fassung auf Deutsch. Hierbei arbeitet sie eng mit Scriptberatern und Storylinern zusammen.
2. Während der zweiten Fassung arbeitet sie mit einem Co-Autor zusammen.
3. Das fertige Drehbuch wird sodann von einem englischen Muttersprachler übersetzt.
4. Während der gesamten Drehbucherstellung hat auch der Produzent hilfreiche Verbesserungsvorschläge unterbreitet.

Welche der Personen sind Urheber des Drehbuchs?

5.1. Der Begriff des „Autors"

Der „Autor" ist kein Rechtsbegriff des UrhG, dieses spricht nur von dem Urheber. Die Begriffe werden allerdings bei Sprachwerken oft synonym verwandt, obwohl streng genommen nicht jeder Autor auch Urheber ist, falls es z.B. am Merkmal einer persönlichen geistigen Schöpfung mangelt.

Urheber ist immer nur der Schöpfer des Werkes, § 7 UrhG. Nach deutschem Recht kann Urheber ausschließlich derjenige Mensch sein, welcher das Werk tatsächlich persönlich geschaffen hat. In seiner Person entsteht das Urheberrecht originär, ohne dass es eines Übertragungsakts oder rechtsgeschäftlichen Willens bedarf. Hat der Urheber das Werk ohne fremde Hilfe erschaffen, spricht man auch von der Alleinurheberschaft.

Etwaige Auftraggeber, Arbeitgeber oder Besteller erwerben allein durch ihre arbeits- oder zivilrechtliche Stellung keine Urheberrechte an dem Werk; sie müssen sich vom Urheber erst die notwendigen Nutzungsrechte vertraglich einräumen lassen. Diese Personen erlangen urheberrechtliche Schutzpositionen an Werken nur derivativ.

Erst wenn Dritte eigenschöpferische Werkbeiträge in die Werkgestaltung einfließen lassen, können diese als Miturheber, Urheber verbundener Werke oder Bearbeiter originäre Rechte an dem Werk erwerben. Sind ihre Beiträge zu geringfügig, sind diese Personen nur als Gehilfen oder Ideengeber anzusehen.

5.2. Miturheber

Miturheber kann nur derjenige sein, dessen Beiträge das Merkmal einer persönlichen geistigen Schöpfung im Sinne des § 2 Abs. II. UrhG erfüllen, also die notwendige Schöpfungshöhe und Individualität besitzen.

Haben mehrere Personen mit ihren schutzfähigen Einzelbeiträgen ein einheitliches Werk geschaffen, dessen Anteile sich nicht gesondert verwerten lassen, so sind sie Miturheber des Werkes, § 8 UrhG. Ein einheitliches Werk liegt vor, wenn eine getrennte Auswertung der einzelnen Beiträge weder subjektiv gewollt, noch objektiv möglich ist. Denkbar ist z.B., dass Mitglieder eines Autorenteams gemeinsam Szenen oder Kapitel zu einem Roman entwickeln oder einzelne Verse zu einem Gedicht beisteuern, um dieses als gemeinschaftliches Werk zu verwerten. Allerdings ist stets im Einzelfall zu prüfen, ob sich die einzelnen Kapitel oder Verse der Sprachwerke nicht doch gesondert verwerten lassen.

Miturheberschaft kann auch dann vorliegen, wenn die jeweiligen Urheber ihre Werkbeiträge nacheinander erbringen, also z.B. ein zweiter Urheber auf den Werkbeiträgen eines ersten Urhebers aufbaut (Schricker/Loewenheim, § 8, Rd. 7). Dies kann insbesondere bei der Drehbuchentwicklung vorkommen, wenn sich diese über mehrere Fassungen erstreckt, an denen nacheinander wechselnde Autoren beteiligt sind. Miturheberschaft setzt aber auch hier voraus, dass die Autoren subjektiv eine gemeinschaftliche Werkschöpfung beabsichtigt haben und eine getrennte Verwertbarkeit der einzelnen Drehbuchfassungen objektiv ausgeschlossen ist.

Sind die Autoren Miturheber, stehen ihnen sämtliche Verwertungsrechte an dem einheitlichen Werk zur gesamten Hand zu. Jede Veröffentlichung, Verwertung oder Änderung des Werkes bedarf der Einwilligung, d.h. der vorherigen Zustimmung aller Miturheber. Diese kann allerdings nicht wider Treu und Glauben verweigert werden. Das einheitliche Werk unterliegt einer gemeinsamen Schutzfrist, welche sich nach dem Zeitpunkt des Todes des längstlebenden Miturhebers berechnet, § 65 UrhG.

Haben im Beispiel Nr. 1 die Scriptberater und Storyliner der Autorin mehr als nur Konzepte oder handwerkliche bzw. kosmetische Vorschläge zur ersten Fassung unterbreitet, etwa die Haupthandlung geändert, die Charaktereigenschaften der Figuren neu festgelegt, Szenen einschließlich der Dialoge ausgearbeitet, so haben sie Urheberrechte erworben. Da die Leistungen der Beteiligten in einem einheitlichen Sprachwerk verschmolzen sind und sich nicht gesondert verwerten lassen, dies auch nicht beabsichtigt ist, sind sie Miturheber an der ersten Drehbuchfassung. Sofern auch der Co-Autor im Beispiel Nr. 2 vergleichbare Inhalte zur zweiten Fassung beigetragen hat, ist er ebenfalls Miturheber dieser zweiten Fassung. Ob auch die Autoren der unterschiedlichen Drehbuchfassungen im Verhältnis zueinander Miturheber sind, richtet sich danach, ob eine gemeinschaftliche Arbeit am „Gesamtdrehbuch" gewollt war und eine getrennte Verwertbarkeit der Einzelfassungen ausgeschlossen ist.

5.3. Urheber verbundener Werke

Von den Miturhebern zu unterscheiden sind die Urheber verbundener Werke, § 9 UrhG. Hier haben zwei oder mehrere Urheber selbständige Werke geschaffen und diese zum Zwecke der gemeinsamen Verwertung miteinander verbunden. Die Einzelwerke selbst bleiben aber weiter gesondert verwertbar. Ein typisches Beispiel wäre die Verbindung eines Liedtextes mit einer Musikkomposition zu einem Schlager.

Haben die Urheber ihre Werke zur gemeinsamen Verwertung miteinander verbunden, so kann jeder von den anderen die Einwilligung zur Veröffentlichung, Verwertung und Änderung des verbundenen Werkes verlangen, soweit dies nach Treu und Glauben zuzumuten ist, § 9 UrhG. Das verbundene Werk unterliegt keiner gemeinsamen Schutzfrist, vielmehr können die Laufzeiten der Schutzfristen für die Einzelwerke unterschiedlich sein.

Mehrere Autoren eines Filmdrehbuchs sind im Verhältnis zueinander selten Urheber verbundener Werke, da ihre Einzelbeiträge in der Regel keine selbständigen Werke im Sinne von § 9 UrhG darstellen. Möglich ist aber z.B., dass verschiedene Autoren jeweils völlig eigenständige Drehbücher zu einem Episodenfilm verbinden, die Drehbücher selbst aber weiterhin selbständig verwertbar bleiben. Sobald eines der Drehbücher aber auf einem vorherigen aufbaut, stellt dieses eine abhängige Schöpfung und damit eine Bearbeitung dieses Werkes im Sinne der §§ 3, 23 UrhG dar (s.u. A.II.1.1.). Werden die Drehbücher aus dramaturgischen Gründen durch wechselseitige Bezüge miteinander verwoben und entsteht hierdurch ein einheitliches Werk, liegt wiederum Miturheberschaft im Sinne von § 8 UrhG vor (s.o.).

5.4. Bearbeiter

Von der Miturheberschaft bzw. Urheberschaft an verbundenen Werken zu unterscheiden ist die Bearbeitung nach § 3 UrhG. Eine solche liegt vor, wenn ein Urheber ein bereits bestehendes Werk als Vorlage verwendet und hiernach ein eigenes abhängiges Werk erschafft. Als Regelfall führt das Gesetz die Übersetzung eines Sprach-

I. Der Drehbuchautor und seine Rechte   19

werks an. Eine Bearbeitung ist aber bei jeder Nachschöpfung, Weiterentwicklung oder Umformung gegeben, die ein vorbestehendes Werk zur Grundlage hat, welches auch in der Bearbeitung noch in seinen wesentlichen Zügen erkennbar bleibt. Beispiele für Bearbeitungen wären die Weiterentwicklungen eines Filmexposés zu einem Treatment, eines Treatments zu einem Drehbuch, eines Drehbuchs zu einem Kinospielfilm, eines Kinospielfilms zu einer Fernsehserie und schließlich dieser Serie zu einem Computerspiel.

Innerhalb dieser Entwicklungsstufen ist aber immer zu prüfen, ob die jeweils vorhergehende Werkfassung für sich genommen ein selbständiges und separat verwertbares Werk darstellt. Nur wenn dies zutrifft, ist der Urheber der nachfolgenden Werkfassung Bearbeiter im Sinne des § 3 UrhG. Lassen sich die Werkfassungen nicht gesondert verwerten und war dies auch nicht bezweckt, sind die Urheber im Verhältnis zueinander Miturheber (s.o.).

Der Bearbeiter als Schöpfer eines abhängigen Werkes bedarf nach § 23 UrhG zur Veröffentlichung oder Verwertung der Bearbeitung stets der Einwilligung, d.h. der vorherigen Zustimmung des Originalurhebers. In bestimmten Fällen, wie z.B. der Verfilmung eines Werkes, benötigt er bereits zur Herstellung der Bearbeitung die Zustimmung des Originalurhebers, § 23 S. 2 UrhG. Damit muss also schon vor Drehbeginn und nicht erst bei der ersten öffentlichen Kinovorführung oder Fernsehausstrahlung die erforderliche Einwilligung vorliegen. Anders als bei Miturhebern oder Urhebern verbundener Werke ist der Originalurheber nicht nach Treu und Glauben zur Erteilung der Einwilligung verpflichtet.

Unabhängig von der Frage, ob eine solche Einwilligung des Originalurhebers zur Verwertung bzw. zur Filmherstellung vorliegt, wird die Bearbeitung als solche gemäß § 3 UrhG wie ein selbständiges Werk geschützt. Auch wenn der Bearbeiter sein Werk mangels Einwilligung des Originalurhebers vielleicht niemals verwerten kann, so genießt er vor der unbefugten Nutzung der Bearbeitung durch Dritte den Schutz, der jedem anderen Urheber zustehen würde.

Der englische Übersetzer im Beispiel Nr. 3 ist der Regelfall des Bearbeiters gemäß § 3 UrhG. Die Verwertung der Übersetzung ist nur mit der Einwilligung der Filmstudentin möglich. Gleichzeitig wird die Übersetzung wie ein selbständiges Werk geschützt, so dass auch hier der Übersetzer vor unbefugten Übernahmen Schutz genießt.

5.5. Ideengeber und Gehilfen

Urheber (Miturheber, Urheber verbundener Werke oder Bearbeiter) kann nur derjenige sein, der eine persönliche geistige Schöpfung erbringt. Besitzen die Teilbeiträge nicht die notwendige Schöpfungshöhe und Individualität, ist diese Person nur Ideengeber bzw. Gehilfe.

Ein Ideengeber gibt lediglich Tipps und Anregungen, seine Einfälle erreichen aber nicht die notwendige konzeptionelle Ausgestaltung, die für einen Urheberrechtsschutz notwendig ist. Nur derjenige, der diese Einfälle dann konkret umsetzt, wird Urheber des Werkes. Hierbei ist es auch unerheblich, ob der Ideengeber als Auftraggeber oder Arbeitgeber auftritt. Seine rechtliche Stellung als Arbeitgeber oder Dienstberechtigter kann sich aber zu seinen Gunsten auf den Umfang der Rechteeinräumung auswirken (s.u. B.III.1.1.2.3.).

Ein Gehilfe ist jemand, der unter der künstlerischen Aufsicht oder Anleitung des Urhebers lediglich die technisch-handwerkliche Ausarbeitung der Ideen und Konzepte vornimmt und keinen eigenschöpferischen Beitrag leistet. Überlässt der Urheber seinem Gehilfen allerdings größeren künstlerischen Freiraum, etwa die Gestaltung einzelner Dialoge, Charaktere oder Handlungsabläufe, so wird hier Miturheberschaft anzunehmen sein. Abweichende vertragliche Regelungen haben auf die Frage der Urheberschaft keinen Einfluss, da das Urheberrecht kraft Gesetzes in der Person desjenigen entsteht, der eigenschöpferische Werkbeiträge leistet.

> Sofern sich die Vorschläge des Produzenten im Beispiel Nr. 4 in bloßen Tipps oder Anregungen erschöpfen, die gesamte Gestaltung der Charaktere, Handlungsstränge, Szenen, Dialoge etc. aber von der Autorin vorzunehmen ist, ist der Produzent Ideengeber und nicht Miturheber. Ebenso unerheblich ist seine Stellung als Auftraggeber oder eine eventuell anders lautende vertragliche Vereinbarung. Gleiches gilt für die Storyliner und Scriptberater im Beispiel Nr. 1 sowie den Co-Autor in Beispiel Nr. 2; auch diese Personen sind nur Ideengeber oder Gehilfen, sofern sie nicht eigenschöpferisch zur Gestaltung des Drehbuchs beitragen.

Der Produzent sollte sich in Zweifelsfällen von sämtlichen Personen, die an der Drehbucherstellung mitgewirkt haben, die erforderlichen Nutzungsrechte einräumen lassen. Auch die Frage der Nennung aller Beteiligten in Vor- und Abspann, Plakaten etc. sollte klargestellt werden, um späteren Streitigkeiten vorzubeugen. Der Produzent sollte sich hierbei nicht allein auf eine eventuelle „Branchenübung" verlassen, wonach sich z.B. Scriptberater und Storyliner nur als bloße Dienstleister und nicht Miturheber verstehen und keine weitergehenden Rechte hieraus geltend machen werden. Kommt es erst einmal zu einem Gerichtsverfahren, kann niemand vorhersagen, wie ein Sachverständiger oder ein Gericht die Bedeutung der Einzelbeiträge einschätzen wird.

6. Welche Rechte habe ich als Urheber?

> Beispiel:
> Ausgangssituation: Die hoffnungsvolle Filmstudentin hat ihre erste Drehbuchfassung fertig gestellt. Sie schickt das Manuskript an den Produzenten mit der Bitte um eine kritische Begutachtung. Der Produzent, der sich selbst seit mehreren Jahren in einer kreativen Talsohle befindet, ist von dem Erstlingswerk begeistert und will es sofort verwenden.

Der Urheber genießt nach deutschem Recht einen besonders starken Schutz; nicht das Werk, sondern der Urheber selbst in seinen geistigen und persönlichen Beziehungen zu dem Werk und der Nutzung des Werkes steht im Mittelpunkt des Urheberrechtsgesetzes, §§ 1, 11 UrhG. Das Werk dient zugleich der Sicherung einer angemessenen Vergütung für die Nutzung des Werkes, § 11 S. 2 UrhG.

Das Urheberrechtsgesetz ist von dem Gedanken getragen, dass sich der Urheber von seinem Werk niemals vollständig trennen kann, es bleibt immer ein Teil von

I. Der Drehbuchautor und seine Rechte   21

ihm und trägt dessen persönliche Züge. Selbst wenn er alle bekannten Nutzungsrechte an andere einräumt, bleibt er stets der Urheber des Werkes; erst mit seinem Tode kann das Urheberrecht in Erfüllung einer Verfügung von Todes wegen oder an einen Miterben im Wege der Erbauseinandersetzung übertragen werden (§ 29 UrhG).

6.1. Urheberpersönlichkeitsrechte

Beispiel:
1. Der Produzent reicht das Buch bei verschiedenen Förderungen ein und erläutert den Inhalt auf einer Pressekonferenz.
2. Bei der Verfilmung übernimmt er einige Szenen ganz, fügt neue hinzu und ändert die Charaktere und Handlungslinien; anstatt des im Drehbuch vorgesehenen Happyends begehen sämtliche Charaktere im Film einen Massensuizid.
3. Im Abspann des Films gibt er lediglich den Autoren der kurbelfertigen Drehbuchfassung sowie seine eigene Ehefrau (die aber gar nicht an dem Projekt beteiligt war) als Co-Autoren an. Er meint, nach allgemeiner Branchenübung müssten unbekannte Autoren einer ersten Drehbuchfassung im Abspann nicht genannt werden.

Aufgrund der persönlichen Verbundenheit mit seinem Werk erkennt das Gesetz dem Urheber gewisse Urheberpersönlichkeitsrechte (auch „Droits moraux", „Moral rights") zu. Zu diesen Urheberpersönlichkeitsrechten gehören in erster Linie das Veröffentlichungsrecht, das Recht auf Anerkennung der Urheberschaft sowie das Recht des Urhebers auf Wahrung der Integrität seines Werkes.

6.1.1. Veröffentlichungsrecht

Das Veröffentlichungsrecht ist das Recht des Urhebers, zu bestimmen, ob und wie, d.h. zu welchem Zeitpunkt und auf welche Weise, sein Werk veröffentlicht werden soll, § 12 Abs. I. UrhG. Dieses Recht erstreckt sich ebenfalls auf öffentliche Mitteilungen oder Beschreibungen des Inhalts des Werkes, solange weder das Werk noch dessen Inhalt mit Zustimmung des Urhebers veröffentlicht wurden, § 12 Abs. II. UrhG.

Ein Werk ist veröffentlicht, wenn es der Allgemeinheit zugänglich gemacht wurde (M. Schulze, Materialien, S. 433). Dies schließt notwendigerweise eine Verwertungshandlung mit ein, d.h. entweder eine Verbreitung, eine Ausstellung oder eine Wiedergabe (M. Schulze, Materialien, S. 433). Der Begriff der Veröffentlichung in § 12 UrhG ist damit gleichbedeutend mit dem in § 6 Abs. I. UrhG. Der Öffentlichkeitsbegriff des § 15 Abs. III. UrhG, wonach eine öffentliche Wiedergabe bereits dann erfolgt, wenn sie für eine Mehrzahl von Mitgliedern der Öffentlichkeit bestimmt ist, die nicht durch persönliche Beziehungen zum Werkverwerter oder untereinander verbunden sind, ist auf § 12 UrhG nicht unmittelbar anzuwenden (Schricker/Dietz, § 12, Rd. 8, umstr.).

Im vorliegenden Beispiel Nr. 1 wird eine Veröffentlichung allein durch das Einreichen des Drehbuchs bei den verschiedenen Förderungen m.E. nicht zu bejahen sein, da der Produzent das Werk lediglich einem begrenzten Empfängerkreis (den Mitgliedern der entsprechenden Kommissionen), nicht aber der Allgemeinheit zugänglich gemacht hat (a.A. Schwarz, in: Becker/Schwarz, Aktuelle Rechtsprobleme der Filmproduktion und Filmlizenz, S. 206, Fn. 25). Wohl aber hat der Produzent durch die Mitteilung des Inhalts des Drehbuchs auf der Pressekonferenz das Recht der Filmstudentin aus § 12 Abs. II. UrhG verletzt.

Diese Freigabe des Werkes zur Veröffentlichung im Sinne von § 12 UrhG wird selten ausdrücklich erklärt. Schließt ein Urheber einen Nutzungsvertrag mit einem Verwerter, der zwingend eine Veröffentlichung vorsieht, so liegt hierin eine stillschweigende Zustimmung zur Veröffentlichung des Werkes (vgl. Fromm/Nordemann/Hertin, § 12, Rd. 2). Voraussetzung ist dann aber, dass das Werk bei Vertragsschluss bereits vollendet war. Muss das Werk erst hergestellt werden, bedarf es zum Zeitpunkt der Fertigstellung einer erstmaligen Zustimmung zur Veröffentlichung. Aber auch diese kann dann stillschweigend (z.B. durch eine vorbehaltlose Abnahme des fertigen Werkes oder der Duldung von Verwertungshandlungen durch den Urheber) erfolgen.

Anders ist es im Ausgangsfall: Mit dem Zuschicken des Drehbuchs an den Produzenten zur Begutachtung hat die Filmstudentin weder Nutzungsrechte an dem Buch eingeräumt noch dieses zur Veröffentlichung freigegeben. Offensichtlich handelte es sich zudem um eine erste Fassung, welche naturgemäß einer weiteren Überarbeitung bedarf und nicht zur Veröffentlichung vorgesehen ist.

Hat der Urheber ein Werk zur Veröffentlichung freigegeben, tritt eine so genannte Erschöpfung seines Bestimmungsrechts aus § 12 UrhG ein. Nach einer Ansicht könnte § 12 UrhG als eine Art „Einmal-Recht" verstanden werden, welches nach der erstmaligen Veröffentlichung für alle Nutzungsarten verbraucht ist (vgl. Schricker/Dietz, § 12, Rd. 7 f. m.w.N.). Nach anderer Ansicht beschränkt sich die Erschöpfung des Veröffentlichungsrechts nur auf die konkrete Verwertungsform, hinsichtlich anderer Nutzungsarten bleibt das Recht aus § 12 UrhG bestehen (Fromm/Nordemann/Hertin, § 12, Rd. 10). Es ist danach ein „Mehrfach-Recht" (so: Fromm/Nordemann/Hertin, § 12, Rd. 1). Diese Ansicht ist vorzugswürdig: § 12 UrhG berechtigt den Urheber ausdrücklich, über das „Wie" der Veröffentlichung zu entscheiden. Demnach kann er die Nutzung seines Werkes für bestimmte Nutzungsarten mit absoluter Wirkung beschränken. Will er zu einem späteren Zeitpunkt den Umfang der Werknutzung auf weitere Nutzungsarten, die vielleicht bei Abschluss des ersten Nutzungsvertrages noch gar nicht bekannt waren, erweitern, kann das Veröffentlichungsrecht insofern auch nicht verbraucht sein.

Eine Veröffentlichung eines Werkes oder dessen Inhaltes ohne Zustimmung des Urhebers führt in keinem Fall zu einer Erschöpfung des Urheberpersönlichkeitsrechts aus § 12 UrhG (Schricker/Dietz, § 12, Rd. 7, 26).

6.1.2. Recht auf Anerkennung der Urheberschaft

Gemäß § 13 S. 1 UrhG hat der Urheber das Recht auf Anerkennung der Urheberschaft; nach § 13 S. 2 UrhG kann er bestimmen, ob und wie sein Werk mit einer Urheberbezeichnung zu versehen ist.

I. Der Drehbuchautor und seine Rechte

Das Recht auf Anerkennung der Urheberschaft ist eines der Grundrechte des Urhebers; Erfolg, Reputation und mögliche Folgeaufträge werden hierdurch beeinflusst. Eine ordnungsgemäße Nennung des Urhebers erleichtert ferner die Kontrolle der späteren Auswertung und Durchsetzung seiner Ansprüche. Nur den auf dem Original des Werkes und den Vervielfältigungsstücken ordnungsgemäß bezeichneten Urheber trifft die Beweiserleichterung des § 10 UrhG, wonach die Urheberschaft bis zum Beweis des Gegenteils zu seinen Gunsten vermutet wird (s.o. A.I.4.).

Der Urheber kann nicht nur beanspruchen, selbst in korrekter Form genannt zu werden, er kann auch eine Nennung derjenigen Personen verhindern, die nicht oder nicht in der bezeichneten Form an der Erstellung des Werkes beteiligt waren (Fromm/Nordemann/Hertin, § 13, Rd. 11). So kann ein Autor z.B. verhindern, dass ein unbeteiligter Dritter oder ein bloßer Gehilfe als Co-Autor bezeichnet wird. Eine Bezeichnung als Co-Autor weist für den Betrachter auf eine partnerschaftliche, enge Zusammenarbeit hin und wäre damit irreführend. Auch bei echten Co-Autoren muss sich die Bedeutung der jeweiligen Beiträge in der Art und Weise der Nennung (z.B. in Größe und Reihenfolge der Namen im Abspann) widerspiegeln. Im Falle einer Bearbeitung eines Werkes hat nicht nur der Bearbeiter selbst, sondern auch der Originalurheber der Vorlage einen eigenen Nennungsanspruch aus § 13 UrhG.

> Im vorliegenden Beispiel Nr. 3 hat die Filmstudentin ein Recht auf Anerkennung der Urheberschaft entsprechend dem Umfang ihrer Beteiligung, d.h. als Autorin der ersten Drehbuchfassung. Sie kann aber nicht verlangen, als alleinige Urheberin aufgeführt zu werden. Die Nennung der an der Drehbucherstellung unbeteiligten Ehefrau des Produzenten kann sie untersagen.

Umgekehrt gesteht das Gesetz dem Urheber auch das Recht der Leugnung der Urheberschaft zu, z.B. der anonymen oder pseudonymen Veröffentlichung (Fromm/Nordemann/Hertin, § 13, Rd. 5, 14; Schricker/Dietz, § 13, Rd. 2). Der Urheber kann auch ein Nennungsverbot aussprechen, welches von jedermann zu beachten ist (Fromm/Nordemann/Hertin, § 13, Rd. 14; Schricker/Dietz, § 13, Rd. 10). Erachtet der Autor eines Drehbuchs nachträglich die filmische Umsetzung durch einen Regisseur für nicht gelungen, kann er verlangen, im Vor- und Abspann des Filmes nicht genannt zu werden. Er kann gleichwohl nicht verhindern, dass ein Dritter (z.B. ein Kritiker) die wahre Identität des Autors aufdeckt und diesen mit dem Drehbuch in Zusammenhang bringt (vgl. Fromm/Nordemann/Hertin, § 13, Rd. 14).

> Im Beispiel Nr. 2 könnte die Autorin aufgrund der Entstellungen ihres Drehbuchs ein solches Nennungsverbot erwägen (Mangels einer Rechteeinräumung kann die Autorin die Auswertung des Films aber auch gänzlich untersagen).

Selbst wenn ein Urheber durch vertragliche Abrede auf die Ausübung seines Rechts auf Nennung verzichtet hat, soll dies im Einzelfall einen späteren Widerruf dieser Beschränkung nicht ausschließen, wenn der Urheber nachträglich ein berechtigtes Interesse an der Namensnennung hat (vgl. zum Widerruf einer Beschränkung des Urheberbenennungsrechts nach einem 20 Jahre andauernden Festhalten hieran aus wichtigem Grund LG München I ZUM 2003, 64 – Pumuckl – Nennungsabrede).

Der Nennungsanspruch des Urhebers bezieht sich vom Wortlaut des § 13 S. 2 UrhG her allerdings nur auf das Werk selbst, also auf das Original des Werkes sowie dessen Vervielfältigungsstücke. Nach der Begründung des Regierungsentwurfs zum UrhG sollte der Urheber keinen allgemeinen Nennungsanspruch bei jeder Nutzung erhalten (M. Schulze, Materialien, S. 433/434). Nach der Ansicht des Gesetzgebers sei der Urheber im Falle einer Nutzung nicht schutzwürdig. Da jede (erlaubte) Werknutzung die vorherige vertragliche Einräumung der Nutzungsrechte des Urhebers an den Vertragspartner voraussetze, habe es der Urheber selbst in der Hand, seinen Nennungsanspruch durchzusetzen oder wirksam hierauf zu verzichten (M. Schulze, a.a.O.). Etwas anderes gelte nur in Fällen, in denen eine Nutzung auch ohne Zustimmung des Urhebers erlaubt sei, wie z.B. bei der Aufnahme von Werken in Sammlungen für den Kirchen-, Schul- oder Unterrichtsgebrauch oder der Zwangslizensierung von Musikwerken zur Herstellung von Tonträgern. Hier sehe dann das Gesetz die grundsätzliche Verpflichtung zur Quellenangabe sowohl auf körperlichen Vervielfältigungsstücken als auch bei der unkörperlichen Nutzung durch öffentliche Wiedergabe vor (vgl. § 63 Abs. I., II. UrhG).

Diese Ansicht wird der bedeutenden Schutzfunktion des § 13 UrhG nicht gerecht. Gegenüber dem Verwerter ist der Urheber meist der wirtschaftlich schwächere Vertragspartner und wird seinen Nennungsanspruch nur selten durchsetzen können, zumal sich die Verwerter nur ungern die Art und Weise der Nennung der Autoren bei der späteren Auswertung „vorschreiben" lassen. Auch wäre der Urheber im Falle einer weiteren Lizenzvergabe nicht geschützt, falls es der Vertragspartner verabsäumt hat, die vertragliche Nennungsverpflichtung deckungsgleich an seine Lizenznehmer weiterzugeben.

Im Filmbereich würde eine Beschränkung des Nennungsrechts auf Original und Vervielfältigungsstücke in der Konsequenz bedeuten, dass ein Drehbuchautor zwar die Nennung im Vor- oder Abspann der Filmkopien verlangen könnte, nicht aber, dass dieser Abspann auch bei einer Kinovorführung oder Fernsehausstrahlung gezeigt würde. Damit wäre Sinn und Zweck des § 13 UrhG ausgehebelt. Der Autor kann daher beanspruchen, dass auch Vor- und Abspann des Filmes bei jeder Nutzung deutlich sichtbar und in angemessener Geschwindigkeit gespielt werden. Ausnahmen können nur in solchen Bereichen zugelassen werden, in denen eine Nennung technisch unmöglich wäre oder dem Nutzungszweck zuwiderlaufen würde. So können z.B. Urheber von Musikwerken (Komponisten oder Texter) nicht beanspruchen, dass sie bei jedem Abspielen ihrer Werke im Radio namentlich genannt werden. Dies würde gerade im Bereich der Popmusik angesichts der Kürze der Musiktitel zu ständigen Unterbrechungen des Radioprogramms führen und dem Nutzungszweck (Unterhaltung des Zuhörers) zuwiderlaufen. Bei der Auswertung eines Filmes im Kino, Fernsehen oder im Internet ist dagegen ein Abspielen des im Verhältnis zur Gesamtlänge des Films äußerst kurzen Vor- oder Abspanns stets möglich und schmälert in keiner Weise den Nutzungswert bzw. den Genuss des Werkes. Die neuerdings zu beobachtende Praxis der Sendeunternehmen, den Nachspann von Spielfilmen abzuschneiden oder in überhöhter Geschwindigkeit abzuspielen verletzt m.E. den Nennungsanspruch der Urheber. Auch die Verbindung von Filmabspann und Fernsehwerbung im Wege der Bildschirmteilung

(Split-Screen) stellt eine Verletzung des Nennungsanspruchs der Urheber dar, wenn deren Urheberbezeichnungen von dem durchschnittlichen Fernsehzuschauer aufgrund der zusätzlichen Sinneseindrücke nicht mehr ausreichend wahrgenommen werden.

Der Nennungsanspruch des Urhebers erstreckt sich in Ergänzung hierzu auch auf Begleitmaterialien zum Werk, wie z.B. Werbeträger (Plakate, Flyer, Anzeigen etc.). Im Zweifel sollte der Urheber sämtliche Nennungsverpflichtungen im Nutzungsvertrag ausdrücklich vereinbaren.

Wird der Urheber vom Produzenten im Vor- oder Abspann eines Films nicht oder nicht richtig genannt, kann dies einen Unterlassungsanspruch gegen die Filmauswertung und einen Schadensersatzanspruch begründen. Das für den Schadensersatzanspruch notwendige Verschulden des Produzenten wird regelmäßig vorliegen, da Vor- und Abspann von diesem vor Freigabe sorgfältig auf Vollständigkeit und Fehlerfreiheit zu kontrollieren sind.

6.1.2.1. Bedeutung der „branchenüblichen Nennung"

In der Praxis stellt sich immer wieder die Frage, wie die Nennung des Urhebers zu erfolgen hat, wenn die Parteien keine konkrete vertragliche Bestimmung hierüber getroffen haben. Die Verwerter berufen sich in solchen Fällen gerne auf angebliche Branchenübungen, um Einschränkungen des Nennungsanspruchs oder gar einen Verzicht auf Nennung zu rechtfertigen. Solche Branchenübungen begünstigen in der Regel die Verwerterseite und gehen zu Lasten der Urheber.

Einschränkungen des Nennungsanspruchs des Urhebers aufgrund allgemeiner Verkehrsgepflogenheiten sind nur dann möglich, wenn diese – entweder ausdrücklich oder stillschweigend – Vertragsinhalt geworden sind (BGH NJW 1994, 2621 – Namensnennungsrecht des Architekten).

Im Filmbereich werden diese Branchenübungen oftmals ausdrücklich in die Nutzungsverträge einbezogen. Filmproduzenten sichern in der Regel keine konkrete Namensbezeichnung zu, sondern verpflichten sich nur zur „branchenüblichen Nennung des Vertragspartners im Vor- und/oder Abspann des Filmes".

Ist auf eine Branchenübung nicht ausdrücklich Bezug genommen, kann diese allenfalls stillschweigend Vertragsinhalt geworden sein. Der BGH ist der Ansicht, dass Verkehrsgewohnheiten und Branchenübungen, soweit sie sich gebildet haben, bei der Nutzungseinräumung stillschweigend zugrunde gelegt werden (BGH NJW 1994, 2621, 2622 – Namensnennungsrecht des Architekten). Voraussetzung ist aber, dass diese für den Urheber überhaupt erkennbar waren (BGH NJW 1994, 2621, 2623 – Namensnennungsrecht des Architekten). Hieran wird man aber strenge Anforderungen stellen müssen, insbesondere wenn hierdurch wesentliche Beschränkungen oder gar ein Verzicht auf Nennung begründet werden sollen.

Ist eine „branchenübliche Nennung" nach diesen Grundsätzen Vertragsinhalt geworden, stellt sich sodann das praktische Problem der eindeutigen Feststellung dieser Gepflogenheiten. Je nachdem, ob es sich um einen Kino-, Fernseh-, Dokumentar-, Werbe-, Lehr-, Industrie-, High-Budget-, Low-Budget-, Akademie-, Kultur- oder Unterhaltungsfilm handelt, können diese Branchenübungen sehr unterschiedlich sein. Der Rückgriff auf so genannte Branchenübungen birgt für beide

Seiten also erhebliche Unsicherheiten in sich; im Zweifel muss immer zugunsten des Urhebers entschieden werden. Es liegt allein im Risikobereich des Verwerters, das Nennungsrecht des Urhebers im Vertrag ausdrücklich abzubedingen oder nach seinen Vorstellungen zu spezifizieren.

> Im Fall Nr. 2 liegen für eine (stillschweigende) Einbeziehung von Branchenübungen keine Anhaltspunkte vor. Eine branchenübliche Gepflogenheit, bei Spielfilmproduktionen nur Co-Autoren zu nennen und unbekannte Autoren früherer Fassungen zu verschweigen, gäbe es ohnehin nicht. Die Autorin muss somit genannt werden.

6.1.3. Recht auf Wahrung der Integrität des Werkes

Der Integritätsschutz des § 14 UrhG gibt dem Urheber „das Recht, eine Entstellung oder eine andere Beeinträchtigung seines Werkes zu verbieten, die geeignet ist, seine berechtigten geistigen oder persönlichen Interessen am Werk zu gefährden."

Eine Entstellung ist jede Verzerrung oder Verfälschung der Wesenszüge des Werkes (Fromm/Nordemann/Hertin, § 14, Rd. 8). Eine andere Beeinträchtigung i.S.d. § 14 UrhG ist jede andere Handlung, die zwar weder verzerrt noch verfälscht, aber dennoch die geistigen und persönlichen Interessen des Urhebers gefährdet. Dies kann sowohl durch Änderungen am Werk oder Werkexemplar selbst, oder durch Integration des Werkes in einen interessengefährdenden Kontext geschehen (Schricker/Dietz, § 14, Rd. 23 ff.).

Ob für eine Entstellung zusätzlich auch eine Gefährdung der geistigen und persönlichen Interessen des Urhebers erforderlich ist, ist umstritten. Aufgrund des in Singularform gehaltenen Relativsatzes „die geeignet ist" in § 14 UrhG wird teilweise vertreten, dass eine Interessengefährdung nur bei den „anderen Beeinträchtigungen" vorliegen muss, während Entstellungen per se zu verbieten seien (vgl. Fromm/Nordemann/Hertin, § 14 Rd. 5). Allerdings kann m.E. eine Werkänderung auch nur dann als „Entstellung" i.S.d. § 14 UrhG angesehen werden, wenn gleichzeitig die geistigen und persönlichen Interessen des Urhebers gefährdet sind. Nur dann besitzt die Handlung den notwendigen persönlichkeitsrechtlichen Einschlag, um die Verletzung eines Urheberpersönlichkeitsrechts zu begründen. Eine Werkänderung, die den Urheber lediglich in seinen vermögensrechtlichen Interessen tangiert, kann nicht über § 14 UrhG, sondern allenfalls als ungenehmigte Bearbeitung über § 23 UrhG verhindert werden. Auch die amtliche Begründung ordnet die Interessengefährdung sprachlich beiden Tatbestandsmerkmalen zu (vgl. M. Schulze, Materialien, S. 434).

Die Prüfung, ob eine Gefährdung der berechtigten Interessen des Urhebers gegeben ist, macht eine Interessenabwägung im Einzelfall notwendig. Insofern hat der Urheber sowohl auf die Belange der Besitzer oder Eigentümer von Werkexemplaren als auch der Inhaber von Nutzungsrechten Rücksicht zu nehmen.

Die Eigentümer von Vervielfältigungsstücken des Werkes können im privaten Bereich auch schwerwiegende Entstellungen vornehmen. Da diese Handlungen nicht an die Öffentlichkeit gelangen, werden hier die Urheberinteressen von den Eigentümerinteressen verdrängt. Bei Originalen soll aber auch schon die private Entstellung unzulässig sein, da aufgrund der langen Schutzdauer der Werke schon

I. Der Drehbuchautor und seine Rechte 27

die Möglichkeit einer öffentlichen Kenntnisnahme den Gefährdungstatbestand begründe (Schricker/Dietz, § 14, Rd. 16; Fromm/Nordemann/Hertin, § 14, Rd. 14, insbesondere für Werke der bildenden Kunst und Bauwerke).

Im Verhältnis des Urhebers zu den Inhabern von Nutzungsrechten sind die gegenseitigen Interessen unter Berücksichtigung des gemeinsam verfolgten Vertragszwecks gegeneinander abzuwägen. Hierbei ist zunächst die Vorschrift des § 39 Abs. II. UrhG zu beachten: Danach sind Änderungen des Werkes sowie seines Titels, zu denen der Urheber seine Einwilligung nach Treu und Glauben nicht versagen kann, zulässig. Hierdurch wird der Intergritätsschutz des Urhebers dahingehend relativiert, dass er zumindest solchen Änderungen nicht entgegentreten kann, die zur Erfüllung des gemeinsamen Vertragszwecks und der berechtigten Verwertungsinteressen seines Vertragspartners erforderlich sind. Zudem kann dem Inhaber des Nutzungsrechts ausdrücklich oder stillschweigend eine Bearbeitungsbefugnis nach § 23 UrhG eingeräumt worden sein. Entstellungen oder andere Beeinträchtigungen, die die geistigen oder persönlichen Beziehungen des Urhebers zu seinem Werk verletzen, werden durch die §§ 39, 23 UrhG jedoch nicht gerechtfertigt.

Urheber im Filmbereich erfahren aber eine wichtige Einschränkung des Integritätsschutzes nach § 93 UrhG, welche im Rahmen der Interessenabwägung zu berücksichtigen ist:

6.1.3.1. Einschränkung des Integritätsschutzes bei Filmwerken

Gemäß § 93 UrhG können sich Urheber des Filmwerks sowie der zu seiner Herstellung benutzten Werke nur gegen gröbliche Entstellungen oder andere Beeinträchtigungen wehren. Sie haben hierbei aufeinander und den Filmhersteller angemessen Rücksicht zu nehmen. Sinn dieser Regelung ist es, die Auswertung der meist mit hohem Budget hergestellten Filme zu erleichtern (M. Schulze, Materialien, S. 560). Die Begründung führt hier als Beispiele notwendige nachträgliche Änderungen zur Berücksichtigung der Freiwilligen Selbstkontrolle der deutschen Filmwirtschaft (FSK) oder Anpassungen an ausländische Verhältnisse an (M. Schulze, a.a.O.).

Teilweise wird die Verfassungsgemäßheit des § 93 UrhG in Zweifel gezogen (Fromm/Nordemann/Hertin, § 93, Rd. 2 ff.). Schon § 14 UrhG verlange eine nicht hinnehmbare Gefährdung der berechtigten Interessen des Urhebers, so dass das Erfordernis einer darüber hinausgehenden gröblichen Verletzung die Anforderungen an eine Persönlichkeitsrechtsverletzung des Urhebers über Gebühr strapaziere. Demgemäß sei § 93 UrhG dahingehend auszulegen, dass jede Entstellung und andere Beeinträchtigung zu unterlassen sei, die die berechtigten Interessen des Urhebers auch unter besonderer Berücksichtigung des Mediums Film verletze (Fromm/Nordemann/Hertin, § 93, Rd. 5).

Die abweichende Ansicht stellt – wie auch seinerzeit die amtliche Begründung – die Verwerterinteressen und das wirtschaftliche Risiko des Produzenten in den Vordergrund. Danach seien Änderungen am Filmwerk oder an den vorbestehenden Werken schon dann gerechtfertigt, wenn diese die wirtschaftlichen Auswertungschancen des Films erhöhten (v. Hartlieb/Schwarz/Schwarz/Reber, Kap. 54, 12). Eine gröbliche Entstellung läge nur bei einer völligen Verkehrung des ursprünglichen Sinngehalts des Filmwerks bzw. des ihm zugrunde liegenden Werkes oder einer völligen Verunstaltung urheberrechtlich wesentlicher Teile des Filmes oder Werkes vor (v. Hartlieb/Schwarz, a.a.O.).

Dieser Ansicht hat sich auch die Rechtsprechung angeschlossen (z.B. OLG München GRUR 1986, 460, 461 – Die unendliche Geschichte). Das OLG München hatte in der zitierten Entscheidung eine solche Verzerrung der Grundzüge des Werkes durch die Einfügung einer in der Romanvorlage „Die unendliche Geschichte" nicht angelegten Schlussszene in den gleichnamigen Film angenommen. Anders als in dem Roman wurde in dieser Filmszene erstmals die Trennung zwischen der Phantasievorstellung der Hauptfigur und der realen Wirklichkeit für eine Art „Schlußgag" aufgehoben und dadurch die zentrale Aussage und Ernsthaftigkeit des Buches durchbrochen. Dadurch verlieh der Film dem Roman eine andere Färbung und Tendenz und entstellte diesen gröblich im Sinne von § 93 UrhG (OLG München GRUR 1986, 460, 463 – Die unendliche Geschichte). Trotz der Feststellung, dass eine gröbliche Entstellung gegeben sei, hat das Gericht hier – m.E. zu Unrecht – eine weitere Interessenabwägung nach den Grundsätzen von Treu und Glauben vorgenommen, welche sodann zu Lasten des Autors ausfiel: Dieser habe seinerzeit im Verfilmungsvertrag einer mehrteiligen Verfilmung seines Werkes zugestimmt und damit die Übernahme des werkgetreuen Schlusses unmöglich gemacht. Auch habe er einer in ihrer Aussage vergleichbaren, später aber verworfenen Schlussszene im Vorfeld zugestimmt und brauchbare alternative Vorschläge für das endgültige Filmende nicht unterbreitet (OLG München GRUR 1986, 460, 463 – Die unendliche Geschichte).

An anderer Stelle hat das Kammergericht zu Recht in der Einfügung verschiedener Fremdzitate von Oscar Wilde gleich zu Anfang eines Kriminalfernsehspiels sowie in der Veränderung der Rolle eines Handlungsträgers im Hinblick auf die innere Tatmotivation eine gröbliche Entstellung im Sinne von § 93 UrhG gesehen. Hierdurch werde die Atmosphäre des Spiels und der Charakter des Stückes gleich zu Beginn ohne Notwendigkeit gröblich verändert und von der Handlungsstruktur der Vorlage abgekehrt (KG UFITA 59, 279, 283 – Kriminalspiel). Die nachträgliche Kürzung eines prämierten Dokumentarfilms um die Hälfte (von 80 auf 40 Minuten) kann nach Ansicht des Kammergerichts über § 93 UrhG gedeckt und vom Regisseur des Films hinzunehmen sein (KG, Urt. v. 23.03.2004, 5 U 278/03).

Im Falle der Verfilmung einer literarischen Vorlage ist allerdings zwischen dem Autor einer Romanvorlage und dem Drehbuchautor zu differenzieren: Während ein Roman zur Verfilmung noch wesentlicher Bearbeitung bedarf und bei der Umsetzung in das Medium Film manches verloren gehen muss oder nicht dargestellt werden kann (OLG München GRUR 1986, 460, 462 – Die unendliche Geschichte), ist dies bei einem für die Verfilmung gerade vorgesehenen Drehbuch nicht der Fall. Der Drehbuchautor – der im Abspann des Filmes auch mit seinem Namen für die Qualität des Filmmanuskripts einstehen muss – hat vielmehr ein schützenswertes Interesse an einer möglichst unveränderten Umsetzung seines Werkes. Hier wird sich der Produzent im Zweifel nicht auf § 93 UrhG berufen können. Es lässt sich vielmehr vertreten, dass selbst die einfache Bearbeitungsbefugnis des Filmherstellers an dem vorbestehenden Werk nach § 88 Abs. I. UrhG im Zweifel stillschweigend abbedungen ist; der Filmhersteller muss sich somit die Einwilligung zur Vornahme solcher Bearbeitungen ausdrücklich erteilen lassen (s.u. A.III.2.5.2.2.).

I. Der Drehbuchautor und seine Rechte 29

Sofern am Drehbuch aber bestimmte Änderungen zur filmischen Umsetzung zwingend notwendig sind, haben die besonderen Interessen des Filmherstellers auch hier Vorrang. Verlangt ein Drehbuch z.b. aufwendige Außenaufnahmen, welche nur unter erheblichem Kostenaufwand (Seeschlachten, reale Mondlandung) oder gar nicht zu bewerkstelligen sind, wird der Produzent nach kreativen Alternativen suchen dürfen, auch wenn hierdurch vielleicht Atmosphäre und zentrale Aussage des Drehbuchs verzerrt werden. Gleiches gilt, wenn die Realisierung bzw. Verwertung des Drehbuchstoffs gegen rechtliche Bestimmungen verstoßen würde (z.B. wegen jugendgefährdender oder diffamierender Inhalte). Der Produzent sollte aber zunächst die Abnahme verweigern und dem Autor Gelegenheit zur Nachbesserung geben, bevor eigenmächtig tief greifende Änderungen veranlasst werden.

> Ob im vorliegenden Beispiel Nr. 3 der Produzent allein durch das Einfügen neuer oder Weglassen bestehender Szenen und Charaktere das Urheberpersönlichkeitsrecht der Autorin aus § 14 UrhG verletzt hat, ist fraglich. Handelte es sich um Schlüsselszenen oder Hauptfiguren, so könnte dies zu einer Verzerrung der Story führen. Der Wechsel von einem Happyend zu einem Massensuizid ändert aber auf jeden Fall Grundstimmung und Aussage der Geschichte und verfälscht das Werk, so dass eine gröbliche Entstellung im Sinne von § 93 UrhG vorliegt.

Die Beschränkung des Integritätsschutzes nach § 93 UrhG entfaltet allerdings nur Wirkung auf die filmische Auswertung des Werkes. Nutzt der Filmhersteller das Werk oder Teile hiervon für andere Zwecke (z.B. Merchandising), so gilt § 14 UrhG uneingeschränkt.

6.1.4. Weitere Rechte mit persönlichkeitsrechtlichem Bezug

Daneben kennt das Urheberrechtsgesetz zahlreiche weitere Bestimmungen mit persönlichkeitsrechtlichem Einschlag, wie das Zugangsrecht des Urhebers zu seinen Werkstücken, das Folgerecht, bestimmte Rückrufsrechte oder das Recht auf Quellenangabe.

Das Zugangsrecht nach § 25 UrhG umfasst das Recht des Urhebers, vom Besitzer Zugang zu dem Original oder Vervielfältigungsstücken seines Werkes zu verlangen, soweit dies zur Herstellung von Vervielfältigungsstücken oder Bearbeitungen (an einem anderen Werkstück) erforderlich ist und keine berechtigten Interessen des Besitzers entgegenstehen.

> So könnte die Filmstudentin im Ausgangsfall, sollte sie dem Produzenten tatsächlich ihr einziges Werkexemplar übereignet haben, Zugang zu diesem verlangen, um sich z.B. eine Sicherungskopie zu fertigen.

Der Urheber hat aber keinen Anspruch auf Herausgabe seines Werkstücks, § 25 Abs. II. UrhG. Auch kann er nicht verlangen, dass der Besitzer das Werkstück pfleglich behandelt, an einem sicheren Ort aufbewahrt oder seine Vernichtung verhindern (vgl. M. Schulze, Materialien, S. 450). Soweit dem Besitzer infolge der Ausübung des Zugangsrechts Kosten entstehen, hat diese der Urheber zu tragen (vgl. Fromm/Nordemann/Nordemann, § 25, Rd. 2).

Dem Zugangsrecht des Urhebers können im Einzelfall berechtigte Interessen des Besitzers entgegenstehen. Hat z.B. ein Käufer auf einer Auktion die letzte existierende Filmrolle eines vergessenen Filmes für eine hohe Geldsumme erstanden, so hätte er sicherlich ein erhebliches materielles Interesse daran, den Urheber zu hindern, unzählige (qualitativ gleich- oder gar höherwertige) Vervielfältigungsstücke für eine weltweite Vermarktung herstellen zu lassen, da dies den Wert seiner Filmkopie zerstören würde.

Das Folgerecht (auch „Droit de suite") nach § 26 UrhG sichert dem Urheber eines Werkes der bildenden Künste im Falle der Weiterveräußerung des Originals unter Beteiligung eines Kunsthändlers oder Versteigerers einen prozentualen Erlösbeteiligungsanspruch in Höhe von 0,25 bis 4% zu, wenn der Erlös mindestens 400 EUR beträgt. Da das Folgerecht auf Drehbücher keine Anwendung findet, soll hier nicht weiter darauf eingegangen werden.

Die §§ 41, 42 UrhG gewähren dem Urheber ein Rückrufsrecht wegen Nichtausübung sowie ein Rückrufsrecht wegen gewandelter Überzeugung. § 34 Abs. III. S. 2 UrhG regelt ferner ein Rückrufsrecht für den Fall der Übertragung eines Nutzungsrechts im Rahmen einer Unternehmensveräußerung. Nach diesen Vorschriften kann der Urheber bereits eingeräumte Nutzungsrechte unter bestimmten Umständen zurückrufen, wenn er ein berechtigtes Interesse daran hat. Diese, für den Drehbuchautor nicht unwesentlichen Rechte, werden im Rahmen der Darstellung der Einräumung von Nutzungsrechten näher behandelt.

Im Falle der gesetzlich erlaubten Nutzung von Werken im Interesse der Allgemeinheit gemäß den §§ 42a, 44a ff. UrhG (z.B. zu bestimmten schulischen, wissenschaftlichen oder journalistischen Zwecken oder bei der Einräumung von Zwangslizenzen) regeln die §§ 62, 63 UrhG in Anlehnung an die §§ 13, 14 UrhG ein Änderungsverbot sowie eine Verpflichtung zur Quellenangabe.

6.2. Verwertungsrechte

Das Urheberrechtsgesetz gibt dem Urheber das ausschließliche Recht, sein Werk auf alle erdenklichen, auch zukünftigen Formen zu verwerten. Das Gesetz verzichtet hierbei, sämtliche Verwertungsformen einzeln aufzuzählen, da dies aufgrund der sich ständig weiter entwickelnden Verwertungstechniken unzweckmäßig wäre (M. Schulze, Materialien, S. 435, 436). In den §§ 15 ff. UrhG werden lediglich bestimmte Verwertungsrechte beispielhaft aufgeführt, neue, heute noch nicht bekannte Verwertungsformen bleiben dem Urheber bei ihrer Entstehung automatisch vorbehalten. Soweit die §§ 16 ff. UrhG allerdings Inhalt und Schranken eines Verwertungsrechts definiert haben, sind diese auch abschließend und können nicht über die gesetzliche Bestimmungen hinaus ausgedehnt werden (M. Schulze, Materialien, S. 436).

I. Der Drehbuchautor und seine Rechte   31

6.2.1. Verwertung in körperlicher Form
Beispiel:
4. Der Produzent fertigt 20 Kopien des Drehbuchs an und verteilt sie an sein Filmteam.
5. Es werden weitere Fotokopien gefertigt und für 10 EUR pro Stück an Filmhochschulstudenten verkauft.
6. Der Produzent bietet das Drehbuch auf seiner Homepage im Internet zum freien Download an.

Nach § 15 Abs. I. UrhG hat der Urheber das ausschließliche Recht zur Verwertung seines Werkes in körperlicher Form. Unter dieses Recht fallen insbesondere das Vervielfältigungsrecht, das Verbreitungsrecht und das Ausstellungsrecht.

6.2.1.1. Vervielfältigungsrecht
Das Vervielfältigungsrecht nach § 16 UrhG umfasst die Herstellung von Vervielfältigungsstücken, d.h. körperlichen Festlegungen jedweder Art, die geeignet sind, das Werk den menschlichen Sinnen auf irgendeine Weise unmittelbar oder mittelbar wahrnehmbar zu machen (Beispiele aus der amtlichen Begründung zum UrhG hierzu sind Bücher, Noten oder Schallplatten; vgl. M. Schulze, Materialien, S. 439).

Sowohl die Erstfixierung eines Werkes auf einem Vervielfältigungsstück (z.B. die Erstaufnahme eines Musikwerks auf ein Masterband im Tonstudio) als auch sämtliche weiteren Übertragungsvorgänge (z.B. die Herstellung von Compact Discs) stellen Vervielfältigungshandlungen im Sinne von § 16 UrhG dar. Hierbei ist es dann auch gleichgültig, ob das Werk im Zuge des Vervielfältigungsvorgangs geändert oder bearbeitet wird (str., vgl. Schricker/Loewenheim, § 16, Rd. 8 f. m.w.N.; Fromm/Nordemann/Nordemann, § 16, Rd. 1).

Auf das technische Verfahren bei der Vervielfältigung kommt es nicht an. Auch digitale Speicherungen oder Übertragungen sind Vervielfältigungen i.S.d. § 16 UrhG, wenn diese technisch einer Festlegung entsprechen und eine sinnliche Wahrnehmung ermöglichen (vgl. Fromm/Nordemann/Nordemann, § 16, Rd. 2; Schricker/Loewenheim, § 16, Rd. 18). Dies gilt insbesondere für das Uploading und Downloading im Internet (Schricker/Loewenheim, § 16, Rd. 22f.). Der Begriff der Vervielfältigung nach § 16 UrhG umfasst sowohl dauerhafte, als auch vorübergehende, flüchtige Festlegungen. Gerade im Bereich des Internet stellen z.B. die ständigen Speichervorgänge auf den Servern der Zugangsvermittler, etwa im Wege des Caching (eine kurze Zwischenspeicherung besuchter Netzseiten auf dem Server des Anbieters, um dem Nutzer ein schnelles „Zurückblättern" zu ermöglichen), sowie des Browsen (eine Zwischenspeicherung der Netzseiten im Arbeitsspeicher des Nutzers) Vervielfältigungen im Sinne des § 16 UrhG dar. Gemäß § 44a UrhG sind solche vorübergehenden Vervielfältigungshandlungen aber ohne Erlaubnis des Urhebers zulässig, wenn sie integraler Teil technischer Verfahren sind, die dazu dienen, eine Übertragung im Netz bzw. eine rechtmäßige Nutzung des Werkes zu ermöglichen und keine wirtschaftliche Relevanz besitzen.

Der Schutz des Urhebers ist nicht davon abhängig, dass die Vervielfältigungshandlung oder das Vervielfältigungsstück der Öffentlichkeit zugänglich gemacht wird oder zu gewerblichen Zwecken erfolgt. Auch die private Vervielfältigung berührt das Recht aus § 16 UrhG. Im privaten Bereich können allerdings Ausnahmebestimmungen greifen (z.B. § 53 UrhG).

Die Anfertigung der 20 Kopien des Drehbuchs für das Filmteam im Beispiel Nr. 4 sowie der weiteren Kopien für den Verkauf im Beispiel Nr. 5 berührt das Vervielfältigungsrecht der Filmstudentin. Durch das Uploading des Buches auf den Server, das Einspeisen in den Arbeitsspeicher beim Betrachten im Internet sowie das spätere Downloading im Beispiel Nr. 6 werden ebenfalls Vervielfältigungshandlungen im Sinne von § 16 UrhG begangen.

6.2.1.2. Verbreitungsrecht

Das Verbreitungsrecht nach § 17 UrhG gibt dem Urheber die ausschließliche Befugnis, das Original oder Vervielfältigungsstücke des Werkes der Öffentlichkeit anzubieten oder in Verkehr zu bringen. Im Unterschied zum Vervielfältigungsrecht erfordert das Verbreitungsrecht also einen Öffentlichkeitsbezug.

Ein Angebot an die Öffentlichkeit ist gegeben, wenn der Anbietende den privaten Kreis verlässt und aus der internen Sphäre in die Öffentlichkeit heraustritt (BGH NJW 1991, 1234 – Einzelangebot). Ein Inverkehrbringen erfordert ebenfalls eine Veräußerung, Vermietung oder Verleihung des Werkstücks an die Öffentlichkeit. Der Öffentlichkeitsbegriff des § 15 Abs. III. UrhG, wonach eine Wiedergabe nur dann öffentlich erfolgt, wenn sie für eine Mehrzahl von Mitgliedern der Öffentlichkeit bestimmt ist, die nicht durch persönliche Beziehungen zum Werkverwerter oder untereinander verbunden sind, ist im Falle einer körperlichen Werkverwertung nur sinngemäß anwendbar (BGH NJW 1991, 1234 – Einzelangebot, zu § 15 Abs. III. UrhG a.F.). Die körperliche Weitergabe eines Werkstücks erfolgt grundsätzlich im Wege der Einzelverbreitung. Eine Verbreitung kann deshalb bereits bei einen Einzelangebot an einen der Öffentlichkeit angehörigen Dritten, zu dem keine persönlichen Bindungen bestehen, gegeben sein (BGH NJW 1991, 1234, 1235 – Einzelangebot).

Das Verbreitungsrecht wird erschöpft, wenn das Original oder das Vervielfältigungsstück mit Zustimmung des Berechtigten durch Veräußerung im Gebiet der Europäischen Union (EU) oder des Europäischen Wirtschaftsraums (EWR) in den Verkehr gebracht wurde. Dann ist die Weiterveräußerung – mit Ausnahme der Vermietung – zulässig, § 17 Abs. II. UrhG. Dies trägt nur den allgemeinen Eigentumsinteressen der Konsumenten Rechnung. So ist es selbstverständlich dem Käufer einer CD nicht verwehrt, diese, zu welchem Preis auch immer, an einen Dritten weiter zu veräußern. Lediglich die Vermietung bereits erworbener Werke bzw. Vervielfältigungsstücke bedarf seit 1995 der Zustimmung der Rechteinhaber, wodurch auch den bis dahin bestehenden CD-Verleihgeschäften die Existenzgrundlage entzogen wurde.

Ob im vorliegenden Beispiel Nr. 4 durch die Verteilung der 20 Kopien an das Arbeitsteam des Produzenten eine Verbreitung i.S.d. § 17 UrhG stattgefunden hat, ist fraglich. Das Team besteht aus einem eng begrenzten Personenkreis. Auch wenn die Verbindung untereinander eher beruflicher als privater Natur ist, so wird das Buch jedoch nur zum internen Gebrauch übergeben. Meist unterliegen die Beteiligten auch einer vertraglich vereinbarten Vertraulichkeitspflicht, so dass das Buch gerade nicht die interne Sphäre verlassen und in die Öffentlichkeit heraustreten soll. Durch die spätere Veräußerung der Kopien an Filmstudenten im Beispiel Nr. 5 ist allerdings zweifellos eine Verbreitung erfolgt. Die Filmstu-

I. Der Drehbuchautor und seine Rechte   33

dentin kann sich hier sogar gegen die Weiterveräußerung des Buches durch die privaten Käufer wehren, da das Buch hier nicht mit Zustimmung des Berechtigten in den Handel gelangte und insoweit keine Erschöpfung eingetreten ist. Das Anbieten des Buches im Internet zum Downloading im Fall Nr. 6 stellt keine Verbreitungshandlung dar, da die Übermittlung hier nicht mittels eines körperlichen Vervielfältigungsstücks erfolgt.

Nicht als Verbreitung im Sinne von § 17 UrhG ist der digitale Vertrieb von Filmen zu verstehen (z.B. über Video-on-Demand). Beim Digitalvertrieb gilt der Erschöpfungsgrundsatz damit nicht (Schricker/Loewenheim, § 17, Rd. 37, str.).

6.2.1.3. Ausstellungsrecht
Das Ausstellungsrecht des § 18 UrhG umfasst das Recht, Originale oder Vervielfältigungsstücke von unveröffentlichten Werken der bildenden Künste oder Lichtbildwerken öffentlich zur Schau zu stellen. Eine Zurschaustellung im Sinne des § 18 UrhG kann immer nur durch Präsentation eines körperlichen Werkexemplars zur Betrachtung durch Zuschauer erfolgen, nicht durch eine unkörperliche Werkvermittlung.

Das Ausstellungsrecht findet auf andere als die genannten Werkarten (z.B. Drehbücher) keine Anwendung. Dies besagt jedoch nicht, dass andere Werkarten schutzlos sind; im Gegenteil, jedes unveröffentlichte Werk (z.B. ein Drehbuch) kann nur mit Zustimmung des Urhebers erstmalig öffentlich zur Schau gestellt werden, dies folgt aus dem Urheberpersönlichkeitsrecht auf Bestimmung der Art und Weise seiner Veröffentlichung, § 12 UrhG (s.o. A.I.6.1.1.).

6.2.2. Verwertung in unkörperlicher Form
Beispiel:
7. Das Drehbuch wird verfilmt
8. Der Film wird im Kino, im Fernsehen und im Internet ausgewertet.

Nach § 15 Abs. II. UrhG hat der Urheber das ausschließliche Recht, sein Werk in unkörperlicher Form öffentlich wiederzugeben. Das Recht der öffentlichen Wiedergabe ist hierbei der Oberbegriff aller unkörperlichen Verwertungsarten. Das Gesetz zählt in § 15 Abs. II. UrhG lediglich exemplarisch weitere unkörperliche Verwertungsformen auf, welche in den §§ 19 ff. UrhG näher definiert werden. Neue Verwertungsarten aufgrund technischer Entwicklung werden somit automatisch von dem Oberbegriff umfasst.

6.2.2.1. Begriff der Öffentlichkeit
Die Rechte des § 15 Abs. II. UrhG werden dem Urheber nur für die öffentliche Verwertung vorbehalten. Der Begriff der Öffentlichkeit wird definiert in § 15 Abs. III. UrhG. Danach ist die Wiedergabe öffentlich, wenn sie für eine Mehrzahl von Mitgliedern der Öffentlichkeit bestimmt ist. Hierzu gehören diejenigen, die weder mit dem Verwerter des Werkes, noch mit den anderen Personen, denen das Werk in unkörperlicher Form wahrnehmbar oder zugänglich gemacht wird, durch persönliche Beziehungen verbunden sind.

Hierbei kann es sich einmal um freundschaftliche Beziehungen handeln (z.B. zu einem Gastgeber einer Party, auf der dieser Musik von CDs abspielt), es reicht aber auch jeder andere enge Kontakt, der das Bewusstsein hervorruft, persönlich miteinander verbunden zu sein (z.b. Inhaftierte in Vollzugsanstalten erfüllen dies aufgrund des zufälligen und unfreiwilligen Zusammenkommens, der großen Belegzahlen, der ständigen Fluktuation und Unterschieden in Grund und Dauer des Aufenthaltes nicht, BGH GRUR 1984, 734, 735 – Vollzugsanstalten; Patienten in Zweibettzimmern hingegen schon, da hier wegen des Ruhe- und Schonungsbedürfnisses der Kranken für den Bereich eines Krankenzimmers eine Privatheit unter Ausschluss der Öffentlichkeit anzunehmen ist, BGH GRUR 1996, 875, 876 – Zweibettzimmer im Krankenhaus). Schädlich ist es, wenn zwar die Mehrheit der Personen in persönlicher Beziehung steht, aber Außenstehende Zutritt haben. So kann bei einer Nutzung von Musik im Rahmen eines Tanzkurses der Öffentlichkeitsbezug noch fehlen, wenn hier nur ein beschränkter, individuell ausgewählter fester Schülerkreis, bei Abschlussbällen sogar in Begleitung der Eltern und Erziehungsberechtigten, teilnimmt (BGH GRUR 1956, 515, 518 – Tanzkurse). Bei Abschlussbällen, an denen Mitglieder mehrere Tanzkurse verschiedener Altersstufen (Anfänger-, Fortgeschrittenen- und Turnierkurse) nebst Erziehungsberechtigten teilnehmen, kann dies aber schon wieder anders sein (BGH GRUR 1960, 338, 339 – Tanzstundenabschlussbälle; ebenso LG Oldenburg GRUR-RR 2006, 177 – Beachparty im Bullenstall, für eine Party mit Kostenbeitrag, deren Gäste nicht alle miteinander bekannt waren). Die Frage der Öffentlichkeit stellt sich auch bei der Nutzung von Internet-Tauschbörsen. Hier fehlt es am engen persönlichen Kontakt zwischen den Internet-Nutzern; eine lediglich technische Verbundenheit, ein gemeinsamer Musikgeschmack oder das Interesse am kostenlosen Datenaustausch reichen nicht (Dreier/Schulze, § 15, Rd. 43).

6.2.2.2. Vortrags-, Aufführungs- und Vorführungsrecht
§ 19 UrhG regelt das Vortrags-, Aufführungs- und Vorführungsrecht des Urhebers. Das Vortragsrecht ist das Recht, ein Sprachwerk durch persönliche Darbietung zu Gehör zu bringen.

> Dies wäre also z.B. eine Lesung aus dem Drehbuch.

Das Aufführungsrecht ist das Recht, ein Musikwerk durch persönliche Darbietung zu Gehör zu bringen (z.B. durch ein Konzert) sowie das Recht, ein Werk öffentlich bühnenmäßig darzustellen. Unter der bühnenmäßigen Aufführung versteht man das für das Auge bestimmte bewegte Spiel.

> Niemand kann daher ohne Zustimmung der Filmautorin das Drehbuch als Theaterstück aufführen.

Das Vorführungsrecht umfasst das Recht, bestimmte Werke (u.a. Filmwerke) durch technische Einrichtungen öffentlich wahrnehmbar zu machen.

> Dieses Recht ist hier bei der Vorführung des Films im Kinotheater im Beispiel Nr. 8 berührt. Allerdings liegt hier keine unmittelbare Vorführung des ursprünglichen Drehbuchs, sondern des auf dem Drehbuch basierenden Filmwerks vor. Da das Filmwerk aber eine Bearbeitung des Drehbuchs darstellt (s.u. A.I.6.2.2.5.4.), ist dieses von der Vorlage

I. Der Drehbuchautor und seine Rechte   35

abhängig. Soweit das Filmwerk eigenpersönliche und schutzfähige Elemente des Drehbuchs besitzt, ist das Vorführungsrecht der Autorin insoweit auch bei jeder Vorführung des Filmwerks betroffen.

6.2.2.3. Recht der öffentlichen Zugänglichmachung

Das Recht der öffentlichen Zugänglichmachung nach § 19a UrhG ist das Recht, ein Werk drahtgebunden oder drahtlos der Öffentlichkeit in einer Weise zugänglich zu machen, dass es Mitgliedern der Öffentlichkeit von Orten und zu Zeiten ihrer Wahl zugänglich ist. Diese Vorschrift umfasst alle Arten der Zugriffs- und Abrufdienste (z.B. Video-on-Demand, Music-on-Demand), bei denen erst der Empfänger durch Abruf des Dienstes bei dem Provider den Übertragungsvorgang in Gang setzt.

In erster Linie ist § 19a UrhG auf den Bereich der Online-Übermittlungen im Internet zugeschnitten, vermeidet aber eine Festlegung auf bestimmte Technologien, um auch für zukünftige, heute noch unbekannte Techniken bzw. Geschäftsmodelle offen zu sein. § 19a UrhG regelt das so genannte „Right of making available", welches den WIPO Treaties WCT und WPPT entstammt. Bis zur Umsetzung der Verträge in Verbindung mit der Informationsrichtlinie wurde dieses Recht als Unterfall des Rechts auf öffentliche Wiedergabe eines Werkes unter § 15 Abs. II. UrhG subsumiert.

Das Zugänglichmachen des Filmes im Internet im Beispiel Nr. 8 stellt damit eine öffentliche Zugänglichmachung nach § 19a UrhG dar.

6.2.2.4. Senderecht

Das Senderecht des § 20 UrhG ist das Recht, ein Werk durch Funk der Öffentlichkeit zugänglich zu machen. Der Begriff Funk umfasst sowohl Ton- wie Fernsehfunk, Satellitenrundfunk, Kabelrundfunk und ähnliche Verfahren. Von einer Funksendung wird aber nur dann gesprochen, wenn das Werk durch eine einseitige, nur vom Willen des Sendenden abhängige Mitteilung einer Öffentlichkeit zugänglich gemacht wird.

Damit unterscheidet sich die Sendung zunächst von der Telekommunikation. Die Telekommunikation ermöglicht die beiderseitige Übertragung von Mitteilungen. Ebenfalls nicht vom Senderecht umfasst wird das Recht auf öffentliche Zugänglichmachung nach § 19a UrhG, da hier der Übertragungsvorgang von der Entscheidung des Nutzers (z.B. im Wege des Einzelabrufs) abhängig ist.

Durch die Auswertung des Filmes im Fernsehen im Beispiel Nr. 8 hat der Produzent das Senderecht der Filmstudentin verletzt (auch hier nur mittelbar und insoweit, als das gesendete Filmwerk schutzfähige Elemente der Drehbuchvorlage enthält).

6.2.2.5. Sonstige Verwertungsrechte

6.2.2.5.1. Satelliten- und Kabelweitersendung. Für die Satelliten- und Kabelweitersendung hat der Gesetzgeber 1998 in Umsetzung der europäischen Kabel- und Satelliten-Richtlinie die §§ 20a und 20b UrhG eingefügt.

§ 20a UrhG soll dem Umstand Rechnung tragen, dass bei einer Satellitensendung aus einem Staat aufgrund der breitgestreuten Empfangsmöglichkeiten eine Vielzahl von Staaten und Rechtsordnungen tangiert wird. Gemäß der in § 20a Abs. I. UrhG niedergelegten Sendelandtheorie bestimmt sich die Zulässigkeit einer Satellitensendung innerhalb der EU oder des EWR allein nach der Rechtsordnung desjenigen Mitgliedsstaates, von welchem die Eingabe der Signale durch das Sendeunternehmen erfolgt. Liegt das Sendeunternehmen jedoch außerhalb der EU oder des EWR, gilt die Rechtsordnung desjenigen Mitgliedstaates der EU oder des EWR, in welchen eine die Satellitensignale weiterleitende Erdfunkstation liegt oder das betroffene Sendeunternehmen eine Zweitniederlassung hat, § 20a Abs. II. UrhG. Die Rechtsfolgen dieser Sendelandtheorie werden bei der Gestaltung internationaler Koproduktions-, Vertriebs- und Fernsehlizenzverträge zu beachten sein, da insofern eine territoriale Abspaltung nach Mitgliedstaaten bei der Lizenzierung von Filmwerken innerhalb der EU und des EWR nicht mehr möglich ist.

Das Recht der Kabelweitersendung gemäß § 20b UrhG ist das Recht, ein bereits gesendetes Werk im Rahmen eines zeitgleich, unverändert und vollständig weiterübertragenen Programms durch Kabelsysteme oder Mikrowellensysteme weiterzusenden. Da dies eine Erstsendung des Programms (z.B. durch Funk oder seinerseits durch Kabelfunk) voraussetzt, handelt es sich hierbei um ein so genanntes Zweitverwertungsrecht, welches nicht vom Urheber selbst, sondern nur durch eine Verwertungsgesellschaft wahrgenommen werden kann.

6.2.2.5.2. Wiedergabe durch Bild- und Tonträger. Das Recht der Wiedergabe durch Bild- und Tonträger nach § 21 UrhG ist das Recht, Vorträge (d.h. persönliche Darbietungen von Sprachwerken) oder Aufführungen (d.h. Darbietungen von Musikwerken oder bühnenmäßige Aufführungen) ihrerseits mittels Bild- und Tonträgern öffentlich wahrnehmbar zu machen. Bild- und Tonträger sind körperliche Gegenstände, die zur wiederholten Wiedergabe der aufgezeichneten Darbietung mit Hilfe technischer Einrichtungen geeignet sind (vgl. Fromm/Nordemann/Nordemann § 21 UrhG, Rd. 2). § 21 UrhG betrifft z.B. das öffentliche Abspielen eines Tonträgers mit einer bereits aufgezeichneten Musikkomposition oder eines eingesprochenen Gedichtes in einem Restaurant. Da § 21 UrhG nur auf Vorträge und Aufführungen Anwendung findet, werden Filmwerke hiervon nicht erfasst. Die öffentliche Wiedergabe eines auf einem Bild-Tonträger befindlichen Filmwerks mittels technischer Einrichtungen ist eine Vorführung und als solche geregelt in § 19 Abs. IV. UrhG. Das Wiedergaberecht des § 21 UrhG stellt ebenfalls ein so genanntes Zweitverwertungsrecht dar, welches nur von einer Verwertungsgesellschaft wahrgenommen werden kann.

6.2.2.5.3. Wiedergabe von Funksendungen und von öffentlicher Zugänglichmachung. Das Recht der Wiedergabe von Funksendungen und von öffentlicher Zugänglichmachung nach § 22 UrhG ist das Recht, bereits gesendete bzw. öffentlich zugänglich gemachte Werke erneut durch Bildschirm, Lautsprecher oder ähnliche technische Einrichtungen öffentlich wahrnehmbar zu machen. Dies umfasst z.B. die erneute Wiedergabe eines Fernsehprogramms, etwa eines Fußballspiels, in einer Kneipe. Auch hierbei handelt es sich um so genannte Zweitverwertungsrechte, welche von Verwertungsgesellschaften wahrgenommen werden.

I. Der Drehbuchautor und seine Rechte   37

6.2.2.5.4. Gibt es ein „Verfilmungsrecht"? Bewusst nicht vorgesehen hat der Gesetzgeber, das Verfilmungsrecht als ein eigenständiges Verwertungsrecht zu gestalten (M. Schulze, Materialien, S. 437). Die Verfilmung eines Werkes ist daher entweder eine bloße Vervielfältigung nach § 16 UrhG, sofern das Werk einfach in den Film kopiert wird, oder eine Bearbeitung nach § 23 UrhG, sofern das vorbestehende Werk erst durch die filmische Bearbeitung in ein selbständiges Filmwerk umgesetzt wird (M. Schulze, Materialien, S. 437). Die Verfilmung eines Drehbuchs oder einer sonstigen literarischen Vorlage unter Verwendung eigenschöpferischer Merkmale stellt stets eine Bearbeitung im Sinne von § 23 UrhG dar.

Die Verfilmung in Beispiel Nr. 7 fällt daher nicht unter die §§ 15 UrhG, sondern unter § 23 UrhG (zur Bearbeitung siehe A.II.1.1.).

7. Schranken des Urheberrechts

Beispiel:
1. Eine Filmhochschule verwendet das Drehbuch in einem Workshop als Anschauungsmaterial. Später sollen einzelne Kapitel in ein Unterrichtsbuch für Script-Development aufgenommen werden.
2. Eine Zeitschrift möchte zum Beweis dafür, dass ein Produzent selbst aus dem schlechtesten Drehbuch noch einen guten Film machen kann, ein Kapitel des Drehbuchs in der aktuellen Ausgabe abdrucken.
3. Ein Hochschulprofessor stellt für sein medienwissenschaftliches Seminar 10 Filme in ein Intranet, zu dem nur Seminarteilnehmer Zugang haben.
4. Jemand leiht sich von einem Bekannten eine DVD aus, die dieser gekauft hat, und brennt sich mit dem PC eine Kopie.
5. Wie in Beispiel Nr. 4. Allerdings muss die Person zunächst einen Kopierschutz mit einer aus dem Internet herunter geladenen Software umgehen.
6. Jemand stellt mit seiner Digitalkamera im Kino eine Aufnahme des dort vorgeführten Films zum persönlichen Gebrauch her.

Wurden hierdurch Rechte verletzt?

7.1. Allgemeines

Das Urheberrecht gilt nicht unbeschränkt; vielmehr hat es sich auch an den berechtigten Interessen der Allgemeinheit am ungehinderten Zugang zu den Kulturgütern zu orientieren (M. Schulze, Materialien, S. 473).

Wie jedes absolute Recht (z.B. das Sacheigentum) ist auch das Urheberrecht ein sozialgebundenes Recht. Als solches unterliegt es gewissen Schranken im Interesse der Gemeinschaft (M. Schulze, Materialien, S. 402). Die Interessen des Urhebers müssen immer dort zurücktreten, wo der freie Zugang der Allgemeinheit zum Werk notwendig ist, um ein allgemeines Informationsinteresse zu befriedigen.

Daher hat der Gesetzgeber z.B. bestimmte Ausnahmen zugunsten des Schul-, Kirchen- und Unterrichtsgebrauchs (§ 46 UrhG), der Berichterstattung (§ 50 UrhG), der Zugänglichmachung für Unterricht und Forschung (§ 52a UrhG) oder der Vervielfältigung zum persönlichen Gebrauch (§ 53 UrhG) vorgesehen. Darüber hinaus können sich Presse und Rundfunk auch auf die verfassungsrechtlich garantierte Meinungs-, Presse- und Filmberichterstattungsfreiheit nach Art. 5 Abs. I. GG berufen.

7.2. Sammlungen für Kirchen-, Schul- oder Unterrichtsgebrauch

Nach § 46 UrhG können Werkteile, Sprach- oder Musikwerke von geringem Umfang, Werke der bildenden Kunst oder Lichtbildwerke in Sammlungen für Kirchen-, Schul- oder Unterrichtsgebrauch aufgenommen und vervielfältigt, verbreitet oder öffentlich zugänglich gemacht werden. Diese Sammlungen (z.B. Bücher, Videokassetten, CD-ROMs) dürfen allerdings ausschließlich nur für den Schulgebrauch bestimmt sein und nicht daneben frei im Handel verkauft oder frei im Internet angeboten werden (aber z.B. in schulinternen Netzwerken). Darüber hinaus fallen unter § 46 UrhG nur allgemein bildende Schulen, nicht Hoch- oder Fachhochschulen. Dem Urheber ist die beabsichtigte Aufnahme in die Sammlung aber vorher anzuzeigen, er kann die Verwendung verbieten, wenn das Werk seiner Überzeugung nicht mehr entspricht. Für die Nutzung ist ihm ein angemessenes Entgelt zu zahlen, dieser Vergütungsanspruch wird in der Regel von Verwertungsgesellschaften (z.B. der VG Wort) wahrgenommen. Voraussetzung für eine Nutzung nach § 46 UrhG ist allerdings stets, dass es sich um mit Zustimmung der Urheber erschienene Werke handelt.

> Im Beispiel Nr. 1 fiele die Filmhochschule nicht in den Schutzbereich des § 46 UrhG. Da die Aufnahme der Drehbuchkapitel in das Unterrichtsbuch das Vervielfältigungs- und Verbreitungsrecht der Filmstudentin verletzt, müssten hier die entsprechenden Nutzungsrechte von der Filmstudentin erworben werden. Die bloße Verwendung des Buches als Anschauungsmaterial im Unterricht im Beispiel Nr. 1 ist allerdings zulässig, da hierbei kein Verwertungsrecht der Filmstudentin tangiert wird.

7.3. Berichterstattung über Tagesereignisse

Im Rahmen der Berichterstattung über Tagesereignisse ist es zulässig, urheberrechtlich geschützte Werke, die im Verlauf der Vorgänge, über die berichtet wird, wahrnehmbar werden, in einem durch den Zweck gebotenen Umfang zu vervielfältigen, zu verbreiten oder öffentlich wiederzugeben, § 50 UrhG. Voraussetzung ist hier, dass es sich um einen aktuellen Vorgang handelt, in dessen Rahmen auch das Werk nebensächlich erkennbar wird.

> Nicht möglich ist es, wie hier im Beispiel Nr. 2, das Drehbuch selbst zum primären Gegenstand der Berichterstattung zu machen. Eine derartige direkte Auseinandersetzung mit dem Drehbuch wäre allenfalls über die Zitierfreiheit gedeckt. Voraussetzungen und Grenzen des Zitatrechts werden im Abschnitt II. dieses Kapitels näher behandelt.

I. Der Drehbuchautor und seine Rechte   39

7.4. Öffentliche Zugänglichmachung für Unterricht und Forschung

Gemäß § 52a Abs. I. Nr. 1 UrhG ist die öffentliche Zugänglichmachung veröffentlichter kleiner Teile eines Werkes, Werke geringen Umfangs sowie einzelner Beiträge aus Zeitungen oder Zeitschriften zur Veranschaulichung im Unterricht an Schulen, Hochschulen, nichtgewerblichen Einrichtungen der Aus- und Weiterbildung sowie an Einrichtungen der Berufsausbildung für einen bestimmt abgegrenzten Kreis von Unterrichtsteilnehmern zulässig. § 52a Abs. I. Nr. 2 UrhG erlaubt die öffentliche Zugänglichmachung solcher Werke und Werkteile für einen bestimmt abgegrenzten Personenkreis für deren eigene wissenschaftliche Forschung. Die Zugänglichmachung muss aber zu dem jeweiligen Zweck geboten und zur Verfolgung nichtkommerzieller Zwecke gerechtfertigt sein.

Die öffentliche Zugänglichmachung von Filmwerken ist gemäß § 52a Abs. II. UrhG erst nach Ablauf von 2 Jahren nach Beginn der üblichen regulären Auswertung in Filmtheatern im Geltungsbereich dieses Gesetzes ohne Einwilligung der Berechtigten zulässig. Nach der Beschlussempfehlung des Rechtsausschusses orientiert sich diese Frist an der im Filmbereich üblichen Staffelung der Nutzungsarten („Verwertungskaskade"). Kinospielfilme unterliegen in Deutschland regelmäßig bestimmten Sperrfristen („Holdbacks") hinsichtlich der wichtigsten Verwertungsarten. So darf nach den derzeitigen Sperrfristen des FFG mit der Videoauswertung regelmäßig erst 6 Monate, mit der Auswertung durch individuelle Zugriffs- und Abrufdienste erst 12 Monate, mit der Pay-TV-Auswertung erst 18 Monate und mit der Free-TV-Auswertung erst 24 Monate nach der Kinoerstaufführung begonnen werden, § 30 FFG. Im Zuge der FFG-Novelle sollen diese Sperrfristen mit Wirkung ab dem 01.01.2009 verkürzt werden (und dann für die Bildträgerauswertung und individuelle Zugriffsdienste 6 Monate, Pay-TV 12 Monate und Free-TV sowie unentgeltliche Videoabrufdienste 18 Monate nach Erstaufführung betragen, § 20 FFG-E).

Keine Anwendung findet § 52a UrhG auf Filme, die nicht zuvor in deutschen Kinotheatern ausgewertet worden sind. Hierunter fallen z.B. Fernsehfilme, reine Videofilme sowie in- und ausländische Kinospielfilme, die keinen Kinostart in Deutschland hatten und hierzulande erstmals im Fernsehen oder als Video bzw. DVD veröffentlicht werden. Aufgrund der unterschiedlichen Sachverhalte verbietet sich hier m.E. auch eine analoge Anwendung des § 52a UrhG, zumal Schranken des UrhG so eng wie möglich auszulegen sind (vgl. Fromm/Nordemann/Nordemann, Vor § 45, Rd. 3 m.w.N.). Die Geltung des § 52a UrhG ist bis zum 31.12.2008 befristet, da die Auswirkungen dieser Schranke auf die betroffenen Rechteinhaber zunächst beobachtet werden sollen, § 137k UrhG.

7.5. Vervielfältigung zum privaten und sonstigen eigenen Gebrauch

7.5.1. Allgemeines

§ 53 UrhG erlaubt in engen Grenzen die Vervielfältigung von Werken zum privaten und sonstigen eigenen Gebrauch, ohne dass hierzu eine Einwilligung des Urhebers erforderlich ist.

Sinn und Zweck von § 53 UrhG ist es, bestimmte Nutzungen, die sich im privaten oder persönlichen Bereich des Endnutzers abspielen, im Gemeinwohlinteresse sanktionslos zu stellen. Zum einen wird das Eigentumsinteresse des Endnutzers an seinem (rechtmäßig erlangten) Werkstück respektiert, zum anderen wären viele Nutzungen für die Rechteinhaber auch kaum kontrollierbar und die Einholung von Lizenzen unpraktikabel. So bietet § 53 UrhG die Rechtsgrundlage für die private Vervielfältigung von Werken auf Musikkassetten, Videorecordern, CD-ROMs und sonstigen analogen und digitalen Speichermedien. Der Urheber selbst wird durch § 53 UrhG nicht schutzlos gestellt, da er über die Verwertungsgesellschaften die in den §§ 54 ff. UrhG vorgesehene Vergütung für Geräte und Speichermedien erhält. Der Aufbau des § 53 UrhG ist sehr unübersichtlich; im Folgenden sollen die wichtigsten Tatbestände kurz dargestellt werden:

Nach § 53 Abs. I S. 1 UrhG ist es z.B. zulässig, einzelne Vervielfältigungen eines Werkes durch eine natürliche Person zum privaten Gebrauch auf beliebigen Trägern herzustellen, wenn dies keinen Erwerbszwecken dient und keine offensichtlich rechtswidrig hergestellte Vorlage verwendet wird.

Zunächst wird jede Form der Vervielfältigung erlaubt, erfolgt sie nun analog, digital oder durch Abschreiben per Hand.

Privilegiert werden aber nur natürliche Personen, nicht juristische Personen (z.B. eine GmbH). Auch darf die Kopie allein dem privaten Gebrauch dienen, also der persönlichen Nutzung des Werkstücks durch den Vervielfältigenden selbst oder im engen Familien oder Freundeskreis (d.h. durch Personen, die mit ihm durch ein persönliches Band verbunden sind).

Die Person darf ferner lediglich einzelne Vervielfältigungsstücke herstellen, also nicht beliebig viele. Eine Höchstzahl legt das Gesetz nicht fest. Die früher in der Rechtsprechung genannte Anzahl von sieben Stück gilt inzwischen als überholt (Dreier/Schulze, § 53, Rd. 9). Feste Grenzen lassen sich hier nicht ziehen, maßgeblich ist vielmehr der persönliche Bedarf. Bei einer DVD wäre es gerechtfertigt, die Anzahl auf 3 Kopien zu beschränken (selbst dies würde für den seltenen Fall ausreichen, dass eine Person neben dem Original zu Hause ein Exemplar für das Auto, eines für die Ferienwohnung und ein weiteres für das Büro benötigt).

Das Vervielfältigungsstück darf auch weder unmittelbar noch mittelbar Erwerbszwecken dienen, also z.B. im vorhergehenden Beispiel im Büro allein zum privaten Genuss und nicht etwa als Arbeitsmittel benutzt werden.

Der Nutzer darf schließlich keine offensichtlich rechtswidrig erstellte Kopie als Vorlage verwenden. Erforderlich ist weder eine objektiv rechtmäßig hergestellte Kopie, noch dass der Vervielfältigende selbst Eigentümer der Kopie ist. Eine Kopie ist offensichtlich rechtswidrig hergestellt, wenn die Möglichkeit einer Erlaubnis durch den Rechteinhaber aller Wahrscheinlichkeit nach ausgeschlossen ist (Dreier/Schulze, § 53, Rd. 12). Dies ist z.B. der Fall, wenn Vervielfältigungsstücke außerhalb des normalen Einzelhandels vor dem Tag der Veröffentlichung angeboten werden, etwa DVDs, die auf Flohmärkten vor dem offiziellen Deutschlandstart verkauft werden, oder normalerweise gegen Entgelt herunterladbare Musikwerke auf inoffiziellen Websites umsonst zum Download angeboten werden. In weniger offensichtlichen

I. Der Drehbuchautor und seine Rechte

Fällen bewirkt das Abstellen des § 53 UrhG auf die subjektive Kenntnis des Vervielfältigenden allerdings eine unbefriedigende Grauzone.

In Beispiel Nr. 4 ist die Vervielfältigung nach § 53 Abs. I. UrhG zulässig.

Nach § 53 Abs. I S. 2 UrhG darf der Nutzer die Vervielfältigung auch durch einen anderen herstellen lassen, sofern dies unentgeltlich oder im Wege eines photoähnlichen Verfahrens auf Papier oder einem ähnlichen Träger geschieht. Der andere muss keine natürliche Person sein, auch eine juristische Person (z.B. ein Copyshop in der Rechtsform einer GmbH) kommt dann in den Genuss der Privilegierung. Da Copyshops die Vervielfältigung gegen ein Entgelt ermöglichen, sind dort nur fotomechanische Verfahren erlaubt. Die Vervielfältigung von Dateien (z.B. Dateien auf einer DVD) ist hingegen nur unentgeltlich erlaubt. Die Unentgeltlichkeit ist aber auch noch dann gegeben, wenn der die Vervielfältigende einen Beitrag zur reinen Kostendeckung erhebt.

Neben der Vervielfältigung zum privaten Gebrauch erlaubt § 53 Abs. II. UrhG noch bestimmte Vervielfältigungen zum (etwas weiter gefassten) eigenen Gebrauch. Zulässig ist danach die Vervielfältigung zum eigenen wissenschaftlichen Gebrauch, zur Aufnahme in ein eigenes Archiv (sofern ein eigenes Werkstück verwendet wird), zur eigenen Unterrichtung über Tagesfragen (bei durch Funk gesendeten Werken) sowie zum sonstigen eigenen Gebrauch (wenn es sich um Werkteile, Zeitungsbeiträge oder seit zwei Jahren vergriffene Werke handelt).

§ 53 Abs. III. UrhG erlaubt ferner bestimmte Vervielfältigungen im Schulunterricht oder zu schulischen bzw. universitären Prüfungen.

Auch wenn die Aufnahme von Vorträgen, Aufführungen (z.B. einem Konzert) oder Filmvorführungen auf Bild- oder Tonträger rechtlich bloße Vervielfältigungen iSv § 16 UrhG darstellen, sind solche Handlungen gemäß § 53 Abs. VII. UrhG nicht privilegiert.

In Beispiel 6 wäre die heimliche Filmaufnahme nicht zulässig.

Eine im Wesentlichen vollständige Vervielfältigung eines Buches darf ohne Einwilligung entweder nur durch Abschreiben (per Hand oder durch Abtippen am PC) vorgenommen werden, oder zu Archivzwecken sowie eigenem Gebrauch, wenn es sich um ein seit mindestens 2 Jahren vergriffenes Werk handelt, § 53 Abs. IV. UrhG.

7.5.2. Keine Verbreitung und öffentliche Wiedergabe

Hat ein Nutzer erlaubterweise eine Kopie für private oder eigene Zwecke erstellt, darf er diese aber weder verbreiten noch öffentlich wiedergeben, § 53 Abs. VI. UrhG.

Da unter die öffentliche Wiedergabe auch die öffentliche Zugänglichmachung nach § 19a UrhG fällt, ist es auch bei Nutzung nicht offensichtlich rechtwidriger Kopien unzulässig, diese im Rahmen von Internettauschbörsen der Allgemeinheit zum Download anzubieten. Demnach ist es erlaubt, von einer eigenen DVD einen Film auf den PC zu überspielen; dieser Film darf allerdings nicht über das Internet (z.B. über ein File-Sharing-System) anderen Personen angeboten werden.

7.5.3. Keine Umgehung privaten Kopierschutzes

Ist das als Vorlage dienende Vervielfältigungsstück kopiergeschützt (§ 95a UrhG), dürfen diese technischen Schutzmaßnahmen auch zum privaten oder eigenen Gebrauch nicht umgangen werden. Zwar sieht § 95b UrhG vor, dass die Anwender technischer Schutzmaßnahmen zur Durchsetzung bestimmter Schranken den Nutzern die notwendigen Mittel zum privilegierten Gebrauch zur Verfügung zu stellen haben. Im Bereich der Privatkopie sind diese Fälle aber auf wenige Ausnahmen beschränkt. Eine Kopie zum privaten oder eigenen Gebrauch ist grundsätzlich nur im Falle der Vervielfältigung auf Papier oder einem ähnlichen Träger mittels photomechanischer Verfahren oder analoger Nutzung zu ermöglichen (vgl. § 95b Abs. I Nr. 6 UrhG). Die Möglichkeit zur Herstellung einer Digitalkopie ist nicht zu gewähren. Solche Kopien sollen durch den Kopierschutz gerade verhindert werden.

In Beispiel Nr. 5 wäre die Umgehung des Kopierschutzes unzulässig.

Anders ist es nur bei Vervielfältigungen zum eigenen wissenschaftlichen Gebrauch, hier ist auch die Digitalkopie möglich zu machen, § 95b Abs. I. Nr. 6 b) UrhG.

7.6. Sonstige Schranken

Ferner hat der Gesetzgeber weitere Beschränkungen des Urheberrechts vorgesehen, um die künstlerische oder wissenschaftliche Auseinandersetzung mit urheberrechtlich geschützten Werken zu erleichtern und die Freiheit des geistigen Schaffens zu gewährleisten. Hierzu gehören z.B. die Vorschriften über die freie Benutzung von Werken (§ 24 UrhG) oder die Zitierfreiheit (§ 51 UrhG). Daneben können sich Künstler bei Verwendung fremder Werke oder Werkteile u.U. auch auf die Kunstfreiheit nach Art. 5 Abs. III. GG berufen. Diese Bestimmungen sind für den Drehbuchautor immer dann von Bedeutung, wenn sich sein Drehbuch an andere geschützte Werke anlehnt oder hierauf Bezug nimmt; Voraussetzungen und Grenzen dieser Schranken werden im Abschnitt A.II. besprochen.

8. Wann endet das Urheberrecht?

Beispiele:
1. Von der künstlerischen Armut ihres Drehbuchs überzeugt, erklärt die Filmstudentin in einem offenen Brief an verschiedene Zeitungen, dass sie für immer auf ihr Urheberrecht an dem Werk verzichte.
2. Die Filmstudentin ist im Zuge der Meinungsverschiedenheiten über die Umsetzung des Drehbuchs verstorben. 20 Jahre später findet der Produzent das alte Drehbuch und plant, es ohne Rücksprache mit den Erben sowie den anderen damaligen Co-Autoren zu verfilmen.
3. In dem Nachlass der Filmstudentin findet sich ein bisher unveröffentlichtes Manuskript eines Vorfahren aus dem neunzehnten Jahrhundert. Die Familie will dieses Buch nun herausbringen und sich die Rechte hieran sichern.

I. Der Drehbuchautor und seine Rechte   43

Das Urheberrecht erlischt 70 Jahre nach dem Tod des Urhebers, § 64 UrhG. Hierbei ist gleichgültig, ob das Werk jemals veröffentlicht worden ist (vgl. Fromm/Nordemann/Nordemann, § 64 UrhG, Rd. 2). Haben das Werk verschiedene Miturheber gemeinsam erschaffen, so erlischt das Urheberrecht 70 Jahre nach dem Tode des längstlebenden Miturhebers, § 65 Abs. I. UrhG.

Gemäß der im Jahre 1995 neu eingeführten Bestimmung des § 65 Abs. II. UrhG endet das Urheberrecht bei Filmwerken 70 Jahre nach dem Tode des Längstlebenden der folgenden Personen: Hauptregisseur, Urheber des Drehbuchs, Urheber der Dialoge, Komponist der Filmmusik. Diese Frist ist aber nur entscheidend für die Schutzdauer des Filmwerks selbst, nicht aber die der zugrunde liegenden Werke (wie z.B. der Drehbuchvorlage).

Bei anonymen und pseudonymen Werken, deren Urheber zwangsläufig unbekannt sind, endet das Urheberrecht nach § 66 Abs. I. UrhG 70 Jahre nach der Veröffentlichung bzw. nach der Erschaffung des Werkes, wenn es bis dahin nicht erschienen ist. Die längere Schutzfrist von 70 Jahren nach dem Tode des Urhebers gilt jedoch dann, wenn die Identität des Urhebers binnen der Frist nach Abs. I. offenbart oder bekannt wird oder der Urheber bei dem Patentamt in die Urheberrolle eingetragen wurde, § 66 Abs. II. UrhG.

Im Falle des Todes geht das Urheberrecht auf die Erben oder Vermächtnisnehmer über, welche in die Rechtsposition des Urhebers eintreten, § 30 UrhG.

Ein Verzicht des Urhebers auf sein Urheberrecht ist nicht möglich. Der Urheber bleibt stets in seinen geistigen und persönlichen Beziehungen mit dem Werk verbunden. Allenfalls kann ein gegenüber der Allgemeinheit erklärter Verzicht dahingehend ausgelegt werden, dass jede beliebige Person ein einfaches Nutzungsrecht zur Verwertung des Werkes erhalten soll (vgl. Fromm/Nordemann/Hertin, Vor § 28, Rd. 2 m.w.N.). Allerdings wird der Umfang der Rechteeinräumung an der Zweckübertragungstheorie (s.u. A.III.2.5.) zu messen und eng auszulegen sein, demnach keine außergewöhnlichen Nutzungsarten decken, mit denen der Urheber zum Zeitpunkt der Verzichtserklärung nicht rechnen konnte.

Der Gesetzgeber hat 1995 die Rechte an nicht erschienenen Werken, deren Schutzfristen der Urheber abgelaufen waren, neu geregelt. Nach § 71 UrhG erhält derjenige, der ein solches nachgelassenes Werk erstmals erscheinen lässt oder öffentlich wiedergibt, ein gesetzliches Schutzrecht für die Dauer von 25 Jahren. Dieses Recht steht damit dem Herausgeber (und nicht dem Finder) des Werkes zu. Bei dem Schutzrecht aus § 71 UrhG handelt es sich nicht um ein Urheberrecht, sondern ein verwandtes Schutzrecht, auf welches die wesentlichen Vorschriften für Urheberrechte sinngemäß Anwendung finden.

Im vorliegenden Beispiel Nr. 1 ist der allumfassende Verzicht auf das Urheberrecht an dem Drehbuch nicht wirksam. Allenfalls erwirbt die Allgemeinheit einfache Nutzungsrechte, das Drehbuch auszuwerten, wobei diese im Zweifel auf voraussehbare Handlungen wie Verfilmung, Kino- und Fernsehnutzung beschränkt sind. Sobald ein Nutzer allerdings gröbliche Entstellungen oder andere Beeinträchtigungen im Sinne der §§ 14, 93 UrhG vornimmt (z.B. die Charaktere in einem brutalen, jugendgefährdenden Computerspiel verwendet), ist dies nicht von der Rechteeinräumung gedeckt. Im Fall Nr. 2 ist die Schutzfrist der Filmstudentin von 70 Jahren nach ihrem Tod nicht abgelaufen. Sofern auch sonstige

Miturheber noch am Leben sind, wäre die Frist hier ohnehin nach dem Längstlebenden zu berechnen. In Fall Nr. 3 kann die Familie der Filmstudentin Rechte an dem nachgelassenen Werk nur begründen, wenn sie dieses selbst herausgibt. Übergibt sie es unveröffentlicht einem Wissenschaftler, der dieses unter seinem eigenen Namen herausgibt, so stehen diesem bei Erscheinen die Rechte nach § 71 UrhG zu.

II. Welche fremden Rechte hat der Drehbuchautor zu beachten?

1. Urheberrechte an Werkvorlagen

Nicht immer wird der Autor sein Drehbuch aus dem „Nichts" am Reißbrett erschaffen, sondern oft Anleihen bei anderen erfolgreichen oder weniger erfolgreichen, aber dafür prägenden Drehbüchern, Spiel- und Fernsehfilmen, Theaterstücken, Romanen oder sonstigen literarischen bzw. künstlerischen Vorlagen nehmen. Teilweise ist die Erkennbarkeit einer solchen Bezugnahme auf das fremde Werk beabsichtigt, wie bei einer Parodie, einem Zitat oder einem Remake, zum Teil soll die wahre Urheberschaft auch verschleiert werden, wie z.B. bei einem Plagiat.

Nicht jede Anlehnung an ein fremdes Werk stellt eine Verletzung des Urheberrechts des Originalautors dar. Jeder Urheber muss gewisse Beschränkungen seines Urheberrechts hinnehmen, damit die Freiheit des geistigen Schaffens gewährleistet bleibt und die Schöpfung neuer Werke aufgrund der umgreifenden Vielfalt bereits bestehender Werke nicht nahezu unmöglich wird. Hierbei kann sich der Autor insbesondere auch auf die verfassungsrechtlich garantierte Meinungs- und Kunstfreiheit nach Art. 5 GG berufen. Die Freiheit des geistigen Schaffens des neuen Autors muss aber immer dort zurücktreten, wo die berechtigten Interessen der Schöpfer der Originalwerke oder sonstiger Rechteinhaber beeinträchtigt werden könnten.

1.1. Bearbeitung oder freie Benutzung?

> Beispiel:
> Eine Autorin hatte bereits vor Monaten den Auftrag erhalten, eine Rohfassung eines Drehbuchs für einen Kinofilm zu schreiben und hierfür erhebliche Vorschusszahlungen erhalten. Nachdem der Ablieferungstermin überraschend vor der Tür steht, leiht sie sich in ihrer Not in der nächsten Videothek einige Filme aus, um sich „inspirieren" zu lassen. Nachdem sie den Film „Und täglich grüßt das Murmeltier" gesehen hat, kommt sie auf die Idee, ebenfalls ein Drehbuch über eine Person zu schreiben, die bis zur Läuterung ihres schlechten Charakters jeden Tag denselben Tag aufs Neue erleben muss.

Entlehnt ein Urheber Elemente aus dem Werk eines anderen Urhebers, kann entweder eine Bearbeitung oder andere Umgestaltung nach § 23 UrhG oder aber eine freie Benutzung nach § 24 UrhG vorliegen.

Werke, die in freier Benutzung eines anderen Werkes geschaffen worden sind, sind selbständige Werke und dürfen ohne Zustimmung des Urhebers des benutzten

Werkes veröffentlicht und verwertet werden, § 24 UrhG. Als selbständige Werke genießen sie ihrerseits vollen urheberrechtlichen Schutz.

Bearbeitungen und andere Umgestaltungen sind im Umkehrschluss zu § 24 UrhG unselbständige, also abhängige Werke, die in unfreier Benutzung geschaffen wurden. Diese benötigen zur Verwertung oder Veröffentlichung (in bestimmten Fällen bereits zur Herstellung) der Erlaubnis des Urhebers des benutzten Werkes, § 23 UrhG. Bearbeitungen, die ihrerseits persönliche geistige Schöpfungen darstellen, werden wiederum „wie" selbständige Werke geschützt, § 3 UrhG. Andere Umgestaltungen sind Änderungsbeiträge, die der nötigen Schöpfungshöhe und Individualität ermangeln (Fromm/Nordemann/Vinck, § 23, Rd. 1; anders Schricker/Loewenheim, § 23, Rd. 4). Andere Umgestaltungen sind damit selbst urheberrechtlich nicht geschützt.

Die Frage, wann eine erlaubnisfreie Benutzung oder eine zustimmungspflichtige Bearbeitung bzw. andere Umgestaltung vorliegt, ist nicht immer leicht zu beantworten. Notwendig ist ein Vergleich sowohl der äußeren als auch der inneren Merkmale beider Werke in drei Prüfungsschritten:

Erstens ist zu überprüfen, inwieweit es sich bei den entlehnten Teilen des benutzten Originalwerkes überhaupt um eigenpersönliche Merkmale handelt, die ihrerseits schutzfähig sind. Nur wenn Merkmale benutzt werden, die den eigenpersönlichen Charakter des Werkes prägen, können die Interessen des Originalurhebers tangiert werden. Die Übernahme ungeschützter Elemente (z.B. bloßer Ideen) ist natürlich frei (s.o. A.I.2.1.).

Zweitens ist zu untersuchen, in welchem Umfang diese schutzfähigen Merkmale in das neue Werk übernommen worden sind, d.h. ob sie auch in dem neuen Werk von prägendem Charakter sind oder aber angesichts der Eigenart des neuen Werkes „verblassen" (z.B. BGH GRUR 1971, 588, 589 – Disney-Parodie; BGH GRUR 1981, 267, 269 – Dirlada; BGH ZUM 1999, 644, 648 – Laras Tochter). Letzteres geschieht, wenn die dem älteren Werk entlehnten eigenpersönlichen Züge in dem neuen Werk in der Weise zurücktreten, dass das alte Werk nicht mehr in relevantem Umfang benutzt wird, sondern nur noch als Anregung für neues, eigenes Werkschaffen dient (BGH ZUM 1999, 644, 648 – Laras Tochter). Hierbei sind die Übereinstimmungen und nicht die Verschiedenheiten maßgebend (vgl. BGH GRUR 1994, 191, 193 – Asterix-Persiflagen). Ein Autor, der aus einem fremden Buch nur einen ganz kleinen, aber geschützten Teil (z.B. eine einzelne Szene) übernimmt, kann sich also nicht allein dadurch entlasten, dass er auf die zahlreichen zusätzlichen Werkteile verweist, die er in einem Überschwang an Kreativität selbst beigetragen hat. Hinzukommen muss, dass die entlehnten Teile aufgrund der Fülle und der inhaltlichen Relevanz des eigenen Materials verblassen und von keiner Bedeutung mehr sind. Weist allerdings bereits das ursprüngliche Werk nur eine geringe Schöpfungshöhe und wenig prägende Elemente auf, so dass es allenfalls in seiner Gesamtheit schutzfähig ist, wird die Übernahme nur einzelner Bestandteile das neue Werk im Regelfall nicht charakteristisch prägen. Hieran scheiterten in der Praxis oftmals Verfahren wegen angeblicher Verletzung von Urheberrechten an Fernsehshow-Formaten. Selbst wenn von den Gerichten eine grundsätzliche Schutzfähigkeit der Formate im Einzelfall angenommen oder unterstellt wurde, blieb die Übernahme nur einzelner Elemente hie-

II. Welche fremden Rechte hat der Drehbuchautor zu beachten?

raus für eine neue Fernsehshow im Ergebnis als freie Benutzung sanktionslos (vgl. z.B. OLG München ZUM 1999, 244 – Augenblix; LG München I ZUM-RD 2002, 17 – High 5). Umgekehrt kann bei Werken von hoher schöpferischer Eigenart (z.B. einem erfolgreichen Roman der Weltliteratur) bereits die Übernahme geringer Bestandteile, etwa der Kernfabel, eine unfreie Bearbeitung darstellen (selbst wenn die neue Verfilmung eine Fülle von Veränderungen im Handlungsgefüge aufweist, vgl. OLG München ZUM 1999, 149 f. – Das doppelte Lottchen). Selbst die Übernahme individueller Handlungsabläufe aus einem Roman, der auf einem historischen Geschehen basiert, für ein neues Drehbuch kann eine unfreie Bearbeitung nach § 23 UrhG darstellen (LG Hamburg ZUM 2003, 403, 405 – Die Päpstin). Jedenfalls dann, wenn diese Handlungsabschnitte nicht in einem völlig neuen Kontext, sondern an entsprechender Stelle desselben historischen Handlungsverlaufs erscheinen, können die entlehnten Teile im neuen Werk noch als prägend empfunden werden (LG Hamburg, a.a.O., 405, 406, s.a. A.II.1.3.).

Drittens ist schließlich zu fragen, ob die Werke nicht trotz erheblicher Übereinstimmungen in der äußeren Form derart unterschiedliche Wesenszüge besitzen, dass zumindest ein gewisser innerer Abstand gewahrt wird. Ist der innere Abstand zwischen dem neuen Werk und dem benutzten älteren Werk hoch, liegen ein selbständiges Werk und damit eine freie Benutzung vor. Ist der innere Abstand zu gering, so ist eine Bearbeitung oder andere Umgestaltung gegeben. Der für eine freie Benutzung erforderliche innere Abstand führt dann ebenfalls dazu, dass angesichts der Eigenart des neuen Werkes die entlehnten eigenpersönlichen Züge des geschützten älteren Werkes „verblassen" (vgl. BGH GRUR 1994, 191, 193 – Asterix-Persiflagen m.w.N.; BGH ZUM 1999, 644, 648 – Laras Tochter). Da es hierbei auf die inneren Merkmale ankommt, ist weniger auf das äußere Erscheinungsbild, als auf das Wesen der Werke abzustellen. Auch bei einer weitgehenden Übernahme der äußeren Formgestaltung kann der innere Abstand z.B. dadurch gewahrt werden, dass sich das neue Werk mit dem älteren inhaltlich in einer Weise auseinandersetzt, dass die entlehnten Züge in dem neuen Werk „verblassen" und das Wesen des älteren Werkes von dem eigenschöpferischen Gehalt des neuen „überlagert" wird (BGH GRUR 1994, 191, 193 – Asterix-Persiflagen m.w.N.; BGH ZUM 1999, 644, 648 – Laras Tochter). So kann eine freie Benutzung vorliegen, wenn sich das neue Werk mit der Vorlage antithematisch auseinandersetzt (z.B. in Form einer Parodie) oder aufbauend auf der gleichen Ausgangssituation von Beginn an eine vollständig neue Handlung in Szene gesetzt wird (BGH ZUM 1999, 644, 647 – Laras Tochter). Hierbei setzt die Rechtsprechung aber strenge Maßstäbe an (BGH GRUR 1994, 191, 193 – Asterix-Persiflagen, speziell zur Parodie und Fortsetzung s.u.).

Die Abgrenzung zwischen freier Benutzung und Bearbeitung erfordert also eine dreifache Wertung. Ob die einem älteren Werk entlehnten Merkmale tatsächlich schutzfähig sind, angesichts der Eigenart des neuen Werkes „verblassen" oder trotz deutlicher Übereinstimmungen aufgrund einer besonderen inhaltlichen Auseinandersetzung erlaubnisfrei übernommen werden dürfen, wird sich erst bei der Inaugenscheinnahme der beiden konkreten Werke zeigen; dem Richter wird hier ein großer Entscheidungsspielraum eingeräumt.

Im vorliegenden Fall kommt es also zunächst darauf an, ob die Merkmale, die die Autorin aus dem Drehbuch von „Und täglich grüßt das Murmeltier" übernommen hat, für sich genommen schutzfähig sind. Die bloße Ausgangsidee des Films als solche dürfte die nötige Schöpfungshöhe nicht besitzen. Derartige Einfälle können nur in ihrer konkreten Ausgestaltung geschützt sein (OLG München GRUR 1990, 674, 676 – Forsthaus Falkenau, s.o.). Entwickelt die Autorin aus der Ausgangssituation nun eine eigene Geschichte mit eigenen Figuren, so hat sie den Film nur als Anregung benutzt, so dass hier eine freie Benutzung gegeben sein wird. Übernimmt die Autorin aber den Ablauf der Story, den Ort der Handlung, die Dialoge, die Charaktere der Hauptfiguren und ihre Beziehungen zueinander, würde sie sich die konkrete Ausgestaltung, also die schutzfähigen Merkmale des Films aneignen. Dann wäre in zweiter Stufe zu prüfen, inwieweit diese schutzfähigen Teile in ihrem Drehbuch in relevantem Umfang durchschimmern oder angesichts der Eigenheiten ihrer Story verblassen bzw. trotz deutlicher Übernahmen ausnahmsweise der notwendige innere Abstand gewahrt worden ist.

Da Drehbücher, wie auch die hierauf basierenden Filmwerke, in der Regel als Kunstwerke im Sinne von Art. 5 Abs. III. GG zu qualifizieren sind, kann infolge der Rechtsprechung des BVerfG eine besondere kunstspezifische Betrachtung des neuen Werkes ergeben, dass die Entlehnung der fremden Werkteile als künstlerisches Gestaltungsmittel oder zum Transportieren einer eigenen, künstlerischen Aussage auch über die Grenze des § 23 UrhG hinaus durch die Kunstfreiheit gedeckt ist (vgl. BVerfG ZUM 2000, 867 – Brecht-Texte, s.u. A.II.1.4.2.). Eine solche Ausdehnung der §§ 23, 24 UrhG zu Lasten der Originalurheber wird man aber nur in besonderen Ausnahmefällen bei künstlerisch anspruchsvollen Drehbüchern und Filmwerken annehmen können.

1.1.1. Parodie

Beispiel:
Nachdem die Autorin den Film „Lola rennt" gesehen hat, plant sie einen Film mit dem Titel „Lothar pennt". Dieser Film soll durch seine Langsamkeit und Langatmigkeit bestechen. Im Mittelpunkt steht ein in Berlin lebender junger Mann mit langen, knallrot gefärbten Haaren, der dreimal schlafwandelnd die gleiche Situation durchlebt. Der Film soll zeigen, dass unser ganzes Leben in vorbestimmten Bahnen verlaufen wird, unabhängig davon, ob wir an der Ausgangssituation etwas ändern wollen. Stellt dieses Drehbuch eine unfreie Bearbeitung des Drehbuchs zu „Lola rennt" oder eine erlaubnisfreie Parodie dar?

Die Parodie ist dadurch gekennzeichnet, dass in ihr die eigenpersönlichen und bestimmenden Merkmale des parodierten Werkes äußerlich erkennbar bleiben müssen. Würde das Originalwerk aufgrund der Eigenheiten des neuen Werkes völlig zurücktreten, so wäre die thematische Auseinandersetzung mit dem benutzten Werk nicht mehr gegeben und die satirisch-karikaturistische Absicht ginge fehl. Da hier also die Übernahme wesentlicher formgebender Merkmale zwingend ist, wäre an sich stets eine erlaubnispflichtige Bearbeitung gegeben. Es ist allerdings anerkannt, dass es zur Freiheit des künstlerischen Schaffens gehören muss, sich in satirischer oder persiflierender Form mit anderen Kunstwerken auseinanderzusetzen. Wie oben dargestellt, hat die Rechtsprechung hierfür den Begriff des inneren Abstandes geprägt.

II. Welche fremden Rechte hat der Drehbuchautor zu beachten?

Hiernach wird die nötige Distanz des neuen Werkes zum benutzten Werk dadurch gewahrt, dass eine deutliche inhaltliche Auseinandersetzung mit dem älteren Werk stattfindet. Um hier einer missbräuchlichen Umgehung des grundsätzlichen Erlaubnisvorbehalts bei Übernahme wesentlicher Merkmale geschützter Werke vorzubeugen, legt die Rechtsprechung an das Erfordernis dieser künstlerischen Auseinandersetzung strenge Anforderungen an (BGH GRUR 1994, 191, 193 – Asterix-Persiflagen).

So ist die lediglich verfremdete Darstellung von Originalcharakteren z.B. unzureichend, solange sich die Figuren nicht inhaltlich oder charakterlich von den Originalen abheben (BGH GRUR 1994, 191, 193 – Asterix-Persiflagen). Auch das bloße Versetzen der Hauptcharaktere in eine andere Zeit, einen anderen Ort oder eine andere Situation ist unzureichend, wenn diese Figuren äußerlich und in ihrem Verhalten die charakteristischen Eigenschaften bewahren und den Gesamteindruck prägen (BGH GRUR 1994, 191, 196, 206 – Asterix-Persiflagen; BGH GRUR 1971, 588, 590 – Disney-Parodie). Auch wenn ein Autor unter Übernahme der Originalcharaktere und ihrer gesellschaftlichen Verhältnisse eine mögliche andere Fortentwicklung der Originalgeschichte erfindet, wird diese doch erst aufgrund der Kenntnis der Originalcharaktere verständlich. Auch in einem solchen Fall macht sich der Bearbeiter inhaltlich die urheberrechtlich geschützten Elemente des Originalwerks zu Eigen, um die eigene Aussage zu vermitteln, so dass der urheberrechtliche Schutzbereich der Originalvorlage nicht verlassen wird (BGH GRUR 1994, 191, 206 – Asterix-Persiflagen).

In dem vorliegenden Fall sind die äußeren Bezüge zu dem Film „Lola rennt" mehr als deutlich. Der Film „Lothar pennt" setzt sich aber inhaltlich mit der Vorlage derart auseinander, dass er genau die gegenteilige Aussage transportieren möchte. Er verwendet die Merkmale und Figuren des Originalwerks also nur als Ausgangspunkt, um die eigene Idee zu entwickeln und zu vermitteln. Die Charaktere der Figuren sind nicht vergleichbar. Hier könnte die nötige inhaltliche Distanz zur Vorlage gewahrt sein, maßgeblich sind aber die Umstände des Einzelfalls.

1.1.2. Sequels, Prequels und Spin-Offs

Beispiel:
1. Die Autorin schreibt eine Fortsetzung des Films „Harry und Sally". Sie verwendet die gleichen Charaktere mit ihren persönlichen Eigenschaften und Beziehungen zueinander, nimmt das Ende des Originals als Ausgangspunkt und spinnt die Geschichte fort.
2. Ferner plant sie, unter dem Titel „Die Fälle der Ms. Moneypenny" ein Drehbuch über die bekannte Sekretärin aus der James-Bond-Reihe zu schreiben. Auch hier ist Ms. Moneypenny Sekretärin im britischen Geheimdienst, allerdings ist es nun sie und nicht Agent 007, die die Spionagefälle mit viel Nonchalance und Esprit löst.

Die Fortsetzung (Sequel) einer Vorlage, sowie deren Gegenstück, das historisch vorgelagerte Prequel, setzen zwingend die Übernahme bestimmter Figuren und Situationen voraus. Soweit es sich hierbei um eigenschöpferische Merkmale handelt, stellt sich wiederum die Frage, inwieweit solche Fortsetzungen erlaubnisfreie Benutzungen oder erlaubnispflichtige Bearbeitungen darstellen.

Nach der Rechtsprechung ist eine Bearbeitung anzunehmen, wenn es sich um eine bloße lineare Fortentwicklung der Erzählung handelt (BGH ZUM 1999, 644, 647 – Laras Tochter). Dies ist der Fall, wenn der Autor die dem älteren Werk zugrunde liegende erzählerische Ausgangslage, also die handelnden Personen, das Geflecht ihrer Beziehungen untereinander, ihr Schicksal und ihre sonstige Lebenssituation bis hin zu den Schauplätzen übernimmt und im Sinne der Vorlage weiterführt (BGH, a.a.O. – Laras Tochter). Hierzu reicht es nicht aus, wenn der neue Autor sich einfach des Kunstgriffs bedient und das ältere Werke aus einer anderen Erzählerperspektive beleuchtet, etwa die gleiche Situation aus einer weiblichen Sichtweise behandelt (BGH, a.a.O., 647 f. – Laras Tochter).

Eine freie Benutzung liegt erst dann vor, wenn die dem älteren Werk entnommene Ausgangssituation gleichsam nur als Folie verwendet wird, vor der von Beginn an eine vollständig neue Handlung in Szene gesetzt wird (BGH, a.a.O., 647 – Laras Tochter). Unzureichend ist es, wenn sich das jüngere Werk erst im Verlauf der Erzählung immer mehr aus der Abhängigkeit des älteren Werkes löst und andere Personen in den Vordergrund treten lässt (BGH, a.a.O. – Laras Tochter). Maßgeblich ist auch hier wiederum die Frage, ob die eigenpersönlichen Züge des jüngeren Werkes angesichts der Eigenarten des älteren Werkes verblassen, so dass der nötige innere Abstand zu dem älteren Werk gewahrt ist (BGH, a.a.O., 647 f. – Laras Tochter). Hier ist ein strenger Maßstab anzulegen (BGH, a.a.O., 648 – Laras Tochter). Auch wenn der innere Abstand selbst bei einer deutlichen Übernahme geschützter Elemente noch gegeben sein kann (z.B. bei der Parodie), so wird bei der Konstellation einer Fortschreibung einer im Roman erzählten Geschichte unter Übernahme wesentlicher, charakteristischer Gestalten dieses Erfordernis nur bei Vorliegen ganz besonderer Umstände anzunehmen sein (BGH, a.a.O. – Laras Tochter).

Erforderlich ist also eine Art antithematischer Auseinandersetzung, die die ursprüngliche Romanvorlage sozusagen „auf den Kopf stellt". Selbst wenn die Ausgangsposition einer Vorlage übernommen wird, muss der Autor die Geschichte unverzüglich in eine Richtung führen, die in dem Original nicht einmal ansatzweise angelegt war. Wann diese besonderen Umstände vorliegen, macht wieder eine genaue Bewertung der konkreten Werke im Einzelfall notwendig.

> In dem vorliegenden Fall Nr. 1 wird dieses Erfordernis im Zweifel nicht gegeben sein. Die Autorin übernimmt die Personen mit ihren charakterlichen Anlagen und ihrem Beziehungsgeflecht und schreibt die Geschichte linear fort. Auch wenn einzelne der daraus resultierenden Handlungsfäden vielleicht „unerwartet" sein werden, so wird sich das neue Werk wohl nicht genügend von der Vorlage trennen können. Grundsätzlich kann von einer linearen Fortschreibung einer Roman- oder Drehbuchvorlage ohne Erlaubnis nur abgeraten werden.

Im Falle einer Übernahme eines einzelnen Charakters aus einer Vorlage oder eines Spin-Offs (meist die Herauslösung einer Figur einer aus TV-Serie und Ummantelung mit einer eigenen Geschichte) stellt sich ebenfalls die Frage, ob dies eine freie Benutzung oder eine unfreie Bearbeitung des Originalwerks darstellt.

In vielen Fällen wird die übernommene Figur selbst nicht schutzfähig sein. Eine Schutzfähigkeit ist nur dann anzunehmen, wenn die Figur in ihren Charakter-

II. Welche fremden Rechte hat der Drehbuchautor zu beachten?

eigenschaften, ihrem Beziehungsgeflecht zu anderen Personen, ihrer äußeren Erscheinung oder ihrem Auftreten derart individuell gezeichnet ist, dass sie auch außerhalb ihres ursprünglichen Kontexts als solche erkennbar bleibt. Selbst wenn die Schutzfähigkeit der Figur bejaht werden kann, kann die Übernahme in ein eigenes Werk dann als freie Benutzung gewertet werden, wenn die typenmäßige Darstellung der Figur im Film von der in der Originalvorlage völlig verschieden ist. Dies gilt insbesondere dann, wenn auch für den Filmzuschauer von Beginn der Filmhandlung klar erkennbar ist, dass in Wirklichkeit Personengleichheit nicht vorliegt (BGHZ 26, 52, 56 ff. – Sherlock Holmes).

> Der BGH hatte dies im Falle der Übernahme der Charaktere Sherlock Holmes und Dr. Watson aus den Büchern des Arthur Conan Doyle für den Film „Der Mann, der Sherlock Holmes war" angenommen. Hier war dem Zuschauer von Anfang an klar, dass die Hauptcharaktere, zwei arbeitslose Privatdetektive, auch in dem Film selbst nur mit diesen berühmten Privatdetektiven verwechselt werden. Eine solche Distanz ist im Beispiel Nr. 2 nicht unbedingt gegeben.

Zusätzlich ist bei der Übernahme eines Charakters aus einer Vorlage zu prüfen, ob nicht ein wettbewerbsrechtlicher Verstoß gegeben ist. Indem sich ein Autor eines berühmten Charakters bedient, begeht er unter Umständen eine unzulässige Rufausbeutung nach § 1 UWG oder Irreführung nach § 3 UWG. Hier müssen aber besondere Unlauterkeitsmerkmale hinzutreten, die das Verhalten als wettbewerbsrechtlich unzulässig erscheinen lassen (BGHZ 26, 52, 59 – Sherlock Holmes; BGHZ 5, 1, 10 f. – Hummelfiguren).

Dies kann z.B. dann angenommen werden, wenn der Autor den Ruf und die Beliebtheit eines berühmten Charakters für sich ausnutzt und hierdurch die Gefahr besteht, dass die Zuschauer zu Unrecht eine Verbindung zwischen der Originalvorlage und dem neuen Werk annehmen, die in Wirklichkeit nicht besteht (vgl. BGH GRUR 1958, 402, 404 – Lili Marleen). War der Name des Charakters Bestandteil eines Titels einer Vorlage (z.B. Film, Buch oder Theaterstück), können sich unter Umständen auch Ansprüche aus Werktitelschutz ergeben (vgl. BGHZ 26, 52, 60 ff. – Sherlock Holmes). Dies setzt voraus, dass der Name eine ausreichende Kennzeichnungskraft besitzt und die Verwendung die Gefahr von Verwechslungen hervorruft oder die Bekanntheit des Titels auf unlautere Weise für sich ausnutzt.

> Aufgrund der Bekanntheit des Namens der Figur „Ms. Moneypenny" wären in Fall Nr. 2 auch wettbewerbsrechtliche Ansprüche zu prüfen.

1.1.3. Remake

> Beispiel:
> Auf der Grundlage des Originaldrehbuchs des Filmes „Pretty Woman" schreibt die Autorin eine deutsche Version, die nunmehr in Berlin mit deutschen Schauspielern verfilmt werden soll.

Unter einem Remake versteht man die Wiederverfilmung eines Filmstoffes, meist mit leichten Aktualisierungen an die Zeit oder örtliche Begebenheiten. Der Autor, der auf eine derart unmittelbare Weise auf ein Originaldrehbuch zugreift, begeht per definitionem eine unfreie Bearbeitung oder andere Umgestaltung der Vorlage. Für die Herstellung des Remakes ist daher immer die vorherige Zustimmung des Rechteinhabers gemäß § 23 UrhG notwendig.

In der Regel werden die Remake-Rechte (wie auch die Sequel-, Prequel- oder Spin-Off-Rechte) bei dem Produzenten des Originalfilms liegen. Sofern der Originalurheber seinerzeit das Remake-Recht nicht auf diesen übertragen hat, ist der Urheber mangels anderweitiger Bestimmungen erst nach Ablauf von 10 Jahren berechtigt, das Recht zur Wiederverfilmung seines Stoffes einem anderen Produzenten einzuräumen, § 88 Abs. II. UrhG. Diese, nur auf Remakes beschränkte Bestimmung soll dem Schutz des ersten Produzenten dienen und gewährleisten, dass dieser das mit hohem wirtschaftlichen Aufwand hergestellte Filmwerk zumindest 10 Jahre ohne konkurrierende Neuverfilmungen auswerten kann.

1.1.4. Plagiat

Beispiel:
Nachdem die Autorin das Drehbuch für die deutsche Version von „Pretty Woman" fertig gestellt hat, befürchtet sie, dass die Remake-Rechte unbezahlbar sein werden und beschließt, das Buch als ihre eigene Schöpfung auszugeben und die Benutzung der Vorlage zu verschweigen.

Ein Plagiat ist die bewusste Aneignung fremden Geistesgutes (Fromm/Nordemann/Vinck, Anhang zu § 24, Rd. 1). Eine solche ist gegeben, wenn der Plagiator ein geschütztes Werk eines anderen Urhebers oder eigenschöpferische Teile hiervon wissentlich und willentlich übernimmt und als eigene Schöpfung ausgibt, sich also die Urheberschaft anmaßt.

Das Plagiat ist gesetzlich nicht eigens geregelt, es ist entweder eine Bearbeitung oder eine andere Umgestaltung gemäß § 23 UrhG. Übernimmt der Autor eigenschöpferische Merkmale des Originalwerks ohne den Originalurheber zu nennen, schafft aber dennoch ein eigenes schutzfähiges Werk, so ist eine Bearbeitung gegeben. Nimmt er nur geringfügige Änderungen vor (z.B. das bloße Austauschen der Namen), liegt mangels Schöpfungshöhe nur eine andere Umgestaltung vor. In beiden Fällen hat sich der Autor vorsätzlich geschützte Schöpfungen angeeignet und ein Plagiat begangen, gegen dessen unzulässige Verwendung der Originalurheber vorgehen kann. Daneben ist auch immer eine Verletzung des Urheberpersönlichkeitsrechts auf ordnungsgemäße Nennung gemäß § 13 UrhG gegeben.

Im vorliegenden Fall hat die Autorin eindeutig ein Plagiat hergestellt, indem sie die Urheberschaft an den übernommenen Werkteilen verschwiegen und sich selbst ihrer berühmt hat. Sofern ihre eigenen Beiträge persönliche geistige Schöpfungen darstellen, liegt eine erlaubnispflichtige Bearbeitung, andernfalls eine andere Umgestaltung vor.

1.1.5. Unabhängige Doppelschöpfung

Beispiel:
Die Autorin hat ein besonders gelungenes Drehbuch geschrieben, welches mit großem Budget verfilmt worden ist. Nach dem Filmstart geht die Unterlassungsklage eines neuseeländischen Autors ein, welcher den Vorwurf der Plagiierung erhebt. In der Tat weisen beide Bücher auffällige Übereinstimmungen auf, es ist aber außer Zweifel, dass keiner der Autoren das Werk des anderen kannte, da das Manuskript des älteren Werkes bisher unveröffentlicht blieb und lediglich an eine Handvoll neuseeländischer Verlage geschickt worden war.

Im Urheberrecht gilt nur eine subjektive Neuheit. Es ist nicht unzulässig, ein Werk neu zu schaffen, dass es bereits gibt, wenn der neue Urheber keine Kenntnis von dem älteren Werk hat. Eine Doppelschöpfung liegt aber nur bei einer „zufälligen" Übereinstimmung vor; die bewusste – aber auch die unbewusste – Übernahme schutzfähiger Werkelemente stellt eine Urheberrechtsverletzung dar (BGH GRUR 1971, 266, 268 – Magdalenenarie; Schricker/Loewenheim, § 23, Rd. 26 m.w.N.). Allerdings stellt sich hier die Frage, wie und von welcher Partei im Streitfall die Übernahme zu beweisen ist.

Stellt ein Gericht Übereinstimmungen zwischen einem neuen und einem älteren Werk fest, wird es nach den Regeln des Anscheinsbeweises überprüfen, ob diese zufällig erfolgt sind oder nicht. Hierbei wird wieder unterschieden, ob es sich um ein Werk mit besonders großer Originalität oder ein Werk mit geringer Schöpfungshöhe handelt.

Bei Werken mit großer Originalität legen weitgehende Übereinstimmungen in der Regel die Annahme nahe, dass der Urheber des jüngeren Werkes das ältere Werk benutzt hat (BGH GRUR 1971, 266, 268 – Magdalenenarie). Dem Urheber des neuen Werkes obliegt es dann, diesen Anscheinsbeweis zu entkräften (vgl. auch OLG München ZUM 1989, 309, 310 – Schlagermusik). Er muss einen anderen Geschehensablauf darlegen, nach dem sich diese Übereinstimmungen auch auf andere Weise erklären lassen (BGH a.a.O.).

Voraussetzung für die Annahme des Anscheinsbeweises muss aber eine ausreichende Bekanntheit des älteren Werks sein (so auch LG München I ZUM 2003, 245, 248), sofern der Urheber des Originals nicht einen anderen typischen Geschehensablauf darlegen kann, der die Möglichkeit eines Zugangs zum Werk nahe legt (z.B. die Zusendung von Demo-Aufnahmen, Manuskripten, etc.).

1.2. Zitate

Beispiel:
Die Autorin möchte in ihrem Drehbuch in einer Liebesszene einen Schauspieler drei Strophen eines längeren Liebesgedichts eines bekannten Dichters sprechen lassen. Eine entsprechende Anfrage bei dem Dichter und seinem Verlag blieb leider ergebnislos. Die Autorin möchte das Gedicht dennoch verwenden und versteht die Benutzung als Zitat; um dem Vorwurf des Plagiats zu begegnen, soll der Dichter im Abspann des Filmes unter Angabe des Werkes genannt werden. Ist dies ausreichend?

§ 51 UrhG erlaubt die Übernahme bestimmter Werke oder Werkteile in ein eigenes Werk als Zitate. § 51 UrhG unterscheidet hier zwischen drei Arten von Zitaten, dem Großzitat, dem Kleinzitat und dem Musikzitat.

Das Großzitat ist die Übernahme eines vollständigen Werkes nach der Veröffentlichung in ein selbständiges wissenschaftliches Werk zur Erläuterung des Inhalts, § 51 Nr. 1 UrhG. Ein Kleinzitat ist gegeben, wenn lediglich Stellen eines Werkes nach der Veröffentlichung in einem selbständigen Sprachwerk angeführt werden, § 51 Nr. 2 UrhG. Ein Musikzitat ist schließlich die Übernahme einzelner Stellen eines erschienenen Musikwerks in ein anderes selbständiges Musikwerk, § 51 Nr. 3 UrhG.

Nicht gesetzlich geregelt sind das Bildzitat (z.B. die Wiedergabe von Fotografien in anderen Werken), das Filmzitat (die Verwendung von Filmausschnitten in Filmwerken) sowie das Musikzitat im Film (die Einblendung eines Musikwerks in einem Filmwerk). Die beiden letztgenannten Zitatformen werden ausführlich in Kapitel B. besprochen.

Das Zitieren fremder Werke ist grundsätzlich nur in den engen Grenzen des § 51 UrhG erlaubt:

Voraussetzung für die Zulässigkeit eines Zitats ist zunächst das Vorliegen eines Zitatzwecks, welcher seit der Änderung des UrhG zum 01.01.2008 (II. Korb) auch ausdrücklich im Gesetz genannt ist. Ein solcher ist nur dann gegeben, wenn das angeführte Werk oder Werkteil zum Beleg oder zur Erörterung eigener Gedanken dient und nicht nur um seiner selbst willen zur Kenntnis gebracht wird (vgl. z.B. BGH NJW 1987, 1408, 1409 – Filmzitat). Das Zitat muss zur Unterstreichung oder zur Auseinandersetzung mit der eigenen Aussage innerhalb einer selbständigen Konzeption benutzt werden. Es ist also eine innere Verbindung zwischen dem zitierten und dem zitierenden Werk erforderlich (BGH NJW 1959, 336, 337 – Verkehrs-Kinderlied). Ein Zitat darf daher weder für sich selbst stehen, noch als Ausschmückung oder Ergänzung des neuen Werkes dienen. Stets muss es in erläuternder, beweisender oder erklärender Funktion gegenüber dem neuen Werk in Erscheinung treten. Wird es nicht als Erörterungsgrundlage verwendet, sondern als „Dekoration", „Anhängsel", „Symbol" oder weil es gerade „gut passt", so ist dies unzulässig (vgl. z.B. OLG Köln NJW 1994, 1968, 1969 – Filmausschnitt; OLG Hamburg ZUM 1993, 35, 36 – Musikzitat im Film; speziell zu Film- und Musikzitaten s.u. B.II.).

Gemäß § 51 UrhG ist das Zitat ferner nur zulässig in dem durch den besonderen Zweck gebotenen Umfang. Der Zitierende darf vom Umfang her nicht mehr anführen, als zur Erreichung des Zitatzwecks gerade erforderlich ist. Keinesfalls darf das Zitat bestimmendes Element oder Hauptteil des neuen Werkes werden (vgl. BGH GRUR 1982, 37, 40 – WK-Dokumentation). Allerdings muss der Zitierende so viel übernehmen dürfen, um den Bedeutungsinhalt des Zitats überhaupt verständlich zu machen und braucht sich nicht nur auf ein oder zwei Kernsätze zu beschränken (BGH GRUR 1986, 59, 60 – Geistchristentum). Hierbei sollen keine rein arithmetischen Maßstäbe angelegt werden; das zitierende Werk darf das fremde Werk aber nicht in einem solchen Umfang zur Kenntnis bringen, dass es sozusagen als Ersatz für das Original von der Allgemeinheit aufgenommen wird oder dessen

II. Welche fremden Rechte hat der Drehbuchautor zu beachten?

wirtschaftliche Auswertung beeinträchtigt (BGH NJW 1959, 336, 338 – Verkehrs-Kinderlied).

Weiterhin ist die Quelle des Zitats deutlich anzugeben, § 63 UrhG. Änderungen an dem Werk oder Werkteil dürfen nicht vorgenommen werden, § 62 UrhG. Das Zitat soll die dem fremden Werk zugrunde liegende Aussage unverfälscht den eigenen Erörterungen gegenüberstellen und hierbei eine eindeutige Identifizierung von Originalwerk und -autor ermöglichen. Ist eine solche Identifizierung der Quelle nicht möglich, liegt ein unzulässiges Plagiat vor (Fromm/Nordemann/Vinck, § 51, Rd. 5).

Aufgrund dieses strengen Rahmens ist vor jeder Übernahme fremder Werke mit Sorgfalt zu prüfen, ob ein zulässiges Zitat vorliegt oder eine rechtswidrige Verletzungshandlung gegeben ist.

> Im vorliegenden Fall könnte ein Kleinzitat, d.h. die Übernahme eines Werkteils in ein selbständiges Sprachwerk, vorliegen. Hier ist zunächst einmal fraglich, worin der Zitatzweck bestehen soll. Die Autorin setzt sich inhaltlich nicht weiter mit dem Gedicht auseinander. Der einzige Zusammenhang zwischen dem Gedicht und der Szene besteht darin, dass beide eine Liebesbeziehung beschreiben. Das Gedicht wird sozusagen nur als „Symbol" für die Gattung des Liebesgedichts verwendet, es hätte auch durch jedes andere Liebesgedicht ersetzt werden können. Dies wird nicht ausreichen, einen Zitatzweck zu begründen. Selbst wenn ein Zitatzweck angenommen werden könnte, wäre zu fragen, inwieweit die Anführung von drei Strophen zum Transportieren der eigenen Aussage der Autorin notwendig ist oder ob sich das zitierte Werk hier nicht zu sehr in den Vordergrund drängt und seine „dienende" Funktion verliert.

Unter Umständen kann sich ein Autor selbst dann, wenn er die Grenzen des Zitatrechts überschreitet, auf die verfassungsrechtlich garantierte Kunstfreiheit nach Art. 5 Abs. III. GG berufen. Nach der Rechtsprechung des BVerfG kann eine kunstspezifische Betrachtung eines neuen Werkes ergeben, dass die Übernahme der Stellen aus dem alten Werk – auch über den Rahmen des § 51 UrhG hinaus – als künstlerisches Gestaltungsmittel oder zum Transportieren einer eigenständigen künstlerischen Aussage durch die Kunstfreiheit gedeckt ist (BVerfG ZUM 2000, 867 – Brecht-Texte, s.u. A.II.1.4.2.). Dies wird man aber auf wenige Ausnahmen und künstlerisch besonders anspruchsvolle Drehbücher und Filme beschränken müssen. Der normale Unterhaltungsfilm wird diesen Anforderungen selten genügen.

> Hierzu wäre das Drehbuch der Autorin unter diesen kunstspezifischen Aspekten zu betrachten.

1.3. Gemeinfreie Werke und Stoffe

> Beispiel:
> 1. Nachdem die Autorin eine Verfilmung von „Sense and Sensibility" gesehen hat, schreibt sie nun ihrerseits ein Drehbuch auf Jane Austens Romanvorlage.
> 2. Die Autorin hat einen Film über eine Flugkatastrophe gesehen, die sich tatsächlich ereignet hat, und schreibt ihrerseits ein Drehbuch hierüber.

Ist die Schutzfrist eines Werkes abgelaufen, kann es von jedermann bearbeitet und ohne Zustimmung Dritter verwertet werden. Fügt der Bearbeiter neue eigenschöpferische Merkmale hinzu, besitzt er aber die ausschließlichen Rechte an diesen. Die übernommenen Elemente bleiben allerdings frei und stehen zur Disposition eines jeden weiteren Autoren. Dieser nachfolgende Bearbeiter muss sich dann nur vorsehen, nicht seinerseits noch eventuell geschützte Werkbeiträge früherer Bearbeiter aufzunehmen.

> Solange die Autorin sich im Beispiel Nr. 1 an die Romanvorlage von Jane Austen hält und ausschließlich eigene Zusätze beiträgt, ist keine Rechtsverletzung zu befürchten. Auf die Gefahr unbewusster Entlehnungen nach dem Konsum der früheren Verfilmung ist aber hinzuweisen.

Auch historische Vorgänge oder Tatsachen aus dem Bereich der Zeitgeschichte sind gemeinfrei und können von jedermann literarisch oder filmisch bearbeitet werden (vgl. KG GRUR 1931, 287, 288 f. – Berge in Flammen, für die doppelte Verwendung eines Kriegsgeschehens). Etwas anderes gilt auch hier, wenn sich der nachfolgende Autor bestimmter schutzfähiger Elemente des ersten Autors bedient, die dieser kraft eigener Phantasie hinzugefügt hat. Sind von dem historischen Ereignis oder der Figur nur einzelne Begebenheiten bekannt, so besteht auch hier ein inhaltlicher Gestaltungsspielraum, in dessen Rahmen urheberrechtlicher Schutz gewährt werden kann (LG Hamburg ZUM 2003, 403, 405 – Die Päpstin). Im Einzelfall kann dann die Übernahme einer speziellen Variation der historischen Fabel oder individueller Handlungsabläufe eines anderen Autors unzulässig sein (LG Hamburg, a.a.O., 405, 412).

> Auch in Beispiel Nr. 2 muss die Autorin sicherstellen, sich nur der historischen Tatsachen und nicht geschützter Werkbeiträge des ersten Autors zu bedienen. In dem zitierten Fall des LG Hamburg hatte eine Filmproduktionsfirma für eine TV-Serie ein Drehbuch über das Leben der Johanna von Ingelheim entwickeln lassen, einer Frau, die – wissenschaftlich umstritten – im 9. Jahrhundert unter Verheimlichung ihres Geschlechts zur Päpstin gewählt worden sein soll. Die Filmproduktionsfirma wurde sodann von der Autorin des 1996 erschienenen Bestsellers „Die Päpstin" erfolgreich auf Unterlassung der Verwendung des neuen Drehbuchs in Anspruch genommen. Das LG Hamburg kam zu dem Ergebnis, dass die Beklagte verschiedene individuell von der Klägerin gestaltete Handlungsabschnitte (Darstellung des Lesen und Schreiben Lernens, eines Wikingerüberfalls, einer Prozession, eines Bruders und eines Liebhabers der Protagonistin) in unfreier Bearbeitung übernommen hatte (LG Hamburg ZUM 2003, 403 ff. - Die Päpstin).

Eine unzulässige Bearbeitung einer älteren Verfilmung kann auch dann gegeben sein, wenn sich der Autor besonderer filmspezifischer Merkmale der ersten Fassung bedient, wie bestimmter, auf die Filmverwendung abgestellter Einzelhandlungen oder filmisch wirksamer Bild- und Klangeffekte (KG GRUR 1931, 287, 289 – Berge in Flammen).

II. Welche fremden Rechte hat der Drehbuchautor zu beachten?

1.4. Kann sich der Autor auf die Meinungs- und Kunstfreiheit berufen?

Beispiel:
Die Autorin schreibt ein Drehbuch für einen 60minütigen Fernsehfilm auf der Grundlage der elfteiligen Fernsehserie „Heimat". Sie beruft sich auf ihre Meinungs- und Kunstfreiheit. Sie ist der Meinung, die Originalserie sei einfach zu lang; in unserer schnelllebigen Zeit könne man den Zuschauern derart lange Fernsehzeiten nicht mehr zumuten und müsse Kulturgüter in gestraffter Form vermitteln. Niemand könne ihr außerdem verbieten, sich auf diese Weise künstlerisch auszudrücken.

1.4.1. Meinungsfreiheit

1.4.1.1. Begriff und Schutzbereich

Art. 5 Abs. I. GG garantiert das Recht eines jeden, seine Meinung in Wort, Schrift und Bild frei zu äußern und zu verbreiten, die Freiheit der Presse sowie die Freiheit der Berichterstattung durch Rundfunk und Film.

Die Freiheit der Meinungsäußerung nach Art. 5 Abs. I. S. 1 GG schützt Meinungen im weitesten Sinne, d.h. jede Äußerung, die durch Elemente der Stellungnahme, des Dafürhaltens und des Meinens im Rahmen einer geistigen Auseinandersetzung geprägt ist (BVerfGE 61, 1, 8 – NPD von Europa). In erster Linie versteht man hierunter Werturteile, also wertende Betrachtungen von Tatsachen, Ereignissen oder Personen, die weder objektiv richtig oder falsch sind.

Von den Werturteilen zu unterscheiden sind bloße Tatsachenmitteilungen. Diese werden nur dann von Art. 5 Abs. I. GG umfasst, wenn sie der Meinungsbildung dienen können (BVerfGE 61, 1, 8 – NPD von Europa). Es ist offensichtlich, dass eine Meinung nicht nur durch ein direktes Werturteil, sondern auch indirekt durch die Art und Weise von Auswahl und Reihenfolge der dargestellten Tatsachen ausgedrückt werden kann. Tatsachenmitteilungen genießen aber einen geringeren Schutz als Äußerungen von Werturteilen insoweit, als dass nur die Mitteilung richtiger Tatsachen vom Grundrecht der Meinungsfreiheit gedeckt wird, während es bei Werturteilen auf die Richtigkeit oder Vernünftigkeit der Äußerung nicht ankommt (vgl. BVerfGE 61, 1, 8 f. – NPD von Europa).

Art. 5 Abs. I. S. 2 GG schützt die Freiheit der Presse sowie der Berichterstattung durch Rundfunk und Film. Hier ist für den Filmbereich vor allem die Freiheit der Filmberichterstattung von Interesse. Die Freiheit der Filmberichterstattung schützt jede Übermittlung von Gedankeninhalten durch Fernsehrundfunk bzw. Bilderreihen. Hauptsächlicher Anwendungsbereich ist hier die Berichterstattung im engeren Sinne, wie sie z.B. durch Nachrichtensendungen oder Dokumentarfilme erfolgt. Teilweise wird vertreten, dass der grundrechtliche Schutz der Filmberichterstattungsfreiheit auch Spielfilme und andere filmische Äußerungen umfasst (Pieroth/Schlink, Rd. 580). Solche Filme sind aber regelmäßig als Kunstwerke im Sinne von Art. 5 Abs. III. GG einzustufen, so dass sie sich einer Prüfung nach Art. 5 Abs. I. GG entziehen (s.u. A.II.1.4.2.1.).

Die Freiheit der Filmberichterstattung stellt einen Spezialfall der Meinungsfreiheit dar; wenn im Folgenden von der Meinungsfreiheit allgemein die Rede ist, so ist damit auch stets die Freiheit der Filmberichterstattung gemeint.

1.4.1.2. Beschränkung durch die allgemeinen Gesetze

Die Freiheit der Meinungsäußerung gilt nicht unbeschränkt, sie findet ihre Grenzen in den allgemeinen Gesetzen sowie dem Recht der persönlichen Ehre, Art. 5 Abs. II. GG. Allgemeine Gesetze sind alle diejenigen Gesetze, die die Meinungs- und Filmfreiheit nicht speziell einschränken, sondern ein vom Schutz der freien Meinung unabhängiges Recht schützen. Ein solches allgemeines Gesetz ist z.b. das Urheberrechtsgesetz.

Nun steht das Grundrecht der Meinungsfreiheit nicht unter einem absoluten Vorbehalt der in Frage kommenden allgemeinen Gesetze, vielmehr sind diese Bestimmungen selbst wiederum im Lichte der Bedeutung des Grundrechts auszulegen. Diese so genannte Wechselwirkung zwischen Grundrecht und allgemeinem Gesetz wird im Wege einer Güterabwägung im konkreten Einzelfall gelöst. Im Ergebnis bemisst sich damit der Umfang des Grundrechts auf freie Meinungsäußerung an den allgemeinen Gesetzen, deren Umfang wieder anhand der Bedeutung dieses Grundrechts zu bemessen ist.

Im Bereich des Urheberrechts hat der Gesetzgeber in den §§ 44a ff. UrhG zahlreiche Bestimmungen aufgenommen, die der Sicherung der Freiheit der Meinungsäußerung, des wissenschaftlichen Gedankenaustausches und der Berichterstattung dienen. Die §§ 44a ff. UrhG stellen somit eine gesetzliche Ausprägung der Güterabwägung zwischen der Freiheit der Meinungsäußerung sowie des Schutzes des Eigentums an Werken dar. Im Lichte der besonderen Bedeutung der Meinungsfreiheit sind diese Vorschriften aber wieder verfassungskonform auszulegen.

Im vorliegenden Beispiel wird die „Meinungsäußerung" wohl nicht durch Art. 5 Abs. I. GG gedeckt sein. Die Nutzung der Vorlage „Heimat" für eine Fernsehserie stellt einen derart schwerwiegenden Eingriff in das verfassungsrechtlich garantierte Urheberrecht der Originalurheber dar, so dass eine Güterabwägung, wenn sie nicht von vornherein ausgeschlossen ist, nur zu Gunsten der Originalurheber ausfallen wird. Der Autorin bleibt es unbenommen, ihre Meinung über die Länge der Originalserie in anderer Form, etwa in einer Kritik, kundzutun. Eine Äußerung der Meinung gerade durch Herstellung eines neuen Fernsehfilms ist aber nicht unbedingt nötig. Allgemeine urheberrechtliche Schranken nach den §§ 44a ff. UrhG (z.B. Freiheit der Berichterstattung über Tagesereignisse gemäß § 50 UrhG) sind hier zugunsten der Autorin nicht anwendbar.

1.4.2. Kunstfreiheit

1.4.2.1. Begriff und Schutzbereich

Der Schutzbereich der Kunstfreiheit umfasst die freie schöpferische Gestaltung, in der Eindrücke, Erfahrungen, Erlebnisse und Gedanken des Künstlers durch das Medium einer bestimmten Formensprache zur unmittelbaren Anschauung gebracht werden (BVerfGE 30, 173, 188 f. - Mephisto; BVerfG ZUM 2000, 867, 868 f. - Brecht-Texte). Geschützt wird sowohl die künstlerische Betätigung (Werkbereich) als auch die Darbietung und Verbreitung des Kunstwerks (Wirkbereich) (BVerfGE 30, 173, 189 - Mephisto; BVerfG ZUM 2000, 867, 869 - Brecht-Texte).

Eine Definition, was denn im Einzelfall überhaupt „Kunst" im Sinne von Art. 5 GG darstellt, ist nicht möglich. Der Kunstbegriff ist sehr weit zu fassen und umfasst

II. Welche fremden Rechte hat der Drehbuchautor zu beachten? 59

alles, was Merkmale des Schöpferischen, des Ausdrucks persönlichen Erlebnisses, der Formgebung sowie der kommunikativen Sinnvermittlung beinhaltet und damit Ausdruck der individuellen Persönlichkeit des Künstlers ist (vgl. BVerfGE 67, 213, 226 – Anachronistischer Zug).

Im Allgemeinen werden Filmproduktionen und die zugrunde liegenden Drehbücher dem Anspruch dieses weiten Kunstbegriffs gerecht, insbesondere dann, wenn solche Werke fiktive Personen oder Ereignisse zum Gegenstand haben, welche der eigenen Phantasie oder Kreativität des Künstlers entsprungen sind. Jedenfalls ist es für den Kunstschutz nach Art. 5 Abs. III. GG nicht erforderlich, dass das Kunstwerk eine gewisse Gestaltungshöhe erreicht, wie es z.B. der Werkschutz nach § 2 UrhG verlangt. Auch dokumentarische Filmwerke wird man in der Regel unter den Kunstbegriff des Art. 5 Abs. III. GG fallen lassen können, insbesondere die mit dramatischen Mitteln versetzten Dokudramen oder Biopics (Biographic Pictures).

Sobald man ein Werk als Kunstwerk qualifiziert, werden die darin enthaltenen Darstellungen und Äußerungen nur noch nach Art. 5 Abs. III. GG und nicht mehr nach Art. 5 Abs. I. GG geprüft. Nach der Rechtsprechung des BVerfG geht Art. 5 Abs. III GG als lex specialis dem Art. 5 Abs. I. GG vor (vgl. BVerfGE 30, 173, 191, 200 – Mephisto; BVerfG NJW 84, 1293, 1294f. – Sprayer von Zürich, BVerfG ZUM 2000, 8667, 868 – Brecht-Texte). Somit bleibt für die Prüfung nach Art. 5 Abs. I. GG nur noch der Bereich der klassischen Filmberichterstattung, wie z.B. Fernsehreportagen, Nachrichtensendungen (s.o.).

Somit ist die Zulässigkeit der Nutzung der Fernsehserie „Heimat" für einen Fernsehfilm nur noch an der Kunstfreiheit nach Art. 5 Abs. III. GG zu messen.

1.4.2.2. Beschränkung nur durch die Verfassung selbst
Anders als die Meinungsfreiheit nach Art. 5 Abs. I. GG steht die Kunstfreiheit nach Art. 5 Abs. III. GG nicht unter dem Vorbehalt der allgemeinen Gesetze nach Art. 5 Abs. II. GG.

Dennoch gilt auch Kunstfreiheit nicht schrankenlos; sie findet ihre Grenzen aber nur in der Verfassung selbst (BVerfGE 30, 173, 193 – Mephisto). Auch hier ist der Schutzbereich der Kunstfreiheit wiederum im Wege einer Güterabwägung im Einzelfall festzustellen. In die Abwägung sind nunmehr nur solche Güter einzubeziehen, die ihre Grundlage in dem verfassungsrechtlichen Wertesystem selbst haben, wie etwa das allgemeine Persönlichkeitsrecht nach Art. 2 Abs. I. GG i.V.m. Art. 1 Abs. I. S. 1 GG oder das Recht auf Eigentum nach Art. 14 GG.

Unter die Eigentumsgarantie des Art. 14 GG fällt auch das Urheberrecht (BVerfGE 31, 229 – Kirchen- und Schulgebrauch; BVerfG ZUM 2000, 867, 869 – Brecht-Texte). Inhalt und Schranken des Eigentums werden nach Art. 14 Abs. I. S. 2 GG wieder durch die allgemeinen Gesetze bestimmt. Ein solches Gesetz stellt für das geistige Eigentum an Werken das UrhG dar. Bei der inhaltlichen Bestimmung des Eigentums durch das UrhG ist der Gesetzgeber nicht frei, er muss sich bei der Festlegung der Befugnisse und Pflichten mit allen anderen Verfassungsnormen im Einklang halten (BVerfGE 31, 229, 240 – Kirchen- und Schulgebrauch). Der Gesetzgeber hat in Ausübung des Art. 14 Abs. I. S. 2 GG das Eigentum der Urheber an Werken im

UrhG definiert und insbesondere in den §§ 24, 44a ff. UrhG Schranken und Grenzen dieses Freiheitsrechts bestimmt. Nur mit dem sich hieraus ergebenden Inhalt ist das Urheberrecht dann verfassungsrechtlich geschützt (BVerfGE 31, 229, 240 – Kirchen- und Schulgebrauch).

Das BVerfG hat sich in der Entscheidung „Brecht-Texte" erstmals konkret zum Spannungsverhältnis zwischen Kunstfreiheit und Urheberrecht geäußert: Treffen mehrere grundrechtliche Positionen aufeinander, so hat der Richter im Rahmen der Anwendung der einschlägigen, einfachrechtlichen Regelungen die Schranken der Grundrechtsbereiche der betroffenen Personen zu konkretisieren (BVerfG ZUM 2000, 867, 869 – Brecht-Texte). Hierbei ist zu beachten, dass ein Werk mit seiner Veröffentlichung nicht mehr nur seinem Inhaber zur Verfügung steht, sondern in den gesellschaftlichen Raum tritt und so ein eigenständiger, das kulturelle und geistige Bild der Zeit mitbestimmender Faktor wird (BVerfG, a.a.O.). Es löst sich von der privatrechtlichen Verfügbarkeit und wird geistiges und kulturelles Allgemeingut (BVerfG, a.a.O.). Ein Künstler muss sich daher in gewissen Maße Eingriffe in sein Urheberrecht durch andere Künstler als Teil dieser sich mit dem Kunstwerk auseinandersetzenden Gesellschaft gefallen lassen (BVerfG, a.a.O.). Allerdings muss es sich um geringfügige Eingriffe in das Urheberrecht ohne die Gefahr merklicher wirtschaftlicher Nachteile (z.B. Absatzrückgänge) handeln (BVerfG, a.a.O.). Eingriffe finanzieller oder inhaltlicher Art sind nicht gedeckt (BVerfG, a.a.O.).

Voraussetzung ist aber stets, dass sich derjenige, der sich auf die Kunstfreiheit beruft, künstlerisch mit dem Werk auseinandersetzt; die Prüfung der künstlerischen Aussage macht eine so genannte kunstspezifische Betrachtung des neuen Werkes erforderlich (BVerfG, a.a.O.). Dient der Eingriff in die urheberrechtlich geschützte Position als Mittel des künstlerischen Ausdrucks bzw. als integraler Bestandteil einer eigenständigen künstlerischen Aussage, so kann die Anwendung dieser kunstspezifischen Betrachtung dazu führen, dass der Anwendungsbereich der urheberrechtlichen Schranken (z.B. §§ 24, 44a ff. UrhG) für Kunstwerke weiter gefasst wird, als bei anderen nicht-künstlerischen Werken.

Das BVerfG hatte die Frage zu beantworten, ob die Übernahme zweier Ausschnitte aus Brechttexten (jeweils zwei Seiten) in ein Theaterstück von Heiner Müller gerechtfertigt war. Hierbei würdigte das Gericht auch Heiner Müllers Technik, gerade die Verschränkung eigener und fremder Texte als durchgängiges künstlerisches Stilmittel für seine Stücke zu benutzen und über diese Texte zugleich deren Geschichte, Kolorit und Rezeption sowie ihren politischen Hintergrund in sein eigenes Kunstwerk zu einem neuen Ganzen einzufügen (BVerfG, a.a.O., S. 870). Inwieweit eine solche kunstspezifische Betrachtung auch bei Film- und Fernsehproduktionen zu einer Beschränkung des Urheberrechts führen kann, bleibt abzuwarten. Der reine Unterhaltungsfilm wird diesen Anforderungen meist nicht genügen, bei experimentellen oder künstlerisch anspruchsvollen Filmen können sich im Einzelfall Ausnahmen ergeben, vorausgesetzt, dass es sich um geringfügige Eingriffe handelt.

> Im Beispiel stellt die Bearbeitung der Fernsehserie für einen neuen Fernsehfilm einen schwerwiegenden inhaltlichen und wirtschaftlichen Eingriff in die Urheberrechte der Originalurheber dar, welcher sich auch auf die Absatzchancen des Originalfilms auswirken kann. Ein solcher Eingriff wird durch die Kunstfreiheit nicht gedeckt sein.

II. Welche fremden Rechte hat der Drehbuchautor zu beachten? 61

2. Persönlichkeitsrechte

Oftmals spielen Drehbücher bzw. Filme auf tatsächlich existierende Personen oder Ereignisse an. Sobald ein Autor in seinem Drehbuch Bezug auf dritte Personen nimmt, besteht die Gefahr der Verletzung von Persönlichkeitsrechten, namentlich des Rechts am eigenen Bild, des allgemeinen Persönlichkeitsrechts sowie des Namensrechts dieser Personen. Der Autor kann sich im Einzelfall aber auch hier auf die im Grundgesetz verankerte Meinungs- und Kunstfreiheit (Art. 5 Abs. I., III. GG) berufen.

2.1. Recht am eigenen Bild

Beispiele:
1. Eine Autorin hat aus der Tagespresse erfahren, dass ein lange gesuchter Massenmörder endlich von der Polizei gefasst worden ist. Da der Fall über Monate die Öffentlichkeit in ihren Bann gezogen hat, möchte sie diesen als Grundlage für ein Fernsehdokudrama verwenden und verspricht sich deshalb eine hohe Einschaltquote. Kann die Autorin Rechte des mutmaßlichen Täters verletzen?
2. Eine Autorin möchte ein Drehbuch für ein Biopic über das Leben und Wirken eines im Jahre 1985 verstorbenen berühmten Dirigenten eines philharmonischen Orchesters schreiben. Hierbei möchte sie auch Details aus dem Privat- und Intimleben des Dirigenten darstellen. Ferner möchte sie auch einige erfundene Handlungen – wie z.B. eine leidenschaftliche Romanze des Dirigenten mit einer Violinistin – hinzufügen. Kann die Autorin Rechte des Dirigenten verletzen, obwohl dieser bereits verstorben ist?
3. Eine Autorin schreibt unter dem Titel „Menschen wie Du und ich" ein Drehbuch für einen Film über das Leben ihres Nachbarn. Hierbei möchte sie weder Details aus dem Privat- oder Intimleben zeigen noch falsche Tatsachen unterstellen, sondern nur das Leben des Nachbarn im Alltag zeigen.

2.1.1. Allgemeines

Das Recht am eigenen Bild ist geregelt in den §§ 22, 23 KUG. Es schützt das Recht eines jeden Einzelnen, über die Verbreitung und öffentliche Zurschaustellung seines Bildnisses zu entscheiden (Ulmer, Urheber- und Verlagsrecht, § 6 II. 3).

Den Bildnisschutz hatte der Gesetzgeber bei Erlass des Gesetzes im Jahre 1907 nur auf Fotografien und Werke der bildenden Künste, wie z.B. Portrait-Gemälde bezogen (vgl. M. Schulze, Materialien, S. 221), die §§ 22 ff. KUG finden aber auch auf die Wiedergabe von Aufnahmen sowie Darstellung von Personen durch Schauspieler in Filmwerken Anwendung (Schricker/Götting, § 60/§ 22 KUG, Rd. 33; BGH GRUR 2000, 715 – Der blaue Engel), gleichfalls auf die Darstellung einer Person als Zeichentrickfigur (LG München I ZUM-RD 1998, 18, 19 – Gustl Bayrhammer/Pumuckl). Nach einer Ansicht umfasst § 22 KUG auch die Darstellung des Lebens- und Charakterbildes einer Person im Film (Eickmeier/Eickmeier, ZUM 1998, S. 1, 3; Schertz, ZUM 1998, 757, 760; a.A. v. Hartlieb/Schwarz/Reber, Kap. 24, Rd. 14; OLG München AfP 2008, 75, 76 – Baader-Meinhof-Komplex). In den Regelungsbereich des KUG fällt aber nur die wirklichkeitsgetreue Abbildung einer Person, also die Darstellung des Abgebildeten in ihrer wirklichen, dem Leben entsprechenden Erscheinung (M. Schulze, Materialien, S. 223).

Nach anderer Ansicht wären alle Darstellungen des Lebensbildes außerhalb echter fotografischer Abbildungen über das allgemeine Persönlichkeitsrecht nach § 823 BGB zu lösen. An dem Ergebnis ändert dies allerdings nichts, da auch im Rahmen der Prüfung einer Verletzung des allgemeinen Persönlichkeitsrechts im Bereich der wirklichkeitsgetreuen Darstellung natürlicher Personen auf die Wertungsmaßstäbe der §§ 22, 23 KUG zurückgegriffen wird (vgl. Eickmeier/Eickmeier, ZUM 1998, S. 1, 3; Schertz, ZUM 1998, 757, 760).

Für den Drehbuchautor sind die §§ 22 KUG immer dann zu beachten, wenn er das Leben und Wirken tatsächlicher Personen zum Gegenstand seines Filmes macht. Regelmäßig ist dies bei Dokumentarfilmen der Fall, welche von ihrer Natur her auf tatsächliche Personen und Ereignisse Bezug nehmen müssen. Vermehrt werden heutzutage Dokumentationen mit zusätzlichen dramatischen Mitteln und fiktiven Inhalten versehen, um den Filmstoff für den Zuschauer unterhaltsamer oder interessanter darreichen zu können. Bei Fernsehproduktionen wird hierfür oft den Begriff „Dokudrama", bei Spielfilmproduktionen auch die Bezeichnung „Biopic" („Biographic Picture") verwendet. Hier ist der Bildnisschutz der dargestellten Personen zu beachten. Die §§ 22 KUG sind aber auch dann betroffen, wenn innerhalb eines Spielfilms nur ein einziger Charakter an eine tatsächliche Person angelehnt wird, solange die Handlung den Betroffenen in seinem natürlichen Lebensumfeld zeigt.

> Beispiel: In einem Film über einen fiktiven Schriftsteller tritt in einer Szene Günter Grass, dargestellt durch einen Schauspieler, als Mentor des jungen Künstlers auf.

Auch wenn Fotografien eingeblendet werden sollen, ist das Recht am eigenen Bild der abgebildeten Personen betroffen.

2.1.2. Grundsatz: Keine Verwertung eines Bildnisses ohne Einwilligung

Eine Verletzung des Bildnisschutzes nach § 22 KUG setzt zunächst voraus, dass eine Person durch die Darstellung überhaupt erkennbar abgebildet worden ist. Hierfür ist es nicht erforderlich, dass überwiegende Kreise der Allgemeinheit den Betroffenen identifizieren können; es genügt vielmehr die Erkennbarkeit durch einen mehr oder minder großen Bekanntenkreis (BGH GRUR 1979, 732, 733 – Fußballtor). Zu den identifizierbaren Merkmalen gehören einmal die besonderen persönlichen Eigenschaften der Person selbst, wie Gesichtszüge, Statur, Haarschnitt oder Kleidung, aber auch außerhalb der abgebildeten Person liegende Umstände, soweit diese geeignet sind, den Betroffenen erkennbar zu machen (so kann z.B. die Erkennbarkeit eines Reiters zusätzlich durch seine Mitgliedschaft in einem bestimmten Reiterverein und sein in Reiterkreisen bekanntes Pferd herbeigeführt werden, vgl. OLG Düsseldorf GRUR 1970, 618 – Schleppjagd).

Ist der Abgebildete erkennbar, dürfen nach § 22 KUG Bildnisse grundsätzlich immer nur mit Einwilligung des Betroffenen verbreitet oder öffentlich zur Schau

II. Welche fremden Rechte hat der Drehbuchautor zu beachten? 63

gestellt werden. Diese gilt im Zweifel als erteilt, wenn die abgebildete Person eine Entlohnung hierfür erhalten hat, § 22 S. 2 KUG.

> Hat im Beispiel Nr. 1 der Massenmörder eine Honorarzahlung erhalten, wird man von einer Einwilligung in die Darstellung seiner Lebensgeschichte ausgehen können.

Der Umfang der Einwilligung bemisst sich nach dem Zweckübertragungsgrundsatz (siehe hierzu unten A.III.2.5.). Für den Produzenten ist zu beachten, dass die Einwilligung des Betroffenen zur Herstellung einer Filmaufnahme nicht jede Art der Verbreitung dieser Aufnahme deckt. So kann ein Betroffener, der sich bewusst und freiwillig einem Kamerateam für ein Interview zur Verfügung gestellt hat, die Ausstrahlung des Interviews in einem unzumutbaren Zusammenhang (z.B. einer Sendung, in denen die „kleinen Skurrilitäten des Alltags" zu Unterhaltungszwecken dargestellt werden) verhindern (OLG Karlsruhe, Urt. v. 26.05.2006, 14 U 27/05).

Die Rechtsstreitigkeiten entstehen in der Regel aber im Verhältnis zu solchen Personen, die entweder nicht um ihre Erlaubnis gefragt wurden, oder über deren Weigerung man sich sogar hinweggesetzt hat.

Eine Abbildung von Personen ohne Einwilligung ist nur zulässig, wenn einer der Ausnahmetatbestände des § 23 Abs. I. Nr. 1 – 4 KUG vorliegt. Von Interesse sind hier insbesondere die Abbildungen aus dem Bereich der Zeitgeschichte sowie solcher Personen, die nur als Beiwerk dienen. Diese Ausnahmeregelungen greifen jedoch wiederum dann nicht, wenn durch die Verbreitung oder Zurschaustellung des Bildnisses ein berechtigtes Interesse des Abgebildeten verletzt wird, § 23 Abs. II. KUG. In diesem Fall ist dann auch stets eine Verletzung des allgemeinen Persönlichkeitsrechts gegeben.

2.1.3. Welche Personen darf ich ohne Einwilligung darstellen?
2.1.3.1. Bereich der Zeitgeschichte
2.1.3.1.1. Allgemeine Grundsätze in der deutschen Rechtsprechung und Literatur. Nach § 23 Nr. 1 KUG dürfen Bildnisse aus dem Bereich der Zeitgeschichte ohne Einwilligung der abgebildeten Personen verwertet werden. In der deutschen Rechtsprechung und Literatur unterscheidet man traditionell zwischen Privatpersonen und so genannten Personen der Zeitgeschichte. Letztere werden wiederum unterteilt in absolute Personen und relative Personen der Zeitgeschichte

Absolute Personen der Zeitgeschichte sind solche, die wegen ihrer Prominenz oder ihres dauernden öffentlichen Wirkens generell im Interesse der Allgemeinheit stehen. Dies sind z.B. Staatsoberhäupter, Politiker, bekannte Schauspieler und Sänger, Angehörige des Adelsstandes, Erfinder und Wissenschaftler, erfolgreiche Künstler, Schriftsteller, Sportler etc. (vgl. Schricker/Götting, § 60/§ 23 KUG, Rd. 29 m.w.N.).

> Im vorliegenden Beispiel Nr. 2 kann der Dirigent bei großer Bekanntheit, jahrelang anhaltendem Erfolg und regelmäßiger Medienpräsenz eine absolute Person der Zeitgeschichte darstellen.

Relative Personen der Zeitgeschichte sind solche Menschen, die nur aufgrund eines bestimmten Ereignisses im Zentrum des öffentlichen Interesses standen, also nicht von genereller Berühmtheit sind. Hierunter fallen z.B. Straftäter, die nur durch ein Verbrechen bekannt wurden, aber auch die Opfer und Zeugen dieser Straftaten, Opfer eines bestimmten Unglücksfalls oder Kandidaten von Fernsehshows (v. Hartlieb/ Schwarz/Reber, Kap. 28, Rd. 8).

> Im Beispiel Nr. 1 wird der Massenmörder eine so genannte relative Person der Zeitgeschichte darstellen.

Bei absoluten Personen der Zeitgeschichte dürfen Darstellungen aus dem Bereich der Individual- und Sozialsphäre, also ihres öffentlichen Wirkens, grundsätzlich ohne Einwilligung veröffentlicht und verbreitet werden, sofern hieran zumindest ein gewisses öffentliches Informationsinteresse besteht. Reine Neugier oder Sensationslust reichen hierfür nicht aus (Schricker/Götting, § 60/§ 23 KUG, Rd. 8 f. m.w.N.). Nach der Rechtsprechung des Bundesverfassungsgerichts müssen es absolute Personen der Zeitgeschichte auch hinnehmen, im Alltagsleben fotografiert zu werden, es sei denn, sie befinden sich in örtlicher Abgeschiedenheit, in die sie sich zurückgezogen haben, um objektiv erkennbar für sich allein zu sein und in der sie sich im Vertrauen auf die Abgeschiedenheit so verhalten, wie sie es in der breiten Öffentlichkeit nicht tun würden (BVerfG GRUR 2000, 446 – Caroline von Monaco; zur abweichenden Ansicht des EGMR s.u.).

Anders ist dies bei relativen Personen der Zeitgeschichte. Deren Darstellung ist grundsätzlich nur im sachlichen Zusammenhang mit eben jenem Ereignis erlaubnisfrei zulässig (Soehring, Presserecht, Rd. 21.5). Sowie das Interesse der Öffentlichkeit an dem Ereignis schwindet, erlischt auch das Recht zur erlaubnisfreien Verwertung der Darstellungen (Soehring, Presserecht, Rd. 21.8). Nicht gedeckt sind daher Darstellungen des sonstigen öffentlichen Auftretens der Person. Auch hier muss stets ein bestimmter Informationszweck gegeben sein, bloße Neugier oder Sensationslust reichen nicht aus (Schricker/Götting, § 60/§ 23 KUG, Rd. 32).

2.1.3.1.2. Rechtslage nach dem EGMR. Der Europäische Gerichtshof für Menschenrechte (EGMR) hat die von der deutschen Rechtsprechung aufgestellten Grundsätze zu den absoluten und relativen Personen der Zeitgeschichte jedoch in Frage gestellt und sich für einen stärkeren Schutz auch der absoluten Personen der Zeitgeschichte ausgesprochen (EGMR GRUR 2004, 1051 – Caroline von Hannover).

Der EGMR konnte den durch die deutschen Gerichte geprägten Begriff der „absoluten Person der Zeitgeschichte" nur schwer folgen. Eine derartige Einordnung mit ihrem einhergehenden beschränkten Schutzes des Privatlebens möge man für Personen des politischen Lebens, die amtliche Funktionen ausüben, annehmen. Hier spiele die Presse ihre eigentliche Rolle als „Wachhund", um einen Beitrag zu einer Diskussion in einer demokratischen Gesellschaft zu leisten (EGMR a.a.O., 1053). Anders sei dies aber bei Privatpersonen, die selbst keine amtlichen Funktionen wahrnehmen und bei denen das Interesse des breiten Publikums einzig auf ihrer Zugehörigkeit zu einem regierenden Hause beruhe. Gehe es hier ausschließlich um Einzelheiten aus dem Privatleben, sei die Freiheit der Meinungsäußerung

II. Welche fremden Rechte hat der Drehbuchautor zu beachten? 65

weniger weit auszulegen (EGMR, a.a.O., 1054). Außerdem würden solche Fotos, die in der Sensationspresse erscheinen, häufig unter Belästigungen entstehen, was von den Betroffenen als schwerwiegende Einschränkung in ihrem Privatleben und sogar als Verfolgung empfunden werde (EGMR a.a.O., 1053). In der Veröffentlichung von Fotoaufnahmen von Caroline von Monaco, die diese bei privaten Tätigkeiten in der Öffentlichkeit zeigten (beim Reiten, Einkaufen, Besuch eines Restaurants, Fahrradfahren, Skiurlaub, Verlassen ihrer Wohnung, Stolpern über einen Gegenstand in einem Beach Club) hat der EGMR daher eine Verletzung von Art. 8 EMRK (Europäische Menschenrechtskonvention) gesehen.

Ferner seien die von den deutschen Gerichten entwickelten Abgrenzungskriterien der „absoluten" und „relativen" Personen der Zeitgeschichte sowie der „örtlichen Abgeschiedenheit" zu unbestimmt (EGMR a.a.O. 1054).

Der Europäischen Menschenrechtskonvention kommt im nationalen Recht der Rang von einfachem Bundesrecht zu. Die Gewährleistungen der Konvention und die Rechtsprechung des EGMR sind auf Verfassungsebene als Auslegungshilfen für die Bestimmung von Inhalt und Reichweite der Grundrechte heranzuziehen (BVerfG, Beschl. v. 26.02.2008, 1 BvR 1602, 1606, 1626/07).

Das Bundesverfassungsgericht hat es den Zivilgerichten freigestellt, den Begriff der Person der Zeitgeschichte nicht oder nur begrenzt zu benutzen oder etwa andere, typische Fallgruppen zu bilden (BVerfG, a.a.O., Rd. 82).Da solche Fallgruppen stets Verallgemeinerungen erfordern, kann letztlich auf die Abwägung im Einzelfall nicht verzichtet werden (BVerfG, a.a.O.).

Es bleibt abzuwarten, welche Bedeutung die Klassifizierung in absolute und relative Personen der Zeitgeschichte zukünftig noch spielen wird.

2.1.3.1.3. Personen aus dem Umfeld Prominenter. Sofern Personen aus dem Bereich der Zeitgeschichte innerhalb eines Filmwerks in ihrem natürlichen Lebensumfeld porträtiert werden, stellt sich die Frage, inwieweit auch deren Familienangehörige, Bekannte, Freunde und Lebenspartner ebenfalls dem Bereich der Zeitgeschichte zugehörig sind. Dies wird stets im Einzelfall zu prüfen sein, vor allem sind hier die Enge der Bindung zu der Person der Zeitgeschichte sowie die Häufigkeit des gemeinsamen öffentlichen Auftretens von Bedeutung. Nach früherer Rechtslage machte das bloße „Zusammensein" mit einer absoluten Person der Zeitgeschichte diese Person noch nicht zur relativen Person der Zeitgeschichte, wohl aber dann, wenn diese eine enge Beziehung eingeht und sie sich den Blicken, die die Öffentlichkeit auf die absolute Person der Zeitgeschichte richtet, freiwillig ausgesetzt hat (OLG Hamburg ZUM 1995, 494, 495 – Absolute Person der Zeitgeschichte, welches den Schauspieler Michael Degen als absolute und dessen „vertraute Begleiterin" unter den gegebenen Umständen als relative Person der Zeitgeschichte ansah).

2.1.3.2. Privatpersonen als Beiwerk
Privatpersonen, also Personen, die keine Personen aus dem Bereich der Zeitgeschichte sind, dürfen grundsätzlich nicht ohne Erlaubnis erkennbar dargestellt werden.

Somit ist die Darstellung der Lebensgeschichte des Nachbarn im Beispiel Nr. 3 nicht von § 23 KUG gedeckt.

Eine Ausnahme besteht nach § 23 Abs. I. Nr. 2 und Nr. 3 KUG lediglich für solche Personen, die nur als Beiwerk neben einer Landschaft oder sonstigen Örtlichkeit erscheinen oder Teilnehmer von Aufzügen, Versammlungen und ähnlichen Vorgängen sind. Diese Ausnahmetatbestände sind weniger in der Drehbuchentwicklung als in der Produktion von Bedeutung, z.b. bei Aufnahmen von Demonstrationszügen oder Filmaufnahmen an öffentlichen, auch von unbeteiligten Dritten besuchten Örtlichkeiten (z.B. Kaufhäusern, Flughäfen, Bahnhöfen, Straßen und Plätzen etc.). Solange hierbei eine abgebildete Person nicht besonders herausgestellt wird, sondern in der Masse verschwindet, ist die Einholung der Einwilligung nicht erforderlich (s.u. B.II.2.1.).

2.1.4. Grenzen der Abbildungsfreiheit

Auch Personen aus dem Bereich der Zeitgeschichte sind solche Abbildungen nicht erlaubt, die ein berechtigtes Interesse des Betroffenen verletzen, § 23 Abs. II. KUG.

Betreffen die Bildnisse den Bereich der Privatsphäre, also das Leben im häuslichen und familiären Bereich, so steht die Verwertung in der Regel unter einem Erlaubnisvorbehalt. Grundsätzlich werden hierdurch auch die berechtigten Interessen von Personen der Zeitgeschichte verletzt. Etwas anderes gilt nur dann, wenn gerade die abgebildete Situation aus der Privatsphäre auch für das öffentliche Wirken der Person der Zeitgeschichte von Bedeutung sein könnte.

> Setzt sich ein Politiker z.B. vehement gegen das Rauchen ein und stellt er diese Einstellung auch in den Mittelpunkt seines Wahlkampfes, so dürfte die Verbreitung von Fotoaufnahmen von Privatveranstaltungen zulässig sein, auf denen er ununterbrochen zigarrenrauchend zu sehen ist, da hierdurch seine Glaubwürdigkeit auf dem Prüfstand steht. War der Dirigent im Beispiel Nr. 2 privat leidenschaftlicher Konsument von Unterhaltungsmusik oder heimlicher Heavy-Metal-Fan, so wären diese Details zum Verständnis seines musikalischen Schaffens unter Umständen von Bedeutung. Gehen die Straftaten des Massenmörders z.B. auf Kindheitserfahrungen zurück, wäre auch die Kenntnis hierüber unter Umständen zum Verständnis seiner Taten notwendig.

Berühren die Bildnisse gar den Bereich der Intimsphäre, also z.B. das Sexualleben, den Gesundheitszustand oder vertrauliche Informationen, so sind die berechtigten Interessen des Betroffenen nach § 23 Abs. II. KUG stets verletzt und jede Verwertung ohne Einwilligung unzulässig. Jeder Mensch, auch ein Prominenter oder Star, hat ein Recht auf Wahrung seiner Intimsphäre.

> Im vorliegenden Beispiel Nr. 2 wäre eine Darstellung von Details aus dem Sexualleben des Dirigenten als Eindringung in seine Intimsphäre unzulässig und zum Verständnis seines öffentlichen Auftretens und künstlerischen Wirkens auch nicht zwingend erforderlich.

Ebenfalls unzulässig ist es, wenn die Verwertung des Bildnisses durch den Nutzer in ausschließlich kommerzieller Absicht erfolgt, z.B. zu Werbezwecken. In diesen Fällen werden die berechtigten Interessen des Abgebildeten per se verletzt, so dass die Einwilligung gemäß § 23 Abs. II. KUG erforderlich bleibt.

Bei Straftätern, die dem Bereich der Zeitgeschichte zuzuordnen sind, ist zudem folgendes zu beachten: Vor rechtskräftiger Verurteilung genießt der Straftäter die Unschuldsvermutung; eine Berichterstattung oder Verarbeitung des Verbrechens als Filmstoff darf daher nicht zu einer Vorverurteilung führen. Nach Verbüßen der Strafe steht der Resozialisierungsgedanke des deutschen Strafrechts im Vordergrund; dem Straftäter soll es ermöglicht werden, wieder als unbelastetes Mitglied in die Gesellschaft einzutreten. Ein erneutes, spektakuläres „Aufwärmen" der früheren Tat in den Medien könnte dem entgegenwirken und dürfte unzulässig sein, wenn der Täter erneut erkennbar dargestellt wird und kein erheblicher sachlicher Grund gegeben ist. Allerdings kann ein Straftäter auch Jahrzehnte nach Begehung der Tat und Verbüßung seiner Strafe nicht beanspruchen, in der Öffentlichkeit überhaupt nicht mehr mit der Tat konfrontiert zu werden und mit der Tat „allein gelassen zu werden". Auch nach Strafverbüßung bleibt eine Berichterstattung zulässig, die den Täter nicht besonders identifiziert (z.B. durch Namensnennung, Abbildung) und dessen Resozialisierung daher auch nicht weiter gefährdet (vgl. BVerfG ZUM-RD 2000, 55, 59 f. – Lebach/Verbrechen, die Geschichte machten).

Sofern es sich aber bei der Straftat um ein zeitgeschichtlich relevantes Ereignis handelt, wie etwa eine schwere Straftat eines hochrangigen Politikers, wäre die Verfilmung dieses Ereignisses auch unter Identifizierung nach den dargestellten Grundsätzen zulässig.

Solange der Fall des Massenmörders im Beispiel Nr. 1 im Zentrum des öffentlichen Interesses steht, kann er auch filmisch verarbeitet werden. Da aber noch keine rechtskräftige Verurteilung vorliegt und auch der Tatsachenhergang entsprechend ungeklärt sein wird, ist hier der Spielraum für den Autor sehr gering; mehr als eine neutrale Berichterstattung wird hier nicht zulässig sein. In einer Verfilmung, die längere Zeit nach der Straftat oder Verbüßung der Strafe hergestellt wird, sollte der Betroffene anonymisiert werden, um dessen Resozialisierung nicht zu gefährden.

2.1.5. Postmortaler Schutz

Der Bildnisschutz der §§ 22, 23 KUG ist zeitlich befristet und erlischt 10 Jahre nach dem Tod des Abgebildeten. Nach dem Tod kann die Einwilligung von den Angehörigen, d.h. dem Ehegatten und den Kindern, bzw., wenn diese nicht vorhanden sind, von den Eltern des Abgebildeten erteilt werden. Die Einwilligung kann aber nur von diesen Personengruppen erfolgen, nicht auch von Erben.

Im Falle einer Verfilmung des Lebens des Dirigenten im Beispiel Nr. 2, welcher im Jahre 1985 verstarb, ist die Geltendmachung einer Verletzung des Rechtes am eigenen Bild nach § 22 KUG also ausgeschlossen.

Nach Ablauf der 10 Jahre ist aber ein Schutz der abgebildeten Person hinsichtlich ihrer ideellen Interessen über das allgemeine Persönlichkeitsrecht möglich, das unabhängig neben dem Bildnisschutz besteht (Schricker/Götting, § 60/§22 KUG, Rd. 55).

2.2. Allgemeines Persönlichkeitsrecht

Beispiel:
4. Die Autorin schreibt ein Drehbuch für einen Science-fiction Film und lässt in diesem auch bekannte Persönlichkeiten unserer Zeit auftreten. Die den Personen unterstellten Handlungen und Dialoge sind frei erfunden, aber weder diffamierend noch beleidigend.
5. Die Autorin schreibt eine überdrehte Politsatire. In dieser werden Politiker auf schamloseste Weise als sex-, geld- und machthungrige Kriminelle dargestellt, die skrupellos über Leichen gehen. Hierbei will sie sowohl Mitglieder der jetzigen Regierung als auch bereits verstorbene Staatsmänner, wie z.B. Konrad Adenauer, karikieren.

2.2.1. Allgemeines

Das allgemeine Persönlichkeitsrecht schützt das Recht eines jeden auf Achtung und freie Entfaltung der eigenen Persönlichkeit gegenüber dem Staat und im privaten Rechtsverkehr. Es wird abgeleitet aus Art. 2 Abs. I., Art. 1 Abs. I. S. 1 GG, der zivilrechtliche Abwehranspruch ergibt sich aus den §§ 823, 1004 BGB. Gegenüber dem Recht am eigenen Bild gemäß § 22 KUG gilt das allgemeine Persönlichkeitsrecht als lex generalis.

Auf das allgemeine Persönlichkeitsrecht muss dann zurückgegriffen werden, wenn der Bildnisschutz des § 22 KUG nicht greift, etwa weil das Lebensbild einer Person verfremdet wiedergegeben wird. So ist im Falle einer Karikatur einer Person oder einer Satire, die von der Verfremdung der Wirklichkeit lebt, die Prüfung nicht nach den §§ 22, 23 KUG, sondern nach den Regeln des allgemeinen Persönlichkeitsrechts vorzunehmen (M. Schulze, Materialien, S. 223). Gleiches gilt, wenn eine tatsächliche Person in einen für sie fremden Kontext gesetzt wird (z.B. ein Politiker unserer Zeit wird in einen Sciencefiction Film hineinversetzt). Das allgemeine Persönlichkeitsrecht ist auch der Auffangtatbestand für alle sonstigen, außerhalb des Bildnisschutzes liegenden Beeinträchtigungen, wie z.B. reinen Beleidigungen, Verunglimpfungen etc.

Der Schutzbereich des allgemeinen Persönlichkeitsrechts kann nicht klar umgrenzt werden. Zu seinem Kernbereich gehören das Recht der persönlichen Ehre und die Menschenwürde. Die nächste Schicht wird gebildet von der so genannten Intimsphäre, hierzu gehören z.B. das Sexualleben, der Gesundheitszustand, geheime Tagebuchaufzeichnungen, persönliche Briefe. Weiterhin schützt das allgemeine Persönlichkeitsrecht die so genannte Privatsphäre, also das Leben im häuslichen und familiären Bereich. Am äußersten Rand des Schutzbereiches findet sich die Individual- oder Sozialsphäre, d.h. das Wirken einer Person im Berufsleben oder in der Öffentlichkeit.

Das allgemeine Persönlichkeitsrecht schützt sowohl rein ideelle, als auch kommerzielle Interessen. Die vermögenswerten Bestandteile können auch Dritten zur Verwertung übertragen werden (Palandt/Sprau, § 823, Rd. 86). Sie sind jedoch nicht mit den urheberrechtlichen Verwertungsrechten vergleichbar (BGH, Urt. v. 05.10.2006, I ZR 277/03 – Klaus Kinski).

II. Welche fremden Rechte hat der Drehbuchautor zu beachten?

Nicht jede Äußerung oder Darstellung, mit der eine Person nicht zufrieden ist, stellt eine rechtswidrige Verletzung ihres Persönlichkeitsrechts dar. Ebenso wie bei der Prüfung von Verletzungen des Rechts am eigenen Bild ist hier eine umfassende Abwägung der beiderseitigen Interessen des Betroffenen und des Verletzers im Einzelfall vorzunehmen. Auf der Seite des Betroffenen ist von Bedeutung, ob diese eine Person der Zeitgeschichte oder eine Privatperson darstellt und in welche Sphäre eingegriffen wird. Auf der Seite des Verletzers ist zu prüfen, inwieweit sich dieser auf eigene berechtigte Interessen berufen kann. Hier gelten die zum Recht am eigenen Bild dargestellten Grundsätze entsprechend. Auch die den Erben aus den postmortalen vermögenswerten Bestandteilen des allgemeinen Persönlichkeitsrechts zufließenden Rechte dürfen nicht dazu führen, dass die öffentliche Auseinandersetzung mit Leben und Werk des Verstorbenen kontrolliert oder gesteuert wird (BGH, Urt. v. 05.10.2006, I ZR 277/03 – Klaus Kinski).

2.2.2. Postmortaler Schutz

Im Gegensatz zum Bildnisschutz unterliegt das allgemeine Persönlichkeitsrecht keiner gesetzlich normierten zeitlichen Befristung. Nach der Rechtsprechung des BGH gelten für die ideellen und die kommerziellen Bestandteile des Persönlichkeitsrechts unterschiedliche Regelungen:

Der Schutz vor ideellen Beeinträchtigungen nimmt nach dem Tod in dem Maße ab, in dem auch die Erinnerung der Allgemeinheit an das Wirken des Betroffenen verblasst. Persönlichkeitsrechtsverletzungen können aber noch 30 Jahre (BGHZ 107, 384, 392 f. – Emil Nolde) oder 67 Jahre (OLG Bremen NJW-RR 1993, 726, 727 – Friedrich Ebert) nach dem Tode der Person angenommen werden. In dem letzteren Fall wurde dem 1925 verstorbenen Reichspräsidenten Friedrich Ebert aufgrund dessen fortwirkender Bedeutung noch 1992 ein postmortaler Persönlichkeitsrechtsschutz zuerkannt (OLG Bremen NJW-RR 1993, 726, 727 – Friedrich Ebert). Ansprüche wegen ideeller Beeinträchtigungen können nur von den Angehörigen, nicht aber auch den Erben geltend gemacht werden (Palandt/Sprau, § 823, Rd. 90).

Anders ist es hinsichtlich der vermögenswerten Bestandteile des allgemeinen Persönlichkeitsrechts. Diese gehen nach dem Tod des Trägers auf dessen Erben über. Nach Ansicht des BGH endet der Schutz der vermögenswerten Interessen, wie der Bildnisschutz nach § 22 KUG, spätestens 10 Jahre nach dem Tod des Trägers (BGH, Urt. v. 05.10.2006, I ZR 277/03 – Klaus Kinski).

Soweit bereits verstorbene Persönlichkeiten im Beispiel Nr. 5 aufgrund ihrer geschichtlichen Bedeutung noch im Gedächtnis der Gesellschaft einen wesentlichen Raum einnehmen, wie dies bei Konrad Adenauer der Fall sein wird, kann hier auch ein postmortaler Schutz seiner ideellen Persönlichkeitsrechte anzunehmen sein. Eine Verletzung vermögenswerter Interessen könnte im Fall Adenauers nicht mehr geltend gemacht werden.

2.3. Namensrecht

Beispiel:
6. Eine Autorin schreibt eine Fernsehserie über einen Gutshof auf dem Lande, die Serie soll den Namen der fiktiven Familie „von Frankenberg" tragen. In München lebt ebenfalls ein Geschäftsmann mit diesem Namen. Die Autorin fragt sich nun, ob sie die Rechte dieser Person verletzen könnte (Fall nach OLG München ZUM 1996, 526 – Frankenberg).
7. Die Autorin möchte in einem Fernsehfilm über einen Massenmörder diesen auch bei seinem richtigen bürgerlichen Namen nennen.

2.3.1. Allgemeines

Das Namensrecht wird geschützt in § 12 BGB. Schutzobjekte sind hierbei sowohl bürgerliche Namen, als auch Wahlnamen (wie Künstlerbezeichnungen bzw. Pseudonyme, Bandnamen, Firmennamen etc.; Palandt/Heinrichs/Ellenberger, § 12, Rd. 1). Auch der Vor- oder Nachname einer Künstlerbezeichnung kann für sich schutzfähig sein, wenn schon sein alleiniger Gebrauch beim Publikum die Erinnerung an den Namensträger weckt (OLGR Stuttgart 2001, 351, 352 – Ivan Rebroff; OLG München NJW 1960, 869 – Romy; BGH NJW 1983, 1184 – Uwe).

Inhaber des Namensrechts können natürliche Personen, juristische Personen (z.B. eine GmbH, ein eingetragener Verein), Personenvereinigungen (z.B. eine GbR) oder nicht rechtsfähige Vereine sein. Das Namensrecht ist ein Persönlichkeitsrecht (als lex spezialis zum allgemeinen Persönlichkeitsrecht), beinhaltet aber auch vermögenswerte Bestandteile (BGH NJW 2000, 2195 – Marlene Dietrich).

Werden Namen im geschäftlichen Verkehr zur Bezeichnung eines Geschäftsbetriebes oder eines Unternehmens benutzt, genießen sie zusätzlich als so genannte geschäftliche Bezeichnungen bzw. Unternehmenskennzeichen gemäß § 5 MarkenG Schutz (der an die Stelle des aufgehobenen § 16 UWG a.F. getreten ist). Der Namensbegriff des § 5 MarkenG stimmt nach allgemeiner Ansicht mit dem des § 12 BGB überein (Ekey/Klippel, § 5, Rd. 15). Der Schutzumfang geschäftlicher Bezeichnungen ergibt sich aus § 15 MarkenG.

Stellt ein Name nach § 12 BGB zugleich ein Unternehmenskennzeichen nach § 5 MarkenG dar, wird das allgemeine Namensrecht von den §§ 5, 15 MarkenG verdrängt; § 12 BGB ist im Schutzbereich der §§ 5, 15 MarkenG nicht mehr anwendbar (unter Aufgabe der bisherigen Rechtsprechung BGH GRUR 2002, 622, 624 – shell. de; Ingerl/Rohnke, § 5, Rd. 3). Außerhalb dieses Schutzbereichs ist wiederum auf das Namensrecht zurückzugreifen.

Ein Name ist aber nur dann nach § 12 BGB geschützt, wenn dieser Kennzeichnungskraft besitzt, also in der Lage ist, den Namensträger von anderen Personen zu unterscheiden. Hat der Betroffene einen Allerweltsnamen, wie Schmidt, Müller oder Meier, so fehlt jegliche Kennzeichnungskraft. Der Gebrauch eines solchen Namens, z.B. in einem Kinofilm oder der Werbung, weist nicht auf einen bestimmten Namensträger hin, so dass dessen Rechte auch nicht tangiert werden.

II. Welche fremden Rechte hat der Drehbuchautor zu beachten?

Anders könnte es bei dem Namen „Frankenberg" aus dem Beispiel Nr. 6 sein, da dieser seltener ist und eine gewisse Kennzeichnungskraft besitzen könnte. Das OLG München hat aber selbst diesem Namen nur eine geringe Kennzeichnungskraft zugesprochen, da eine nicht unerhebliche Anzahl von Namensträgern im Telefonbuch verzeichnet war (OLG München ZUM 1996, 526, 527 – Frankenberg). Insofern war hier auch der Schutzumfang geringer zu bemessen.

Hat eine Person einen schutzfähigen Namen, so schützt § 12 BGB vor der „Namensleugnung" (Satz 1, 1. Alternative) und der „Namensanmaßung" (Satz 1, 2. Alternative).

Eine Namensleugnung ist gegeben, wenn ein Dritter dem Namensträger entweder das Recht zur Führung seines Namens abspricht oder ihn mit einem falschen Namen bezeichnet. Derartige Fälle sind in der Praxis eher selten. Liegt ein Fall der Namensleugnung vor, bedarf es einer weiteren Prüfung einer Verletzung berechtigter Interessen nicht (Ingerl/Rohnke, Nach § 15, Rd. 11).

Eine Namensanmaßung liegt vor, wenn ein Dritter den Namen des Namensträgers unbefugt gebraucht und dadurch dessen berechtigte Interessen verletzt.

Von einem Gebrauch eines Namens spricht man, wenn dieser namensmäßig, also zum Zwecke der Kennzeichnung oder Herkunftsbezeichnung benutzt wird. Grundsätzlich wird verlangt, dass der Name des eigentlichen Namensinhabers zur Bezeichnung einer anderen Person verwendet wird. (Palandt/Heinrichs/Ellenberger, § 12, Rd. 20). Dies kann dann auch ein fiktiver Charakter sein.

Im Beispiel Nr. 6 verwendet die Autorin den Namen „von Frankenberg" für eine fiktive Fernsehfamilie.

Schutzzweck der Norm ist die Verhinderung einer Identitäts- oder Zuordnungsverwirrung (Palandt, a.a.O.). Wird der Namensträger mit seinem richtigen Namen wiedergegeben, liegt eine bloße Namensnennung vor, die Gefahr einer Zuordnungsverwirrung entsteht nicht. Im Falle einer Namensnennung lassen sich daher Rechte aus § 12 BGB grundsätzlich nicht herleiten. Allerdings kann hier eine Verletzung des allgemeinen Persönlichkeitsrechts zu prüfen sein (s.o.).

Im Beispiel Nr. 7 bezeichnet die Autorin den Massenmörder im Fernsehfilm bei seinem richtigen Namen. Hier entsteht die Gefahr der Verwechslung des Filmcharakters mit dem Namensträger nicht; im Gegenteil, die Personenidentität besteht tatsächlich und wird richtigerweise auch als solche offenbart.

Ausnahmsweise kann eine bloße Namensnennung auch das Namensrecht nach § 12 BGB verletzen, wenn der Autor über einen normalen Gebrauch des Namens hinausgeht und die vom Namensträger nach außen gesetzte und bezweckte Kennzeichnungsfunktion ausdehnt oder beeinträchtigt. Gewinnt der Zuschauer aufgrund der erheblichen Bedeutung des Namens im Filmwerk den Eindruck, der Namensträger habe für die Verwendung im Film seine Zustimmung gegeben, stellt er eine Verbindung zwischen Namen und Film her, die in Wirklichkeit nicht besteht. Hat nämlich der Betrachter den Eindruck, der Namensträger habe dem Benutzer das Recht zum Gebrauch des Namens verliehen, ist die notwendige Identitäts- oder Zuordnungsverwirrung nun erstmals gegeben und das Namensrecht des § 12 BGB verletzt (vgl. BGH NJW-RR 1994, 1323, 1325 – McLaren m.w.N.).

Der Verbotsanspruch des § 12 BGB setzt ferner voraus, dass durch den Gebrauch des Namens die schutzwürdigen Interessen des Namensträgers verletzt werden.

Dies ist einmal der Fall, wenn durch den Namensgebrauch eine Verwechslungsgefahr hervorgerufen wird. Unterschieden werden hier die Verwechslungsgefahr im engeren Sinne und die Verwechslungsgefahr im weiteren Sinne. Erstere ist gegeben, wenn die beteiligten Verkehrskreise eine Identität von Namensträger und Benutzer annehmen, letztere, wenn sie zumindest personelle oder organisatorische Zusammenhänge zwischen dem Namensträger und dem gebrauchten Namen oder zumindest eine Zustimmung des Namensträgers vermuten, die in Wirklichkeit nicht bestehen (Palandt/Heinrichs/Ellenberger, § 12, Rd. 30; BGH NJW-RR 1989, 1388 – Commerzbau; OLG ZUM 1996, 526, 527 – Frankenberg).

Hierbei sind die Anforderungen an eine Verwechslungsgefahr um so höher zu schrauben, je weniger kennzeichnend der Name selbst ist. Eine Verwechslungsgefahr setzt ferner voraus, dass entweder der gleiche Name, wesentliche Namensteile oder zumindest ein ähnlicher Name verwendet wird. Weiterhin muss zwischen dem Namensträger und dem Namensgebrauch eine gewisse Branchennähe liegen. Liegen die Tätigkeitsfelder zu weit auseinander, besteht auch keine Verwechslungsgefahr mehr (OLG München ZUM 1996, 526, 527 – Frankenberg). Auch die Stärke der Verkehrsgeltung kann von Bedeutung sein (Palandt/Heinrichs/Ellenberger, § 12, Rd. 30).

> Da in dem zitierten Fall Nr. 6 die Protagonisten der Fernsehserie „Frankenberg" Landwirtschaft betreiben, der Kläger „von Frankenberg" aber Bankkaufmann in München war, verneinte das OLG München hier eine Verwechslungsgefahr aufgrund der unterschiedlichen beruflichen Aktivitäten der beiden Namensträger (OLG München, ZUM 1996, 526, 527 – Frankenberg)

Ausnahmsweise kann auch bei fehlender Branchennähe und damit Verwechslungsgefahr der Namensgebrauch dann unzulässig sein, wenn die Gefahr der Verwässerung des Namens besteht. Dies gilt für so genannte berühmte Unternehmenskennzeichen (wie z.B. Mercedes), die gegen jede Beeinträchtigung ihrer Alleinstellung und Werbekraft geschützt sind (Palandt/Heinrichs/Ellenberger, § 12, Rd. 31).

Ferner können auch rein ideelle oder persönliche Interessen (wie die Aufrechterhaltung des guten Rufs) einen Verbotsanspruch begründen (Ingerl/Rohnke, Nach § 15, Rd. 19).

Schließlich sind Namen von beträchtlichem wirtschaftlichen Wert – im Hinblick auf ihre vermögenswerten Bestandteile – auch vor kommerzieller Ausbeutung geschützt (BGH NJW 2000, 2195, 2197 – Marlene Dietrich).

Ist nun Verwechslungsgefahr, oder, im Falle eines berühmten Unternehmenskennzeichens Verwässerungsgefahr bejaht, liegt eine Verletzung des Namensrechts des § 12 BGB vor.

2.3.2. Postmortaler Schutz

Bei Zwangsnamen (d.h. den bürgerlichen Namen von Menschen) endet das Namensrecht mit dem Ende des Trägers; nach dessen Ableben können Rechte aus dem

II. Welche fremden Rechte hat der Drehbuchautor zu beachten?

Namen in der Regel nicht mehr geltend gemacht werden. Ist der verletzte Name (oder auch nur ein wesentlicher Bestandteil hiervon) allerdings ein Familienname, können auch Familienmitglieder Verbotsansprüche geltend machen, sofern sie in ihren schutzwürdigen Interessen betroffen sind (BGHZ 8, 318, 320 ff.). Auch die Witwe ist hierzu berechtigt, wenn sie eine unbefugte Nutzung des Namens ihres verstorbenen Ehemanns verfolgt (BGHZ 8, 318, 320 ff.).

Handelte es sich bei der Person um eine bekannte Persönlichkeit und besitzt der Name einen beträchtlichen wirtschaftlichen Wert, bestehen die vermögenswerten Bestandteile des Namens auch nach dem Tode des Namensträgers fort, solange auch dessen ideelle Interessen noch geschützt sind. Diese vermögenswerten Bestandteile können auch vererbt werden (BGH NJW 2000, 2195, 2197 – Marlene Dietrich). Dieser Schutz über den Tod hinaus stützt sich aber nicht auf das Namensrecht aus § 12 BGB, sondern das Namensrecht als Erscheinungsform des allgemeinen Persönlichkeitsrechts (BGH, Urt. v. 05.10.2006, I ZR 277/03 – Klaus Kinski).

2.4. Kann sich der Autor auf die Meinungs- und Kunstfreiheit berufen?

Beispiel:
Kann sich der Autor zur Rechtfertigung der Darstellungen aus den vorangegangenen Beispielen auf die Meinungs- und Kunstfreiheit berufen?

2.4.1. Allgemeine Grundsätze

Greift die Darstellung der Person dem ersten Anschein nach in die Persönlichkeitsrechte (Bildnisschutz, allgemeines Persönlichkeitsrecht oder Namensrecht) der Betroffenen ein, stellt sich die Frage, ob sich der Autor wiederum auf die verfassungsrechtlich garantierte Meinungs- und Kunstfreiheit berufen kann.

Wie dargestellt, ist die Bedeutung der Meinungsfreiheit nach Art. 5 Abs. I. GG auf den Bereich der klassischen Filmberichterstattung beschränkt, z.B. die Herstellung einer Reportage für das Fernsehen. Für Kunstwerke gilt allein Art. 5 Abs. III. GG als Prüfungsmaßstab.

Da die Freiheit der Meinungsäußerung gemäß Art. 5 Abs. II. GG den Schranken der allgemeinen Gesetze unterliegt, sind hierbei dann auch die §§ 22, 23 KUG, 823, 12 BGB zu berücksichtigen. Im Wege der Güterabwägung ist aber für jeden Einzelfall zu fragen, ob nicht der Meinungsfreiheit aufgrund der hohen Bedeutung dieses Grundrechts der Vorrang gegenüber den allgemeinen gesetzlichen Regelungen gebührt.

Eine Meinungsäußerung ist so lange zulässig, soweit sie keine unwahren Tatsachenbehauptungen, keine Formalbeleidigungen und keine Schmähkritik beinhaltet. Von einer Formalbeleidigung oder Schmähkritik wird dann gesprochen, wenn nicht mehr die sachliche Auseinandersetzung, sondern die persönliche Herabwürdigung im Vordergrund steht (BVerfG NJW 1991, 95, 96 – Schmähkritik). Dies ist z.B. der Fall bei der bloßen Verwendung von Schimpfwörtern zur Beschreibung einer

Person. Erlaubt ist aber die „polemische" oder „überspitzte" Kritik an einer Person (BVerfG NJW 1991, 95, 96 – Schmähkritik). Werden Tatsachen behauptet, müssen diese der Wahrheit entsprechen (vgl. BVerfGE 61, 1, 8 f. – NPD von Europa). Dies ist gerade im Falle einer nach § 12 BGB unzulässigen Namensanmaßung in der Berichterstattung von Bedeutung; es gibt kein öffentliches Informationsinteresse an der Nutzung von Namen in objektiv falschen Tatsachenzusammenhängen.

Sofern das Werk über eine reine Berichterstattung hinausgeht und auch künstlerische Elemente besitzt, wird sich der Autor zur Rechtfertigung der Darstellung des Betroffenen vielmehr auf die Kunstfreiheit nach Art. 5 Abs. III. GG berufen wollen.

Anders als die Freiheit der Meinungsäußerung nach Art. 5 Abs. I. GG unterliegt die Kunstfreiheit nach Art. 5 Abs. III. GG keinem Vorbehalt der allgemeinen Gesetze; Art. 5 Abs. II. GG ist unanwendbar (s.o. A.II.1.4.2.2.). Die Kunstfreiheit kann somit durch die allgemeine Rechtsordnung nicht relativiert werden (BVerfGE 30, 173, 193 – Mephisto). Damit wären die §§ 22, 23 KUG, 823, 12 BGB nicht anwendbar.

Allerdings gilt auch die Kunstfreiheit nicht schrankenlos; sie findet Ihre Schranken aber nur in der Verfassung selbst (s.o. A.II.1.4.2.2.). Eine solche Schranke stellt z.B. das allgemeine Persönlichkeitsrecht nach Art. 2, 1 GG dar. Die h.M. begreift auch das Recht am eigenen Bild nach § 22 KUG als einen Ausschnitt oder eine besondere Ausprägung des allgemeinen Persönlichkeitsrechts nach Art. 2, 1 GG (Schricker/Götting, § 60/§ 22 KUG, Rd. 7, m.w.N.). Da auch das Namensrecht zum Schutz der Privatsphäre einer Person dient, ist es ebenfalls dem allgemeinen Persönlichkeitsrecht nach Art. 2 Abs. I, Art 1 Abs. I. S. 1 GG zuzuordnen.

Bei der Abwägung von Kunstfreiheit und allgemeinem Persönlichkeitsrecht prüft die Rechtsprechung zunächst, inwieweit das Bild des Betroffenen sich in dem Kunstwerk verselbständigt hat und dessen persönliche und intime Züge in dem Werk zurücktreten. Zu fragen ist, inwieweit das „Abbild" gegenüber dem „Urbild" durch die künstlerische Gestaltung des Stoffes und seine Unterordnung in das Gesamtkunstwerk so verselbständigt scheint, dass das Individuelle, Persönlich-Intime zugunsten des Allgemeinen, Zeichenhaften der „Figur" verobjektiviert wurde (BVerfGE 30, 173, 195 – Mephisto). Gehen die persönlichkeitsrechtlichen Elemente im Gesamtkunstwerk unter, dann ist auch eine Verletzung des allgemeinen Persönlichkeitsrechts nicht gegeben.

Ergibt diese kunstspezifische Untersuchung allerdings, dass der Künstler ein „Porträt" des „Urbildes" gezeichnet hat oder gar zeichnen wollte, so kommt es dann auf das Ausmaß der künstlerischen Verfremdung und den Umfang und die Bedeutung der „Verfälschung" für den Ruf des Betroffenen oder für sein Andenken an (BVerfGE 30, 173, 195 – Mephisto).

Eine Bezugnahme auf eine Person ist dann nicht mehr von der Kunstfreiheit gedeckt, wenn diese in den Kernbereich der menschlichen Ehre und der Menschenwürde eingreift (vgl. BVerfG 30, 173, 194 – Mephisto; BVerfGE 67, 213, 228 – Anachronistischer Zug; BVerfGE 75, 369, 380 – Hachfeld-Karikaturen). In diesem Fall wird die Schranke absolut ohne die Möglichkeit eines Güterausgleichs (BVerfGE 75, 369, 380 – Hachfeld-Karikaturen). Bei einem Eingriff in den Kernbereich der Menschenwürde liegt immer eine schwerwiegende Beeinträchtigung des Persönlichkeitsrechts vor, die nach der Rechtsprechung durch die Freiheit der künstlerischen

II. Welche fremden Rechte hat der Drehbuchautor zu beachten?

Betätigung nicht mehr gedeckt ist (BVerfGE 75, 369, 380 – Hachfeld-Karikaturen; vgl. auch OLG Karlsruhe NJW 94, 1963, 1964 – Steffi Graf). Gleiches gilt dann, wenn die künstlerische Arbeit in den Bereich der Intimsphäre des Betroffenen eingreift, also z.B. Details des Sexuallebens darstellt. Die Intimsphäre genießt ebenfalls einen absoluten Schutz vor der Öffentlichkeit (vgl. BGH NJW 1981, 1366, 1366 – Der Aufmacher; BGH NJW 1988, 1984, 1985 – Büro-Sex am Telefon, jeweils im Verhältnis zu Art. 5 Abs. I. GG), Eine Güterabwägung mit der Kunstfreiheit findet auch hier nicht statt (vgl. auch LG Berlin NJW 1997, 1371, 1372 – Markwort/Titanic).

> Enthalten die Darstellungen in Beispiel Nr. 2 Details aus dem Intimleben (z.B. dem Sexualleben) des Dirigenten, kann sich die Autorin grundsätzlich nicht auf die Kunstfreiheit berufen.

Anders ist es bei einem Eingriff in die Privatsphäre; ein absoluter Schutz wird hier nicht gewährt (vgl. BGH NJW 1981, 1366, 1366 – Der Aufmacher). Hier wird man das Ausmaß der künstlerischen Verfremdung gegen die Gefahr der Verletzung des Ansehens und des Rufes des Betroffenen im Einzelfall sorgfältig abzuwägen haben, wobei die hohe Bedeutung der Kunstfreiheit entsprechend zu berücksichtigen ist. Bei Personen der Zeitgeschichte wird man dann Einschränkungen hinnehmen müssen, wenn die privaten Darstellungen Bedeutung auch für das öffentliche Wirken des Betroffenen haben.

Auch bei einer Verletzung der vermögenswerten Bestandteile des allgemeinen Persönlichkeitsrechts ist eine sorgfältige Abwägung vorzunehmen, insbesondere wenn sich der Verletzer auf die Meinungsfreiheit oder Kunstfreiheit berufen kann (BGH, Urt. v. 05.10.2006, I ZR 277/03 – Klaus Kinski). Begleitende kommerzielle Absichten des Verletzers machen die Nutzung noch nicht ohne weiteres unzulässig (BGH, a.a.O.).

> Hätte der Dirigent im Beispiel Nr. 2 tatsächlich eine Beziehung mit einer Violinistin unterhalten, so könnte die Kenntnis dieser Tatsache auch zum Verständnis der Art und Weise der Leitung bzw. Besetzung seines Orchesters und damit seines öffentlichen Wirkens notwendig sein. Sobald die Darstellung aber in die Intimsphäre abgleitet, genießt das Persönlichkeitsrecht des Dirigenten wieder absoluten Schutz (s.o.).

Eine andere Frage ist, ob ein Autor das Leben einer Privatperson auf eine Weise zum Gegenstand eines Filmes machen kann, die weder deren Privat- noch Intimsphäre berührt. Tritt die Person nur als Nebencharakter auf und wird sie nicht besonders herausgestellt, wird das allgemeine Persönlichkeitsrecht des Betroffenen hinter der Kunstfreiheit zurücktreten. Anders ist es jedoch dann, wenn die Person Hauptgegenstand der filmischen Erzählung ist. Kein Mensch muss es sich gefallen lassen, dass seine Lebensgeschichte in solch öffentlicher Form vorgeführt wird. Dies widerspräche dem Grundrecht auf freie Selbstbestimmung und Achtung der Persönlichkeit, wie es in Art. 2, 1 GG zum Ausdruck kommt.

> Im Beispiel Nr. 3 könnte sich die Autorin m.E. nicht auf die Kunstfreiheit berufen.

Aus diesen Feststellungen folgt, dass auch nicht jede Beeinträchtigung des Namensrechts aufgrund einer einfachen Verwechslungs- oder Verwässerungsgefahr im

Sinne des § 12 BGB einen solchen Eingriff in das allgemeine Persönlichkeitsrecht darstellt, der eine Beschränkung der Kunstfreiheit rechtfertigt. Hinzu treten müssen zur reinen Namensanmaßung eine Form der herabwürdigenden Schilderung oder sonstige Umstände, die einen Eingriff in den Kernbereich der persönlichen Ehre oder der Menschenwürde bedeuten.

> Im Beispiel Nr. 6 hatte das Gericht eine Güterabwägung zwischen Namensrecht und Kunstfreiheit nicht mehr vornehmen müssen, da es bereits die Kennzeichnungskraft des Namens verneint hatte. Sofern man eine ausreichende Kennzeichnungskraft und eine Verwechslungsgefahr hier einmal unterstellt, könnte man vielleicht argumentieren, dass die Benutzung eines Namens als Titel und Hauptthema einer Fernsehserie über das Maß des Erträglichen und Zumutbaren hinausgeht.

2.4.2. Besonderheiten bei Werken mit realen und fiktiven Inhalten (z.B. Schlüsselromanen, Spielfilmdokumentationen)

2.4.2.1. Besondere kunstspezifische Betrachtung

Die Frage einer Verletzung von Persönlichkeitsrechten stellt sich meistens dann, wenn literarische Werke, wie Romane, aber auch Theaterstücke oder Filme, einen starken Realitätsbezug aufweisen, also auf tatsächliche Geschehnisse und reale Personen anspielen.

Bei solchen Werken ist zu berücksichtigen, dass sie zwar einerseits an reale Ereignisse anknüpfen, der Autor aber andererseits eine neue ästhetische Wirklichkeit schafft. Dies macht nach der Rechtsprechung des Bundesverfassungsgerichts eine besondere kunstspezifische Betrachtung des Werkes notwendig (vgl. BVerfG, Beschl. v. 13.06.2007, 1 BvR 1783/05 – Esra, zitiert nach Juris; BVerfG, Beschl. v. 19.12.2007, 1 BvR 1533/07 – Ehrensache, BVerfG, Beschl. v. 29.08.2007, 1 BvR 1223, 1224, 1225, 1226/07 – Contergan, alle zitiert nach www.bundesverfassungsgericht.de). Mit den jüngsten Entscheidungen hat das BVerfG seine Rechtsprechung aus dem Mephisto-Urteil etwas relativiert.

So ist nach Auffassung des BVerfG bei Romanen und Theaterstücken gerade bezeichnend, dass in ihnen tatsächliche und fiktive Elemente vermischt werden (BVerfG – Esra, a.a.O., Ziff. 99; BVerfG – Ehrensache, a.a.O., Ziff. 14). Nicht jede Schilderung, in der eine reale Person erkennbar und zugleich negativ dargestellt wird, ist danach von der Kunstfreiheit nicht mehr gedeckt und somit unzulässig (BVerfG – Esra, a.a.O.; BVerfG – Ehrensache, a.a.O.). Ein solches Werk kann bei dieser kunstspezifischen Betrachtung zunächst eine Vermutung der Fiktionalität für sich in Anspruch nehmen (BVerfG – Esra, a.a.O., Ziff. 84).

Die gleichen Grundsätze gelten bei Filmen, die an reale Geschehen anknüpfen. Auch bei solchen Spielfilmen erwartet der Zuschauer nicht, dass alle Bestandteile der Spielhandlung gleichermaßen eine wahrheitsgetreue Wiedergabe tatsächlicher Ereignisse darstellen (BVerfG, 1225/1226/07 – Contergan, Ziff. 31). Dies kann dem Zuschauer insbesondere durch die Aufmachung als fiktionaler Spielfilm und einen entsprechenden Hinweistext im Vor- oder Abspann, wonach es sich nicht um einen Dokumentarfilm, sondern einen Spiel- oder Unterhaltungsfilm handelt, deutlich gemacht werden (BVerfG – Contergan, a.a.O.).

II. Welche fremden Rechte hat der Drehbuchautor zu beachten?

Im Ergebnis beschränkt sich der Wahrheitsanspruch bei Spielfilmen, die auf tatsächlichen Geschehnissen basieren, auf den „historisch gesicherten Geschehenskern", also die historisch belegten Vorgänge (z.B. die Einführung eines Medikaments, die Folgen für die Betroffenen, das Strafverfahren); für die übrigen Schilderungen aus dem privaten oder internen Bereich, die der Autor nicht kennen kann (z.B. Familienalltag, Geschäftsbesprechungen), gilt dann die Vermutung der Fiktionalität (v. Becker, ZUM 2008, 265, 269; BVerfG – Contergan, a.a.O., Ziff. 31 ff.).

Anders ist dies bei reinen Dokumentarspielen, in denen ohne jede Verfremdung ein tatsächliches Geschehen dargestellt wird. Je stärker ein Film beansprucht, sich mit der sozialen Wirklichkeit zu identifizieren, umso schutzwürdiger sind auch die Interessen der Betroffenen an einer wirklichkeitsgetreuen Darstellung. Der Künstler wird in diesen Fällen rechtlich nicht anders beurteilt als der Kritiker, der sich nach Art. 5 Abs. I. GG unwahrer Behauptungen zu enthalten hat (BGH, NJW 83, 1194 – Helmut Horten; OLG Stuttgart, NJW 89, 396, 397 – Schlüsselroman). Sofern ein Drehbuch oder der Film den Anspruch erhebt, die Realität wirklichkeitsgetreu wiederzugeben, wie dies bei einem Dokumentarspiel der Fall ist, bewegt sich das Kunstwerk in den engen Grenzen der Meinungsfreiheit und unterliegt der Kontrolle der Richtigkeit der in ihm enthaltenen Aussagen (vgl. hierzu auch Schertz, ZUM 1998, 757, 762; Eickmeier/Eickmeier, ZUM 1998, 1, 5 f.). Größere Freiheiten hat der Künstler also nur dort, wo er Realität und Fiktion vermengt, wie in einem Spielfilm, der lediglich auf realen Ereignissen basiert oder an diese anknüpft.

2.4.2.2. Erkennbarkeit realer Personen
Die Privilegierung des Künstlers setzt bereits bei der Frage der Erkennbarkeit des Betroffenen ein. Im Bereich von Romanfiguren – und die gleichen Grundsätze gelten dann auch für Filmfiguren – reicht die bloße „Entschlüsselbarkeit", d.h. die nur nach Hinzutreten weiterer Indizien nachweisbare Vorbildfunktion einer realen Person nicht aus. Ein sorgfältiger Kritiker oder Literaturwissenschaftler könnte immer in dem einen oder anderen Fall die reale Figur hinter der Romanfigur entschlüsseln. Nach Ansicht des BVerfG muss eine hohe Kumulation von Identifizierungsmerkmalen gegeben sein (BVerfG – Esra, a.a.O., Ziff. 82).

2.4.2.3. Abwägung im Einzelfall
Wird die Erkennbarkeit bejaht, ist bei der nun erforderlichen Abwägung der Grundrechte der Kunstfreiheit und des allgemeinen Persönlichkeitsrechts entscheidend, mit welcher Intensität der Autor in das Persönlichkeitsrecht des Betroffenen eingegriffen hat (BVerfG – Esra, a.a.O., Ziff. 86). Zwischen den beiden Grundrechten besteht eine Wechselwirkung (BVerfG, – Esra, a.a.O., Ziff. 90). Der Schutzumfang der Kunstfreiheit steigt danach mit dem Grad der künstlerischen Entfremdung und Umsetzung, er fällt, je mehr sich die Darstellung der realen Wirklichkeit nähert und einer Tatsachenwiedergabe gleichsteht. Je mehr die Darstellung Persönlichkeitsrechte berührt, umso stärker muss die Fiktionalisierung sein (BVerfG, – Esra, a.a.O., Ziff. 90).

Eine Auswertung der bisherigen Rechtsprechung des BVerfG ergibt, dass es für den Künstler schädlich ist, das Geschehen als etwas selbst Erlebtes darzustellen, z.B.

in der Form einer Ich-Erzählung. Hier geht der Leser oder Zuschauer vom Wahrheitsgehalt der Schilderung aus. Bei den Teilen der Schilderung, die der Leser oder Zuschauer als etwas persönlich Erlebtes und damit tatsächlich Geschehenes ansieht, reichen dann schon ehrenrührigen Tatsachenbehauptungen oder die Berührung des Kernbereichs des Persönlichkeitsrechts für eine Rechtsverletzung aus (BVerfG – Esra, a.a.O., Ziff. 99).

Ist es für den Zuschauer hingegen erkennbar, dass der Autor private Erlebnisse dritter Personen beschreibt, von denen er keine Kenntnis haben kann, geht er auch nicht von einer tatsachengerechten Schilderung aus (BVerfG – Esra, a.a.O., Ziff. 101; BVerfG – Contergan, a.a.O., Ziff. 33). Hier muss der Betroffene auch weitergehende Eingriffe dulden.

Unabhängig vom Grad der Fiktionalisierung bzw. Realitätsbezug ist eine Darstellung aber dann unzulässig, wenn Teile der Schilderung konkrete schwere Persönlichkeitsrechtsverletzungen enthalten, etwa bei der Schilderung intimer Beziehungsgespräche oder lebensbedrohlicher Krankheiten. Hier fällt die Abwägung zugunsten der Persönlichkeitsrechte des Betroffenen aus (BVerfG – Esra, a.a.O., Ziff. 100 ff).

Notwendig ist aber immer eine Gesamtabwägung aller Umstände im Einzelfall. So hat das BVerfG in einem Fall auch die Schilderung fiktiver Handlungen mit sexuellem Gehalt für zulässig angesehen, da hier nur das postmortale Persönlichkeitsrecht betroffen war und es sich nicht um einen literarischen Text aus der Perspektive des Autors handelte (BVerfG – Ehrensache, a.a.O., Ziff. 15). Im Ergebnis nimmt die Rechtsprechung in diesem Bereich stets eine Abwägung im Einzelfall vor, deren Grundlagen sich nur wenig in verbindliche Richtlinien oder Schablonen fassen lassen. Dies führt zwar zu weniger Rechtssicherheit, jedoch zu mehr Einzelfallgerechtigkeit. Letztlich müssen sich der Autor, der Produzent und der beratende Anwalt auf ihr Bauchgefühl verlassen.

Bei der Abwägung der Grundrechte ist auch das sonstige mediale Vorverhalten des Betroffenen zu würdigen. Ist dieser selbst mit seinen Erlebnissen, die den Kernbereich seines Persönlichkeitsrechts berühren und Gegenstand der Verfilmung geworden sind, mit Interviews, Buchveröffentlichungen oder sonstigen Darstellungen in die Öffentlichkeit gegangen, mindert dies seine Schutzbedürftigkeit.

Im Beispiel Nr. 2 kommt es auf den Grad der Fiktionalisierung und die Schwere der Persönlichkeitsrechtsverletzungen an. Unzulässig war z.B. die Verfilmung der Straftat des in den Medien als „Kannibalen von Rotenburg" bezeichneten Täters als „Real-Horrorfilm" aufgrund der eindeutigen Erkennbarkeit, des geringen Grades der Fiktionalisierung und der Schwere der Persönlichkeitsrechtsverletzung (Übernamen des Persönlichkeitsbildes in einen Horrorfilm) (OLG Frankfurt, Urt. v. 03.03.2006, 14 W 10/06 – Rothenburg). Zulässig war hingegen die Ausstrahlung eines Spielfilms mit der Darstellung des Täters aus dem Kriminalfall der Ermordung des 11-jährigen Jakob von Metzler. Zwar war hier grundsätzlich ein Eingriff in das Persönlichkeitsrecht des Täters gegeben. Der hierauf basierende Spielfilm wurde vom Gericht aber trotz seines unterhaltenden Charakters als seriöser Beitrag zur öffentlichen Diskussion um die Frage, welche Mittel zur Rettung eines Verbrechensopfers zulässig sind (hier: die Androhung oder Zufügung von Schmerzen), verstanden. Auch handelte es sich, anders als in der Rothenburg-Entscheidung, nicht um einen Real-Horrorfilm. Ferner war der Täter selbst mit einem Buch und einem laufend aktualisierten Internetauftritt in die Öffentlichkeit gegangen (LG Koblenz ZUM 2006, 951 – von Metzler; so auch hinsichtlich der Tochter von Ulrike Meinhof im Rechtsstreit gegen ihre Darstellung in einem Film über die Baader-Meinhof-Gruppe aufgrund eines zuvor selbst verfassten Beitrages mit Foto, OLG München, AfP 2008, 75, 79 – Baader-Meinhof-Komplex).

2.4.3. Besonderheiten bei der Satire und Karikatur

Eine weitere Sonderstellung nehmen in diesem Zusammenhang die Formen der Satire und der Karikatur einer Person ein. Diese Kunstformen müssen die Person erkennbar machen, um ihren Zweck zu erreichen, aber gleichzeitig Tatsachen durch Verfremdung und Übertreibung verzerren oder verstellen dürfen. Die Rechtsprechung hat schon seit jeher die strukturtypischen Übertreibungen, Verzerrungen und Verfremdungen bei Satire und Karikatur und ihre daraus resultierende methodische Sonderstellung anerkannt (BVerfG 75, 369, 377 – Hachfeld-Karikaturen). Dem Autor sind hier also größerer Freiheiten eingeräumt. Dennoch steht auch hier die Kunstfreiheit in einem Spannungsverhältnis mit dem allgemeinen Persönlichkeitsrecht der karikierten oder persiflierten Person.

Auch bei der satirischen Auseinandersetzung mit der Person darf das Werk nicht in den Kernbereich der menschlichen Ehre eingreifen und in eine bloße Missachtung der Person ausarten und damit die Grenze des Zumutbaren überschreiten (vgl. BVerfGE 75, 369, 379 f. – Hachfeld-Karikaturen).

Im Beispiel Nr. 5 hat die Autorin gerade die Erkennbarkeit der Politiker beabsichtigt, da andernfalls der Zweck der Satire verfehlt würde. Da ihre Darstellung in den Kernbereich der persönlichen Ehre sowie in die Intimsphäre der Betroffenen eingreift und auf eine bloße Missachtung der Personen hinausläuft, dürfte diese Darstellung auch von der Kunstfreiheit nicht gedeckt sein.

3. Marken- und Kennzeichenrechte

Eine Filmhandlung, die in unserer heutigen Wirklichkeit spielt, wird sich auch tatsächlicher Produkte, Markensignets oder Firmennamen bedienen wollen und müssen. Auch hierbei kann der Autor verschiedene Marken-, Kennzeichen-, Namens- und Persönlichkeitsrechte der betroffenen Kennzeicheninhaber und Unternehmen verletzen. Auch wettbewerbsrechtliche Abwehransprüche der Betroffenen sind zu prüfen. Zu beachten ist aber, dass sich der Autor auch hier wiederum auf die verfassungsrechtlich garantierte Meinungs- und Kunstfreiheit nach Art. 5 GG berufen kann, welche im Einzelfall zu einer Einschränkung der betroffenen Schutzrechte führen kann.

3.1. Markenrechte

Beispiel:
1. Ein Film soll in der Zukunft spielen, das Modegetränk ist eine klebrige grüne Masse, die aber unter dem Originallogo einer bekannten Getränkefirma für Softdrinks dargereicht wird. Die Schauspieler fahren futuristische Autos, die das Markenemblem eines bekannten Autoherstellers tragen.

Den Schutz als Marke genießen solche Kennzeichen, die entweder als Marke bei dem Patentamt eingetragen wurden, aufgrund ihrer Benutzung im geschäftlichen Verkehr als Marke Verkehrsgeltung erlangt haben oder als Marke im Sinne von Art. 6 der Pariser Verbandsübereinkunft im Inland allgemein (notorisch) bekannt sind, § 4 MarkenG (zum Eintragungsverfahren siehe C.II.2.4.1.).

Der Schutzbereich des MarkenG ist begrenzt auf das Handeln im geschäftlichen Verkehr. Dieser Begriff ist allerdings sehr weit gefasst und deckt jeden beliebigen eigenen oder fremden Geschäftszweck. Gewinnabsicht oder Entgeltlichkeit sind nicht erforderlich, im Ergebnis wird nur rein privates Handeln auszunehmen sein. Für den Filmbereich bedeutet dies, dass allenfalls das für private Zwecke angefertigte Homevideo (z.B. von einer Hochzeit), nicht aber die für die öffentliche Präsentation gedachten Filme aus dem Schutzbereich des Markengesetzes fallen. Auch die Herstellung und Verwertung eines noch so künstlerisch ambitionierten, fern allen Gewinnstrebens hergestellten Experimentalfilms stellt ein Handeln im geschäftlichen Verkehr im Sinne des MarkenG dar.

Umstritten war, ob § 14 MarkenG jede Benutzung einer Marke genügen lässt oder einen zeichenmäßigen Gebrauch voraussetzt. Nach früherem Recht des Warenzeichengesetzes konnte nur der zeichenmäßige Gebrauch eines Warenzeichens, also die Benutzung eines Kennzeichens als Herkunftshinweis für eine Ware oder Dienstleistung, untersagt werden. In der Vergangenheit konnte die Rechtsprechung im Falle der Verwendung geschützter Warenzeichen innerhalb von Kunstwerken (meist Scherzartikel) die Verletzung kennzeichenrechtlicher Vorschriften mit der Begründung ausschließen, dass hier ein zeichenmäßiger Gebrauch nicht gegeben war (vgl. z.B. BGH NJW 1986, 2951 – BMW/Bumms Mal Wieder; OLG Frankfurt NJW 1982, 648 Lusthansa/Lufthansa).

Nach der Entwurfsbegründung des Markengesetzes sollten derartige nicht-warenzeichenmäßige Nutzungen (wie in Scherzartikeln) aber auch weiterhin keine Markenverletzung darstellen (vgl. Ingerl/Rohnke, NJW 1994, 1247, 1252). Eine Ausdehnung des Markenschutzes auf jedwede Verwendung des Zeichens im Geschäftsverkehr wird inzwischen auch von der Rechtsprechung abgelehnt. Nach Ansicht des BGH erfordert auch § 14 MarkenG einen zeichenmäßigen Gebrauch. Der EuGH geht in eine ähnliche Richtung und bejaht eine Markenverletzung nur dort, wo im Hinblick auf die Herkunftsfunktion der Marke die Interessen des Markeninhabers beeinträchtigt werden (Nordemann, Wettbewerbsrecht Markenrecht, Rd. 2291).

Danach wird die bloße Markennennung zum Zwecke der Bezeichnung des Originalprodukts ähnlich der Namensnennung, analog § 12 BGB für zulässig gehalten (Ingerl/Rohnke, Markengesetz, § 14, Rd. 83). Zum Teil wird die Markennennung

II. Welche fremden Rechte hat der Drehbuchautor zu beachten?

als zulässiger Drittgebrauch im Sinne von § 23 MarkenG angesehen (v. Hartlieb/Schwarz/Reber, Kap. 23, Rd. 15 ff.).

Die Nennung einer Marke oder das flüchtige Erscheinen einer Originalmarke im Rahmen einer Filmhandlung ist danach so lange zulässig, wie der Autor nicht über die der Marke innewohnende Kennzeichnungsfunktion hinausgeht und andere, eigene Zwecke hiermit verfolgt. Stellt der Autor die Marke nämlich zu sehr in den Vordergrund, etwa als tragendes Element für wesentliche Szenen des Filmes, so nutzt er das Zeichen nicht nur als Herkunftsbezeichnung für das Originalprodukt, sondern zur Aufwertung einer eigenen selbständigen Leistung. Hier liegt dann m.E. eine warenzeichenmäßige Nutzung vor. Auch wenn die beteiligten Verkehrskreise aufgrund der Hervorhebung oder der Häufigkeit des Erscheinens der Marke im Film von einer Zustimmung bzw. Lizenzierung durch den Markeninhaber ausgehen (z.B. von einem Product-Placement), so wird eine zeichenmäßige Nutzung gegeben sein. Dies gilt erst recht, wenn der Autor die Marke innerhalb der Filmhandlung für ein eigenes Phantasieprodukt verwendet.

> Im Beispiel Nr. 1 könnte ein zeichenmäßiger Gebrauch bejaht werden, da die Originalmarken als Herkunftsbezeichnung für Phantasieprodukte dienen.

Sobald der Autor eine Marke warenzeichenmäßig gebraucht, ist zu prüfen, ob hierdurch das Markenrecht verletzt wird:
Nach § 14 Abs. II. Nr. 1 MarkenG ist jede Benutzung einer Marke im geschäftlichen Verkehr untersagt, wenn die betroffene Marke für identische Waren und Dienstleistungen Schutz genießt (Identitätsschutz).

> Dies wäre im Beispiel Nr. 1 jeweils für die Original- sowie die Phantasiemarken anhand der betroffenen Waren- und Dienstleistungsklassen zu prüfen.

Nach § 14 Abs. II. Nr. 2 MarkenG ist es untersagt, ein mit der Marke identisches oder ähnliches Zeichen für identische oder ähnliche Waren und Dienstleistungen zu benutzen, wenn hierdurch die Gefahr von Verwechslungen besteht (Verwechslungsschutz). Analog zum Namensrecht bestimmt sich dies wieder nach der Kennzeichnungskraft der Marke sowie der Branchennähe der Waren und Dienstleistungen (s.o. A.II.2.3.1.).

Nach § 14 Abs. II. Nr. 3 MarkenG ist auch die Benutzung eines mit einer Marke identischen oder ähnlichen Zeichens für nicht ähnliche Waren oder Dienstleistungen untersagt, sofern es sich um eine im Inland bekannte Marke handelt und die Unterscheidungskraft oder die Wertschätzung der bekannten Marke ohne rechtfertigenden Grund in unlauterer Weise ausgenutzt wird (Bekanntheitsschutz).

> Handelt es sich im Beispiel Nr. 1 um bekannte Marken, kann nach Art und Umfang der Markeneinbindungen der Bekanntheitsschutz verletzt sein.

3.2. Geschäftliche Bezeichnungen

Beispiel:
2. Die Autorin möchte ihrem Drehbuch den Titel eines bekannten Brettspiels geben.

Neben Marken schützt das MarkenG noch geschäftliche Bezeichnungen. Hierunter fallen gemäß § 5 MarkenG die so genannten Unternehmenskennzeichen (z.B. Firmennamen) und Werktitel (z.B. Titel von Büchern, Magazinen, Spielfilmen).

Der Schutz geschäftlicher Bezeichnungen ist allerdings weniger weit gefasst als der Markenschutz. Während der Inhaber einer Marke jede (zeichenmäßige) Benutzung im geschäftlichen Verkehr in identischen Waren- oder Dienstleistungsklassen untersagen kann (Identitätsschutz), ist für den Unterlassungsanspruch des Inhabers einer geschäftlichen Bezeichnung grundsätzlich das Vorliegen einer Verwechslungsgefahr erforderlich, § 15 Abs. II. MarkenG. Der Verwechslungsgefahr bedarf es allerdings dann nicht, wenn es sich um eine im Inland bekannte geschäftliche Bezeichnung handelt und deren Benutzung die Unterscheidungskraft oder die Wertschätzung der geschäftlichen Bezeichnung in unlauterer Weise ausnutzt oder beeinträchtigt, § 15 Abs. III. MarkenG.

Analog zum Namensrecht ist auch bei geschäftlichen Bezeichnungen die bloße Nennung des Kennzeichens zulässig, weil die Gefahr einer Zuordnungsverwirrung nicht entsteht. Erst wenn der Betrachter des Filmes aufgrund der Art und Weise der Verwendung der Bezeichnung eine Zustimmung des Inhabers zur Nutzung des Kennzeichens vermutet, gelangt die Nutzung in den Schutzbereich des MarkenG. Verwendet der Autor die fremde Bezeichnung für ein eigenes Phantasieprodukt, liegt in der Regel eine kennzeichenmäßige Nutzung vor.

Ob diese vom Inhaber der geschäftlichen Bezeichnung untersagt werden kann, richtet sich dann wieder nach dem Vorliegen einer Verwechslungsgefahr (Kennzeichnungskraft und Branchennähe) oder besonderer Unlauterkeitsmerkmale (Ausnutzung der Unterscheidungskraft oder Wertschätzung des Kennzeichens).

Im Beispiel Nr. 2 kann der Titel eines Brettspiels bei ausreichender Kennzeichnungskraft als Werktitel nach § 5 Abs. III. MarkenG geschützt sein. Auch wenn durch die Verwendung eines Spieltitels für einen Film mangels Branchennähe vielleicht keine Verwechslungsgefahr hervorgerufen wird, so kann ein Gericht der Ansicht sein, dass sich die Autorin hier die Wertschätzung und den Bekanntheitsgrad eines bekannten Spieles in unlauterer Weise zu Eigen macht.

3.3. Namensrecht

Das Namensrecht nach § 12 BGB steht auch Unternehmen und juristischen Personen zu (Palandt/Heinrichs/Ellenberger, § 12 Rd. 9). Allerdings wird die Bedeutung des bürgerlichrechtlichen Namensschutzes im Bereich der Unternehmenskennzeichen nunmehr von den spezialgesetzlichen Regelungen des MarkenG über den Schutz von geschäftlichen Bezeichnungen verdrängt (s.o.). Soweit subsidiär auf § 12 BGB zurückgegriffen werden kann, gelten auch im Bereich des unternehmensbezogenen Namensrechts die oben zum persönlichkeitsrechtlichen Namensrecht dargestellten Grundsätze.

3.4. Wettbewerbsrecht

Beispiel:
3. Der Film spielt im rechtsradikalen Milieu. Die Angehörigen der rechtsextremen Parteien und Schlägertrupps sollen – deutlich herausgestellt – ausschließlich Bier einer Biermarke, die tatsächlich existiert, trinken.

In der Vergangenheit haben die Gerichte mangels Anwendbarkeit der warenzeichenrechtlichen Vorschriften die eigenmächtige Inanspruchnahme von Marken unter wettbewerbsrechtlichen Gesichtspunkten, speziell § 1 UWG, geprüft. § 1 UWG schützt vor der unlauteren Ausbeutung und Schädigung des Rufes und Ansehens eines Inhabers eines Kennzeichens durch einen Mitbewerber. Aber auch nach Einführung des MarkenG ist ein ergänzender wettbewerbsrechtlicher Schutz nach § 1 UWG weiterhin möglich, wie sich aus der Verweisung des § 2 MarkenG auf andere Vorschriften zum Schutz solcher Kennzeichen ergibt. Ein Anspruch aus § 1 UWG kann z.B. dann Bedeutung erlangen, wenn der markenrechtliche Abwehranspruch im Falle einer ungerechtfertigten unlauteren Ausnutzung oder Beeinträchtigung der Wertschätzung einer Marke im Sinne von § 14 Abs. II. Nr. 3 MarkenG allein an der mangelnden Bekanntheit der Marke scheitert (Ackermann, Wettbewerbsrecht, S. 186).

Die Anwendbarkeit des § 1 UWG setzt zunächst voraus, dass zwischen den Parteien ein konkretes Wettbewerbsverhältnis besteht. Nach höchstrichterlicher Rechtsprechung ist ein solches Wettbewerbsverhältnis zwischen einem Inhaber einer Marke und einem Künstler (z.B. Autor oder Produzent), welcher diese Marke in seinem Werk benutzt, bereits dann anzunehmen, wenn das Kennzeichen objektiv zur Lizenzvergabe geeignet ist (BGH NJW 1994, 1954 – Mars-Kondom). Es kommt also nicht darauf an, ob die Parteien tatsächlich Konkurrenten am Markt sind oder ob der Kennzeicheninhaber subjektiv zu einer Lizenzierung bereit ist. Für die objektive Eignung zur Lizenzvergabe genügt ein Interesse auf der Seite des potentiellen Lizenznehmers und eine nur hypothetische Möglichkeit, dass eine Lizenzvergabe überhaupt – unter bestimmten, allein vom Inhaber zu bestimmenden Umständen – auch seitens des Kennzeicheninhabers in Betracht kommt (BGH NJW 1994, 1954, 1956 f. – Mars-Kondom). Beispielsweise ist es ausreichend, wenn ein Kennzeicheninhaber – auch hinsichtlich völlig ungleichartiger Waren – im Wege des Merchandisings tätig werden könnte (vgl. OLG Hamburg NJW-RR 1988, 1445 – Cats).

Aufgrund der breiten Lizenzierungspraxis im Filmbereich in Form von Merchandising, Licensing und Product-Placements wird man m.E. heutzutage jede gewerblich ausgewertete Marke als „objektiv zur Lizenzierung geeignet" ansehen müssen, so dass ein konkretes Wettbewerbsverhältnis im Sinne von § 1 UWG bei Markeneinbindungen im Film stets bejaht werden kann.

Die Markeneinbindung wird jedoch erst dann unlauter im Sinne von § 1 UWG, wenn die Anlehnung oder Ausbeutung zu einer Beeinträchtigung des Markeninhabers führt. Diese kann dadurch entstehen, dass die Verbindung einer Marke, deren beträchtlicher Ruf im Zusammenhang mit anderen Waren begründet worden ist und aus dem für diese Waren ein hoher Werbewert zukommt, mit einer nunmehr eigenen Ware geeignet ist, diesen Werbewert zu beeinträchtigen und der Marke darüber hinaus in Teilen des Verkehrs ein negatives Image zu verschaffen (vgl. BGH NJW 1995, 871, 872 – Markenverunglimpfung II/Nivea-Kondome, BGH NJW 1994, 1954, 1957 – Mars-Kondom). Der Rechtsprechung lagen hierbei Fälle zugrunde, in denen Süßwarenhersteller (Mars) oder Kosmetikunternehmen (Nivea) in Verbindung mit Kondomen (als Scherzartikel) gebracht wurden. Entscheidend war hier, dass bei den beteiligten Verkehrskreisen der Eindruck hätte entstehen können, es handele sich jeweils um eine geschmacklose, jedenfalls aber unpassende Werbung der Originalhersteller selbst (BGH NJW 1995, 871, – Markenverunglimpfung II/ Nivea-Kondome, BGH NJW 1994, 1954 – Mars-Kondom).

Bei einer Markeneinbindung in eine Filmhandlung wird diese also erst dann wettbewerbswidrig, wenn sie geeignet ist, der Marke ein solches „negatives Image" zu verschaffen, etwa wenn der Zuschauer ein geschmackloses Product-Placement des Markeninhabers selbst vermutet. Solange die Markeneinbindung wertneutral erfolgt, ist auch die erforderliche Beeinträchtigung nicht gegeben.

Im Beispiel Nr. 3 könnten die Biereinblendungen wettbewerbswidrig sein. Das Product-Placement von Biermarken im Filmbereich ist durchaus gängig, ein konkretes Wettbewerbsverhältnis ist daher anzunehmen. Die Verbindung der Biermarke mit rechtsextremen Parteien ist durchaus geeignet, den Werbewert der Marke zu beeinträchtigen und dieser ein negatives Image zu geben.

3.5. Allgemeines Persönlichkeitsrecht

Beispiel:
4. Die Autorin schreibt ein Drehbuch für einen Wirtschaftskrimi über zwei Reporter, die sich bei einem Schuhhersteller einschleichen und die Tatsache aufdecken, dass die Schuhe im Ausland durch Kinderarbeit hergestellt werden. Sie verwendet hierfür den Markennamen eines bekannten deutschen Schuhherstellers.

Das allgemeine Persönlichkeitsrecht nach § 823 BGB steht nach der Ansicht der Zivilgerichte nicht nur natürlichen Personen, sondern auch juristischen Personen zu (z.B. Kapitalgesellschaften) (vgl. BGH NJW 1986, 2951 – BMW/Bumms Mal Wieder). Teilweise wird dieses Recht auch als „Firmenpersönlichkeitsrecht" (Harke, Ideen schützen lassen?, S. 65 ff.) oder Unternehmenspersönlichkeitsrecht (vgl. OLG Hamburg, Urt. v. 10.04.2007, 7 U 143/06 – Contergan, zitiert nach Juris, Ziff. 46) bezeichnet. Das Bundesverfassungsgericht hat bisher die Anerkennung eines Unternehmenspersönlichkeitsrechts juristischer Personen nach Art 2 Abs. I. GG offen gelassen, leitet den Schutz vor inhaltlich unzutreffenden Informationen aber aus der in Art. 12 Abs. I. GG gewährleisteten beruflichen Betätigungsfreiheit her (BVerfG, Beschl. v. 29.08.2007, 1 BvR 1225, 1226/07 – Contergan).

Der zivilrechtliche Schutz des allgemeinen Persönlichkeitsrechts bei juristischen Personen gilt nach der Rechtsprechung des BGH nur eingeschränkt. Diese können sich nur dann auf ihr Persönlichkeitsrecht berufen, wenn sie in ihrem sozialen Geltungsanspruch als Arbeitgeber oder als Wirtschaftsunternehmen betroffen sind (BGH NJW 1986, 2951 – BMW/Bumms Mal Wieder). Damit beschränkt sich die Wirkungskraft des allgemeinen Persönlichkeitsrechts auf geschäftliche Interessen; rein ideelle Belange müssen bei Wirtschaftsunternehmen zurücktreten und können nur dann von Bedeutung sein, wenn sie sich in geschäftlichen Interessen niederschlagen (OLG Frankfurt NJW 1982, 648 – Lusthansa/Lufthansa).

Damit könnte sich ein Unternehmen auf die Verletzung seines allgemeinen Persönlichkeitsrechts eventuell dann berufen, wenn ihm unlauteres Geschäftsgebaren oder moralisch verwerfliches bzw. strafbares Verhalten gegenüber seinen Arbeitnehmern unterstellt wird. Es müsste aber eine erhebliche Beeinträchtigung des Images vorliegen, welche geeignet wäre, sich wirtschaftlich nachteilig niederzuschlagen. Nach Ansicht des BGH liegt die Toleranzgrenze bei Wirtschaftsunternehmen, die sich auf dem Markt bewegen und mit Werbung auf Publizität zielen, hier aber deutlich höher als bei natürlichen Personen (BGH NJW 1986, 2951, 2952 – BWM/Bumms Mal Wieder). Wirtschaftsunternehmen müssen dann auch mal Scherze mit sexuellem Hintergrund hinnehmen, solange sich nicht die konkrete Gefahr wirtschaftlicher Nachteile abzeichnet. Im Ergebnis bleibt der persönlichkeitsrechtliche Schutz solcher Unternehmen, die sich regelmäßig der Öffentlichkeit präsentieren, auch noch hinter dem der absoluten Personen der Zeitgeschichte zurück.

Problematisch wird es erst dann, wenn der Autor negative Aussagen über das Angebot der Waren oder Dienstleistungen des Unternehmens trifft, etwa deren Qualität oder Produktsicherheit in Frage stellt. Sind diese Aussagen geeignet, bei den Kunden Unsicherheiten über die Zuverlässigkeit von Waren oder Dienstleistungen hervorzurufen, so können derartige Darstellungen in den Medien sehr wohl das Konsumverhalten der Zuschauer beeinflussen und konkrete wirtschaftliche Nachteile verursachen.

Im Beispiel Nr. 4 unterstellt die Autorin dem Schuhhersteller, dass seine Schuhe im Ausland durch Kinderarbeit hergestellt werden. Die Verbreitung derartiger negativer Aussagen in den Medien ist durchaus geeignet, das Käuferverhalten – bewusst oder unbewusst – nachteilig zu beeinflussen. Hier besteht auch kein öffentliches Informationsinteresse an der Mitteilung unzutreffender, fiktiver Unterstellungen, so dass auch die verfassungsrechtliche Güterabwägung zu Gunsten des Unternehmens ausfiele.

3.6. Recht am eingerichteten und ausgeübten Gewerbebetrieb

Neben dem allgemeinen Persönlichkeitsrecht schützt § 823 BGB auch das Recht am eingerichteten und ausgeübten Gewerbebetrieb. Dieses Recht schützt alles, was den wirtschaftlichen Wert eines Unternehmens ausmacht, also Bestand, Erscheinungsform, Tätigkeitskreis, Kundenstamm und Organisationsstruktur (Palandt/ Sprau, § 823, Rd. 127). Eine Verletzung des Rechts am eingerichteten und ausgeübten Gewerbebetrieb erfordert stets einen betriebsbezogenen Eingriff, also eine unmittelbare Beeinträchtigung des Gewerbebetriebs als solchen (Palandt/Sprau, § 823, Rd. 128). Zu einer solchen direkten Einschränkung des unternehmerischen

Funktionsbereichs durch Einbindung eines Marken- oder Firmenzeichens in einen Film wird es nur selten kommen, allenfalls bei einer unmittelbaren Bezugnahme auf ein bestimmtes Unternehmen in der Fernsehberichterstattung (z.B. Aufruf zum Warenboykott).

3.7. Kann sich der Autor auf die Meinungs- und Kunstfreiheit berufen?

Wie dargestellt, ist die Freiheit der Meinungsäußerung nach Art. 5 Abs. I. GG vornehmlich von Bedeutung für den Bereich der klassischen Filmberichterstattung. Da die Meinungsfreiheit nach Art. 5 Abs. II. GG den Schranken der allgemeinen Gesetze unterliegt, sind hier auch das MarkenG, die §§ 12, 823 BGB sowie § 1 UWG zu berücksichtigen. Aufgrund der Wechselwirkung der betroffenen Gesetze ist hier eine Güterabwägung im Einzelfall vorzunehmen. Die Bedeutung der Meinungsfreiheit entfaltet sich hierbei vornehmlich in Fällen der (mitunter satirischen oder überspitzten) Produktkritik. Hier genießt die Meinungsfreiheit grundsätzlich Vorrang, solange sich die Meinungsäußerung nicht in einer Formalbeleidigung oder Schmähkritik erschöpft oder falsche Tatsachenmitteilungen verbreitet werden. Wie dargestellt, gibt es kein allgemeines Informationsinteresse an der Schaffung kennzeichenmäßiger Zuordnungsverwirrungen.

Für den überwiegenden Bereich der Filmproduktionen, die in der Regel als Kunstwerke einzustufen sind, wird sich der Autor eher auf die Kunstfreiheit nach Art. 5 Abs. III. GG berufen wollen. Wie dargelegt, unterliegt diese nur den verfassungsimmanenten Schranken. Hier ist wiederum eine Güterabwägung im Einzelfall vorzunehmen, bei der die Art und Intensität des Eingriffs in das Schutzgut einerseits und die besondere Bedeutung der Kunstfreiheit andererseits zu berücksichtigen ist.

Inwieweit Unternehmen sich hierbei auf ein verfassungsrechtlich gewährleistetes Unternehmenspersönlichkeitsrecht berufen können, hat das BVerfG offen gelassen. Einen Schutz vor inhaltlich unzutreffenden Informationen leitet das BVerfG aber über die berufliche Betätigungsfreiheit nach Art. 12 Abs. I. GG her (BVerfG, Beschl. v. 29.08.2007, 1 BvR 1225, 1226/07 – Contergan). Der verfassungsrechtliche Unternehmensschutz erfordert hier eine Abwägung der betroffenen Grundrechte aus Art. 12 Abs. I. GG (beruflichen Betätigungsfreiheit) und aus Art. 5 GG (Meinungs-, Rundfunk- oder Kunstfreiheit). Gerade wenn es um die Darstellung zeitgeschichtlicher Vorgänge geht, können die die publizistischen Belange der Hersteller und Verwerter des Films sowie das öffentliches Informationsinteresse höher zu bewerten sein als die Beeinträchtigungen in die berufliche Betätigungsfreiheit des betroffenen Unternehmens (BVerfG – Contergan, a.a.O.).

Ferner können sich Unternehmen auf die Eigentumsgarantie nach Art. 14 GG berufen. Unter die Eigentumsgarantie fallen auch die Immaterialgüterrechte des „geistigen Eigentums", wie z.B. Rechte an Warenzeichen (BVerfGE 51, 193, 216), also Marken und geschäftlichen Bezeichnungen sowie das Recht am eingerichteten und ausgeübten Gewerbebetrieb.

Wie dargestellt, spielt bei der zivilrechtlichen Prüfung einer Verletzung eines Rechts an einer Marke oder geschäftlichen Bezeichnung zunächst weder die Intensität des Eingriffs noch dessen positive oder negative Auswirkung auf die Geschäftstätigkeit des Kennzeicheninhabers eine Rolle. Sobald der Autor über eine bloße Nennung einer Marke hinausgeht und eine Identität der Marken sowie Waren und Dienstleistungen besteht, genießt der Inhaber den Identitätsschutz nach § 14 Abs. II. 1 MarkenG. Auch bei fehlender Identität kann bei Marken und geschäftlichen Bezeichnungen bereits dann ein Abwehranspruch begründet werden, wenn die Gefahr von Verwechslungen entsteht (§ 14 Abs. II. 2, § 15 Abs. II. MarkenG), ohne dass es auf die Schwere des Eingriffs ankäme.

Bei der verfassungsrechtlichen Güterabwägung kann bei einer bloßen Verletzung des Identitätsschutzes aufgrund der geringen Beeinträchtigung des Schutzgutes der Kunstfreiheit nach Art. 5 Abs. III. GG im Einzelfall der Vorzug zu geben sein. Insbesondere bekannte Marken und Kennzeichen, die zu einem festen Bestandteil unserer Umwelt geworden sind, werden leichte Eingriffe in ihren Schutzbereich hinnehmen müssen. Ein Autor oder Filmemacher, der seiner Filmhandlung einen gewissen Realitätsbezug verleihen möchte, wird auf die Wiedergabe tatsächlich existierender Marken, Unternehmenskennzeichen und Werktitel heutzutage kaum verzichten können. Eine wertneutrale Nutzung bekannter Marken oder Kennzeichen in einer Filmhandlung muss grundsätzlich zulässig sein. Dennoch ist hierbei Vorsicht geboten: In der Praxis wird der Kennzeicheninhaber gegen eine „kostenlose Werbung" zwar nichts einzuwenden haben, verlassen kann sich der Autor hierauf aber nicht. Auch wenn der Autor meint, das Unternehmen doch durchaus positiv dargestellt zu haben, kann dieses hierüber einer anderen Auffassung sein.

Stützt sich der Anspruch des Kennzeicheninhabers allerdings auf eine Verletzung des Bekanntheitsschutzes (§ 14 Abs. II. 3, 15 Abs. III. MarkenG), weil die Nutzung des Kennzeichens im Film dessen Unterscheidungskraft oder Wertschätzung ohne rechtfertigenden Grund in unlauterer Weise ausnutzt oder beeinträchtigt, wird man aufgrund der Intensität des Eingriffs und der negativen Auswirkungen der Verletzungshandlung auf den Kennzeicheninhaber derartige Anmaßungen auch bei der verfassungsrechtlichen Güterabwägung nicht mehr über die Kunstfreiheit rechtfertigen können. Hier genießen dann die schutzwürdigen Interessen des Kennzeicheninhabers nach Art. 14 GG im Zweifel Vorrang.

Unzulässig wird die Nutzung eines Kennzeichens ferner dann, wenn das Zeichen bzw. dessen Inhaber in einem schlechten Licht dargestellt wird, sich die Bezugnahme geschäftsschädigend auswirken könnte oder Imageschäden zu befürchten sind. Da diese Abwehransprüche nach den dargestellten Grundsätzen der Rechtsprechung stets erhebliche geschäftsschädigende Beeinträchtigungen bei dem betroffenen Unternehmen voraussetzen, werden solche Eingriffe durch die Kunstfreiheit grundsätzlich nicht gedeckt.

Größere Freiheiten können dem Autor in Ausnahmefällen im Bereich der Satire oder der Karikatur eingeräumt werden. Aber auch diese Eingriffe dürfen nicht zu einem negativen Image und finanziellen Nachteilen für das betroffene Unternehmen führen (der BGH hat in den Scherzartikel-Fällen BGH NJW 1995, 871 – Markenverunglimpfung II/Nivea-Kondome und BGH NJW 1994, 1954 – Mars-Kondom die Markennutzungen untersagt).

Sobald die Möglichkeit besteht, dass die Einbindung eines Kennzeichens in die Filmhandlung negative Wirkungen auf das Zeichen oder den Inhaber entfalten könnte, sollte der Autor Vorsicht walten lassen und auf eine anwaltliche Prüfung nicht verzichten.

III. Vertragsgestaltung in der Stoffentwicklung

1. Vorbemerkung: Grundlagen des Vertragsrechts

1.1. Wie kommen Verträge zustande?

Beispiel:
1. Ein Produzent ruft, begeistert nach der Lektüre eines Romans, eine Autorin an und fragt „Darf ich Ihr Buch verfilmen?". Die Autorin antwortet sogleich: „Ja, ich bin einverstanden".
2. Eine Autorin und ein Produzent treffen eine mündliche Absprache dahingehend, dass der Produzent am Buch der Autorin das Recht zur einmaligen Verfilmung und anschließenden Auswertung des Films im Kino, Fernsehen und auf Video gegen eine pauschale Vergütung in Höhe von 30 000 EUR erwirbt. Ein schriftlicher Vertrag wird nicht geschlossen. Einige Wochen später erhält die Autorin ein weitaus lukrativeres Angebot eines anderen Produzenten und nimmt dieses an, da ihrer Meinung nach die vorhergehende mündliche Absprache „nicht bindend" war.
3. Ein begeisterter Produzent schickt einer Autorin einen Brief, in welchem er ein Angebot auf Abschluss eines Verfilmungsvertrages unterbreitet und beendet diesen mit den Worten „Wenn ich bis nächste Woche nichts Gegenteiliges von Ihnen gehört habe, gehe ich davon aus, dass Sie das Angebot angenommen haben."
4. Ein Produzent verhandelt mit einer Autorin wochenlang über die Verfilmungsrechte an deren Buch. Eines Tages unterbreitet der Produzent ein Angebot, das kein vernünftiger Autor abschlagen kann. Die Autorin lächelt ... und schweigt. Der Produzent beginnt daraufhin mit den Dreharbeiten und berichtet der Autorin regelmäßig über den Fortschritt der Produktion. Gegen Ende der Dreharbeiten teilt die Autorin dem Produzenten mit, sie werde die Verfilmungsrechte an ihrem Buch nicht einräumen, es sei denn, der Produzent zahle das Dreifache des seinerzeit angebotenen Honorars.

Ein Vertrag kommt zustande durch zwei übereinstimmende Willenserklärungen; ein Angebot sowie eine Annahme. Ein Angebot ist der einseitige, verbindliche Antrag einer Person auf Abschluss eines Vertrages. Dieser muss so eindeutig und bestimmbar sein, dass die Annahme im Idealfall durch ein einfaches „Ja" erklärt werden kann (Palandt/Heinrichs, § 145, Rd. 1). Eine Annahme ist dementsprechend die einseitige, vorbehaltlose Bejahung dieses Antrags (Palandt/Heinrichs, § 148, Rd. 1). Weicht die Annahme inhaltlich von dem Angebot ab, so gilt sie als Ablehnung verbunden mit einem neuen Angebot auf Abschluss eines Vertrages gemäß dem jetzt geänderten Inhalt, § 150 Abs. II. BGB.

Grundsätzlich sind auch mündliche Verträge wirksam. Ausnahmen gibt es im Urheberrecht aber zum Beispiel für die Einräumung von Nutzungsrechten an zukünftigen, noch nicht erschaffenen Werken, die nicht näher oder nur der Gattung nach bestimmt sind. Diese Verträge müssen in Schriftform verfasst sein, § 40 Abs. I. UrhG. Ein Verfilmungsvertrag für einen bereits bestehenden Roman, wie in den Beispielsfällen, bedarf aber keiner bestimmten Form (es sei denn, dass es sich um einen seit dem 01.01.2008 möglichen Vertrag über die Einräumung von Nutzungsrechten für unbekannte Nutzungsarten handelt, § 31a Abs. I. S. 1 UrhG). Eine ganz andere Frage ist der Nachweis einer solchen Abrede; in der Praxis ist die schriftliche Fixierung urheberrechtlicher Nutzungsverträge unumgänglich.

Auch wenn Angebot und Annahme übereinstimmen, ist für die Wirksamkeit des Vertrages erforderlich, dass sich die Parteien über die wesentlichen Vertragspunkte, die so genannten essentialia negotii, geeinigt haben (Palandt/Heinrichs, Einf. v. § 145, Rd. 3). Zu den wesentlichen Vertragspunkten eines Verfilmungsvertrages zählen die Bezeichnung des Werkes (z.B. Angabe des Buchtitels), die grundsätzliche Einräumung des Rechts zur Verfilmung und sowie die Festlegung der Vergütung. Eine Vereinbarung über den genauen Umfang der Auswertungsrechte ist wegen § 88 Abs. I. UrhG nicht notwendig (v. Hartlieb/Schwarz/Schwarz/Reber, Kap. 93, Rd. 20).

> So wird im Beispiel Nr. 1 der Vertrag nicht wirksam geschlossen sein, da die Parteien die Vergütungsfrage ungeklärt gelassen haben; diese gehört zu den essentiellen Merkmalen eines Verfilmungsvertrages. Im Fall Nr. 2 wird ein Vertrag wirksam zustande gekommen sein mit der Folge, dass die Autorin dem zweiten Produzenten nicht erneut die Verfilmungsrechte einräumen konnte.

Eine Willenserklärung kann sowohl ausdrücklich („Ich nehme Ihr Angebot an"), oder stillschweigend, d.h. durch schlüssiges Verhalten (z.B. Handschlag, Überreichung oder Entgegennahme des Honorars, Beginn der Dreharbeiten durch Produzent, Mitarbeit bei Dreharbeiten durch Autor) erfolgen. Bloßes Schweigen stellt nur in seltenen Ausnahmefällen eine Willenserklärung dar; hier müssen besondere Umstände im Einzelfall hinzutreten, welche zugunsten des Erklärungsempfängers einen dahingehenden Vertrauenstatbestand geschaffen haben (Palandt/Heinrichs/Ellenberger, vor § 116, Rd. 10). Entspricht die stillschweigende Annahme von Angeboten des Produzenten der jahrelangen Geschäftspraxis des Autors und unterscheidet sich diese Produktion in ihren Rahmenbedingungen nicht wesentlich von den vorhergehenden, wäre der Autor wohl nach Treu und Glauben verpflichtet, seinen nun plötzlich abweichenden Willen kundzutun. Auch wenn die Parteien bereits umfangreiche und einverständliche Vorverhandlungen geführt und sich auf alle wichtigen Punkte geeinigt haben, so dass beide Parteien mit einem Vertragsschluss fest rechnen konnten, wäre ein Widerspruch des Angebotsempfängers erforderlich gewesen (BGH NJW 1995, 1281 m.w.N.; BGH NJW 1996, 920). In diesen Fällen steht dann das Schweigen des Autors in seiner rechtlichen Wirkung einer Willenserklärung gleich, so dass von einem wirksamen Zustandekommen eines Verfilmungsvertrages auszugehen ist. Hierbei ist allerdings Zurückhaltung geboten. In der Regel ist bloßes Schweigen nicht als Annahmeerklärung zu werten.

> Im Beispiel Nr. 3 kann der Produzent das Schweigen der Autorin nicht als Annahme werten, da bisher weder Gespräche noch gar Verhandlungen über eine etwaige Verfilmung geführt worden sind, die einen solchen Vertrauenstatbestand begründen würden.

III. Vertragsgestaltung in der Stoffentwicklung

Aber auch wenn es nicht zu einer vertraglichen Bindung des Schweigenden kommt, kann er unter Umständen gegenüber demjenigen, der auf das Zustandekommen des Vertrages vertraut hat, nach den Grundsätzen der Haftung bei Vertragsverhandlungen, der so genannten culpa in contrahendo, zum Schadensersatz verpflichtet sein. Nach § 311 Abs. II. BGB entsteht ein Schuldverhältnis mit gegenseitigen Rücksichtspflichten bereits mit der Aufnahme von Vertragsverhandlungen und der Ausarbeitung eines Vertrages. Eine Haftung kann z.b. dann zum Tragen kommen, wenn eine Person im Rahmen der Verhandlungsführung das Vertrauen im Gegenüber in den Abschluss des Vertrages geweckt hat, aber am Ende ohne berechtigten Grund die Verhandlungen zum Scheitern bringt.

> Hat der Produzent im Beispiel Nr. 4 im Vertrauen auf den Vertragsschluss bereits mit kostenintensiven Drehvorbereitungen begonnen, so macht sich die Autorin, wenn sie dies wissentlich geschehen lässt, aber plötzlich grundlos von dem Vertrag Abstand nimmt, gegenüber dem Produzenten unter Umständen schadensersatzpflichtig.

Die Grenze zwischen culpa in contrahendo und harter Verhandlungsführung ist in der Praxis schwer zu ziehen. Zögert ein Verhandlungspartner die Vertragsunterzeichnung lange hinaus und stellt er erst in letzter Sekunde überraschende Nachforderungen, mag es sich hier vielleicht auch bloß um geschickte Verhandlungstechnik handeln, bzw. eine von der Gegenpartei selbst verschuldete Nachlässigkeit, nicht frühzeitig auf einen Vertragsschluss gedrängt zu haben.

1.2. Was sind Vorverträge?

1.2.1. Letter of Intent und Deal Memo

> Beispiel:
> Eine Autorin und ein Produzent haben sich zufällig während der Berliner Filmfestspiele an einem Stand getroffen und sind sich über die Verfilmung eines Romans sehr schnell handelseinig geworden. Aufgrund der Kürze der Zeit verfassen sie einen einseitigen „Letter of Intent" (bzw. ein „Deal Memo") und vereinbaren, den richtigen Vertrag in den nächsten Wochen auszuhandeln.

Urheberrechtliche Nutzungsverträge erfordern die Regelung einer Vielzahl von Haupt- und Nebenpflichten der Vertragsparteien, wie z.B. Umfang der Rechteübertragung, Leistungspflichten, Vergütungs- und Abrechnungsmodalitäten, Haftungsfragen, Kündigungs- und Rückrufsrechte. Wenn auch deutsche Filmrechtsverträge nicht an angloamerikanische Vertragswerke heranreichen, so sind auch hierzulande Vertragstexte mit weniger als zehn Seiten eher die Seltenheit. In der Praxis werden daher oft kurze Vorverträge geschlossen, die zunächst die Grundlage für die weitere Zusammenarbeit der Vertragsparteien bis zum späteren Abschluss des vollständigen Vertrages bilden sollen.

Vorverträge sind vorläufige Verträge, die die Vertragsparteien zum Abschluss eines späteren Hauptvertrages verpflichten sollen (Palandt/Heinrichs, Einf. v. § 145, Rd. 19). Sie sind nur dann wirksam, wenn in ihnen die wesentlichen Punkte des Hauptvertrages bereits bestimmt oder zumindest bestimmbar sind (Palandt/Heinrichs, Einf. v. § 145, Rd. 20).

Ist ein rechtsverbindlicher Vorvertrag zustande gekommen, sind die Parteien schuldrechtlich verpflichtet, ein Angebot auf Abschluss eines Hauptvertrages abzugeben und anzunehmen. Lehnt ein Teil die Mitwirkung ab, kann er auf entsprechenden Abschluss des Vertrages, d.h. Annahme des klägerischen Angebotes, verklagt werden (Palandt/Heinrichs, Einf. v. § 145, Rd. 22). Dies macht es notwendig, bereits im Vorvertrag die einzelnen Pflichten und Rechte so genau wie möglich zu regeln.

Vorverträge erfordern einen beiderseitigen Bindungswillen der Parteien, andernfalls handelt es sich um bloße Absichtserklärungen. Ob ein solcher Bindungswille vorliegt, ist durch Auslegung der in dem Vertrag enthaltenen Erklärungen zu ermitteln. Die Überschrift bzw. der Titel eines Vertragswerkes kann hierüber nur bedingt Auskunft geben, zumal diese Überschriften in der Praxis nicht gerade einheitlich verwendet werden. In der Filmbranche werden vorvertragliche Regelungen oft als „Letter of Intent" oder auch „Deal Memo" bezeichnet, die genaue Bedeutung dieser Begriffe ist aber unklar:

Direkt übersetzt würde „Letter of Intent" lediglich „Absichtserklärung" bedeuten. Dagegen wird im Filmbereich der „Letter of Intent" grundsätzlich als rechtsverbindliche Regelung verstanden, zumal es oftmals gar nicht zum Abschluss eines ausführlichen Hauptvertrages kommt. Insofern geht der „Letter of Intent" hier in seiner Bindungswirkung sogar über den Vorvertrag hinaus, welcher selbst nur eine vorläufige Regelung bezweckt und den Abschluss eines Hauptvertrages zwingend erforderlich macht. Bei einem „Deal Memo" handelt es sich um die Zusammenfassung bzw. Bestätigung des derzeitigen Verhandlungsstands zwischen den Vertragsparteien. Die Überschrift lässt als solche offen, ob die Parteien bereits zu einer rechtsverbindlichen Einigung über bestimmte Punkte gekommen sind oder gerade nicht. Es kommt in beiden Fällen also stets auf den Wortlaut und die Auslegung der in den Vereinbarungen enthaltenen Erklärungen an (vgl. auch OLG München ZUM 2008, 68).

Um Missverständnissen vorzubeugen, sollte man solche Überschriften wie „Letter of Intent" oder „Deal Memo" nicht unreflektiert übernehmen sondern die Bindungswirkung der vorvertraglichen Vereinbarung eindeutig regeln (zur fehlenden Bindungswirkung einer „Quick note" welche lediglich die „basic terms" eines Filmauswertungsvertrages regelt, nach kalifornischem Recht siehe OLG München ZUM 2001, 439 – Murder in the First).

1.2.2. Optionsverträge

Beispiel:
Eine Drehbuchautorin erzählt einem Produzenten von ihrem neuesten Projekt. Dieser ist begeistert und lässt sich gegen eine Zahlung von 1 000 EUR für ein Jahr die Option auf die Verfilmung des Werkes einräumen.

Ein Optionsvertrag im eigentlichen Sinne ist eine Vereinbarung, die einer Partei das einseitige Gestaltungsrecht gibt, durch Ausübung der Option einen Vertrag zustande zu bringen (Palandt/Heinrichs, Einf. v. § 145, Rd. 23). Im Gegensatz zum Vorvertrag gibt eine solche Option dem Berechtigten nicht bloß einen klagbaren schuldrechtlichen Anspruch gegen die andere Partei auf Abschluss des Vertrages,

III. Vertragsgestaltung in der Stoffentwicklung

sondern das einseitige Recht zur Herbeiführung des Vertragsabschlusses durch eigene Hand. Einer Mitwirkung der anderen Partei bedarf es dann nicht. Rechtsdogmatisch stellt eine solche Optionsabrede einen aufschiebend bedingten Vertrag dar, der durch Abgabe der Optionserklärung wirksam wird, § 158 Abs. I. BGB. Die Optionsabrede kann aber auch als ein langfristig bindendes Angebot des Optionsverpflichteten ausgestaltet sein, welches vom Berechtigten durch Abgabe der Optionserklärung angenommen wird (vgl. Palandt/Heinrichs, Einf. v. § 145, Rd. 23). Wie weit die Bindung des Optionsverpflichteten an die Erklärung des Optionsberechtigten jeweils im Einzelfall geht, muss durch Auslegung des Optionsvertrages ermittelt werden.

Bei Optionsverträgen wird allgemein zwischen der einfachen und der qualifizierten Option unterschieden:

Die einfache Option oder auch Vorrechtsvereinbarung umreißt lediglich die Eckdaten des Vertrages. Aber auch hier müssen sämtliche der so genannten essentialia negotii zumindest bestimmbar geregelt sein, andernfalls ist auch die einfache Option unwirksam. Bei der einfachen Option ergibt sich stets das Problem der Notwendigkeit von Nachverhandlungen über die in der Optionsvereinbarung nicht geregelten Punkte. Gerade die in der einfachen Option meist nicht näher definierten Nebenbestimmungen zum Vertrag, wie z.B. Nennung, Nebenrechteverwertung, Mitsprache- und Kontrollrechte etc. können später durchaus für einen erhöhten Diskussionsbedarf sorgen. Nach der herrschenden Meinung ist nämlich der Vertragspartner unter einer einfachen Option nicht verpflichtet, das ausführliche Vertragsangebot des Optionsberechtigten vorbehaltlos anzunehmen (Fromm/Nordemann/Hertin, § 40, Rd. 4; Schricker/Schricker, § 40, Rd. 6). Im Gegenteil: Bietet ein Dritter dem Verpflichteten einen Vertrag zu günstigeren Bedingungen an, so darf der Verpflichtete mit diesem einen Vertrag abschließen (Fromm/Nordemann/Hertin, § 40, Rd. 4; Schricker/Schricker, § 40, Rd. 6). Ob ein zweites Vertragsangebot tatsächlich günstiger ist, muss nicht nur anhand der finanziellen Regelungen (z.B. der Höhe der Vergütung), sondern der Gesamtumstände bestimmt werden (z.B. auch der inhaltlichen, zeitlichen und räumlichen Reichweite der Rechteeinräumung, vgl. Brauneck/Brauner, ZUM 2006, 513, 517). Die Parteien können aber auch vereinbaren, dass der Optionsverpflichtete gezwungen ist, einen Hauptvertrag mit dem Berechtigten abzuschließen, welcher „angemessenen" oder „branchenüblichen" Bedingungen entspricht (vgl. Fromm/Nordemann/Hertin, § 40, Rd. 4).

Die qualifizierte Option beinhaltet einen bereits vollständig in allen Einzelheiten ausformulierten Hauptvertrag. In der Praxis wird dies so gehandhabt, dass im Anschluss an die Optionsvereinbarung der bei Ausübung in Kraft tretende mehrseitige Hauptvertrag im vollen Wortlaut wiedergegeben wird. Hier ist der Optionsverpflichtete vorbehaltlos an den Hauptvertrag gebunden, die Möglichkeit der Eingehung eines günstigeren Vertragsangebots eines Dritten ist ihm verwehrt. Während die Optionserklärung bei der einfachen Option noch der Annahme durch den Optionsverpflichteten bedarf, führt sie bei der qualifizierten Option den Vertragsschluss selbst herbei (vgl. LG Hamburg, ZUM 2002, 158, 160 – Die Moulinettes m.w.N.). Zu Vermeidung späterer Unwägbarkeiten und schwieriger Nachverhandlungen ist die qualifizierte Option stets vorzugswürdig.

Zu den wesentlichen Bestandteilen einer Optionsabrede gehören neben den essentialia negotii des Hauptvertrages die Bestimmung der Art und Weise der Optionsausübung, der Optionsfrist sowie der Optionsvergütung.

Generell sollte die Ausübung der Option schriftlich erfolgen. Bei Verträgen über die Einräumung von Nutzungsrechten an künftigen Werken ist gemäß § 40 UrhG die gesetzliche Schriftform im Sinne von § 126 BGB vorgeschrieben. Hier muss dann auch die Optionsabrede selbst dem Schriftformerfordernis genügen. Ob auch die Optionserklärung der Schriftform bedarf, richtet sich danach, ob die Option als aufschiebend bedingter Vertrag oder nur als bindendes Angebot ausgestaltet ist (s.o.). Nur im letzteren Fall gilt das Schriftformerfordernis auch für die Optionserklärung (Palandt/Heinrichs, Einf. v. § 145, Rd. 23 m.w.N.).

Ist eine solche gesetzliche Schriftform vorgeschrieben, ist eine Übersendung einer eigenhändig unterschriebenen Urkunde notwendig, § 126 BGB. Die Übermittlung der Erklärung per Fax reicht dann nicht aus. Bei einem Vertrag müssen beide Vertragspartner grundsätzlich ihre Unterschriften auf derselben Urkunde leisten. Wurden von dem Vertrag allerdings mehrere gleichlautende Urkunden gefertigt, reicht es aus, wenn jede Partei auf der für die andere Partei bestimmten Urkunde unterzeichnet, § 126 Abs. II. BGB. Gemäß § 126 Abs. III. BGB kann die gesetzliche Schriftform auch durch die elektronische Form (z.B. durch E-Mail) ersetzt werden, wenn das Gesetz nichts anderes bestimmt. Dies setzt dann aber eine Signatur nach dem Signaturgesetz voraus. Einfacher, d.h. unverschlüsselter E-Mailverkehr erfüllt diese Erfordernisse nicht (zu den Anforderungen siehe §§ 2 ff. SigG). Ist die Schriftform gesetzlich nicht vorgeschrieben, können die Vertragspartner ein Schriftformerfordernis auch vertraglich vereinbaren, § 127 BGB. Sofern nichts anderes im Vertrag bestimmt wird, kann einer vereinbarten Schriftform für Erklärungen auch durch Fax oder E-Mail genüge getan werden. Eine eigenhändige Unterschrift, wie es bei einer E-Mail auch nicht möglich wäre, ist nicht notwendig, sofern erkennbar ist, wer die Erklärung abgegeben hat (Palandt/Heinrichs/Ellenberger, § 127, Rd. 2). Ein Vertragsschluss kann, wenn nichts anderes vereinbart wurde, auch durch Briefwechsel zustande kommen (hierbei soll auch ein Brief des einen Partners und ein Fax bzw. eine E-mail des anderen Partners ausreichen, vgl. Palandt/Heinrichs/Ellenberger, § 127, Rd. 3).

Die Optionsvereinbarung sollte ferner eine eindeutige Frist bestimmen, binnen derer der Verpflichtete gebunden sein soll und die Option ausgeübt werden muss; denkbar wäre z.B. ein Jahr ab Vertragsunterzeichnung. Die Frist sollte für den Verpflichteten überschaubar sein, da er sich für diese Dauer der wirtschaftlichen Verwertbarkeit seines Werkes begibt, gleichwohl dem Berechtigten auch ausreichend Zeit für eine vernünftige Bewertung des Projektes und Sicherung der Finanzierung lassen. Ist eine Frist nicht bestimmt, hat sich der Berechtigte binnen angemessener Frist zu erklären. Wie diese Frist dann zu bemessen ist, wird von der Art der Nutzung und dem Vertragszweck im Einzelfall abhängen. So wird man dem berechtigten Produzenten bei einer Option auf Verfilmung eines Romans durchaus eine Spanne von bis zu 12 Monaten zugestehen können. Andererseits muss der verpflichtete Autor die Möglichkeit haben, bei berechtigtem Interesse den Produzenten auch schon früher unter Setzung einer angemessenen Frist zur Abgabe einer Erklärung aufzufordern, ob dieser die Option nunmehr ausübe oder hierauf verzichte. Ein vertraglicher Ausschluss jeglicher

Befristungsmöglichkeit würde die Grenze zur Sittenwidrigkeit überschreiten und die Option nichtig machen.

Zuletzt sollte die Optionsabrede eine angemessene Vergütung zugunsten des Verpflichteten dafür vorsehen, dass er auf sein Recht zur anderweitigen Nutzung seines Werkes verzichtet. Ferner sollte bestimmt werden, ob die gezahlte Optionsvergütung im Fall des Zustandekommens des Hauptvertrages auf die Hauptvergütung anzurechnen ist. In Optionsvereinbarungen für Verfilmungsverträge wird regelmäßig eine solche Verrechenbarkeit vorgesehen (vgl. Schwarz, in: Becker/Schwarz, Aktuelle Rechtsprobleme der Filmproduktion und Filmlizenz, S. 205, Fn. 19). Wird hierfür keine Regelung getroffen, sollte im Zweifel davon ausgegangen werden, dass eine Anrechnung nicht vorzunehmen ist. Schließlich soll die Optionsvergütung eine über die Pflichten des Hauptvertrages hinausgehende Enthaltungspflicht des Verpflichteten abgelten. Wird die Option nicht ausgeübt und ein Hauptvertrag nicht geschlossen, verbleibt eine einmal gezahlte Optionsvergütung in der Regel beim Verpflichteten (Fromm/Nordemann/Hertin, § 40, Rd. 3; Fette, in: Börsenverein des Deutschen Buchhandels, Recht im Verlag, S. 265). Sieht der Optionsvertrag Verlängerungsoptionen für den Produzenten gegen Zahlung weiterer Optionsvergütungen vor, werden diese oftmals als nicht-verrechenbare Zahlungen ausgestaltet (Schwarz, in: Becker/Schwarz, Aktuelle Rechtsprobleme der Filmproduktion und Filmlizenz, S. 205, Fn. 22).

1.3. Was sind Allgemeine Geschäftsbedingungen?

Allgemeine Geschäftsbedingungen (AGB) sind für eine Vielzahl von Verträgen vorformulierte Geschäftsbedingungen, die ein Verwender einer anderen Partei aufgestellt hat. Seit der Schuldrechtsreform zum 01.01.2002 ist das Recht der AGB in den §§ 305 ff. BGB geregelt.

Hierbei ist es unerheblich, ob die AGB äußerlich von der eigentlichen Vertragsurkunde getrennt sind oder in den Vertragstext aufgenommen werden, § 305 Abs. I. S. 2 BGB. Lässt sich ein Produzent von einem Rechtsanwalt ein Vertragsformular für einen Verfilmungsvertrag zur mehrfachen Verwendung entwerfen, so handelt es sich hierbei um allgemeine Geschäftsbedingungen. Nur wenn die Vertragsbedingungen zwischen den Vertragsparteien einzeln ausgehandelt wurden, liegen keine AGB vor, § 305 Abs. I. S. 3 BGB. Wird in einem solchen individuell ausgehandelten Vertrag aber z.B. der Katalog der Rechteeinräumungen als unveränderter Textbaustein aus dem Mustervertrag eingefügt, handelt es sich wiederum um AGB (vgl. Palandt/Heinrichs, § 305, Rd. 15).

Grundsätzlich werden die AGB nur dann Vertragsbestandteil, wenn sie wirksam in den Vertrag einbezogen wurden. Dies verlangt, dass der Verwender bei Vertragsabschluß ausdrücklich oder durch deutlich sichtbaren Aushang am Ort des Vertragsschlusses auf sie hinweist und die andere Partei in zumutbarer Weise von diesen Kenntnis nehmen konnte, § 305 Abs. II. BGB.

Sind AGB wirksam Vertragsbestandteil geworden, so bestimmen die §§ 308, 309 BGB zum Schutze der anderen Vertragspartei zahlreiche Klauselverbote. Danach sind bestimmte gesetzliche Fristenregelungen, Aufrechnungs- oder Leistungsverweigerungsrechte sowie Haftungs- oder Gewährleistungsansprüche nicht einseitig durch den Verwender abdingbar.

Die Schutzvorschriften der §§ 305 ff. BGB erfahren aber eine wesentliche Einschränkung für den Fall, dass die andere Vertragspartei ein Unternehmer ist. Unternehmer sind Personen, die bei Abschluss des Vertrages in Ausübung ihrer gewerblichen oder selbständigen beruflichen Tätigkeit handeln, § 14 Abs. I. BGB. Hierunter fallen nicht nur Produzenten, Agenturen, Verleih- oder Vertriebsunternehmen, sondern u.U. auch Autoren.

Ist die andere Vertragspartei Unternehmer, so finden die strengen Voraussetzungen zur wirksamen Einbeziehung der AGB in den Vertrag nach § 305 Abs. II. BGB keine Anwendung. Es reicht bereits aus, wenn der Verwender auf AGB, die dem Vertrag nicht beigefügt sind, hinweist und dem Vertragspartner die Möglichkeit einräumt, sie zumindest anzufordern (Palandt/Heinrichs, § 305, Rd. 54). Auch der Hinweis auf die AGB in einem kaufmännischen Bestätigungsschreiben kann ausreichend sein, soweit die AGB nicht erheblich von vorangegangenen mündlichen Verhandlungen abweichen (Palandt/Heinrichs, § 305, Rd. 53). Sind die AGB hiernach wirksam einbezogen, kann sich der Unternehmer auch nicht auf die Klauselverbote in den §§ 308, 309 BGB berufen, § 310 Abs. I. BGB. Eine Inhaltskontrolle der Klauseln findet gegenüber Unternehmern nur nach der Generalklausel des § 307 BGB statt.

Nach der Generalklausel sind AGB nur dann unwirksam, wenn diese den Vertragspartner entgegen den Geboten von Treu und Glauben unangemessen benachteiligen. Im Zweifel ist dies der Fall, wenn von wesentlichen Grundgedanken gesetzlicher Regelungen abgewichen wird oder aufgrund einer Einschränkung wesentlicher Rechte und Pflichten aus dem Vertrag die Erreichung des Vertragszweckes gefährdet ist, § 307 Abs. II. BGB. Über die Generalklausel können auch im Verkehr zwischen Unternehmern die Wertungsmodelle der §§ 308, 308 BGB wieder Einzug in die Vertragsauslegung finden, obwohl diese hierbei wesentlich aufgelockert sind. Wegen der Einzelheiten wird auf die umfangreiche Rechtsprechung und Kommentarliteratur verwiesen. Der unternehmerisch tätige Filmschaffende sollte sich aber bewusst sein, dass das so genannte „Kleingedruckte" ihm gegenüber wirksam sein könnte und er derartige Verträge ohne sorgfältige Prüfung nicht unterschreiben sollte.

2. Was ist bei der Einräumung von Nutzungsrechten zu beachten?

2.1. Kann ich mein Urheberrecht übertragen?

Beispiel:
Eine Autorin schließt mit einem Produzenten einen Vertrag, in dem es heißt: „Hiermit übertrage ich mein Urheberrecht an dem Buch auf den Produzenten, damit dieser einen Film herstellen kann."

Das Urheberrecht selbst ist zu Lebzeiten nicht übertragbar, es kann lediglich in Erfüllung einer Verfügung von Todes wegen (z.B. Testament, Vermächtnis) oder im

III. Vertragsgestaltung in der Stoffentwicklung

Wege der Erbauseinandersetzung übertragen werden, § 29 Abs. I. UrhG. Das Urheberrecht verbleibt also mit dem Schöpfer des Werkes bis zu dessen Tode untrennbar verbunden.

Auch einzelne Verwertungsrechte der §§ 15 ff. UrhG, z.B. das Vervielfältigungsrecht, das Verbreitungsrecht oder das Vorführungsrecht, sind unübertragbar. Der Urheber kann anderen Personen lediglich so genannte Nutzungsrechte einräumen, d.h. das Recht, sein Werk auf eine bestimmte Nutzungsart zu nutzen.

Ebenso unübertragbar sind die Urheberpersönlichkeitsrechte gemäß den §§ 12 ff. UrhG. Der Urheber kann aber in gewissem Umfang durch Rechtsgeschäft seinem Vertragspartner das Recht zur Ausübung seines Urheberpersönlichkeitsrechts einräumen. So kann der Urheber den Inhaber eines Nutzungsrechts dazu ermächtigen, Zeitpunkt und Umstände der Veröffentlichung seines Werkes zu bestimmen, für eine genau bestimmte Nutzung des Werkes die Nennung des Urhebers zu unterlassen oder nach Art und Ausmaß genau bezeichnete Änderungen am Werk, seines Titels oder der Urheberbezeichnung vorzunehmen. Die Substanz bzw. der Kernbereich des Urheberpersönlichkeitsrechts verbleibt hierbei aber stets beim Urheber (Fromm/Nordemann/Hertin, Vor § 12, Rd. 4)

Ein Vertrag über die Übertragung von Urheber-, Urheberpersönlichkeits- oder Verwertungsrechten ist unerfüllbar, da er auf eine für jedermann unmögliche Leistung gerichtet ist, § 275 Abs. I. BGB. Nach § 311a BGB bleibt ein solcher Vertrag allerdings wirksam (vor der Schuldrechtsreform waren solche Verträge nach § 306 BGB a.F. nichtig). Der Urheber wird jedoch von der Pflicht zur Leistung befreit und ist dem Vertragspartner gegebenenfalls zum Schadensersatz oder Ersatz der Aufwendungen verpflichtet, wenn er die Unmöglichkeit bei Vertragsschluss kannte bzw. hätte kennen müssen. Zunächst ist aber immer durch Auslegung des Vertrages zu ermitteln, ob die Parteien nicht – bei Abwägung ihrer Interessen nach Treu und Glauben – statt der Übertragung des Urheberrechts eine Einräumung von Nutzungsrechten vereinbart hätten, wäre ihnen die Unerfüllbarkeit des ursprünglichen Vertrages bekannt gewesen. Der Umfang der eingeräumten Nutzungsrechte ist dann nach dem jeweiligen Vertragszweck zu bestimmen.

Im Beispiel wäre ein Vertrag über die Übertragung des Urheberrechts unerfüllbar. Der Vertrag könnte aber als ein Verfilmungsvertrag ausgelegt werden. Der Umfang der Rechteeinräumung ist im Zweifel nach der Auslegungsregel des § 88 UrhG zu ermitteln (s.u.).

2.2. Begriff der Nutzungsart

Beispiel:
Die Autorin möchte dem Produzenten die Rechte zur einmaligen Verfilmung ihres Buches und anschließenden Vorführung des Filmes in Kinotheatern in der Bundesrepublik Deutschland für eine Dauer von 25 Jahren einräumen.

2.2.1. Allgemeines

Ein Nutzungsrecht ist das Recht, das Werk auf einzelne oder alle Nutzungsarten zu nutzen, § 31 Abs. I. S. 1 UrhG. Das Gesetz definiert den Katalog der einzelnen Nutzungsarten nicht, eine eindeutige Bestimmung von Art und Umfang der in einem Vertrag eingeräumten Nutzungsrechte ist aber unumgänglich.

Das Recht zur Nutzung des Werkes auf verschiedene Nutzungsarten kann hierbei räumlich, zeitlich oder inhaltlich beschränkt eingeräumt werden, § 31 Abs. I. S. 2 UrhG. Räumlich kann die Rechteeinräumung z.b. auf Deutschland, die deutschsprachigen Länder, Europa etc. beschränkt sein. Hierbei sind aber mitunter kartell- oder wettbewerbsrechtliche Besonderheiten zu beachten, welche im Rahmen der Darstellung der einzelnen Verträge erörtert werden. Innerhalb der Bundesrepublik Deutschland ist eine weitere räumliche Abspaltung (z.B. nach Städten oder Bundesländern) hinsichtlich des körperlichen Verbreitungsrechts nicht möglich, da das Geltungsgebiet des UrhG als einheitliches Wirtschaftsgebiet zu betrachten ist; hinsichtlich anderer Nutzungsarten (z.B. Kinovorführung) kann eine räumliche Unterteilung aber erfolgen. Zeitlich kann der Urheber die Rechteeinräumung auf beliebige Tage, Wochen, Monate oder Jahre begrenzen. Inhaltlich kann der Urheber die Art und Weise der Nutzungen festlegen (z.B. Kinovorführung, Free-TV- oder Pay-TV-Nutzung, einfache Fernsehausstrahlung oder Wiederholungssendungen etc.). Gerade die inhaltliche Beschreibung der Nutzungsrechte bereitet in der Praxis die größten Schwierigkeiten, da sich die Vertragspartner später nicht selten über den genauen Umfang der eingeräumten bzw. zurückgehaltenen Nutzungsrechte streiten werden.

Erwirbt z.B. ein Verlag von einem Produzenten das ausschließliche Recht, ein „Buch zum Film" als Taschenbuchausgabe herauszugeben, stellt sich die Frage, ob der Produzent einem zweiten Verlag das Nutzungsrecht für die Herausgabe einer billigen Hardcoverausgabe einräumen bzw. der erste Verlag diese untersagen könnte. Ist hier eine so genannte dingliche Abspaltung in separate Nutzungsarten (Taschenbuch, Hardcover) möglich, können hieran auch nebeneinander ausschließliche Nutzungsrechte bestehen, mit der Folge, dass dem Inhaber des Rechts an einer abspaltbaren Nutzungsart Verbietungsrechte hinsichtlich anderer abspaltbarer Nutzungsarten nicht zustehen. Handelt es sich aber um nur eine Nutzungsart (Buchausgabe), ist dies nicht der Fall und der Inhaber der ausschließlichen Taschenbuchnutzungsrechte könnte z.B. eine Hardcoverausgabe eines Dritten verhindern. Der Inhalt der Nutzungsart bestimmt sowohl die Nutzungserlaubnisse als auch die Verbietungsrechte des Inhabers des Nutzungsrechts (BGH NJW 1992, 1320 – Taschenbuch-Lizenz m.w.N.). In Ausnahmefällen können sich für den Lizenzgeber aber aus dem Grundsatz von Treu und Glauben gewisse schuldrechtliche Enthaltungs- und Unterlassungspflichten zugunsten des Inhabers eines Nutzungsrechts ergeben; bei Vorliegen besonderer Unlauterkeitsmerkmale kann ein schädigendes Verhalten des Lizenzgebers auch einen Wettbewerbsverstoß begründen.

Nach Ansicht des BGH sind Nutzungsarten dann dinglich abspaltbar, wenn es sich nach der Verkehrsanschauung um hinreichend klar abgrenzbare, wirtschaftlich-technisch als einheitlich und selbständig erscheinende Nutzungsarten eines Werkes handelt. Maßgeblich ist hierbei das Erscheinungsbild der Nutzungsart für die beteiligten Verkehrskreise, also die äußeren, qualifizierenden Merkmale (BGH NJW 1992, 1320, 1321 – Taschenbuch-Lizenz m.w.N.).

Im Verlagswesen werden z.B. die oben dargestellten Nutzungsarten (Hardcover und Taschenbuch) als derartige eigenständige Verwendungsformen angesehen mit

III. Vertragsgestaltung in der Stoffentwicklung

der Folge, dass jede einzelne Nutzungsart für sich vergeben werden kann bzw. erworben werden muss (BGH NJW 1992, 1320, 1321 – Taschenbuch-Lizenz m.w.N). Gleichfalls handelt es sich bei einer CD-ROM-Ausgabe von Jahrgangsbänden einer Zeitschrift im Verhältnis zur ursprünglichen Print-Ausgabe um eine abspaltbare Nutzungsart (BGH ZUM 2002, 214, 217 – Spiegel-CD-ROM).

Anders ist es bei einer Musik-CD im Verhältnis zur Schallplatte: Nachdem diese Frage zunächst auf der Ebene der Oberlandesgerichte sehr kontrovers behandelt wurde, hat der BGH nunmehr entschieden, dass es sich bei der CD im Verhältnis zur Schallplatte um keine eigenständige Nutzungsart handelt. Nach Ansicht des BGH stellt die CD keine zusätzliche Nutzung einer Schallaufnahme dar, die neben die herkömmliche Nutzungsart tritt und eine wirtschaftlich eigenständige Verwertung erlaubt. Vielmehr habe die CD die Schallplatte fast vollständig verdrängt, es handele sich nur um eine technisch neue Nutzungsvariante, die es ermögliche, die Nutzung in einer Zeit fortzusetzen, in der die Nachfrage der Verbraucher nicht mehr auf Langspielplatten, sondern CD-Träger gerichtet sei (BGH ZUM 2003, 229, 231 – EROC III). Dieses Urteil hat die Musikindustrie mit großer Erleichterung aufgenommen, da es die Weiternutzung von Musikaufnahmen aus dem Backkatalog auf Compact Discs auch ohne Nachverhandlung der Altverträge legalisierte.

2.2.2. Besondere Nutzungsarten im Filmbereich

Im Filmbereich ist die dingliche Abspaltbarkeit der einzelnen Nutzungsarten nicht immer einfach zu beurteilen, zumal die Verwertungsformen nicht immer klar abgrenzbar sind und mehr und mehr verschmelzen (hier kommt es zum Phänomen der so genannten „Medienkonvergenz"). Grob kann man zwischen den folgenden Formen der Verwertung unterscheiden:

2.2.2.1. Verfilmungsrecht, Filmherstellungsrecht

Unstreitig kann das Verfilmungsrecht, d.h. das Recht zur Verwendung eines Werkes zum Zwecke der Filmherstellung, dinglich auf eine bestimmte Filmart beschränkt werden. So können die Parteien mit dinglicher Wirkung bestimmen, dass der Produzent nur zur Herstellung eines Kino-, Fernseh- oder Videofilms berechtigt ist (v. Hartlieb/Schwarz/Schwarz/Reber, Kap. 93, Rd. 11). In den üblichen Filmverträgen werden solche Beschränkungen aber nicht vorgenommen. Dem Produzenten steht es grundsätzlich frei, auf welchem Material und in welchem Format er seinen Film herstellt.

Hat der Produzent einen Kinospielfilm hergestellt, muss er zur anschließenden Fernseh-, Videogramm- oder Onlineauswertung nur noch die hierfür erforderlichen Auswertungsrechte erwerben (z.B. die Vervielfältigungs- und Verbreitungsrechte, die Senderechte, die Rechte zur öffentlichen Zugänglichmachung). Der Erwerb eigenständiger „Fernseh-, Video- oder Onlineverfilmungsrechte" ist nicht erforderlich, da keine neuen Verfilmungen des Stoffes erfolgen. Allenfalls benötigt der Produzent für eventuelle Änderungen (z.B. Kürzungen) die entsprechenden Filmbearbeitungsrechte.

Dies gilt z.B. auch für den Fall der Verwendung von Musikwerken in einem Film. In Abgrenzung zum Verfilmungsrecht wird dieses Recht auch als „Filmherstellungsrecht" bezeichnet (wenngleich die Bezeichnungen nicht einheitlich verwendet werden). Hat der Urheber einem Verwerter das Recht zur Nutzung eines Musikwerkes in einem Kinofilm eingeräumt, bedarf dieser zur Nutzung des Films durch Videozweitauswertung lediglich der Einräumung der Vervielfältigungs- und Verbreitungsrechte am Musikwerk, welche dann z.b. über die GEMA erfolgen kann. Ein eigenes „Videoverfilmungsrecht" gibt es nicht, da die Videoherstellung als bloßer Vervielfältigungsvorgang aufgefasst wird (BGH NJW 1993, 2939, 2940 – Videozweitauswertung II; BGH, Urt. v. 19.01.2006, I ZR 5/03 – Alpensinfonie). Nach diesen Grundsätzen gibt es im Bereich der Filmmusik auch kein „Fernsehfilm- oder Onlinefilmherstellungsrecht", das für nachfolgende Verwertungen separat zu erwerben wäre. Der Produzent bedarf aber auch hier der Einräumung der erforderlichen Auswertungsrechte.

In den Filmverträgen werden die Nutzungsrechte dann auch entsprechend dieser Dogmatik in Verfilmungsrechte (Filmherstellungs- und Filmbearbeitungsrechte) sowie Auswertungsrechte unterteilt.

2.2.2.2. Auswertungsrechte
2.2.2.2.1. Vorführung von Filmen vor Publikum. Die klassische Kinovorführung stellt im Vergleich zur Übermittlung von Filmen zu festen Sendeterminen (z.B. Fernsehsendung) oder auf Abruf (z.B. Video-on-Demand) unstreitig eine selbständige Nutzungsart dar, welche separat erworben werden muss.

2.2.2.2.2. Übermittlung von Filmen zu festen Sendeterminen. Innerhalb des Bereichs der Übermittlung von Filmen zu festen Sendeterminen ist die Abspaltbarkeit selbständiger Nutzungsarten umstritten.

Im Rahmen der klassischen Fernsehsendung, d.h. der Übermittlung eines gestalteten Programms an einen unbeschränkten Empfängerkreis, ist es zunächst fraglich, ob allein die Rechtsform der Trägerschaft des Senders (öffentlich-rechtlich oder privat) eine selbständige Nutzungsart begründen kann (so offenbar Schricker/Katzenberger, § 88, Rd. 48).

Auch stellt sich die Frage, ob Free-TV (durch Gebühren oder Werbung finanziertes öffentlich-rechtliches oder privates Fernsehen) und Pay-TV (Bezahlfernsehen im Abonnement) im Verhältnis zueinander selbständige Nutzungsarten darstellen (so Schricker/Katzenberger, § 88, Rd. 48; Fromm/Nordemann/Hertin, § 31/32, Rd. 18; nach Ansicht des KG stellt Pay-TV gegenüber Free-TV keine abspaltbare Nutzungsart dar, KGR 2000, 325).

Im Rahmen der Pay-TV-Angebote ist wiederum zwischen Pay-per-Channel (Bezahlfernsehen pro Programmkanal), Pay-per-View (Bezahlfernsehen pro Einzelsendung zu festen Sendeterminen) und Near-Video-on-Demand (wiederholte Sendung von Filmen zu festen Sendeterminen, bei denen der Nutzer lediglich den Zeitpunkt der Nutzung bestimmt) zu unterscheiden. Da es sich bei allen diesen Übermittlungsformen um die Sendung von Inhalten zu festen Sendeterminen handelt und die Nutzer dieselben Widergabegeräte verwenden (TV-Gerät), spricht vielen dafür, dass es sich jedenfalls bei Pay-per-Channel, Pay-per-View und Near-Video-on-

Demand innerhalb der Nutzungsart Pay-TV nicht wiederum um selbstständige Nutzungsarten handelt.
Die Satellitenausstrahlung ist im Verhältnis zur herkömmlichen terrestrischen Fernsehausstrahlung keine eigenständige Nutzungsart (BGH ZUM 1997, 128 – Klimbim). Auch wenn sich hierbei zwar wesentliche technische Unterschiede im Übermittlungsvorgang ergeben, sind diese in der Regel für den Endverbraucher am Empfangsgerät nicht erkennbar, so dass sie nach Ansicht des BGH nicht die Qualität einer neuen Nutzungsart erreichen (BGH ZUM 1997, 128, 130 – Klimbim). Gleiches gilt für das Recht zur Kabelweitersendung, welche nach Auffassung des BGH ebenfalls keine selbständige Nutzungsart darstellt (BGH ZUM 1997, 128, 130 – Klimbim; kritisch: Schricker/Katzenberger, § 88, Rd. 48; Fromm/Nordemann/ Hertin, § 31/32, Rd. 6).
Die vom Nutzer nicht beeinflussbare Internet-Übermittlung von Filmen an einen beliebig großen Empfängerkreis (d.h. die Übermittlung von Filmen zu festen Sendeterminen über das World Wide Web als „Web-TV" oder innerhalb geschlossener Netzwerke als „IPTV") stellt eine eigenständige Nutzungsart dar, wenn hier der Empfänger andere Empfangsgeräte (PC, Laptop) und Zugangswege (DSL, ISDN, Telefonleitung) verwendet sowie die Abrechnungsweise (Providergebühr, Telekommunikationskosten) unterschiedlich ist. Dies ändert sich, sobald Onlineangebote und klassische Fernsehangebote über dieselben Zugangswege und Wiedergabegeräte zu einheitlichen Tarifen genutzt werden und äußere Unterschiede zwischen Fernseh- und Internet-Sendung nicht mehr feststellbar sind.
Fraglich ist ebenfalls, inwieweit die Übermittlung von Filmen zu festen Sendeterminen über Mobilfunknetze („Handy-TV") aufgrund der anderen Empfangsgeräte, Zugangswege und Abrechnungsweise eine eigenständige Nutzungsart darstellt. Unterschiedliche Empfangsgeräte allein sind für eine eigenständige Nutzungsart nicht ausreichend. Es macht keinen Unterschied, ob eine Nutzer ein frei empfangbares Programm auf einem Fernseher, einem PC oder einen Handy betrachtet. Entscheidend sind die Unterschiede im Geschäftsmodell (Ory, ZUM 2007, 7, 8).

2.2.2.2.3. Übermittlung von Filmen durch Einzelabruf. Kann der Nutzer die Übermittlung der Filminhalte individuell zum Zeitpunkt seiner Wahl abrufen (Pull-Media) oder herunterladen (Push-Media), handelt es sich um so genannte Zugriffs- und Abrufdienste. Hierunter fallen z.B. Video-on-Demand (Einzelabruf von Filmen über das Breitbandkabel mittels herkömmlicher Fernsehgeräte, über das Internet oder Mobilfunknetze) sowie sonstige individuelle Abrufdienste (jede Form des individuellen Abrufs von Filmen im Wege des Streaming und Download, z.B. Download der besten Szenen eines Fußballspiels). Diese stellen im Verhältnis zur Sendung gestalteter Programme zu festen Terminen dinglich abspaltbare Nutzungsarten dar. Hier liegt auch keine Funksendung im Sinne von § 20 UrhG, sondern eine öffentliche Zugänglichmachung nach § 19a UrhG vor (s.o. A.I.6.2.2.2.).

2.2.2.2.4. Verbreitung von Filmen auf Videogrammen (DVD, Videokassette). Die klassische Videoauswertung über körperliche Videogramme stellt eine selbständige Nutzungsart im Verhältnis zur Kinovorführung (BGH GRUR 1991, 133,

136 – Videozweitauswertung), zur Fernsehausstrahlung (OLG Düsseldorf ZUM 2002, 221, 223 – Videorechte an Fernsehproduktionen) und zu den Zugriffs- und Abrufdiensten dar (missverständlich insoweit: OLG München ZUM 1998, 413, 415 – Video-on-Demand-Rechte, s.u.). Innerhalb der Videoauswertung sind Vermietung und Verkauf von Videos im Verhältnis zueinander selbständige Nutzungsarten (BGH NJW-RR 1987, 181, 182 – Videolizenzvertrag).

Die DVD ist von der Videokassette trotz des unterschiedlichen äußeren Erscheinungsbildes nicht mit dinglicher Wirkung abspaltbar. Nach Ansicht des BGH ist die DVD nicht als neue Nutzungsart gegenüber der Videokassette anzusehen. Eine neue, wirtschaftlich eigenständige Verwertungsform setzt voraus, dass mit Hilfe der neuen Technik ein neuer Absatzmarkt entsteht, die alte Nutzungsform also nicht lediglich verdrängt wird. Daher liegt keine eigenständige Nutzungsart vor, wenn einen neue Nutzungsform eine alte lediglich substituiert (BGH, Urt. v. 19.05.1995, I ZR 285/02 – Der Zauberberg). Die Annahme des Berufungsgerichts, dass die DVD auf längere Sicht die herkömmliche Videokassette ersetze, war nach Ansicht des BGH rechtsfehlerfrei (BGH, a.a.O.; vgl. auch BGH ZUM 2003, 229 – EROC III, der bei einer vergleichbaren Sachlage, nämlich im Verhältnis der Musik-CD zur Schallplatte, ebenfalls von einer Substitution und nicht einer neuen Nutzungsart ausgeht).

Die Gesamtheit der genannten Rechte (Videokassetten, DVD, Bildplatten, Schmalfilme) wird in Nutzungsverträgen auch häufig als „Videogrammrecht" oder „audiovisuelle Verwertung" bezeichnet. Auch hierunter ist nur die Nutzung der unterschiedlichen körperlichen Videogramme gemeint, nicht aber z.B. auch die unkörperliche Übermittlung durch Video-on-Demand (zu weitgehend: OLG München ZUM 1998 413, 415 – Video-on-Demand-Rechte, wonach eine Rechteinräumung für „[d]as AV-Recht, d.h. das Recht, die Filme in allen audiovisuellen Verfahren... auszuwerten", auch die Video-on-Demand-Rechte, umfassen soll). Zur Vermeidung von Auslegungsschwierigkeiten empfiehlt sich eine separate Auflistung aller Nutzungsarten im Vertrag.

2.2.2.2.5. Preisliche Gesichtspunkte. Eine reine Differenzierung nach preislichen Gesichtspunkten ist unzureichend (vgl. BGH NJW 1992, 1320, 1321 – Taschenbuchlizenz). Eine Einräumung eines ausschließlichen Nutzungsrechts an einem Roman zur Herstellung und Auswertung eines Low-Budget-Films wäre mit dinglicher Wirkung nicht möglich. Wohl aber können gewerbliche und nicht-gewerbliche (bzw. kommerzielle und nicht-kommerzielle) Auswertungsrechte voneinander abgespalten werden; zumindest im Bereich der Filmtheaterauswertung ist dies üblich.

2.2.2.2.6. Digitale und analoge Verwertung. Allein die Art und Weise der technischen Übermittlung eines Werkes, z.B. digital oder analog, wird noch keine eigenständige Nutzungsart darstellen (sofern hier nicht zusätzliche Umstände für eine Eigenständigkeit sprechen; Schricker/Katzenberger, § 88, Rd. 48).

2.2.2.2.7. Synchronfassung, Voice-over, Untertitelung. Die Nutzungsrechte zur Herstellung einer fremdsprachigen Synchron- bzw. Voice-over-Fassung und zur Herstellung einer untertitelten Originalfassung sind nach Ansicht des OLG Köln

III. Vertragsgestaltung in der Stoffentwicklung

im Verhältnis zueinander dinglich abspaltbar und können getrennt verschiedenen Berechtigten eingeräumt werden (OLGR Köln 2007, 451).

2.3. Ausschließliche und einfache Nutzungsrechte

Beispiel:
Die Autorin hat ein Drehbuch über die Abenteuer einer kleinen Zauberschülerin mit dem Namen „Mary Topper" entwickelt. Sie möchte dem Produzenten das Recht zur Verfilmung und anschließenden Kino- und Fernsehauswertung des Drehbuchs exklusiv, das Recht zur Auswertung der (urheberrechtlich schutzfähigen) Hauptfigur des Stückes für den außerfilmischen Bereich aber nur nicht-exklusiv einräumen (insbesondere für Druckneben- und Merchandisingrechte), da sie plant, die Figur später auch für ein Kinderbuch zu verwenden.

2.3.1. Allgemeines

Die Nutzungsrechte selbst können entweder als ausschließliche oder einfache Nutzungsrechte ausgestaltet sein.

Das ausschließliche Nutzungsrecht gibt dem Inhaber das exklusive Recht, das Werk unter Ausschluss aller anderen Personen – einschließlich des Urhebers selbst – auf die erlaubten Nutzungsarten zu nutzen, § 31 Abs. III. UrhG. Nach dem neuen § 31 Abs. III. S. 2 UrhG kann bestimmt werden, dass dem Urheber die Nutzung vorbehalten bleibt (so genannte eingeschränkte Ausschließlichkeit). Dies wurde auch schon vor der Urheberrechtsreform zum 01.07.2002 für zulässig gehalten. Da der neue Satz 2 keine Änderung der früheren Rechtslage beabsichtigt, werden auch weitergehende Nutzungsvorbehalte für sonstige Dritte (z.B. Inhaber einfacher Nutzungsrechte) zulässig bleiben (Schricker/Schricker, § 31/32, Rd. 4). Das ausschließliche Nutzungsrecht hat dinglichen Charakter und beinhaltet ein selbständiges Verbietungsrecht des Berechtigten gegenüber unbefugten Nutzern, das er auf dem Klagewege durchsetzen kann.

Der Inhaber eines ausschließlichen Nutzungsrechts kann seinerseits Dritten wieder weitere einfache oder ausschließliche Nutzungsrechte einräumen, sofern der Urheber dem zustimmt, § 35 Abs. I. UrhG. Er kann aber auch mit Zustimmung des Urhebers das exklusive Nutzungsrecht als Ganzes übertragen, § 34 Abs. I. UrhG Der Urheber darf seine Zustimmung hierzu auch nicht wider Treu und Glauben verweigern, §§ 34 Abs. I. S. 2, 35 Abs. II. UrhG. (zur Sublizenzvergabe ausführlich s.u. C.I.3.2.).

Mit dem einfachen Nutzungsrecht gewährt der Urheber dem Berechtigten nur das nicht-exklusive Recht, das Werk – neben dem Urheber selbst und allen sonstigen Rechteinhabern – auf die erlaubte Art zu nutzen, § 31 Abs. II. UrhG. Sehr umstritten ist die Rechtsnatur des einfachen Nutzungsrechts: Nach dem Willen des Gesetzgebers sollte das einfache Nutzungsrecht nur schuldrechtliche Wirkung entfalten; die überwiegende Ansicht in der Rechtslehre hat sich allerdings für eine dingliche Natur ausgesprochen (vgl. M. Schulze, Materialien, S. 460; sowie zum Meinungsstand: Schricker/Schricker, Vor § 28, Rd. 49 m.w.N.).

Diese Frage ist nicht nur rein akademischer Bedeutung: Geht man von einem gegenständlichen Charakter des einfachen Nutzungsrechts aus, so gelten die im vorhergehenden Unterabschnitt dargestellten Grundsätze über die dingliche Abspaltbarkeit von Nutzungsrechten auch hier; andernfalls könnten diese nach Belieben zugeschnitten werden (Schricker/Schricker, Vor § 28 UrhG, Rd. 49). Gleichsam kann bei dinglichen Nutzungsrechten für den Fall des Wegfalls einer Hauptlizenz ein Bestand der Sublizenz ausdrücklich vereinbart werden (zur Sublizenzvergabe ausführlicher s.u. C.I.3.6.).

Gleichfalls umstritten ist, inwieweit der Inhaber eines einfachen Nutzungsrechts mit Zustimmung des Urhebers sein Recht als Ganzes nach § 34 Abs. I. UrhG übertragen kann (bejahend z.B.: Schricker/Schricker, § 34, Rd. 5; ablehnend z.B.: Fromm/Nordemann/Hertin, § 31/32, Rd. 2). In diesem Zusammenhang stellt sich weiterhin die Frage, ob der Inhaber eines einfachen Nutzungsrechts wiederum seinerseits einem oder mehreren Dritten weitere einfache Nutzungsrechte einräumen kann.

M.E. ist von einer dinglichen Rechtsnatur des einfachen Nutzungsrechts auszugehen. Angesichts der steigenden Bedeutung des Handels mit Immaterialgüterrechten sind Bestandsschutz und klare Abgrenzbarkeit aller eingeräumten Nutzungsrechte aus Gründen der Rechtssicherheit zwingend erforderlich, ohne Rücksicht darauf, ob es sich um einfache oder ausschließliche Nutzungsrechte handelt. Auch wird man m.E. eine Befugnis des Inhabers eines einfachen Nutzungsrechts zur Übertragung desselben oder zur Einräumung weiterer einfacher Nutzungsrechte annehmen können. Voraussetzung ist allerdings, dass der Lizenzgeber (Urheber oder Inhaber eines ausschließlichen Nutzungsrechts) hierzu seine ausdrückliche Zustimmung erteilt hat. Für eine solche fakultative Übertragbarkeit des einfachen Nutzungsrechts spricht oft die Interessenlage beider Vertragspartner: In vielen Fällen möchte der Urheber oder Inhaber eines ausschließlichen Nutzungsrechts dem Vertragspartner die Möglichkeit der (mehrfachen) Sublizenzvergabe geben, ohne diesem gleichzeitig eine ausschließliche Rechtsposition einräumen zu müssen, welche dem Lizenzgeber oder Dritten jede weitere Nutzung des Werkes auf diese bestimmte Nutzungsart verschließen würde.

> Im Beispiel ist es beiden Parteien bewusst, dass der Produzent die Auswertung des Filmes nicht selbst, sondern durch weitere Sublizenznehmer (z.B. Vertrieb, Merchandising-Unternehmen, Buchverlage) vornehmen lassen wird. Will die Autorin dem Produzenten die Auswertungsrechte an der Hauptfigur „Mary Topper" nicht ausschließlich einräumen, etwa weil sie sich weitere eigene Verwertungsmöglichkeiten offen halten möchte, so muss sie diesem ein frei übertragbares einfaches Nutzungsrecht an dem Charakter einräumen können.

Übereinstimmung besteht aber darin, dass der Berechtigte eines einfachen Nutzungsrechts jedenfalls kein eigenes Verbietungsrecht gegenüber dritten Nutzern erwirbt. Er kann allenfalls im Wege der Prozeßstandschaft die Ansprüche seines Lizenzgebers gerichtlich geltend machen (Schricker/Schricker, Vor § 28, Rd. 49 m.w.N.). Gesetzlich geregelt ist jedoch der so genannte Sukzessionsschutz des Nutzungsrechts: Nach § 33 UrhG bleiben ausschließliche und einfache Nutzungsrechte gegenüber später eingeräumten Nutzungsrechten bestehen.

III. Vertragsgestaltung in der Stoffentwicklung

Ohne Zustimmung des Urhebers können einfache und ausschließliche Nutzungsrechte im Rahmen einer Gesamtveräußerung eines Unternehmens oder Veräußerung von Teilen eines Unternehmens übertragen werden, § 34 Abs. III. UrhG. Der Urheber kann das Nutzungsrecht aber zurückrufen, wenn ihm die Ausübung des Nutzungsrechts durch den Erwerber nicht zuzumuten ist; dies gilt auch für den Fall, dass sich die Beteiligungsverhältnisse am Unternehmen des Inhabers wesentlich ändern, § 34 Abs. III. S. 2, 3 UrhG (zu den Rückrufsrechten s.u. A.I.2.7.3.).

2.3.2. Besonderheiten im Filmbereich

Besonderheiten gelten allerdings im Filmbereich: Gemäß § 90 UrhG gelten die Zustimmungserfordernisse der §§ 34, 35 UrhG für die in den §§ 88 Abs. I., 89 Abs. I. UrhG genannten Rechte der Urheber nicht. Ein Filmhersteller als Inhaber eines ausschließlichen Nutzungsrechts zur Fernsehsendung kann somit auch ohne Zustimmung des Autoren dieses als Ganzes weiter übertragen bzw. einfache Fernsehlizenzen erteilen. § 90 UrhG soll dem Interesse des Filmherstellers an einer größtmöglichen filmischen Verwertung des mit hohen Kosten hergestellten Filmwerks Rechnung tragen. Die Bestimmung findet aber keine Anwendung auf die von den §§ 88 Abs. I., 89 Abs. I. UrhG nicht umfassten Nutzungsrechte, wie z.B. die außerfilmischen Nutzungsrechte sowie – bis zum Beginn der Dreharbeiten – das Verfilmungsrecht als solches (s.u. A.III.2.5.2.).

2.4. Nutzungsrechte für unbekannte Nutzungsarten

Beispiel:
Die Autorin räumte dem Produzenten im Jahre 1995 die Auswertungsrechte für Kino, TV, Video und „Internet-TV" ausschließlich, räumlich und zeitlich unbeschränkt ein. Der Vertrag enthielt einen fünfseitigen Rechtekatalog, der alle seinerzeit in den Vertragsmustern für Buy-Out-Verträge üblichen Rechte beinhaltete. Zum Zeitpunkt des Vertragsschlusses wurde eine Internetnutzung von Spielfilmen in Deutschland heiß diskutiert, aber noch nicht für die breite Masse angeboten. Als Jahre später eine Übermittlung von Filmbeiträgen im Internet durch Einzelabruf möglich wird, möchte der Produzent unter Hinweis auf den Vertrag auch diese als „Internet-TV" nutzen.

2.4.1. Neue Rechtslage ab dem 01.01.2008

Bis zum 31.12.2007 war die Einräumung von Nutzungsrechten für noch nicht bekannte Nutzungsarten unwirksam, § 31 Abs. IV. UrhG. Diese Vorschrift sollte dem Schutz des Urhebers dienen, dem allein die Entscheidung darüber überlassen werden sollte, ob und gegen welche Vergütung er sein Werk über neu erfundene Nutzungsarten auswerten lassen möchte (M. Schulze, Materialien, S. 459).

Schon nach der alten Rechtslage ließ die Rechtsprechung aber für bestimmte Nutzungsarten, die zwar technisch bekannt sind, aber noch keine wirtschaftliche Bedeutung erlangt haben, so genannte „Risikogeschäfte" zu. Dies setzte aber voraus, dass die neue Nutzungsform im Vertrag konkret benannt, ausdrücklich vereinbart und von den Vertragsparteien auch erörtert und damit erkennbar zum Gegenstand von Leistung und Gegenleitung gemacht worden war (BGH ZUM 1995, 713 – Videozweitauswertung III). Dem wurden allgemeine Formulierungen in Verträgen, wonach dem Vertragspartner das Recht zur Nutzung des Werkes „auf alle bekannten Nutzungsarten" eingeräumt wird, nicht gerecht (BGH ZUM 1995, 713, 715 – Videozweitauswertung III). Um nicht die Schutzfunktion des § 31 Abs. IV. a.F. UrhG auszuhebeln, wurden an das Vorliegen der Voraussetzungen eines zulässigen Risikogeschäfts hohe Anforderungen gestellt.

Mit Wirkung ab dem 01.01.2008 ist § 31 Abs. IV. UrhG a.F. aufgehoben. Mit dem so genannten II. Korb wurde ein neuer § 31a UrhG für Verträge über unbekannte Nutzungsarten geschaffen. Danach sind Verträge über unbekannte Nutzungsarten nunmehr wirksam. Diese bedürfen allerdings der Schriftform. Eine Schriftform ist dann nicht erforderlich, wenn der Urheber unentgeltlich ein einfaches Nutzungsrecht für jedermann einräumt. Diese Fälle werden jedoch die Ausnahme darstellen.

Für die Verwerter ist diese Bestimmung sehr bedeutsam, da sich die Dauer von Nutzungsverträgen über Jahrzehnte erstrecken kann und in deren Verlauf durch technische Entwicklungen Nutzungsarten wesentliche wirtschaftliche Bedeutung erlangen können, die bei Vertragsschluss gänzlich oder nahezu unbekannt waren. Ein Produzent, der heutzutage einen Vertrag abschließt, möchte sich vor allem im sich ständig wandelnden Markt der neuen Medien keine lukrativen Nutzungsarten verschließen, deren Bedeutung bei Vertragsschluss noch nicht absehbar ist.

Für die Urheber hingegen bedeutet § 31a UrhG einen erheblichen Eingriff in ihre Rechte, der dem bisherigen Recht gänzlich widerspricht. Um dies auszugleichen, schafft § 31c UrhG zunächst einen Anspruch des Urhebers auf gesonderte Vergütung (s.u. A.III.2.6.3.) und § 31a Abs. I. S. 3 UrhG ein Widerrufsrecht des Urhebers. Der Urheber kann danach die Rechteeinräumung über unbekannte Nutzungsarten widerrufen.

Das Widerrufsrecht erlischt allerdings nach Ablauf von drei Monaten, nachdem der Verwerter die Mitteilung über die beabsichtigte Aufnahme der neuen Art der Werknutzung an den Urheber unter der ihm zuletzt bekannten Anschrift abgesendet hat, § 31a Abs. I. S. 4 UrhG. Das Widerrufsrecht entfällt auch, wenn sich die Parteien nach Bekanntwerden der neuen Nutzungsart auf eine angemessene Vergütung geeinigt haben, § 31a Abs. II. S. 1 UrhG. Ferner entfällt das Widerrufsrecht, wenn die Parteien die Vergütung nach einer gemeinsamen Vergütungsregel vereinbart haben (siehe hierzu unten A.III.2.6.1.1.1.1.). Schließlich erlischt das Widerrufsrecht mit dem Tod des Urhebers.

§ 31a UrhG kann das Problem der Verwerter bei der Nutzung von Werken auf unbekannte Nutzungsarten zunächst für die zukünftigen, d.h. ab dem 01.01.2008 geschlossenen Verträge beheben.

Ein Ziel des Gesetzgebers war es aber auch, bei „Altverträgen", d.h. Verträgen, die vor Inkrafttreten des neuen § 31a UrhG geschlossen wurden, eine Auswertung der Werke auf bei Vertragsschluss noch unbekannte Nutzungsarten zu ermöglichen. Diese Notwendigkeit besteht gerade bei „Altfilmen". Da bei einer Filmproduktion in der Regel viele Urheber beteiligt sind, ist es hier oft nicht möglich, nachträglich

III. Vertragsgestaltung in der Stoffentwicklung

von allen Rechteinhabern die bei Vertragsschluss noch unbekannten Nutzungsarten zu erwerben. In der Praxis zeigt sich oft das Problem, dass einzelne Rechteinhaber oder deren Rechtsnachfolger, wie z.B. Erben, gar nicht zu ermitteln sind. Nach alter Rechtslage hätten zahlreiche Altfilme auf neue Nutzungsarten (z.B. im Internet) nicht mehr ausgewertet werden können.

Für solche Altverträge wurde deshalb der neue § 137l UrhG geschaffen. Hat danach ein Urheber zwischen dem 01.01.1966 (Inkrafttreten des UrhG) und dem 01.01.2008 (Inkrafttreten des II. Korbes) einem anderen alle wesentlichen Nutzungsrechte ausschließlich sowie räumlich und zeitlich unbegrenzt eingeräumt, so gelten die zum Zeitpunkt des Vertragsschlusses unbekannten Nutzungsrechte ebenfalls als dem anderen eingeräumt.

Ungeklärt ist, was unter der Formulierung „alle wesentlichen Nutzungsrechte" zu verstehen ist. Im Filmbereich wird man dies zumindest bei Verträgen annehmen können, die alle die in § 88 Abs. I. UrhG aufgeführten Nutzungsarten enthalten haben. Insbesondere Buy-Out-Verträge, die alle zum Zeitpunkt des Vertragsschlusses denkbaren Nutzungsrechte aufgeführt haben, werden dieses Merkmal erfüllen.

Auch für Altverträge ist ein Widerspruchsrecht des Urhebers geregelt. Für Nutzungsarten, die am 01.01.2008 bereits bekannt waren, kann der Widerspruch innerhalb eines Jahres an Inkrafttreten des Gesetzes erfolgen. Im Übrigen muss der Widerspruch nach Ablauf von drei Monaten, nachdem der Verwerter dem Urheber die Mitteilung über die beabsichtigte Aufnahme der neuen Art der Werknutzung unter der ihm zuletzt bekannten Anschrift abgesendet hat, ausgeübt werden.

Die vorgenannte Regelungen, d.h. die Übertragung der unbekannten Nutzungsarten, wenn alle wesentlichen Nutzungsrechte eingeräumt wurden sowie das Widerspruchsrecht gelten nicht, wenn der Urheber in der Zwischenzeit bekannt gewordene Nutzungsrechte einem Dritten eingeräumt hat.

Hatte der frühere Vertragspartner des Urhebers sämtliche der ihm ursprünglich eingeräumten Nutzungsrechte einem Dritten übertragen, gelten die oben genannten Grundsätze auch für den Dritten entsprechend. Dies schützt den Urheber davor, dass er gegen seinen Vertragspartner nicht mehr vorgehen könnte, wenn dieser bereits einem anderen Verwerter sämtliche Nutzungsrechte aus dem Vertrag übertragen hatte und dieser dann das Werk nutzt. Das Widerspruchsrecht entfällt auch hier, wenn die Parteien über eine zwischenzeitlich bekannt gewordene Nutzungsart eine ausdrückliche Vereinbarung geschlossen haben.

Der Urheber hat auch bei Altverträgen einen Anspruch auf eine gesonderte angemessene Vergütung, wenn der Verwerter die neue Art der Werknutzung aufnimmt. Wurden die Nutzungsrechte einem Dritten übertragen, haftet hierfür der Dritte. Der Vergütungsanspruch kann aber hier nur durch eine Verwertungsgesellschaft geltend gemacht werden, § 137l Abs. V. UrhG.

2.4.2. Begriff der unbekannten Nutzungsart

Auch wenn Verträge über unbekannte Nutzungsarten nun möglich sind, stellt sich weiterhin (wie schon nach altem Recht) die Frage, wann denn eine bei Vertragsschluss unbekannte Nutzungsart vorliegt.

Die Prüfung, ob ein solches Nutzungsrecht bei Vertragsschluss unbekannt war, vollzieht sich in drei Schritten:

Zunächst einmal ist hier zu fragen, ob die in Rede stehende Nutzungsart überhaupt eine selbständige Nutzungsart darstellt, die separat erworben werden muss. Ist dies nicht der Fall, wie etwa bei der Satelliten- und Kabelweitersendung im Verhältnis zur Fernsehsendung, so sind die §§ 31a, 137l UrhG nicht einschlägig, da die Nutzungsrechte von der ursprünglichen Rechteeinräumung mit umfasst waren.

Gerade bei neuen Verwertungsformen, die aufgrund weiter entwickelter Techniken möglich werden (z.B. durch die Digitalisierung), ist stets zu fragen, ob die neue Verwertungsform tatsächlich einen neuen Absatzmarkt erschließt oder die früheren Verwertungsformen lediglich substituiert. Im letzteren Fall liegt dann keine neue, selbständige Nutzungsart vor (BGH, Urt. v. 19.05.2005, I ZR 285/02 – Der Zauberberg).

> Im Beispiel dürfte die Übermittlung der Filme durch das Internet per Einzelabruf aber eine eigenständige Nutzungsart darstellen, da sich diese von der herkömmlichen Sendung unterscheidet (s.o. A.III.2.2.2.).

Liegt eine abspaltbare Nutzungsart vor, so ist weiterhin zu prüfen, ob diese seinerzeit im Vertrag hinreichend bestimmt war. Hier können sich Schwierigkeiten ergeben, wenn im Vertragstext generelle Oberbegriffe wie „Internet-TV", „Multimedia-TV", „Web-TV" oder „Cyber-TV" verwendet werden, die allenfalls das Medium beschreiben, sich aber nicht für eine konkrete Nutzungsweise entscheiden (z.B. Übertragung eines gestalteten und vom Nutzer nicht steuerbaren Programms im Gegensatz zur individuellen Zugänglichmachung durch Einzelabruf). Unter welchem Namen und auf welche Weise eine fernsehmäßige Nutzung über Online-Zugänge oder sonstige Zugriffs- oder Abrufdienste möglich wird, ist heute nicht absehbar. Es empfiehlt sich daher, den zugrunde liegenden technischen Vorgang der geplanten Nutzung im Vertrag näher zu beschreiben.

> Im Beispiel wäre die Bezeichnung „Internet-TV" u.U. zu unbestimmt. Ob diese den Einzelabruf von Filmen (z.B. via Download) umfassen wollte, wäre anhand des konkreten Vertrages auszulegen.

War die neue Nutzungsart im Vertrag hinreichend bestimmt, ist schließlich zu ermitteln, ob diese zum Zeitpunkt des Vertragsschlusses bekannt war. Dies ist der Fall, wenn sich die Nutzungsart dem Urheber – und nicht bloß bestimmten Fachkreisen – als wirtschaftlich relevante, technisch realisierbare Verwertungsform dargestellt hat (Fromm/Nordemann/Hertin, §§ 31/32, Rd. 10; Schricker/Schricker, §§ 31/32, Rd. 27). Daneben ist auch der Bekanntheitsgrad der Nutzungsart beim Publikum von Bedeutung (Schricker/Schricker, §§ 31/32, Rd. 27). Die genauen Anforderungen an die Bekanntheit und die Bestimmung des maßgeblichen Zeitpunkts sind für die meisten Nutzungsarten im Einzelfall sehr umstritten. Das Jahr der Bekanntheit einer Nutzungsart ist aber von entscheidender Bedeutung für Altverträge; hier muss dann im Zweifel durch Sachverständige ermittelt werden, ob denn eine bestimmte Art der Nutzung zur Zeit des Vertragsschlusses wirtschaftlich relevant und technisch möglich war.

III. Vertragsgestaltung in der Stoffentwicklung

So kann man z.B. das Fernsehen etwa seit Mitte/Ende der 30er Jahre als bekannte Nutzungsart ansehen (vgl. die Ausführungen zur Entwicklung des Fernsehens in BGH GRUR 1982, 727, 730, 731 – Altverträge; kritisch Fromm/Nordemann/Hertin, §§ 31/32, Rd. 14). Hier ist allerdings zu beachten, dass § 31 Abs. IV. UrhG auf Verträge, die vor dem Inkrafttreten des UrhG (1. 1. 1966) geschlossen wurden, nicht anwendbar ist, § 132 Abs. I. UrhG. Daher ist die ausdrückliche Übertragung eines im Vertrag ausreichend bezeichneten Nutzungsrechts für eine unbekannte Nutzungsart, die weder wirtschaftlich relevant, noch technisch realisierbar war, in Verträgen vor dem 1. 1. 1996 rechtswirksam (Haupt, ZUM 1999, 898, 903 f.). Für eine Anwendung der Zweckübertragungstheorie ist bei einer ausdrücklichen Erwähnung der Nutzungsart dann kein Raum (vgl. BGH GRUR 1982, 727, 730 – Altverträge, welcher die ausdrückliche Bezeichnung des Fernsehsenderechts als „gefunkter Film" in Verträgen von 1939 – 1942 für ausreichend hält; zur Zweckübertragungstheorie s.u.).

Die Angaben zur Bekanntheit der Videozweitauswertung bewegen sich in einer Zeitspanne von etwa 1970 bis 1980 (vgl. Schricker/Schricker, §§ 31/32, Rd. 30; Fromm/Nordemann/Hertin, §§ 31/32, Rd. 15).

Das Internet gilt allgemein seit 1995 als bekannt, wenngleich man hier jeweils auf die konkrete Online-Nutzung abstellen muss (vgl. Schricker/Schricker, §§ 31, Rd. 30a). Die Bekanntheit des Downloading von Musiktiteln im Internet wurde von einem Gericht im Jahr 1996 nicht in Frage gestellt (LG München I ZUM 2001, 260, 263), teilweise aber auch erst für das Jahr 2000 angenommen (vgl. Dreier/Schulze, § 31, Rd. 99 m.w.N.). Die Übermittlung bewegter Bilder in Form von komplexen Kino- oder Fernsehproduktionen war für die Allgemeinheit aufgrund der langsamen Kommunikation über Telefonleitungen im Jahr 1995 nicht relevant bzw. realisierbar.

Insofern ist es im Beispiel fraglich, ob man Internet-TV als eine im Jahre 1995 bekannte Nutzungsart ansehen kann. Nach § 31 Abs. IV. UrhG a.F. war die Einräumung der Internet-TV-Rechte im Beispiel im Zweifel unwirksam. Der Produzent kann sich für die Nutzungen ab dem 01.01.2008 aber auf § 137l UrhG berufen. Mit den Kino-, Fernseh- und Videorechten hatte die Autorin dem Produzenten die wesentlichen Nutzungsrechte an einem Film eingeräumt, zumal es sich um einen Buy-Out-Vertrag handelte und keine denkbaren Rechte bei der Autorin verblieben sind. In einem solchen Fall gelten die Internet-Rechte als mitübertragen, § 137l UrhG. Der Produzent kann damit den Film auch über das Internet auswerten, sofern die Autorin dieser Nutzung nicht bis zum 31.12.2008 – oder, falls der Produzent der Autorin die Aufnahme der Nutzung angezeigt hat – binnen 3 Monaten widerspricht. Die Autorin hat aber einen Anspruch auf angemessene Vergütung, den sie über eine Verwertungsgesellschaft geltend machen muss, § 137l Abs. V. UrhG.

2.4.3. Besonderheiten im Filmbereich

Die Änderungen in § 31a UrhG wirken sich auch auf andere Regelungen des Urheberrechts, insbesondere die Rechteübertragung im Filmbereich nach den §§ 88, 89 UrhG aus.

Während der Produzent nach den §§ 88, 89 UrhG a.F. von den Urhebern im Zweifel nur die Nutzungsrechte an den bekannten Nutzungsrechten erwarb, umfasst die

Rechteeinräumung nunmehr sowohl die bekannten als auch die unbekannten Nutzungsarten. Das Widerspruchsrecht ist im Filmbereich ausgeschlossen, §§ 88 Abs. I. S. 2, 89 Abs. I. S. 2 UrhG. Dies gilt allerdings nur für Neuverträge, für Altverträge kann sich der Urheber auf sein Widerspruchsrecht in § 137l UrhG berufen (s.o.). Das Widerspruchsrecht entfällt, wenn Urheber und Vertragspartner eine Regelung über die zwischenzeitlich bekannt gewordene Nutzungsart getroffen haben, § 137l Abs. III. UrhG. Der Anspruch auf eine angemessene Vergütung für später bekannte Nutzungsarten nach § 32c UrhG bleibt aber auch im Filmbereich anwendbar. Ferner anwendbar bleibt das Schriftformerfordernis nach § 31a Abs. I. S. 1 UrhG. Während die Rechteeinräumung des Urhebers auf den Filmhersteller nach den §§ 88, 89 UrhG keiner Schriftform bedarf (eine Ausnahme besteht bei künftigen Werken), ist diese nun auch im Hinblick auf die Einräumung von Nutzungsrechten an unbekannten Nutzungsarten einzuhalten.

2.5. Die Zweckübertragungstheorie und andere Auslegungsregeln

2.5.1. Allgemeines

Beispiel:
1. Ein Produzent hat sich von einer Autorin das Recht einräumen lassen, ein „Buch zum Film" herauszugeben. Nachdem er eine Ausgabe über den regulären Buchhandel herausgebracht hat, möchte er zusätzlich noch eine Buchclubausgabe lizenzieren.
2. Ein Verlag lässt sich von einer Urheberin das Recht einräumen, das Werk auf „alle Nutzungsarten in allen Medien" zu nutzen.

§ 31 Abs. V. UrhG regelt die so genannte Zweckübertragungstheorie. Da es sich rechtsdogmatisch nicht um eine Theorie handelt, werden auch die Begriffe Zweckübertragungsgrundsatz, -lehre oder -regel verwendet. Haben danach die Parteien bei der Rechtevergabe nicht alle Nutzungsarten im einzelnen bezeichnet, so bestimmt sich der Umfang der Einräumung der Nutzungsrechte nach dem vertraglich verfolgten Zweck. Gleiches gilt für die Frage, ob ein Nutzungsrecht überhaupt eingeräumt wurde, dieses als einfaches oder ausschließliches Nutzungsrecht ausgestaltet ist, wie weit Nutzungs- und Verbotsrecht reichen und welchen Beschränkungen es unterliegt, § 31 Abs. V. S. 2 UrhG. Der in § 31 Abs. V. UrhG normierte Grundsatz ist von dem Gedanken getragen, dass das Urheberrecht die Tendenz hat, so weit wie möglich beim Urheber zu verbleiben (Ulmer, Urheber- und Verlagsrecht, § 84 IV.). Die Zweckübertragungstheorie beeinflusst nahezu jede Vertragsauslegung im Urheberrecht sowie im gesamten Immaterialgüterrecht.

Der Nutzungsberechtigte wird hierdurch gezwungen, jedes Nutzungsrecht, das er zu erwerben gedenkt, im Einzelnen zu spezifizieren. Im Falle einer fehlenden oder unklar gefassten Bestimmung gelten die Rechte nur insoweit als übertragen, als dies zur Erfüllung des Vertragszwecks unbedingt erforderlich ist.

Für die Ermittlung des Vertragszwecks ist entscheidend, was die Parteien subjektiv mit der Nutzung des Werkes zum Zeitpunkt des Vertragsabschlusses erreichen wollten (Schricker/Schricker, §§ 31/32, Rd. 39 ff.). Erheblich ist hier, was beide

III. Vertragsgestaltung in der Stoffentwicklung

Parteien übereinstimmend beabsichtigt hatten; Vorstellungen oder Hoffnungen nur einer Partei sind unbeachtlich. Der Vertragszweck kann sich aus der Vertragsurkunde selbst ergeben (Präambel, Definition des Vertragsgegenstands) sowie aus sonstigen äußeren Umständen (Eigenschaften der Person oder des Geschäftsbetriebes des Vertragspartners, mündliche oder schriftliche Vorverhandlungen). Hierbei ist der Vertrag so eng wie möglich auszulegen; Zweifel müssen immer zu Gunsten des Urhebers ausfallen (vgl. Fromm/Nordemann/Hertin, §§ 31/32, Rd. 31). Derjenige, der sich auf den Erwerb eines nicht ausdrücklich im Vertrag genannten Nutzungsrechts beruft, trägt für den Nachweis eines dementsprechend weitergehenden Vertragszweckes die volle Darlegungs- und Beweislast (Fromm/Nordemann/Hertin, §§ 31/32, Rd. 31).

Inwieweit sich der Erwerber hierbei auf eine bestimmte Branchenübung oder entsprechend den §§ 133, 157 BGB auf eine Verkehrssitte berufen kann, ist umstritten (ablehnend Fromm/Nordemann/Hertin, §§ 31/32, Rd. 31). Dies wird nur für solche Fälle anzunehmen sein, in denen besondere Umstände dafür sprechen, dass beide Parteien, also auch der Urheber, eine solche Branchenübung erstens kannten und zweitens ausdrücklich oder stillschweigend in den Vertrag mit einbezogen haben (vgl. Fromm/Nordemann/Hertin, §§ 31/32, Rd. 31). Da die gängigen Vertragsmuster in der Regel von der Verwerterseite aufgestellt – quasi diktiert – werden, wirkt sich ein Rückgriff auf eine Branchenübung stets zu Lasten der Urheber aus. In der Konsequenz müsste dann dem Urheber abverlangt werden, dass er alle branchenüblichen Nutzungsrechte, die er zurückhalten möchte, durch eine vertragliche Bestimmung ausdrücklich von der Rechteeinräumung ausschließt. Dies widerspräche Sinn und Zweck des § 31 Abs. V. UrhG.

Die Einräumung eines Nutzungsrechts ist erforderlich, wenn sie zur Vertragserfüllung unbedingt geboten ist und der gemeinsame Vertragszweck andernfalls scheitern würde. Dies gilt also einerseits für die Bestimmung der Art der einzelnen Nutzung selbst (z.B. Fernsehausstrahlung), als auch des Umfangs (z.B. räumliche, zeitliche und inhaltliche Beschränkung, Qualifizierung als einfaches oder ausschließliches Nutzungsrecht), vgl. § 31 Abs. V. S. 2 UrhG. Im Zweifel ist immer zu Gunsten des Urhebers zu entscheiden.

Hat die Autorin, wie im Beispiel Nr. 1, allgemein „Buchrechte" ohne nähere Spezifizierung eingeräumt, würde man im Zweifel davon ausgehen müssen, dass der Nutzungsberechtigte zur Herausgabe einer branchenüblichen, gebundenen Buchausgabe (Hardcover) berechtigt sein soll. Im Filmgeschäft besteht aber die Besonderheit, dass die so genannten „Bücher zum Film" in der Regel als Taschenbuchausgaben (Paperback) erscheinen. Aufgrund dieser besonderen Umstände wäre wohl auch hier davon auszugehen, dass beide Parteien die Herausgabe einer solchen Taschenbuchausgabe bezweckt hatten. Keinesfalls wäre der Produzent ohne weiteres zur Herausgabe beider Versionen berechtigt. Mit der Vervielfältigung und Verbreitung einer Buchversion (entweder Hardcover oder Paperback) ist der Vertragszweck – Herausgabe eines Buches begleitend zum Film – erfüllt. Ferner nicht umfasst wäre das Recht zur Herausgabe einer zusätzlichen Buchclubausgabe, die zur Vertragserfüllung ebenfalls nicht mehr notwendig ist. Eine solche eigenständige Nutzungsart hätte ausdrücklich im Vertrag benannt werden müssen.

Eine pauschale Einräumung von Nutzungsrechten „für alle Nutzungsarten und Medien" hat ebenfalls nur zur Folge, dass der Berechtigte lediglich diejenigen Nutzungsrechte erwirbt, die zur Erfüllung des gemeinsamen Vertragszweckes unbedingt erforderlich sind. Der Berechtigte erwirbt dadurch nicht automatisch den gesamten Katalog wirtschaftlich bedeutender Nutzungsarten (zu den Ausnahmen im Filmbereich s.u.).

Dies würde hier in Beispiel Nr. 2 gelten.

Da die Verwerter urheberrechtlicher Werke aber eben dies sicherstellen möchten, erstrecken sich in der Praxis als Folge der Zweckübertragungstheorie die Rechteübertragungsklauseln oft über viele Seiten. Letztlich kommt dies einer Übertragung des Urheberrechts, zumindest hinsichtlich sämtlicher vermögenswerter Interessen des Urhebers an den zum Zeitpunkt des Vertragsabschlusses bekannten und seit der Urheberrechtsnovelle zum 01.01.2008 auch unbekannten Nutzungsarten, gleich. Vor einer allzu schematischen Übernahme solcher Klauselwerke kann aber nur gewarnt werden, da diese oftmals veraltet, unvollständig oder nicht auf den konkreten Vertragszweck zugeschnitten sind. So nützt es dem Produzenten wenig, wenn der Vertrag mit dem Drehbuchautor zwar zwanzig denkbare Tonträgerkonfigurationen für eine eventuelle Soundtrackauswertung der im Film verwendeten Musik auflistet, hingegen die Pay-TV-Rechte vergessen worden sind.

Die Zweckübertragungstheorie in § 31 Abs. V. UrhG wird ergänzt durch verschiedene weitere Auslegungsregeln im Urheberrechtsgesetz. Gemäß § 37 Abs. I. UrhG verbleibt dem Urheber, der einem anderen ein Nutzungsrecht an seinem Werk eingeräumt hat, im Zweifel das Recht der Einwilligung zur Veröffentlichung oder Verwertung einer Bearbeitung des Werkes. Gemäß § 37 Abs. II. UrhG umfasst das Recht zur Vervielfältigung des Werkes nicht das Recht, das Werk auch auf Bild- oder Tonträger zu übertragen. Ferner darf gemäß § 39 UrhG der Inhaber eines Nutzungsrechts das Werk, dessen Titel oder Urheberbezeichnung nicht ändern, sofern nichts anderes vereinbart ist oder die Änderung des Werkes oder Titels nach Treu und Glauben zulässig wäre.

2.5.2. Besonderheiten im Filmbereich

Beispiel:
Eine Autorin räumt einem Produzenten pauschal das Recht ein, „ihr Drehbuch zu verfilmen und auszuwerten". Welche Rechte hat der Produzent im Zweifel erworben?

2.5.2.1. Auslegungsregel des § 88 UrhG

Im Filmbereich kommt den speziellen Auslegungsregeln der §§ 88 ff. UrhG gegenüber der allgemeinen Zweckübertragungstheorie aus § 31 Abs. V. UrhG grundsätzlich Vorrang zu (BGH, Urt. v. 19.05.2005, I ZR 285/02 – Zauberberg). Während nach der Zweckübertragungstheorie zugunsten des Urhebers eine Rechteeinräumung im Zweifel so eng wie möglich auszulegen ist, gehen die §§ 88, 89 UrhG zugunsten des Filmherstellers – zumindest für den filmischen Bereich – von der größtmöglichen Rechteeinräumung aus.

III. Vertragsgestaltung in der Stoffentwicklung   113

§ 88 UrhG findet hierbei Anwendung auf solche Werke, die dem Filmwerk als Vorlage dienen (z.B. Roman, Bühnenstück, Schlager) oder zwar für den Film in Auftrag gegeben wurden, aber separat verwertbar sind (z.B. Drehbuch, Filmmusik) (M. Schulze, Materialien, S. 555). Die erstgenannten Werke werden auch als so genannte „vorbestehende Werke", die letztgenannten als so genannte „filmbestimmt geschaffene Werke" bezeichnet (vgl. Schricker/Katzenberger, § 88, Rd. 14 ff.). Neben dem Drehbuch wären auch das Exposé und das Treatment der Gruppe der „filmbestimmt geschaffenen Werke" zuzuordnen. Nicht von § 88 UrhG erfasst werden solche urheberrechtlich geschützten Beiträge zum Filmwerk, die sich nicht gesondert verwerten lassen, sondern untrennbar in diesem verschmelzen (z.B. die Leistungen des Regisseurs, Kameramanns oder Cutters). Die Rechtsbeziehungen dieser so genannten Filmurheber zum Filmhersteller richten sich nach § 89 UrhG; da die Rechte erst bei der Produktion des Films entstehen, werden sie im Kapitel B. besprochen (s.u. B.III.1.1.2.2.).

Die Auslegungsregel des § 88 UrhG gilt für den Fall, dass die Parteien keine oder keine anderweitige vertragliche Regelung hinsichtlich der von der Vorschrift umfassten Nutzungsrechte getroffen haben. Auch wenn der Nutzungsvertrag eine unklare Regelung enthält, kann § 88 UrhG wieder als Maßstab für die Auslegung der fraglichen Bestimmung dienen (vgl. Schricker/Katzenberger, § 88, Rd. 4).

Hat ein Urheber eines eigenständig verwertbaren Werkes einem anderen gestattet, dieses zu verfilmen, so liegt nach § 88 UrhG hierin im Zweifel die Einräumung folgender ausschließlicher Nutzungsrechte:

2.5.2.2. Umfang des Verfilmungsrechts nach § 88 UrhG

Der Berechtigte kann das Werk unverändert oder unter Bearbeitung oder Umgestaltung zur Herstellung eines Filmwerks zu benutzen. Dies ist das eigentliche „Verfilmungsrecht".

Über die Natur bzw. die Zweckbestimmung des herzustellenden Filmwerks sagt die Vorschrift nichts aus. Die Frage, ob der Produzent zur Herstellung eines Kinospielfilms, eines Fernsehfilms oder auch nur einer Videoproduktion berechtigt ist, muss anhand des gemeinsamen Vertragszwecks ermittelt werden. Hat der Autor vertragsgemäß ein Drehbuch für einen Fernsehfilm geschrieben, so kann der Produzent, falls überraschend doch eine größere Finanzierung zustande kommt, die Produktion nicht eigenmächtig zu einem Kinospielfilm „aufblasen".

Die Berechtigung des Produzenten zur Vornahme von Bearbeitungen oder Umgestaltungen am Werk selbst stellt eine Ausnahme zu der allgemeinen Regel dar, wonach solche Bearbeitungen grundsätzlich einem Zustimmungsvorbehalt der betroffenen Urheber unterliegen.

Hinsichtlich der vorbestehenden Werke (z.B. Roman, Erzählung, Kurzgeschichte) lässt sich dies damit begründen, dass diese Stoffe ohne weitere Umarbeitung nicht verfilmbar sind und daher entsprechende Anpassungen an das neue Medium Film notwendig sind. Diese Umarbeitungen werden in der Regel auch nicht von den Autoren der vorbestehenden Werke selbst vorgenommen, da diese vielleicht nicht in der Lage oder Willens sind, ihr Werk in ein Drehbuch umzusetzen. Die Einräumung einer Bearbeitungsbefugnis zugunsten des Produzenten ist deshalb zur Erfüllung des gemeinsamen Vertragszwecks zwingend erforderlich. Die starke Rechtsstellung und gestalterische Freiheit des Filmherstellers wird komplettiert durch § 93 UrhG, welcher den Integritätsschutz der Urheber der für die Filmherstellung benutzten Werke auf die Fälle gröblicher Entstellungen beschränkt (s.o. A.I.6.1.3.1.).

Eine etwas andere Interessenlage besteht bei den Urhebern der so genannten „filmbestimmt geschaffenen Werke". Diese Urheber haben ihre Werke bereits speziell auf die konkrete Filmproduktion zugeschnitten; es erscheint auf den ersten Blick fraglich, auch hier dem Produzenten umfassende Bearbeitungsbefugnisse zuzugestehen. Dies gilt insbesondere für den Drehbuchautor, welcher ein kurbelfertiges – also ohne weitere Anpassungen verfilmbares – Drehbuch abliefert. Dieser hat ein berechtigtes Interesse daran, dass sein Werk ohne wesentliche Änderungen übernommen wird. Daher wird teilweise mit guten Gründen vertreten, dass die Bearbeitungsbefugnis des Produzenten nach § 88 Abs. I. UrhG in Nutzungsverträgen mit Drehbuchautoren stillschweigend abbedungen wird (Fromm/Nordemann/Hertin, § 88, Rd. 12). In der Konsequenz kann sich der Produzent dann hinsichtlich des fertigen Filmwerks auch nicht mehr auf § 93 UrhG berufen, da nunmehr bereits nicht-gröbliche Änderungen dem Erlaubnisvorbehalt unterliegen. Will der Produzent demnach Umarbeitungen an einem Drehbuch vornehmen, muss er sich die Bearbeitungsbefugnisse ausdrücklich einräumen lassen (Fromm/Nordemann/Hertin, § 88, Rd. 12). Eine Ausnahme gilt allerdings für solche Änderungen, zu denen der Urheber seine Einwilligung nach Treu und Glauben nicht verweigern kann, § 39 Abs. II. UrhG. Zu denken wäre an den Fall, dass Passagen des Drehbuchs den örtlichen Begebenheiten des Drehorts bzw. den persönlichen Eigenschaften der Schauspieler angepasst werden müssen. Auch ist es möglich, dass das Drehbuch wegen eventueller jugendgefährdender oder diffamierender Inhalte „entschärft" werden muss.

2.5.2.3. Umfang der Auswertungsrechte nach § 88 UrhG
Der Filmhersteller erwirbt ferner im Zweifel das Recht, das Filmwerk sowie Übersetzungen und andere filmische Bearbeitungen auf alle Nutzungsarten zu nutzen. Hier spricht man in Abgrenzung zum „Verfilmungsrecht" von den so genannten „Auswertungsrechten".

§ 88 Abs. 1 UrhG wurde im Zuge der Urheberrechtsreformen zum 01.07.2002 und 01.01.2008 neu gefasst. Der bis zum 30.06.2002 geltende § 88 UrhG a.F. hatte die im Zweifel eingeräumten Rechte noch auf einen Katalog bestimmter Verwertungsrechte beschränkt:

Nach § 88 Abs. I. Nr. 2 UrhG a.F. erwarb der Filmhersteller das Recht, das Filmwerk zu vervielfältigen und zu verbreiten. Das Vervielfältigungs- und Verbreitungsrecht erstreckte sich nicht allgemein auf sämtliche Nutzungsarten, sondern nur auf diejenigen, die der Urheber eingeräumt hatte; d.h. bei einer Kinoauswertung auf Herstellung und Verbreitung von Filmkopien, bei einer Fernsehauswertung auf Kopienherstellung und -verbreitung nur, soweit dies für interne Abläufe erforderlich war. Mangels einer ausdrücklichen Rechteeinräumung erwarb der Filmhersteller weder bei einer bezweckten Kino- noch einer Fernsehnutzung das Recht, auch die Vervielfältigung und Verbreitung von Videokassetten vorzunehmen.

III. Vertragsgestaltung in der Stoffentwicklung

Gemäß § 88 Abs. I. Nr. 3 UrhG a.F. hatte der Filmhersteller das Recht, das Filmwerk öffentlich vorzuführen, wenn es sich um ein zur Vorführung bestimmtes Filmwerk handelte. Gemäß § 88 Abs. I. Nr. 4 UrhG a.F. war er berechtigt, das Filmwerk durch Funk zu senden, wenn es sich um ein zur Funksendung bestimmtes Filmwerk handelte. Wurde ein Film ursprünglich als Spielfilmproduktion für das Kino produziert, erwarb der Produzent vom Drehbuchautor mangels anderweitiger Vereinbarung die Rechte zur fernsehmäßigen Auswertung also nicht.

Hinsichtlich anderer, nicht in § 88 Abs. I. UrhG a.F. aufgeführter Nutzungsarten war subsidiär auf die Zweckübertragungstheorie nach § 31 Abs. V. UrhG zurückzugreifen. Die Zweckübertragungstheorie war auch der Maßstab zur Bemessung des Umfangs der eingeräumten Vervielfältigungs-, Verbreitungs-, Vorführungs- oder Funksenderechte. Selbst wenn im Falle einer für die Fernsehausstrahlung bestimmten Produktion von einer Einräumung des Rechts zur Sendung des Werkes durch Funk im Zweifel auszugehen war, musste anhand des Vertragszwecks wiederum ermittelt werden, welche abspaltbaren Nutzungsarten innerhalb der Fernsehauswertung (z.B. Free-TV, Pay-TV, Pay-per-View) im einzelnen von der Rechteeinräumung umfasst sein sollten. Gab der Vertrag hierüber keine Auskunft, erwarb der Produzent unter Umständen nur die Rechte zur Auswertung des Werkes im Free-TV (gleich welcher Trägerschaft), nicht aber auch im Bezahlfernsehen. Entsprechendes galt auch bei der Einräumung des Vorführungsrechts, welches im Zweifel nur die Vorführung in üblichen, der Öffentlichkeit zugänglichen Kinotheatern sowie auf Festivals umfasste, nicht aber jedoch Vorführungen für bestimmte Nutzerkreise (z.B. Closed-circuit-Vorführungen in Flugzeugen, auf Schiffen).

Der noch aus dem Jahr 1965 stammende § 88 Abs. I. UrhG a.F. wurde der Interessenlage des Filmherstellers und den tatsächlichen Markt- und Nutzungsverhältnissen nicht mehr gerecht. Heute wird kein Kinofilm mehr produziert, der nicht auch umfassend auf dem Fernseh- und Videomarkt ausgewertet werden soll. Hierbei muss der Produzent die ganze Palette denkbarer Verwertungsformen im Kino-, Fernseh- und Videobereich nutzen können, um die hohen Produktions- und Finanzierungskosten wieder einzuspielen. Mit dem „Gesetz zur Stärkung der vertraglichen Stellung von Urhebern und ausübenden Künstlern" wurde § 88 Abs. I. UrhG der Rechtswirklichkeit angepasst, wobei diese Anpassung streng genommen nicht zu einer Stärkung, sondern einer Schwächung der Position der Urheber zugunsten der Interessen der Filmhersteller führte. Der Produzent konnte nun also auch ohne ausdrückliche Rechteeinräumung den Film auf alle bekannten Nutzungsarten im Filmbereich (z.B. gewerbliche und nicht-gewerbliche Kinovorführungen, Closed-Circuit-TV, Pay-per-Channel, Pay-per-View, Free-TV, Videokassette, DVD, Video-on-Demand etc.) auswerten (zu den Beschränkungen im außerfilmischen Bereich s.u.). Mit der Urheberrechtsreform zum 01.01.2008 (II. Korb) wurde § 88 Abs. I. UrhG schließlich zu Gunsten des Produzenten dahingehend erweitert, dass sich die Rechteeinräumung nun auf alle Nutzungsarten, d.h. die bekannten und die unbekannten Nutzungsarten erstreckt. § 88 Abs. I. S. 2 UrhG bestimmt zu Gunsten des Produzenten weiter, dass das in § 31a Abs. I. S. 3 und S 4 UrhG bestimmte Widerrufsrecht im Filmbereich keine Anwendung findet.

Nach § 88 Abs. I. UrhG ist der Produzent ferner berechtigt, Übersetzungen und andere filmische Bearbeitungen des Filmwerks auf alle Nutzungsarten auszuwerten. Dies soll einmal gewährleisten, dass der Produzent auch für die internationale

Verbreitung des Filmwerks im Ausland das Recht besitzt, dieses in fremde Sprachen zu übersetzen und ausländischen Verhältnissen anzupassen (siehe schon Schulze, Materialien, S. 553, für § 88 UrhG a.F.). Die Bearbeitungsbefugnis berechtigt den Produzenten ferner zu nachträglichen Kürzungen oder Schnittänderungen am hergestellten Filmwerk (in Abgrenzung zur Bearbeitungsbefugnis zur Herstellung des Filmwerks, s.o. A.III.2.5.2.). Auch hier hat der Produzent wieder die Urheberpersönlichkeitsrechte der Urheber zu wahren. Im Verhältnis zu den Urhebern vorbestehender Werke (z.B. Romanautoren) ist deren Entstellungsschutz allerdings auf gröbliche Entstellungen beschränkt, § 93 UrhG (s.o.). Bei den Urhebern filmbestimmt geschaffener Werke (z.B. den Drehbuchautoren) lässt sich auch hinsichtlich nachträglicher Bearbeitungsbefugnisse des Filmherstellers (wie z.B. Schnittänderungen) vertreten, dass diese im Zweifel stillschweigend abbedungen sind, sofern die Urheber nicht nach Treu und Glauben ihre Zustimmung hierzu erteilen müssten (s.o. A.III.2.5.2.).

§ 88 Abs. I. UrhG regelt vom Wortlaut her nur die inhaltliche Reichweite der Nutzungsrechte, nicht aber auch deren räumliche und zeitliche Geltung. Fraglich ist z.B., ob die Auslegungsregel im Zweifel ebenfalls eine weltweite Auswertung für die Dauer der gesetzlichen Schutzfrist erlaubt. § 88 Abs. I. UrhG trifft in diesem Zusammenhang auch keine Entscheidung über die Frage der Häufigkeit der zulässigen Nutzungshandlungen innerhalb dieses Rahmens. So wurde zu § 88 UrhG a.F. teilweise vertreten, dass der Filmhersteller im Falle der Kinoauswertung im Zweifel zur beliebig häufigen Vorführung, im Falle der Fernsehauswertung je nach den Umständen nur zur einmaligen Ausstrahlung berechtigt sein sollte (Schricker/Katzenberger, § 88, Rd. 47; Ulmer, Urheber- und Verlagsrecht, § 115 II. 2). Die amtliche Begründung zu § 88 UrhG a.F. ging noch davon aus, dass die Dauer der Auswertungsbefugnis des Filmherstellers nur in Ausnahmefällen 10 Jahre übersteigen wird (M. Schulze, Materialien, S. 554).

§ 88 UrhG in seiner neuen Fassung soll jedoch dem Filmhersteller die größtmögliche Auswertung des Filmwerks sicherstellen. Die langfristige weltweite Verwertung des Films ist nicht nur zur Refinanzierung der Produktionskosten notwendig, sondern auch im Interesse des Urhebers: Die Auswertungsrechte am Filmwerk selbst stehen dem Urheber nur hinsichtlich der aus seinem Werk entnommenen schutzfähigen Elemente zu. Eine Befristung dieser Auswertungsrechte führt damit lediglich zu einem Auswertungshindernis für den Filmhersteller hinsichtlich des Films als Gesamtwerk, ohne den Urheber zur eigenen Auswertung des Films zu berechtigen. Zugleich gewährleisten der zum 01.07.2002 eingeführte § 32 UrhG sowie der zum 01.01.2008 eingeführte § 31c UrhG dem Urheber unverzichtbare Ansprüche auf angemessene Vergütung für diese umfänglichen Rechteeinräumungen. § 32a UrhG sichert den Urheber auch bei einem auffälligen Missverhältnis zwischen Verwertererlösen und Urhebervergütung im Falle einer längerfristigen und intensiven Nutzung ab. Unter Berücksichtigung der gegenseitigen Interessenlage von Urheber und Filmhersteller ist damit bei § 88 Abs. I. UrhG im Zweifel von einer inhaltlich, räumlich und zeitlich unbeschränkten Einräumung der Auswertungsrechte in den tatbestandlich erfassten filmischen Nutzungsarten auszugehen (zu den Beschränkungen im außerfilmischen Bereich s.u.; anders noch die Rechtslage bei § 88 UrhG a.F., siehe Vorauflage).

2.5.2.4. Schranken des § 88 UrhG

Auch wenn die Auslegungsregel des § 88 UrhG zugunsten des Filmherstellers von einer möglichst weit reichenden Rechteeinräumung ausgeht, ist diese aber nicht schrankenlos:

Das Verfilmungsrecht berechtigt den Filmhersteller nur zur Benutzung der vorbestehenden oder filmbestimmt geschaffenen Werke (z.B. Roman, Drehbuch) zur Herstellung eines Filmwerks im Sinne von § 2 Abs. I. Nr. 6 UrhG. Der Produzent ist nicht berechtigt, die zugrunde liegenden Werke oder schutzfähigen Werkteile zur Herstellung filmfremder Werkarten oder Erzeugnisse zu nutzen. Spiegelbildlich hierzu erstrecken sich auch die nachfolgenden Auswertungsrechte nur auf das Filmwerk selbst, seine Übersetzungen (d.h. fremdsprachigen Versionen der originalsprachlichen Filmfassung) sowie filmischen Bearbeitungen.

§ 88 Abs. I. UrhG erlaubt damit weder die selbständige Verwertung der zugrunde liegenden Werke und Werkteile (selbst oder als bearbeitete Werke im Rahmen des Filmwerks) außerhalb des konkreten Filmwerks noch im außerfilmischen Bereich. So ist es dem Produzenten z.B. verwehrt, ein Drehbuch zu einem Roman umzuarbeiten (so genanntes „Buch zum Film"), einzelne Figuren aus einem Comic-Heft im Rahmen des Merchandising zu verwerten, das Drehbuch (oder den hierauf basierenden Film) als Bühnenfassung aufzuführen oder die Story und Charaktere für ein Computerspiel zu verwenden. Mangels ausdrücklicher Rechteeinräumung erwirbt der Produzent auch nicht das Recht zur Klammerteilauswertung, d.h. das Recht zur Nutzung von Filmausschnitten in anderen Filmwerken. Hierbei handelt es sich zwar um eine filmische Nutzung, die allerdings nicht innerhalb des konkreten Filmwerks erfolgt. Wohl aber kann der Filmhersteller das Filmwerk bzw. Teile hiervon auch ohne ausdrückliche Rechteeinräumung zum Zwecke der Werbung (für den Film) verwenden (v. Hartlieb/Schwarz/Schwarz/Reber, Kap. 42, Rd. 8). Dies entspricht auch dem gemeinsamen Vertragszweck des Verfilmungsvertrages, wonach die Parteien bei Vertragsschluss im Regelfall von einer branchenüblichen Bewerbung des Filmes durch Fernseh- bzw. Kinotrailer sowie Plakate unter Verwendung einzelner Filmausschnitte ausgehen werden.

Gemäß § 88 Abs. II. S. 1 UrhG erwirbt der Produzent im Zweifel auch nicht das Recht zur Wiederverfilmung des Werkes, also zur Herstellung eines so genannten „Remakes". Zum Schutz des Produzenten ist es im Zweifel aber gleichzeitig dem Urheber nach § 88 Abs. II. S. 2 UrhG verwehrt, das Verfilmungsrecht innerhalb eines Zeitraums von 10 Jahren nach Vertragsschluss mit dem ersten Produzenten einem Dritten einzuräumen. Schließt der Urheber dennoch vor Ablauf dieser Frist einen Verfilmungsvertrag mit einem anderen Produzenten, so ist diese zweite Verfügung über die Verfilmungs- und Auswertungsrechte unwirksam. Schließt der Urheber nach Ablauf dieser Frist mit einem anderen Produzenten einen Verfilmungsvertrag, so ist einerseits die zweite Verfügung über die Verfilmungs- und Auswertungsrechte wirksam; andererseits bestehen die eventuellen ausschließlichen Auswertungsrechte des ersten Produzenten weiterhin fort (M. Schulze, Begründung, S. 554). Es kommt insofern zu einem „Nebeneinander" verschiedener ausschließlicher Nutzungsrechte an einem Sujet (zu den wirtschaftlichen Schwierigkeiten vgl. Fromm/Nordemann/Hertin, § 88, Rd. 29). Aus diesem Grund wird die Befugnis des Urhebers zur anderweitigen Vergabe der Remake-Rechte in der Regel vertraglich ausgeschlossen.

Da die Vermutungswirkung des § 88 UrhG im Ergebnis nur die einmalige Verfilmung und Nutzung des Filmwerks auf alle bekannten filmischen Nutzungsarten erlaubt, der Produzent aber den gesamten Rechtekatalog einschließlich aller außerfilmischen Nutzungsrechte erwerben möchte (z.B. Remake-, Sequel- und Prequel-Rechte, „Buch zum Film", Merchandising, Bühnenfassung), bleibt die Verwendung ausführlicher Rechteeinräumungsklauseln in den urheberrechtlichen Nutzungsverträgen unumgänglich. Bei der Formulierung dieser Klauseln muss der Produzent beachten, dass er nicht durch die ausdrückliche Nennung bestimmter Nutzungsarten die nicht erwähnten Nutzungsarten ausschließt. Eine vertraglich vereinbarte Beschränkung des Umfangs der eingeräumten Nutzungsrechte schließt die Anwendung des nur „im Zweifel" geltenden § 88 Abs. I. UrhG aus. Zunächst ist aber durch Auslegung des Vertrages zu ermitteln, ob die Parteien eine derartige Beschränkung gewollt haben. Um Auslegungsschwierigkeiten zu vermeiden, sollte im Vertrag klargestellt werden, dass der Filmhersteller berechtigt ist, das Filmwerk auf alle bekannten Nutzungsarten zu nutzen, insbesondere die (oder einschließlich der) dann nachfolgend aufgeführten Nutzungsarten.

2.6. Angemessene Vergütung des Urhebers

Beispiel:
Eine junge Autorin räumt einem Produzenten für ein Buy-Out-Honorar von pauschal 40 000 EUR die Rechte zur beliebig häufigen Verfilmung ihres Drehbuchs (einschließlich Remakes, Sequels, TV-Spin-Offs etc.) und inhaltlich, räumlich und zeitlich unbeschränkten Auswertung auf alle Nutzungsarten ein (d.h. alle denkbaren filmischen und außerfilmischen, analogen, digitalen und multimedialen Verwertungsformen).

2.6.1. Angemessene Vergütung nach § 32 UrhG

2.6.1.1. Allgemeines

Seit der Reform des Urhebervertragsrechts zum 01.07.2002 gewährt § 32 UrhG Urhebern (und ausübenden Künstlern, siehe hierzu Kapitel B) erstmals einen gesetzlichen Anspruch auf angemessene Vergütung für die Einräumung von Nutzungsrechten gegen ihre jeweiligen Vertragspartner. Der Anspruch gilt auch rückwirkend für Verträge, die zwischen dem 01.06.2001 und 30.06.2002 geschlossen wurden, sofern von den eingeräumten Rechten nach dem 30.06.2002 Gebrauch gemacht wird, § 132 Abs. III. UrhG. Der Professorenentwurf, der Grundlage der Gesetzesreform war, hatte sich noch für eine unbefristete Rückwirkung auf alle Altverträge in Bezug auf nach Inkrafttreten des Gesetzes vorgenommene Nutzungshandlungen ausgesprochen. Dies konnte sich gegen die Interessen der Wirtschaft jedoch nicht durchsetzen. Demnach findet § 32 UrhG auf vor dem 01.06.2001 geschlossene Verträge keine Anwendung.

Hat ein Urheber einem anderen Nutzungsrechte eingeräumt bzw. eine Erlaubnis zur Werknutzung erteilt (z.B. eine Bearbeitungsgenehmigung nach § 23 UrhG),

III. Vertragsgestaltung in der Stoffentwicklung

so hat er zunächst den Anspruch auf die vertraglich vereinbarte Vergütung, § 32 Abs. I. S. 1 UrhG. Diese Bestimmung gibt lediglich eine selbstverständliche Regel für Schuldverhältnisse wieder, wonach jeder Gläubiger berechtigt ist, vom Schuldner die geschuldete Leistung zu fordern (vgl. § 241 Abs. I. S. 1 BGB).

Wurde die Höhe der Vergütung in einem Vertrag nicht bestimmt, so gilt die angemessene Vergütung als vereinbart, § 32 Abs. I. S. 2 UrhG. Diese Konstellationen werden eher selten sein, da die Höhe der Vergütung für beide Vertragspartner zu den wesentlichen Vertragsbestimmungen zählt und meist Gegenstand intensiver Verhandlungen ist. Denkbar sind allenfalls Nutzungsgestattungen minderer Bedeutung, in denen die Zahlung einer Vergütung unüblich wäre und die Parteien dies von vornherein nicht in Erwägung gezogen haben. Im Zweifel kann das Fehlen einer Vergütungsvereinbarung sogar dazu führen, dass ein wirksamer Vertrag von vornherein nicht zustande gekommen ist (zu den essentialia negotii eines Vertrages s.o. A.III.1.1.; im Falle der Nutzung der Rechte ohne vertragliche Grundlage ergibt sich der Anspruch des Urhebers auf angemessene Vergütung dann aus Bereicherungsrecht, § 812 BGB).

Wurde eine Vergütung vertraglich geregelt, ist diese allerdings nicht angemessen, kann der Urheber von seinem Vertragspartner die Einwilligung in die Änderung des Vertrages verlangen, durch die dem Urheber sodann eine angemessene Vergütung gewährt wird, § 32 Abs. I. S. 3 UrhG. Diese Regelung ist das Herzstück der Urheberrechtsreform zum 01.07.2002. Während sonstige Schuldverhältnisse nur im Falle sittenwidriger Umstände korrigiert werden können, z.B. weil ein Vertragspartner eine Zwangslage, die Unerfahrenheit, mangelndes Urteilsvermögen oder eine erhebliche Willensschwäche eines anderen ausgenutzt hat (vgl. § 138 Abs. II. BGB), kann ein Urheber einen Nutzungsvertrag auch dann angreifen, wenn der Vertrag in einem „fairen Verfahren" bzw. „auf gleicher Augenhöhe" ausgehandelt wurde und allein die Höhe der Vergütung unangemessen ist. Unerheblich ist auch, ob der Verwerter bzw. der Urheber die Unangemessenheit der Vergütung kannte oder hätte kennen müssen.

Der Anspruch des Urhebers auf angemessene Vergütung ist zwingendes Recht und kann nicht durch andere Gestaltungen umgangen werden, § 32 Abs. III. S. 2 UrhG. In Anlehnung an die §§ 444, 475, 478, 639 BGB bleiben solche Vertragsgestaltungen zum Nachteil des Urhebers zwar wirksam, der Vertragspartner kann sich aber nicht hierauf berufen, § 32 Abs. III. S. 1 UrhG. Dennoch ist davon auszugehen, dass die Verwerter in den nächsten Jahren zahlreiche Umgehungsklauseln in ihre Vertragsmuster einarbeiten werden. Sofern hierdurch Ansprüche der Urheber aus § 32 UrhG vereitelt werden, sind sie nicht durchsetzbar.

Beispiel:
Unzulässig sind m.E. Regelungen, wonach „der Urheber die im Vertrag geregelte Vergütung ausdrücklich als angemessen anerkennt" oder „auf die Geltendmachung eines weitergehenden Vergütungsanspruchs verzichtet".

Nach dem Wortlaut des § 32 Abs. I. S. 1 UrhG entsteht der Vergütungsanspruch bei Verträgen, die nach dem 30.06.2002 geschlossen wurden, bereits im Zeitpunkt der Einräumung der Nutzungsrechte bzw. Erlaubnisse. Dem ursprünglichen Regierungsentwurf vom 26.06.2001, wonach der Vergütungsanspruch auf der Basis der tatsächlichen Nutzung der Rechte bemessen werden sollte, ist der Rechtsausschuss nicht gefolgt. Lediglich bei Altverträgen, die zwischen dem 01.06.2001 und dem 30.06.2002 geschlossen wurden, entsteht der Anspruch erst mit der tatsächlichen Werknutzung, soweit diese nach dem 30.06.2002 erfolgt.

2.6.1.1.1. Bestimmung der angemessenen Vergütung.
Die entscheidende Frage ist, wie im Einzelfall die angemessene Vergütung für eine Werknutzung bestimmt werden soll. Es ist zu erwarten, dass sich Urheber und Werknutzer in den kommenden Jahren hierüber trefflich streiten und die Gerichte bemühen werden. Der Gesetzgeber gibt dem Rechtsanwender lediglich zwei unwiderlegliche Vermutungen und eine Legaldefinition an die Hand:

2.6.1.1.1.1. Vorrang gemeinsamer Vergütungsregeln. § 32 Abs. II. S. 1 UrhG bestimmt, dass eine nach einer gemeinsamen Vergütungsregel gemäß § 36 UrhG ermittelte Vergütung stets angemessen ist.

Nach § 36 UrhG können Vereinigungen von Urhebern mit Vereinigungen von Werknutzern oder einzelnen Werknutzern Vergütungsregeln aufstellen. Diese Vereinigungen müssen repräsentativ, unabhängig und zur Aufstellung dieser Regeln ermächtigt sein. Damit wird verhindert, dass ein Verwerter z.B. mit einer kleinen Gruppe ausgesuchter Urheber ihm genehme Vergütungssätze aufstellt und diese dann seinen (in der Regel schwächeren) Vertragspartnern aufdrängt. Wann eine Vereinigung repräsentativ, unabhängig und ermächtigt ist, besagt das Gesetz nicht.

Repräsentativ ist eine Vereinigung, wenn ihre Mitglieder nach Anzahl bzw. Größe, Marktbedeutung oder wirtschaftlichem Gewicht den einschlägigen Markt widerspiegeln, so dass ein missbräuchliches Verhalten ausgeschlossen werden kann (vgl. Nordemann, Das neue Urhebervertragsrecht, S. 117). Auch sollten die Vereinigungen grundsätzlich allen Urhebern bzw. Werknutzern der Branche offen stehen (also keine Beitrittsbeschränkungen besitzen) sowie ausreichend demokratische Strukturen aufweisen (also die Möglichkeit der Einflussnahme und Mitbestimmung bei den Verhandlungen bieten).

Eine Vereinigung ist unabhängig, wenn sie weder Mitglieder besitzt, die auch der anderen Seite zugehörig sind, noch von der anderen Seite finanziell abhängig ist bzw. begünstigt wurde (vgl. Nordemann, Das neue Urhebervertragsrecht, S. 118).

Eine Ermächtigung zur Verhandlung muss lediglich im Innenverhältnis zu den Mitgliedern bestehen, eine staatliche Ermächtigung ist hierunter nicht zu verstehen.

Für den Fall, dass die Verhandlungen über gemeinsame Vergütungsregeln scheitern, weil eine Partei nicht binnen 3 Monaten nach Aufforderung der Gegenseite mit Verhandlungen beginnt, Verhandlungen binnen eines Jahres ohne Ergebnis bleiben oder von einer Partei endgültig als gescheitert erklärt werden, kann ein Verfahren vor der Schlichtungsstelle stattfinden, § 36 Abs. III. UrhG. Die Schlichtungsstelle besteht aus den von den Parteien zu bestellenden Beisitzern und einem Vorsitzenden, der von beiden Parteien gemeinsam, oder andernfalls vom zuständigen Oberlandesgericht bestellt wird, § 36a UrhG. Die Schlichtungsstelle unterbreitet den Parteien

III. Vertragsgestaltung in der Stoffentwicklung

einen begründeten Einigungsvorschlag mit Vergütungsregeln, der als angenommen gilt, wenn ihm nicht binnen einer Frist von 3 Monaten schriftlich widersprochen wird, § 36 Abs. IV. UrhG. Nach Ansicht des Rechtsausschusses soll aber auch einem nicht angenommenen Einigungsvorschlag eine Indizwirkung für die Angemessenheit einer Vergütung zukommen (Rechtsausschuss, in: Nordemann, Das neue Urhebervertragsrecht, S. 182). Dies würde aber voraussetzen, dass es in dem gescheiterten Verfahren zu ernsthaften und fairen Verhandlungsbemühungen gekommen und der Einigungsvorschlag ausreichend begründet ist.

Wurden gemeinsame Vergütungsregeln entsprechend dem Verfahren gemäß § 36 UrhG aufgestellt, ist fraglich, ob diese damit einen allgemeinverbindlichen Maßstab für alle betroffenen Urheber und Verwerter hinsichtlich ihrer Nutzungsverträge bilden (so z.B. Nordemann, Das neue Urhebervertragsrecht, S. 69). Dagegen spricht allerdings der Wortlaut des § 32 Abs. II. S. 1 UrhG: Danach ist eine Vergütung dann angemessen, wenn sie nach einer gemeinsamen Vergütungsregel ermittelt wurde. Die Vergütung muss also auf der Grundlage der Regel berechnet worden sein. Eine gemeinsame Vergütungsregel kann im Regelfall nur dann die unwiderlegliche Vermutungswirkung entfalten, wenn der Vertrag auf sie in irgendeiner Form Bezug nimmt (so auch Schmidt, ZUM 2002, 781, 784; Erdmann, GRUR 2002, 923, 926). Ausnahmsweise kann die Einbeziehung auch stillschweigend erfolgen, wenn die Umstände ergeben, dass die Vergütungsregel beiden Parteien bekannt war und sie eindeutig als gemeinsame Bemessungsgrundlage für die Vergütungsregelung im Vertrag diente.

> Aus Verwertersicht ist es aber zu empfehlen, die gemeinsame Vergütungsregel in den Vertrag ausdrücklich einzubeziehen, da dem Urheber hiermit der Einwand abgeschnitten wird, die Vergütung sei unangemessen.

Sobald eine Nutzungsrechteeinräumung danach in den persönlichen und sachlichen Geltungsbereich einer gemeinsamen Vergütungsregel fällt, ist die hierin festgesetzte Vergütung einer richterlichen Angemessenheitskontrolle entzogen. Nach richtiger Ansicht sind gemeinsame Vergütungsregeln auch nicht einer nachträglichen AGB-Kontrolle zu unterziehen, auch wenn diese Regeln – anders als z.B. Tarifverträge – nicht ausdrücklich durch § 310 Abs. IV. BGB hiervon ausgenommen sind (vgl. Ory, AfP 2002, 93, 103).

Bei gemeinsamen Vergütungsregeln handelt es sich im Ergebnis allerdings um Preiskartelle. Als lex specialis befreit § 36 UrhG zwar die Verfahrensbeteiligten von dem Kartellverbot des § 1 GWB. Jedoch gilt dies nicht im Hinblick auf das europäische Kartellrecht. Bei gemeinsamen Vergütungsregeln dürfte es sich um unzulässige Kartellabsprachen nach Art. 81 EG handeln (Schack, GRUR 2002, 853, 857; Schmitt, GRUR 2003, 294, 296). Man wird abwarten müssen, inwieweit der EuGH die gemeinsamen Vergütungsregeln für zulässig betrachtet bzw. die EU-Kommission gegebenenfalls Freistellungen von Art. 81 EG erteilt.

2.6.1.1.1.2. Vorrang tarifvertraglicher Regelungen. Nach § 32 Abs. IV. UrhG hat der Urheber keinen Anspruch auf Vertragsanpassung nach § 32 Abs. I. S. 3 UrhG, wenn eine Vergütung tarifvertraglich bestimmt ist. Dies setzt aber voraus, dass der Urheber entweder Mitglied einer der Tarifvertragsparteien ist oder der Tarifvertrag für allgemeinverbindlich erklärt wurde. Tarifverträge gehen dann auch den nach §§ 36, 36a UrhG erstellten gemeinsamen Vergütungsregeln vor, § 36 Abs. I. S. 3 UrhG. Inwieweit Tarifverträge auch außerhalb ihres betrieblichen oder persönlichen Geltungsbereichs von Gerichten als Vergleichsmaßstäbe für die Angemessenheit einer Vergütung herangezogen werden können, ist fraglich. Insbesondere ist zu berücksichtigen, dass solche Verträge einen zeitlich befristeten Kompromiss unterschiedlicher arbeitsrechtlicher Interessengegensätze darstellen und Vergütungsregeln nicht isoliert, sondern im Zusammenspiel mit anderen Vergünstigungen, wie z.B. Urlaub, Arbeitszeit, Zuschlägen u.ä., betrachtet werden müssen.

2.6.1.1.1.3. Legaldefinition der angemessenen Vergütung. Existiert weder eine gemeinsame Vergütungsregel, noch eine tarifvertragliche Regelung, so ist nach der Legaldefinition des § 32 Abs. II. S. 2 UrhG die üblicher- und redlicherweise zu leistende Vergütung zu ermitteln. Diese ist zunächst nicht gleichzusetzen mit einer eventuell branchenüblichen Vergütung. Selbst wenn sich innerhalb einer Branche über die Jahre übliche Vergütungssätze herausgebildet haben, sagt dies noch nichts über die Redlichkeit oder Angemessenheit dieser Standards aus (vgl. auch BGH ZUM 2002, 549, 551 – Musikfragmente). Auch eine branchenübliche Vergütungsregelung ist im Streitfall auf das redliche Maß anzuheben (vgl. Rechtsausschuss, in: Nordemann, Das neue Urhebervertragsrecht, S. 177).

Wie § 32 UrhG sodann erneut klarstellt, ist bei der Berechnung der üblichen und redlichen Vergütung allein auf den Zeitpunkt des Vertragsschlusses abzustellen (s.o.).

Des Weiteren sind Art und Umfang der eingeräumten Nutzungsmöglichkeit zu berücksichtigen. So ist die Höhe einer angemessenen Vergütung abhängig vom Umfang des Rechtekataloges, dem wirtschaftlichen Wert der umfassten Nutzungsarten sowie der Frage, ob es sich um einfache oder ausschließliche, räumlich oder inhaltlich beschränkte Nutzungsrechte handelt.

Soweit § 32 Abs. II. S. 2 UrhG ferner Dauer und Zeitpunkt der Nutzung in die Wertung einbezieht, ist dies vom Gesetzgeber missverständlich formuliert, da dies auf die Intensität der tatsächlichen Nutzung hinzuweisen scheint. Tatsächlich bemisst sich der Anspruch des Urhebers aus § 32 UrhG – außer bei Altverträgen – fiktiv zum Zeitpunkt der Rechteeinräumung, so dass sich § 32 Abs. II. S. 2 UrhG nach Sinn und Zweck nur auf die Laufdauer und eventuelle Sperrfristen der eingeräumten Nutzungsrechte beziehen kann. So ist es entscheidend, ob ein Autor einem Produzenten die ausschließlichen Nutzungsrechte für 10 Jahre oder für die Dauer der gesetzlichen Schutzfrist (im Regelfall 70 Jahre nach dem Tod des Autors) einräumt. Ferner wird zu berücksichtigen sein, wenn ein Verwerter bestimmte Nutzungsrechte nicht vor Ablauf einer bestimmten Frist ausüben kann. § 32 Abs. II. S. 2 UrhG eröffnet dem Verwerter m.E. damit die Möglichkeit, eine Vergütung zu einem späteren Zeitpunkt als bei Vertragsschluss fällig zu stellen, etwa bei Ingebrauchnahme des Nutzungsrechts (z.B. Beginn der Nutzungshandlung). Ein Gebrauch des Nutzungsrechts kann aber auch bereits in der Veräußerung des Nutzungsrechts an einen Dritten und der entsprechenden Erzielung von Erlösen liegen (z.B. wenn bei

III. Vertragsgestaltung in der Stoffentwicklung

einem „Vorabverkauf" von Nutzungsrechten an Lizenzpartner bereits bestimmte Lizenzvorschüsse gezahlt werden, so genannte „Pre-sales", s.u. B.III.2.1.3.). Soweit die Vergütung nicht spätestens bei Gebrauch des Nutzungsrechts gezahlt wird, liegt wieder eine Umgehung des Vergütungsanspruchs im Sinne des § 32 Abs. III. S. 1, 2 UrhG vor.

Schließlich sollen nach § 32 Abs. II. S. 2 UrhG bei der Bemessung der Vergütung noch alle (sonstigen, erheblichen) Umstände berücksichtigt werden. Nach der Beschlussempfehlung des Rechtsausschusses fallen hierunter z.B. die Marktverhältnisse, Investitionen, Risikotragung, Kosten, Zahl der Werkstücke oder zu erzielenden Einnahmen (Rechtsausschuss, in: Nordemann, Das neue Urhebervertragsrecht, S. 177). Weiterhin ist in dem Zusammenhang auch die Häufigkeit der möglichen Nutzung von Bedeutung. Es bleibt mit Spannung zu erwarten, inwieweit sich hier in den kommenden Jahren allgemeingültige Vergütungssätze in den jeweiligen Branchen herausbilden werden, die als Vergleichsmaßstäbe eine ausreichende Planungssicherheit bei der Vertragsgestaltung bieten können.

2.6.1.1.2. Fälligkeit und Verjährung des Anspruchs. Wie dargelegt, entsteht der Vergütungsanspruch mit der Einräumung der entsprechenden Nutzungsrechte, also der Vornahme des dinglichen Verfügungsgeschäfts. Grundsätzlich erfolgt die Rechteeinräumung bei Vertragsschluss, bei Optionsverträgen allerdings erst mit Ausübung der Option als aufschiebende Bedingung für das Wirksamwerden des Hauptvertrages. Mit Entstehung des Anspruchs wird die Vergütung sofort fällig; der Urheber kann also direkt im Anschluss an die Vertragsunterzeichnung bzw. Optionsausübung die Anpassung des Vertrages fordern, unabhängig davon, ob eine Nutzung seines Werkes jemals stattfindet. Lediglich im Falle der zwischen dem 01.06.2001 und 30.06.2002 geschlossen Altverträge beginnt die Fälligkeit mit Beginn der Nutzungshandlung, vgl. § 132 Abs. III. UrhG.

Beispiel:
Ein Autor schließt nach dem 01.07.2002 mit einem Produzenten einen Vertrag und räumt diesem das Verfilmungsrecht sowie die umfassenden Auswertungsrechte für alle Zeiten und Medien an seinem Roman gegen eine Pauschalvergütung von 3 000 EUR ein. Da eine solche Vergütung im Zweifel nicht angemessen ist, kann der Autor gleich nach Vertragsunterzeichnung eine Vertragsanpassung fordern.

Die Fälligkeit des Anspruchs ist gleichzeitig bestimmend für den Beginn der Verjährungsfrist. Die regelmäßige Verjährungsfrist beträgt 3 Jahre und beginnt mit dem Schluss des Jahres, in dem der Anspruch entstanden ist und der Anspruchsinhaber Kenntnis über alle anspruchsbegründenden Tatsachen und die Person seines Schuldners erlangt hat bzw. ohne grobe Fahrlässigkeit hätte erlangen müssen, §§ 195, 199 Abs. I. BGB. Sind dem Urheber sowohl sein Vertragspartner sowie die für die Bemessung der Vergütung wesentlichen Umstände bei Vertragsschluss bekannt, beginnt die Verjährungsfrist mit Ende des Jahres der Vertragsunterzeichnung. War dem Vertrag eine Option vorgeschaltet, beginnt die Verjährung mit dem Schluss des Jahres des Zugangs der Optionserklärung. Im Falle der Verfilmung eines Werkes gehören zu den anspruchsbegründenden Tatsachen die Höhe der vertraglich vereinbarten Vergütung, der Umfang des Rechtekataloges, eventuell einschlägige gemeinsame Vergütungsregeln oder Tarifverträge sowie die wesentlichen Rahmenbedingungen des Filmvorhabens (etwa ob es sich um eine Kino- oder TV-Produktion in deutsch- oder fremdsprachiger Originalfassung handelt und zu welchem Budget, mit welchem Regisseur bzw. welchen Schauspielern sowie beteiligten Förderungen, nationalen oder internationalen Koproduzenten, Fernsehsendern und sonstigen Medienpartnern der Film produziert und ausgewertet werden soll). In vielen Fällen werden diese Faktoren bei Abschluss eines Verfilmungsvertrages, möglicherweise in Form einer Option, aber noch nicht feststehen.

> Beispiel:
> Schließt ein Autor am 05.10.2008 einen Verfilmungsvertrag mit einem Produzenten und hat der Autor Kenntnis über alle wesentlichen Tatsachen der geplanten Produktion, verjähren die Ansprüche nach § 32 UrhG am 31.12.2011. Handelte es sich um einen Optionsund Verfilmungsvertrag mit einer vorgeschalteten einjährigen Optionsfrist und übt der Produzent die Option erst am 04.10.2009 aus, verjähren die Ansprüche nach § 32 UrhG am 31.12.2012.

Ist der Urheber hingegen in Unkenntnis über anspruchsbegründende Tatsachen, ohne dass ihm hierbei grobe Fahrlässigkeit vorgeworfen werden kann, beträgt die Verjährungsfrist 10 Jahre ab Entstehung des Anspruchs, §§ 195, 199 Abs. IV. BGB. Der Urheber handelt grob fahrlässig, wenn er die im Verkehr erforderlichen Sorgfaltspflichten in besonders schwerer Weise vernachlässigt. Dies ist z.B. der Fall, wenn sich der Urheber ohne besondere Mühe und Kosten die erforderlichen Informationen über die wesentlichen Tatsachen beschaffen könnte oder einem sich aufdrängendem Verdacht nicht nachgeht (vgl. Palandt/Heinrichs, § 199, Rd. 37). Bei der Verfilmung eines Werkes ist zu bedenken, dass für einen nicht direkt an der Filmproduktion beteiligten Autor die wirtschaftlichen Abläufe bei der Produktion eines Films nur schwer zu durchschauen bzw. vorherzusehen sind. Spätestens bei Uraufführung des Filmes wird sich der Autor aber über die wesentlichen Rahmenbedingungen des Filmvorhabens aus der Presse informieren können.

Da es sich bei urheberrechtlichen Nutzungsverträgen um Dauerschuldverhältnisse handelt, ließe sich argumentieren, dass wiederholte Nutzungshandlungen während der Lizenzzeit den Lauf der Verjährung jeweils neu in Gang setzen (so die allgemeine Ansicht bei Dauerschuldverhältnissen, vgl. Palandt/Heinrichs, § 199, Rd. 21, m.w.N). Damit würde der Lauf der Verjährungsfrist z.B. bei einer erneuten Fernsehausstrahlung des Filmes 30 Jahre nach Uraufführung wieder neu beginnen. Da § 32 UrhG allerdings die Fälligkeit des Anspruchs allein von der Einräumung der Nutzungsrechte abhängig macht, kommt es m.E. – außer bei Altverträgen (s.o.) – auch für die Frage der Verjährung nicht auf die tatsächliche Nutzung an; wiederholte oder fortdauernde Nutzungshandlungen setzen die Verjährungsfrist damit nicht neu in Gang.

2.6.1.2. Besonderheiten im Filmbereich

§ 32 UrhG ist im Filmbereich uneingeschränkt anwendbar. Einen Ausschluss des Vergütungsanspruchs für bestimmte Urhebergruppen, wie ihn z.B. § 90 UrhG a.F.

III. Vertragsgestaltung in der Stoffentwicklung   125

für die von § 89 UrhG umfassten Filmurheber hinsichtlich ihrer Ansprüche aus dem „Bestsellerparagraphen" (§ 36 UrhG a.F.) vorsah, gibt es nicht. Dies bedeutet, dass sich der Produzent vor Abschluss jeglicher Verwertungsverträge mit den Grundsätzen des § 32 UrhG und eventuell einschlägigen gemeinsamen Vergütungsregeln und Tarifverträgen vertraut machen muss.

2.6.1.2.1. „Buy-Out-Honorare" und Pauschalvergütungen. Von einer Pauschalvergütung wird gesprochen, wenn der Urheber (oder ausübende Künstler) von seinem Vertragspartner für die Einräumung einzelner Rechte oder Rechtepakete einen Festpreis (z.B. 20 000 EUR) erhält. Möglich ist auch, dass dem Vertragspartner in Abhängigkeit von der späteren Nutzung weitere pauschale Zusatzhonorare gezahlt werden (z.B. Wiederholungshonorare für Wiederholungssendungen, Zusatzhonorare bei Beginn der Videoauswertung). Sehen Nutzungsverträge den „Ausverkauf" aller räumlich, zeitlich und inhaltlich unbeschränkten Nutzungsrechte für alle Nutzungsarten gegen eine einmalige Zahlung vor, spricht man von einem so genannten „Buy-Out". Den Gegensatz hierzu bildet die Beteiligungsvergütung; hier erhält der Urheber keine Festbeträge, sondern einen Anspruch auf laufende Beteiligung an den Auswertungserlösen seines Werkes (s.u. A.III.2.6.1.2.2.).

In vielen Branchen, etwa dem Verlagswesen oder der Musikindustrie, sind Beteiligungsvergütungen die Regel. So erhalten Romanautoren eine Beteiligung am Nettoladenpreis (Ladenpreis abzüglich Mehrwertsteuer) für jedes verkaufte Buch, Interpreten eine Beteiligung am HAP (Händlerabgabepreis abzgl. bestimmter Reduzierungen, Kostenpauschalen etc.) für jeden verkauften Tonträger. Sofern hier pauschale Zahlungen geleistet werden, handelt es sich meist nur um Vorschüsse, die mit späteren Beteiligungsansprüchen verrechenbar sind.

Anders ist es im Filmbereich: Urheber und ausübende Künstler werden hier überwiegend pauschal abgefunden. So erhalten z.B. Roman- und Drehbuchautoren ein Pauschalhonorar für die Auswertung ihrer Bücher, Regisseure und Kameraleute eine feste Gage für ihre Mitwirkung beim Film, Schauspieler eine fixe Tagesgage für die von ihnen geleisteten Drehtage. An den späteren Auswertungserlösen des Films werden die Rechteinhaber dann nicht mehr beteiligt (von wenigen Ausnahmen abgesehen, etwa im Bereich des öffentlich-rechtlichen Fernsehens für Drehbuchautoren oder im Bereich des Kinospielfilms für namhafte Regisseure). Sehen die jeweiligen Verträge einen „Buy-Out" vor, erstrecken sich die Rechtekataloge über zahlreiche eng gedruckte Seiten und umfassen neben den uneingeschränkten filmischen Nutzungsrechten (insbesondere den Rechten zur Nutzung der Werke im Kino, Fernsehen und auf Video einschließlich aller denkbaren Untergruppen, wie Free-TV, Pay-TV, Pay-per-Channel, Pay-per-View, Near-Video-on-Demand, Video-on-Demand, Closed-Circuit-TV, Videokassette, DVD, CD-ROM, Bildplatten, Chips, Schmalfilme etc.) auch alle Wiederverfilmungsrechte (z.B. das Recht zur beliebig häufigen Verwendung des Werkes oder Teilen hiervon zur Herstellung neuer Filmproduktionen, wie Remakes, Sequels, Prequels, Fernseh-Spin-Offs) sowie außerfilmischen Nutzungsrechte (z.B. das Recht zur Herstellung von Bühnen- oder Hörspielfassungen, Merchandisingartikeln oder Druckwerken, wie etwa eine Romanfassung als „Buch zum Film"). Die Gesamtheit dieser Nutzungsrechte wird dann mit der Einmalzahlung abgegolten, ohne dass es auf den späteren Nutzungsumfang oder Auswertungserfolg tatsächlich ankommt.

Fraglich ist, inwieweit derartige Pauschalvergütungen und „Buy-Out-Honorare" nach der Reform des Urhebervertragsrechts noch zulässig sind:

Grundsätzlich ist davon auszugehen, dass § 32 UrhG die Vereinbarung von Pauschalvergütungen zur Abgeltung von Nutzungsrechten weiterhin für zulässig erachtet. Bereits der Rechtsausschuss hatte in seiner Beschlussempfehlung zur Gesetzesvorlage klargestellt, dass die Regelung des § 32 Abs. II. UrhG gängige Vergütungen in der Form von Festbeträgen, wie sie z.B. in der Werbewirtschaft üblich sind, unberührt lässt (Rechtsausschuss, in: Nordemann, Das neue Urhebervertragsrecht, S. 177). Im Bereich der Werbung werden den Auftraggebern regelmäßig die Rechte an den schutzfähigen Werken (z.B. Werbefilmen, Anzeigen, Katalogen etc.) zu Pauschalpreisen eingeräumt, ohne dass die Urheber weitere Beteiligungsansprüche erwerben. Allerdings besteht hier die Besonderheit, dass die zu Werbezwecken hergestellten Auftragsproduktionen auf konkrete und kurzlebige nationale Werbeaktionen zugeschnitten sind und eine Dauer- oder Mehrfachnutzung nicht beabsichtigt ist.

In dieser Hinsicht unterscheiden sich Werbeproduktionen von Kino- und Fernsehfilmen erheblich: Filme eignen sich zur jahrelangen, internationalen Auswertung auf unterschiedlichen Märkten innerhalb und außerhalb des klassischen Filmbereichs. Ein Film kann nach der Synchronisation in fremde Sprachen oder mit Untertiteln weltweit im Kino, Fernsehen und auf Video/DVD ausgewertet werden. Bei der Fernsehnutzung ist die Dauer der Nutzungsmöglichkeit nahezu unbegrenzt; die Erfahrung zeigt, dass Kino- und Fernsehfilme noch nach Jahrzehnten und trotz mehrfacher Wiederholungen gute Einschaltquoten im Fernsehen erzielen können. Die außerfilmischen Nutzungsrechte ermöglichen die unbeschränkte Nutzung auf zahlreichen Nebenmärkten, wie im Print-, Merchandising- oder Bühnenbereich. Die für den Film hergestellten oder verwendeten Werke (insbesondere Drehbücher) können wiederum Grundlage für unzählige Folgeproduktionen sein, die ihrerseits weltweit filmisch und außerfilmisch ausgewertet werden können (z.B. in Form einer Fortsetzung, eines Remakes, einer Bühnenfassung des Remakes).

Auch wenn einige dieser Rechte (insbesondere die Wiederverfilmungsrechte und außerfilmischen Nutzungsrechte) bei einem deutschen Film praktisch kaum zur Auswertung gelangen, so besitzen sie doch einen potentiell hohen Wert. Da sich die angemessene Vergütung nach § 32 UrhG nicht nach der tatsächlichen Nutzung, sondern dem Umfang der eingeräumten Nutzungsmöglichkeiten bemisst, müssten die Gesamtrechte an den im Film verkörperten Werken und Leistungen mit Pauschalhonoraren korrespondieren, die für den Filmhersteller nicht mehr finanzierbar wären. Dies gilt jedenfalls für solche Urheber (und ausübende Künstler), die einen hohen eigenschöpferischen Beitrag zum Filmwerk geleistet haben (z.B. Romanautor, Drehbuchautor, Regisseur, Filmkomponist, Hauptdarsteller). Der Produzent sollte deshalb – bereits im eigenen Interesse – von dem Modell des „Buy-Out-Honorars" abkehren und über Alternativen nachdenken:

III. Vertragsgestaltung in der Stoffentwicklung

Pauschalhonorare werden im Filmbereich nur noch möglich sein, wenn der Produzent entweder seine Nutzungsbefugnisse begrenzt (z.B. durch Beschränkung auf die relevanten filmischen Nutzungsrechte, Begrenzung des Auswertungszeitraums oder -gebiets, Festlegung einer Höchstzahl von Wiederholungssendungen im Fernsehen) oder pauschale Zusatzvergütungen für den Vertragspartner vorsieht, die erst bei fortdauernder, wiederholter oder weitergehender Nutzung fällig werden (z.B. Zusatzhonorare bei Wiederholungsendungen im Fernsehen, Herstellung eines Remakes oder Sequels, Start der nationalen Video- oder Merchandisingauswertung, der ausländischen Kino-, Video- oder Fernsehauswertung). Allerdings tragen auch pauschale Zusatzhonorare – wie alle Pauschalvergütungen – das Risiko der Unangemessenheit in sich, falls nicht der Produzent von vornherein die Beträge auf der Grundlage der größtmöglichen Nutzung bemisst. In vielen Fällen wird der Produzent deshalb Beteiligungsvergütungen vereinbaren, insbesondere wenn die Wahrscheinlichkeit der Auswertung einzelner Rechte gering ist und er seinerseits von den Sublizenznehmern keine festen Garantiezahlungen für die Weiterübertragung der Rechte erzielen kann (erhält der Produzent z.B. von einem Verlag für die Auswertung eines „Buchs zum Film" nur eine prozentuale Beteiligung am Umsatz, wird er auch dem Drehbuchautor nur eine solche Beteiligung einräumen).

Die gängigen Buy-Out-Verträge, die die Gesamtheit aller filmischen und außerfilmischen Nutzungsrechte mit einer einmaligen Vergütung abgelten, sind nach Inkrafttreten des § 32 UrhG mehr möglich.

Die Buy-Out-Vergütung im Ausgangsbeispiel dürfte danach im Zweifel unangemessen sein, da hier neben den filmischen Auswertungsrechten auch sämtliche außerfilmischen Nutzungsrechte einschließlich der Wiederverfilmungsrechte gegen ein insofern verhältnismäßig geringes Pauschalhonorar abgegolten werden sollen. Theoretisch könnte der Produzent hier aus dem Drehbuch zahlreiche Fortsetzungen, Neuverfilmungen, Fernsehserien etc. entwickeln und diese exklusiv weltweit für die Dauer der gesetzlichen Schutzfrist (70 Jahre nach dem Tod der Autorin) auswerten. Ein Buy-Out-Honorar, dass alle diese Nutzungsformen umfassen soll, müsste das Vielfache des im Ausgangsbeispiel genannten Honorars umfassen. Der Produzent könnte aber z.B. die Rechteeinräumung auf die filmischen Nutzungsrechte (Kino, TV und Video/DVD) beschränken oder die Auswertungsrechte auf die deutschsprachigen Länder bzw. einen Zeitraum von 20 Jahren begrenzen. Alternativ hierzu könnte er weitergehende Nutzungsrechte gegen Zahlung angemessener Zusatzhonorare oder Beteiligungsvergütungen erwerben.

Filmverträge zwischen dem Produzenten und den Urhebern (oder ausübenden Künstlern) sehen grundsätzlich die Nutzung der Werke (oder Leistungen) auf verschiedene Nutzungsarten vor, eine Beschränkung auf nur eine einzige Nutzungsart (z.B. das Recht zur Sendung des Films ausschließlich im Pay-TV) ist in der Regel unwirtschaftlich. Es stellt sich in diesem Zusammenhang die Frage, ob der Produzent für größere Rechtepakete Gesamthonorare bilden kann oder die Vergütung nach einzelnen Nutzungsarten aufschlüsseln muss (für letzteres wohl Nordemann, Das neue Urhebervertragsrecht, S. 78 f.). Eine Aufschlüsselung nach einzelnen Nutzungsarten ist m.E. von Gesetzes wegen nicht erforderlich. Es ist lediglich sicherzustellen, dass die Gesamtvergütung im Verhältnis zur Gesamtheit der eingeräumten Nutzungsrechte üblich und redlich ist. Mit steigendem

Umfang der Rechteeinräumung wird der Produzent allerdings schon aus den vorgenannten Erwägungen heraus bei der Gestaltung der Vergütung den Besonderheiten der einzelnen Nutzungsarten Rechnung tragen und separate Zusatzhonorare bzw. Beteiligungen vorsehen.

2.6.1.2.2. Beteiligungsvergütungen. Eine angemessene Vergütung für den Urheber kann am besten dadurch gewährleistet werden, dass man ihn laufend am Ergebnis der Auswertung partizipieren lässt. Eine rein pauschale Abfindung birgt immer das Risiko in sich, unter Berücksichtigung aller Umstände (§ 32 Abs. II. S. 2 UrhG) zu gering bemessen worden zu sein. Bereits in der Vergangenheit konnten bei namhaften Autoren oder viel versprechenden Stoffen derartige Beteiligungsvergütungen ausgehandelt werden.

Möglich ist, dass der Urheber Bonuszahlungen bei besonderem Erfolg des Films erhält. So stehen einem Autor z.B. bei Erreichen bestimmten Zuschauerzahlen im Kino (z.B. 1 Million) oder bestimmter Verkaufszahlen von Videokassetten und DVDs zusätzlich zu einem Grundhonorar weitere Teilvergütungen zu (so genannte Escalator-Regelungen).

Denkbar ist ferner, dass der Urheber an den Erlösen aus dem Film prozentual beteiligt wird. Hier sind zunächst Brutto- und Nettoerlösbeteiligungen zu unterscheiden:

Bei einer Bruttoerlösbeteiligung erhält der Urheber einen prozentualen Anteil am Bruttoerlös des Produzenten, also dem Reinerlös ohne Abzug von Kosten. Eine solche Beteiligung ist im Filmbereich unüblich, da die Erlöse des Produzenten aus der Filmverwertung zunächst zur Rückzahlung der Förderungen, Darlehen und sonstigen Finanzierungsmittel sowie Deckung der Produktionskosten dienen. Aus Produzentensicht vorzugswürdig ist eine Bruttobeteiligung ab Erreichen des Break-even (Kostendeckungspunkt). Aber auch hier besteht die Gefahr, dass der Produzent bei hohen Marketing- und Herausbringungskosten „zwischen den Stühlen" steht und an den Urheber eine Erfolgsbeteiligung zahlen muss, ohne eigene Rückflüsse zu haben. Durchgesetzt hat sich deshalb die Nettoerlösbeteiligung des Urhebers. Der Nettoerlös ist der Bruttoerlös des Produzenten abzüglich aller Kosten, insbesondere Herstellungs, Herausbringungs-, Vertriebs- und Verleihkosten, Rückzahlung von Finanzierungen, Provisionen, Transport-, Versicherungskosten und Steuern.

Auch bei diesen Modellen ist nunmehr nach Einführung des § 32 UrhG zu prüfen, inwieweit diese Beteiligungen der Art und Höhe nach angemessen sind. Zunächst ist darauf hinzuweisen, dass erfolgsabhängige Vergütungsmodelle nicht an Stelle von Pauschalvergütungen, sondern nur in Ergänzung hierzu vereinbart werden können. Es wäre nicht angemessen, allein den Urhebern (und ausübenden Künstlern) das Risiko der erfolgreichen Fertigstellung der Produktion und anschließenden Auswertung aufzubürden, während alle anderen Beteiligten vorab aus dem Produktionsbudget bezahlt werden. Wie dargelegt, eröffnet § 32 UrhG m.E. zwar die Möglichkeit, die Urhebervergütung erst mit Ingebrauchnahme des Nutzungsrechts fällig zu stellen (s.o. 2.6.1.1.1.3.). Die Nutzung des Verfilmungsrechts des Urhebers beginnt allerdings bereits am 1. Drehtag und nicht erst am Tag der Erstveröffentlichung (vgl. § 23 S. 2 UrhG). Der Produzent hat in der Regel schon vor Drehbeginn

III. Vertragsgestaltung in der Stoffentwicklung

Drehbuch- und Projektentwicklungsförderungen in Anspruch genommen, also erste Rückflüsse aus der Verwertung des Verfilmungsrechts erzielt. Auch ist es wahrscheinlich, dass der Produzent bereits vor Fertigstellung des Films einzelne Auswertungsrechte zur Finanzierung der Produktion an Dritte veräußert hat (z.B. im Wege von „Pre-sales" oder einer Verleihgarantie, s.u. B.III.2.1.3.). Spätestens hierdurch hat der Produzent auch von diesen Auswertungsrechten Gebrauch gemacht. Im Ergebnis können Beteiligungsvergütungen daher immer nur in Kombination mit einem garantierten Mindesthonorar vereinbart werden, welches spätestens bei Drehbeginn bzw. Erstverwertung eingeräumter Rechte (z.B. bei Inanspruchnahme von Förderungen, Pre-sales) fällig wird.

Traditionelle Bonuszahlungen, die an einen über den bloßen Nutzungsbeginn noch hinausgehenden Mindesterfolg anknüpfen, sind im Hinblick auf die Gewährleistung einer angemessenen Vergütung nach § 32 UrhG bedenklich. Meist werden die Schwellwerte für die jeweiligen erfolgsabhängigen Zahlungen zu hoch angesetzt, so dass sich die Bonushonorare in der Praxis nicht realisieren. Die Staffelung muss hingegen so bemessen werden, dass dem Urheber auch bei einem nur durchschnittlichen Verwertungserfolg ein angemessenes Gesamthonorar gesichert ist. Bonuszahlungen, die von einem außergewöhnlichen Erfolg der Filmverwertung abhängig sind, werden aber im Rahmen des § 32a UrhG Bedeutung erlangen.

Ebenfalls problematisch sind Nettoerlösbeteiligungen. Da deutsche Filme regelmäßig keine Gewinne erwirtschaften, sind diese grundsätzlich unredlich. Die Abrechnungen der Filmproduzenten sind meist auch nur schwer nachprüfbar und bieten zahlreiche Interpretationsspielräume sowie Manipulationsmöglichkeiten. Der jahrelange Umgang mit Filmförderungen und den damit einhergehenden Rechenschaftspflichten (z.B. den „Verwendungsnachweisen" über die zweckentsprechende Verwendung der Fördermittel) haben deutsche Filmproduzenten zu leidenschaftlichen Sammlern von Kostenbelegen werden lassen. Mit einem entsprechenden „creative accounting" ist ein Produzent in der Lage, auch bei einem großen Erfolg eines Films auf dem Papier einen Verlust zu errechnen, so dass Nettoerlösbeteiligungsansprüche Dritter nicht zum Tragen kommen.

Damit können allein Bruttoerlösbeteiligungen die gesetzlichen Anforderungen an die Angemessenheit der Vergütung erfüllen. Bedenklich ist es, wenn der Erlösanspruch des Urhebers erst nach Erreichen des Break-even einsetzt (kritisch auch Reber, GRUR 2003, 393, 397). Dies kommt allenfalls bei Filmen aus der Unterhaltungsbranche in Betracht, die sich für eine normale Verwertungskette in den Bereichen Kino, Fernsehen und Video/DVD eignen und deshalb marktübliche Erlöse erwarten lassen. Erforderlich ist dann jedenfalls eine klare Definition des Kostendeckungspunktes und Regelung eindeutiger Rechnungslegungspflichten im Vertrag. Inwieweit sich zukünftig Bruttoerlösbeteiligungen „ab dem ersten Euro" (also vor Rückspiel von Kosten) durchsetzen lassen werden, ist allerdings fraglich. Es ist zu berücksichtigen, dass der Produzent eine solche Bruttoerlösbeteiligung zunächst aus seinen eigenen Nettoerlösen bezahlen und demnach entsprechende Rücklagen bilden muss. Möglicherweise muss der Urheber bei Vereinbarung solcher Bruttoerlösbeteiligungen auch ein geringeres – unterhalb der Grenze zur Angemessenheit liegendes – Grundhonorar akzeptieren. Im Bereich der Auswertungsrechte am konkreten Filmwerk selbst werden solche Erlösbeteiligungen nur wenige Prozentpunkte oder Bruchteile eines Prozentpunktes der Gesamtbruttoerlöse betragen, da der Produzent zugleich zahlreiche weitere Anspruchsberechtigte (alle am Film beteiligten Urheber und ausübenden Künstler) berücksichtigen muss. Anders ist es im Bereich der Wiederverfilmungsrechte: Veräußert der Produzent z.B. das Recht zur Herstellung eines Remakes, Sequels oder Spin-Offs an einen anderen Produzenten, ist es angemessen, den Drehbuchautor mit 25–50 % des Bruttoerlöses hieraus zu beteiligen.

In Bereichen, in denen eine Berechnung der Vergütung auf der Grundlage eines Eintritts- oder Ladenpreises möglich ist, bieten sich auch feste Stücklizenzen an (z.B. 30 Cent pro verkaufter DVD, 10 Cent pro Kinoeintrittskarte). Man wird abwarten müssen, wie sich die Rechtsprechung und Praxis hierzu entwickeln wird.

2.6.1.2.3. Rückstellungen. Im Filmbereich hat sich auch das Instrument der so genannten „Rückstellung" durchgesetzt. Danach stundet ein Urheber dem Produzenten die Zahlung eines Großteils seiner Vergütung bis zum Erreichen des Break-even des Films. Erst dann wird der Urheber sukzessive und gleichrangig mit weiteren, nach diesem Vergütungsmodell abzufindenden Personen (so genannte „pari passu"-Regelung) aus den Gewinnen des Produzenten befriedigt. Da Filme in Deutschland nur selten Gewinne abwerfen, werden derartige Rückstellungsvereinbarungen meist nicht realisiert und sind deshalb in der Regel unredlich. Im Low-Budget-Bereich können sie manchmal nach der Interessenlage der Beteiligten angemessen sein, etwa wenn ein unerfahrener Autor sich zu solchen Bedingungen für einen frei, d.h. ohne Fördermittel finanzierten Film zur Verfügung stellt, um „einen Fuß in die Tür des Filmgeschäfts zu bekommen". Dies wird man aber auf solche Ausnahmen beschränken müssen. Im Normalfall benutzen Produzenten Rückstellungsvereinbarungen nur als scheinbar lauteres Mittel zur Gagenkürzung, indem sie auf die Unerfahrenheit bzw. Opferbereitschaft der Filmschaffenden spekulieren. Angemessen kann eine Rückstellungsvereinbarung aber dann sein, wenn die Rückstellung als echte Sachleistung des Mitwirkenden honoriert wird und dieser – wie ein Koproduzent – neben seiner Erlösbeteiligung auch Anteile am Film (d.h. dem Material und den Rechten) erwirbt; dies wird allerdings selten der Fall sein.

2.6.1.2.4. Bemessung des Honorars nach der Höhe des Budgets. In Verfilmungsverträgen ist es auch üblich, die Höhe der Autorenvergütung von der Höhe des Budgets des Films abhängig zu machen. Nach dieser Regelung erhält der Autor einen festen Prozentsatz von den Herstellungskosten des Filmes. Erfahrungsgemäß steigen die Nutzungs- und Vermarktungsmöglichkeiten eines Films mit der Höhe des Budgets. So eröffnet ein Film mit einem Budget von z.B. 10 Millionen EUR (und damit höherwertiger Studio- und Außenaufnahmen, Special-Effects, Filmmusik sowie der Mitwirkung von „Stars") bessere Nutzungsmöglichkeiten als ein Low-Budget Film. Das Budget eines Films gehört damit zu den nach § 32 Abs. II. S. 2 UrhG bei der Ermittlung der angemessenen Vergütung zu berücksichtigen besonderen Umständen. Allerdings stehen die Herstellungskosten in keinem unmittelbaren Verhältnis zum Umfang der eingeräumten Nutzungsmöglichkeiten. Sollen durch die Vergü-

III. Vertragsgestaltung in der Stoffentwicklung

tung sämtliche filmischen und außerfilmischen Nutzungsrechte zeitlich, räumlich und inhaltlich unbeschränkt abgegolten werden, ist auch eine solche Regelung unangemessen (so auch Reber, GRUR 2003, 393, 397). Auch hier müsste dann eine Kombination mit einer Beteiligungsvergütung stattfinden.

2.6.1.2.5. Querverrechnung von Teilvergütungen. Wurde die Vergütung im Vertrag für die einzelnen Nutzungsarten aufgeschlüsselt, besteht die Gefahr, dass einige Nutzungsarten zu hoch, andere zu niedrig bewertet wurden. Da § 32 UrhG lediglich eine Vertragsanpassung zugunsten des Urhebers vorsieht, könnte er möglicherweise nach dem Gesetz eine Anhebung der zu niedrigen Teilvergütungen verlangen, ohne dass dem Verwerter zugleich ein Anspruch auf Herabsetzung der überhöhten Teilvergütungen zustünde. Dies kann aber m.E. durch eine vertragliche Regelung vermieden werden, wonach sich der Urheber zunächst andere, das übliche und redliche Maß übersteigende Teilvergütungsansprüche anrechnen lassen muss. Bereits der Rechtsausschuss hat in der Beschlussempfehlung derartige Mischkalkulationen und Quersubventionierungen für zulässig angesehen, sofern den Interessen der Urheber hinreichend Rechnung getragen wird (Rechtsausschuss, in: Nordemann, Das neue Urhebervertragsrecht, S. 178). Ein Verstoß gegen § 32 Abs. III. UrhG dürfte m.E. nicht vorliegen, soweit gewährleistet bleibt, dass der Urheber seinen Anspruch auf Vertragsanpassung geltend machen kann, sobald die Gesamtvergütung im Verhältnis zur Gesamtheit der eingeräumten Nutzungsmöglichkeiten nicht mehr angemessen ist. Für den Urheber sind solche Querverrechnungen allerdings stets nachteilig. Sobald durch das Zusammenspiel verschiedener Berechnungsmethoden der Anspruch des Urhebers auf angemessene Vergütung vereitelt wird, kann sich der Produzent auch nicht auf solche Regelungen berufen. Nicht möglich ist im Übrigen eine Querverrechnung mit Ansprüchen des Urhebers gegen seinen Vertragspartner aus Rechteeinräumungen, die sich auf andere Werke beziehen, wie sich aus dem Umkehrschluss zu § 32a Abs. I. UrhG ergibt.

Beispiel:
Ein Autorenvertrag sieht folgende Vergütung vor: Der Autor erhält für die Nutzung durch Videokassettenverkauf 10 000 EUR, Videokassettenvermietung 10 000 EUR, DVD-Verkauf 2500 EUR sowie DVD-Vermietung 2500 EUR. Stellt sich nunmehr heraus, dass die Vergütungen für DVD-Verkauf/-Vermietung zu niedrig und für Videokassettenverkauf/-vermietung zu hoch angesetzt wurden, die Gesamtvergütung von 25 000 EUR für die Gesamtheit der Rechte aber wieder angemessen wäre, hätte der Urheber bei Vereinbarung einer Querverrechnungsklausel m.E. keinen Anspruch auf Vertragsanpassung. Eine Querverrechnung mit einem Vergütungsanspruch aus einem anderen Nutzungsvertrag mit dem Produzenten könnte m.E. nicht vereinbart werden.

2.6.1.2.6. Sonderproblem: Ansprüche nur gegenüber Vertragspartner. Zu beachten ist, dass der Urheber den Anspruch auf angemessene Vergütung nach dem eindeutigen Wortlaut des § 32 UrhG nur gegenüber seinem Vertragspartner besitzt. Verfilmt der Produzent ein vorbestehendes Werk (z.B. einen Roman, ein Comic-Heft, ein Theaterstück, ein Musikwerk), so ist dieses im Regelfall bereits zuvor durch Dritte im außerfilmischen Bereich verwertet worden (z.B. durch den Buchverlag,

Comicverlag, Bühnenverlag oder Musikverlag). In der Regel haben sich diese Erstverwerter bereits von den Urhebern (vorsorglich) das Verfilmungsrecht einschließlich der korrespondierenden Auswertungsrechte an den Werken formularmäßig (z.B. durch einen Einzeiler im Verlagsvertrag) einräumen lassen, um an diesen wirtschaftlich relevanten Nutzungsrechten finanziell partizipieren zu können. In diesem Fall treten dann die Erstverwerter – und nicht die Urheber – gegenüber dem Filmhersteller als Vertragspartner des Verfilmungsvertrages auf.

Dies hat nun zur Folge, dass sich der Urheber hinsichtlich sämtlicher Ansprüche aus § 32 UrhG nur an den Verlag als seinen Vertragspartner halten kann, da es einen Durchgriff des Vergütungsanspruchs auf Dritte grundsätzlich nicht gibt (anders als beim Anspruch auf angemessene weitere Beteiligung nach § 32a UrhG; zur angemessenen Vergütung innerhalb längerer Lizenzketten s.u. C I.3.3.).

Fraglich ist, ob sich hier vielleicht eine gesamtschuldnerische Haftung des Produzenten (neben der des Verlages) aus § 34 UrhG ergeben kann:

Nach § 34 Abs. IV. UrhG haftet bei einer Übertragung eines Nutzungsrechts der Erwerber des Nutzungsrechts gesamtschuldnerisch mit dem Veräußerer für die Erfüllung der sich aus dem ursprünglichen Vertrag mit dem Urheber ergebenden Verpflichtungen. Die Geltung des § 34 UrhG für die Übertragung des Verfilmungsrechts ist im Filmbereich vor Beginn der Dreharbeiten auch nicht nach § 90 S. 1 UrhG ausgeschlossen (vgl. § 90 S. 2 UrhG). Die gesamtschuldnerische Haftung nach § 34 Abs. IV. UrhG entfällt nur dann, wenn der Urheber der Rechteübertragung ausdrücklich (also nicht formularmäßig im ursprünglichen Vertrag) zugestimmt hat.

Allerdings findet § 34 UrhG nach h.M. nur auf so genannte translative Verfügungen Anwendung, bei denen der Veräußerer das Nutzungsrecht als Ganzes – wie bei einem Rechtskauf – überträgt. Für so genannte konstitutive Verfügungen, bei denen lediglich eine „Belastung" von Nutzungsrechten durch Einräumung weiterer Nutzungsrechte zweiter und dritter Stufe stattfindet, gilt hingegen § 35 UrhG (Schricker/Schricker, § 34, Rd. 7, § 35, Rd. 1). § 35 UrhG sieht eine gesamtschuldnerische Haftung ausdrücklich nicht vor (vgl. § 35 Abs. II. UrhG). Fraglich ist, wie das Verfilmungsrecht sowie die korrespondierenden Auswertungsrechte dogmatisch einzuordnen sind:

Bei der Einräumung des Verfilmungsrechts handelt es sich zunächst um eine Einwilligung in eine Bearbeitung (§ 23 UrhG); auf die hiermit verbundenen dinglichen Rechteeinräumungen sind aber die §§ 31 ff. UrhG entsprechend anzuwenden (Schricker/Loewenheim, § 23, Rd. 19); dies gilt erst recht für die Verfügungen hinsichtlich der weiteren Auswertungsrechte. Damit ist hinsichtlich dieser Rechte sowohl die Übertragung nach § 34 UrhG als auch die Einräumung weiterer Rechte nach § 35 UrhG möglich.

Im Regelfall lassen sich Verlage von den Autoren im Verlagsvertrag die Verfilmungs- und Auswertungsrechte als Ganzes einräumen (d.h. zeitlich, räumlich und inhaltlich unbeschränkt). In dem Verfilmungsvertrag räumt der Verlag dem Produzenten sodann meist nur einen Teilausschnitt der von ihm gehaltenen Rechte ein (z.B. das einmalige Weltverfilmungrecht einschließlich bestimmter Auswertungsrechte für einen begrenzten Auswertungszeitraum bzw. ein begrenztes Auswertungsgebiet). Vieles spricht dafür, dass es sich hierbei um eine konstitutive Ver-

III. Vertragsgestaltung in der Stoffentwicklung

fügung handelt, da eine völlige Aufgabe der Rechteinhaberschaft des Verlages im Zweifel nicht gewollt ist. Damit wäre auf solche Verträge nur § 35 UrhG anwendbar und eine gesamtschuldnerische Haftung des Produzenten nicht gegeben. Eine früher diskutierte analoge Anwendung des § 28 Abs. II. S. 2 VerlG, welcher ebenfalls eine gesamtschuldnerische Haftung des Erwerbers von Verlagsrechten vorsieht, kommt nach Aufhebung von § 28 VerlG zum 01.07.2002 nicht mehr in Betracht. Nur wenn die Umstände ergeben, dass im Verfilmungsvertrag ausnahmsweise eine vollständige Übertragung der Verfilmungs- und Auswertungsrechte vom Verlag auf den Produzenten gewollt war, haftet auch der Produzent mit dem Verlag gesamtschuldnerisch auf Zahlung der angemessenen Vergütung nach § 32 UrhG i.V.m. § 34 Abs. IV. UrhG.

Der Produzent ist aber gut beraten, in dem Verfilmungsvertrag mit dem Verlag vorsorglich die ausdrückliche Zustimmung des Urhebers aufzunehmen (z.B. durch eigenhändige Unterzeichnung einer Zustimmungserklärung). Damit werden dann eventuelle Ansprüche auf Zahlung einer angemessenen Vergütung nach § 32 UrhG i.V.m. § 34 Abs. IV. UrhG gegenüber dem Produzenten ausgeschlossen (die Haftung des Produzenten auf Zahlung einer weiteren angemessenen Beteiligung bei großem Erfolg des Films gemäß § 32a UrhG bleibt allerdings bestehen). Auch für den Urheber ist ein solcher konkreter Zustimmungsvorbehalt von Vorteil, da er auf diese Weise an den Vertragsverhandlungen partizipieren und auf die Vereinbarung einer angemessenen Vergütung im Sinne des § 32 UrhG hinwirken kann.

In diesem Zusammenhang wird man auch die formularmäßigen Rechteeinräumungen des Verfilmungsrechts in Verlagsverträgen kritisch zu prüfen haben. Generell sind diese als bloße Beteiligungsvergütungen in der Weise ausgestaltet, dass sich Urheber und Verlag die Erlöse aus der Veräußerung des Verfilmungsrechts in einem bestimmten Verhältnis teilen. Da die Verfilmung von Werken nicht zum Kerngeschäft von Verlagen gehört und es hier oftmals nicht zur Nutzung der eingeräumten Verfilmungsrechte kommt, erscheint es fraglich, inwieweit reine Beteiligungsvergütungen für die Einräumung des Verfilmungsrechts nach Einführung des neuen § 32 UrhG überhaupt noch redlich sind. Urheber sollten die Einräumung des Verfilmungsrechts an ihre Verlage zukünftig restriktiv handhaben.

Anders ist die Sachlage im Bereich der Urheber filmbestimmt geschaffener Werke (z.B. Drehbuchautor, Filmkomponist), Filmurheber (z.B. Regisseur, Kameramann, Cutter) und ausübenden Künstler (z.B. Schauspieler), da diese Personen ihre Werke und Leistungen speziell für das konkrete Filmwerk zur Verfügung stellen und die Verträge unmittelbar mit dem Filmhersteller schließen. In diesem Fall stehen den Rechteinhabern die Ansprüche aus § 32 UrhG auch unmittelbar gegenüber dem Filmhersteller zu. Allerdings ist es denkbar, dass Filmproduktionsunternehmen zukünftig andere Personen oder Unternehmen zum Zwecke des Rechteerwerbs zwischenschalten, die dann jeweils Vertragspartner und auch Anspruchsgegner des Rechteinhabers werden. Im Verhältnis zwischen dem Rechteerwerber und dem Filmproduktionsunternehmen wird dann aber regelmäßig eine Übertragung der Nutzungsrechte im Sinne von § 34 UrhG vorliegen. Sofern der Urheber hierzu nicht seine ausdrückliche Zustimmung erteilt (also nicht z.B. durch eine formularmäßige Bestimmung im Drehbuchvertrag), haftet auch das Filmproduktionsunternehmen wieder gesamtschuldnerisch mit dem Zwischenhändler nach § 34 Abs. IV. UrhG. Ist das Filmproduktionsunternehmen der beherrschend unternehmerisch tätige Gesellschafter des Rechtevermittlers, trifft ihn gegebenenfalls zusätzlich eine Konzernhaftung. Soweit dem Urheber dieser Nachweis gelingt, kann auch dies einen Durchgriff des Anspruchs nach § 32 UrhG auf das beherrschende Unternehmen rechtfertigen.

Beispiel:
Die Filmproduktionsfirma Bad Luck Filmproduktions GmbH gründet eine Bad Luck Script Development GmbH, die dann jeweils die Stoffentwicklungsverträge mit den Drehbuchautoren schließt und die entsprechenden Auswertungsrechte an die Muttergesellschaft lizenziert. Für die Muttergesellschaft kann sich hier eine Haftung über § 34 Abs. IV. UrhG oder die Grundsätze der Konzernhaftung ergeben.

2.6.1.2.7. Ausblick. Auch wenn § 32 UrhG hinsichtlich seiner Intention zur Stärkung der Urheberinteressen sehr begrüßenswert ist, birgt er doch für den Vertragspartner des Urhebers im Falle einer späteren gerichtlichen Überprüfung der Vergütung hohe Unsicherheiten in sich. Insoweit bedarf es zum Zeitpunkt des Vertragsschlusses eines großen Fingerspitzengefühls dafür, ob die Vergütung im Lichte der denkbaren späteren Auswertungsmöglichkeiten noch angemessen ist oder von einem Gericht nach den dargestellten Grundsätzen als unangemessen angesehen wird. Ein Verwerter wird sich überlegen, inwieweit eine langwierige und harte Verhandlung über das Honorar des Urhebers überhaupt noch sinnvoll ist, wenn ein angerufenes Gericht die Vergütung nachträglich wieder auf das angemessene Maß anheben kann. Im Ergebnis steht der rechtmäßige Verwerter nämlich nicht besser da als der Rechtsverletzer, der im Falle der Geltendmachung eines Schadensersatzanspruchs über § 97 UrhG nach den Grundsätzen der Lizenzanalogie ebenfalls nur zur Zahlung einer üblichen Vergütung verpflichtet ist.

Möglicherweise werden Verwerter den neuen § 32 UrhG in der Praxis auch einfach ignorieren und die Urheber auf den (in der Regel kostspieligen und risikoreichen) Gerichtsweg verweisen, insbesondere da § 32 UrhG lediglich einen Vertragsanpassungsanspruch und keine weiterreichenden Sanktionen (z.B. Kündigungs- oder Rückrufsrechte, einen 100%igen Verletzeraufschlag auf die angemessene Vergütung etc.) vorsieht. Hiervor sei jedoch gewarnt: Die Vereinbarung unangemessen niedriger Pauschalhonorare birgt stets die Gefahr in sich, dass ein Gericht – statt eine Beteiligungsvergütung zuzusprechen – im Streitfall das Pauschalhonorar auf ein Vielfaches anhebt. Bereits aus eigenem Interesse sollten Verwerter deshalb in den Verträgen angemessene Vergütungen vorsehen.

Sofern sich die Vertragspartner zukünftig auf eine sinnvolle Begrenzung der Auswertungsrechte verständigen können (keine Einräumung von Wiederverfilmungs- und Neubearbeitungsrechten, Beschränkung auf die tatsächlich relevanten Nutzungsrechte, Begrenzung der Auswertungszeit auf 20 Jahre etc.) und bestimmte Korrekturen im Bereich der Hauptnutzungsarten und -märkte vorsehen (z.B. Wiederholungshonorare bei erneuter Fernsehsendung, Zusatzvergütungen bei Beginn der Videogrammauswertung und der Kinoauswertung im Ausland, Umsatzbeteiligung für Verkäufe eines „Buchs zum Film" oder von Merchandisingartikeln) können

III. Vertragsgestaltung in der Stoffentwicklung

auch die bisher üblichen Vergütungssätze im Rahmen früherer „Buy-Out-Verträge" noch als angemessene Ausgangsgrundlage dienen.

2.6.2. Weitere angemessene Beteiligung nach § 32a UrhG (Bestsellerparagraph)

Beispiel:
Eine junge Autorin räumt einem Produzenten alle bekannten Nutzungsrechte an ihrem ersten Drehbuch für ein Pauschalhonorar von 50 000 EUR ein. Der Film wird mit einem Budget von 100 000 EUR hergestellt und bricht an den Kinokassen alle Rekorde; er beschert dem Produzenten insgesamt durch die weltweite Vermarktung Bruttoeinnahmen von 70 Millionen EUR. Dieser beauftragt die Autorin sogleich zur Erstellung einer ganzen Serie von Drehbüchern, als Honorar erhält die Autorin jeweils weitere 70 000 EUR nebst einer beeindruckenden Gewinnbeteiligung von 15%. Die späteren Filme werden zwar aufwändig produziert, entpuppen sich an den Kassen aber als „Flops". Der Produzent kann mit dem Gewinn aus dem ersten Film gerade die Verluste der nachfolgenden Produktionen auffangen. Kann die Autorin wenigstens hinsichtlich des ersten Drehbuchs eine Anpassung ihrer Vergütung an den früheren großen Erfolg verlangen?

2.6.2.1. Allgemeines

Wie dargestellt, erwirbt der Urheber nach § 32 UrhG gegen seinen Vertragspartner einen Anspruch auf angemessene Vergütung für die Einräumung von Nutzungsrechten zum Zeitpunkt des Vertragsschlusses, unabhängig davon, ob das Werk auch tatsächlich genutzt wird. Ergänzend gewährt § 32a UrhG einen Anspruch auf weitere angemessene Beteiligung gegen seinen Vertragspartner und Dritte für den Fall, dass sich bei der späteren tatsächlichen Nutzung des Werkes ein auffälliges Missverhältnis zwischen Urhebervergütung und Verwertereinnahmen zeigt.

Bereits vor der Urheberrechtsreform zum 01.07.2002 sah das Gesetz einen Bestsellerparagraphen in § 36 UrhG a.F. vor. Hatte der Urheber für die Einräumung eines Nutzungsrechts eine Gegenleistung erhalten, die angesichts der von dem Verwerter erzielten Erträgnisse – im Lichte der gesamten Beziehungen zwischen den Vertragsparteien – in einem groben Missverhältnis stand, so musste der Verwerter in eine Anpassung des Vertrages einwilligen, nach der dem Urheber eine angemessene Beteiligung eingeräumt wurde. Der Bestsellerparagraph sollte dem Urheber im Falle einer außergewöhnlich erfolgreichen Verwertung seines Werkes eine angemessene Beteiligung sichern und verhindern, dass er sich „unter Wert" verkauft. Sinn und Zweck der Vorschrift war es, zu verhindern, dass junge Autoren ihre Werke – aus wirtschaftlicher Not oder Unerfahrenheit – einem Verwerter zu einem geringen Entgelt überlassen und dieser dann außerordentliche Profite erzielt (vgl. M. Schulze, Materialien, S. 462). Die praktische Relevanz von § 36 UrhG a.F. war allerdings gering. Schwierigkeiten bereitete es vor allem, auf der tatsächlichen Ebene festzustellen, wann denn im Einzelfall eine vereinbarte Vergütung in einem „groben Missverhältnis" zu den Erträgnissen stand. Ferner setzte die Anwendbarkeit des § 36 UrhG a.F. voraus, dass das grobe Missverhältnis zwischen Erträgnissen und Gegenleistung bei Vertragsschluss unerwartet war (BGH GRUR 1998, 680, 683 – Comic-Übersetzungen). War der große Erfolg eines Werkes für die Vertragsparteien absehbar oder bekannt, schloss dies einen Anspruch nach § 36 UrhG a.F. aus (vgl. zu § 36 UrhG a.F. die Vorauflage).

§ 32a UrhG hat die Hürden für den Anspruchsteller etwas herabgesetzt: Der Urheber muss lediglich darlegen, dass seine vereinbarte Gegenleistung in einem auffälligen Missverhältnis zu den Erträgen oder Vorteilen des Verwerters steht. Unerheblich ist es hierbei, ob die Vertragspartner die Höhe der erzielten Erträge oder Vorteile vorhergesehen haben oder hätten vorhersehen können, § 32a Abs. I. S. 2 UrhG.

Die Höhe der vereinbarten Gegenleistung ist zunächst relativ einfach zu ermitteln und ergibt sich aus der dem Urheber gezahlten Pauschalsumme oder Umsatzbeteiligung. Problematischer ist es, wenn der Urheber auch andere Leistungen erhalten hat, die nur mittelbar von geldwertem Vorteil sind (z.B. die unentgeltliche Einfügung eines deutlichen Product-Placements im Film für eine vom Urheber geleitete Screenwriting-School). Der Wert dieser Gegenleistung wird dann im Zweifel durch Sachverständige oder im Wege der Schätzung nach § 287 ZPO ermittelt werden müssen. Fraglich ist auch, ob denn die allgemeine Steigerung des Marktwertes des Urhebers in die Bewertung einfließen sollte. Kann der Autor aufgrund des Drehbucherfolgs mit einem Buchverlag einen äußerst lukrativen Vertrag über einen neuen Roman mit ähnlichem Thema abschließen, so ist die Höhe dieser Autorenvergütung unmittelbar mit dem Erfolg des Drehbuchs verknüpft. Der Gesetzgeber hat sich allerdings dazu entschieden, nur auf die rechtlichen und wirtschaftlichen Beziehungen zwischen den Vertragspartnern des fraglichen Vertrages Rücksicht zu nehmen und Verträge mit Dritten in die Bewertung nicht einzubeziehen (M. Schulze, Materialien, S. 463). So ist der gestiegene Marktwert des Urhebers nur dann von Bedeutung, wenn er sich auch in nachfolgenden Verträgen mit dem gleichen Verwerter ausdrückt.

Die Ermittlung der Erträge und Vorteile des Verwerters kann sich allerdings komplizierter gestalten, zumal hier zunächst die Schwierigkeit des Urhebers besteht, die notwendige Transparenz des Verwertergeschäfts herzustellen und die erforderlichen Auskunfts- und Rechnungslegungsansprüche durchzusetzen. Unter den Begriff der „Erträge" im Sinne des § 32a UrhG fallen zunächst alle Bruttoerträgnisse des Verwerters, d.h. alle Einnahmen ohne Abzug von Unkosten, Herstellungs- oder Vertriebskosten. Unter den „Vorteilen" daneben alle sonstigen geldwerten Nutzungsvorteile zu verstehen, die etwa durch Kopplung des Werkes mit anderen Produkten oder Werken dritter Urheber erzielt werden. Auch hier ist im Zweifel zur Bewertung dieser Nutzungen ein Sachverständiger zu Rate zu ziehen oder eine Schätzung nach § 287 ZPO vorzunehmen.

Weiterhin sind nicht nur die Vergütung des Urhebers sowie die Erträge und Vorteile des Verwerters bezüglich dieses einen Werkes in Relation zu setzen, vielmehr sind die gesamten Beziehungen zwischen Urheber und Verwerter hinsichtlich aller gemeinsam verwerteten Werke zu berücksichtigen. Sinn der Vorschrift ist es, dem Verwerter die Möglichkeit zu eröffnen, mit dem Gewinn des einen Werkes eventuell eingetretene Verluste anderer Werke des Urhebers auszugleichen (M. Schulze, Materialien, S. 463). Lediglich die Erträge des Verwerters aus der Nutzung von Werken dritter Urheber fließen nicht in die Wertung ein (s.o.).

III. Vertragsgestaltung in der Stoffentwicklung

Erst nach Bilanzierung aller Erträge und Vorteile auf der einen und aller Gegenleistungen auf der anderen Seite aus sämtlichen gemeinsam ausgewerteten Werken muss sich dann ein auffälliges Missverhältnis zwischen den beiden Summen ergeben. Wann dieses Missverhältnis anzunehmen ist, lässt sich nicht pauschal bestimmen und ergibt sich aus den Umständen des Einzelfalles. Nach der Ansicht des Rechtsausschusses soll ein auffälliges Missverhältnis jedenfalls dann gegeben sein, wenn die vereinbarte Urhebervergütung um 100% von der angemessenen Vergütung abweicht (Rechtsausschuss, in: Nordemann, Das neue Urhebervertragsrecht, S. 179). Im Rahmen dieser Verhältnismäßigkeitsprüfung sind dann auch zugunsten des Verwerters sämtliche abzugsfähigen Unkosten und Aufwendungen zu berücksichtigen. Hierbei kommt es auf die tatsächlichen Aufwendungen an und nicht darauf, ob diese auch branchenüblich sind.

Liegt ein auffälliges Missverhältnis zwischen Gegenleistung und Erträgen bzw. Vorteilen vor, hat der Urheber gegen den Verwerter – ähnlich der Regelung in § 32 Abs. I. S. 3 UrhG – einen Anspruch auf Einwilligung in eine Vertragsanpassung, nach der ihm eine angemessene Vergütung gezahlt wird.

Anders als bei § 32 Abs. I. S. 3 UrhG beginnt der Lauf der Verjährung hier nicht mit dem Ende des Jahres des Vertragsschlusses (s.o.), sondern der jeweiligen Nutzungshandlung. Liegt ein auffälliges Missverhältnis zwischen Erträgen und Gegenleistung vor, kann der Urheber seinen nach § 32 UrhG bereits verjährten Anspruch auf angemessene Vergütung also noch über § 32a UrhG durchsetzen. § 32a UrhG findet auch auf Altverträge Anwendung, sofern die maßgeblichen Sachverhalte (Erzielung der Erträge oder Vorteile) nach dem 28.03.2002 entstanden sind.

2.6.2.2. Besonderheiten im Filmbereich

Nach altem Recht waren zum Schutz des Filmproduzenten gemäß § 90 S. 2 UrhG a.F. die Ansprüche der Urheber des Filmwerks nach § 89 UrhG auf angemessene Beteiligung an den Erträgnissen der Filmverwertung nach § 36 UrhG a.F. ausgeschlossen (siehe hierzu Vorauflage). Der neue § 32a UrhG findet hingegen im Filmbereich uneingeschränkt Anwendung (zu den Besonderheiten der Geltendmachung des Anspruchs innerhalb längerer Lizenzketten s.u. C.I.3.3.).

Im Filmbereich kann sich die Zuordnung der Erträge und Vorteile des Produzenten zur konkreten Urheberleistung schwierig gestalten, da in einem Filmwerk die Leistungen verschiedener Rechteinhaber verschmelzen, nämlich Beiträge der Urheber vorbestehender Werke (z.B. Romanautoren), der Urheber filmbestimmt geschaffener Werke (z.B. Drehbuchautoren, Filmkomponisten), der Filmurheber (z.B. Regisseure, Kameraleute, Cutter), der Lichtbildner (ebenfalls Kameraleute) sowie der ausübenden Künstler (z.B. Darsteller, Musiker). Fraglich ist, inwieweit die Leistung des einzelnen Urhebers kausal für den Erfolg sein muss. So kann der Verwerter argumentieren, dass der Verwertungserfolg auf keinen der Urheber sondern hauptsächlich auf Personen zurückzuführen ist, denen Ansprüche nach § 32a UrhG nicht zustehen oder die bereits angemessen vergütet worden sind. Eine solche Kausalitätsprüfung ist aber nicht vorzunehmen: Hat ein Produkt oder eine Ware auf dem Markt überdurchschnittlichen Erfolg und ist es in der Lage, sich von anderen dieser Gattung abzuheben, so ist zu vermuten, dass ein Großteil des Erfolgs der in ihm verkörperten geistigen Leistung zu verdanken ist. Hat diese Leistung die notwendige Schöpfungshöhe erreicht, um nach § 2 UrhG Werkschutz zu genießen, so geht § 32a UrhG von dem Grundsatz aus, das ein jeder, der in den Schutzbereich des Bestellerparagraphen fällt und mit einem urheberrechtlich schutzfähigen Beitrag zum Verwertungserfolg des Werkes beigetragen hat, auch hieran angemessenen zu beteiligen ist. Auch bei untergeordneten Beiträgen kann eine Anwendung des § 32a UrhG in Betracht kommen (mit der Ausnahme „gänzlich" untergeordneter Beiträge, die für gewöhnlich durch ein Pauschalhonorar abgegolten werden, vgl. BGH ZUM 2002, 144, 146 – Kinderhörspiele, zu § 36 UrhG a.F.).

Sofern man im Beispiel hinsichtlich des ersten Films eine Autorenvergütung von 50 000 EUR angesichts des niedrigen Budgets von 1 000 000 EUR als angemessen ansieht und einen Anspruch aus § 32 UrhG verneint, stellt sich die Frage, ob hier nicht vielleicht ein Anspruch auf weitere Vergütung nach § 32a UrhG wegen des großen Erfolges gegeben sein könnte. Für sich genommen läge hier wohl ein auffälliges Missverhältnis vor, das eine Anwendung des § 32a UrhG rechtfertigen würde. Allerdings kann der Produzent gegen die Erträge des ersten Filmes mit den Verlusten der nachfolgenden Filme, die ebenfalls auf Drehbüchern der Autorin basieren, aufrechnen. Da der Produzent bei einer Gesamtbilanzierung aller Projekte keine Einnahmen erzielt hat, kann die Autorin sich auch nicht erfolgreich auf den Bestsellerparagraphen stützen. Sie muss sich im Ergebnis ihre späteren Misserfolge anrechnen lassen.

2.6.3. Gesonderte angemessene Vergütung für später bekannte Nutzungsarten nach § 32c UrhG

2.6.3.1. Allgemeines
Da seit dem 01.01.2008 Verträge über unbekannte Nutzungsarten nach § 31a UrhG möglich sind (s.o), musste der Gesetzgeber ein Korrektiv zugunsten der Urheber einführen. Der Gesetzgeber hat deshalb vorgesehen, dass der Urheber einen Anspruch auf eine gesonderte angemessene Vergütung hat, wenn ein Vertragspartner eine neue Art der Werknutzung nach § 31a UrhG aufnimmt, die im Zeitpunkt des Vertragsschlusses vereinbart, aber noch unbekannt war. Die Regelungen aus § 32 Abs. II. UrhG (gemeinsame Vergütungsregel, Legaldefinition) sowie Abs. IV. (tarifvertraglich bestimmte Vergütung) gelten entsprechend.

Da die Vergütung bei Aufnahme der neuen Art der Werknutzung fällig wird, hat der Vertragspartner den Urheber über die Aufnahme der neuen Art der Werknutzung unverzüglich zu unterrichten, § 32c Abs. I. Satz 3 UrhG.

Hat der Vertragspartner das Nutzungsrecht einem Dritten übertragen, haftet der Dritte mit der Aufnahme der neuen Art der Werknutzung für diese Vergütung.

Auf den Anspruch auf angemessene Vergütung kann der Urheber im Voraus nicht verzichten, § 32c Abs. III. UrhG. Aus dem Umkehrschluss folgt, dass ein nachträglicher Verzicht möglich ist.

Bei Altverträgen kann dieser Anspruch nur durch eine Verwertungsgesellschaft geltend gemacht werden (s.u. 2.6.4.).

III. Vertragsgestaltung in der Stoffentwicklung

2.6.3.2. Besonderheiten im Filmbereich

Auch § 32c UrhG findet im Filmbereich uneingeschränkt Anwendung. Lediglich bei Neuverträgen ist das Widerrufsrecht nach § 31a Abs. I. UrhG ausgeschlossen, §§ 88, 89 Abs. I. S. 2 UrhG.

2.6.4. Vergütungsansprüche

Das Urheberrechtsgesetz gewährt den Urhebern weiterhin bestimmte Vergütungsansprüche, die nur über Verwertungsgesellschaften geltend gemacht werden können. Verwertungsgesellschaften nehmen für die Berechtigten treuhänderisch bestimmte Rechte kollektiv wahr (s.u. B.I.9.).

Hierzu gehören z.B. die Vergütungsansprüche für die Kabelweitersendung (§ 20b Abs. II. UrhG), das Vermieten und Verleihen von Bild- oder Tonträgern (§ 27 Abs. I., II. UrhG), für die Vervielfältigung eines Werkes, um behinderten Menschen Zugang zu ermöglichen (§ 45a UrhG), die Vervielfältigung und Verbreitung von Rundfunkkommentaren und Zeitungsartikeln (§ 49 Abs. I. UrhG), die öffentliche Zugänglichmachung von Werken für Unterricht und Forschung (§ 52a UrhG) und Ansprüche für Ablichtungen durch Kopiergeräte (§ 54a UrhG).

Ein neuer Vergütungsanspruch, der nur über Verwertungsgesellschaften geltend gemacht werden kann, wurde in § 137l UrhG für den Fall der Nutzung von Werken auf neue Nutzungsarten auf der Grundlage von Altverträgen (die zwischen dem 01.01.1966 und dem 31.12.2007 geschlossen wurden) geregelt. Er entsteht auch hier, sobald der Verwerter die Werknutzung auf die neue Nutzungsart aufnimmt.

2.7. Rückruf von Nutzungsrechten

Beispiel:
Eine Autorin hat einer Filmproduktionsgesellschaft mbH das ausschließliche Recht eingeräumt, ihr Drehbuch, eine Polit-Satire auf die derzeitige Bundesregierung, zu verfilmen und auszuwerten. Drei Jahre später möchte die Autorin ihre Nutzungsrechte zurückrufen, da:
1. der Film immer noch nicht hergestellt worden ist, der Produzent auch keine Anstalten hierzu macht, da er einen ähnlichen Film im Programm hat und dessen Auswertung nicht gefährden möchte;
2. der Film zwar hergestellt worden ist und bereits seit Jahren in den Bereichen Kino, Fernsehen, Video und Merchandising ausgewertet wird, das Werk aufgrund eines politischen Sinneswandels der Autorin nicht mehr ihren Überzeugungen entspricht und eine weitere Verwertung ihrem gesellschaftlichen Ansehen Schaden zufügen könnte.
3. der Film wie in Nr. 2 zwar hergestellt wurde und ausgewertet wird, sich aber nunmehr ein großer Medienkonzern, der politisch die Linie der derzeitigen Bundesregierung vertritt und bereits mehrere Pressekampagnen gegen die Autorin geführt hat, mit 50% am Unternehmen der Filmproduktionsgesellschaft beteiligt hat.

2.7.1. Allgemeines

2.7.1.1. Rückruf wegen Nichtausübung

Gemäß § 41 UrhG kann der Urheber einzelne oder alle Nutzungsrechte zurückrufen, wenn der Erwerber diese nicht oder nur unzureichend ausübt und hierdurch berechtigte Interessen des Urhebers erheblich verletzt werden. Dieses so genannte Rückrufsrecht wegen Nichtausübung soll dem Schutz des Urhebers dienen und verhindern, dass ein Werk auf dem Regal des Erwerbers „verstaubt" oder dessen Verwertung vernachlässigt wird, da im Falle der Einräumung eines ausschließlichen Nutzungsrechts in der Regel auch der Urheber selbst von der Verwertung des Werkes ausgeschlossen wird.

Hat der Erwerber das Nutzungsrecht überhaupt nicht ausgeübt, sind die Tatbestandsvoraussetzungen des § 41 UrhG leicht zu ermitteln. Schwieriger ist die Frage, unter welchen Umständen ein Nutzungsrecht nur unzureichend ausgeübt wurde. Dies wird sich im Einzelfall nach dem Vertragszweck richten. Hat der Erwerber nicht alles getan, was zur Erreichung des Vertragszweckes erforderlich war, einschließlich typischer Promotionaktivitäten, so hat er das Nutzungsrecht unzureichend ausgeübt. Es reicht daher zum Beispiel nicht, eine (an sich ausreichende) Anzahl von Vervielfältigungsstücken herzustellen, wenn deren Verkauf nicht zugleich durch entsprechende Werbemaßnahmen angeschoben und begleitet wird.

Ferner müssen durch die mangelhafte Ausübung des Nutzungsrechts die berechtigten Interessen des Urhebers erheblich verletzt worden sein. Als berechtigte Interessen im Sinne des § 41 UrhG gelten sowohl rein vermögensrechtliche Interessen (z.B. entgangene Tantiemen) als auch persönlichkeitsrechtliche Interessen (z.B. keine Steigerung des Bekanntheitsgrades, Rufes, Ansehens) des Urhebers. Ist die unzureichende Ausübung des Nutzungsrechts erst einmal festgestellt worden, so kann eine „erhebliche" Verletzung der berechtigten Interessen des Urhebers grundsätzlich vermutet werden (Fromm/Nordemann/Hertin, § 41, Rd. 6). Das Rückrufsrecht kann allerdings ausgeschlossen sein, wenn der Urheber selbst die Umstände für die Nichtausübung zu vertreten hat.

> Dies wäre der Fall, wenn sich die Urheberin im Beispiel Nr. 1 weigern würde, bestimmte persönlichkeitsrechtsverletzende Passagen zu entfernen oder das Werk im Falle eines Regierungswechsels u.U. zu aktualisieren.

Das Rückrufsrecht wegen Nichtausübung kann erst zwei Jahre nach Einräumung des Nutzungsrechts bzw. nach Ablieferung des Werkes, je nachdem was später eintrifft, geltend gemacht werden, § 41 Abs. II. UrhG. Eine eventuelle Optionsfrist ist nicht mitzurechnen, da der Nutzungsvertrag und damit die Rechteeinräumung erst mit Ausübung der Option wirksam wird (LG München I ZUM 2007, 758, 761; Brehm, Filmrecht, S. 53). Der Rückruf kann erst erklärt werden, nachdem der Urheber dem Erwerber eine angemessene Nachfrist zur Ausübung des Nutzungsrechts gesetzt hat, es sei denn, das die Ausübung dem Erwerber unmöglich ist, dieser sie verweigert oder überwiegende Urheberinteressen dieser Nachfrist entgegenstehen, § 41 Abs. III. UrhG (diese wird bei einem Rückruf des Verfilmungsrechts aufgrund der aufwändigen Vorarbeiten mindestens ein Jahr betragen, LG München I ZUM 2007, 758, 761).

III. Vertragsgestaltung in der Stoffentwicklung

Hat der Urheber an einem Werk verschiedene Nutzungsrechte eingeräumt, was dem Regelfall entspricht, kann er diese Nutzungsrechte auch separat zurückrufen, sofern diese dinglich abspaltbar sind (Schricker/Schricker, § 41, Rd. 23).

Als wesentliche Schutzvorschrift zugunsten des Urhebers bestimmt § 41 Abs. IV. UrhG, dass der Urheber auf das Rückrufsrecht wegen Nichtausübung im Voraus nicht verzichten kann. Ebenfalls kann seine Ausübung im Voraus nicht länger als 5 Jahre ausgeschlossen werden; in urheberrechtlichen Nutzungsverträgen, die von der Verwerterseite diktiert werden, wird diese zulässige Ausnahme allerdings zur Regel.

Ruft der Urheber nach alledem Nutzungsrechte zurück, so hat er den Erwerber zu entschädigen, wenn und soweit es der Billigkeit entspricht, § 41 Abs. VI. UrhG. Eine Entschädigung entspricht der Billigkeit, wenn die Zahlung dem Urheber bei Abwägung der Interessen der Beteiligten zugemutet werden kann. Eine gewisse Entschädigung ist dem Urheber in der Regel zuzumuten, wenn der Inhaber des Nutzungsrechts dem Urheber ein Entgelt gezahlt oder eigene Aufwendungen gemacht hat (so M. Schulze, Materialien, S. 469). Sie kann aber z.B. ausgeschlossen sein, wenn der Inhaber des Nutzungsrechts die Auswertung aber über Jahre selbstverschuldet vernachlässigt und die Interessen des Urhebers nicht nur wirtschaftlich, sondern auch ideell beschädigt hat.

2.7.1.2. Rückruf wegen gewandelter Überzeugung

§ 42 UrhG regelt das so genannte Rückrufsrecht wegen gewandelter Überzeugung. Hier liegt der Grund für den Rückruf in der Sphäre des Urhebers, und nicht wie bei § 41 UrhG, in der des Verwerters. Die Voraussetzungen und Rechtsfolgen für einen Rückruf wegen gewandelter Überzeugung sind daher zu Lasten des Urhebers erschwert.

Nach § 42 Abs. I. UrhG kann der Urheber ein Nutzungsrecht nur dann zurückrufen, wenn das Werk seiner Überzeugung nicht mehr entspricht und ihm deshalb dessen Verwertung nicht mehr zugemutet werden kann.

Die „Überzeugung" ist zwar ein inneres Merkmal, die bloße Erklärung des Urhebers, seine Überzeugung habe sich geändert, wird man aber nicht ausreichen lassen dürfen. Vielmehr kann man erwarten, dass der Urheber seinen Überzeugungswandel aufgrund bestimmter objektiver Umstände nachweist, z.B. durch einen Vergleich des mit dem Rückruf bedachten Werkes mit dem aktuellen künstlerischen Schaffen (vgl. Fromm/Nordemann/Nordemann, § 42, Rd. 5). Aber auch außerhalb seiner künstlerischen Betätigung liegende Tatsachen können Berücksichtigung finden, z.B. sein sonstiges Auftreten in der Öffentlichkeit (z.B. die Äußerung bestimmter politischer, religiöser, wissenschaftlicher Ansichten); auch rein persönliche Gründe sind denkbar (z.B. Rückruf eines Entführungsdramas, welches für die Entführer Sympathie ergreift und deren Leben romantisiert, durch einen Autor, der später selbst Opfer eines solchen Verbrechens wurde).

Aufgrund dieser gewandelten Überzeugung muss die weitere Verwertung des Werkes für den Urheber unzumutbar sein. Das Tatbestandsmerkmal der Unzumutbarkeit nach § 42 UrhG geht über das der Beeinträchtigung berechtigter Interessen gemäß § 41 UrhG hinaus. Während bei der mangelnden Nutzung die Verletzung berechtigter Interessen des Urhebers stets vermutet werden kann, verlangt das Merkmal der Unzumutbarkeit die Feststellung, dass die weitere Verbreitung des Werkes nach objektiven Gesichtspunkten unhaltbar ist und den Urheber erheblich schädigen würde (Fromm/Nordemann/Nordemann, § 42 Rd. 6). Hierbei muss berücksichtigt werden, dass sich jeder Künstler weiterentwickelt und einen Stil über die Jahre modifiziert oder verfeinert. Ein Rückruf allein mit dem Argument, das alte Werk sei „stümperhaft", eine „Anfängerarbeit", aus heutiger Sicht „Kitsch" oder dem Künstler nunmehr „peinlich", wird wohl nicht möglich sein. Notwendig ist vielmehr, dass das alte Werk in einem krassen Gegensatz zu dem aktuellen Schaffen oder Denken des Urhebers steht und dessen fortwährende Verwertung für diesen nicht nur „unangenehm", sondern „untragbar" ist.

Ungleich § 41 UrhG hat der Urheber bei einem Rückruf wegen gewandelter Überzeugung nach § 42 UrhG den Verwerter in jedem Fall angemessen zu entschädigen, nicht nur dann, wenn es der Billigkeit entspricht. Die Entschädigung muss mindestens die Aufwendungen decken, die der Inhaber des Nutzungsrechts bis zur Erklärung des Rückrufs gemacht hat. Hierbei bleiben jedoch die Aufwendungen, aus denen der Verwerter bereits Nutzen gezogen hat, außer Betracht, § 42 Abs. III. S. 2 UrhG. Solche Aufwendungen haben sich amortisiert und müssen vom Urheber nicht mehr ersetzt werden.

Für die praktische Handhabung des Entschädigungsanspruchs wird vorgeschlagen, zunächst alle Aufwendungen des Verwerters zu ermitteln, danach sämtliche Erträgnisse aus der Verwertung abzuziehen, sowie auf den sich hieraus ergebenden Mindestbetrag entsprechend § 287 ZPO im Wege der Schätzung einen Betrag für den entgangenen Gewinn des Verwerters aufzuschlagen (Fromm/Nordemann/Nordemann, § 42, Rd. 9).

Gemäß § 42 Abs. III. S. 3 UrhG wird der Rückruf wegen gewandelter Überzeugung erst wirksam, wenn der Urheber dem Verwerter die Aufwendungen ersetzt oder hierfür Sicherheit geleistet hat. Der Urheber hat allerdings als Wirksamkeitsvoraussetzung für den Rückruf nur die Aufwendungen (abzüglich der Bruttoerlöse) zu zahlen, nicht etwa bereits den entgangenen Gewinn. Hat der Verwerter dem Urheber binnen einer Frist von drei Monaten nach Rückrufserklärung die entsprechenden Aufwendungen aber nicht mitgeteilt, so wird der Rückruf auch unbeschadet der fehlenden Entschädigungszahlung bei Fristablauf wirksam, § 42 Abs. III. S. 4 UrhG. Diese Vorschrift regelt nur den Zeitpunkt des Wirksamwerdens der Rückrufserklärung und beeinflusst den Anspruch des Verwerters auf angemessene Entschädigung weder der Höhe noch dem Grunde nach.

Möchte der Urheber das Werk nach erfolgtem Rückruf dennoch wieder verwerten, ist er verpflichtet, dem ursprünglichen Inhaber des Nutzungsrechts ein angemessenes Angebot zu unterbreiten, § 42 Abs. IV. UrhG. Damit soll verhindert werden, dass der Urheber das Rückrufsrecht dazu missbraucht, sich aus einem ungünstigen bestehenden Vertrag zu lösen und ein besseres Angebot einzugehen (M. Schulze, Materialien, S. 471).

Auch auf das Rückrufsrecht wegen gewandelter Überzeugung kann im Voraus nicht verzichtet werden, seine Ausübung kann gar nicht ausgeschlossen werden. Sofern der Urheber verschiedene Nutzungsrechte eingeräumt hat, kann er diese auch

III. Vertragsgestaltung in der Stoffentwicklung

separat zurückrufen, sofern die Nutzungsrechte dinglich abspaltbar sind. Insofern muss auch für jede Nutzungsart eigenständig geprüft werden, ob gerade diese Nutzung für den Urheber unzumutbar ist. Hat der Urheber die Nutzungsarten in der Rückrufserklärung nicht einzeln spezifiziert, ist davon auszugehen, dass er die Gesamtheit aller eingeräumten Nutzungsrechte zurückrufen wollte.

Eine Alternative zum Rückruf eines Nutzungsrechts wegen gewandelter Überzeugung ist der Ausspruch eines Nennungsverbots, d.h. das Verlangen, dass das Werk zukünftig pseudonym oder anonym erscheint (vgl. Schricker/Dietz, § 42, Rd. 17). In diesem Fall wäre der Urheber nicht zur umfassenden Entschädigung des Verwerters verpflichtet, allenfalls zur Erstattung der Kosten für die Durchführung der Nennungsänderungen (z.B. Änderung des Abspanns). Auch könnte er weiterhin ungeschmälert an der Auswertung des Werkes gemäß dem Nutzungsvertrag partizipieren. Sofern ein Nennungsverbot nicht in Frage kommt, etwa weil die wahre Urheberschaft in der Öffentlichkeit zu bekannt ist, kann der Urheber aber auch nach Treu und Glauben verpflichtet sein, statt eines kompletten Rückrufs wegen gewandelter Überzeugung geringfügige Änderungen am Werk vorzunehmen (z.B. durch Herausschneiden bestimmter Szenen), falls dadurch die weitere Verwertung unter Achtung seiner berechtigten Interessen gewährleistet werden kann (vgl. Fromm/Nordemann/Nordemann, § 42, Rd. 6).

2.7.1.3. Rückruf bei Änderung der Unternehmensverhältnisse

Schon vor der Urheberrechtsreform konnte ein Nutzungsrecht ohne Zustimmung des Urhebers im Rahmen einer ganzen oder teilweisen Unternehmensveräußerung übertragen werden, § 34 Abs. III. S. 1 UrhG. Seit dem 01.07.2002 besitzt der Urheber aber einen Anspruch auf Rückruf dieses Nutzungsrechts, wenn ihm die Ausübung des Rechts durch den Erwerber nach Treu und Glauben nicht zugemutet werden kann, § 34 Abs. III. S. 2 UrhG. Ein Rückrufsrecht besteht auch dann, wenn sich nur die Beteiligungsverhältnisse am Unternehmen des Inhabers des Nutzungsrechts wesentlich ändern, § 34 Abs. III. S. 3 UrhG. Der Urheber kann auf das Rückrufsrecht nicht verzichten, § 34 Abs. V. S. 1 UrhG.

Aus der Stellung des Rückrufsrechts im dritten Absatz des § 34 UrhG könnte gefolgert werden, dass dieses nur im Falle der zustimmungsfreien Übertragung von Nutzungsrechten gegeben ist, nicht aber bei einer bereits im Vertrag ausdrücklich erteilten Zustimmung. Eine Zustimmung zum Zeitpunkt des Vertragsschlusses, also vor Änderung der Unternehmensverhältnisse, wäre aber stets nur eine formularmäßige, nicht auf den Einzelfall zugeschnittene Regelung. Eine solche käme einem Verzicht auf das Rückrufsrecht gleich und wäre deshalb gemäß § 34 Abs. V. S. 1 UrhG unzulässig. Möglich sind nur Individualabreden für den konkreten Einzelfall (vgl. auch Regierungsentwurf, in: Nordemann, Das neue Urhebervertragsrecht, S. 165).

Unklar ist, wann dem Urheber im Falle der Unternehmensveräußerung die Ausübung des Nutzungsrechts durch den Erwerber nach Treu und Glauben nicht zuzumuten ist. Fraglich ist, ob die Anforderungen unterhalb der Grenzen des Rückrufs wegen gewandelter Überzeugung gemäß § 42 UrhG sowie der außerordentlichen Kündigung aus wichtigem Grund nach § 314 BGB liegen (so Nordemann, Das neue Urhebervertragsrecht, S. 110; der Regierungsentwurf zieht hingegen die Parallele zum Kündigungsrecht aus wichtigem Grund, Regierungsentwurf, in: Nordemann, Das neue Urhebervertragsrecht, S. 165). Erforderlich ist jedenfalls eine konkret zu erwartende Verletzung der berechtigten Interessen des Urhebers, die gerade aus dem Hinzutreten der Person des neuen Erwerbers resultiert. Bei Werken aus der Unterhaltungsbranche werden derartige Konstellationen eher selten sein, da es dem Urheber gleichgültig ist, welcher Medienkonzern die Verwertung vornimmt. Seinen Hauptanwendungsbereich wird das Rückrufsrecht im Verlagswesen finden. Hier sind die Beziehungen zwischen Urheber und Verleger von einem persönlichen Vertrauensverhältnis geprägt.

Ebenfalls nicht eindeutig ist, wann eine zum Rückruf berechtigende wesentliche Änderung der Beteiligungsverhältnisse am Unternehmen des Rechteinhabers gegeben ist. Erforderlich ist, dass dem neuen Mitinhaber wesentliche Einflussmöglichkeiten auf die Art und Weise der Verwertung der Werke eingeräumt werden und gerade deshalb die Verletzung der berechtigten Interessen des Urhebers konkret zu erwarten ist. Dies wird stets im Einzelfall zu prüfen sein. Ob hierbei bereits Beteiligungen unterhalb der 25-%-Grenze (Nordemann, Das neue Urhebervertragsrecht, S. 111) oder erst oberhalb der einfachen Mehrheit (Partsch/Reich, AfP 2002, 298, 302) ausreichen, wird sich pauschal nicht bestimmen lassen. Auch geringe Beteiligungen (z.B. 5%) finanzstarker Gesellschafter können mit hohen Einflussmöglichkeiten im Unternehmen verbunden sein.

Ungleich den §§ 41, 42 UrhG sieht § 34 UrhG keine Entschädigung des Verwerters bei Rückruf des Nutzungsrechts vor.

2.7.2. Besonderheiten im Filmbereich

Die dargestellten Rückrufsrechte finden bei Filmwerken nur eingeschränkt Anwendung. Gemäß § 90 UrhG gelten die Bestimmungen über die Übertragung von Nutzungsrechten (§ 34 UrhG) sowie die Rückrufsrechte wegen Nichtausübung (§ 41 UrhG) oder gewandelter Überzeugung (§ 42 UrhG) nicht für die in den §§ 88 Abs. I., 89 Abs. I. UrhG genannten Rechte. Bis zum Beginn der Dreharbeiten finden sie auf das Recht zur Verfilmung allerdings Anwendung, § 90 S. 2 UrhG.

Die Rückrufsrechte sind demnach nur hinsichtlich der Auswertungsrechte am fertig gestellten Filmwerk (z.B. Vervielfältigung, Verbreitung, Vorführung, Funksendung, Verwertung von Übersetzungen, filmischen Bearbeitungen oder anderen Umgestaltungen des Filmwerks) ausgeschlossen. Nicht von dem Vorbehalt des § 90 UrhG umfasst ist damit der Rückruf des Verfilmungsrechts als solches, also des Rechts zur Benutzung der Werkvorlage zur Herstellung der Filmproduktion.

Sinn und Zweck des § 90 UrhG ist es, den Produzenten davor zu schützen, dass er die mit hohen Kosten hergestellte Filmproduktion z.B. wegen einer vernachlässigten Fernseh- oder Kinoauswertung oder einer gewandelten Überzeugung eines Drehbuch- oder Romanautors nicht mehr auswerten kann. Solange der Film noch nicht hergestellt ist, besteht ein solches Schutzbedürfnis auch nicht, das Verfilmungsrecht kann daher widerrufen werden. Da der Produzent das Filmwerk nicht mehr herstellen kann, werden damit dann auch die – an sich unwiderruflichen – Auswertungsrechte gegenstandslos.

III. Vertragsgestaltung in der Stoffentwicklung

Ferner nicht vom Ausschluss des § 90 UrhG betroffen sind m. E. die von den §§ 88, 89 UrhG nicht umfassten sonstigen filmischen Nutzungsrechte außerhalb des konkreten Filmwerks (z.B. Nutzung von Teilen des Filmwerks in anderen Filmwerken, sog. Klammerteilauswertung) sowie die außerfilmischen Nutzungsrechte (z.B. Soundtrack, „Buch zum Film", Merchandising, Bühnen- und Hörspielfassung). Hier ist ein Rückruf jederzeit möglich, sofern die Voraussetzungen der §§ 34 Abs. III., 41, 42 UrhG gegeben sind. Da diese Nutzungsrechte heute durchaus eine hohe wirtschaftliche Bedeutung haben können (z.B. Merchandising), wird § 90 UrhG seiner eigentlichen Schutzfunktion zugunsten des Filmherstellers nur bedingt gerecht.

> Im Beispiel Nr. 1 ist der Film noch nicht hergestellt worden, der Ausschluss des § 90 UrhG greift nicht. Aufgrund der dargestellten Interessenlage und der nicht schutzwürdigen Absichten des Produzenten wird der Urheber hier zum entschädigungslosen Rückruf des Verfilmungsrechts berechtigt sein. Im Beispiel Nr. 2 ist der Film bereits hergestellt und ausgewertet worden. Ein Rückruf nach § 42 UrhG ist nach § 90 UrhG für die von § 88 Abs. I. UrhG umfassten Rechte (Kino, Fernsehen, Video) ausgeschlossen. Für die nicht umfassten Rechte (Merchandising) könnte ein Rückruf im Einzelfall möglich sein, wobei der Produzent angemessen zu entschädigen wäre. Im Beispiel Nr. 3 wäre dementsprechend auch nur ein Rückruf der Nebenrechte (Merchandising) möglich. Hier dürfte ein wichtiger Grund für einen Rückruf gegeben sein.

3. Vertragsarten in der Stoffentwicklung

3.1. Verfilmungsvertrag

> Beispiel:
> Eine Autorin hat einen Roman geschrieben. Ein Produzent möchte diesen verfilmen und durch einen anderen Autor zu einem Drehbuch umarbeiten lassen.

Der Verfilmungsvertrag regelt die Überlassung eines vorbestehenden Werkes zum Zwecke der Verfilmung und Auswertung. Gegenstand des Vertrages sind alle möglichen Arten literarischer Stoffe wie Romane, Erzählungen, Kurzgeschichten, Comic-Hefte (z.B. „Der bewegte Mann", „Asterix") etc. Vertragsparteien des Verfilmungsvertrages sind auf der einen Seite der Autor der Vorlage bzw. dessen Verlag (falls sich dieser im Verlagsvertrag das Verfilmungsrecht einräumen ließ), sowie auf der Verwerterseite der Filmproduzent.

Bei den Stoffen, die den Gegenstand von Verfilmungsverträgen bilden, handelt es sich um die so genannten vorbestehenden Werke, welche nicht vornehmlich zum Zwecke einer späteren Verfilmung hergestellt worden sind, sondern auf einem eigenständigen Markt separat ausgewertet werden können (s.o. A.III.2.5.2.). Zur filmischen Umsetzung der vorbestehenden Werke ist in der Regel eine weitere Umarbeitung zu einem Drehbuch erforderlich, welches nur selten vom Autor der Vorlage, sondern einem mit den Besonderheiten der Drehbucherstellung vertrauten Autor vorgenommen wird. Zum Zwecke der Herstellung dieser so genannten „filmbestimmt geschaffenen Werke" schließt der Produzent mit dem Drehbuchautoren einen so genannten Stoffentwicklungsvertrag (s.u. A.III.3.2.).

Rechtlich ist der Verfilmungsvertrag ein urheberrechtlicher Lizenzvertrag eigener Art, auf den die Vorschriften des Kauf- bzw. Pachtvertrages ergänzend Anwendung finden können (v. Hartlieb/Schwarz/Schwarz/Reber, Kap. 93, Rd. 3). Hauptleistungspflichten sind für den Urheber die Einräumung der für die Verfilmung und Dauer der Auswertung notwendigen Rechte, für den Produzenten die Zahlung der korrespondierenden Vergütung. Eine Verpflichtung zur Herstellung des Filmwerks schließt der Produzent in der Regel ausdrücklich aus; das Rückrufsrecht des Autors gemäß § 41 UrhG bleibt insofern unberührt, § 90 UrhG (s.o. A.III.2.7.2.).

Im Rahmen der Rechteeinräumung erwirbt der Produzent das Verfilmungsrecht, also das Recht, das Werk zur Herstellung eines Filmwerks zu verwenden. Dieser Vorgang stellt eine Bearbeitung im Sinne von § 23 UrhG dar, ein eigenständiges „Verfilmungsrecht" im Sinne eines Verwertungsrechts gemäß den §§ 15 ff. UrhG gibt es nicht (s.o. A.I.6.2.2.3.5.). In diesem Zusammenhang ist auch die Frage der Einräumung des Rechts zur Wiederverfilmung, also zur Herstellung von Remakes, zu klären.

Von dem Verfilmungsrecht als solchem zu unterscheiden ist die Einwilligung zur Vornahme sonstiger Bearbeitungen oder Umgestaltungen am vorbestehenden Werk, um dieses überhaupt verfilmbar zu machen. Wie dargelegt, wird dem Produzenten diese Bearbeitungsbefugnis im Zweifel nach § 88 Abs. I. UrhG ebenfalls eingeräumt, wobei aber eine zusätzliche Ausgestaltung des Umfangs dieser Ermächtigung im Verfilmungsvertrag zu empfehlen ist.

Im Rahmen der eingeräumten Bearbeitungsbefugnisse sind dem Filmhersteller inhaltlich Grenzen nur im Falle grober Entstellungen gesetzt (§ 93 UrhG), sofern hier keine weitergehende Beschränkung der Bearbeitungsfreiheit vereinbart wird. Es ist allerdings die Frage, inwieweit der Autor eine solche Stärkung seiner Persönlichkeitsrechte im Vertrag festzuschreiben vermag. Unter Umständen kann der Autor gewisse Verfälschungen vorhersehen und ausschließen bzw. mit Zustimmungsvorbehalten versehen. Gleichwohl hat der Produzent ein großes Interesse daran, möglichst frei über weitgehende Änderungen und Anpassungen entscheiden zu können. Dies gilt insbesondere deshalb, weil der Romanautor grundsätzlich in die Stoffentwicklung und Produktion nicht eingegliedert ist und eine ständige Rücksprache im Schaffensprozess unbefriedigend oder gar unmöglich wäre. Soll die Filmproduktion inhaltlich sehr von der Vorlage abweichen, ist es für den Produzenten sinnvoller, das geplante Filmwerk im Vertrag näher zu beschreiben. Erteilt der Autor durch Unterzeichnung des Vertrages dann seine Zustimmung hierzu, können diese gemeinsam erörterten Änderungen nicht mehr eine Entstellung im Sinne der §§ 14, 93 UrhG bedeuten (M. Schwarz, in: Becker/Schwarz, Aktuelle Rechtsprobleme der Filmproduktion und Filmlizenz, S. 203, Fn. 10).

In diesem Zusammenhang ist auch zu klären, inwieweit dem Produzenten das Weiterentwicklungsrecht eingeräumt wird, um auf der Grundlage des Ausgangsstoffes z.B. Sequels, Prequels oder Spin-Offs herstellen zu können (s.o. A.II.1.1.2.).

Weiterhin bedarf der Produzent der Einräumung der entsprechenden Auswertungsrechte, wobei hier zu berücksichtigen ist, ob es sich z.B. um eine vornehmlich für die Kino-, Fernseh-, Video- oder Internetauswertung vorgesehene Produktion handelt. Der Autor möchte sich unter Umständen gewisse Auswertungsrechte vor-

III. Vertragsgestaltung in der Stoffentwicklung

behalten, um sein Werk in anderen Marktsegmenten lukrativer zu verwerten (z.B. das Recht zur Herstellung einer Bühnenfassung behalten). Dem Produzenten wird andererseits daran gelegen sein, möglichst umfassend alle denkbaren Auswertungsrechte zu erwerben. Entscheidend für das Verhandlungsergebnis werden hier letztendlich der Marktwert des Autors und das Verhandlungsgeschick der Vertragsparteien sein.

Treffen die Vertragsparteien keine konkrete Abrede über den Umfang der Auswertungsrechte, findet die Auslegungsregel des § 88 UrhG Anwendung, wonach der Produzent im Zweifel das Recht erwirbt, das Filmwerk, seine Übersetzungen und anderen filmischen Bearbeitungen auf alle Nutzungsarten auszuwerten (s.o. A.III.2.5.). Im Rahmen der Darstellung des § 88 UrhG wurde bereits darauf hingewiesen, dass diese Vorschrift gerade im Hinblick auf die nicht umfassten außerfilmischen Nebenrechte den tatsächlichen Interessen des Produzenten nicht gerecht wird und auf eine ausführliche Ausgestaltung der Bestimmungen zur Rechteeinräumung im Vertrag nicht verzichtet werden kann.

Für die Kinoauswertung bedarf der Produzent der Einräumung des Nutzungsrechts zur Vorführung des Werkes im Sinne von § 19 Abs. IV. UrhG, d.h. des Rechts, das Filmwerk durch technische Einrichtungen öffentlich wahrnehmbar zu machen. Hierbei sollten neben der traditionellen Vorführung in Kinotheatern auch sonstige, gewerbliche oder nicht-gewerbliche Nutzungen wie Closed-Circuit-Vorführungen (z.B. in Flugzeugen oder auf Schiffen) aufgeführt werden.

Für die Fernsehauswertung ist die Einräumung des Senderechts nach § 20 UrhG, d.h. des Rechts, das Filmwerk durch Funk, wie Ton- und Fernsehrundfunk, Satellitenrundfunk, Kabelfunk oder ähnliche technische Mittel, der Öffentlichkeit beliebig oft zugänglich zu machen, erforderlich. Hier sollten neben Free-TV auch Pay-TV, Pay-per-View und Closed-Circuit-TV (z.B. in Krankenhäusern, Hotels) aufgenommen werden.

Ferner sollten die Zugriffs- und Abrufdienste in Erwägung gezogen werden, wie z.B. Video-on-Demand. Diese Nutzungsarten sind dem Recht der Zugänglichmachung nach § 19a UrhG zuzuordnen. (s.o. A.I.6.2.2.). Will der Produzent in diesem Zusammenhang bestimmte Onlinenutzungen wahrnehmen (z.B. Pull- & Push-Media im Internet), so sind diese entsprechend aufzuführen und ausreichend zu konkretisieren. Dies gilt insbesondere dann, wenn es sich um zwar technisch bekannte, wirtschaftlich aber noch unbedeutende Nutzungsarten handelt (s.o. A.III.2.4.).

Möchte der Produzent die Videorechte erwerben, ist die Einräumung des Videogrammrechts bzw. des Rechts zur audiovisuellen Verwertung erforderlich. Dieses umfasst die Rechte zur Vervielfältigung, Verbreitung und Vermietung von Bild-Tonträgern jeder Art zum Zwecke der öffentlichen oder nicht-öffentlichen Wiedergabe; hier sollten alle bekannten Systeme wie DVD, Videokassetten, Bildplatten, Schmalfilm etc. aufgeführt werden.

Ferner sollte sich der Produzent die Werbungs- und Klammerteilauswertungsrechte einräumen lassen, um den Film ordnungsgemäß bewerben und Trailer etc. anfertigen zu können. Ebenfalls von Interesse ist das so genannte Drucknebenrecht, welches sich über das „Buch zum Film" hinaus auch auf sonstige Inhaltsangaben,

Werbetexte oder Zusammenfassungen erstreckt. Das Verlagsrecht, also das Recht zur buchmäßigen Vervielfältigung und Verbreitung des vorbestehenden Werkes selbst, wird in der Regel nicht eingeräumt, da diese Nutzung von dem Originalverlag vorgenommen wird. Weiterhin ist über eine Übertragung der Merchandisingrechte für Waren (z.B. Spiel, Textilien, Haushaltsartikel) und sonstige Dienstleistungen (z.B. Themenparks) nachzudenken.

Gemäß § 90 UrhG kann der Urheber hinsichtlich der in § 88 Abs. I. UrhG bezeichneten Rechte keine Ansprüche auf Rückruf wegen Unternehmensveräußerung (§ 34 UrhG), Nichtausübung (§ 41 UrhG) oder gewandelter Überzeugung (§ 42 UrhG) geltend machen. Für das Verfilmungsrecht als solches gilt dieser Ausschluss allerdings erst mit Beginn der Dreharbeiten. Vertragliche Rückrufsrechte oder automatische Rechterückfallklauseln für den Fall, dass der Produzent nach Beginn der Dreharbeiten den Film nicht binnen einer bestimmten Frist fertig stellt, sollte der Produzent nicht akzeptieren. Die Fertigstellung eines Films kann sich aufgrund unvorhergesehener Zwischenfälle (Finanzierungsschwierigkeiten, Ausfall eines Koproduktionspartners, Regisseurs oder Hauptdarstellers) leicht mehrere Jahre verzögern. Ein vorzeitiger Rechterückfall würde alle an der Produktion Beteiligten ruinieren. Auch werden derartige Klauseln im Zweifel nicht von den Finanzierungspartnern und Versicherungen (z.B. Completion Bond) akzeptiert. Ferner sollte der Produzent bedenken, dass die zu seinen Gunsten in § 90 UrhG geregelte Beschränkung der Zustimmungs- und Rückrufsrechte des Urhebers nur für die von § 88 Abs. I. UrhG umfassten Nutzungsrechte gilt und insbesondere nicht die außerfilmischen Nutzungsrechte umfasst. Im Hinblick auf die nicht von § 88 Abs. I. UrhG umfassten Nutzungsrechte sollte die Ausübung des Rückrufs wegen Nichtausübung nach § 41 UrhG auf 5 Jahre ausgeschlossen werden; das Recht zur zustimmungsfreien Weiterübertragung von Nutzungsrechten auf Dritte sollte sich auf alle Nutzungsrechte erstrecken.

Hinsichtlich der Vertragsdauer ist zwischen der Ausschließlichkeit des Verfilmungsrechts und der Dauer der Auswertungsrechte zu unterscheiden. Während man die Exklusivität des Verfilmungsrechts vielleicht auf 10 Jahre entsprechend § 88 Abs. II. UrhG begrenzen könnte, wird der Produzent die Auswertungsrechte für die Dauer der gesetzlichen Schutzfristen erwerben wollen. Sofern eine zeitliche Begrenzung der Auswertungsrechte erfolgt (z.B. auf 15 Jahre), sollte sich diese Frist nur auf die Rechte zur ausschließlichen Nutzung des Filmwerks erstrecken. Der Produzent sollte auch nach Ablauf der Lizenzdauer berechtigt sein, das Filmwerk auf nichtausschließlicher Basis weiterhin auszuwerten, andernfalls sollte zumindest die Möglichkeit von Verlängerungsoptionen vorgesehen werden (so M. Schwarz, in: Becker/Schwarz, Aktuelle Rechtsprobleme der Filmproduktion und Filmlizenz, S. 214, Fn. 74; für eine absolute Begrenzung dieser Auswertungsrechte unter Berücksichtigung der Verlegerinteressen des verfilmten Buches, Fette, in: Recht im Verlag, S. 272).

Bei der Ausgestaltung der Vergütung hat der Produzent die Änderungen des „Gesetzes zur Stärkung der vertraglichen Stellung von Urhebern und ausübenden Künstlern" zu beachten. Nach § 32 UrhG hat der Urheber einen unverzichtbaren Anspruch auf Zahlung einer angemessenen Vergütung für die Einräumung von Nutzungsrechten. Wird eine geringere Vergütung vereinbart, kann der Urheber den

III. Vertragsgestaltung in der Stoffentwicklung

Vertragspartner auf Einwilligung in eine Vertragsanpassung verklagen, die ihm eine angemessene Vergütung gewährt. Ergänzend hierzu genießt der Urheber Schutz nach dem so genannten „Bestsellerparagraphen" (§ 32a UrhG), wonach er – bei Vorliegen eines auffälligen Missverhältnisses von Vergütung und den aus der Nutzung gezogenen Erträgen und Vorteilen – vom Produzenten ebenfalls die Einwilligung in eine Anpassung des Vertrages verlangen kann, die ihm eine angemessene Beteiligung sichert (s.o. A.III.2.6.). Der Anspruch aus § 32 UrhG kann grundsätzlich nur gegenüber dem Vertragspartner des Urhebers, der Anspruch aus § 32a UrhG auch gegenüber jedem weiteren Lizenznehmer des Vertragspartners geltend gemacht werden. In der – nicht seltenen – Konstellation, dass der Urheber das Verfilmungsrecht seinem Verlag eingeräumt hatte und dieser den Verfilmungsvertrag mit dem Produzenten schließt, könnte der Urheber seinen Anspruch auf angemessene Vergütung (§ 32 UrhG) also nur gegenüber dem Verlag als seinen Vertragspartner durchsetzen. Im Einzelfall kann sich jedoch aus § 34 Abs. IV. UrhG eine gesamtschuldnerische Haftung des Produzenten hinsichtlich der sich aus dem Verlagsvertrag mit dem Urheber resultierenden Verpflichtungen ergeben, wenn die Veräußerung des Rechts als translative Rechteverfügung im Sinne von § 34 UrhG zu werten ist (s.o. A.III.2.6.1.2.6.). Die gesamtschuldnerische Haftung kann dann nur dadurch ausgeschlossen werden, dass der Urheber der Übertragung des Nutzungsrechts im Einzelfall ausdrücklich zustimmt (eine formularmäßige Bestimmung im Verlagsvertrag reicht nicht). Der Produzent sollte deshalb in jedem Fall die ausdrückliche Zustimmung des Urhebers zum Verfilmungsvertrag erwirken (idealerweise durch eigenhändige Unterzeichnung einer Zustimmungserklärung auf dem Vertragsformular durch den Urheber).

Auf die Schwierigkeiten bei der Bestimmung der angemessenen Vergütung wurde bereits hingewiesen (s.o. A.III.2.6.1.2.). Fraglich ist insbesondere, ob pauschale Vergütungen zur Abgeltung aller filmischen und außerfilmischen Nutzungsrechte sowie Wiederverfilmungsrechte (so genannte Buy-Out-Honorare) möglich sind. Rechteeinräumungen zu einem Festpreis bergen stets das Risiko der Unangemessenheit in sich. Bei umfangreichen Rechtekatalogen sollten Pauschalhonorare immer in Kombination mit anderen Vergütungsmodellen vereinbart werden.

So können die Parteien ergänzend eine prozentuale Beteiligung vorsehen, entweder gemessen an den Gesamterlösen oder differenziert nach Nutzungsarten unter Verwendung unterschiedlicher Verteilungsschlüssel. Nettoerlösbeteiligungsansprüche dürften nach § 32 UrhG unredlich sein. Gerecht werden § 32 UrhG in erster Linie Bruttoerlösbeteiligungen, insbesondere wenn die Beteiligung des Autors „ab dem ersten Euro" greift (d.h. vor Rückspiel von Kosten). Sofern der Autor an den Bruttoerlösen ab Erreichen des „Break-even" beteiligt wird, ist der Kostendeckungspunkt genau zu definieren. Andernfalls besteht die Gefahr, dass es zu dem Problem des „Rolling-Break-even" kommt und der Film – angesichts ständig neu erwachsender Kostenpositionen – niemals die Gewinnschwelle erreicht. Bei der Abrechnung hat der Produzent die „Grundsätze sparsamer Wirtschaftsführung" gemäß den Richtlinien für Projektfilmförderung der FFA zu beachten. Diese können auch ausdrücklich zum Vertragsinhalt gemacht werden, andernfalls werden diese m.E. aufgrund der Branchenübung im Zweifel auch stillschweigend vereinbart. Im Falle der Einräumung der Rechte zur Herstellung von Remakes, Prequels oder Sequels sind Zusatzvergütungen notwendig, die sich an der Grundvergütung für die Erstverfilmung orientieren können.

Auch ist es üblich, die Höhe der Autorenvergütung von dem Budget des Filmes abhängig zu machen. Das Budget eines Filmes ist der vor Beginn der Produktion aufgestellte Haushalt, Etat oder Kostenplan; in der Regel in Form einer Zusammenstellung der zu erwartenden Kosten des Filmes einerseits, und der zur Deckung dieser Kosten zur Verfügung stehenden Mittel andererseits (OLG München ZUM 1999, 579, 581 – approved budget of film). Um Auslegungsschwierigkeiten zu vermeiden, sollte das zur Berechnung des Autorenhonorars maßgebliche Budget so genau wie möglich im Vertrag definiert werden (zur Auslegung einer Bestimmung in einem Regievertrag vgl. OLG München, ZUM 1999, 579, 581 – approved budget of film). Auch hier ist die Angemessenheit der Vergütung wieder anhand der Umstände des Einzelfalls zu prüfen (s.o. A.III.2.6.1.2.4.).

Ergänzend können auch Bonuszahlungen bei einem besonderen Erfolg des Filmwerks (so genannte „Escalator-Regelungen") vereinbart werden.

Falls der Autor auf seinen Erlösbeteiligungsanspruch Vorschüsse erhält, sind diese in aller Regel anrechenbar, aber nicht rückzahlbar.

Von Gesetzes wegen hat der Autor dem Produzenten die Nutzungsrechte frei von Rechten Dritter zu verschaffen und haftet für den rechtlichen Bestand der Nutzungsrechte, §§ 435, 453 BGB (bei fehlendem Rechtebestand werden auch die Regeln über die Unmöglichkeit nach den §§ 311a, 275 ff. BGB angewandt, v. Hartlieb/Schwarz/Schwarz/Reber, Kap. 93, Rd. 34 ff.). Erfüllt der Autor diese Pflichten nicht, kann er zum Schadensersatz verpflichtet sein, §§ 280 ff., 437 Nr. 3 BGB. Wird der Produzent von den eigentlichen Rechtsinhabern in Anspruch genommen, kann er sich an dem Autor schadlos halten.

Der Schadensersatz erfordert allerdings ein Verschulden (Vorsatz, Fahrlässigkeit) auf Seiten des Urhebers. Ergänzend werden in urheberrechtlichen Nutzungsverträgen deshalb umfangreiche Rechtegarantien und Freistellungsansprüche aufgenommen, die einen verschuldensunabhängigen Schadensersatzanspruch des Produzenten begründen.

Ist Vertragspartner des Produzenten nicht der Originalurheber, sondern ein nachfolgender Lizenznehmer des Autoren (z.B. ein Verlag), sollte sich der Produzent von diesem die lückenlose Rechtekette (sog. „Chain of title") dokumentieren lassen, um ein eigenes Verschulden im Falle einer Urheberrechtsverletzung entsprechend auszuschließen.

Der Nennungsanspruch des Autors im Vor- und/oder Abspann sollte genau geregelt werden, auch, ob sich dieser auf sonstige Werbeträger (z.B. Filmplakate) beziehen soll. Auch ohne vertragliche Regelung hat der Autor eines vorbestehenden Werkes (z.B. einer Romanvorlage) – neben einem späteren Drehbuchautor – als Ausfluss seines Urheberpersönlichkeitsrechts gemäß § 13 UrhG einen eigenen Nennungsanspruch (s.o. A.I.6.1.2.). Er kann allerdings nicht verlangen, dass er auch als Drehbuchautor genannt wird, wenn er an dem Drehbuch nicht entsprechend mitgearbeitet hat.

3.2. Stoffentwicklungsvertrag

Beispiel:
Der Produzent hat die Verfilmungsrechte an dem Roman erworben und möchte nun die Drehbuchautorin mit der Erstellung eines Drehbuchs beauftragen.

Der Stoffentwicklungsvertrag regelt die Entwicklung eines Drehbuchs, entweder auf der Grundlage eines vorbestehenden Werkes (z.B. Roman, Comic) oder ohne Vorlage („from scratch"), zum Zwecke der Verfilmung und Auswertung. Vertragspartner sind auf der Urheberseite der Drehbuchautor, auf der Verwerterseite der Filmproduzent.

Rechtlich stehen beim Stoffentwicklungsvertrag zunächst die werkvertraglichen Elemente im Vordergrund; Hauptleistungspflichten sind für den Drehbuchautoren die Erstellung und Ablieferung des Drehbuchs, für den Produzenten die Abnahme des Werkes sowie die Zahlung der entsprechenden Vergütung. Daneben enthält der Stoffentwicklungsvertrag in der Verpflichtung des Autors zur Einräumung der für die Verfilmung und Auswertung erforderlichen Rechte wesentliche Merkmale des urheberrechtlichen Lizenzvertrages, auf welchen auch die Regeln des Kauf- und Pachtvertrages ergänzend Anwendung finden können.

Die Erstellung des Drehbuchs ist ein zeitintensiver Prozess und wird in der Regel in mehreren Stufen vollzogen: Anfänglich liegt dem Produzenten meist nur ein kurzes Exposé von 3–5 Seiten vor, welches das Filmprojekt in groben Zügen konzeptionell entwirft. Auf dieser Grundlage wird der Produzent den Autoren zunächst mit der Erstellung eines vielleicht 30–60seitigen Treatments beauftragen, in welchem die Personen, Schauplätze, Handlungen und vielleicht auch einzelne Dialoge weiter auszuarbeiten sind. Nach Abnahme des Treatments wird der Produzent den Autoren mit der Entwicklung einer oder mehrerer Drehbuchfassungen beauftragen. In der Regel wird der Autor zunächst eine Rohfassung entwerfen, welche dann – je nach Umfang der Produktion – zu weiteren Zwischenfassungen erweitert wird. Am Ende des Entwicklungsprozesses steht die so genannte kurbelfertige Drehbuchfassung, also das zur Verfilmung taugliche Drehbuch einschließlich aller ausformulierten Dialoge und eventuell notwendigen Anweisungen und Einstellungen (Regie, Kamera, Ton, Musik, Drehorte etc.).

Die Untergliederung der Drehbucherstellung in verschiedene Stufen macht es notwendig, die gegenseitigen Liefer- und Abnahmeverpflichtungen so genau wie möglich im Vertrag festzulegen. In der Regel hat der Autor gewisse Lieferfristen einzuhalten, binnen derer die einzelnen Drehbuchfassungen dem Produzenten zur Abnahme vorzulegen sind. Während dieser so genannten Leistungszeiten sollte der Drehbuchautor dem Produzenten vorrangig zur Verfügung stehen. Innerhalb dieses Zeitraums hat sich der Autor der Eingehung anderweitiger Verpflichtungen zu enthalten, die seine Arbeit für den Produzenten beeinträchtigen könnten. Dem Produzenten sollte nach Ablieferung eine ausreichende Lesezeit eingeräumt werden, bevor er sich zur Abnahme erklären muss.

Ist das Werk vertragsgemäß hergestellt, ist der Produzent zur Abnahme verpflichtet; wegen unwesentlicher Mängel kann die Abnahme nicht verweigerden, § 640 Abs. I. BGB. Der Produzent kann die Abnahme aber dann verweigern, wenn der Drehbuchautor etwaige inhaltliche Vorgaben des Produzenten (z.B. Verlauf der Story, Charaktere der Hauptfiguren, Genre des Films) oder fachliche bzw. technische Standards (Aufbau und Formalien eines Screenplays) nicht eingehalten hat. Eine Verweigerung der Abnahme aus rein künstlerischen Gründen dürfte nicht möglich sein, erst recht dann nicht, wenn das Werk im Einklang mit dem bisherigen künstlerischen Schaffen des Autors steht. Erklärt sich der Produzent bis zum Ablauf der Lesezeit überhaupt nicht, kann für diesen Fall eine Abnahmefiktion vereinbart werden. Der Autor kann dem Produzenten nach § 640 Abs. I. BGB aber auch eine angemessene Frist setzen, binnen derer das Werk abzunehmen ist. Nach Ablauf der Frist gilt das Werk als abgenommen, sofern der Produzent dazu verpflichtet war. Spätestens bei Beginn der filmischen Umsetzung des Drehbuchs, also am ersten Drehtag, ist die Abnahme aber auch konkludent erklärt.

Hinsichtlich der Rechteeinräumung gilt im Wesentlichen das zum Verfilmungsvertrag Gesagte. Neben den allgemeinen Auswertungsrechten für Kino, TV, Video und Internet sollte sich der Produzent hier auch das Verlagsrecht, d.h. das Recht zur Vervielfältigung und Verbreitung des Drehbuchs in Buchform, einräumen lassen. Die Herausgabe solcher Original-Screenplays kann bei erfolgreichen Filmen zu einer einträglichen Einnahmequelle werden. Folgt man der Ansicht, dass in Drehbuchverträgen – anders als in Verfilmungsverträgen – die Bearbeitungsbefugnisse im Sinne von § 88 Abs. I. Nr. 1 UrhG stillschweigend abbedungen werden (s.o. A.III.2.5.2.2.), müsste sich der Produzent diese Rechte wiederum im Vertrag ausdrücklich einräumen lassen. Ebenfalls zu erörtern wäre dann die Frage, ob dem Produzenten für den Fall der Nichtabnahme einer Drehbuchfassung das Recht zusteht, den Drehbuchstoff durch andere Autoren weiterzuentwickeln bzw. fertig zu stellen. In Ermangelung einer vertraglichen Vereinbarung wird der Produzent hierzu wohl nicht berechtigt sein.

Auch hinsichtlich der Vergütung kann auf die Ausführungen zum Verfilmungsvertrag verwiesen werden. Auch dem Drehbuchautor steht als Urheber der unverzichtbare Anspruch auf angemessene Vergütung nach § 32 UrhG sowie auf weitere angemessene Beteiligung nach § 32a UrhG zu. Daher bietet sich auch hier die Kombination von Pauschal- und Beteiligungsvergütungen an. Für den Fall wiederholter Ausstrahlungen des Films im Fernsehen ist die Zahlung von Wiederholungshonoraren angemessen. Der Produzent sollte sich bemühen, derartige Verpflichtungen an die Sendeunternehmen weiterzugeben.

Die Fälligkeit der Vergütung wird sich in der Regel an den jeweiligen Entwicklungsstufen orientieren. So ist es üblich, das Honorar entsprechend der Anzahl der Treatment- und Drehbuchfassungen aufzubrechen und die Teilbeträge bei Abnahme der Einzelfassungen fällig zu stellen. Der Autor kann aber auch ohne eine solche Vereinbarung für in sich abgeschlossene Teile des Drehbuchs, d.h. einzelne Drehbuchfassungen, gemäß § 632a BGB Abschlagszahlungen verlangen, wenn er zugleich dem Produzenten für diese Teile die entsprechenden Rechte überträgt oder Sicherheit hierfür leistet.

Im Falle einer unberechtigten Verweigerung der Abnahme bleibt der Vergütungsanspruch des Autors bestehen. Zu beachten ist, dass der Produzent gemäß § 649 BGB den Werkvertrag jederzeit kündigen kann, sofern dieses Kündigungsrecht nicht vertraglich auf das Vorliegen eines wichtigen Grundes beschränkt wird (Palandt/Sprau, § 649, Rd. 12). Bei einer Kündigung nach § 649 BGB behält der Autor ebenfalls seinen ursprünglichen Vergütungsanspruch, er muss sich allerdings ersparte Aufwendungen bzw. anderweitige Verdienste und böswillig unterlassene Erwerbsmöglichkeiten anrechnen lassen, § 649 S. 2 BGB. Die Parteien können für den Fall einer solchen Kündigung aber auch angemessene Entschädigungsregelungen vereinbaren, die die bisherige Leistung des Autors berücksichtigen (auch durch AGB, vgl. OLG Hamburg ZUM-RD 1998, 557 – Dr. Monika Lindt). Auch im Hinblick auf § 32 UrhG sollte der Vertrag – unabhängig vom Grund der Vertragsbeendigung – stets Ausfallhonorare bzw. Abfindungen vorsehen, sofern eine Weiterentwicklung des Stoffes geplant ist und eigenschöpferische Beiträge des Drehbuchautors in späteren Fassungen Verwendung finden könnten.

Ferner sollte der Nennungsanspruch des Drehbuchautoren konkretisiert werden, insbesondere sind Rangfolge und genaue Bezeichnung des Autoren dann von Bedeutung, wenn neben diesem noch weitere Personen, wie der Autor der Romanvorlage, Co-Autoren oder Scriptberater an der Stoffentwicklung beteiligt waren und genannt werden möchten.

Da der Drehbuchautor, mehr als der Autor einer Romanvorlage, sehr eng mit dem Produzenten zusammenarbeitet und Einblicke in den Produktionsablauf erhält, bietet sich die Aufnahme einer Geheimhaltungspflicht bezüglich solcher interner Vorgänge an.

3.3. Gestattungsvertrag (Depiction Release)

Beispiel:
Ein Produzent möchte ein Doku-Drama über einen Massenmörder herstellen. Neben der Darstellung der Lebensgeschichte möchte er sowohl allgemeinzugängliche Foto- und Filmaufnahmen, als auch Privataufnahmen und Tagebuchaufzeichnungen aus dem Besitz des Massenmörders verwenden und informatorische Interviews mit ihm führen.

Unter einem Depiction Release versteht man die Einverständniserklärung eines Betroffenen zur Nutzung bestimmter persönlicher Daten aus seinem Leben (z.B. Namen, Details aus dem Berufs- oder Privatleben, Bildnisse) für ein Filmwerk (z.B. ein Doku-Drama oder Biopic). Oftmals beinhalten solche Verträge neben dieser Einwilligung zusätzliche Mitwirkungs- und Informationspflichten des Betroffenen. Vertragspartner sind der Betroffene, entweder eine Privatperson oder eine relative bzw. absolute Person der Zeitgeschichte, sowie der Filmproduzent.

Eine Übertragung von Rechten an der eigenen Lebensgeschichte gibt es nicht. Das eigene Leben ist kein eigenschöpferisches Werk im Sinne des Urheberrechtsgesetzes. In letzter Zeit ist allerdings in Literatur und Rechtsprechung vermehrt eine Tendenz zur Kommerzialisierung des Persönlichkeitsrechts durch Stärkung der vermögensrechtlichen Interessen der Inhaber zu beobachten. So hat der BGH nunmehr die Vererblichkeit vermögensrechtlicher Bestandteile des Persönlichkeitsrechts anerkannt (BGH NJW 2000, 2195, 2197 – Marlene Dietrich; BGH, Urt. v. 05.10.2006,

I ZR 277/03 – Klaus Kinski). Die sich hieraus ergebenden Rechtspositionen sind aber nicht mit den urheberrechtlichen Ausschließlichkeitsrechten vergleichbar; sie dürfen nicht dazu führen, dass der Rechteinhaber die Art und Weise der Darstellung der verstorbenen Personen kontrollieren oder steuern kann (BGH, Urt. v. 05.10.2006, I ZR 277/03 – Klaus Kinski). Ein frei übertragbares „right of publicity", wie es z.B. einige US-Bundesgesetze etabliert haben, gibt es in Deutschland allerdings nicht (kritisch zu den hiesigen richterrechtlichen Tendenzen: Peifer, GRUR 2002, 495, 500).

Das Depiction Release hat damit weniger eine dingliche Übertragung von Rechten zum Gegenstand, als vielmehr eine schuldrechtliche Verpflichtung des Betroffenen, sich gegenüber dem Produzenten der Geltendmachung eventueller Abwehr- oder Schadensersatzansprüche zu enthalten, die ihm vielleicht im Zuge der Filmherstellung und -auswertung erwachsen könnten. Wie dargelegt, kann die Verfilmung der Lebensgeschichte einer tatsächlichen Person insbesondere Ansprüche aus dem allgemeinen Persönlichkeitsrecht (§ 823 BGB), dem Namensrecht (§ 12 BGB) und dem Bildnisschutz (§ 22 KUG) begründen.

Da der Betroffene dem Filmhersteller an den persönlichen Daten seines Lebens keine Nutzungsrechte einräumt, sondern deren Benutzung lediglich gestattet, spricht man demzufolge von einem „Gestattungsvertrag" (vgl. z.B. Palandt/Heinrichs/Ellenberger, § 12, Rd. 20). Da ein solcher nur schuldrechtlicher Natur ist, entfaltet er keine Wirkung gegen Dritte (vgl. Palandt/Heinrichs/Ellenberger, § 12, Rd. 20). Der Produzent kann aus dieser Rechtsposition heraus Zuwiderhandlungen Dritter – z.B. einer unbefugte Verwendung von persönlichen Daten des Betroffenen durch einen anderen Filmproduzenten – nicht entgegentreten (zur Ausnahme bei Bruch einer Exklusivitätsabrede s.u.). Allerdings kann der Betroffene selbst gegenüber dem Dritten solche Ansprüche geltend machen, sofern hierdurch in seine Rechte nach den §§ 12, 823 BGB, § 22 KUG eingegriffen wird und seine berechtigten Interessen verletzt sind (s.o. A.II.2.1.).

Der Umfang der Gestattung zur Nutzung der persönlichen Lebensdaten ist im Vertrag so konkret wie möglich zu spezifizieren, in Zweifelsfällen bemisst er sich wiederum nach den Grundsätzen der Zweckübertragungstheorie. Die Zweckübertragungstheorie entfaltet als allgemeiner Rechtsgrundsatz im gesamten Bereich des immateriellen Rechtsschutzes Bedeutung und findet auch hier entsprechende Anwendung. Danach gestattet der Betroffene die Nutzung seiner persönlichen Daten nur insoweit, als dies zur Erfüllung des gemeinsamen Vertragszwecks unbedingt erforderlich ist.

> Mangels einer anderweitigen Vereinbarung ist der Produzent im Beispiel nur zur Herstellung eines Filmwerks, nicht aber auch eines Computerspiels berechtigt.

Allerdings sind den Parteien bei der Vertragsgestaltung auch Grenzen gesetzt. Grundsätzlich kann der Betroffene Tatsachen aus dem Bereich seiner Individual- bzw. Sozialsphäre nach Belieben zur Verfilmung freigeben. Diese Tatsachen berühren nur das Wirken des Betroffenen in der Öffentlichkeit sowie im Berufsleben und sind der Allgemeinheit ohnehin zugänglich. Der Betroffene kann sich demnach auch selbst zu einer weitergehenden Verbreitung dieser Tatsachen in der Öffentlichkeit –

III. Vertragsgestaltung in der Stoffentwicklung

z.B. durch Verfilmung – entscheiden. Ebenso frei verfügen kann der Betroffene über Tatsachen aus dem Bereich der Privatsphäre, z.B. aus dem häuslichen und familiären Leben. Solche Ereignisse sind zwar grundsätzlich der Allgemeinheit verborgen; es bleibt dem Betroffenen aber vorbehalten, selbst zu entscheiden, ob und inwieweit er Tatsachen aus diesem Bereich preisgeben und damit seinem öffentlichen Wirken zuordnen möchte. Eine Ausnahme gilt nur bei solchen Darstellungen, die den Bereich der Intimsphäre oder den Kernbereich der Menschenwürde berühren. Diese Rechte genießen einen absoluten Schutz und stehen – auch für den Betroffenen – nicht zur Disposition. Im Ergebnis kann sich der Produzent somit keinen Freibrief für die Vornahme schwerwiegender Persönlichkeitsrechtsverletzungen erteilen lassen.

Regelmäßig übernimmt der Betroffene auch bestimmte Mitwirkungs- und Informationspflichten. Danach kann der Betroffene verpflichtet sein, dem Produzenten während der Vorbereitung des Films als Berater zur Seite zu stehen oder sich während der Dreharbeiten für Filmaufnahmen zur Verfügung zu stellen. Auch besitzt der Betroffene unter Umständen verschiedene Unterlagen wie Fotomaterialien, Briefe, Tagebuchaufzeichnungen und Ähnliches, die für den Produzenten von Interesse sein können. Sollen derartige Materialien im Film Verwendung finden, muss sich der Produzent die entsprechenden filmischen und außerfilmischen Nutzungsrechte einräumen lassen. Hier ist, sofern schutzfähige Werke bzw. verwandte Schutzrechte im Sinne des Urheberrechtsgesetzes vorliegen, auch die Einräumung ausschließlicher Nutzungsrechte mit dinglicher Wirkung möglich. Der Produzent kann dann aus eigenem Recht einer unbefugten Verwendung solcher Materialien durch Dritte entgegentreten.

Neben diesen Bestimmungen enthält ein Depiction Release oftmals auch ein Verbot für den Betroffenen, für einen bestimmten Zeitraum (z.B. 2 Jahre) anderen Produzenten die Verfilmung seiner persönlichen Daten zu erlauben oder für solche Produktionen beratend oder mitwirkend zur Verfügung zu stehen. Solche Exklusivitätsvereinbarungen haben ebenfalls nur schuldrechtlichen Charakter. Gestattet der Betroffene unter Verletzung einer solchen Ausschließlichkeitsklausel einem anderen Produzenten eine erneute Verfilmung seiner Lebensgeschichte, begeht er eine positive Vertragsverletzung und ist dem ersten Produzenten zum Ersatz des hieraus resultierenden Schadens verpflichtet (vgl. hierzu auch OLG Frankfurt ZUM-RD 1998, 277 – M. Weimar/Stern – Exklusivitätsabrede). Gleichwohl kann der erste Produzent die Auswertung der anderen Produktion grundsätzlich nicht verhindern. Allerdings hat das OLG Hamburg im Bereich des Presserechts entschieden, dass ein Presseorgan, das in Kenntnis einer bestehenden Exklusivitätsverpflichtung zwischen einer Person und einem früheren Vertragspartner seinerseits ein Exklusivinterview führt, in Ausnutzung fremden Vertragsbruchs handelt und von dem früheren Vertragspartner gemäß § 1 UWG auf Unterlassung in Anspruch genommen werden kann (OLG Hamburg ZUM-RD 1998, 116). Allerdings müssen hier weitere Umstände hinzutreten, die das Handeln besonders verwerflich und unlauter erscheinen lassen. Zur Sicherung der Exklusivität empfiehlt sich ergänzend die Vereinbarung einer erheblichen Vertragsstrafe, die dann aufgrund ihrer Höhe abschreckende Wirkung entfaltet.

Die Gestattung der Nutzung der persönlichen Daten des Betroffenen sowie die eventuelle Einräumung von Nutzungsrechten an schutzfähigen Werken und Leistungen werden in der Regel zeitlich unbeschränkt erfolgen. Die urheberrechtliche Rechteeinräumung steht generell unter dem Vorbehalt eines Rückrufs wegen Nichtausübung (§ 41 UrhG) oder gewandelter Überzeugung (§ 42 UrhG). Allerdings wird vertreten, dass auch eine Gestattung zur Nutzung von Daten persönlichkeitsrechtlicher Natur grundsätzlich widerrufen werden kann. Hat sich im Laufe der Zeit die Einstellung des Betroffenen zur Art oder zum Umfang der Gestattung geändert, werden hier teilweise die Grundsätze des § 42 UrhG analog angewendet (vgl. Soehring, Rd. 19.49; Schricker/Götting, § 60 KUG/§ 22 KUG, Rd. 41; vgl. auch AG Charlottenburg AfP 2003, 172, wonach bei Widerruf einer Einwilligung in eine Bildveröffentlichung ein Anspruch auf Zahlung einer angemessenen Entschädigung analog § 42 Abs. III. UrhG nicht in Betracht kommen soll).

Die Höhe der Vergütung wird sich meist an dem Skandalwert bzw. Medieninteresse der Lebensgeschichte oder dem Bekanntheitsgrad der Person bemessen. In der Regel ist diese als pauschale Vergütung und nicht als prozentuale Erlösbeteiligung ausgestaltet. Je nach Umfang der Mitwirkungspflichten können auch zusätzliche Beraterhonorare angemessen sein. Werden urheberrechtlich geschützte Werke zur Verfügung gestellt, ist auch an die Zahlung einer angemessenen Vergütung für die Einräumung der entsprechenden Nutzungsrechte zu denken. Meist wird die Nutzung aber von untergeordneter Bedeutung sein, so dass es einer konkreten Vergütung hierfür nicht bedarf. Ein Anspruch auf angemessene Vergütung für die Gestattung der Nutzung der persönlichkeitsbezogenen Daten analog § 32 UrhG steht dem Betroffenen nicht zu.

Abschließend sei hier auf folgendes hingewiesen: Im Rahmen eines Depiction Releases mit einem Betroffenen kann dieser nur die Nutzung solcher persönlicher Daten gestatten, die ihn (ausschließlich) selbst betreffen. Oftmals dringen solche Doku-Dramen oder Biopics auch in das persönliche Umfeld anderer Beteiligter ein, wie z.B. von Familienangehörigen, Freunden, Bekannten, Berufskollegen und vor allem Opfern. Hier ist ein unerschöpliches Potential für die Verletzung von Persönlichkeitsrechten gegeben; der Produzent muss daher gewissenhaft den Kreis aller Betroffenen prüfen und mit sämtlichen Beteiligten entsprechende Gestattungsverträge abschließen. Andernfalls sieht sich die Filmproduktion der Gefahr zahlreicher einstweiliger Unterlassungsverfügungen ausgesetzt.

B. Produktion:
Vom Ersten Drehtag zum Final Cut

I. Die Filmschaffenden und ihre Rechte

1. Was sind Leistungsschutzrechte?

Wie dargelegt, lassen sich die nach dem UrhG geschützten Rechte in zwei Gruppen einteilen, in Urheberrechte und Leistungsschutzrechte. Urheberrechte erwerben die Schöpfer an den in § 2 Abs. I. UrhG genannten Werken, sofern hier die Merkmale persönlich geistiger Schöpfungen vorliegen. Diese Rechte entstehen grundsätzlich in der Stoffentwicklungsphase, d.h. der inhaltlichen Gestaltung eines Werkes.

Daneben schützt das UrhG auch solche Leistungen, die zur Formgebung oder Ausgestaltung eines Werkes künstlerisch, organisatorisch oder wirtschaftlich besonders beitragen. Diese so genannten Leistungsschutzrechte, vom Gesetzgeber als verwandte Schutzrechte bezeichnet, werden grundsätzlich in der Produktionsphase, d.h. der äußeren Formgebung eines Werkes begründet.

Wird ein Stoff im selben Augenblick konzeptionell entwickelt und produziert, fallen die beiden Phasen zusammen. Ein Schauspieler, der vor der Kamera spontan einen neuen Dialog erfindet und spricht, kann gleichzeitig ein Urheberrecht an dem Sprachwerk (als Autor des Dialoges) sowie ein Leistungsschutzrecht an der Interpretationsleistung (als ausübender Künstler durch Sprechen und Spielen des Dialoges) erwerben, sofern die Voraussetzungen für die Schutzfähigkeit gegeben sind.

Während die Entstehung eines Urheberrechts stets das Vorhandensein eines Werkes im Sinne einer geistigen persönlichen Schöpfung gemäß § 2 Abs. II. UrhG voraussetzt, werden Leistungsschutzrechte teilweise auch dann gewährt, wenn die Produktion die notwendige Schöpfungshöhe nicht erreicht. So können z.B. Tonträgerhersteller, Sendeanstalten, Lichtbildner und Filmhersteller Leistungsschutzrechte an ihren Produktionen erwerben, wenn der Werkcharakter zu verneinen ist. Dies gilt aber z.B. nicht für ausübende Künstler, deren Leistungen nur dann geschützt sind, wenn diese ein Werk oder eine Ausdrucksform der Volkskunst zur Grundlage haben, § 73 UrhG (siehe hierzu unten, B.I.4.2.).

Keinen urheberrechtlichen Schutz genießen bloße Dienstleister, die keinen eigenständigen künstlerischen, organisatorischen oder wirtschaftlichen Beitrag zur Umsetzung der Produktion beitragen oder nur an rein technischen Abläufen beteiligt sind. Ein Beispiel hierfür wäre das Kopierwerk, welches lediglich Vervielfältigungshandlungen ohne die Möglichkeit der Einflussnahme auf die Produktgestaltung durchführt.

Ausgangspunkt der nachfolgenden Überlegungen ist zunächst, ob eine Filmproduktion überhaupt ein Filmwerk im Sinne des § 2 Abs. I. Nr. 6 UrhG darstellt. Dann ist in zweiter Linie zu fragen, welche der Beteiligten jeweils dem Kreise der Urheber und welche dem der Leistungsschutzberechtigten zuzuordnen sind. Ist ein Werkcharakter zu verneinen, können an der Filmproduktion ausschließlich Leistungsschutzrechte erworben worden sein.

2. Wann ist ein Film ein Filmwerk?

Beispiel:
Für das Fernsehen wird ein Film hergestellt, der den Ablauf einer Herzoperation zum Gegenstand hat. Insofern folgt der Film auch chronologisch dem Operationsverlauf, allerdings werden durch eingeblendete Erläuterungen, Interviews und Gespräche wesentliche Begleitumstände dargestellt, die über das bloße Operationsgeschehen hinausgehen; teilweise äußern sich die Beteiligten spontan, zum Teil werden Gespräche auch mehrfach geprobt und aufeinander abgestimmt (nach BGH NJW 1984, 2582 – Filmregisseur). Ist dieser Fernsehfilm ein urheberrechtlich geschütztes Filmwerk?

Das UrhG verwendet den Begriff „Film" als solchen nicht. Die amtliche Begründung zum UrhG von 1965 versteht unter Filmen die Bildfolgen bzw. Bild- und Tonfolgen als solche, nicht die Bildtonträger oder Bild- und Tonträger (z.B. Filmstreifen oder Magnetbänder), auf denen diese Bildfolgen aufgezeichnet sind (M. Schulze, Materialien, S. 551).

Film ist alles, was den Eindruck des bewegten Bildes vermittelt (Fromm/Nordemann/Hertin, Vor § 88, Rd. 3). Demnach ist das mehrminütige Standbild kein Film im Sinne des UrhG; die lose Aneinanderreihung von Einzelbildern wird erst dann zu einem Film, wenn der Übergang für das Auge des Betrachters fließend wird. Auf den Inhalt (z.B. fiktive oder dokumentarische Geschichte), das Aufzeichnungsverfahren (z.B. 35 mm oder Videoband) oder die Dauerhaftigkeit der Aufnahme (z.B. Videoband oder Live-Sendung) kommt es nicht an (vgl. Schricker/Katzenberger, Vor § 88, Rd. 21).

Hinsichtlich der schutzfähigen Filme differenziert das Gesetz zwischen so genannten Filmwerken und Laufbildern. Filmwerke sind solche Produktionen, die aufgrund ihrer Auswahl, der Anordnung und der Gestaltung des Filmstoffes eine schöpferische Eigenart besitzen (BGH NJW 1984, 2582, 2583 – Filmregisseur), diese sind als Werke nach § 2 Abs. I. Nr. 6 UrhG geschützt. Laufbilder sind Produktionen ohne jede schöpferische Gestaltung der Bildfolgen, denen deshalb Werkeigenschaft abgesprochen werden muss. Sie genießen gemäß § 95 UrhG nur eingeschränkten Schutz. Auch das Filmen eines tatsächlichen Geschehens kann eine persönliche geistige Schöpfung darstellen, vorausgesetzt, es erschöpft sich nicht in der bloßen schematischen Aneinanderreihung von Lichtbildern, sondern stellt sich durch die Auswahl, Anordnung und Sammlung des Stoffes sowie durch die Art der Zusammenstellung der einzelnen Bildfolgen als das Ergebnis individuellen Schaffens dar (OLG Frankfurt ZUM 2002, 226, 227 – 1000 Meisterwerke; BGH NJW 1984, 2582, 2583 – Filmregisseur).

Die amtliche Begründung nennt als Beispiele für Laufbilder reine Dokumentarfilme oder Fernsehübertragungen von Opernaufführungen mit feststehender Kamera. Wer jemals als Zuschauer in den Genuss einer Fernsehübertragung einer

I. Die Filmschaffenden und ihre Rechte

solchen Opern- oder Theateraufführung unter Verwendung einer einzigen Kameraeinstellung kommen durfte, wird der Einstufung einer derartigen Produktion als Laufbild bereitwillig beipflichten. Bei Dokumentarfilmen ist jedoch eine differenziertere Betrachtung notwendig, da hier bereits im Vorfeld aufwendige konzeptionelle Arbeiten und Recherchen durchgeführt werden, die die Art und Weise der Darstellung der zu filmenden Vorgänge und Ereignisse beeinflussen und eine erhebliche gedankliche Leistung voraussetzen. Auch die Führung von Interviews vor der Kamera oder die filmische Begleitung sonstiger Vorgänge bedarf in der Regel großer Vorbereitung und Erfahrung. Schließlich werden nachträglich umfangreiche Schnittarbeiten und dramaturgische Entscheidungen notwendig sein, um das meist umfangreiche Material zu einem kompakten Film zu formen. Lediglich die chronologisch unveränderte, uneditierte Verfilmung eines tatsächlichen Vorganges ohne Verwendung besonderer Licht- oder Kameraeinstellungen dürfte als Laufbild im Sinne des § 95 UrhG anzusehen sein.

> Im vorliegenden Fall hat der BGH die Fernsehdokumentation über den Ablauf einer Herzoperation als Filmwerk im Sinne von § 2 UrhG eingestuft. Der Film hebe sich aufgrund seiner Einblendung gezielt ausgewählter Begleitumstände von einem reinen, chronologisch und schematisch ablaufenden Abfilmen eines tatsächlichen Geschehens ab, so dass die eigenschöpferische Prägung durch Auswahl, Anordnung und Zusammenstellung des Filmstoffes gegeben sei (BGH NJW 1994, 2582, 2583 – Filmregisseur). Das OLG Frankfurt hat z.B. die Filmbeiträge der Fernsehserie „1000 Meisterwerke", in denen jeweils in ruhigen, statischen Einstellungen Gemälde, aber auch übergreifende Gesichtspunkte, wie die Künstler selbst, ihre sonstigen Werke, Maltechniken sowie soziale und gesellschaftliche Hintergründe dargestellt wurden, als persönliche geistige Schöpfungen im Sinne von § 2 UrhG angesehen (OLG Frankfurt ZUM 2002, 226, 227 – 1000 Meisterwerke).

3. Wer ist Urheber eines Filmwerks?

> Beispiel:
> Nachdem der Film fertig gestellt wurde, streiten sich Drehbuchautor, Produzent, Regisseur, Hauptdarsteller, Kameraleute, Cutter und Filmkomponist um die Urheberschaft an dem Film.

3.1. Allgemeines

Das Gesetz bestimmt in den §§ 88 ff. UrhG nicht, wer Urheber des Filmwerks ist. Die Frage der Urheberschaft am Filmwerk gehört zu den meistdiskutierten und umstrittenen im Filmurheberrecht.

Als Urheber des Filmwerks sind nur diejenigen Personen anzusehen, deren persönlich geistige Schöpfungsbeiträge untrennbar im Filmwerk verschmelzen und nicht selbständig verwertet werden können. Keine Urheber des Filmwerks sind die Urheber der so genannten vorbestehenden Werke (z.B. des Romans, des Comics) sowie die Urheber der so genannten filmbestimmt geschaffenen Werke (z.B. des Drehbuchs, der Filmmusik), welche für die Herstellung des Filmwerks benutzt worden sind (so auch die amtliche Begründung, M. Schulze, Materialien, S. 555). Die Urheberrechte dieser Personen an ihren Werken bleiben im Falle einer Verfilmung unberührt, § 89 Abs. III. UrhG.

Nach der Lehre vom Doppelcharakter sollen aber auch die Urheber der filmbestimmt geschaffenen Werke (nicht die der vorbestehenden Werke) als Miturheber des Filmwerks anzusehen sein (Schricker/Katzenberger, Vor § 88, Rd. 69, Götting, ZUM 1999, 3, 6). Diese Urheber besitzen demnach eine doppelte Urheberschaft, sowohl an ihrem Werk selbst (z.b. dem Drehbuch) als auch am Film (Schricker/Katzenberger, Vor § 88, Rd. 69). Dies lässt sich insbesondere für die Person des Drehbuchautors diskutieren, welcher bereits im Drehbuch den „Bauplan" für das spätere Filmwerk entwirft und im günstigsten Fall auch bei starker Einbindung in den Produktionsablauf Einfluss auf die Regie- oder Kameraarbeit nimmt (ausführlich zur Rolle des Drehbuchautors in der Filmproduktion: Karsten, in: Berg/Hickethier, Filmproduktion, Filmförderung, Filmfinanzierung, S. 133 ff.).

Diese Ansicht widerspricht allerdings der Gesetzessystematik der §§ 88, 89 UrhG, wie sie auch in der amtlichen Begründung zum Ausdruck kommt (M. Schulze, Materialien, S. 555, dort heißt es wörtlich: „Die Urheber dieser Werke scheiden als Urheber des Filmwerks aus"; zur Kritik siehe auch Fromm/Nordemann/Hertin, Vor § 88, Rd. 22). Nach richtiger Ansicht liegen bei einem Filmwerk zwei völlig getrennte Urheberrechte vor (so auch v. Hartlieb/Schwarz/Dobberstein/Schwarz, Kap. 37, Rd. 3). Nimmt ein Drehbuchautor ausnahmsweise im Zuge der Filmproduktion maßgeblich Einfluss auf die Regie- oder Kameraarbeit, so wird er allenfalls zusätzlich auch (Mit-)Urheber am Filmwerk (als Co-Regisseur oder Co-Kameramann).

3.2. Kandidaten für die Urheberschaft am Filmwerk

Aus dem Kreise der Kandidaten für die Urheberschaft am Filmwerk kommt nach herrschender Meinung auf jeden Fall der Regisseur des Filmes in Betracht, da dieser den größten Einfluss auf die Spielweise der Schauspieler und die Inszenierung der Szenen nimmt (Fromm/Nordemann/Hertin, § 89, Rd. 3; v. Hartlieb/Schwarz/Dobberstein/Schwarz, 37. Kap., Rd. 5; Reupert, Der Film im Urheberrecht, S. 81 m.w.N.). Gemäß der amtlichen Begründung zum UrhG sollen neben dem Regisseur noch Kameramann, Cutter bzw. Schnittmeister, Tonmeister und Szenenbildner sowie einzelne Filmdarsteller und der Filmhersteller selbst als Filmurheber in Frage kommen, sofern sie ausnahmsweise schöpferisch zur Gestaltung des Filmwerks beitragen (M. Schulze, Materialien, S. 552, 556, 932, hinsichtlich der beiden letztgenannten ist dies allerdings missverständlich, s.u.). In der Literatur werden daneben noch Regieassistent, Beleuchter, Filmarchitekten und Kostümbildner, Dekorateure, Maler, Maskenbildner, Zeichner, Choreographen, Grafiker als Urheber angesehen, sofern sie mit eigenschöpferischen Beiträgen das Filmwerk prägen (Fromm/Nordemann/Hertin, § 89 Rd. 5 m.w.N.; Schricker/Katzenberger, Vor § 88, Rd. 62).

Hinsichtlich der genannten Personen besteht aber keine Vermutung der Miturheberschaft am Filmwerk. Vielmehr ist für jede Person im Einzelfall zu prüfen, ob

I. Die Filmschaffenden und ihre Rechte   163

denn eine über eine bloße handwerkliche Tätigkeit hinausgehende eigenschöpferische Leistung gegeben ist, die das Merkmal einer persönlichen geistigen Schöpfung nach § 2 Abs. II. UrhG erfüllt. Das deutsche UrhG folgt danach nicht der so genannten „Kategorienmethode", sondern der „Einzelfallmethode" (Götting, ZUM 1999, 3, 7). In der Literatur wird hingegen eher eine Kategorisierung befürwortet; eine diese Kategorien unterstützende Rechtsprechung hat sich aber noch nicht gebildet (vgl. Poll, ZUM 1999, 29, 32).

Allerdings wird hinsichtlich der Frage der (Mit-)Urheberschaft des Regisseurs dessen eigenschöpferische Tätigkeit in der Praxis oft unterstellt (z.B. BGH GRUR 1991, 133, 135 – Videozweitauswertung). In der zitierten Entscheidung ist das Gericht auch aufgrund der Höhe der Regiegage von 150 000 DM von einem „Regelfall" ausgegangen, dass der Regisseur den entscheidenden Einfluss auf die schöpferische Filmgestaltung genommen hat und in erster Linie als Filmurheber anzusehen ist (BGH GRUR 1991, 133, 135 – Videozweitauswertung). Gleichwohl kann allein die Höhe der Gage nicht ausschlaggebend sein; vielmehr müssen die eigenschöpferischen Beiträge des Regisseurs in jedem Einzelfall erneut festgestellt werden.

In einer Entscheidung zur Frage Urheberschaft des Kameramanns hat das Landgericht München I nach umfangreicher Beweisaufnahme dessen Urheberschaft an solchen Filmen wie „Der Ölprinz", „Winnetou und das Halbblut Apanatschi" oder „08/15" verneint (LG München I. ZUM 1999, 332 – Miturheberschaft des Kameramanns). Die Beweisaufnahme hatte ergeben, dass in den betroffenen Fällen die Bildgestaltung mit dem jeweiligen Regisseur besprochen worden war und dieser auch mehrfach „selbst durch die Kamera" bzw. „zur Kontrolle des Bildausschnitts auch oft selbst durch den Sucher" geschaut hatte. Auch wenn der Kameramann zwar teilweise andere Kamerapositionen vorgeschlagen habe, so habe doch der Regisseur stets das letzte Wort besessen und sei für die Kameraarbeit verantwortlich gewesen (LG München I. ZUM 1999, 332, 337 – Miturheberschaft des Kameramanns). Insofern sei der Kameramann in diesen Fällen nicht als Miturheber, sondern als Gehilfe anzusehen (LG München I. ZUM 1999, 332, 338 – Miturheberschaft des Kameramanns). Das OLG Köln hat in einer Entscheidung die Miturheberschaft einer Kamerafrau an einem Dokumentarfilm angenommen (OLG Köln, Urt. v. 10.06.2005, 6 U 12/05 – Kamerafrau).

Das OLG Köln hat ferner in einer Entscheidung die Miturheberschaft des Mischtonmeisters (z.B. unter Bezugnahme auf den Film „Schlafes Bruder") bejaht (OLG Köln ZUM 2000, 320 – Urheberschutz für Mischtonmeister). Eine Miturheberschaft sei in der Regel dann gegeben, wenn es dem Mischtonmeister überlassen werde, das Klangbild eigenständig zu prägen und er als Vorgabe lediglich unpräzise, ausfüllungsbedürftige Anweisungen des Regisseurs erhalte, die jeder andere Mischtonmeister mit völlig unterschiedlichen Ergebnissen umsetzen könne (OLG Köln ZUM 2000, 320, 323 – Urheberschutz für Mischtonmeister). Der BGH hat diese Beurteilung in der Revisionsinstanz dem Grunde nach bestätigt, aber noch einmal, in Übereinstimmung mit der dargestellten Einzelfallmethode, klargestellt, dass selbst bei Kinofilmen nicht automatisch von einer Urheberschaft ausgegangen werden kann. Dies sei auch vom Vorhandensein der notwendigen technischen Ausstattung, den Anforderungen des einzelnen Films an die künstlerische Klanggestaltung und dem Freiraum für die eigene Gestaltung, den der Regisseur dem Mischtonmeister zugesteht, abhängig. Bei anderen Filmen, wie Fernsehspielen, Serien oder Industriefilmen, sollen diese Voraussetzungen aber oft nicht gegeben sein (BGH ZUM 2002, 821, 822 f. – Mischtonmeister als Film-Miturheber, wobei diese Aufzählung sicherlich nicht als Kategorisierung verstanden werden soll, zumal es auch sehr experimentelle, künstlerisch anspruchsvolle Fernsehfilme und -serien gibt).

Etwas missverständlich ist es, wenn die amtliche Begründung zum UrhG auch die Filmdarsteller und den Filmhersteller als mögliche Kandidaten für die Filmurheberschaft anführt. Der Filmdarsteller ist ausübender Künstler und Inhaber der Leistungsschutzrechte nach den §§ 73 ff. UrhG; dem Filmhersteller steht das Leistungsschutzrecht nach § 94 UrhG zu. Ein eigenes „Darstellerurheberrecht" oder „Produzentenurheberrecht" ist abzulehnen. Wenn diese Personen ausnahmsweise maßgeblichen Einfluss auf die Dramaturgie des Geschehensablaufs oder die Dialoge genommen haben sollten, so sind sie allenfalls zusätzlich Co-Regisseur oder Co-Autor und als solche Urheber am Film oder Drehbuch, nicht aber in ihrer Funktion als Schauspieler oder Produzent. Aufgrund derselben Leistung kann eine Person immer nur entweder Urheber oder Leistungsschutzberechtigter sein (BGH NJW 1984, 2582 – Filmregisseur; eine Art „Produzentenurheberrecht" diskutieren v. Hartlieb/Schwarz/Dobberstein/Schwarz, Kap. 37, Rd. 23).

Im Verhältnis zueinander sind die Urheber eines Filmwerks Miturheber, da sie ein einheitliches Werk hergestellt haben und ihre Leistungen nicht gesondert verwertbar sind, § 8 UrhG (zum Begriff des Miturhebers s.o. A.I.5.2.). In der Regel haben die Urheberrechte am Filmwerk selbst rechtlich meist die Qualität von Bearbeiterurheberrechten, da nahezu jedes Filmwerk eine Bearbeitung eines vorbestehenden oder filmbestimmt geschaffenen Werkes darstellt (v. Hartlieb/Schwarz/Dobberstein/Schwarz, Kap. 35, Rd. 7; zum Begriff des Bearbeiters s.o. A.I.5.4.).

4. Wer erwirbt Leistungsschutzrechte an einem Filmwerk?

Beispiel:
Welche der Personen aus dem vorhergehenden Beispiel sind Inhaber verwandter Schutzrechte?

4.1. Filmhersteller, Produzent und Producer

Nach § 94 UrhG erwirbt der Filmhersteller ein originäres Leistungsschutzrecht am Filmwerk. Der Begriff des Filmherstellers wird im UrhG nicht näher definiert; er ist schlichtweg derjenige, unter dessen Leitung ein Film hergestellt wird. In der Filmpraxis ist in diesem Zusammenhang nur die Bezeichnung „Filmproduzent" gebräuchlich. Während jeder Filmhersteller auch ein Filmproduzent ist, ist gleichwohl nicht jeder Filmproduzent auch Filmhersteller im Sinne von § 94 UrhG.

Die Rechte des § 94 UrhG stehen nur demjenigen zu, welcher die Erstfixierung der Bild-Tonfolge auf dem Trägermaterial vornimmt. Nachfolgende Kopiervorgän-

I. Die Filmschaffenden und ihre Rechte

ge (z.B. Aufnahme eines Fernsehfilms mit einem Videogerät, Kopienfertigung im Kopierwerk) begründen das Leistungsschutzrecht nach § 94 UrhG nicht (Fromm/Nordemann/Hertin, § 94, Rd. 3; Schricker/Katzenberger, § 94, Rd. 12 ff.).

Die Rechtsprechung fordert für die Eigenschaft des Filmherstellers nach § 94 UrhG die Übernahme der wirtschaftlichen Verantwortung und der organisatorischen Tätigkeit, um den Film als fertiges Ergebnis der Leistungen aller bei seiner Schaffung Mitwirkenden und damit als ein zur Auswertung geeignetes Werk herzustellen (BGH NJW 1993, 1470, 1471 – Filmhersteller). Filmhersteller ist derjenige, der tatsächlich in diesem Sinne tätig geworden ist, die notwendigen Entscheidungen als Unternehmer – insbesondere durch Abschluss der entsprechenden Verträge als Vertragspartner – in die Tat umsetzt und ihre wirtschaftlichen Folgen verantwortet (BGH NJW 1993, 1470, 1471 – Filmhersteller; v. Hartlieb/Schwarz/Schwarz/Reber zählen hierzu alle organisatorischen, technischen, wirtschaftlichen, finanziellen und rechtlichen Tätigkeiten, Kap. 59, Rd. 5 ff.). Es kommt also nicht darauf an, ob die Parteien untereinander vereinbart haben, dass jemand den Status eines Produzenten im Sinne des Herstellerbegriffes des § 94 UrhG erlangen soll. Wenn diese Partei nicht tatsächlich in diesem Sinne tätig geworden ist, stehen ihr die Rechte aus § 94 UrhG auch nicht zu (vgl. BGH NJW 1993, 1470, 1471 – Filmhersteller). Für die Eigenschaft des Filmherstellers unbedeutend ist die Frage, ob dieser einen eigenen künstlerisch-schöpferischen Beitrag zum Filmwerk geleistet hat (BGH NJW 1993, 1470, 1471 – Filmhersteller). Unerheblich ist auch, von wem die Initiative zur Filmproduktion ausgeht oder die Filmidee stammt (LG München ZUM 2008, 161 – Begriff des Filmherstellers).

Nur selten ist der Filmproduzent eine natürliche Person; dies kommt allenfalls im Bereich des Independent-Films vor. Meist treten Filmproduzenten als juristische Personen (z.B. GmbH) auf, was sich schon aufgrund der hohen Haftungsrisiken bei der Filmherstellung empfiehlt. In diesen Fällen ist als Filmhersteller im Sinne von § 94 UrhG in entsprechender Anwendung des § 85 Abs. I. S. 2 UrhG der Inhaber des Unternehmens anzusehen (Schricker/Katzenberger, Vor § 88, Rd. 37; BGH NJW 1993, 1470, 1471 – Filmhersteller). Es kommt nicht darauf an, wer im Einzelfall selbst „Hand angelegt" hat, sondern wem die Tätigkeit zuzurechnen ist (BGH NJW 1993, 1470, 1471 – Filmhersteller).

Wenn sich der Filmhersteller, sei dieser nun eine natürliche oder eine juristische Person, zur Erfüllung seiner Aufgaben anderer Personen bedient, ist zu überlegen, inwieweit diese unter Umständen eigene Rechte an dem Filmwerk erwerben. Bei Unternehmen kommt hier zunächst einmal der Geschäftsführer in Betracht, welcher aus seiner leitenden Position heraus die Filmproduktion organisatorisch überwacht. Aber auch andere Personen können mit der konzeptionellen und künstlerischen Leitung vom Development bis zur Postproduktion beauftragt sein und nicht unerheblich auf den Schaffensprozess Einfluss nehmen. Es ist üblich, auch diese Personen – neben dem eigentlichen Filmproduzenten – als „Produzent" zu bezeichnen und im Abspann des Filmes mit einem solchen Credit zu versehen. Vermehrt wird hier auch die dem angloamerikanischen Rechtskreis entstammende Bezeichnung „Producer" verwendet.

Der „Produzent" bzw. „Producer" wird grundsätzlich im Rahmen eines Arbeitsverhältnisses für den Filmhersteller tätig. Da es nach der Rechtsprechung des BGH nicht darauf ankommt, wer tatsächlich „Hand anlegt", sondern wem die Handlung zuzurechnen ist, entsteht das Leistungsschutzrecht des § 94 UrhG auch nur in der Person des Inhabers der Produktionsfirma als Arbeitgeber. Der Erwerb eines originären (Mit-) Leistungsschutzrechts neben dem Filmhersteller ist damit ausgeschlossen. Allenfalls kann der „Produzent" bzw. „Producer" als Miturheber (z.B. am Drehbuch, an der Regieleistung, am Schnitt) angesehen werden, wenn er entsprechende Beiträge leistet, die die notwendige Schöpfungshöhe und Individualität besitzen. In der Regel werden sich seine Beiträge aber auf Anregungen oder grobe konzeptionelle Vorgaben beschränken, so dass er als bloßer Ideengeber keine eigenen Rechte erwirbt (vgl. aber Weltersbach, ZUM 1999, 55, 59, welcher eine Vermutung der Urheberschaft befürwortet; vgl. hierzu auch v. Hartlieb/Schwarz/Dobberstein/Schwarz, Kap. 37, Rd. 23).

Wird der Film von mehreren Filmproduzenten gleichberechtigt in Koproduktion hergestellt, steht diesen das Leistungsschutzrecht des Filmherstellers zur gesamten Hand zu, ist nur einem die Federführung übertragen, können die Umstände ergeben, dass nur dieser Hersteller i.S.d. § 94 UrhG ist (Fromm/Nordemann/Hertin § 94 Rd. 6 s.u. B.III.2.1.1.1.).

Bei einer Auftragsproduktion mit einem Sendeunternehmen ist zwischen der so genannten „echten Auftragsproduktion" und der „unechten Auftragsproduktion" zu unterscheiden.

Bei einer „echten Auftragsproduktion" obliegt die organisatorische Verantwortung dem auftragnehmenden Produzenten, über diesen werden die maßgeblichen Verträge abgewickelt. Allerdings wird das finanzielle Risiko vom auftraggebenden Sender getragen, wobei der Produzent aber für den Fall der Nichtabnahme des Werkes oder der Budgetüberschreitung einzustehen hat (Schricker/Katzenberger, Vor § 88, Rd. 33; v. Hartlieb/Schwarz/Schwarz/Reber, Kap. 84, Rd. 2f.). Hier wird nur der Produzent und nicht das Sendeunternehmen Filmhersteller im Sinne von § 94 UrhG (Hertin, in: Münchener Vertragshandbuch, Bd. 3/II., Form. VII. 41, Anm. 1; Pense, ZUM 1999, 121, 123 f; v. Hartlieb/Schwarz, a.a.O.).

Im Falle der „unechten Auftragsproduktion" ist der Produzent vollständig weisungsgebunden und schließt die Verträge im Namen und auf Rechnung des Senders ab, welcher damit das gesamte finanzielle Risiko trägt. Hier ist der Auftragsproduzent als bloßer Gehilfe bzw. Dienstleister anzusehen, Filmhersteller im Sinne des § 94 UrhG wird allein das auftraggebende Sendeunternehmen (Schricker/Katzenberger, Vor § 88, Rd. 35; v. Hartlieb/Schwarz/Schwarz/Reber, Kap. 85, Rd. 2; Pense, ZUM 1999, 121, 124).

Wenn im Rahmen dieses Buches allgemein der Begriff „Filmproduzent" oder „Produzent" verwendet wird, so ist hiermit stets der Filmhersteller im Sinne von § 94 UrhG gemeint.

I. Die Filmschaffenden und ihre Rechte

4.2. Ausübende Künstler

Neben dem Filmhersteller erwerben die ausübenden Künstler Leistungsschutzrechte an ihren Beiträgen bei der Herstellung des Filmwerks. Ausübende Künstler sind solche Personen, die ein Werk oder eine Ausdrucksform der Volkskunst aufführen, singen, spielen oder auf eine andere Weise darbieten oder an einer solchen Darbietung künstlerisch mitwirken, § 73 UrhG.

Nach altem Recht erforderte die Entstehung eines Leistungsschutzrechts des ausübenden Künstlers stets, dass die Leistung an einem Werk im Sinne einer persönlichen geistigen Schöpfung nach § 2 UrhG erbracht wurde. Nicht notwendig war, dass das Werk nach dem deutschen UrhG geschützt war; auch ein Werk mit abgelaufener Schutzfrist oder ein bloß im Ausland geschütztes Werk genügte (M. Schulze, Materialien, S. 535). Nach Umsetzung der WIPO-Verträge durch das Gesetz vom 10.09.2003 wurden die Leistungsschutzrechte der ausübenden Künstler auch auf so genannte Ausdrucksformen der Volkskunst erweitert. Die englische Fassung des WPPT spricht hier in Art. 2 (a) von den „expressions of folklore". Hierbei handelt es sich um folkloristische Darbietungen, die vielleicht kulturelle Besonderheiten einer Nation aufweisen, aber mangels Individualität nicht als Werke im Sinne von § 2 UrhG Schutz genießen würden. Eine Begrenzung auf bestimmte Darbietungsformen (z.B. Musik, Tanz, Schauspiel) nimmt § 73 UrhG nicht vor.

Nach neuer, verbreiteter Auffassung wird – im Zuge der oben dargestellten Erweiterung des Rechtsschutzes der ausübenden Künstler – das Vorliegen eines Werkes mit Schöpfungshöhe im Sinne von § 2 UrhG generell nicht mehr verlangt. Erforderlich sei lediglich, dass das Werk „seiner Art nach" einem Urheberrechtsschutz zugänglich sei (Dreier/Schulze, § 73, Rd. 8; Schricker/Krüger, § 73, Rd. 10; a.A. aber z.B. Flechsig/Kuhn, ZUM 2004, 14, 16; Schack, Urheber- und Urhebervertragsrecht, Rd. 586; Rehbinder, Urheberrecht, Rd. 786; Dreyer/Kotthoff/Meckel/Meckel, § 73, Rd. 13). Eine individuelle Gestaltungshöhe sei damit nicht erforderlich, auch die Darbietung nicht schutzfähiger Teile von Werken sei nunmehr geschützt (Dreier/Schulze, a.a.O., Schricker/Krüger, a.a.O.). Diese Erweiterung des künstlerischen Leistungsschutzes wird auch mit den gestiegenen Schutzbedürfnissen der Künstler aufgrund neuer digitaler Techniken und Nutzungsmöglichkeiten (z.B. Nutzung von Ausschnitten aus Musikaufnahmen im Wege des Sampling) begründet und ist hier aufgrund der persönlichkeitsrechtlichen Relevanz solcher Nutzungen m.E. auch sachgerecht (zumal das Leistungsschutzrecht der Tonträgerhersteller seit jeher unabhängig von der Gestaltungshöhe der Aufnahmen als geschützt angesehen wurde, s.u. 2.2.). Allerdings ist die Gefahr zu sehen, dass durch diese Erweiterung des Schutzbereichs die Grenze zu anderen, grundsätzlich nicht schutzfähigen Darbietungen (wie z.B. Zirkusakrobatik), verwischt.

Umstritten ist ferner, inwieweit ein „Künstler" entsprechend seiner Bezeichnung auch eine künstlerische Leistung erbringen muss (vgl. Fromm/Nordemann/Hertin, § 73, Rd. 5 m.w.N.). So wird teilweise zumindest eine gewisse „Interpretationsleistung" des ausübenden Künstlers gefordert (Schricker/Krüger, § 73, Rd. 24 ff. zu § 73 UrhG a.F.; für eine derartige Einschränkung des Künstlerbegriffs nach dem WPPT, siehe Beining, Der Schutz ausübender Künstler im internationalen und supranationalen Recht, S. 28 ff.; ablehnend Fromm/Nordemann/Hertin, § 73, Rd. 5 m.w.N.). Der Begriff des ausübenden Künstlers ist allerdings weit auszulegen und lässt bereits geringfügige Mitgestaltungsarbeiten am Werk genügen. Einen gewissen Mindestbeitrag zur künstlerischen Gesamtleistung wird man – auch bei den Folklorekünstlern – aber verlangen können. Lediglich die rein technische, kaufmännische oder organisatorische Leistung dürfte unzureichend sein (vgl. v. Hartlieb/Schwarz/Schwarz/Reber, Kap. 62, Rd. 2).

In erster Linie kommen im Rahmen einer Filmproduktion als ausübende Künstler im Sinne von § 73 UrhG die Schauspieler, daneben etwaige Sprecher, Musiker, Tänzer, Dirigenten, Moderatoren oder Quizmaster in Betracht. Im Einzelfall können auch Statisten und Komparsen Leistungsschutzrechte genießen, wenn sie zum künstlerischen Gesamtbild erkennbar beitragen. Nicht als ausübende Künstler anzusehen sind das rein technische oder organisatorische Personal, z.B. der Toningenieur oder der Produktionsfahrer (vgl. Fromm/Nordemann/Hertin, § 73, Rd. 4).

4.3. Lichtbildner

Ebenfalls ein Leistungsschutzrecht erwerben die Lichtbildner im Sinne von § 72 UrhG. Lichtbildner sind die Hersteller so genannter Lichtbilder; dies sind solche Erzeugnisse fotografischer oder ähnlicher Verfahren, die nicht das Ergebnis eigenschöpferischer Tätigkeit sind und den urheberrechtlichen Werkbegriff des Lichtbildwerkes im Sinne des § 2 Abs. I. Nr. 5 UrhG nicht erfüllen.

Als Lichtbildner im Rahmen der Herstellung eines Filmwerks kommen die Kameraleute, die mangels eines eigenschöpferischen Beitrags nicht als Miturheber des Filmwerks anzusehen sind, sowie die Fotografen von Standfotos in Frage (vgl. Fromm/Nordemann/Hertin, § 91, Rd. 2).

4.4. Kein Leistungsschutz für Urheber

Kein eigenes Leistungsschutzrecht erwirbt grundsätzlich der Regisseur, der bereits Urheber des Filmwerks ist. Hier fallen in der Regel die schöpferische Filmgestaltung als Filmurheber und die künstlerisch mitwirkende Regieleistung als einheitliches Werk zusammen, so dass neben dem Urheberrechtsschutz kein Raum mehr für einen gleichzeitigen Leistungsschutz für dieselbe Leistung bleibt (BGH NJW 1984, 2582 – Filmregisseur). Nur wenn beide Leistungen ihrem Wesen nach etwas Verschiedenes sind und sachlich auseinander gehalten werden können, können Urheberrecht und Leistungsschutzrecht nebeneinander bestehen (BGH NJW 1984, 2582, 2583 – Filmregisseur). Grundsätzlich wird aber die künstlerische Führung der Schauspieler durch den Regisseur untrennbar mit der Entwicklung des Filmstoffes verbunden sein.

Ebenfalls kein eigenes Leistungsschutzrecht erwerben sonstige mögliche Miturheber wie z.B. Maskenbildner, Bühnen- und Kostümbildner, welche vielmehr ein Werk im Sinne von § 2 Abs. I. UrhG zur Verfügung stellen als bei dessen Darbietung

I. Die Filmschaffenden und ihre Rechte

künstlerisch mitwirken (vgl. auch Fromm/Nordemann/Hertin, § 73, Rd. 4; Schricker/Krüger, § 73, Rd. 13).

5. Welche Rechte haben die Beteiligten?

Beispiel:
Ein Produzent hat mit einem hochambitionierten Team von Drehbuchautoren, Regisseur, Schauspielern und Kameraleuten eine Filmproduktion durchgeführt. Welche originären Rechte stehen den Beteiligten kraft Gesetzes zu?

5.1. Rechte des Filmherstellers

Dem Filmhersteller gewährt das Gesetz die in § 94 UrhG bestimmten ausschließlichen Leistungsschutzrechte. Anders als bei den Urhebern, die nach der Auffangklausel des § 15 UrhG sämtliche körperlichen und unkörperlichen Verwertungsrechte besitzen, von denen die § 15 ff. UrhG nur einige beispielhaft aufführen („insbesondere"), werden die dem Filmhersteller zustehenden Leistungsschutzrechte in § 94 UrhG abschließend aufgezählt (vgl. Fromm/Nordemann/Hertin, § 94, Rd. 11).

Gemäß § 94 Abs. I. S. 1 UrhG hat der Filmhersteller das ausschließliche Recht, den Bildträger oder Bild- und Tonträger, auf dem das Filmwerk aufgenommen ist, zu vervielfältigen, zu verbreiten und zur öffentlichen Vorführung, Funksendung oder öffentlichen Zugänglichmachung zu benutzen. Diese ausschließlichen Rechte entsprechen den Verwertungsrechten der Urheber in den §§ 16, 17, 19 Abs. IV., 19a, 20 UrhG. Diese Vorschriften sind auch zur Auslegung von Art und Umfang der in § 94 Abs. I. UrhG genannten Rechte zu Grunde zu legen (Schricker/Katzenberger, § 94, Rd. 21 m.w.N.). Ferner besitzt der Filmhersteller Vergütungsansprüche für die Kabelweitersendung und den Verleih von Filmkopien (z.B. Videokassetten); diese Rechte können nur durch eine Verwertungsgesellschaft wahrgenommen werden, §§ 20b, 27 Abs. II., III. UrhG.

Das originäre Leistungsschutzrecht des Filmherstellers bezieht sich ausdrücklich nur auf den von ihm hergestellten Filmstreifen, nicht auf das zugrunde liegende Filmwerk (M. Schulze, Materialien, S. 561). Die Übertragung der Nutzungsrechte am verkörperten Filmwerk bestimmt sich nach den übrigen gesetzlichen Bestimmungen und vertraglichen Vereinbarungen mit den Urhebern. Da der Filmhersteller keine Rechte am Werk selbst besitzt, genießt er insoweit auch keinen Nachahmungsschutz (Schricker/Katzenberger, § 94, Rd. 7). Filmt ein anderer Filmhersteller ein Filmwerk Szene für Szene nach, so werden hierdurch nur die eigenschöpferischen Leistungen der Urheber (z.B. des Drehbuchautoren oder des Regisseurs), nicht aber die Leistungsschutzrechte des ursprünglichen Filmherstellers gemäß § 94 UrhG tangiert.

(Urheber-)Persönlichkeitsrechte entsprechend den §§ 12 ff. UrhG stehen dem Filmhersteller ebenfalls nicht zu. Der Filmhersteller besitzt danach kein Erstveröffentlichungsrecht im Sinne von § 12 UrhG; er kann allerdings den Zeitpunkt der Erstverwertung durch eine entsprechende Vergabe der jeweiligen Nutzungsrechte (z.B. Vorführungsrecht) steuern. Dem Filmhersteller steht auch kein eigener Nennungsanspruch im Sinne von § 13 UrhG zu; er kann damit aus einer verabsäumten Nennung keine eigenen Rechte herleiten. Der Filmhersteller hat aber das Recht, Entstellungen oder Kürzungen des Bild- oder Bild-/Tonträgers zu verbieten, die geeignet sind, seine berechtigten Interessen an diesem zu gefährden, § 94 Abs. I. S. 2 UrhG. Hierbei handelt es sich nur um ein dem Urheberpersönlichkeitsrecht nach § 14 UrhG nachgebildetes Recht (M. Schulze, Materialien, S. 561), welches ausschließlich den wirtschaftlichen Interessen des Filmherstellers Schutz gebieten soll (Schricker/Katzenberger, § 94, Rd. 6 m.w.N.). Bereits geringfügige Kürzungen können die Interessen des Filmherstellers verletzen (v. Hartlieb/Schwarz/Reber, Kap. 60, Rd. 9).

Auch wenn von § 94 UrhG nicht ausdrücklich genannt, so stehen dem Filmhersteller ebenfalls die ausschließlichen Ausschnittrechte zu; er kann somit die unbefugte Verwendung auch kurzer Bild- oder Tonteile durch Dritte verhindern (Schricker/Katzenberger, § 94, Rd. 25; Fromm/Nordemann/Hertin, § 94, Rd. 9, 12).

§ 94 UrhG trifft keine Entscheidung darüber, ob der Filmhersteller die genannten Nutzungsrechte auch selbst ausüben darf. Ist ihm vom Drehbuchautor nur das Recht zur Kinovorführung, nicht aber zur Fernsehsendung eingeräumt worden, so bleibt ihm die Fernsehnutzung dementsprechend verschlossen. Sofern nun aber ein Dritter unbefugt die Filmproduktion des Filmherstellers sendet, kann er gleichwohl in Ausübung seines ausschließlichen Leistungsschutzrechts zur Funksendung nach § 94 Abs. I. S. 1 UrhG diese Sendung verbieten (vgl. Fromm/Nordemann/Hertin, § 94, Rd. 11).

Das Leistungsschutzrecht des Filmherstellers unterliegt nach § 94 Abs. IV. UrhG den gleichen Schranken wie das Urheberrecht an Werken gemäß den §§ 44a ff. UrhG, d.h. den Beschränkungen zugunsten des Schulgebrauchs, der Berichterstattung, der Vervielfältigung zum persönlichen Gebrauch und der Zitierfreiheit. Ist hiernach eine Nutzung erlaubnisfrei möglich, so greift über die Verweisung nach § 94 Abs. IV., 62, 39 UrhG insoweit dann auch ein Änderungsverbot und über § 63 UrhG auch ein eigener Nennungsanspruch (Recht auf „Quellenangabe") zugunsten des Filmherstellers.

Nach Umsetzung der Durchsetzungsrichtlinie 2004/48/EG (durch das Gesetz zur Verbesserung der Durchsetzung von Rechten des geistigen Eigentums) gilt auch für den Filmhersteller die Vermutung der Rechteinhaberschaft gemäß § 10 Abs. I. UrhG.

5.2. Rechte der Urheber

Die Rechte der Urheber bestimmter vorbestehender und filmbestimmter Werke (z.B. Roman, Drehbuch) wurden bereits im vorangegangenen Kapitel erläutert. Die Ausführungen gelten entsprechend sowohl für sonstige Urheber vorbestehender und filmbestimmt geschaffener Werke (z.B. Komponisten eingeblendeter Musiktitel oder Filmmusik), als auch für die Urheber des Filmwerks selbst (z.B. Regisseur, Kameramann).

I. Die Filmschaffenden und ihre Rechte

Allen Urhebern schutzfähiger Werke im Sinne von § 2 Abs. I. UrhG stehen die Urheberpersönlichkeitsrechte gemäß den §§ 12 ff. UrhG sowie die ausschließlichen körperlichen und unkörperlichen Verwertungsrechte nach den §§ 15 ff. UrhG zu. Die Urheberrechte unterliegen den Schranken der §§ 44 a ff. UrhG; ferner ist gemäß § 93 UrhG der Integritätsschutz zugunsten des Filmherstellers auf gröbliche Entstellungen beschränkt.

In diesem Zusammenhang stellt sich auch die Frage, inwieweit Werbeunterbrechungen eines Films im Fernsehen, die Nachkolorierung von Schwarzweißfilmen, Formatanpassungen (z.B. von Kino- auf Fernsehformat) oder Geschwindigkeitsänderungen gröbliche Entstellungen im Sinne des § 93 UrhG darstellen. Zumindest bei künstlerisch ambitionierten Filmen wird dies teilweise bejaht (vgl. hierzu Schricker/Dietz, § 93, Rd. 21 ff.; Fromm/Nordemann/Hertin, § 93, Rd. 6).

5.3. Rechte der ausübenden Künstler

Ausübenden Künstlern gewährt das Gesetz die in den §§ 73 ff. UrhG bestimmten Leistungsschutzrechte. Auch hier werden – anders als bei den Urhebern in den §§ 15 ff. UrhG, – die den ausübenden Künstlern zustehenden Leistungsschutzrechte in den §§ 73 UrhG abschließend aufgezählt (Fromm/Nordemann/Hertin, Vor § 73, Rd. 2). Die Umsetzung des WPPT (WIPO Performances and Phonograms Treaty vom 20.12.1996) hat zu einer wesentlichen Angleichung der Struktur der Künstlerleistungsschutzrechte an die der Verwertungsrechte der Urheber sowie einer Verstärkung der Künstlerpersönlichkeitsrechte geführt.

Gemäß § 74 UrhG hat der ausübende Künstler das Recht, in Bezug auf seine Darbietung als solcher anerkannt zu werden. Er kann dabei bestimmen, ob und mit welchem Namen er genannt werden möchte. Damit steht jetzt auch allen ausübenden Künstlern grundsätzlich ein dem Urheberpersönlichkeitsrecht (§ 13 UrhG) nachempfundener eigener Nennungsanspruch zu.

Allerdings sieht § 74 UrhG zunächst eine Ausnahme bei so genannten Ensembleleistungen vor (z.B. bei Mitwirkung im Chor oder Orchester). Haben mehrere Künstler eine Darbietung gemeinsam erbracht und würde die Nennung jedes Einzelnen einen unverhältnismäßig hohen Aufwand erfordern, haben sie nur einen Anspruch auf Nennung als Künstlergruppe, sofern kein besonderes Interesse auf Einzelnennung besteht, § 74 Abs. II. UrhG.

Eine weitere Ausnahme vom grundsätzlichen Nennungsgebot gibt es im Filmbereich: Gemäß § 93 Abs. II. UrhG ist die Nennung jedes einzelnen an einem Film mitwirkenden ausübenden Künstlers nicht erforderlich, wenn sie einen unverhältnismäßigen Aufwand bedeuten würde. Der Rechtsausschuss hatte in seiner Beschlussempfehlung vom 9.4.2003 diese Einschränkung aufgrund der Vielzahl der an einer Filmproduktion beteiligten Künstler für notwendig erachtet. § 93 Abs. II. UrhG sollte allerdings so eng wie möglich ausgelegt werden. Bei Kinofilmen ist es ohnehin üblich, im Nachspann neben Urhebern und ausübenden Künstlern nahezu das gesamte technische und organisatorische Personal mit einem Credit zu versehen (inklusive Produktionsfahrern, Friseuren, Produktionsassistenten, Praktikanten etc.) Hierbei handelt es sich in der Regel um Personen, die keinerlei Rechte nach dem UrhG erworben haben. Zumindest im Kinofilmbereich wird dem Produzenten damit eine Nennung von ausübenden Künstlern, die aufgrund des Umfangs ihrer Interpretationsleistung sogar eigene Leistungsschutzrechte gemäß den §§ 73 ff. UrhG erworben haben, stets zuzumuten sein.

Des Weiteren genießt der ausübende Künstler nach § 75 UrhG einen eigenen Integritätsschutz. Er hat danach das Recht, eine Entstellung oder andere Beeinträchtigung seiner Darbietung zu verbieten, die geeignet ist, sein Ansehen oder seinen Ruf als ausübender Künstler zu gefährden. Der Entstellungsschutz war bereits nach altem Recht in § 83 UrhG a.F. geregelt. Im Filmbereich ist er allerdings – ebenso wie der Integritätsschutz der Urheber – zugunsten des Filmherstellers gemäß § 93 UrhG eingeschränkt. Danach können auch ausübende Künstler nur gröbliche Entstellungen oder Beeinträchtigungen ihrer geschützten Leistungen untersagen.

Die 73 ff. UrhG sehen allerdings für ausübende Künstler kein eigenes Veröffentlichungsrecht im Sinne von § 12 UrhG vor. Ein Recht auf Bestimmung der Art und Weise der Veröffentlichung seiner Darbietung kann aber aus dem allgemeinen Persönlichkeitsrecht des ausübenden Künstlers hergeleitet werden (Fromm/Nordemann/Hertin, Vor § 73, Rd. 6).

Die §§ 77, 78 UrhG regeln sodann die Verwertungsrechte sowie Vergütungsansprüche der ausübenden Künstler. Mit Umsetzung der Informationsrichtlinie ist der Gesetzgeber von der Konstruktion der früheren „Einwilligungsrechte" abgekehrt und hat die Leistungsschutzrechte der ausübenden Künstler der Rechtsdogmatik der urheberrechtlichen Verwertungsrechte nach den §§ 15 ff. UrhG angeglichen: An seinen Verwertungsrechten kann der Inhaber ausschließliche oder einfache Nutzungsrechte vergeben, einer unerlaubten Nutzung kann er mit Unterlassungsansprüchen begegnen. Vergütungsansprüche gewähren hingegen nur reine Zahlungsansprüche, die über eine Vergütungsgesellschaft geltend gemacht werden müssen, § 78 Abs. III. UrhG. Verbotsansprüche hieraus stehen den Inhabern nicht zu.

Gemäß § 77 Abs. I. UrhG hat der ausübende Künstler das ausschließliche Recht, seine Darbietung auf Bild- oder Tonträger aufzunehmen. Dies gilt z.B. für die Aufnahme einer schauspielerischen Leistung auf einem Filmstreifen. Nach § 77 Abs. II. UrhG steht dem Künstler das ausschließliche Recht zu, diesen Bild- oder Tonträger zu vervielfältigen und zu verbreiten, also z.B. Filmkopien herstellen zu lassen.

Nach § 78 Abs. I. Nr. 1 UrhG ist der ausübende Künstler ausschließlich berechtigt, seine Darbietung öffentlich zugänglich zu machen, z.B. über das Internet. Nach § 78 Abs. I. Nr. 2 UrhG besitzt er das ausschließliche Recht, seine Darbietung zu senden, wie dies z.B. bei einer Live-Übertragung im Fernsehen geschieht. Das Recht steht ihm aber nicht zu, wenn die Darbietung erlaubterweise auf Bild- oder Tonträger aufgenommen worden ist, die erschienen oder erlaubterweise öffentlich zugänglich gemacht worden sind. Wurde die Darbietung eines Schauspielers z.B. für einen Spielfilm aufgenommen, bezieht sich sein ausschließliches Recht nur auf die Erstaufnahme (§ 77 Abs. I. UrhG), nicht die spätere Fernsehausstrahlung des Films. Nach § 78 Abs. I. Nr. 3 UrhG ist der Künstler ferner ausschließlich berechtigt, seine Darbietung außerhalb des Raumes, in dem sie stattfindet, durch Bildschirm,

I. Die Filmschaffenden und ihre Rechte

Lautsprecher oder ähnliche technische Einrichtungen öffentlich wahrnehmbar zu machen.

Neben diesen ausschließlichen Verwertungsrechten stehen dem ausübenden Künstler noch Vergütungsansprüche zu, etwa wenn die gemäß § 78 Abs. I. Nr. 2 UrhG erlaubterweise auf Bild- und Tonträger aufgenommenen Darbietungen gesendet werden, Bild- und Tonträger mit seinen Darbietungen öffentlich wahrnehmbar gemacht werden oder die Sendung oder die auf öffentliche Zugänglichmachung beruhende Wiedergabe seiner Darbietung wiederum öffentlich wahrnehmbar gemacht wird.

Ebenso wie der Filmhersteller genießt auch der ausübenden Künstler keinen Nachahmungsschutz für seine Leistungen. Wird die Darbietung eines ausübenden Künstlers imitiert, so kann aber unter besonderen Umständen eine Verletzung des allgemeinen Persönlichkeitsrechts gegeben sein (z.B. bei der Stimmenimitation eines bekannten Schauspielers zum Zwecke der Werbung, vgl. OLG Hbg. GRUR 1989, 666 – Heinz Erhardt).

Auch die Leistungsschutzrechte der ausübenden Künstler unterliegen kraft gesetzlicher Verweisung in § 83 UrhG denselben Schranken der §§ 44a ff. UrhG wie die Urheberrechte an Werken. Seit Inkrafttreten des „Gesetzes zur Stärkung der vertraglichen Stellung von Urhebern und ausübenden Künstlern" haben auch ausübende Künstler einen Anspruch auf angemessene Vergütung für die Einräumung von Nutzungsrechten an ihren Darbietungen (§ 32 UrhG) sowie einen Anspruch auf weitere angemessene Beteiligung bei besonderem Verwertungserfolg nach dem so genannten Bestsellerparagraphen (§ 32a UrhG). Damit stehen diese Ansprüche nunmehr auch zahlreichen weiteren Film- und Fernsehschaffenden, wie Schauspielern, Moderatoren, Tänzern, Musikern etc. zu. Auf die Darstellungen in Kapitel A.III.2.6. wird verwiesen.

Auch die ausübenden Künstler können sich hinsichtlich ihrer Rechte nach Umsetzung der Durchsetzungsrichtlinie auf § 10 Abs. I. UrhG berufen.

5.4. Rechte der Lichtbildner

Die Lichtbildner (z.B. Kameraleute, Fotografen) werden in entsprechender Anwendung der für die Urheber von Lichtbildwerken geltenden Bestimmungen geschützt, § 72 Abs. I. UrhG.

Die Bestimmungen über die Rechte der Urheber an Werken gelten danach nicht direkt, sondern nur sinngemäß (Fromm/Nordemann/Hertin, § 72, Rd. 7). So soll sich ein Lichtbildner auf die Urheberpersönlichkeitsrechte (Veröffentlichungsrecht, Nennungsrecht, Entstellungsschutz) nur dann berufen können, wenn das Lichtbild ein Mindestmaß an handwerklicher Leistung verkörpert und nicht nur das Ergebnis eines automatisierten oder rein technischen Vorgangs ist (vgl. Fromm/Nordemann/Hertin, § 72, Rd. 7). Hinsichtlich der übrigen körperlichen und unkörperlichen Verwertungsrechte sind solche Vorbehalte allerdings nicht zu machen; hier wird jedes Lichtbild, gleich welcher handwerklichen Eigenart, geschützt.

Ungleich den übrigen Leistungsschutzberechtigten finden auf den Lichtbildner über die Verweisung in § 72 UrhG auch grundsätzlich die Vorschriften über die Bearbeitung oder andere Umgestaltung nach § 23 UrhG sowie die freie Benutzung nach § 24 UrhG Anwendung. Der Lichtbildner genießt aber keinen Nachahmungsschutz hinsichtlich des konkreten Motivs (vgl. Schricker/Vogel, § 72, Rd. 27).

Wie urheberrechtliche Werke unterliegen auch die Lichtbilder den Schranken der § 44a ff. UrhG, der Entstellungsschutz ist zugunsten des Filmherstellers nach § 93 UrhG ebenfalls eingeschränkt.

6. Wann enden die Rechte an einem Filmwerk?

Beispiel:
Eine Werbeagentur möchte Ausschnitte aus einem sechzig Jahre alten Film für einen Werbeclip verwenden. Wessen Nutzungsrechte könnten tangiert sein?

Zu unterscheiden ist zunächst zwischen Leistungsschutzrechten und Urheberrechten:

Das Leistungsschutzrecht des Filmherstellers erlischt gemäß § 94 Abs. III. UrhG 50 Jahre nach dem Erscheinen oder nach der ersten erlaubten öffentlichen Wiedergabe des Bildträgers oder Bild- und Tonträgers, je nachdem, was früher eintritt. Ist der Bildträger oder Bild-Tonträger gar nicht erschienen oder erlaubterweise öffentlich wiedergegeben worden, erlischt das Recht 50 Jahre nach Herstellung des Filmwerks.

Innerhalb der gleichen Frist erlöschen die Verwertungsrechte der ausübenden Künstler gemäß §§ 77, 78 UrhG, d.h. 50 Jahre nach dem Erscheinen oder der ersten erlaubten öffentlichen Wiedergabe des Bild- oder Tonträgers, je nachdem was früher eintritt, oder bei Nichterscheinen 50 Jahre nach der Darbietung, § 82 UrhG. Die Künstlerpersönlichkeitsrechte nach §§ 74, 75 UrhG erlöschen erst mit dem Tode des ausübenden Künstlers, bzw. 50 Jahre nach der Darbietung, wenn der ausübende Künstler vor Ablauf dieser Frist verstorben ist sowie nicht vor Ablauf der Schutzfristen der Verwertungsrechte.

Das Urheberrecht am Filmwerk erlischt gemäß dem 1995 eingeführten § 65 Abs. II. UrhG 70 Jahre nach dem Tod des Längstlebenden der folgenden Personen: Hauptregisseur, Urheber des Drehbuchs, Urheber der Dialoge oder Komponist der für das betreffende Filmwerk komponierten Musik. § 65 Abs. II. UrhG bestimmt nicht, welche Personen Urheber des Filmwerks sind, sondern nur, wie die Schutzdauer des Urheberrechts am Filmwerk zu berechnen ist (M. Schulze, Materialien, S. 932). Sofern hierdurch Schutzfristen der Urheberrechte anderer – in § 65 Abs. II. UrhG nicht genannter Miturheber, wie Kameramann, Cutter, Mischtonmeister – verkürzt würden, die bei Inkrafttreten der Richtlinie zum 30.06.1995 bereits bestanden, richten sich diese nach dem alten Recht, § 137f. Abs. I. UrhG. Für Werke ab dem 01.07.1995 sollen diese Personen nach der amtlichen Begründung aber eine Verkürzung ihres Urheberrechts hinnehmen müssen (M. Schulze, Materialien, S. 932).

I. Die Filmschaffenden und ihre Rechte

Wegen dieser Ungleichbehandlung der einzelnen Miturheber am Filmwerk ist die Vorschrift im Hinblick auf den Gleichheitsgrundsatz in Art. 3 GG verfassungsrechtlich bedenklich (Schricker/Katzenberger, § 65, Rd. 7 f.; Fromm/Nordemann/ Nordemann, § 65, Rd. 2). Auch die Auswahl der maßgeblichen Filmmiturheber ist unverständlich, da z.B. der in § 65 Abs. II. UrhG nicht genannte Kameramann und der Cutter andernorts in der amtlichen Begründung als typische Urheber angesehen wurden (z.B. M. Schulze, Materialien, S. 552.).

Die Urheberrechte an den vorbestehenden Werken und den filmbestimmt geschaffenen Werken selbst bleiben im Falle einer Verfilmung unberührt, § 89 Abs. III. UrhG. Die Rechte an dem Roman, Drehbuch oder der Komposition enden also jeweils 70 Jahre nach dem Tod des Autors oder Komponisten, § 64 UrhG.

7. Rechte an Laufbildern

Gemäß § 95 UrhG sind die für Filmwerke geltenden §§ 88, 89 Abs. VI., 90, 93 und 94 UrhG auf Laufbilder entsprechend anzuwenden.

Die originären Rechte des Filmherstellers nach § 94 UrhG stehen diesem danach auch an seinen Laufbildern zu. Auch hinsichtlich der Rechte der Lichtbildner ändert sich die Rechtslage nicht. Ebenso macht es für die Rechte der Urheber der vorbestehenden oder der filmbestimmt geschaffenen Werke keinen Unterschied, ob der fertige Film als Filmwerk oder Laufbild zu qualifizieren ist, da auch die Nutzung des Laufbildes in die Verwertungsrechte dieser Urheber nach den §§ 15 ff. UrhG eingreift.

Lediglich Urheber „am Laufbild" selbst (z.B. Regisseur, Cutter) kann es nicht geben, da einem Laufbild kein Werkcharakter zukommt. Auch ausübende Künstler werden im Regelfall nicht vorhanden sein, da die entsprechenden Darbietungen nicht an einem Werk oder einer Ausdrucksform der Volkskunst verbracht werden. Eine Ausnahme gilt nur dort, wo zwar der interpretierte Stoff (z.B. ein Theaterstück) Werkcharakter besitzt oder der Volkskunst zugehörig ist, lediglich die Filmaufnahme aufgrund ihrer eigenschöpferischen Armut (z.B. Filmaufnahmen mit feststehender Kamera) an den Voraussetzungen hierfür scheitert.

Da auch § 93 UrhG auf Laufbilder anwendbar bleibt, sind die Urheber vorbestehender oder filmbestimmt geschaffener Werke sowie die ausübenden Künstler oder Lichtbildner nur gegen gröbliche Entstellungen geschützt. Während eine solche erhebliche Einschränkung der persönlichkeitsrechtlichen Ansprüche der Betroffenen im Falle des Vorliegens eines Filmwerks aufgrund der besonderen Interessenlage des Filmherstellers noch hingenommen wird, wird diese im Falle bloßer Laufbilder allgemein abgelehnt (vgl. Fromm/Nordemann/Hertin, § 95, Rd. 10; Schricker/Katzenberger, § 95, Rd. 18). Es muss vielmehr im Einzelfall streng geprüft werden, ob die Interessen des Herstellers eines einfachen Laufbildes ein derartiges Zurückdrängen der Interessen der Betroffenen rechtfertigen.

8. Schutz des Filmtitels

Beispiel:
1. Der Produzent hat eine neue Krimi-Abendserie mit dem Arbeitstitel „Die Anti-Terror-Truppe" entwickelt. Der Titel soll so früh wie möglich geschützt werden.
2. Ein Fernsehsender möchte in Anlehnung an die bekannte Fernsehserie „Gute Zeiten, schlechte Zeiten" eine eigene Sendung mit dem Titel „Gute Nachbarn, schlechte Nachbarn" produzieren und ausstrahlen (Fall nach KG ZUM 2000, 512 – Gute Zeiten, schlechte Zeiten).

Grundsätzlich kann auch der Titel eines Filmwerks (oder eines Drehbuchs) urheberrechtlich geschützt sein. Im Einzelfall wird ein Titel aber nicht die notwendige Schöpfungshöhe und Individualität besitzen, so dass hier keine persönliche geistige Schöpfung gemäß § 2 Abs. II. UrhG gegeben ist. Urheberrechtlicher Titelschutz wird sich auf wenige Ausnahmefälle beziehen, in denen die Eigentümlichkeit der Wortverbindungen oder vielleicht auch der Wortneuschöpfung die besondere geistige und individuelle Persönlichkeit des Urhebers zum Ausdruck bringt.

Der Titel im Beispiel Nr. 1 wird wohl nicht urheberrechtlich schutzfähig sein.

Auch wenn das Urheberrecht in solchen Fällen keinen absoluten Titelschutz gegenüber jedermann bietet, so sind solche Werktitel allerdings im Verhältnis zwischen dem Urheber und eventuellen Nutzungsberechtigten geschützt. § 39 Abs. I. UrhG bestimmt, dass der Inhaber eines Nutzungsrechts nicht zur Änderung des Werktitels berechtigt ist, sofern nichts anderes vereinbart worden ist. Ob der Titel für sich urheberrechtlich schutzfähig ist, ist dann unerheblich (Fromm/Nordemann/Vinck, § 39, Rd. 5). Eine vertragliche Einräumung des Rechts zur Titeländerung ist selbstverständlich immer möglich.

Das geeignete Instrumentarium für einen wirksamen absoluten Titelschutz gegenüber jedermann bietet vielmehr das Markengesetz:

Nach § 5 Abs. I. MarkenG werden so genannte Werktitel geschützt; gemäß § 5 Abs. III. MarkenG fallen hierunter Namen oder besondere Bezeichnungen von Druckschriften, Filmwerken, Tonwerken, Bühnenwerken oder sonstigen vergleichbaren Werken (z.B. auch der Titel einer Fernsehserie, vgl. KG ZUM 2000, 512 – Gute Zeiten, schlechte Zeiten). Der kennzeichenrechtliche Werkbegriff nach dem Markengesetz ist nicht identisch mit dem urheberrechtlichen Werkbegriff gemäß § 2 UrhG. Insbesondere greift der Werktitelschutz des § 5 MarkenG auch dann, wenn der Titel selbst oder das zugrunde liegende Werk keine persönliche geistige Schöpfung im Sinne des § 2 Abs. II. UrhG darstellen.

Voraussetzung für die Erlangung von Werktitelschutz nach dem Markengesetz ist aber, dass der Titel kennzeichnenden Charakter hat. Dies ist der Fall, wenn der Titel Unterscheidungskraft besitzt, also geeignet ist, ein bestimmtes Werk zu identifizieren und von anderen Werken zu unterscheiden. Nicht dagegen erforderlich ist eine Neuheit des Titels, solange er jedenfalls das entsprechende Werk gegenüber anderen unterscheidungskräftig identifiziert. Daher kann auch ein volkstümliches Sprichwort als Filmtitel geschützt sein. Keinen markenrechtlichen Schutz genießen grundsätzlich Titel, die lediglich einen beschreibenden Charakter haben, wie z.B. der

Titel „Dokumentarfilm über die Wüste Gobi". Auch reine Gattungsbezeichnungen wie etwa „Der Film" für einen Kinofilm sind an sich nicht titelschutzfähig. Solche Beschreibungen oder Gattungsbezeichnungen können aber Unterscheidungskraft erhalten, wenn sie mit der Zeit Verkehrsgeltung erlangt haben.

Ob der Titel „Die Anti-Terror-Truppe" in Beispiel Nr. 1 genügend Unterscheidungskraft besitzt, ist fraglich. Das KG hat dem Titel „Gute Zeiten, schlechte Zeiten" in Beispiel Nr. 2 eine gewisse Originalität zuerkannt; eine eventuelle ursprüngliche Originalitätsschwäche werde hier jedenfalls durch den hohen Bekanntheitsgrad der Sendung kompensiert (KG ZUM 2000, 512, 513 – Gute Zeiten, schlechte Zeiten).

Inhaber des Werktitelrechts ist der Verfasser des Werkes. Liegt dem Film ein Drehbuch mit gleichem Titel zugrunde, ist der Drehbuchautor Inhaber des Werktitelrechts. Der Inhaber kann einfache oder ausschließliche Nutzungsrechte am Titel auf andere übertragen. Aufgrund der so genannten Akzessorietät des Titels ist eine Übertragung von Titelrechten aber nur im Zusammenhang mit einer Rechteübertragung an dem Werk selbst möglich. Weitere Folge der Akzessorietät ist, dass ein Titelschutz grundsätzlich nur dann bestehen kann, wenn ein zugrunde liegendes Werk auch tatsächlich existiert. Sofern sich die Planung des Werkes schon hinreichend konkretisiert hat, kann Titelschutz auch schon für eine Werkkonzeption bestehen (Fezer, Markenrecht, § 15, Rd. 167c).

Der Werktitelschutz entsteht mit der Inbenutzungnahme des Titels im geschäftlichen Verkehr, also z.B. mit Erscheinen des Drehbuchs im Buchhandel oder der Uraufführung bzw. Erstausstrahlung des Filmes. Maßgeblich ist der erste Tag der geschäftlichen Nutzung (Nordemann, Wettbewerbsrecht Markenrecht, Rd. 439).

Aber auch schon vor tatsächlicher Benutzung kann die zeitliche Priorität des Titelschutzes vorverlagert werden, wenn das Werk mit dem Titel in branchenüblicher Weise öffentlich angekündigt wird, bereits zum Zeitpunkt der Anzeige Vorbereitungshandlungen für eine öffentliche Verwertung des Werkes getroffenen werden und diese dann auch tatsächlich in angemessenem zeitlichen Abstand unter diesem Titel erfolgt (Gloy u.a., in: Münchener Vertragshandbuch, Bd. 3/II, Form. VIII. 5., Anm. 3 m.w.N.).

Die Ankündigung kann mittels einer so genannten Titelschutz-Anzeige in einem Titelschutzanzeiger oder einer überregional erscheinenden Fachzeitschrift erfolgen. Da sich das Werk in solchen Fällen noch in der Produktionsphase befinden und nicht mehr als ein Arbeitstitel vorliegen wird, ist es sinnvoll, in der Anzeige potentielle Abwandlungen mitaufzuführen. Die Zahl der Titel in einer Anzeige muss aber begrenzt sein, um dem Vorwurf der „Titelhamsterei" zu begegnen.

Im Beispiel Nr. 1 könnte der Produzent verschiedene Variationen von „Die Anti-Terror-Truppe", wie z.B. „Die Truppe", Die Anti-Terror-Einheit" etc., in der Anzeige angeben.

Für Kinospielfilme gibt es auch die Möglichkeit, den Titel in das freiwillige Titelregister der SPIO (Spitzenorganisation der Filmwirtschaft e.V.) eintragen zu lassen; auch dies kann bereits in der Developmentphase zur Vorverlagerung der Priorität geschehen. Die öffentliche Vorankündigung erfolgt dann über die SPIO in einer Fachzeitschrift.

Als Vorbereitungshandlungen reichen auch interne Handlungen aus, wie etwa der Abschluss von Verträgen (Gloy u.a., in: Münchener Vertragshandbuch, Bd. 3/II, Form. VIII. 5., Anm. 3 m.w.N.). Für den Werktitelschutz eines Filmes ist es also nicht notwendig, dass bei Schaltung der Anzeige bereits mit den Dreharbeiten begonnen wird.

Als Faustregel für die Frist zwischen Titelschutz-Anzeige und Beginn der öffentlichen Verwertung des Werktitels wird z.B. bei periodischen Druckwerken eine Spanne von sechs Monaten als angemessen angesehen (Gloy u.a., in: Münchener Vertragshandbuch, Bd. 3/II, Form. VIII. 5., Anm. 3 m.w.N.). Bei aufwendigen Kinofilmprojekten mit hohem Budget wird man m.E. die Frist zwischen Ankündigung eines Titels und Inbenutzungnahme großzügiger zu bemessen haben, da hier die Zeitspanne von Entwicklung über Produktion bis zur Auswertung naturgemäß länger ist als z.B. bei einfachen Printmedien. Die Titelschutzanzeiger bieten überwiegend die Möglichkeit an, nach Ablauf von sechs Monaten die Anzeige automatisch wiederholen zu lassen. Sofern das Werk aber nicht bereits innerhalb der ersten Spanne in den Verkehr gebracht wurde, verfällt das Prioritätsrecht der ersten Anzeige und beginnt mit der zweiten Anzeige neu zu laufen (sofern es sich nicht wiederum um ein Werk mit einer besonders langfristigen Produktionsphase handelt).

> Zur Sicherheit sollte die Titelschutzanzeige für die Fernsehserie in Beispiel Nr. 1 nicht länger als 6 Monate vor dem Nutzungsbeginn geschaltet werden.

Oftmals werden die Titelschutzanzeigen selbst nicht von den potentiellen Inhabern, sondern von Agenturen oder Rechtsanwälten geschaltet (hier typischerweise mit dem Satz „Unter Hinweis auf § 5 Abs. III. MarkenG nehmen wir für einen Kunden/Mandanten Titelschutz in Anspruch für ..."). Hierbei ist Vorsicht geboten: Weigert sich z.B. ein Anwalt nach Schaltung einer Titelschutzanzeige im Falle einer kennzeichenrechtlichen Abmahnung durch einen Dritten, den Namen seines Mandanten preiszugeben, so kann er als (Mit-)Störer in Anspruch genommen werden und haftet auch für die Kosten der Abmahnung (OLG Hamburg AfP 2000, 383 – Superweib).

Sobald ein Titel Werktitelschutz des § 5 MarkenG innehat, genießt der Inhaber den Verwechslungsschutz gemäß § 15 Abs. II. MarkenG sowie den Bekanntheitsschutz gemäß § 15 Abs. III. MarkenG.

Gemäß § 15 Abs. II. MarkenG ist es Dritten untersagt, diesen oder einen ähnlichen Werktitel im geschäftlichen Verkehr in einer Weise zu benutzen, die geeignet ist, Verwechslungen mit dem Werktitel herbeizuführen. Verwechslungsgefahr ist die nahe liegende Möglichkeit einer Beeinträchtigung des Inhabers des Werktitels durch Verwechslungen mit gleichen oder ähnlichen Zeichen (Nordemann, Wettbewerbsrecht Markenrecht, Rd. 420a). Für die Prüfung der Verwechslungsgefahr ist auf die Kennzeichnungskraft und den Ähnlichkeitsgrad der Kennzeichen sowie die Branchennähe der Nutzer abzustellen (Nordemann, Wettbewerbsrecht Markenrecht, Rd. 420a).

Sofern es sich um einen im Inland bekannten Werktitel handelt, ist es einem Dritten gemäß § 15 Abs. III. MarkenG auch bei Nichtbestehen einer Verwechslungsgefahr untersagt, den Titel im Verkehr zu benutzen, soweit die Benutzung des Titels die Unterscheidungskraft oder die Wertschätzung des Werktitels ohne rechtfertigenden Grund in unlauterer Weise ausnutzt oder beeinträchtigt.

I. Die Filmschaffenden und ihre Rechte

Das Kammergericht hat im Beispiel Nr. 2 für die seit über sieben Jahren laufende Fernsehserie „Gute Zeiten, schlechte Zeiten" – unter Zugrundelegung der Zuschauerquoten und Marktanteile – einen solchen Bekanntheitsgrad angenommen (KG ZUM 2000, 512, 513 – Gute Zeiten, schlechte Zeiten). Die Sendung „Gute Nachbarn, schlechte Nachbarn" nutze die hohe Wertschätzung der Sendung aus und habe sich im Interesse eines „Imagetransfers" bewusst und gezielt an den bekannten Titel angehängt. Das KG hat die Nutzung des Titels „Gute Nachbarn, schlechte Nachbarn" entsprechend untersagt.

Sofern sich der Produzent mit dem Gedanken trägt, den Titel des Films auch markenmäßig für bestimmte Waren oder Dienstleistungen auszuwerten (z.B. T-Shirts, Computerspiele, Kaffeetassen), so sollte er zur Stärkung seiner Rechtsposition eine entsprechende Anmeldung des Titels als Wort- oder Wort-Bild-Marke beim Deutschen Patentamt vornehmen. Die Anforderungen an die Unterscheidungskraft sind hier allerdings höher als bei bloßen Werktiteln (BGH ZUM 2001, 874, 875 – Gute Zeiten – Schlechte Zeiten). Die Fragen im Zusammenhang mit der Anmeldung, dem Schutz und der Lizenzierung von Marken werden im Kapitel Auswertung näher behandelt (s.u. C.II.2.4.).

9. Verwertungsgesellschaften

9.1. Allgemeines

Im Mittelpunkt stand bisher die individuelle Wahrnehmung von Urheber- und Leistungsschutzrechten, also die Einräumung von Rechten an Werken und Leistungen durch Einzelverträge (z.B. die Einräumung der Verfilmungs- und Auswertungsrechte an einem Drehbuch vom Drehbuchautor an den Produzenten durch einen Stoffentwicklungsvertrag). In vielen Bereichen ist die persönliche Wahrnehmung der Rechtevergabe durch den Rechteinhaber aber undurchführbar oder zumindest wenig praktikabel. So wäre es für den Komponisten eines erfolgreichen Popsongs müßig, mit jedem Radiosender komplizierte Lizenzvereinbarungen über die Funksendung seiner Kompositionen abzuschließen, anschließend die ordnungsgemäße Vertragsdurchführung zu kontrollieren und die Lizenzzahlungen zu überwachen. Hinsichtlich bestimmter urheberrechtlicher Ansprüche ist die individuelle Wahrnehmung sogar gesetzlich ausgeschlossen (vgl. z.B. §§ 27 Abs. III., 54h Abs. I. UrhG).

Für diese Fälle hat der Gesetzgeber die Einschaltung von Verwertungsgesellschaften vorgesehen. Diese nehmen Urheber- und Leistungsschutzrechte kollektiv wahr. Die Rechteinhaber übertragen den Verwertungsgesellschaften durch einen Berechtigungs- oder Wahrnehmungsvertrag die Befugnis, bestimmte Rechte und Ansprüche an ihren Werken – ähnlich einem Treuhänder – wahrzunehmen. Die Verwertungsgesellschaften schließen dann ihrerseits wiederum Einzel- oder Gesamtverträge mit Nutzern oder Vereinigungen von Nutzern über diese Rechte und Ansprüche und führen die Abrechnung sowie das Inkasso für die Rechteinhaber durch.

Rechtsgrundlage für die Tätigkeit der Verwertungsgesellschaften ist das Urheberrechtswahrnehmungsgesetz (WahrnG) von 1965. Verwertungsgesellschaften unterliegen danach sowohl einem Wahrnehmungszwang, als auch einem Kontrahierungszwang:

Gemäß § 6 WahrnG sind Verwertungsgesellschaften einerseits verpflichtet, allen Rechteinhabern ihre Tätigkeiten zu angemessenen Bedingungen anzubieten, wenn diese Staatsbürger der BRD, eines anderen Mitgliedstaates der EU bzw. des EWR sind oder ihren Wohnsitz im Geltungsbereich des Wahrnehmungsgesetzes haben und eine wirksame Wahrnehmung der Rechte anders nicht möglich ist. Durch Abschluss des Berechtigungsvertrages wird der Rechteinhaber zum so genannten Berechtigten. Inwieweit ein Berechtigter auch als echtes Mitglied der Verwertungsgesellschaft aufgenommen wird, was in der Regel mit weiteren Rechten verbunden ist (z.B. Stimmrechten), kann von der Verwertungsgesellschaft im Innenverhältnis durch Satzung frei bestimmt werden (Schricker/Reinbothe, § 6 WahrnG, Rd. 3).

> So unterscheidet z.B. die GEMA zwischen angeschlossenen, außerordentlichen und ordentlichen Mitgliedern: Angeschlossene Mitglieder sind solche, die einen Berechtigungsvertrag mit der GEMA unterzeichnet haben; sie werden damit jedoch nicht Mitglied des Vereins. Außerordentliche Mitglieder müssen bereits mehrere veröffentlichte Werke vorweisen, die ordentliche Mitgliedschaft erfordert schließlich ein erhebliches Mindestaufkommen aus der Verwertung ihrer Werke.

Gemäß den §§ 11, 12 WahrnG sind Verwertungsgesellschaften andererseits verpflichtet, allen Nutzern auf Verlangen Nutzungsrechte an diesen Rechten zu angemessenen Bedingungen einzuräumen, bzw. mit Vereinigungen von Nutzern Gesamtverträge über die Einräumung von Nutzungsrechten zu angemessenen Bedingungen abzuschließen, sofern letzteres nicht im Einzelfall unzumutbar ist. Diese Kontrahierungszwänge tragen der Tatsache Rechnung, dass Verwertungsgesellschaften hinsichtlich der von ihnen gehaltenen Werke faktisch eine Monopolstellung innehaben und allen Rechteinhabern und Nutzern der Zugang hierzu zu angemessenen Bedingungen gewährleistet werden soll.

> So ist z.B. die GEMA verpflichtet, jedem Schallplattenproduzenten das Recht einzuräumen, mit einer Künstlergruppe das Musikwerk „Über den Wolken" von Reinhard Mey aufzunehmen und diese Aufnahme als CD zu vervielfältigen und zu verbreiten.

Für den Rechteinhaber besteht hingegen keine Verpflichtung, die Verwertungsrechte an seinen Werken einer Verwertungsgesellschaft zur Wahrnehmung zu übertragen.

> Hätte Reinhard Mey im vorangegangenen Beispiel keinen Berechtigungsvertrag mit der GEMA abgeschlossen, so könnte er die Lizenzen zur Aufnahme, Vervielfältigung und Verbreitung seiner Kompositionen auch einzelvertraglich mit den Schallplattenfirmen regeln. Da der Titel „Über den Wolken" aber bereits erschienen ist, unterläge Reinhard Mey allerdings einem Kontrahierungszwang gemäß § 42a UrhG (so genannte Zwangslizenz zur Herstellung von Tonträgern).

Schließt ein Rechteinhaber einen Berechtigungs- oder Wahrnehmungsvertrag mit einer Verwertungsgesellschaft ab, so wird er im Regelfall zur Einbringung aller bestehenden und künftig entstehenden Werke bzw. Leistungen verpflichtet. Die Verwertungsgesellschaften wollen damit verhindern, dass die Berechtigten die

I. Die Filmschaffenden und ihre Rechte

„Filetstücke" ihrer Werkkataloge selbst lizenzieren und lediglich die weniger attraktiven Werke zur kollektiven Wahrnehmung freigeben.

Die Verteilung der Einnahmen, die die Verwertungsgesellschaften aus ihrer Tätigkeit erzielen, hat nach einem festen Verteilungsplan an die jeweiligen Berechtigten zu erfolgen. Der Verteilungsplan soll dem Grundsatz entsprechen, dass kulturell bedeutende Werke und Leistungen zu fördern sind, § 7 WahrnG.

So sieht der Verteilungsplan der GEMA z.B. unterschiedliche Wertungsverfahren für Werke der ernsten Musik sowie Werke der Unterhaltungs- und Tanzmusik vor.

Deutsche Verwertungsgesellschaften nehmen zunächst nur die Ansprüche der Berechtigten im Inland wahr. Um aber auch an den Vergütungsansprüchen für die Nutzung der Werke im Ausland zu partizipieren, schließen Verwertungsgesellschaften regelmäßig so genannte Gegenseitigkeitsverträge mit ihren dort ansässigen Schwestergesellschaften ab. Diese ziehen von den ausländischen Nutzern die Vergütungen ein und führen diese – nach Abzug ihrer Verwaltungskommission – an die deutsche Verwertungsgesellschaft ab. Aufgrund dieses Systems der wechselseitigen Einräumung von Nutzungsrechten ist es möglich, dass eine Verwertungsgesellschaft, wie z.B. die GEMA, in Deutschland faktisch das Weltrepertoire an allen Musikwerken wahrnimmt.

9.2. Einzelne Verwertungsgesellschaften

Im Folgenden sollen die für den Filmbereich wesentlichen Verwertungsgesellschaften kurz dargestellt werden:

Die GEMA (Gesellschaft für musikalische Aufführungs- und mechanische Vervielfältigungsrechte) nimmt die Rechte der Komponisten, Textdichter, Bearbeiter und Musikverleger an Werken der Tonkunst (mit oder ohne Text) wahr (zur GEMA ausführlich Homann, Praxishandbuch Musikrecht, S. 84 ff.). Die GEMA ist für den Filmproduzenten immer dann von Bedeutung, wenn er Musikwerke im Film verwendet (so genanntes Filmherstellungsrecht oder Synchronization right, s.u. B.II.4.4.1.1.). Im Bereich der Eigen- und Auftragsproduktionen der Fernsehanstalten für eigene Sendezwecke vergibt die GEMA das Filmherstellungsrecht selbst; dies gilt aber nicht, wenn Dritte an der Filmherstellung oder -auswertung beteiligt sind. Im Spielfilmbereich haben die Rechteinhaber der GEMA das Filmherstellungsrecht nur unter einer auflösenden Bedingung übertragen; die Bedingung tritt ein, wenn die Berechtigten der GEMA mitteilen, dass sie das Recht selbst vergeben möchten, was aufgrund der auf dem freien Markt erzielbaren höheren Lizenzentgelte den Regelfall darstellt (s.u. B.II.4.4.2.) Die GEMA vergibt ferner die zur Auswertung des Films notwendigen Vervielfältigungs-, Verbreitungs-, Sende- und Vorführungsrechte an den im Filmwerk verwendeten Musikwerken. Im Bereich der Fernsehsendung eines Films sowie der Soundtrackauswertung können hier erhebliche Vergütungsaufkommen für die Berechtigten erzielt werden. Für den Produzenten ist es empfehlenswert, zumindest die für seinen Film hergestellten Auftragskompositionen (die dramaturgische Musik oder Einzeltitel) in einen eigenen Musikverlag oder eine Edition bei einem etablierten Musikverlag einzubringen (zu Musikverlagen ausführlich Homann, Praxishandbuch Musikrecht, S. 231 ff.; zu Editionsverträgen Homann, a.a.O., S. 244 ff.). Gemäß dem Verteilungsplan der GEMA partizipiert der Musikverlag sodann im Normalfall bei der Fernsehsendung zu 4/12, bei der Vervielfältigung und Verbreitung von Tonträgern zu 40% an den Lizenzausschüttungen an die Berechtigten.

Die VFF (Verwertungsgesellschaft der Film- und Fernsehproduzenten mbH) nimmt die Rechte der privaten und öffentlich-rechtlichen Sendeunternehmen sowie der Fernsehauftragsproduzenten wahr. Zu diesen Rechten gehören z.B. die Geräte- und Leerkassettenabgabe, die Vergütung bei Vervielfältigung und öffentlicher Wiedergabe von Filmen in Geschäftsbetrieben, die Kabelweitersendungsvergütung, die Vergütungsansprüche bei der Nutzung von Filmen durch Behörden oder Weiterbildungseinrichtungen sowie die Vergütungsansprüche aus dem Verleihen von Bild- und Tonträgern. Für Filmproduzenten können hier erhebliche Vergütungen anfallen.

Die VGF (Verwertungsgesellschaft für Nutzungsrechte an Filmwerken mbH) nimmt die Rechte der deutschen und ausländischen Filmproduzenten, Filmurheber (Regisseure), Fernsehfilmproduzenten und Videoprogrammhersteller wahr. Hierunter fallen insbesondere die Vergütungsansprüche aus der Geräte- und Leerkassettenabgabe, der Kabelweitersendung sowie dem Vermieten und Verleihen von Videokassetten.

Die GWFF (Gesellschaft zur Wahrnehmung von Film- und Fernsehrechten mbH) nimmt die Rechte bestimmter Filmlizenzhändler wahr. Hierunter fallen ebenfalls die Vergütungsansprüche aus der Geräte- und Leerkassettenvergütung, Kabelweiterleitung sowie dem Verleihen und Vermieten von Vervielfältigungsstücken.

Die VG Bild-Kunst nimmt die Rechte der bildenden Künstler wahr, hier insbesondere der Urheber in den Bereichen Film, Fernsehen und Audiovision (Regisseure, Kameraleute, Cutter, Filmarchitekten, Kostümbildner) sowie der Produzenten. Für Kinofilmproduzenten gibt es damit Überschneidungen zur VGF oder GWFF, so dass die Produzenten zwischen den verschiedenen Verwertungsgesellschaften wählen können.

Die GVL (Gesellschaft zur Verwertung von Leistungsschutzrechten) nimmt die Leistungsschutzrechte der Tonträgerhersteller, ausübenden Künstler, Videoclipshersteller sowie Veranstalter in Bezug auf Musikaufnahmen wahr (zur GVL ausführlich Homann, Praxishandbuch Musikrecht, S.110 ff.). Diese Rechte werden bei der Einblendung von Musikaufnahmen im Film berührt (so genannte Master-use rights, s.u. B.II.4.4.1.2.). Ähnlich der GEMA hinsichtlich der korrespondierenden Synchronization rights nimmt auch die GVL die Master-use rights nur im Bereich der Eigen- und Auftragsproduktionen der Sendeanstalten für eigene Sendezwecke wahr, im Spielfilmbereich erfolgt die Rechtevergabe durch die Schallplattenfirmen selbst (s.u. B.II.4.4.2.).

Die GÜFA (Gesellschaft zur Übernahme und Wahrnehmung von Filmaufführungsrechten mbH) nimmt die Rechte im Bereich der öffentlichen Vorführung, der Vermietung und Verleihung sowie der Geräte- und Leerkassettenabgabe im Bereich des erotischen und pornographischen Films wahr.

I. Die Filmschaffenden und ihre Rechte

Die VG Wort nimmt die Rechte der Inhaber von Urheber- und Nutzungsrechten an Sprachwerken (einschließlich wissenschaftlichen und technischen Inhalts) wahr, hierunter fallen die Autoren, Übersetzer, Journalisten, Verleger und Bühnenverleger. Zu den wahrgenommenen Rechten gehören die Rechte der Wiedergabe durch Bild- oder Tonträger, der Wiedergabe von Funksendungen, Vergütungsansprüche aus dem Vermieten und Verleihen von Vervielfältigungsstücken einschließlich Bild- und Tonträgern, die Geräte- und Leerkassettenabgabe, die Pressespiegelvergütung, die Fotokopierabgabe sowie die Vergütungsansprüche aus der Kabelweiterleitung von Fernsehprogrammen.

Die AGICOA (Association de Gestion Internationale Collective des Oeuvres Audiovisuelles) nimmt die Vergütungsansprüche der Produzenten vornehmlich im Bereich der Kabelweitersendung wahr. Es handelt sich hierbei um eine ausländische Verwertungsgesellschaft mit Sitz in Genf, der aber auch deutsche Filmproduzenten beitreten können. Die AGICOA arbeitet auf der Grundlage der Berner Konvention in Verbindung mit der Satelliten- und Kabelrichtlinie der EU (93/83 EWG vom 27.09.1993), die in den §§ 20a, b UrhG ihren Niederschlag gefunden hat.

Die VG Werbung nimmt, wie die GEMA, die Ansprüche der Komponisten, Textdichter und Verleger für die Nutzung ihrer Musik in der Werbung wahr. Zu den wahrgenommenen Rechten gehören auch hier die Rechte zur Sendung, öffentlichen Zugänglichmachung, öffentlichen Wiedergabe, Nutzung von Klingeltönen, Filmherstellung (wobei dieses Recht auch hier von den Berechtigten zurückgerufen werden kann), Vervielfältigung, Verbreitung, Vermietung und Aufführung sowie die gesetzlichen Vergütungsansprüche.

Die VG Media (Gesellschaft zur Verwertung der Urheber- und Leistungsschutzrechte von Medienunternehmen mbH) nimmt die Rechte der Medienunternehmen (insbesondere Fernsehsender) aus der Kabelweiterleitung von Fernsehprogrammen wahr.

II. Welche fremden Rechte hat der Filmhersteller zu beachten?

In Kapitel A. wurde bereits ausgeführt, welche fremden Rechte bei der Stoffentwicklung zu beachten sind. Da das Filmwerk im wesentlichen auf dem Drehbuch basiert, werden viele Rechtsprobleme, welche im Zusammenhang mit Remakes, Prequels, Parodien, Zitaten, Namens- und Persönlichkeitsrechten Dritter entstehen, auf dieser Ebene bereits zu begegnen sein. Insofern wird auf die dortigen Darstellungen verwiesen.

Aber auch in der Produktionsphase besteht die Gefahr weiterer Rechtsverletzungen, etwa bei der Nutzung fremder Filmmaterialien, der Abbildung von Personen, Werken oder Kennzeichen, den Dreharbeiten auf privatem oder öffentlichem Eigentum, der Einbindung von Product-Placements oder der Einblendung von Filmmusik. Zu beachten ist, dass sich der Produzent – ebenso wie der Drehbuchautor – hierbei grundsätzlich auch auf die verfassungsrechtlich verbürgte Meinungs- und Kunstfreiheit nach Art. 5 GG berufen kann (s.o. A.II.1.4.). Insbesondere die Kunstfreiheit erstreckt sich nicht nur auf den Werkbereich (Schaffung des Kunstwerks), sondern auch auf den Wirkbereich (Verbreitung und Vermittlung des Kunstwerks) (s.o. A.II.1.4.2.1.). Damit können auch Produzenten sowie Verleih- und Sendeunternehmen diesen Grundrechtsschutz für sich in Anspruch nehmen.

1. Nutzung fremder Filmmaterialien

1.1. Einblendung von Filmausschnitten

Beispiel:
1. Die Handlung eines Fernsehfilms soll in New York stattfinden. Da das Budget sowohl Dreharbeiten vor Ort als auch aufwendige Studiobauten nicht zulässt, möchte der Produzent von Zeit zu Zeit kurze Ausschnitte aus anderen Filmen einblenden, welche die Skyline von New York zeigen.
2. Ferner möchte der Produzent aus mehreren Edgar-Wallace-Filmen kurze Filmclips entnehmen, teilweise verändern, neu zusammenschneiden, nachkolorieren, die hierdurch neu entstehenden Spielhandlungen nachsynchronisieren oder mit neuen Texten unterlegen und mittels digitaler Bildbearbeitung auch den Hauptdarsteller in einige Originalszenen der Edgar-Wallace-Filme integrieren. Zum Teil sollen die Originaldialoge aber noch erhalten bleiben (Fall nach OLG Hamburg GRUR 1997, 822 – Edgar-Wallace-Filme).

1.1.1. Allgemeines

Die Verwendung einzelner Filmausschnitte bzw. Filmclips in anderen Produktionen wird auch als Klammerteilauswertung bezeichnet. Die Klammerteilauswertungsrechte an einem Filmwerk entstehen originär bei den jeweiligen Urhebern vorbestehender Werke (z.B. Autor des Romans), den Urhebern filmbestimmt geschaffener Werke (z.B. Autor des Drehbuchs), den Filmurhebern (z.B. Regisseur, Cutter) und den Leistungsschutzberechtigten (Filmhersteller, ausübende Künstler, Lichtbildner).

In der Regel hat der Filmhersteller des verwendeten Filmausschnitts sämtliche urheber- und leistungsschutzrechtlichen Nutzungsrechte, einschließlich des Rechts auf Klammerteilauswertung, durch entsprechende Verträge mit allen Beteiligten in seiner Person gebündelt. Insofern ist die Rechteinhaberschaft leicht zu ermitteln. Wo eine entsprechende Rechteeinräumung verabsäumt wurde, sind die Klammerteilauswertungsrechte im Zweifel bei den Urhebern vorbestehender Werke, Filmurhebern, ausübenden Künstlern und Lichtbildnern verblieben, da diese Rechte grundsätzlich nicht von den Auslegungsregeln der §§ 88, 89, 92 UrhG umfasst werden (s. A.III.2.5.2.; B.III.1.1.2./1.2.2.). In diesem Fall existiert eine unüberschaubare Anzahl potentiell betroffener Rechteinhaber.

1.1.2. In welche Rechte greift die Nutzung von Filmausschnitten ein?

1.1.2.1. Urheberrechte

Zunächst ist für jeden Einzelfall zu prüfen, ob der übernommene Filmausschnitt für sich urheberrechtlich schutzfähig ist. Nur dann können Nutzungshandlungen die Rechte eventueller Urheber tangieren.

Die Rechtsprechung tendiert dazu, auch bei kurzen Ausschnitten von einer Schutzfähigkeit auszugehen. So hat das OLG Hamburg in einer Entscheidung festgestellt, dass auch Spielfilmausschnitten von wenigen Sekunden, soweit es sich um zusammenhängende Bildfolgen bzw. Bild- und Toneinheiten handelt, bei denen eine schöpferische Prägung z.B. durch die spezielle Art der Beleuchtung, durch die Kameraeinstellung und ähnliches gegeben ist, die für den urheberrechtlichen Schutz erforderliche Schöpfungshöhe zukommen kann (OLG Hamburg GRUR 1997, 822, 825 – Edgar-Wallace-Filme).

> In der Entscheidung, die dem Beispiel Nr. 2 zugrunde liegt, hat das OLG Hamburg unter den gegebenen Umständen eine Schutzfähigkeit der Filmausschnitte aus den Edgar-Wallace-Filmen angenommen. Für die Ausschnitte in Beispiel Nr. 1, welche lediglich die Skyline einer Großstadt zeigen, ist die Schutzfähigkeit allerdings fraglich. Hier könnte die eigenschöpferische Werkleistung aber in einer ungewöhnlichen Perspektive oder Kamerafahrt zum Ausdruck kommen.

Im Verhältnis zu den Inhabern von Urheberrechten an dem Filmausschnitt stellt die direkte Einblendung des Filmclips in ein eigenes Filmwerk, also das Kopieren eines Bild- Tonfolgenausschnitts auf einen neuen Filmstreifen, zunächst einen Akt der Vervielfältigung, bei späterer Kino- Fernseh- und Videoauswertung auch der Vorführung, Funksendung und Verbreitung des Originalfilmausschnitts dar. Sofern es sich bei dem verwendeten Filmausschnitt um ein schutzfähiges Werk oder einen Werkteil mit eigenschöpferischen Elementen handelt, greift die Nutzung damit in die ausschließlichen Verwertungsrechte der Urheber nach den §§ 15 ff. UrhG ein.

Daneben sind die Kürzungen und Schnittänderungen sowie das Einbinden des Filmausschnitts in einen völlig neuen Zusammenhang regelmäßig als Formen der Bearbeitung oder anderen Umgestaltung nach § 23 UrhG anzusehen. Dies gilt erst recht bei der Vornahme weitergehender Modifikationen, wie z.B. der Nachkolorisation oder Einfügung digitaler Effekte.

Liegt eine Bearbeitung oder andere Umgestaltung nach § 23 UrhG vor, so bedarf der Produzent zur Veröffentlichung und Verwertung des neuen Werkes der Zustimmung der Originalurheber zu diesen Änderungen. Geht man davon aus, dass die Verwendung der dem Filmausschnitt zugrunde liegenden urheberrechtlich geschützten Elemente in einem gänzlich neuen Film sogar eine erneute Verfilmung darstellt, bedarf der Produzent nach § 23 S. 2 UrhG bereits zur Herstellung dieses neuen Filmes der Einwilligung der Urheber des benutzen Filmausschnitts.

Eine Verwendung des Filmclips in der neuen Produktion ohne Zustimmung der Originalurheber ist nur dann erlaubt, wenn die Übernahme des Filmausschnitts ausnahmsweise als freie Benutzung im Sinne von § 24 UrhG zu bewerten ist. Die Verwertung eines in freier Benutzung nach § 24 UrhG hergestellten Werkes verletzt dann auch nicht die Verwertungsrechte der Originalurheber nach den §§ 15 ff. UrhG.

Wie bereits dargestellt, ist die Abgrenzung zwischen einer erlaubnispflichtigen Bearbeitung bzw. anderen Umgestaltung und einer erlaubnisfreien Benutzung in der Praxis nicht immer einfach:

Von einer freien Benutzung kann grundsätzlich nur dann gesprochen werden, wenn die Teile des ursprünglichen Werkes nicht mehr im neuen Werk erkennbar sind bzw. angesichts der Eigenarten des neuen Werkes „verblassen" (s.o. A.II.1.1.). Hier ist zu berücksichtigen, dass die Einblendung eines Filmausschnitts meist durch eine (zumindest teilweise) unveränderte und damit für den Betrachter sehr auffällige Übernahme des Originalausschnitts in den neuen Film erfolgt. Auch eventuelle Modifikationen, wie z.B. Nachkolorisation, Nachsynchronisation, Digitalisierung oder Neuschnitt werden nur selten ein derartiges Maß erreichen, dass der ursprüngliche Filmausschnitt bis zur Unkenntlichkeit überlagert wird. Oftmals ist die Erkennbarkeit des Originalfilms geradezu erwünscht.

Ausnahmsweise kann eine solche deutliche Übernahme der äußeren Formgestaltung geschützter Werkteile aber dann erlaubt sein, wenn der neue Film einen ausreichenden inneren Abstand zum ursprünglichen Film wahrt. Die Rechtsprechung stellt an das Vorliegen eines derartigen „inneren Abstands" allerdings hohe Anforderungen. Erforderlich ist zumeist, dass sich das neue Werk in einer Weise antithematisch oder inhaltlich auseinandersetzt, so dass die Wesenszüge des alten Werkes nicht mehr erkennbar sind (vgl. BGH GRUR 1994, 191, 193 – Asterix-Persiflagen; BGH ZUM 1999, 644, 648 – Laras Tochter). Dies kann speziell im Fall einer Satire oder Parodie gegeben sein (s.o. A.II.1.1.1.). Der Filmproduzent kann sich hierbei – wie der Urheber eines Drehbuchs – insbesondere auch auf die Kunstfreiheit nach Art. 5 Abs. III. GG berufen (s.o. A.II.1.4.2.). Außerhalb satirischer Darstellungen werden sich über § 24 UrhG hinausgehende geringfügige Eingriffe allenfalls bei künstlerisch anspruchsvollen Filmen, die sich mit dem benutzten Werk in besonderer Weise künstlerisch auseinandersetzen, über die Kunstfreiheit rechtfertigen lassen (vgl. BVerfG ZUM 2000, 867 – Brecht-Texte).

So hat der BGH die unveränderte Übernahme verschiedener Originalausschnitte aus der Fernsehshow „Der Preis ist heiß" in einen satirischen Beitrag für die Sendung „Kalkofes Mattscheibe" als zulässig angesehen. Dort wurde für den Satirebeitrag unter anderem ein Ausschnitt aus einem Werbespot für ein Blasenstärkungsmittel mit einer Dauer von 58 Sekunden verwendet und dieses dann als Mittel zur Erleichterung des Wasserlassens dargestellt. Die Produktwirkung wurde dann am Beispiel des Originalmoderators des Spots durch geschicktes Zusammenscheiden von pantomimischen Darstellungen und Originalbildfolgen demonstriert. Nach Ansicht des BGH war hier mit dem neuen Sendebeitrag ein eigenes, selbständiges Werk im Sinne von § 24 UrhG geschaffen worden; die Art und das Thema des Originalbeitrags waren geradezu satirisch in Gegenteil verkehrt (BGH GRUR 2000, 703, 705 – Mattscheibe). Für die urheberrechtliche Prüfung komme es dann auch nicht auf das Gelingen oder die inhaltliche Tendenz der Kritik an (BGH GRUR 2000, 703, 705 – Mattscheibe).

Dagegen hat das OLG Hamburg die teilweise unveränderte Übernahme von Originalausschnitten aus Edgar-Wallace-Filmen in einen Beitrag einer Comedy-Serie des Komikers Otto Waalkes trotz eines völlig neuen Zusammenhangs, der Verfremdung durch Kombination unterschiedlicher – auch neu hinzugefügter – Sequenzen oder Computeranimationen und einer damit veränderten Sinngebung nicht ohne weiteres als freie Benutzung nach § 24 UrhG angesehen. Seien die umgestalteten Filmszenen noch als Teile des ursprünglichen Filmes erkennbar (wobei eine genaue Zuordnung zu einem bestimmten Filmtitel vom Zuschauer nicht verlangt wird) und bleibe auch der Ausdruck der auftretenden Schauspieler identifizierbar (z.B. Beunruhigung, Furcht und Schrecken), so ließe dies den ursprünglichen Charakter der dargestellten Spielhandlungen nicht völlig in den Hintergrund treten und „verblassen" (vgl. OLG Hamburg GRUR 1997, 822, 825 – Edgar-Wallace-Filme).

> Sollte man in Beispiel Nr. 1 ausnahmsweise von einer Schutzfähigkeit des Ausschnitts ausgehen, wird hier eine freie Benutzung nicht vorliegen, da es an jeder inhaltlichen oder antithematischen Auseinandersetzung mit den übernommenen Werkteilen fehlt. Beispiel Nr. 2 basiert auf der Entscheidung des OLG Hamburg, in der eine unfreie Bearbeitung nach § 23 UrhG angenommen wurde.

Letztlich ist es eine Frage des Einzelfalls, ob aus der Sicht der Filmurheber eine erlaubnisfreie Benutzung von Filmausschnitten im Sinne von § 24 UrhG gegeben ist. Zur Sicherheit sollte der Produzent stets die Zustimmung der Urheber der Filmausschnitte einholen.

Denkbar ist schließlich, dass sich auch der Filmhersteller auf § 50 UrhG berufen kann, wenn die Einblendung des fremden Filmwerks im Rahmen einer Berichterstattung über Tagesereignisse erfolgt. § 50 UrhG ist eine Schranke zugunsten der Meinungs- und Pressefreiheit und des öffentlichen Informationsinteresses. Gegenstand der Berichterstattung muss ein aktuelles Geschehen sein, die Öffentlichkeit

II. Welche fremden Rechte hat der Filmhersteller zu beachten?

muss ein Interesse gerade an dieser aktuellen Berichterstattung haben. § 50 UrhG erlaubt dann die Nutzung des fremden Werkes, wenn dem Filmhersteller wegen der Aktualität der Ereignisse die Einholung der Nutzungsrechte nicht möglich oder zumutbar ist (BGH, Urt. v. 20.12.2007, I ZR 42/05 – TV-Total). Im Spielfilmbereich wird sich der Filmhersteller auf § 50 UrhG deshalb angesichts der langen Vorbereitungs- und Produktionszeiten nicht berufen können. Aber auch im Bereich der Fernsehberichterstattung sind die Anforderungen der Rechtsprechung an die Aktualität des gefilmten Ereignisses hoch. Der Bericht muss in der Öffentlichkeit noch als „Gegenwartsberichterstattung" empfunden werden (BGH, Urt. v. 20.12.2007, I ZR 42/05 – TV-Total m.w.N.).

In dem Fall der Einblendung eines Ausschnitts aus einem Fernsehinterview in der Sendung „TV-Total" hat der BGH die Anwendbarkeit von § 50 UrhG verneint. Die Einblendung erfolgte hier nicht zum Zweck einer aktuellen Berichterstattung über die Qualität des deutschen Fernsehens, sondern weil die Szene die Zuschauer zum Lachen reizte. Dies reicht nicht aus (BGH, Urt. v. 20.12.2007, I ZR 42/05 – TV-Total).

1.1.2.2. Leistungsschutzrechte
Für die Beurteilung, ob die Einblendung eines fremden Filmausschnitts in einen eigenen Film das Leistungsschutzrecht des Filmherstellers des Originalfilms verletzt, kommt es auf die urheberrechtliche Schutzfähigkeit der verwendeten Ausschnitte nicht an. Der Filmhersteller besitzt ein Leistungsschutzrecht an den von ihm hergestellten Bildfolgen unabhängig davon, ob es sich um ein urheberrechtlich schutzfähiges Filmwerk (dann § 94 UrhG) oder ein Laufbild (dann § 95 UrhG) handelt. Damit sind auch kürzeste Bild- oder Bild-Tonsequenzen ohne jede eigenschöpferische Qualität vom Leistungsschutz des Filmherstellers umfasst (BGH, Urt. v. 20.12.2007, I ZR 42/05 – TV-Total).

Somit ist es in Beispiel Nr. 1 nunmehr unerheblich, ob die einfachen Aufnahmen der Skyline von New York urheberrechtlich schutzfähig sind. Werden die Filmausschnitte verwendet, sind die Leistungsschutzrechte der Originalfilmhersteller berührt. Für die Ausschnitte in Beispiel Nr. 2 hatte das OLG Hamburg die Schutzfähigkeit ohnehin bejaht.

Hier stellt sich nun ebenfalls die Frage, inwieweit eine Übernahme solcher Bild- und Tonfolgen auch gegenüber dem Filmhersteller des Originalfilms eine freie Benutzung im Sinne des § 24 UrhG darstellen kann. Eine direkte Anwendung der §§ 23, 24 UrhG auf den Leistungsschutz des Filmherstellers sieht § 94 UrhG nicht vor. Allerdings wendet die Rechtsprechung § 24 UrhG auch entsprechend auf Leistungsschutzrechte an (BGH GRUR 2000, 703, 704 – Mattscheibe; BGH, Urt. v. 20.12.2007, I ZR 42/05 – TV-Total).

Im Ergebnis ist dies auch konsequent: § 24 UrhG ist lediglich eine gesetzliche Ausprägung des Spannungsverhältnisses zwischen der Kunstfreiheit des Schöpfers eines Kunstwerks nach Art. 5 Abs. III. GG und der Eigentumsgarantie des Inhabers des Immaterialgüterrechts am benutzen Stoff nach Art 14 GG. Um die Freiheit des geistigen Schaffens zu gewährleisten, müssen die Eigentümer urheberrechtlich geschützter Rechtspositionen bestimmte geringfügige Eingriffe hinnehmen. Wenn dies nach § 24 UrhG für Urheberrechte gilt, so muss dies erst recht für die – vom Gesetzgeber mit einem weitaus geringeren Schutz versehen – Leistungsschutzrechte zutreffen. Ob eine freie Benutzung eines Leistungsschutzrechts vorliegt, richtet sich also wieder nach den oben dargestellten Grundsätzen. Eine freie Benutzung fremder Laufbilder setzt auch hier voraus, dass entsprechend § 24 UrhG ein selbständiges Werk geschaffen wird (BGH, Urt. v. 20.12.2007, I ZR 42/05 – TV-Total). Dies erfordert auch hier, dass das neu geschaffene Werk einen ausreichenden Abstand zu den benutzten Laufbildern wahrt und diese angesichts der Eigenarten des neuen Werkes verblassen (BGH, Urt. v. 20.12.2007, I ZR 42/05 – TV-Total). Wird eine freie Benutzung danach bejaht, sind auch die Leistungsschutzrechte des Filmherstellers auf Vervielfältigung, Verbreitung, Vorführung und Funksendung nicht verletzt.

> In der zuvor zitierten Entscheidung hat der BGH festgestellt, dass die Einblendung eines Interviewausschnitts in der Sendung „TV-Total", in der dieser lediglich präsentiert und vom Moderator Stefan Raab kommentiert wurde, nicht nach § 24 UrhG gedeckt war. Durch die bloße Präsentation und Kommentierung der fremden Laufbilder sei kein selbständiges Werk geschaffen worden. Auch von einer Parodie könne keine Rede sein, da der Moderator lediglich auf die unfreiwillige Komik des Ausschnitts in seiner An- und Abmoderation hingewiesen habe. Auch könne er sich hier nicht auf die Meinungs- und Kunstfreiheit berufen, da der Moderator mit seinem Beitrag weder eine Medienkritik geleistet, noch ein Kunstwerk geschaffen habe (BGH, Urt. v. 20.12.2007, I ZR 42/05 – TV-Total).

Auch das Leistungsschutzrecht der Lichtbildner setzt keine urheberrechtliche Werkqualität der Lichtbildausschnitte voraus, so dass auch hier kürzeste Lichtbilder ohne jeden eigenschöpferischen Charakter geschützt sind. Für die Leistungsschutzrechte der Lichtbildner gelten über die Verweisung in § 72 UrhG die Bestimmungen über die Rechte der Urheber an Werken entsprechend, also auch die Bestimmungen über die freie Benutzung nach § 24 UrhG. Insofern kann auf die dargestellten Ausführungen verwiesen werden.

Im Verhältnis zu den Leistungsschutzrechten der ausübenden Künstler ist fraglich, inwieweit eine Prüfung der Schutzfähigkeit der verwendeten Bild- oder Bild-Tonfolgen wiederum notwendig ist. § 73 UrhG gewährt nach seinem Wortlaut den ausübenden Künstlern nur dann Leistungsschutzrechte, wenn diese ein Werk im Sinne von § 2 UrhG oder eine Ausdrucksform der Volkskunst darbieten oder an einer solchen Darbietung künstlerisch mitwirken. Damit würde an kürzesten Ton- oder Bildfolgen, in denen die eigenschöpferischen Merkmale des zugrunde liegenden Werkes bzw. die folkloristischen Besonderheiten der zugrunde liegenden Ausdrucksform der Volkskunst nicht mehr prägend durchscheinen, kein Leistungsschutz nach § 73 UrhG bestehen. Nach zutreffender Ansicht ist auch bei ausübenden Künstlers eine Schöpfungshöhe im Sinne von § 2 UrhG in Bezug auf den dargebotenen Stoff nicht erforderlich (s.o. B.I.4.2.). Damit sind auch hier kurze Filmausschnitte ohne eigenschöpferischen Charakter geschützt. Ergänzend kommt aber ein Schutz nach dem allgemeinen Persönlichkeitsrecht und – vor allem bei abgebildeten Künstlern (z.B. Schauspielern) – nach dem Bildnisschutz in Betracht. Ist urheberrechtliche Schutzfähigkeit zu bejahen, gelten die oben dargestellten Grundsätze entsprechend.

1.2. Filmzitate

Beispiel:
Ein Produzent möchte in einem Dokumentarfilm mit dem Thema „Die Darstellung der indianischen Kultur im deutschen Westernfilm" zum Beleg seiner Behauptungen auch einen zweiminütigen Ausschnitt aus einer der Winnetou-Verfilmungen verwenden.

Wie in Kapitel A. dargestellt, erlaubt die Zitierfreiheit nach § 51 UrhG unter bestimmten Voraussetzungen die Vervielfältigung, Verbreitung und öffentliche Wiedergabe von Werken und Werkteilen in einem eigenen Werk, ohne dass eine Erlaubnis des Originalurhebers einzuholen wäre. § 51 UrhG regelt das Filmzitat, d.h. die Verwendung von Werken oder Werkteilen in Filmwerken, als solches nicht. Das Filmzitat wird aber von Literatur und Rechtsprechung für zulässig erachtet und unter das Kleinzitat des § 51 Abs. I. Nr. 2 UrhG subsumiert (BGH NJW 1987, 1408, 1409 – Filmzitat).

Liegen die Voraussetzungen eines zulässigen Zitats vor, beschränkt § 51 UrhG sowohl die Urheberrechte als auch die Leistungsschutzrechte. Der Filmproduzent kann sich nicht nur gegenüber den Urhebern vorbestehender oder filmbestimmt geschaffener Werke sowie den Filmurhebern, sondern wegen der Verweisungen in den §§ 72, 83, 94 Abs. IV. UrhG auch gegenüber dem Filmhersteller, den ausübenden Künstlern und den Lichtbildnern des zitierten Werkes auf die Zitierfreiheit berufen.

Wie bei allen Zitaten ist auch hier grundlegende Voraussetzung für die Zulässigkeit des Filmzitats, dass dieses einen so genannten Zitatzweck erfüllt. Ein solcher ist nur dann gegeben, wenn der Filmausschnitt als Beleg für eigene Erörterungen des Filmautors dient und nicht nur um seiner selbst willen zur Kenntnis gebracht wird (BGH NJW 1987, 1408, 1409 – Filmzitat). Erforderlich ist eine innere Verbindung zwischen dem neuen Film und dem Filmausschnitt; er muss als Grundlage für die vorangegangenen oder nachfolgenden Erörterungen des Filmes und nicht bloß als Dekoration oder gar Blickfang erscheinen (OLG Köln NJW 1994, 1968 – Filmausschnitt; vgl. auch LG Stuttgart ZUM 2003, 156 – Spiegel-TV, wonach die Wiedergabe eines TV-Interviews zur Ausschmückung der eigenen Sendung nicht ausreicht). Auch die Einblendung eines fremden Filmausschnitts in der TV-Sendung „TV-Total" ist dann nicht von einem Zitatzweck gedeckt, wenn dieser nur um seiner selbst und der ihm innewohnenden Komik willen präsentiert wird (BGH, Urt. v. 20.12.2007, I ZR 42/05 – TV-Total).

Allerdings hat das OLG Frankfurt in einem Fall entschieden, dass ein Filmausschnitt durchaus als „Blickfang" oder „Aufmacher" einer Fernsehsendung eingesetzt werden darf, um das Interesse der Zuschauer zu wecken, wenn sich dessen Thema und die damit verbundene Kritik gleichsam wie ein roter Faden durch die gesamte Sendung ziehe (OLG Frankfurt, AFP 1989, 553, 555 – Monitor).

Der neue Film muss ferner eine selbständige Konzeption darstellen und darf sich nicht in einer bloßen Aneinanderreihung von Filmausschnitten zu Unterhaltungszwecken erschöpfen. Ein Zitat ist nach dem Wortlaut des § 51 Ziffer 1 bis 3 UrhG nur innerhalb eines wiederum selbst schutzfähigen Werkes möglich, also nicht z.B.

eines Laufbilds im Sinne von § 95 UrhG (zur Unzulässigkeit der Einblendung von Filmausschnitten zu Unterhaltungszwecken mit bloßer An- und Abmoderation des Moderators ohne Werkqualität siehe BGH, Urt. v. 20.12.2007, I ZR 42/05 – TV-Total).

Auch Auswahl und Länge der Filmausschnitte müssen durch den Zitatzweck geboten sein. Der BGH hat in einem Fall die Verwendung von zwei Ausschnitten mit insgesamt 5 Minuten, 23 Sekunden Länge aus dem 1931 hergestellten Spielfilm „Mädchen in Uniform" für eine Fernsehserie über die Entwicklung des Tonfilms in Deutschland für zulässig erachtet. Nach Ansicht des Gerichts war nach Art, Inhalt und Zweck der vorliegenden Dokumentation die Einblendung von Originalbeispielen aus Filmen der jeweiligen Entwicklungsphasen des deutschen Tonfilms unerlässlich, die Länge der verwendeten Filmclips zum Verständnis des eingeblendeten Handlungsablaufs und der damit verbundenen Aussage notwendig (BGH NJW 1987, 1408, 1409 – Filmzitat). Der BGH dürfte hiermit die Grenze des Zulässigen abgesteckt haben, ein Produzent sollte allerdings nicht „arithmetische Maßstäbe" anlegen (so BGH NJW 1987, 1408, 1409 – Filmzitat), sondern eine mögliche Überschreitung des Belegzwecks im Einzelfall sorgfältig prüfen.

Schließlich muss ausgeschlossen sein, dass die Verwendung des Filmausschnitts in dem neuen Film zu einer Verschlechterung der Verwertungsmöglichkeiten des Originalfilms führt. Dies ist der Fall, wenn die Öffentlichkeit in einem solchen Maße Kenntnis von dem Originalfilm oder dessen Hauptelementen erfährt, dass kein Interesse mehr an dem Genuss des vollständigen Originalfilms besteht (BGH NJW 1987, 1408, 1409 – Filmzitat). Umgekehrt kann die Verwendung des Filmausschnitts aber gerade eine Werbewirkung für den Originalfilm entfalten (so die Ansicht der Unterinstanz, OLG München ZUM 85, 113, 115 – Filmzitat). Dieses Argument kann m.E. aber nicht als Rechtfertigung für eine andernfalls unzulässige Nutzung dienen.

Wie bei den sonstigen Zitaten, muss auch das Filmzitat unverändert und unter Angabe der Quelle in den neuen Film eingeblendet werden. Ist eine eindeutige Identifizierung der Quelle nicht möglich, liegt ein unzulässiges Plagiat vor. In Filmwerken wird es nicht ausreichen, die Rechteinhaber der Filmausschnitte gleichrangig mit anderen Personen im Abspann aufzuführen, da der normale Fernseh- oder Kinozuschauer hiervon nur unzureichend Kenntnis erhält. So wird z.B. bei Fernsehbeiträgen ein deutliches Insert von mindestens 10 Sekunden, bei anderen künstlerischen Filmwerken, wo dies nicht üblich ist, eine Einblendung im Vor- oder Abspann an herausgehobener Stelle gefordert (so Schulz, ZUM 1998, 221, 230).

Zu beachten ist die neuere Rechtsprechung des BVerfG, wonach eine kunstspezifische Betrachtung des neuen Werkes dazu führen kann, dass die Übernahme eines geschützten Werkes oder Werkteils, auch über die Grenzen des § 51 UrhG hinaus, durch die Kunstfreiheit nach Art. 5 Abs. III. GG gerechtfertigt sein kann (BVerfG ZUM 2000, 867 – Brecht-Texte, s.o. A.II.1.4.2.2.). Diesen besonderen kunstspezifischen Anforderungen wird die überwiegende Zahl der Spiel- und Unterhaltungsfilme aber wohl nicht gerecht werden (der TV-Sendung „TV-Total" hat der BGH den notwendigen künstlerischen Ausdruck abgesprochen, BGH, Urt. v. 20.12.2007, I ZR 42/05 – TV-Total).

II. Welche fremden Rechte hat der Filmhersteller zu beachten? 193

In dem Beispiel scheint der Zitatzweck gegeben zu sein, auch die Länge des Ausschnitts bewegt sich in den von der Rechtsprechung bereits als zulässig angesehenen Grenzen. Hier wird es somit ganz auf die Art und Weise der inhaltlichen oder thematischen Einbindung des Filmausschnitts in den Dokumentarfilm ankommen.

2. Rechtsverletzungen bei Dreharbeiten

2.1. Bildnisschutz erkennbar abgebildeter Personen

Beispiel:
Eine Szene spielt auf dem belebten Bahnsteig des Bahnhofs Zoologischer Garten in Berlin. Es lässt sich nicht vermeiden, dass im Hintergrund pausenlos unbeteiligte Passanten durch das Bild laufen.

Wie in Kapitel A. dargestellt, bedarf die Verwertung von Bildmaterial, auf dem tatsächliche Personen erkennbar erscheinen, grundsätzlich der Einwilligung der Betroffenen nach § 22 KUG, sofern die Verwertung nicht von einer der Ausnahmen des § 23 Abs. I. KUG erfasst ist.

Bei Dreharbeiten auf öffentlichen Plätzen, Straßen, Einrichtungen etc. lässt es sich oftmals nicht vermeiden, dass unbeteiligte Personen von der Kamera miterfasst werden; im Gegenteil, oftmals will der Regisseur gerade eine vollbesetzte U-Bahn oder einen überfüllten Bahnsteig zeigen. Hierbei wäre es praktisch unmöglich, müsste der Produzent von allen Personen, die im Hintergrund des Filmes erscheinen, nachträglich eine Einverständniserklärung einholen und unter Umständen über eine finanzielle Abgeltung verhandeln.

§ 23 Abs. I. Nr. 2 und 3 KUG erlauben daher die Verwertung von Bildmaterial auch ohne Einwilligung, wenn die betroffenen Personen nur als Beiwerk neben einer Landschaft oder sonstigen Örtlichkeit erscheinen oder an Versammlungen, Aufzügen und ähnlichen Vorgängen teilgenommen haben. Unter die sonstigen Örtlichkeiten im Sinne des § 23 Abs. I. Nr. 2 KUG fallen z.B. Bahnsteige, Flughäfen, Fußgängerzonen etc. Erforderlich ist stets, dass das jeweilige betroffene Individuum nicht als solches wahrgenommen wird und hinter einem besonderen Zweck des Bildes zurücktritt (M. Schulze, Materialien, S. 222).

Erscheinen im Beispiel pausenlos unbeteiligte Passanten im Hintergrund, ist dies solange zulässig, wie die Kamera sich nicht auf einzelne Personen konzentriert und diese hervorhebt. Widerfährt einem Passanten etwas außergewöhnliches, was ihn aus der Masse heraushebt oder ihn vielleicht gar der Lächerlichkeit preisgibt (einem Passanten fällt z.B. die Tasche auf den Boden oder ein Sandwich aus der Hand), und konzentriert sich die Kamera hierauf, so wird er für diesen Augenblick zweckbestimmend für die Aufnahme. Dieses Bildmaterial kann nur mit Einwilligung des Betroffenen verwertet werden.

Auch wenn die Person als Individuum identifizierbar bzw. zweckbestimmender Bestandteil des Bildes ist, kann eine erlaubnisfreie Verwertung des Bildmaterials ausnahmsweise dann möglich sein, wenn es sich hierbei um ein Bildnis aus dem Bereich der Zeitgeschichte handelt, § 23 Abs. I. Nr. 1 KUG. Unter welchen Voraussetzungen die Abbildung so genannter absoluter oder relativer Personen der Zeitgeschichte auch ohne Einwilligung zulässig ist, wurde im Kapitel A. erörtert. Ebenso wie der Drehbuchautor kann sich auch der Produzent hierbei insbesondere auf die verfassungsrechtlich garantierte Kunstfreiheit nach Art. 5 Abs. III. GG berufen, welche im Einzelfall gewisse Eingriffe in den Bildnisschutz rechtfertigen kann (s.o. A.II.2.4.).

2.2. Urheberrechte im Film erscheinender Werke

Beispiel:
Eine Szene wird in einem Museum gedreht. Im Hintergrund erscheinen zahlreiche Gemälde und Kunstwerke, die teilweise noch urheberrechtlichen Schutz genießen.

Nach § 57 UrhG ist die Vervielfältigung, Verbreitung und öffentliche Wiedergabe fremder Werke zulässig, wenn diese nur als unwesentliches Beiwerk neben dem eigentlichen Gegenstand der Vervielfältigung, Verbreitung oder öffentlichen Wiedergabe erscheinen. Die amtliche Begründung nennt als Beispiele die Fälle, dass in einem Spielfilm eine Szene in einem Innenraum gedreht wird, der mit urheberrechtlich geschützten Gemälden versehen ist, oder bei der Aufnahme für einen Fernsehreisebericht zufällig ein Musikwerk erklingt (M. Schulze, Materialien, S. 502; die erlaubnisfreie Nutzung von Musik im Film wird eingehend unter B.II.4.3. besprochen).

Die Beispiele in der amtlichen Begründung werden zu recht als zu vage und zu weitgehend aufgefasst (Fromm/Nordemann/Nordemann, § 57, Rd. 2). So können von § 57 UrhG nur solche Werke erfasst werden, die entweder von vornherein dem Betrachter nicht auffallen oder ohne jeden Einfluss auf die Wirkung des Werkes weggelassen werden könnten (vgl. Fromm/Nordemann/Nordemann, § 57 Rd. 2; Schricker/Vogel, § 57, Rd. 8). Hat der Verwender das fremde Werk absichtlich in sein eigenes Werk integriert, so ist dies ein Indiz dafür, dass das Beiwerk wesentlich ist (Schricker/Vogel, § 57, Rd. 10). In der Konsequenz bedeutet dies, dass die Einbeziehung eines Werkes nur dann als unwesentliches Beiwerk anzusehen ist, wenn diese unvermeidlich ist und ungewollt erfolgt (vgl. Fromm/Nordemann/Nordemann, § 57, Rd. 2).

Im Rahmen einer Filmproduktion kann davon ausgegangen werden, dass die Auswahl der Drehorte und der Einsatz von Requisiten, Hintergrundmotiven, Geräuschen und vor allem Musik bewusst erfolgt, da insbesondere Stimmung und Atmosphäre eines Filmes gerade von solchen indirekt wahrgenommenen Elementen wesentlich geprägt werden. Nur selten wird die Nutzung eines Beiwerks in einem Film nach den dargestellten Grundsätzen als unwesentlich einzustufen sein. Ist die Nutzung aber ausnahmsweise nach § 57 UrhG erlaubt, so ist der Verwender nach § 63 UrhG auch nicht zur Angabe der Quelle verpflichtet. Auch dies trägt wieder dem Gedanken Rechnung, dass die Nutzung des Beiwerks derart unwesentlich und zufällig geschieht, dass sie selbst von dem Verwender nicht bewusst wahrgenommen wird.

Erscheinen im Beispiel unzählige Bilder im Hintergrund und sind diese für den Betrachter nicht mehr einzeln erkennbar, könnte es sich hier um unwesentliche Beiwerke handeln. Allerdings muss sich der Produzent fragen lassen, warum er denn gerade in diesem Museum und speziell in solchen Räumen, in denen geschützte Werke hängen, drehen muss. Nur wenn die Abbildung der Gemälde wirklich unvermeidbar war, kann sich der Produzent auf § 57 UrhG berufen.

Erfolgt die Darstellung des fremden Werkes nicht beiläufig, sondern gewollt und bewusst, kann diese unter Umständen aber nach der Kunstfreiheit nach Art. 5 Abs. III. GG gerechtfertigt sein. So kann bei künstlerisch anspruchsvollen Filmen eine besondere kunstspezifische Betrachtung des neuen Films ergeben, dass der Urheber des verwendeten Werkes geringfügige Eingriffe in sein Eigentumsrecht hinnehmen muss (s.o. A.II.1.4.2.2.). Diesem Anspruch werden übliche Spiel- oder Unterhaltungsfilme in der Regel nicht gerecht. Auch darf es hierbei nicht zu finanziellen Beeinträchtigungen der Inhaber der Originalwerke kommen (z.B. entgangene Lizenzen) (s.o. A.II.1.4.2.2.).

2.3. Namens- und Kennzeichenrechte Dritter

Beispiel:
Bei einer Szene in der Halle des Bahnhofs Zoologischer Garten erscheinen unabsichtlich mehrere Namen, Marken und Firmenzeichen im Bild, z.B. der Name eines Models und eines Filmtitels auf einem Plakat, die Logos und Firmenzeichen dort ansässiger Geschäfte und Restaurants auf Leuchtreklamen und Schildern.

Oftmals ist es nicht zu verhindern, dass Namen, Firmenzeichen oder Marken im Film beiläufig sichtbar werden, sei es auf Reklameschildern bei Außenaufnahmen, auf Waren wie Lebensmittel, Autos, Kleidung etc. An diesen Bezeichnungen können verschiedene Rechte bestehen, wie Namensrechte nach § 12 BGB, Markenrechte gemäß § 3 MarkenG oder Rechte an geschäftlichen Bezeichnungen (Unternehmenskennzeichen und Werktitel) gemäß § 5 MarkenG. Hierbei stellt sich dann die Frage, inwiefern der Produzent durch die Abbildung der Kennzeichen im Film Schutzrechte der Inhaber verletzt.

Erscheinen solche Kennzeichen beiläufig im Bild, liegt aber generell keine Anmaßung, sondern nur eine Nennung der Kennzeichen vor, da die Zeichen in der ursprünglich vom Inhaber intendierten Art und Weise zur Kennzeichnung des Originalprodukts oder der Originalperson wiedergegeben werden. Die reine Nennung eines Kennzeichens ist grundsätzlich zulässig, da hier die für die Verletzung eines Kennzeichenrechts erforderliche Zuordnungsverwirrung von Inhaber und Nutzer des Kennzeichens nicht gegeben ist. Teilweise wird eine solche Nutzung als zulässiger Drittgebrauch nach § 23 MarkenG angesehen (v. Hartlieb/Schwarz/Reber, Kap. 23, Rd. 15).

Erst wenn die Kamera ein bestimmtes Zeichen übermäßig in Szene setzt und der Produzent hierdurch die Wertschätzung oder die Bekanntheit des Kennzeichens in unlauterer Weise für seinen Film ausnutzt oder beeinträchtigt, genießen die schutzwürdigen Interessen des Kennzeicheninhabers Vorrang. Ergibt sich aus dem Kontext gar ein negatives Erscheinungsbild, ist daneben auch eine Verletzung des Wettbewerbsrechts oder des allgemeinen Persönlichkeitsrechts des Kennzeicheninhabers zu prüfen. Bei derart schwerwiegenden Eingriffen kann sich der Produzent dann auch nicht auf die Kunstfreiheit nach Art. 5 Abs. III. GG berufen (s.o. A.II.3.7.).

2.4. Dreharbeiten auf privatem und öffentlichem Eigentum

2.4.1. Außenaufnahmen von Gebäuden und sonstigen Immobilien

Beispiel:
Eine Szene spielt auf dem Potsdamer Platz in Berlin. Die Dreharbeiten werden zwar nur auf der Straße durchgeführt, die Außenfassade eines bekannten Gebäudes erscheint aber mehrfach deutlich sichtbar im Bild.

Bei der Außenaufnahme von Gebäuden oder sonstigen Baulichkeiten können unterschiedliche Arten von Rechten tangiert werden:

2.4.1.1. Urheberrechte an Werken der Baukunst

Zunächst können an den Bauwerken Urheberrechte bestehen. Gebäude, Brücken, Türme etc. können gemäß § 2 Abs. I. Nr. 4 UrhG als so genannte Werke der Baukunst geschützt sein, wenn die notwendige Schöpfungshöhe und Individualität gegeben ist. Hierbei legt die Rechtsprechung allerdings großzügige Maßstäbe an; keinen Urheberrechtsschutz genießen allenfalls reine Funktions- oder Zweckbauten ohne jeden gestalterischen Anspruch, die aus der Masse des Alltäglichen nicht herausragen (vgl. Schabel, Architektenrecht von A–Z, S. 180 f. m.w.N.)

Das Urheberrecht entsteht zunächst originär bei dem Architekten, welcher die entsprechenden Nutzungsrechte zur baulichen Umsetzung an den Bauherrn einräumt. Inwieweit die Nutzungsrechteeinräumung auf den Bauherrn auch weitergehende Nebenrechte, z.B. zur Verwertung von Foto- und Filmaufnahmen des Bauwerks umfasst, ergibt sich aus dem Vertragszweck. Im Zweifel ist davon auszugehen, dass diese Rechte beim Architekten verblieben sind. Das Urheberrecht erlischt erst nach Ablauf von 70 Jahren nach dem Tod des Architekten (§ 64 UrhG).

Allerdings enthält § 59 UrhG eine Ausnahmevorschrift für die Vervielfältigung, Verbreitung und öffentliche Wiedergabe solcher Werke, die sich bleibend an öffentlichen Wegen, Straßen oder Plätzen befinden; die Verwertung dieser Werke durch Film wird hier ausdrücklich erwähnt.

Öffentliche Wege, Straßen und Plätze sind solche, die der Allgemeinheit zugänglich sind und im Gemeingebrauch stehen (Fromm/Nordemann/Nordemann, § 59, Rd. 1). Ein Werk befindet sich bleibend an einem öffentlichen Ort, wenn der Urheber mit seiner Zweckbestimmung zum Ausdruck bringt, sein Werk der Allgemeinheit zu widmen und damit die Abbildung durch jedermann zu gestatten (M. Schulze, Materialien, S. 503).

Da § 59 UrhG nur die Aufnahme solcher Werkansichten gestattet, die von den genannten Orten aus sichtbar sind, ist die Verwendung von Hilfsmitteln oder die Überwindung von Hindernissen nicht zulässig (vgl. Fromm/Nordemann/Norde-

II. Welche fremden Rechte hat der Filmhersteller zu beachten? 197

mann, § 59, Rd. 2). So ist es nicht erlaubt, für die Dreharbeiten den befriedeten Vorgarten bzw. den Innenhof zu betreten oder die Kamera mittels Kran über eine Mauer zu halten. Auch Luftaufnahmen sind von § 59 UrhG nicht erfasst (Fromm/Nordemann/Nordemann, § 59, Rd. 2). Im Ergebnis sind also nur die Aufnahmen solcher Teile von Baulichkeiten erlaubt, die von öffentlichen Wegen, Straßen oder Plätzen aus erkennbar sind und auch von dort aus vorgenommen werden können. Bei Werken der Baukunst reduziert sich die Privilegierung letztlich auf die Straßenfront der Baulichkeiten.

Auch wenn nach § 59 UrhG die Filmaufnahme eines Bauwerks erlaubnisfrei möglich ist, so ist gemäß § 63 UrhG grundsätzlich die Quelle anzugeben, sofern diese nicht unbekannt ist, § 63 Abs. I. S. 4 UrhG. Unter der Quellenangabe nach § 63 UrhG ist in der Regel die Bezeichnung des Urhebers zu verstehen (Schricker/Dietz, § 63, Rd. 13). Im Falle von Werken der Baukunst sind dem Produzenten Nachforschungen nach dem Namen des Architekten jedenfalls dann zuzumuten, wenn das Bauwerk im Mittelpunkt der Filmaufnahmen steht (vgl. Schabel, Architektenrecht von A–Z, S. 184, dort für Fotoaufnahmen). Trägt das Bauwerk einen bekannten Titel oder Namen, so wird auch dieser anzugeben sein.

2.4.1.2. Eigentumsrechte
Ferner sind die Eigentumsrechte der Eigentümer der Gebäude und sonstigen Immobilien zu beachten. Jeder Eigentümer hat nach § 1004 BGB das Recht, rechtswidrige Beeinträchtigungen seines Eigentums abzuwehren.

Das Eigentumsrecht an der Sache ist von dem Urheberrecht an dem Werk streng zu unterscheiden. Während das Urheberrecht die ideellen Interessen, also das geistige Eigentum am unkörperlichen Werk, schützt, hat das Eigentumsrecht die Sachherrschaft, d.h. die Befugnis, über die Sache rechtlich zu verfügen und diese tatsächlich zu besitzen und zu benutzen, zum Gegenstand (BGH NJW 1989, 2251, 2252 – Friesenhaus).

Zunächst ist fraglich, ob das bloße Fotografieren oder Filmen von Eigentum überhaupt eine rechtswidrige Beeinträchtigung der Rechte des Eigentümers im Sinne des § 1004 BGB darstellen kann, da durch diese Handlungen die Herrschaftsbefugnis des Eigentümers über die Sache selbst nicht unmittelbar tangiert wird. Allenfalls bei einer Verwertung der Aufnahmen könnte man argumentieren, dass sich der Produzent nunmehr den in der Sache verkörperten Wert aneignet und diesen für sich ausnutzt.

Der BGH hat in dem zitierten Fall diese Frage nicht generell entscheiden müssen, aber festgestellt, dass zumindest dann keine Abwehransprüche zuzubilligen sind, wenn die Aufnahme von einer allgemein zugänglichen Stelle aus erfolgt (BGH NJW 1989, 2251, 2252 – Friesenhaus). Dem liegt der Gedanke zugrunde, dass das Herrschaftsrecht an der körperlichen Sache jedenfalls nicht weiter gehen könne als das Urheberrecht am ideellen Werk, welches nach § 59 UrhG eine ausdrückliche Einschränkung erfahren hat; andernfalls würde die gesetzgeberische Entscheidung des § 59 UrhG ins Leere laufen (vgl. BGH NJW 1989, 2251, 2252 – Friesenhaus).

Auch für das Eigentumsrecht des § 1004 BGB gilt somit der Grundsatz, dass das Fotografieren und Filmen eines Gebäudes oder einer sonstigen Immobilie von einer allgemein zugänglichen Stelle aus keine rechtswidrige Einwirkung des Eigentumsrechts darstellt. Erst sobald zum Zwecke der Filmaufnahmen das Privatgrundstück betreten werden muss, liegt darin sowohl eine nach § 59 UrhG nicht mehr zulässige Einschränkung des Urheberrechts als auch eine nach § 1004 BGB rechtswidrige Beeinträchtigung des Eigentumsrechts. Bei derart schwerwiegenden Eingriffen in die Urheber- und Eigentumsrechte wird sich der Produzent im Regelfall auch nicht auf die Kunstfreiheit nach Art. 5 Abs. III. GG berufen können (s.u. B.II.2.4.2.).

2.4.1.3. Persönlichkeitsrechte

Weiterhin ist zu prüfen, ob durch die Verwendung der Aufnahme eines Bauwerks im Film die Persönlichkeitsrechte des Eigentümers tangiert werden können. Dies kann dann der Fall sein, wenn die Abbildung des Bauwerks für die kommerzielle Werbung verwendet wird und der Eindruck entsteht, der Inhaber habe seine Zustimmung hierzu erteilt, unterstütze sie oder habe ein Entgelt hierfür erhalten (vgl. BGH NJW 1989, 2251, 2253 – Friesenhaus). Dies wird bei einer normalen filmischen Verwendung einer Gebäudeansicht als Kulisse in einem Spielfilm nicht der Fall sein. Eine Verletzung des Persönlichkeitsrechts kann aber dann vorliegen, wenn die Art und Weise der filmischen Darstellung geeignet ist, dem Gebäude und damit dem Eigentümer ein negatives Image zu verschaffen. Bei solchen schwerwiegenden Eingriffen kann sich der Produzent dann auch nicht auf die Kunstfreiheit nach Art. 5 Abs. III. GG berufen. Nach der Rechtsprechung des BGH kann auch die Veröffentlichung und Verbreitung einer Luftbildaufnahme des Hauses einer Person der Zeitgeschichte eine Verletzung ihrer Privatsphäre darstellen, wenn unter Überwindung bestehender Hindernisse oder mit geeigneten Hilfsmitteln (z.B. Teleobjektiv, Leiter, Flugzeug) der räumliche Lebensbereich ausgespäht wird. Ein eigenes mediales Vorverhalten des Prominenten (z.B. eine vorher erfolgte Homestory) oder ein öffentliches Informationsinteresse können aber einen solchen Eingriff aus Art. 5 GG rechtfertigen. Nicht zulässig ist hingegen eine zusätzliche Wegbeschreibung, da hier das Recht des Prominenten auf informationelle Selbstbestimmung überwiegt (BGH, Urt. v. 09.12.2003, VI ZR 373/02).

2.4.1.4. Recht am eingerichteten und ausgeübten Gewerbebetrieb

Auch kann die Verwendung einer Immobilie im Film unter Umständen das Recht des Eigentümers am eingerichteten und ausgeübten Gewerbebetrieb verletzen, § 823 BGB. Dieses Recht schützt die Gesamtheit dessen, was den wirtschaftlichen Wert eines Betriebes ausmacht, also den Bestand, die Erscheinung, den Tätigkeitskreis, den Kundenstamm etc. (Palandt/Sprau, § 823, Rd. 127). Eine Verletzung dieses Rechts erfordert aber stets einen betriebsbezogenen Eingriff, also eine unmittelbare Beeinträchtigung des Gewerbebetriebes als solchen (Palandt/Sprau, § 823, Rd. 218). Hierzu werden reine Filmaufnahmen nicht ausreichen, sofern sich nicht aus dem Inhalt des Filmes etwas anderes ergibt (z.B. ein Boykott-Aufruf).

2.4.1.5. Wettbewerbsrecht

Ferner kann auch ein Verstoß gegen das Wettbewerbsrecht nach §§ 1, 3 UWG gegeben sein, wenn Eigentümer und Filmverwerter in einem konkreten Wettbewerbsverhältnis zueinander stehen und besondere Merkmale das Handeln als unlauter erscheinen lassen. Für die Annahme eines konkreten Wettbewerbsverhältnisses reicht allein die hypothetische Möglichkeit aus, dass für den Eigentümer eine Lizenzvergabe zur Verwendung seines Gebäudes im Film in Betracht kommt. Dies wird man in der Regel annehmen können. Die Nutzung des Eigentums wird aber erst dann unlauter, wenn zugleich eine Rufausbeutung gegeben ist oder dem Gebäude ein negatives Image angeheftet wird (s.o. A.II.3.4.). In diesem Fall kann sich der Produzent auch nicht auf die Kunstfreiheit berufen.

Im Beispiel dürfte die Verwendung der Außenfassade des Gebäudes im Film grundsätzlich zulässig sein. Da das Gebäude der Allgemeinheit frei zugänglich ist, wird sich der Filmhersteller hinsichtlich der Urheberrechte des Architekten bzw. Bauherrn (und damit auch der Eigentumsrechte des Eigentümers) auf § 59 UrhG berufen können. Für eine Verletzung von Persönlichkeitsrechten oder des Rechts am eingerichteten und ausgeübten Gewerbebetrieb liegen keine Anhaltspunkte vor. Auch besondere Unlauterkeitsmerkmale, die die Nutzung wettbewerbswidrig erscheinen lassen könnten, sind hier nicht ersichtlich.

2.4.2. Das Filmen innerhalb von Gebäuden und befriedeten Besitztümern

Beispiel:
Während des Drehs entscheidet der Produzent spontan, einige Szenen sowohl auf einem ebenfalls frei zugänglichen Innenhof als auch im Inneren des Gebäudes selbst zu drehen.

Sobald die Filmaufnahme von einem Ort aus erfolgt, der nicht der Allgemeinheit zugänglich ist, so ist diese durch § 59 UrhG nicht mehr privilegiert. Sofern ein Urheberrecht an einem Bauwerk besteht und die Schutzfrist nicht abgelaufen ist, wird dieses durch die Vervielfältigung, Verbreitung oder öffentliche Wiedergabe des Werkes verletzt.

Infolgedessen findet in Analogie zu § 59 UrhG auch keine Beschränkung der Eigentumsrechte des Gebäudeinhabers statt. Das Betreten befriedeter Besitztümer ohne Einwilligung des Eigentümers berührt stets dessen Hausrecht. Dies gilt gleichermaßen für das private als auch das öffentliche Eigentum (z.B. Reichstagsgebäude). Sofern keine ausdrückliche Drehgenehmigung erteilt wurde, kann der Eigentümer die Dreharbeiten untersagen, § 1004 BGB.

Wer widerrechtlich in fremdes befriedetes Besitztum eindringt, oder sich ohne Befugnis darin aufhält und sich auf Aufforderung des Inhabers des Hausrechts nicht entfernt, macht sich zudem strafbar, § 123 StGB. Auf die Kunstfreiheit nach Art. 5 Abs. III. GG kann sich der Produzent bei solchen schwerwiegenden Eingriffen in die Sachherrschaft über das Eigentum nicht berufen.

Ob im vorliegenden Fall eine Erlaubnis der Eigentümer für den Innenhof des Gebäudes erforderlich ist, bestimmt sich danach, ob dieser für den Gemeingebrauch gewidmet ist. Ist dies der Fall, sind die Dreharbeiten insofern zulässig. Keinesfalls über § 59 UrhG gedeckt sind die Aufnahmen in den Innenräumen des Gebäudes.

2.4.3. Dreharbeiten auf öffentlichen Straßen und Plätzen

Beispiel:
Einige Szenen sollen auf dem Bürgersteig, andere mit Kraftfahrzeugen auf der Straße gedreht werden.

Dreharbeiten auf öffentlichen Straßen oder Plätzen bedürfen in der Regel ebenfalls einer Drehgenehmigung. Erlaubnisfrei ist die Benutzung von öffentlichen Verkehrsflächen nur dann, wenn diese eben gerade im Rahmen ihrer öffentlich-rechtlichen Widmung zum Zwecke des Verkehrs unter Beachtung der behördlichen Bestimmungen genutzt werden. Nur dann liegt Gemeingebrauch vor. Jede Nutzung außerhalb des normalen Verkehrs stellt eine Sondernutzung dar und ist erlaubnispflichtig. Damit ist die Nutzung öffentlichen Straßenlandes für Dreharbeiten grundsätzlich Sondernutzung, unabhängig davon, ob es tatsächlich zu Behinderungen kommen kann oder ob die Dreharbeiten z.b. am Sonntagmorgen gegen 5.00 Uhr auf unbelebter Straße stattfinden sollen.

Die Zuständigkeiten für die Erteilung von Drehgenehmigungen sind kommunal unterschiedlich geregelt und abhängig davon, ob es sich etwa um Bundesstraßen, Autobahnen oder städtische Verkehrsflächen handelt. Teilweise stellen Behörden Dreharbeiten geringen Ausmaßes von dem Erfordernis einer Drehgenehmigung frei, etwa wenn diese nur mit einer Hand- oder Schulterkamera erfolgen, nicht in den Verkehr eingreifen und keine besonderen Aufbauten vorgenommen werden.

Ist eine Genehmigung erforderlich, kann sich für den Filmproduzenten aus der Kunstfreiheit aber im Einzelfall ein Anspruch auf Erlaubniserteilung gegenüber der zuständigen Behörde ergeben (vgl. Fischer, in: Fischer/Reich, Der Künstler und sein Recht, S. 7 m.w.N.).

3. Product-Placement

Beispiele:
1. Der Produzent plant die Produktion eines Kinospielfilms mit dem Titel „Feuer, Eis und Dynamit". In diesem Film sollen in außergewöhnlichem Umfang bekannte Produkte und Markenzeichen erscheinen. Diese werden in die Rahmenhandlung des Filmes dergestalt eingebettet, dass verschiedene Sportlerteams, die jeweils einzelne Markenartikelunternehmer repräsentieren, einen gemeinsamen Wettkampf („Megathon") mit verschiedenen Disziplinen zu absolvieren haben. Ausgerüstet werden die Firmenteams einerseits mit Produkten ihrer Unternehmen (Skier, Fahrräder, Getränke) sein, teilweise sollen die Werbesymbole selbst an dem Rennen teilnehmen (Milka-Kuh, Chiquita-Banane, Paulaner-Bierfaß). Die einzelnen Marken werden somit auf Produkten und Werbezeichen eindeutig für den Zuschauer erkennbar sein. Die Originalhersteller der Marken werden sich mit mindestens einem Fünftel an den Produktionskosten beteiligen und auch sonstige finanzielle Beträge an den Filmproduzenten beisteuern, z.B.: „Startgelder" in Höhe von $ 150 000 zahlen. Ein besonderer Hinweis auf die finanzielle Beteiligung der repräsentierten Unternehmen erfolgt im Film nicht. (Fall nach BGH ZUM 1996, 146 – Feuer, Eis und Dynamit I., BGH ZUM 1996, 152 – Feuer, Eis und Dynamit II., VG Berlin ZUM 1999, 742 – Dauerwerbesendung).

II. Welche fremden Rechte hat der Filmhersteller zu beachten?

2. Ein Fernsehsender, der an dem Finanzierungskonzept Gefallen gefunden hat, plant, einen ähnlichen Film mit dem Produzenten für das Fernsehen als Auftragsproduktion zu realisieren.
3. Nach der Auswertung des Filmes „Feuer, Eis und Dynamit" aus Fall Nr. 1 im Kino soll er nunmehr auch im Fernsehen ausgestrahlt werden.

Ein Filmhersteller kann erwägen, einzelne Marken, Produkte oder Dienstleistungen aufgrund vertraglicher Vereinbarungen mit den Herstellern oder Anbietern in den Film zu integrieren, um bestimmte Gegenleistungen zu erhalten. Dieses so genannte Product-Placement kann sowohl entgeltlich, z.B. gegen Zahlung eines entsprechenden Geldbetrages, oder unentgeltlich, z.B. in Form einer Requisitenspende erfolgen. Das Product-Placement wird oft von hierauf spezialisierten Placement-Agenturen übernommen. Diese erhalten bereits frühzeitig Rohentwürfe der Drehbücher, um diese auf die Möglichkeiten der Einbindung von Product-Placements zu untersuchen.

Bei der Prüfung der Zulässigkeit eines Product-Placements hat man drei verschiedene Bereiche zu unterscheiden; erstens die reine Spielfilmproduktion, zweitens die Fernsehproduktion durch oder für ein Sendeunternehmen und drittens die Ausstrahlung eines fremdproduzierten Spielfilmes durch einen Fernsehsender.

3.1. Spielfilmproduktionen

Für den Spielfilmbereich hat der BGH in zwei Entscheidungen, die den Kinofilm „Feuer, Eis und Dynamit" zum Gegenstand hatten, zu den Fragen der Zulässigkeit von Product-Placements Stellung nehmen müssen (BGH ZUM 1996, 146 – Feuer, Eis und Dynamit I.; BGH ZUM 1996, 152 – Feuer, Eis und Dynamit II.).

3.1.1. Liegt Werbung vor?

Grundfrage bei der Prüfung der Zulässigkeit eines Product-Placements in einer Spielfilmproduktion ist stets, ob die Einbindung der Marke, der Ware oder Dienstleistung Werbung darstellt bzw. einen werblichen Charakter besitzt. Dies ist dann der Fall, wenn ein Unternehmen durch die Einbeziehung der Marke, Ware oder Dienstleistung in dem Film einen zusätzlichen positiven Werbeeffekt, d.h. eine Förderung des Absatzes seiner Waren oder Erbringung seiner Dienstleistungen erzielen möchte (vgl. BGH ZUM 1996, 146, 150 – Feuer, Eis und Dynamit I.). Hat das Unternehmen erhebliche finanzielle Beistellungen oder Honorierungen geleistet, kann dies ein Indiz dafür sein, dass es selbst der Einbindung seiner Produkte in die Spielhandlung einen solchen positiven Werbeeffekt beigemessen hat (BGH ZUM 1996, 146, 150 – Feuer, Eis und Dynamit I.).

3.1.2. Wann muss die Werbung ausreichend kenntlich gemacht werden?

Ist der werbliche Charakter der Markeneinbindung zu bejahen, so muss die Werbung stets dem Adressaten als solche ausreichend kenntlich gemacht werden. Dies erfordert der im Wettbewerbsrecht herrschende Wahrheitsgrundsatz sowie die Achtung der Persönlichkeitssphäre der Adressaten (BGH ZUM 1996, 146, 149 – Feuer, Eis und Dynamit I.).

Gerade die Adressaten sind vor unterschwelliger Beeinflussung ihres Käuferverhaltens zu schützen und haben ein Recht auf eine von Manipulationen freie Entfaltung ihrer eigenen Persönlichkeit (BGH ZUM 1996, 146, 151 – Feuer, Eis und Dynamit I.). Dies folgt aus dem allgemeinen Persönlichkeitsrecht nach Art. 1, 2 GG. Dem liegt der Gedanke zugrunde, dass die beteiligten Verkehrskreise grundsätzlich einer scheinbar objektiven Information eines nicht unmittelbar am Wettbewerb teilnehmenden Dritten ein größeres Gewicht und mehr Beachtung beimessen als der ohne weiteres als solchen erkennbaren Werbeaussage des Werbenden selbst (BGH ZUM 1996, 146, 149 – Feuer, Eis und Dynamit I.). Die Werbung ist dann unzulässig, wenn sie durch Einblendung in die Spielhandlung verschleiert bzw. getarnt wird (BGH ZUM 1996, 146, 150 – Feuer, Eis und Dynamit I.).

Während diese Grundsätze für andere Bereiche, wie den Printmedien und dem Rundfunk, in dem Gebot der Trennung von Werbung und Programm zum Ausdruck kommen, gelten diese auch generell für den Filmbereich. Allerdings ist hier aber zunächst den besonderen Umständen des Mediums der Spielfilmproduktion Rechnung zu tragen, insbesondere weist der Zuschauer einem privat finanzierten Spielfilm nicht den Grad an Objektivität zu wie der Berichterstattung in Presse und Rundfunk. Gerade im kommerziellen Unterhaltungsfilm kann der Zuschauer heutzutage mit der Darstellung von Markenartikeln rechnen (BGH ZUM 1996, 146, 150 – Feuer, Eis und Dynamit I.).

Dies findet seine Grenze aber dort, wo seitens der Markenhersteller Zahlungen oder andere geldwerte Leistungen von einigem Gewicht an den Filmproduzenten fließen. Dies erwartet der Zuschauer in der Regel nicht; der Schutz seiner Entschließungsfreiheit erfordert dann die Aufklärung über diese Art der geschäftlichen Zusammenarbeit (BGH ZUM 1996, 146, 150 – Feuer, Eis und Dynamit I.). Diese Aufklärung kann z.B. durch einen entsprechenden Hinweis im Vorspann des Filmes erfolgen. Die kostenlose Überlassung eines Gegenstands, etwa in Form einer Requisitenspende, ist nach Ansicht des BGH im Spielfilmbereich allerdings auch ohne Aufklärung zulässig; der geldwerte Vorteil besitzt dann nicht das notwendige Gewicht, welches die Überlassung „anstößig" macht (BGH ZUM 1996, 146, 152 – Feuer, Eis und Dynamit I.).

Ein vollständiges Verbot der Vorführung eines solchen Spielfilms in Kinotheatern ist nach Ansicht des BGH allerdings auch bei der Leistung von Zahlungen erheblichen Gewichts nicht gerechtfertigt (BGH ZUM 1996, 152 – Feuer, Eis und Dynamit II.). Dies gilt jedenfalls dann, wenn die Filmproduktion aufgrund der Darstellung des Inhalts und der Gestaltungsweise als Kunstwerk im Sinne von Art. 5 Abs. III. GG anzusehen ist (BGH ZUM 1996, 152, 153 – Feuer, Eis und Dynamit II.). In diesem Fall genießt der Filmhersteller den Schutz der Kunstfreiheit nach Art. 5 III. GG; diese umfasst nicht nur die künstlerische Gestaltung des Filmes, sondern auch solche Handlungen des Produzenten oder des Vertriebsunternehmens, welche der kommunikativen Vermittlung des Kunstwerks dienen (BGH ZUM 1996, 152, 153 – Feuer, Eis und Dynamit II.). Hierunter fällt auch die Vorführung des Films in einem Kinotheater. Bei einer Güterabwägung der möglicherweise betroffenen allgemeinen Persönlichkeitsrechte der Adressaten nach Art. 2 GG einerseits, und der Kunstfreiheit des Produzenten und des Vertriebsunternehmens nach Art. 5 Abs. III. GG andererseits, erscheint das vollständige Verbot der Vorführung des Films unverhältnismäßig BGH ZUM 1996, 152, 153 – Feuer, Eis und Dynamit II.).

Die bloße Auflage, das Publikum vor der Vorführung des Filmes auf seinen besonderen werbenden Charakter hinzuweisen, verletzt im Gegensatz hierzu nicht die dem Produzenten und dem Vertriebsunternehmen garantierte Kunstfreiheit des Art. 5 Abs. III. GG, da sie nur die am äußersten Rande des von der Kunstfreiheit geschützten Wirkbereichs angesiedelte Modalität des Vertriebes tangiert (BGH ZUM 1996, 146, 151 – Feuer, Eis und Dynamit I.). Hier gebührt dann dem Recht der Adressaten auf freie und von Manipulationen unbeeinflusste Entfaltung ihrer Persönlichkeit nach Art. 2 GG der Vorrang (BGH ZUM 1996, 146, 151 – Feuer, Eis und Dynamit I.). Das Inverkehrbringen eines solchen Filmes ohne die erforderliche Aufklärung stellt dann einen Wettbewerbsverstoß nach § 1 UWG dar (BGH ZUM 1996, 146, 149 – Feuer, Eis und Dynamit I.).

Im Ergebnis ist nach der Rechtsprechung des BGH eine getarnte Werbung im Rahmen eines kommerziellen Kinospielfilms also nur dann unzulässig, wenn diese gegen eine Zahlung oder andere geldwerte Leistung von einigem Gewicht erfolgt und keine entsprechende Aufklärung des Publikums, etwa durch einen Hinweis im Vorspann des Filmes, erfolgt. Es wird aber stets eine Frage des Einzelfalls darstellen, wann denn eine geldwerte Zahlung das notwendige Gewicht besitzt und wie die Aufklärung des Adressaten konkret vorgenommen werden soll (zur entsprechenden Kritik der Entscheidungen, Henning-Bodewig, GRUR 1996, 321; zur Kritik an der Hinweispflicht, Hartel, ZUM 1996, 129; sowie Hartel, ZUM Sonderheft 1996, 1033).

Im Beispiel Nr. 1 musste infolge der Entscheidung eine solche Aufklärung über den werblichen Charakter des Filmes vorgenommen werden.

Das OLG München hat bei einem Kinofilm einen Product-Placement-Vertrag als wettbewerbswidrig angesehen, der zahlreiche Verpflichtungen und Zusicherungen des Produzenten zur Platzierung der Marke (Bestimmung der Dauer, Art und Weise der Platzierung, Verbot der Platzierung von Konkurrenzprodukten), aber keine Verpflichtung zur Anbringung eines aufklärenden Hinweises im Vor- oder Abspann des Films enthalten hatte. Ferner war in dem Vertrag die Vorführung des Films vor 18:00 Uhr nicht ausgeschlossen gewesen. Da es sich bei der platzierten Marke um ein alkoholisches Getränk handelte, hätte die Vorführung gegen das Jugendschutzgesetz verstoßen (OLG München, Urt. v. 16.02.2006, 29 U 4412/05). Die Begründung des Gerichts erstaunt, da es den Parteien des Product-Placement-Vertrages unlauteres Verhalten unterstellt, obwohl im Vertrag selbst positive Regelungen hierzu fehlen. Das Jugendschutzgesetz war in diesem Fall bei Vertragsschluss lediglich verkündet, nicht aber bereits in Kraft.

3.2. Fernsehproduktionen

Im Fernsehbereich, also bei Eigen-, Auftrags- oder Koproduktionen der Sendeunternehmen, ist die Rechtslage unterschiedlich. Hier findet insbesondere der Rundfunkstaatsvertrag (zurzeit 9. Fassung, die 10. Fassung ist für 2008 geplant) Anwendung:

3.2.1. Verbot der Schleichwerbung

Art. 7 Abs. VI. RStV normiert für die Sendeunternehmen das Verbot der so genannten Schleichwerbung. Schleichwerbung ist gemäß Art. 2 Abs. II. Nr. 6 RStV „die Erwähnung oder Darstellung von Waren, Dienstleistungen, Namen, Marken oder Tätigkeiten eines Herstellers von Waren oder eines Erbringers von Dienstleistungen in Programmen, wenn sie vom Veranstalter absichtlich zu Werbezwecken vorgesehen ist und die Allgemeinheit hinsichtlich des eigentlichen Zwecks dieser Erwähnung oder Darstellung irreführen kann."

Der Werbezweck wird immer dann vermutet, wenn ein Entgelt oder eine ähnliche Gegenleistung erfolgt, Art. 2 Abs. II Nr. 6 RStV. Das Element der Irreführung ist dann gegeben, wenn der Werbeeffekt für den Zuschauer nicht wahrnehmbar ist, also „schleichend" auf den Zuschauer einwirkt.

Der Regelfall ist das beiläufige Auftauchen von Markenzeichen am Rande, wie z.B. das Erscheinen des BMW in einem James-Bond-Film (Beispiel aus VG Berlin, ZUM 1999, 742, 749 – Dauerwerbesendung). Eine solche Präsentation wirkt unterschwellig auf den Betrachter und manipuliert dessen Entschließungsfreiheit, gerade hier ist der Adressat besonders schutzwürdig. Werden die Marken aber erkennbar in die Filmhandlung integriert mit der Folge, dass jedem Zuschauer bewusst ist, dass hier umfangreich Markenartikel beworben werden, kann das Merkmal der Irreführung unter Umständen entfallen. Zumindest das VG Berlin hielt die Darstellung der verschiedenen Produkte und Werbezeichen in dem Film „Feuer, Eis und Dynamit" für so vordergründig, dass es das Element der Irreführung verneinte (VG Berlin, ZUM 1999, 742, 749 – Dauerwerbesendung).

3.2.2. Gebot der Trennung von Werbung und Programm

Selbst wenn die werbende Präsentation von Namen oder Produkten in einem Fernsehfilm wegen allzu vordergründiger Präsentation keine Schleichwerbung im engeren Sinne darstellt, kann sie dennoch gegen das von den Sendern zu beachtende Trennungsgebot gemäß Art. 7 Abs. III. RStV verstoßen.

Nach Art. 7 Abs. III. RStV muss Werbung (und Teleshopping) als solche klar erkennbar sein. Sie muss im Fernsehen durch optische Mittel eindeutig von anderen Programmteilen getrennt werden (z.B. durch den Zusatz „Werbesendung" oder „Dauerwerbesendung"). Es dürfen hierbei keine unterschwelligen Techniken eingesetzt werden. Damit wäre im Ergebnis jede Wirtschaftswerbung, d.h. die Darstellung von Marken, Waren oder Dienstleistungen mit dem Ziel der Förderung des Absatzes oder der Erbringung von Dienstleistungen, im redaktionellen Teil des Fernsehens ausgeschlossen, unabhängig davon, ob sie unentgeltlich oder entgeltlich erfolgt.

3.2.3. Ausnahme: Programmauftrag der Sendeunternehmen

Das Trennungsgebot steht aber in einem Spannungsverhältnis zum Programmauftrag der Sendeunternehmen, welcher diese verpflichtet, ein umfassendes Bild der Wirklichkeit zu liefern. Hierzu gehört nicht nur die Darstellung der uns umgebenden Produkte und Dienstleistungen selbst, sondern auch der Werbung an sich als Bestandteil unserer realen Umwelt (BGH NJW 1990, 3199, 3201 – Wer erschoss Boro?). Das Trennungsgebot darf nicht derart weit gefasst werden, dass der Programmauftrag über Gebühr beschränkt wird. Die Darstellung von Marken, Waren oder Dienstleistungen auch in einem werbenden Kontext kann dann zulässig sein, wenn sie aus programmlich-dramaturgischen Gründen oder zur Wahrnehmung der Informationspflicht erforderlich ist. Werbung soll nicht künstlich ausgespart werden, sondern wird im Rahmen des Unvermeidbaren für zulässig erachtet (BGH NJW 1990, 3199, 3201 – Wer erschoss Boro?).

Voraussetzung ist allerdings, dass das Sendeunternehmen seine Neutralität gegenüber dem Wettbewerb bewahrt und die werblichen Auswirkungen zwangsläufige Nebenfolge im Rahmen der Erfüllung des Programmauftrages sind (BGH NJW 1990, 3199, 3202 – Wer erschoss Boro?). Stets muss die Einbindung der Marke, Ware oder Dienstleistung unentgeltlich erfolgen, da andernfalls die Neutralität des Sendeunternehmens auf dem Prüfstand steht. Auch darf die werbliche Präsentation nicht zu anderweitigen geldwerten Vorteilen des Sendeunternehmens führen (z.B. „Schützenhilfe" für eine Kooperationspartnerin des Sendeunternehmes, vgl. BGH NJW 1990, 3199, 3202 – Wer erschoss Boro?).

Ebenso darf es nicht ohne besondere Gründe zu einer Alleinstellung einer bestimmten Marke kommen, wenn auch andere, ebenso geeignete Marken, Waren oder Dienstleistungen im betreffenden Marktsegment angeboten werden. Erscheinen in einer Stadt z.B. mehrere Stadtzeitungen, wäre es unzulässig, wenn der Filmhersteller ausschließlich eine einzige Stadtzeitung verwendet und ins Bild setzt.

3.2.4. Sonderfall: Sponsoring

Vom Product-Placement im Fernsehbereich zu unterscheiden ist das Sponsoring, insbesondere das so genannte Sendungs-Sponsoring im Vor- und Abspann von Fernsehsendungen. Sponsoring ist gemäß Art. 2 Abs. II. Nr. 7 RStV „jeder Beitrag einer natürlichen oder juristischen Person oder einer Personenvereinigung, die an Rundfunktätigkeiten oder an der Produktion audiovisueller Werke nicht beteiligt ist, zur direkten oder indirekten Finanzierung einer Sendung, um den Namen, die Marke, das Erscheinungsbild der Person oder Personenvereinigung, ihre Tätigkeit oder ihre Leistungen zu fördern".

Hat ein Sponsor zum Zwecke der Imagewerbung eine Fernsehsendung ganz oder zum Teil mitfinanziert, so muss nach Art. 8 RStV zu Beginn oder am Ende auf die Finanzierung durch den Sponsor in vertretbarer Küre deutlich hingewiesen werden.

Art. 8 RStV betrifft aber nur das echte Sendungs-Sponsoring, also die rein finanzielle Unterstützung eines Fernsehbeitrages, um die eigene Marke zu fördern. Nicht erfasst wird das Sponsoring des Ereignisses selbst, welches den Gegenstand des redaktionellen Beitrages darstellt (so genanntes Ereignis-Sponsoring). Die Zulässigkeit des Ereignis-Sponsorings ist wiederum am Trennungsgebot zu messen (Weiand, NJW 1994, 227, 231 f). Das Trennungsgebot gilt auch im Falle des (zulässigen) Sendungs-Sponsorings für jede über den Hinweis im Vor- oder Abspann hinausgehende Erwähnung des Sponsors im redaktionellen Teil der Sendung (Weiand, NJW 1994, 227, 232).

3.2.5. Änderung der EU-Fernsehrichtlinie

Die rechtlichen Rahmenbedingungen der Fernsehtätigkeit innerhalb der EU und des EWR werden in der Fernsehrichtlinie (Richtlinie 89/552/EWG) geregelt. Mit der Richtlinie 2007/65/EG wird die Fernsehrichtlinie auf weitere audiovisuelle Mediendienste erweitert, enthält aber auch Regelungen zum Product-Placement. Die neue Richtlinie bedarf allerdings noch der Umsetzung in nationales Recht.

Nach der Richtlinie 2007/65/EG sollen die Mitgliedsstaaten eine größere Flexibilität bei der Produktplatzierung im Fernsehbereich ermöglichen. Zwar geht auch die neue Richtlinie von einem grundsätzlichen Verbot der Produktplatzierung aus. Sofern die Mitgliedsstaaten aber nichts anderes beschließen, soll die Produktplatzierung zulässig sein in Kinofilmen, Filmen und Serien für audiovisuelle Mediendienste, Sportsendungen und Sendungen der leichten Unterhaltung, oder, wenn kein Entgelt geleistet wird, sondern lediglich bestimmte Waren oder Dienstleistungen wie Produktionshilfen und Preise im Hinblick auf ihre Einbeziehung in eine Sendung kostenlos bereit gestellt werden.

Sendungen, die Produktplatzierungen enthalten, müssen allerdings bestimmte Bedingungen erfüllen: Inhalt und Programmplatz dürfen nicht so beeinflusst werden, dass die redaktionelle Verantwortung und Unabhängigkeit des Mediendiensteanbieters beeinträchtigt wird, die Produktplatzierung darf nicht unmittelbar zu Kauf, Miete bzw. Pacht von Waren oder Dienstleistungen auffordern, sie darf das betreffende Produkt nicht zu stark herausstellen und der Zuschauer muss eindeutig auf das Bestehen einer Produktplatzierung hingewiesen werden. Hier sind die Sendungen mit Produktplatzierungen zu Beginn und Ende sowie bei Fortsetzung nach einer Werbeunterbrechung angemessen zu kennzeichnen, um jede Irreführung des Zuschauers zu verhindern.

Produktplatzierungen zugunsten von Zigaretten oder Tabakerzeugnissen oder bestimmten Arzneimitteln oder medizinischen Behandlungen bleiben untersagt. Da die Mitgliedsstaaten hiervon abweichende Regelungen treffen können, bleibt abzuwarten, in welchem Umfang die Richtlinie in deutsches Recht umgesetzt wird.

Schleichwerbung ist auch nach der neuen Richtlinie ohne Ausnahme verboten.

3.2.6. Sonstige Werbeformen

Ebenfalls vom Product-Placement zu unterscheiden sind sonstige Werbeformen, in denen eine Marke, Ware oder Dienstleistung parallel mit der Ausstrahlung eines Fernsehfilms transportiert wird. Dies ist einmal der Fall bei der so genannten Bildschirmteilung (Split-Screen). Hier erfolgt die Werbung gleichzeitig mit der Sen-

II. Welche fremden Rechte hat der Filmhersteller zu beachten?

dung des Films in einem separaten Fenster oder auf einem Laufband. Der Einsatz dieser Werbung steht aber nicht unter der Kontrolle des Filmherstellers sondern wird nachträglich vom Sendeunternehmen selbst eingefügt; insofern ist diese Art der Werbung für die Filmproduktion ohne Bedeutung.

Anders ist es nur dann, wenn der Filmhersteller bereits in der Filmproduktion gewisse „Fenster" für den späteren Einsatz so genannter „virtueller Werbung" schafft. So ist es denkbar, Reklametafeln und Plakate im Film mit solchen Fenstern zu versehen, um dann später noch nach Jahren aktuelle Werbung einzublenden. Innerhalb von Fernsehfilmen wird dieser Einsatz virtueller Werbung unzulässig sein.

3.3. Fernsehausstrahlung von Spielfilmen

Ein etwas anderes Bild ergibt sich im Fernsehbereich nur im Falle der Fernsehausstrahlung fremdproduzierter Kinofilme. Hier stellt sich die Frage, ob die zunächst im Rahmen der Kinoauswertung zulässige Werbung in der Spielfilmhandlung dennoch einer späteren Fernsehausstrahlung entgegenstehen kann. Das VG Berlin hatte diese Konstellation für den Film „Feuer, Eis und Dynamit" zu entscheiden, welcher nach der Theaterauswertung auf dem Sender Pro 7 gezeigt wurde (VG Berlin ZUM 1999, 742, – Dauerwerbesendung). Das Gericht sah hier im Ergebnis weder das Verbot der Schleichwerbung noch das Trennungsgebot der Sendeanstalten verletzt:

Das Merkmal der Schleichwerbung war bereits wegen des fehlenden Moments der Irreführung nicht gegeben, da die Marken zu vordergründig präsentiert wurden (s.o.). Lediglich das Trennungsgebot schien auf den ersten Blick verletzt zu sein, da der Film unzweifelhaft „Werbung im Programm" enthielt (VG Berlin ZUM 1999, 742, 749 – Dauerwerbesendung).

Dennoch sprach sich das Gericht gegen ein absolutes Verbot der Ausstrahlung des Filmes aus. Vielmehr sei die staatsvertragliche Regelung des Trennungsgebots mit den verfassungsrechtlich geschützten Gütern der Rundfunkfreiheit nach Art. 5 Abs. I. GG und der Kunstfreiheit nach Art. 5 Abs. III. GG sowie dem Programmauftrag der Fernsehanstalten abzuwägen.

So schützt einerseits die Rundfunkfreiheit der Sender auch das Recht zur Ausstrahlung bestehender Spielfilme im Fernsehen. Da diese Filme in der Regel zudem Kunstwerke im Sinne des Art. 5 GG darstellen, ist diese Art der kommunikativen Vermittlung auch von der Kunstfreiheit nach Art. 5 Abs. III. GG gedeckt (VG Berlin ZUM 1999, 742, 749 – Dauerwerbesendung, unter Bezugnahme auf BGH ZUM 1996, 152 – Feuer, Eis und Dynamit II.). Dieser Schutz steht sowohl dem Produzenten als auch dem Fernsehveranstalter zu (VG Berlin ZUM 1999, 742, 749 – Dauerwerbesendung). Würde man die Ausstrahlung des Filmes gänzlich unterbieten, würde man eine eigene Kunstform – eine Filmhandlung unter Zurschaustellung von Marken, Waren und Namen – von der Fernsehausstrahlung ausschließen (VG Berlin ZUM 1999, 742, 749 – Dauerwerbesendung). Daher war auch hier das vollständige Verbot der Fernsehsendung unverhältnismäßig.

Das Gericht ist aber dem Antrag des Lizenznehmers des Filmes gefolgt, wonach vor der Sendung des Filmes ein Hinweis auf die Tatsache, dass der Film bezahlte

Markeneinbindungen enthält, anzubringen ist (VG Berlin ZUM 1999, 742, 750 – Dauerwerbesendung).

Im Ergebnis ist für die Zulässigkeit der Fernsehausstrahlung eines Spielfilms entscheidend, dass es sich nicht um eine Eigenproduktion eines Senders sondern um eine Fremdproduktion handelt. Bei der Fremdproduktion hat der Sender keine Entscheidungsbefugnis über Art und Umfang der Markenplatzierung, insofern ist im Falle des Ankaufs eines Filmes in Ausübung des Programmauftrags der eintretende Werbeeffekt tatsächlich „unvermeidbare Nebenfolge". Da der Sender auch nicht Hersteller des Filmes und somit Vertragspartner der werbetreibenden Unternehmen ist, ist dessen Neutralität ebenfalls gewahrt. Voraussetzung ist selbstverständlich, dass der Sender nicht aufgrund anderweitiger Absprachen wirtschaftlich an dem Werbeeffekt partizipiert.

3.4. Rechtsfolge eines unzulässigen Product-Placements

Ist der Tatbestand der Schleichwerbung in einer Fernsehproduktion erfüllt, kann der hierauf gerichtete Vertrag nach § 134 BGB nichtig sein (vgl. z.B. OLG München ZUM 1995, 888 – Schleichwerbung).

Zu beachten ist, dass die Rechtsprechung auch im Falle des Product-Placements in Spielfilmen immer wieder eine Nichtigkeit des zugrunde liegenden Vertrages angenommen hat. So hat das LG München das Product-Placement in Spielfilmen als sittenwidrig und den Vertrag über die Markeneinblendung als nichtig gemäß § 138 BGB angesehen (LG München I ZUM-RD 1997, 148, 150). Obwohl es sich in dem zugrunde liegenden Fall um einen Fernsehbeitrag handelte, differenzierte das Gericht in den Entscheidungsgründen nicht zwischen Kino- und Fernsehfilmen. Das OLG München hat in der schon zitierten Entscheidung ebenfalls einen Product-Placementvertrag für einen Kinofilm als nichtig angesehen, da dieser neben der Platzierungsabrede weitere wettbewerbswidrige Absprachen enthielt (etwa Bestimmungen über den Einsatz der Marke und das Verbot der Platzierung von Konkurrenzmarken, OLG München, Urt. v. 16.02.2006, 29 U 4412/05). M.E. müssen Product-Placement-Verträge im Kinospielfilmbereich jedoch grundsätzlich zulässig sein. Wie der BGH – allerdings nur im Hinblick auf die Frage eines Verwertungsverbots eines solchen Films – feststellte, muss der Kinozuschauer heutzutage bei kommerziellen Unterhaltungsfilmen mit der Darstellung von Markenartikeln rechnen (s.o.). Das Product-Placement ist zudem ein wichtiges und legitimes Mittel der Filmfinanzierung für den Produzenten; eine Verbannung aller Product-Placement-Verträge in die Illegalität würde der Realität des Filmgeschäfts und den Interessen aller Beteiligten nicht gerecht.

Ist der zugrunde liegende Vertrag nichtig, hat dies zur Folge, dass der Werbeunternehmer, dessen Markenprodukt vertragswidrig nicht platziert wurde, bei Kenntnis der Sittenwidrigkeit des Vertrages eventuell geleistete Zahlungen vom Produzenten nicht zurückverlangen kann, § 817 S. 2 BGB. Umgekehrt kann der Produzent, trotz vertragsgemäßer und erfolgreicher Präsentation des Markenzeichens, das versprochene Entgelt von der Werbefirma nicht einfordern. Ungeachtet dessen bleibt die Verwertung des Kinospielfilms, der Product-Placements beinhaltet, etwa durch Kinovorführung oder Fernsehausstrahlung, nach den dargestellten Grundsätzen zulässig. Anders kann der Fall im Verhältnis des Werbeunternehmers zur Placement-Agentur liegen. Hier ist der Rückforderungsanspruch des Werbeunternehmens gegen die Agentur bezüglich des schon gezahlten Entgelts insoweit nicht nach § 817 S. 2 BGB ausgeschlossen, als dieses zur Weiterleitung an den Produzenten bestimmt war. Der Werbeunternehmer kann danach die zur Weiterleitung an die Filmproduktionsfirma gezahlte Vergütung zurückverlangen, nicht aber die bereits an die Agentur gezahlte Provision. (OLG München, Urt. v. 16.02.2006, 29 U 4412/05).

4. Filmmusik

4.1. Allgemeines

Auch bei der Nutzung von Musik im Film ist stets zwischen den zwei Ebenen der tangierten urheberrechtlichen Schutzrechte zu unterscheiden:

Auf der ersten Ebene befinden sich die Urheberrechte an dem Musikwerk, die in der Stoffentwicklungsphase, d.h. der inhaltlichen Gestaltung des Werkes, begründet werden. Diese entstehen originär in der Person des Komponisten, des Texters sowie des Bearbeiters, soweit vorhanden.

Der zweiten Ebene sind die Leistungsschutzrechte an der Musikaufnahme zuzuordnen, welche in der Produktionsphase, d.h. der äußeren Formgebung des Musikwerks erworben werden. Diese entstehen originär in der Person des ausübenden Künstlers (bzw. der Künstlergruppe) und des Tonträgerherstellers.

Die Verwendung eines Musiktitels für eine Filmproduktion berührt immer beide Rechtegruppen. Der Produzent muss sich daher einerseits das entsprechende Nutzungsrecht für die Verwendung des Musikwerks im Film einräumen lassen; man spricht hier auch von dem so genannten Filmherstellungsrecht oder Einblendungsrecht. Im angloamerikanischen Sprachraum hat sich die Bezeichnung Synchronization right (oder kurz: Synch right) durchgesetzt. Andererseits muss der Filmhersteller das entsprechende Leistungsschutzrecht zur Nutzung der Aufnahme in dem Film erwerben; dieses Recht wird teilweise ebenfalls als Einblendungsrecht, im angloamerikanischen Recht als Master-use right bezeichnet. Da die deutschen Begriffe uneinheitlich Verwendung finden, sollen nachfolgend in erster Linie die englischen Bezeichnungen gebraucht werden.

4.2. Ist jeder Musiktitel urheberrechtlich geschützt?

Beispiel:
Der Produzent beabsichtigt, als Filmmusik eine Aufnahme eines alten Schlagers aus dem Jahre 1928 zu verwenden. Der Komponist verstarb im Jahre 1929, der Texter im Jahre 1955, der Todestag des Interpreten ist unbekannt. Ist diese Musik „frei"?

4.2.1. Urheberrechte am Musikwerk

Urheberrechte an einem Musiktitel können nur dann bestehen, wenn dieser ein Werk im Sinne des § 2 Abs. II. UrhG darstellt. Wie dargelegt, erfordert der Werkbegriff im Sinne von § 2 Abs. II. UrhG das Vorliegen einer persönlichen geistigen Schöpfung. Im Musikbereich gilt allerdings der Grundsatz der kleinen Münze, so dass selbst der banalste Schlager schutzfähig ist, wenn er einen bestimmten Wiedererkennungswert erzeugen kann (vgl. hierzu Homann, Praxishandbuch Musikrecht, S. 8 f.).

Urheber des Musikwerks ist zunächst der Komponist der Musik; der Texter eines eventuell bestehenden Liedtextes ist Urheber eines selbständigen Sprachwerks, welches dieser aber zur gemeinsamen Verwertung mit dem Musikwerk verbunden hat (z.B. bei einem Schlager oder Popsong). Im Verhältnis zueinander sind Komponist und Texter nicht Miturheber im Sinne des § 8 UrhG, sondern Urheber verbundener Werke nach § 9 UrhG, da beide Werke separat verwertet werden können (Fromm/Nordemann/Nordemann, § 9, Rd., 2 UrhG; zur Urheberschaft an verbundenen Werken s.o. A.I.5.3., s.a. Homann, Praxishandbuch Musikrecht, S. 16 ff.). Wurde aber z.B. die Komposition von mehreren Komponisten gemeinschaftlich zum Zwecke der gemeinsamen Auswertung geschaffen, so sind diese Urheber im Verhältnis zueinander Miturheber (s.o. A.I.5.2.; Homann, a.a.O., S. 15f.). Daneben kann an Musikwerken noch ein selbständig geschütztes Bearbeiterurheberrecht im Sinne von § 3 UrhG bestehen, falls etwa die Melodie oder der Text des Musikwerks nachträglich von einer Person nicht nur unwesentlich verändert worden ist (s.o. A.I.5.4.). Wenn im Folgenden allgemein von Musikwerken die Rede ist, sind hiermit auch die Werkverbindungen von Musik- und Sprachwerken gemeint.

Wie jedes Werk sind auch Musikwerke nur bis zu einem Zeitraum von 70 Jahren nach dem Tode der Urheber geschützt, § 64 UrhG. Bei Miturhebern erlischt das Urheberrecht 70 Jahre nach dem Tod des längstlebenden Miturhebers, § 65 Abs. I. UrhG. Bei den Urhebern verbundener Werke sowie den Bearbeitern werden die Fristen separat errechnet mit der Folge, dass die Schutzfristen hier eine unterschiedliche Laufzeit haben können. Die Fristen berechnen sich mit Ablauf des Kalenderjahres, in welchem der jeweilige Urheber verstorben ist, § 69 UrhG.

> Damit ist im Beispiel die Musik am 31.12.1999 frei geworden, der Text ist allerdings noch bis zum 31.12.2025 geschützt.

4.2.2. Leistungsschutzrechte an der Musikaufnahme

An der Aufnahme der Musikproduktion können Leistungsschutzrechte der ausübenden Künstler gemäß § 73 ff. UrhG und des Tonträgerherstellers nach § 85 f. UrhG bestehen.

Der ausübende Künstler erwirbt nach dem Wortlaut des § 73 UrhG nur dann Leistungsschutzrechte, wenn er ein Werk (eine persönliche geistige Schöpfung im Sinne des § 2 UrhG) oder eine Ausdrucksform der Volkskunst (ein folkloristisches Schaffen), darbietet oder an einer solchen Darbietung mitwirkt. Nach zutreffender Ansicht ist nicht erforderlich, dass die dargebotene Komposition eine persönliche geistige Schöpfung nach § 2 UrhG darstellt (s.o. B.I.4.2.). Inwieweit die Entstehung des Leistungsschutzrechts des Künstlers noch zusätzlich einen gewissen „künstlerischen Eigenwert" verlangt, ist umstritten (vgl. Fromm/Nordemann/Hertin, § 73, Rd. 5). Einen gewissen Mindestbeitrag zur künstlerischen Gesamtleistung wird man – auch bei den Folklorekünstlern – verlangen müssen. Hierbei können auch untergeordnete Beiträge (z.B. die kurze Einspielung eines Studiomusikers, der Auftritt eines Komparsen) Leistungsschutz genießen, wenn sie das künstlerische Gesamtbild erkennbar prägen. Ausgeschlossen ist ein Leistungsschutz jedenfalls für diejenigen Personen, die an einer Darbietung eines anderen nur technisch mitwirken (vgl. M. Schulze, Materialien, S. 535).

Das Leistungsschutzrecht des Tonträgerherstellers entsteht bei dem Inhaber des Unternehmens, unter dessen wirtschaftlicher und organisatorischer Kontrolle die Erstfixierung der Aufnahme vorgenommen wird (vgl. Fromm/Nordemann/Hertin § 85/86, Rd. 3, 4). Für die Entstehung des Leistungsschutzrechts des Tonträgerherstellers nach § 85 UrhG ist es nicht erforderlich, dass die zugrunde liegende Ton- oder Geräuschfolge ein Werk im Sinne des § 2 UrhG bzw. eine Ausdrucksform der Volkskunst darstellt oder leistungsschutzrechtlich schutzfähige Darbietungen ausübender Künstler beinhaltet. Auch Aufnahmen von Vogelstimmen, Naturgeräuschen oder sonstigen Tönen sind somit geschützt (vgl. Schricker/Vogel, § 85, Rd. 19).

Die Leistungsschutzrechte der Künstler und des Tonträgerherstellers erlöschen 50 Jahre nach dem Erscheinen des Tonträgers, oder, wenn seine erste erlaubte Benutzung zur öffentlichen Wiedergabe früher erfolgt ist, 50 Jahre nach dieser, §§ 82, 85 UrhG. Ist der Tonträger gar nicht erschienen oder erlaubterweise zur öffentlichen Wiedergabe benutzt worden, erlöschen die Rechte 50 Jahre nach der Darbietung der Leistung bzw. Herstellung des Tonträgers.

Damit bestehen an der Aufnahme im Beispiel aus dem Jahre 1929 keine Leistungsschutzrechte mehr. Der Produzent muss also nur mit dem Urheber des Textes eine Rechteeinräumung vereinbaren.

4.3. Ist jede Verwendung geschützter Musik im Film erlaubnispflichtig?

Beispiel:
1. Während einer Szene in einer Bar ertönt nur ganz im Hintergrund aktuelle Schlagermusik aus der Jukebox.
2. In einer anderen Szene pfeift ein Schauspieler leise einige Takte der Gesangsmelodie des Beatles-Songs „Yesterday" vor sich hin, in einer anderen wird ein Tonträger mit einem Schlager nur kurz angespielt.
3. In einer Rückblende denkt die Hauptfigur des Filmes mit viel Nostalgie und Wehmut an eine Party in den siebziger Jahren zurück, auf der sie die Liebe ihres Lebens kennen lernte. Die Szene wird untermalt mit typischer wilder „Seventies-Musik", die als Beleg für den Charakter und die Stimmung dieser Epoche dienen soll.

4.3.1. Musik als unwesentliches Beiwerk

Die Nutzung von urheberrechtlich geschützten Werken kann dann erlaubnisfrei zulässig sein, wenn diese Werke nur als unwesentliches Beiwerk neben dem eigentlichen Gegenstand der Verwertung anzusehen sind, § 57 UrhG. Die amtliche Begründung nennt hier als Beispiel die Aufnahme eines Musikstücks, welches im Rahmen eines Fernsehreiseberichts zufällig erklingt (M. Schulze, Materialien, S. 502).

Dieses Beispiel aus der Begründung wurde hier schon an anderer Stelle als zu vage und zu weitgehend aufgefasst (s.o. B.II.2.2.). § 57 UrhG muss als Ausnahmevorschrift so eng wie möglich ausgelegt werden und kann nur solche Werke erfassen, die dem Betrachter des Filmes gar nicht auffallen und ohne Beeinträchtigung weggelassen werden können (s.o. B.II.2.2.). Gerade aber die musikalischen Einspielungen in einem Film wirken sich – für den Betrachter oft unbewusst – sehr auf die Atmosphäre des Filmes aus und können kaum ohne Einfluss auf die Stimmung einer Szene weggelassen werden. Aufgrund der im Musikbereich üblichen Lizenzierungspraxis auch kleinster Musikteile ist eine Musiknutzung im Film grundsätzlich nicht als „beiläufig" anzusehen. Neben diesen akuten Lizenzverlusten der Rechteinhaber ist auch zu bedenken, dass die Verwendung eines Musiktitels in einem Film oftmals mit einem gewissen Wertverlust des Stückes einhergeht und sich nachteilig auf spätere Lizenzierungsmöglichkeiten auswirken kann. Aus diesem Grunde kann sich der Produzent bei der Nutzung von Musik im Film im Regelfall – zumindest bei üblichen Unterhaltungs- und Spielfilmen – auch nicht auf die Kunstfreiheit nach Art. 5 Abs. III. GG berufen, welche allenfalls geringfügige Eingriffe in das Urheberrecht deckt, soweit diese nicht zu wirtschaftlichen Nachteilen für den Inhaber führen (s.o. A.II.1.4.2.2.).

Im Beispiel Nr. 1 wird die Nutzung der Schlagermusik im Zweifel nicht durch § 57 UrhG bzw. die Kunstfreiheit nach Art. 5 Abs. III. GG gedeckt sein.

Ist die Nutzung eines Musikwerks über § 57 UrhG als unwesentliches Beiwerk ausnahmsweise erlaubnisfrei gestattet, gilt diese Beschränkung ebenso für die an der Musikaufnahme bestehenden Leistungsschutzrechte der Künstler und des Tonträgerherstellers, wie sich aus den Verweisungen in den §§ 83, 85 Abs. IV. UrhG ergibt. Eine Quellenangabe ist gemäß § 63 UrhG dann nicht erforderlich.

Ein Produzent sollte nicht darauf vertrauen, dass die Rechteinhaber die Musiknutzung nicht bemerken. Fällt sie allerdings selbst diesen bei Betrachtung des Filmes nicht auf, ist dies natürlich ein Indiz dafür, dass das Musikwerk tatsächlich ein unwesentliches Beiwerk darstellte.

4.3.2. Die Nutzung kurzer Werkteile und Tonfolgen

Auch die Verwendung kurzer Teile eines Musiktitels kann die Urheber- und Leistungsschutzrechte der betroffenen Rechteinhaber tangieren.

Eine Rechteeinräumung seitens der Urheberberechtigten an dem Musikwerk ist bei einer filmischen Nutzung immer dann notwendig, wenn der Produzent solche

II. Welche fremden Rechte hat der Filmhersteller zu beachten?

Teile des Werkes verwendet, die ihrerseits genug eigenschöpferische Merkmale besitzen, um für sich selbst schutzfähig zu sein. Wann dies der Fall ist, lässt sich nicht pauschal sagen; insbesondere die früher in der Musikbranche aufgestellte Behauptung, dass die Entnahme von bis zu vier Takten eines Musikwerkes stets erlaubnisfrei möglich sei, ist unrichtig und gefährlich. Es kommt immer auf den konkreten Einzelfall an und darauf, ob die entnommenen Elemente auch außerhalb des Liedkontextes genug eigenen Charakter und Wiedererkennungswert haben, um als persönliche geistige Schöpfung angesehen werden zu können.

Bei traditionellen Popsongs und Schlagern genießt in der Regel die Gesangsmelodie den höchsten Wiedererkennungswert und ist von eigenständigem Charakter; die unter der Melodie liegenden Akkordfolgen sind oftmals phantasielos und finden sich in zahlreichen Stücken in gleicher Abfolge wieder. Bei neueren Musikstilen wie Techno, House, HipHop, Drum'n'Bass etc. sind es dagegen gerade die eingespielten oder gesampelten Instrumentalteile, die in ihrer melodischen Abfolge den Musiktitel prägen, vom Gesang allenfalls noch eine Hookline oder ein Refrain, falls vorhanden (vgl. Berndorff/Berndorff/Eigler, Musikrecht, Frage 17, zur Schutzfähigkeit von Melodie, Akkordfolgen, Arrangements, Begleitmusik elektronischer Werke siehe auch Homann, Praxishandbuch Musikrecht, S. 7 ff.).

In welcher Form das Musikwerk dargeboten wird, ist unerheblich; eine Instrumentierung durch Musiker ist nicht notwendig. Schon das leise Summen einer erkennbaren Melodie kann das Urheberrecht an dem Musikwerk verletzen.

Im Beispiel Nr. 2 ist das Nachpfeifen der Gesangsmelodie aus dem Beatles-Song „Yesterday" bedenklich, da dieses Stück vom Gesang getragen wird und die Melodie hohen Wiedererkennungswert besitzt.

Sofern der Produzent auch Teile einer Aufnahme eines fremdproduzierten Titels einblendet, werden zusätzlich die Leistungsschutzrechte (insbesondere der Tonträgerhersteller) tangiert. Im Gegensatz zu einer Verletzung der Urheberrechte ist es hier nicht erforderlich, dass schutzfähige Elemente des Musiktitels entnommen werden. Bereits die Übernahme kurzer Tonfolgen kann unzulässig sein. Allerdings setzt die Rechtsprechung hier eine Grenze bei „winzigen Tonpartikeln", also einzelnen Tonfragmenten, und erklärt deren Übernahme für frei. Damit wird sich die Erlaubnisfreiheit im Ergebnis auf solche Elemente beschränken, deren Übernahme ohnehin nicht mehr nachweisbar wird (Zimmermann, in: Moser/Scheuermann, Handbuch der Musikwirtschaft, S.1182).

Im Beispiel Nr. 2 wird der Beatles-Song von dem Schauspieler selbst dargeboten, so dass Leistungsschutzrechte der Interpreten und Hersteller früherer Aufnahmen nicht tangiert werden.

Anders als bei der Nutzung kurzer Filmausschnitte für eine eigene Filmproduktion (s.o. B.II.1.1.), kann sich der Produzent im Falle der Verwendung fremder Musik dann nicht darauf berufen, dass diese eine freie Benutzung im Sinne des § 24 UrhG darstellt, wenn er einen Teil der Melodie des Werkes – im Sinne einer das Musikwerk prägenden Musikfolge – entnimmt. Gemäß § 24 Abs. II. UrhG gilt für Musikwerke der so genannte „starre Melodienschutz", welcher m.E. auch auf den

Fall der Einblendung eines Musikwerks in ein Filmwerk Anwendung finden kann. Wird danach eine Melodie erkennbar in einem anderen Werk wiedergegeben, ist eine freie Benutzung ausgeschlossen (vgl. Fromm/Nordemann/Vinck, § 24, Rd. 12). Keine Anwendung findet § 24 Abs. II. UrhG auf solche Elemente des Musikwerks, die nicht der Melodie zuzuordnen sind (z.B. Akkorde, Rhythmen, Arrangements, vgl. Homann, Praxishandbuch Musikrecht, S. 67). Sofern derartige Musikteile überhaupt schutzfähig sind (s.o.), gelten dann wieder die allgemeinen Grundsätze über die freie Benutzung von Werken, wonach eine solche Entnahme nur dann zulässig ist, wenn die entlehnten eigenpersönlichen Merkmale angesichts der Eigenheiten des neuen Werkes verblassen (s.o., zur freien Benutzung eines Musikteils in einem Werbespot s.a. OLG München, ZUM 2002, 306 – Struggle).

> Im Beispiel Nr. 2 kann davon ausgegangen werden, dass der Schauspieler einen Teil der Melodie von „Yesterday" pfeift, so dass der starre Melodienschutz des § 24 Abs. II. UrhG greift.

Bei der erkennbaren Übernahme einer Melodie kann sich der Produzent – jedenfalls im Bereich des klassischen Spiel- und Unterhaltungsfilms – grundsätzlich auch nicht auf die Kunstfreiheit nach Art. 5 Abs. III. GG berufen. Bereits im Hinblick auf die Lizenzverluste der Rechteinhaber und der durch die filmische Nutzung des Musikwerks eintretenden Wertminderung werden solche erheblichen Eingriffe in das Urheberrecht nicht durch Art. 5 Abs. III. GG gedeckt. Bei künstlerisch besonders anspruchsvollen Filmen kann eine kunstspezifische Betrachtung im Einzelfall die Übernahme einer Melodie als künstlerisches Gestaltungsmittel rechtfertigen (s.o. A.II.1.4.2.2.); insofern ist der Anwendungsbereich des § 24 Abs. II. UrhG entsprechend verfassungskonform einzuschränken.

4.3.3. Das Musikzitat im Film

Das Musikzitat ist gesetzlich geregelt in § 51 Nr. 3 UrhG. Es erlaubt die Anführung von einzelnen Stellen eines erschienenen Werkes der Musik in einem selbständigen Musikwerk. Die Anwendung dieses Zitatrechts ist also auf die Verwendung von Musikwerkteilen in anderen Musikwerken beschränkt; die Nutzung einzelner Stellen eines Musiktitels in einem Film ist gesetzlich nicht geregelt.

Nun wird aber auch das Musikzitat im Film unter bestimmten Voraussetzungen für zulässig angesehen und dogmatisch je nach Art und Umfang unter das Großzitat nach § 51 Nr. 1 UrhG oder das Kleinzitat nach § 51 Nr. 2 UrhG subsumiert (vgl. OLG Hbg ZUM 1993, 35, 36 – Musikzitat im Film; Schricker/Schricker, § 51 Rd. 13; anders Hertin, GRUR 1989, 159, 167, welcher § 51 Nr. 3 UrhG anwendet). Da typischerweise Musiktitel in Filmen nicht in voller Länge erscheinen, sind für die Zulässigkeit dieser Einspielungen in der Regel die Grundsätze über Kleinzitate nach § 51 Nr. 2 UrhG heranzuziehen.

Wie bei allen Zitaten sind auch Musikzitate in Filmwerken nur dann zulässig, wenn ein so genannter Zitatzweck gegeben ist; die herangezogene Stelle muss als Beleg oder zur Erörterung für eigene, selbständige Aussagen dienen. Ist dies der Fall, so ist diese Nutzung dann in einem durch diesen Zweck gebotenen Umfang gerechtfertigt (OLG Hbg ZUM 1993, 35, 36 – Musikzitat im Film). Hieran sind nach der

Rechtsprechung strenge Anforderungen zu stellen. Nicht ausreichend ist es, wenn der Musiktitel nur als „Untermalung, als musikalische Abrundung oder Ausschmückung" des Filmmaterials oder als „eigenes Darstellungsmittel, das unabhängig vom Text des Drehbuchs, aber im Zusammenhang mit den gebotenen Bildern bestimmte Wirkungen erzeugen soll", dient (OLG Hbg ZUM 1993, 35, 36 – Musikzitat im Film).

Das OLG Hamburg hatte in dem zitierten Fall die Nutzung von 40 Musiktiteln in Dokumentarfilmen unter dem Gesichtspunkt des Zitatrechts zu prüfen, und diese nur in 10 Fällen für zulässig angesehen. Hierbei war eine zweistufige Prüfung vorzunehmen; zunächst musste festgestellt werden, ob denn überhaupt dem Grunde nach ein Zitatzweck gegeben war, danach, ob die konkrete Nutzung auch der Länge nach geboten war.

Bereits dem Grunde nach nicht zulässig war z.B. die Anführung eines repräsentativen Musiktitels für einen bestimmten Abschnitt deutscher Geschichte; hier diente das Lied allein als „Kennzeichen" oder „Symbol" für eine bestimmte Epoche, nicht aber als Beleg oder Erörterungsgrundlage für eigene Ausführungen des Filmherstellers, die sich aus dem Gesagten oder Gezeigten ergaben (OLG Hbg ZUM 1993, 35, 36 – Musikzitat im Film). Zwar „passte" der Titel gut, wie eine geschickte Illustration, er wurde aber allein wegen seiner assoziativen Wirkung benötigt (OLG Hbg., a.a.O.). Dagegen wurde die zweifache Einblendung eines Soldatenlieds als zulässig angesehen, welches im Drehbuch an einer Stelle als einer jener Schlager, die bestimmten „Sehnsüchten der Soldaten ... Rechnung tragen", ein anderes mal als einer der „beliebtesten Schlager" vorgestellt wurde. Diese Aussagen seien für den Betrachter nur nachvollziehbar, wenn er den Schlager auch zu hören bekomme (OLG Hbg., a.a.O. S. 37). Teilweise ging das Gericht hierbei aber auch sehr weit: So wurde die Einspielung des als „Italoschnulze" vorgestellten Schlagers „Capri-Fischer" deshalb für zulässig erachtet, um dem Betrachter die Gelegenheit zu geben, das Lied zu erkennen und gegebenenfalls die Behauptung nachzuvollziehen, es handele sich tatsächlich um eine „Italoschnulze" (OLG Hbg., a.a.O. S. 39).

Hatte das Gericht einen Belegzweck dem Grunde nach erst einmal anerkannt, so schien es hinsichtlich der erlaubten Länge der angeführten Musiktitel eher großzügig zu verfahren. Zulässig waren nach Ansicht des Gerichts z.B. Einblendungen von 42 Sekunden, 53 Sekunden, 44 Sekunden, 32 Sekunden oder 2 Minuten. Dem Betrachter sollte ausreichend Gelegenheit geben werden, die Ausführungen oder Erörterungen des Filmherstellers auch nachzuvollziehen, einen eigenen Eindruck zu gewinnen und sich hierauf ein Urteil zu bilden (OLG Hbg., a.a.O. S. 40). Auch wenn nur der Refrain die zu belegende Aussage enthielt, war die weitergehende Einblendung von Strophenteilen zur Verdeutlichung des Refraincharakters zulässig (OLG Hbg., a.a.O. S. 38). Im Ergebnis hat das Gericht bei keinem der Titel die Zulässigkeit des Zitates allein aufgrund der Länge verneint.

Im Beispiel Nr. 3 wäre nach der Ansicht des OLG Hamburg die Einblendung der typischen „Seventies-Musik" wohl nicht von einem Zitatzweck gedeckt, da diese nur zur Kennzeichnung oder Illustration einer bestimmten Epoche dient. Sie „passt" zwar gut, beinhaltet aber bis auf diese assoziative Wirkung keine weitergehende, eigene Aussage des Filmherstellers.

Es ist zu berücksichtigen, dass das OLG Hamburg nur den Fall der Verwendung von Musiktiteln in Dokumentarfilmen zu untersuchen hatte, also Produktionen, die bereits von der Natur der Sache her ein Thema unter Verwendung von Originalmaterialien erläutern, beschreiben oder belegen. M.E. ist allerdings die Verwendung von Musikzitaten in reinen Unterhaltungsfilmen ebenso möglich unter den dargelegten Voraussetzungen. Notwendig ist nur, dass der Film den eingeblendeten Titel zur Unterstützung einer zusätzlichen, eigenen Aussage verwendet, mag diese auch nur zu Unterhaltungszwecken dienen.

Ist die Nutzung eines Werkes nach der Zitierfreiheit erlaubt, gilt dies ebenso für die betroffenen Leistungsschutzrechte, wie sich aus den Verweisungen in den §§ 83, 85 Abs. IV. UrhG ergibt. Stets ist die Quelle anzugeben, § 63 UrhG (die Urheber und Leistungsschutzberechtigten könnten z.b. im Nachspann genannt werden). Wird ein Titel verwendet, dürfen weder das Werk noch die Aufnahme verändert werden, § 62, 39 UrhG.

Unter Umständen kann aber – zumindest bei künstlerisch anspruchsvollen Filmen – auch eine besondere kunstspezifische Betrachtung des neuen Filmwerks ergeben, dass die Übernahme des fremden Musikwerks aufgrund der besonderen künstlerischen Auseinandersetzung auch über die engen Grenzen des § 51 UrhG hinaus durch die Kunstfreiheit nach Art. 5 Abs. III. GG gedeckt ist (s.o. A.II.1.4.2.2.). Hierbei darf es allerdings nicht zu finanziellen Nachteilen für die Rechteinhaber kommen (s.o.).

4.4. Was hat der Produzent bei der Rechteklärung zu beachten?

4.4.1. Welche Rechte benötige ich zur Musiknutzung im Film?

Beispiel:
Der Produzent unterlegt eine Filmszene mit einem Popsong; der Film wird im Kino und im Fernsehen gezeigt sowie als Video verkauft. Gleichzeitig wird zu dem Film ein Computerspiel entwickelt und auf CD-ROM vertrieben; auch hier wird die Musik bei bestimmten Szenen, die den Filmszenen nachgebildet sind, eingeblendet.

Ist die Nutzung der Musik im Film nicht erlaubnisfrei möglich, muss der Produzent von den jeweiligen betroffenen Rechteinhabern die notwendigen Rechte erwerben. Zunächst bedarf der Produzent des Rechts zur erstmaligen Verbindung des Musiktitels mit dem Filmwerk selbst, sodann der jeweiligen Nutzungsrechte zur filmischen und außerfilmischen Auswertung. Auch hier ist wiederum zwischen den Urheberrechten und den Leistungsschutzrechten zu unterscheiden.

4.4.1.1. Filmherstellungsrecht (Synchronization right)
Auf der Ebene der Urheberrechte wird das Recht zur erstmaligen Verbindung eines Musikwerks mit einem Film als Filmherstellungsrecht oder Synchronization right bezeichnet. Da das betreffende Musikwerk entweder als vorbestehendes Werk (z.B. ein eingeblendeter Fremdtitel) oder filmbestimmt geschaffenes Werk (z.B. die in Auftrag gegebene Filmmusik) zu qualifizieren ist, richtet sich die Rechteeinräumung

der Urheber an den Filmhersteller nach § 88 UrhG. Das Synchronization right ist somit die Einräumung des Verfilmungsrechts am Musikwerk nach § 88 Abs. I. UrhG durch den Musikurheber an den Filmhersteller. Auch in den Lizenzverträgen der Musikverlage wird ausdrücklich auf § 88 UrhG Bezug genommen.

Der Gesetzgeber hat das Verfilmungsrecht als solches nicht als eigenständiges Verwertungsrecht geregelt (s.o. A.I.6.2.2.3.5.). Rechtsdogmatisch sollte die Verfilmung entweder als Akt der Vervielfältigung nach § 16 UrhG anzusehen sein, wenn das Werk unverändert in den Film kopiert wird, oder als Bearbeitung oder andere Umgestaltung nach § 23 UrhG, wenn das Werk erst zur filmischen Nutzung modifiziert oder umgestaltet werden muss (M. Schulze, Materialien, S. 437).

Dem hat sich auch der BGH angeschlossen (BGH NJW 1993, 2939, 2940 – Videozweitauswertung II, unter Hinweis auf die amtliche Begründung zum Urheberrechtsgesetz von 1965). Die Verbindung eines Musikwerkes mit dem Bildteil eines Filmes als solches sei bei unveränderter Übernahme der Musik nur eine Vervielfältigung nach § 16 UrhG (BGH a.a.O., Videozweitauswertung II; BGH, Urt. v. 19.01.2006, Az. I ZR 5/03, Ziffer 30 – Alpensinfonie, zitiert nach JURIS). In der Verbindung von Musikwerk mit Bildfolgen liege selbst noch keine Bearbeitung i. S. v. § 23 UrhG (BGH, a.a.O., Alpensinfonie, Ziffer 31). Urheberpersönlichkeitsrechtliche Verletzungsfragen stellten sich deshalb grundsätzlich nicht (Ventroni, Anm. zu BGH – Alpensinfonie, MMR 2006, S. 309, anders offenbar noch in Das Filmherstellungsrecht, S. 131).

Dies überzeugt nicht. Zwar besteht im Falle der Musiknutzung die Umsetzung zunächst aus einem bloßen Kopiervorgang vom Tonträger auf den Tonstreifen des Filmes, so dass hier eine Vervielfältigungshandlung vorzunehmen ist. Der Titel wird daneben allerdings erstmalig mit Bildern verbunden und in einen völlig neuen, eigenständigen Kontext gesetzt. Damit liegt m.E. neben der Vervielfältigung stets auch eine Bearbeitung oder – mangels eigenschöpferischen Beitrages des Filmherstellers – eine andere Umgestaltung im Sinne des § 23 UrhG vor. Da in der Praxis Musiktitel ohnehin nicht in voller Länge eingeblendet werden, ist im Ergebnis aufgrund der vorzunehmenden Kürzung stets eine andere Umgestaltung im Sinne des § 23 UrhG gegeben. Ausnahmen sind möglich, etwa bei der Aufzeichnung eines Musikwerkes in voller Länge bei einem Live-Konzert (so der Fall bei BGH – Alpensinfonie, a.a.O.; der BGH hat unter Hinweis auf die amtliche Begründung zum Urheberrechtsgesetz für den Fall der Kürzung eines Musikwerkes das Vorliegen einer Bearbeitung ebenfalls nicht ausgeschlossen, BGH NJW 1993, S. 2939, 2940 – Videozweitauswertung II).

Hat der Rechteinhaber einem Produzenten das Filmherstellungsrecht eingeräumt, ist es als solches für die weitere Auswertung verbraucht. Hat der Rechteinhaber das Filmherstellungsrecht für die Verbindung des Musikwerks mit einem Kinospielfilm eingeräumt, bedarf der Produzent zur späteren Fernsehsendung, DVD-Herstellung oder Onlineauswertung nicht der Einräumung eines neuen „Fernseh-, Video- oder Online-Filmherstellungsrechts". So hat der BGH hat in dem Urteil „Videozweitauswertung II" entschieden, dass die Einräumung des Musikverfilmungsrechts für einen Kinospielfilm auch die spätere Nutzung durch Videozweitauswertung mit umfasst. Zur Nutzung des Videorechts bedarf es allein der Übertragung des Vervielfältigungs- und Verbreitungsrechts (was im zugrunde liegenden Fall über die GEMA erfolgt war). Ein selbständiges Video-Verfilmungsrecht, das den Erwerb weiterer Rechte erforderlich machen würde, besteht in einem solchen Fall nicht. Durch die Überspielung des Kinofilms auf Videokassetten wird kein neues Werk hergestellt, vielmehr stellt sich der Vorgang als ein bloßer Akt der Vervielfältigung und Verbreitung nach §§ 16, 17 UrhG dar (BGH NJW 1993, 2939, 2940 – Videozweitauswertung II; a.A. z.B. G. Schulze, GRUR 2001, 1084, 1086 f.).

Im Jahr 2006 hat der BGH in der Entscheidung „Alpensinfonie" die Trennung zwischen dem Filmherstellungsrecht und den nachfolgenden Auswertungsrechten für die DVD-Vervielfältigung und -Verbreitung sowie die Fernsehsendung bestätigt (BGH, Urteil vom 19.01.2006, Az. I ZR 5/03, Ziffer 26 f., 36, zitiert nach JURIS).

Fraglich ist das Verhältnis des Filmherstellungsrechts zur Online-Auswertung. Im Unterschied zur bloßen Videoherstellung wird bei der Online-Nutzung ein Film unter Umständen nicht unverändert in ein anderes Medium übertragen, sondern mit anderer Auflösung und ggf. nur verkürzt wiedergegeben. Man könnte argumentieren, der Nutzer müsse neben dem Recht zur reinen öffentlichen Zugänglichmachung noch eine Art „Online-Filmherstellungsrecht" erwerben.

Eine ähnliche Rechtsfrage ist z. Zt. auf der Ebene der Untergerichte im Bereich der Klingelton-Auswertung streitig. Hier vertreten einige Gerichte die Auffassung, dass die für die Aufbereitung der Musikwerke zu Klingeltönen notwendigen Bearbeitungsrechte nicht von der GEMA wahrgenommen werden (vgl. OLG Hamburg GRUR 2006, 323 – Handy-Klingeltöne II; OLG Hamburg GRUR 2002, 249 – Handy-Klingeltöne I; LG München I MMR 2006, 49; LG Hamburg ZUM 2005, 908). Entsprechend vertreten die Musikverlage die Ansicht, dass ein Nutzer zur Verwertung von Musik für Klingeltöne neben dem Klingeltonverwertungsrecht nach § 1 k) GEMA-BV eine weitere, separat zu vergütende Lizenz für ein „Klingeltonherstellungsrecht" der Verlage zahlen müsse.

Der BGH hat zu dieser Frage in dem Urteil „Alpensinfonie" nicht Stellung genommen. Folgt der BGH aber seiner Linie aus den Entscheidungen „Videozweitauswertung II" und „Alpensinfonie", müsste er auch im Falle der Online-Auswertung ein eigenständiges „Online-Filmherstellungsrecht" verneinen (ebenso gegen ein zweistufiges Lizenzierungsverfahren und ein „Klingeltonherstellungsrecht" Ventroni, MMR 2006, S. 311).

Separat zu erwerben wäre allerdings das Filmherstellungsrecht zum Zwecke der Herstellung eines Computerspiels, da hierdurch eine neue eigenständige Verbindung von Musik und bewegtem Bild geschaffen wird.

Die Einräumung des Synchronization rights erstreckt sich zugunsten des Urhebers mangels anderweitiger Vereinbarung immer nur auf das konkrete vertragsgegenständliche Filmvorhaben des Produzenten (Fromm/Nordemann/Hertin, § 88, Rd. 16). Der Produzent kann also den gleichen Song nicht für einen anderen Film verwenden. Er kann die Musik ebenfalls nicht im Falle einer Neuverfilmung des gleichen Stoffes wieder verwenden, § 88 Abs. II. UrhG.

Hat der Produzent das Musikwerk dann mit dem Film erstmalig verbunden, bedarf er schließlich zur Auswertung noch der entsprechenden Nutzungsrechte. Ein Großteil dieser Rechte wird hier von der GEMA wahrgenommen (s.u.). Allerdings nehmen Musikverlage in den Lizenzverträgen mit den Produzenten regelmäßig schuldrechtliche Beschränkungen vor. Letztlich wird durch diese „Hintertür" auch

II. Welche fremden Rechte hat der Filmhersteller zu beachten? 219

das Filmherstellungsrecht auf der Auswertungsebene wieder eingeschränkt. Drittwirkung haben solche Beschränkungen der GEMA-Rechte allerdings nicht (zum Umfang der Rechteeinräumung in Filmmusikverträgen s.u. B.III.2.4.1.1.).

4.4.1.2. Einblendungsrecht (Master-use right)
Auf der Ebene der Leistungsschutzrechte bedarf der Produzent zum Zwecke der erstmaligen Verbindung von Musikaufnahme und Film der Einräumung des Master-use rights. Das Master-use right ist rechtsdogmatisch als bloßer Akt der Vervielfältigung einzuordnen. Ein Bearbeitungsrecht steht den ausübenden Künstlern und Tonträgerherstellern nicht zu; § 23 UrhG findet im Bereich dieser Leistungsschutzrechte keine Anwendung.

Der Produzent bedarf zur späteren Auswertung auch der Rechte zur Verbreitung, Sendung, öffentlichen Wiedergabe entsprechend dem beabsichtigten Nutzungsumfang.

4.4.2. Wer sind die Rechteinhaber der benutzten Musik?
4.4.2.1. Musiknutzung im Fernsehbereich

Beispiel:
1. Ein Sender stellt in Eigenproduktion einen Fernsehfilm für den eigenen Sender her und möchte aktuelle Popsongs aus den Charts einspielen.
2. Ein Produzent stellt eine Auftragsproduktion für einen Fernsehsender her und möchte solche Popsongs einblenden.
3. Ein Sender und ein Produzent stellen einen Fernsehfilm in Koproduktion her und wollen derartige Popsongs einblenden.

4.4.2.1.1. Synchronization right. Originärer Rechteinhaber des Synchronization rights ist der Urheber des Musikwerks, also Texter und Komponist. Ist dieser an einen Musikverlag gebunden, hat er diesem regelmäßig das Musikverfilmungsrecht exklusiv eingeräumt. Damit wäre der Verlag Ansprechpartner des Produzenten hinsichtlich der Rechteklärung, da der Urheber über das Synchronization right nicht mehr verfügen kann.

Im Fernsehbereich gibt es allerdings eine Besonderheit: Urheber und Musikverlage sind in der Regel Mitglieder der GEMA (Gesellschaft für musikalische Aufführungs- und mechanische Vervielfältigungsrechte). Ob die Rechte eines bestimmten Titels von der GEMA wahrgenommen werden, lässt sich durch einen Anruf bei der zuständigen Abteilung Dokumentation der GEMA erfahren. Werden die Rechte an einem Musikwerk von der GEMA gehalten, so bestimmt sich der Umfang der zur Wahrnehmung übertragenen Nutzungsrechte nach dem jeweils gültigen Berechtigungsvertrag zwischen den Urhebern bzw. Verlagen und der GEMA.

Nach §1 i) (3) des Berechtigungsvertrages vergibt die GEMA bei bestimmten Fernsehproduktionen selbst das Filmherstellungsrecht. Dies gilt allerdings nur für Eigen- und Auftragsproduktionen der Sendeanstalten für eigene Sendezwecke und Übernahmesendungen. Die GEMA vergibt das Filmherstellungsrecht nicht, wenn die Eigen- oder Auftragsproduktion von Dritten genutzt werden soll, ebenfalls nicht bei Koproduktionen oder sonstigen Kooperationen, bei denen neben dem Sendeunternehmen oder dem Auftragsproduzenten Dritte an der Herstellung des Fernsehfilms beteiligt sind.

Weitere Ausnahmen bestehen bei der Einblendung von Titeln aus dramatisch-musikalischen Werken. Hierunter versteht man solche Werke, deren einzelne Teile unter einem Leitgedanken stehen und die einen gemeinsamen Handlungsfaden zum Gegenstand haben. Die Entnahme größerer Teile oder eines Querschnitts aus solchen Werken für eine Fernsehproduktion wird ebenfalls nicht von der GEMA lizenziert, § 1 i) 4 aa) GEMA-Berechtigungsvertrag. Auch der umgekehrte Fall, die Eingliederung eines Musiktitels aus einem dramatisch-musikalischen Werk in eine Fernsehproduktion, die ihrerseits verschiedene Titel unter einem Leitgedanken und mit einem Handlungsfaden darstellt, bleibt den berechtigten Urhebern und Verlagen vorbehalten, § 1 i) 4 cc) GEMA-Berechtigungsvertrag. Ebenfalls nicht von der GEMA wahrgenommen wird das Recht zur Verwendung von Musikwerken zur Herstellung von Werbespots, § 1 K) GEMA-Berechtigungsvertrag.

Die Berechtigten erhalten im Falle der Rechteeinräumung des eigentlichen Synchronization rights für die Erstverbindung von Musik und Fernsehfilm durch die GEMA keine spezielle Vergütung. Ein Vergütungsanspruch entsteht erst durch die der „Synchronization" nachfolgenden Nutzungshandlungen des Sendeunternehmens wie z. B. der Funksendung, DVD-Auswertung oder Online-Auswertung; diese Rechtevergabe wird ebenfalls von der GEMA wahrgenommen.

4.4.2.1.2. Master-use right. Im Bereich der Leistungsschutzrechte entsteht das Master-use right originär bei den ausübenden Künstlern (Musiker, Sänger, aber auch Remixer, Producer) sowie dem Tonträgerhersteller (Schallplattenfirma). Der Tonträgerhersteller lässt sich im Künstlervertrag allerdings von den mitwirkenden Künstlern die entsprechenden Leistungsschutzrechte vollumfänglich unter Einschluss des Master-use rights übertragen. Somit ist auch nur das Schallplattenlabel bzw. ein eventueller Lizenznehmer Ansprechpartner für die Rechteklärung.

Aber auch hier gilt für den Bereich der Fernsehproduktionen eine Besonderheit: Tonträgerhersteller sind in der Regel Mitglieder der GVL (Gesellschaft zur Verwertung von Leistungsschutzrechten m.b.H.) und schließen mit dieser einen Wahrnehmungsvertrag. Gemäß § 1 Ziff. 2 a) des GVL-Wahrnehmungsvertrages übertragen die Tonträgerhersteller der GVL das Recht, die Vervielfältigung von Tonträgern gegen Entgelt zu erlauben zum Zwecke der Hörfunk- oder Fernsehsendung im Rahmen der jeweiligen Senderverträge. Der GVL-Wahrnehmungsvertrag selbst unterscheidet nicht zwischen Auftrags-, Eigen-, Co- oder Fremdproduktion für das Fernsehen. Indessen enthalten aber die zwischen der GVL und den Rundfunkanstalten getroffenen Senderverträge, auf die der Wahrnehmungsvertrag in § 1 Ziff. 2 a) Bezug nimmt, dem GEMA-Berechtigungsvertrag ähnliche Regelungen, so dass im Ergebnis auch nur in Bezug auf Eigen- und Auftragsproduktionen der Sendeanstalten für eigene Sendezwecke die Master-use rights von der GVL übertragen werden, nicht aber z.B. auch für Koproduktionen. Ebenfalls nicht von den Senderverträgen umfasst ist die Nutzung von Musikaufnahmen zur Herstellung von dramatisch-musikalischen Werken sowie Werbefilmen (vgl. Ventroni, ZUM 1999, 24, 25).

II. Welche fremden Rechte hat der Filmhersteller zu beachten? 221

Daneben nimmt die GVL noch gemäß § 1 Ziff. 1 a) des GVL-Wahrnehmungsvertrages die Vergütungsansprüche der Tonträgerhersteller für die Hörfunk- und Fernsehsendung erschienener Tonträger wahr. Nicht wahrgenommen von der GVL werden die Ausschließlichkeitsrechte zur DVD-Herstellung oder Online-Auswertung.

Demnach würde nur in den Beispielen Nr. 1 und Nr. 2 sowohl das Synchronization right von der GEMA als auch das Master-use right von der GVL eingeräumt. Im Beispiel Nr. 3 müssten diese Rechte von den jeweiligen Rechteinhabern (Musikverlag und Schallplattenfirma) direkt eingeholt werden.

4.4.2.2. Musiknutzung im Spielfilmbereich

Beispiel:
Der Produzent hat einen Spielfilm für die Kinotheaterauswertung hergestellt und möchte Fremdtitel einblenden.

4.4.2.2.1. Synchronization right. Im Spielfilmbereich sowie bei sonstigen Produktionen, die keine Eigen- und Auftragsproduktionen der Sendeanstalten darstellen, haben die Urheber und Verlage der GEMA das Synchronization right nur unter einer auflösenden Bedingung übertragen, § 1 i) (1) GEMA-Berechtigungsvertrag. Diese Bedingung tritt ein, wenn die Berechtigten gegenüber der GEMA schriftlich mitteilen, dass sie die Rechte selbst wahrnehmen möchten. Es kann davon ausgegangen werden, dass die Verlage im Spielfilmbereich die Rechte grundsätzlich selbst wahrnehmen, da sie hierdurch wesentlich höhere Lizenzgebühren erzielen. Die Rechteeinräumung erfolgt dann durch den Musikverlag, bzw. den Urheber im Rahmen einer so genannten Synch license.

Gegenstand der Einräumung ist in erster Linie nur das Recht der Erstverbindung von Musikwerk und Film. Die zur Auswertung des Filmes notwendigen Rechte zur Vorführung in Kinotheatern, Fernsehausstrahlung, DVD-Auswertung und Online-Auswertung verbleiben bei der GEMA und werden von dieser eingeräumt.

Nach anderer Auffassung soll der Rückruf des Filmherstellungsrechts auch die Videovervielfältigungs- und Verbreitungsrechte umfassen können (v. Hartlieb/Schwarz/Mielke/Schwarz, Handbuch des Film-, Fernseh- und Videorechts, Kap. 229, Rd. 1; v. Hartlieb/Schwarz/Reich, Kap. 98, Rd. 5). Tatsächlich ist in § 1 i) (1) GEMA-BV geregelt, dass bei Filmwerken der Rückfall des Filmherstellungsrechts das Recht zur Vervielfältigung und Verbreitung einschließt, soweit es sich um Werke handelt, die zur öffentlichen Vorführung in Lichtspieltheatern oder zur Sendung bestimmt sind. Dies ist aber nur so zu verstehen, dass mit dem Rückfall des Filmherstellungsrechts auch die Vervielfältigungs- und Verbreitungsrechte zur Herstellung der für die Kino- und Fernsehsendung erforderlichen Filmkopien und Sendekopien zurückfallen (Ventroni, Das Filmherstellungsrecht, S. 55). Die übrigen, vom GEMA-Berechtigungsvertrag umfassten Rechte, wie die Vorführungsrechte, Senderechte, Vervielfältigungs- und Verbreitungsrechte für DVDs und Onlinerechte verbleiben weiterhin bei der GEMA.

4.4.2.2.2. Master-use right. Anderes gilt für die Einräumung des Master-use rights bei Spielfilmen. Das Recht zur Erstverbindung von Aufnahme und Film muss immer von dem Tonträgerhersteller im Rahmen einer so genannten Master-use license erworben werden. Der GVL werden diese Rechte weder unbedingt noch auflösend bedingt übertragen.

Auch die Rechte zur nachfolgenden Auswertung der Aufnahme, z.B. zur Herstellung von Filmkopien einschließlich des Tonstreifens, zur Herstellung von DVDs oder zur Online-Auswertung, muss direkt vom Tonträgerhersteller eingeräumt werden. Die GVL nimmt allerdings die Vergütungsansprüche für die Fernsehsendung und öffentliche Wiedergabe wahr.

4.4.2.3. Besonderheiten bei der Fremdtiteleinblendung

Beispiel:
Der Produzent erwägt, einige fremde Musiktitel im Handel erhältlicher Tonträger einzublenden.

Eine Fremdtiteleinblendung, also die Nutzung vorbestehender Musiktitel, welche im Regelfall bereits auf Tonträgern erschienen sind, kann für den Produzenten zu einer kostspieligen Angelegenheit werden. Wie dargelegt, muss der Produzent pro Fremdtitel zwei Lizenzen erwerben, eine Synch license und eine Master-use license.

Ist eine Lizenzierung über die Verwertungsgesellschaften GEMA und GVL nicht möglich, etwa weil es sich um eine Fremd- oder Koproduktion für das Fernsehen oder eine Kinoproduktion handelt, muss der Produzent mit dem Musikverlag und der Schallplattenfirma in Verhandlungen treten. Hier ist die Höhe der Lizenzen frei verhandelbar. Im Einzelfall können diese astronomische Höhen erreichen und das Budget einer Filmproduktion leicht sprengen.

Für die Einräumung des Synchronization rights stellt der Deutsche Musikverleger-Verband (DMV) in gewissen Abständen so genannte „DMV-Erfahrungsregeln" auf, aus denen sich die branchenüblichen Filmmusiklizenzen je nach Produktionsart und Nutzungszweck errechnen lassen (zu beziehen über den Deutschen Musikverleger-Verband e.V., Bonn). Diese Erfahrungsregeln können aber nicht nur im Vorfeld der Rechteklärung des Produzenten, sondern auch nachträglich im Falle einer versäumten Lizenzierung dem Gericht als Schätzungsgrundlage gemäß § 287 ZPO für die Schadensersatzbemessung dienen. Selbstverständlich sind die Verlage im Rahmen der Lizenzverhandlungen nicht an die Erfahrungsregeln gebunden; der Lizenzhöhe ist damit keine Grenze gesetzt. Für die zusätzlich anfallende Master-use Lizenz können die DMV-Erfahrungsregeln ebenfalls als Bezugsgröße herangezogen werden.

Gerade bei der Lizenzierung erfolgreicher ausländischer Musiktitel (z.B. anglo-amerikanischer Titel als Titelsong für den Film) können hier durchaus Synch license fees und Master-use license fees von bis zu 50 000 EUR pro Lizenz anfallen; unter Umständen wird die Einwilligung zur filmischen Nutzung bekannter Lieder auch gar nicht erteilt (vgl. hierzu auch Lichtenhahn, in: Clévé, Von der Idee zum Film, 120 f.).

4.4.2.4. Besonderheiten bei der Auftragskomposition

Beispiel:
Der Produzent möchte aus Kostengesichtspunkten den Titelsong bei einem jungen Künstler in Auftrag geben. Die dramatische Musik möchte er individuell auf das Bild komponieren lassen und hierfür einen Komponisten beauftragen.

4.4.2.4.1. Einzeltitel. Der Produzent kann alternativ zur Fremdtiteleinblendung erwägen, einzelne Titel, vielleicht auch nur den Titelsong, selbst in Auftrag zu geben. Gerade bei moderner Musik, die überwiegend am heimischen PC erstellt werden kann, halten sich die Produktionskosten dann in Grenzen. Ist der ausübende Künstler gleichzeitig Komponist und Texter des Musikwerks, sind alle Rechte in seiner Person gebündelt. Der Produzent hat hier nur einen Vertragspartner; er wird auch die Abgeltung der Lizenzrechte mit dem – von ihm abhängigen – Künstler günstiger aushandeln können als z.B. mit den nur mittelmäßig interessierten ausländischen Musikverlagen und Tonträgerherstellern.

Spielt der Künstler allerdings eine Cover-Version ein, muss der Produzent wiederum das Synchronization right direkt vom Musikverlag erwerben. Engagiert der Auftragnehmer für die Aufnahme andere oder weitere Künstler, ist darauf zu achten, dass er die entsprechenden Leistungsschutzrechte erwirbt (durch Künstlerverträge oder Honorarquittungen, siehe hierzu Homann, Praxishandbuch Musikrecht, S. 251 ff., 285) und an den Filmproduzenten weitergibt. Im Falle der Mitwirkung anderer Künstler sollte sich der Produzent die unterzeichneten Rechteeinräumungen vorlegen lassen.

Inwieweit für die Auftragsproduktion auf prominente Künstler zurückgegriffen werden kann, ist eine Sache des zur Verfügung stehenden Budgets. Für die Beauftragung von Stars empfiehlt sich die Einbeziehung von Schallplattenfirmen als Kooperationspartner, die die Finanzierung der Produktionskosten im Hinblick auf eine spätere gemeinsame Soundtrackauswertung vornehmen werden.

4.4.2.4.2. Score-Musik. Bei der Auswahl der dramatischen Musik, der so genannten Score-Musik, sollte weniger aus finanziellen, sondern vor allem künstlerischen Aspekten von der Verwendung vorbestehender Musikproduktionen abgesehen werden. Es empfiehlt sich vielmehr die Beauftragung eines Komponisten mit der Erstellung individuell auf das Bild gesetzter Filmmusik. Nur die konkret auf die Filmhandlung angepasste Musik kann die erforderliche dramaturgische und emotionale Wirkung entfalten.

Im Regelfall führt der Komponist der Score-Musik auch gleich die Produktion der Aufnahme durch. Auch hier sind die Urheberrechte am Musikwerk und Leistungsschutzrechte an der Aufnahme in einer Person vereint, so dass der Auftragnehmer alleiniger Vertragspartner des Filmherstellers wird. Ob die Produktion klassisch mit Orchester oder am heimischen Computer eingespielt wird, ist wiederum eine Frage des bereitstehenden Budgets. Sofern der Auftragnehmer sich seinerseits weiterer Musiker zur Herstellung der Aufnahme bedient, ist sicherzustellen, dass sich der Auftragnehmer die entsprechenden Leistungsschutzrechte der ausübenden Künstler (durch Künstlerverträge oder Honorarquittungen) übertragen lässt und diese Rechte an den Produzenten weiterleitet.

4.4.2.5. Nachbearbeitung und Sounddesign

Beispiel:
In der Postproduktion lässt der Produzent die bereits eingespielte Score-Musik des Komponisten durch einen Sounddesigner nacharbeiten. Hierbei werden nicht nur die Klangfarben analog und digital verändert, auch Geschwindigkeit, Tonhöhe und Abfolge einzelner Musikteile werden von dem Sounddesigner an den Film angepasst.

Bei der Nachbearbeitung von Musikstücken hat der Produzent zweierlei zu beachten; einerseits kann die Änderung der Filmmusik bestehende Urheber- und Leistungsschutzrechte tangieren, andererseits erwirbt der Nachbearbeiter unter Umständen selbst eine eigene Rechtsposition, die eine weitere Rechteeinräumung auf den Filmhersteller erforderlich machen kann.

4.4.2.5.1. Welche Rechte werden bei der Nachbearbeitung tangiert? Nimmt der Produzent Änderungen an der Musik vor, kann dies eine Bearbeitung oder andere Umgestaltung des Musikwerks darstellen. Grundsätzlich ist eine solche Änderung nur mit Einwilligung des Urhebers zulässig, § 23 UrhG. Allerdings kann der Urheber gegenüber seinem Vertragspartner seine Einwilligung nicht wider Treu und Glauben verweigern, § 39 Abs. II. UrhG. Hierdurch werden z.B. geringfügige und aus technischen Gründen notwendige Änderungen ermöglicht (z.B. leichte Anpassungen von Tempo oder Sound).

Im Filmbereich gilt allerdings eine weitere Ausnahme: Die im Film verwendeten Musikwerke gehören entweder zu den so genannten vorbestehenden Werken (z.B. eingeblendete Fremdtitel) oder den filmbestimmt geschaffenen Werken (Auftragskompositionen). Gemäß § 88 Abs. I. UrhG wird vermutet, dass die Urheber solcher Werke dem Produzenten im Zweifel das Recht einräumen, ihr Werk auch unter Bearbeitung oder anderer Umgestaltung zur Filmherstellung zu benutzen.

Allerdings wurde bereits darauf hingewiesen, dass hinsichtlich der Urheber filmbestimmt geschaffener Werke teilweise vertreten wird, dass diese in den Nutzungsverträgen mit dem Filmproduzenten dessen Bearbeitungsbefugnis stillschweigend abbedingen (s.o. A.III.2.5.2.2.). Dies soll dem berechtigten Interesse dieser Urheber Rechnung tragen, dass ihr speziell für diesen Film geschaffenes Werk ohne wesentliche Änderungen in den Film übernommen wird, zumal diese Urheber auch im Vor- oder Abspann mit ihrem Namen für die künstlerische Qualität ihrer Werke einstehen. Dieser Ansicht wird man sich insbesondere hinsichtlich der Komponisten der individuell auf die Bildfolgen gesetzten Score-Musik anschließen können, so dass hier ein umfassendes Nachbearbeitungsrecht des Produzenten nur dann angenommen werden kann, wenn dieses ausdrücklich im Vertrag vereinbart worden ist. Andernfalls bleiben nur solche geringfügigen Anpassungen zulässig, zu denen der Urheber wider Treu und Glauben seine Zustimmung nicht verweigern kann, § 39 Abs. II. UrhG.

Für den Bereich der Nutzung vorbestehender Werke, also der Einblendung von Fremdtiteln, kann sich der Produzent im Zweifel auf die Vermutungsregelung des § 88 Abs. I. UrhG berufen und Änderungen an den Werken vornehmen. Ist der Produzent danach zur Vornahme von Bearbeitungen oder anderen Umgestaltungen be-

II. Welche fremden Rechte hat der Filmhersteller zu beachten? 225

fugt, hat er dennoch die Urheberpersönlichkeitsrechte der Urheber der geänderten Werke zu wahren. Gemäß § 93 UrhG können sich die Urheber der zur Verfilmung benutzen Werke aber nur gegen gröbliche Entstellungen wehren. Damit werden die Urheber vorbestehender Musikwerke auch umfangreichere Kürzungen und Anpassungen von Tempo oder Sound hinnehmen müssen.

Ferner ist zu fragen, inwieweit die Vornahme der Änderungen an den Aufnahmen selbst eventuelle Leistungsschutzrechte der ausübenden Künstler oder Tonträgerhersteller tangiert. Wie dargelegt, ist die Regelung des § 23 UrhG, wonach Bearbeitungen oder andere Umgestaltungen dem Erlaubnisvorbehalt der betroffenen Urheber unterliegen, auf die Leistungsschutzrechte der ausübenden Künstler und Tonträgerhersteller nicht anwendbar.

Einen allgemeinen Bearbeitungsschutz gibt es für Leistungsschutzberechtigte nicht. Der Entstellungsschutz des Filmherstellers nach § 94 UrhG ist für den Tonträgerhersteller nicht vorgesehen. Lediglich die ausübenden Künstler genießen nach § 75 UrhG Schutz vor solchen Entstellungen oder Beeinträchtigungen ihrer Leistungen, die geeignet sind, deren Ansehen oder Ruf als ausübende Künstler zu gefährden. Aber auch hier greift zugunsten des Filmherstellers die Beschränkung des § 93 UrhG ein, wonach auch ausübende Künstler nur gröblichen Entstellungen ihrer Darbietungen begegnen können.

4.4.2.5.2. Welche Rechte erwirbt der Bearbeiter? Der Bearbeiter oder Sounddesigner kann ein nach § 3 UrhG selbständig geschütztes Urheberrecht an seiner Bearbeitung erwerben, wenn seine Beiträge die notwendige Schöpfungshöhe und Individualität besitzen und somit persönliche geistige Schöpfungen im Sinne von § 2 UrhG darstellen. Dies kann z.B. der Fall sein, wenn der Bearbeiter den Fremdkompositionen selbstkomponierte Musikfolgen hinzufügt oder ein besonders eigenschöpferisches Arrangement gestaltet. Bei bloßen Kürzungen oder Sound- bzw. Tempoänderungen wird man ein Bearbeiterurheberrecht kaum anerkennen können. Der Sound selbst oder bestimmte Klänge und Geräusche sind für sich allein nicht schutzfähig (Schricker/Loewenheim, § 2, Rd. 123 m.w.N.).

Spielt der Sounddesigner die Aufnahme selbst ein, erwirbt er auch ein eigenes Leistungsschutzrecht an der von ihm hergestellten Aufnahme, da er zugleich als ausübender Künstler im Sinne von § 73 UrhG anzusehen ist. Dies setzt nach dem Wortlaut des § 73 UrhG allerdings ebenfalls voraus, dass der dargebotene Musiktitel Werkcharakter besitzt oder es sich um eine Ausdrucksform der Volkskunst (z.B. eine einfache Volksweise) handelt. Nach richtiger Ansicht ist ein Werkcharakter der zugrunde liegenden Komposition aber nicht erforderlich (s.o. B.I.4.2.).

III. Vertragsgestaltung in der Produktion

1. Besonderheiten bei der Einräumung von Nutzungsrechten in der Produktion

Beispiel:
Der Produzent hat einen Film hergestellt und es verabsäumt, mit den Beteiligten Verträge abzuschließen. Welche Rechte haben die Urheber und Leistungsschutzberechtigten im Zweifel auf den Filmhersteller übertragen?

Der Filmhersteller sollte in den §§ 88 ff. UrhG eine besonders starke Rechtsposition erhalten. Schon die amtliche Begründung hatte gesehen, dass gerade die Vielzahl der an dem Filmwerk beteiligten Personen, wie Urheber vorbestehender Werke, Urheber filmbestimmt geschaffener Werke, Urheber des Filmwerks und Leistungsschutzberechtigte die einheitliche Auswertung der Filmwerks erschweren kann. Aufgrund des erheblichen wirtschaftlichen Investments bei der Herstellung einer Filmproduktion hat der Filmhersteller allerdings ein besonderes Interesse an einer ungehinderten Verwertbarkeit des Filmes, um die hohen Kosten wieder einzuspielen. Dieses Kostenrisiko ist nur dadurch zu minimieren, dass die Verbotsrechte der übrigen Beteiligten am Filmwerk zugunsten des Filmherstellers eingeschränkt werden (vgl. M. Schulze, Materialien, S. 552). Der Filmhersteller erwirbt deshalb neben seinem eigenen originären Leistungsschutzrecht kraft gesetzlicher Auslegungsregeln im Zweifel zahlreiche Nutzungsrechte zur filmischen Auswertung von den anderen Beteiligten. In der Praxis sind diese gesetzlichen Bestimmungen allerdings unzureichend und können individualvertragliche Regelungen nicht ersetzen.

1.1. Rechteeinräumung der Urheber an den Filmhersteller

1.1.1. Allgemeines zur Einräumung von Nutzungsrechten

Die rechtlichen Besonderheiten bei der Einräumung von Nutzungsrechten an urheberrechtlich geschützten Werken wurden bereits in Kapitel A. besprochen und sollen an dieser Stelle nur kurz zusammengefasst werden:

Der Urheber kann weder sein Urheberrecht noch die ihm zustehenden ausschließlichen Verwertungsrechte übertragen. Der Urheber kann Dritten lediglich Nutzungsrechte an seinem Werk einräumen. Diese können als einfache Nutzungsrechte oder ausschließliche Nutzungsrechte ausgestaltet sein. Die Nutzungsrechte können räumlich, inhaltlich und zeitlich beschränkt werden. Eine inhaltliche Beschränkung mit dinglicher Wirkung setzt voraus, dass es sich um eine abspaltbare

Nutzungsart handelt. Die Urheberpersönlichkeitsrechte, also das Veröffentlichungsrecht, der Nennungsanspruch und der Integritätsschutz, sind nicht übertragbar.

Für die Einräumung der Nutzungsrechte sehen die §§ 31 UrhG zahlreiche Bestimmungen zum Schutz des Urhebers vor, wie den Zweckübertragungsgrundsatz, den Anspruch auf angemessene Vergütung, den Bestsellerparagraphen, Rückrufsrechte wegen Nichtausübung oder gewandelter Überzeugung und das Schriftformerfordernis für den Erwerb von Nutzungsrechten an bestimmten künftigen Werken.

Zur Stärkung der Rechtsposition des Filmherstellers hat der Gesetzgeber für den Umfang der Rechteeinräumungen der Urheber vorbestehender und filmbestimmt geschaffener Werke in § 88 UrhG und der Urheber des Filmwerks in § 89 UrhG spezielle Auslegungsregeln aufgestellt:

1.1.2. Spezielle Auslegungsregeln im Filmbereich

1.1.2.1. Urheber vorbestehender und filmbestimmt geschaffener Werke

Wie bereits in Kapitel A. dargestellt, enthält § 88 UrhG eine gesetzliche Auslegungsregel zugunsten des Filmherstellers. Hat danach ein Urheber eines vorbestehenden Werkes (z.B. eines Romans) oder eines filmbestimmt geschaffenen Werkes (z.B. eines Drehbuchs) dem Produzenten gestattet, sein Werk zu verfilmen, so liegt hierin im Zweifel die Einräumung des ausschließlichen Rechts, das Werk in unveränderter oder bearbeiteter Form zu verfilmen und das Filmwerk sowie Übersetzungen und sonstige filmischen Bearbeitungen hiervon auf alle Nutzungsarten zu nutzen (s.o. A.III.2.5.2.). Die Bearbeitungsbefugnis berechtigt den Produzenten hierbei sowohl zur Bearbeitung der Werkvorlage als auch des Filmwerks selbst (z.B. durch nachträgliche Kürzungen oder Schnittänderungen, soweit diese für die Auswertung des Films notwendig sind, vgl. auch M. Schulze, Materialien, S. 553). Es wurde bereits darauf hingewiesen, dass sich die Vermutungsregelung des § 88 UrhG nur auf die filmischen Nutzungsrechte (z.B. Kino-, Fernseh- und Videoauswertung) am konkreten Filmwerk selbst erstreckt, den Katalog der außerfilmischen Nutzungsrechte (z.B. Merchandising, „Buch zum Film") sowie der Nutzungsrechte außerhalb des konkreten Filmwerks (z.B. Klammerteilauswertungsrechte) nicht umfasst. Hierfür sind besondere vertragliche Vereinbarungen notwendig. Nach § 88 Abs. II. UrhG erwirbt der Filmhersteller im Zweifel nicht das Recht zur Wiederverfilmung.

Zugunsten des Filmherstellers sind die Zustimmungsvorbehalte bei der Einräumung weiterer Nutzungsrechte oder der Übertragung von Nutzungsrechten (§§ 34, 35 UrhG) sowie die Rückrufsrechte (§§ 34 Abs. III, 41, 42 UrhG) dieser Urheber für die in § 88 Abs. I. UrhG genannten Rechte ausgeschlossen, § 90 S. 1 UrhG. Nur für das Verfilmungsrecht als solches findet dieser Ausschluss bis zum Beginn der Dreharbeiten keine Anwendung, § 90 S. 2 UrhG. Der Schutz gegen Entstellungen ist angesichts der besonderen Interessenlage im Filmbereich auf gröbliche Entstellungen beschränkt, § 93 UrhG.

1.1.2.2. Urheber am Filmwerk

Die Urheber des Filmwerks selbst (z.B. der Regisseur, Kameramann und Cutter) räumen gemäß der gesetzlichen Auslegungsregel des § 89 Abs. I. UrhG im Zwei-

III. Vertragsgestaltung in der Produktion

fel dem Filmhersteller ebenfalls das ausschließliche Recht ein, das Filmwerk sowie Übersetzungen und andere filmische Bearbeitungen oder Umgestaltungen desselben auf alle Nutzungsarten zu nutzen. Die Bearbeitungsbefugnis umfasst auch hier nur geringfügige Kürzungen und Schnittänderungen, soweit diese zur Auswertung des Filmwerks erforderlich sind. Ebenso wie bei § 88 Abs. I. UrhG beinhaltet auch die Einräumung der Auswertungsrechte nach § 89 Abs. I. UrhG keine selbständige Verwertung der urheberrechtlich geschützten Elemente im außerfilmischen Bereich (z.B. Merchandising, „Buch zum Film") oder außerhalb dieses einen Filmwerks (z.B. Klammerteilauswertung). So kann der Filmhersteller nicht einen schöpferischen Einfall des Regisseurs für einen anderen Film verwenden (vgl. M. Schulze, Materialien, S. 557). Enthalten Klammerteile eigenschöpferische Merkmale der Filmurheber, ist hierzu eine zusätzliche vertragliche Rechteeinräumung notwendig.

Entgegen dem Wortlaut der Bestimmung wird teilweise der Umfang der Rechteeinräumung nach § 89 Abs. I. UrhG auf das „übliche Maß der tatsächlichen Filmverwertung" beschränkt (Schricker/Katzenberger, § 89, Rd. 10). So wird bei einem Kinospielfilm neben der Theaterauswertung auch die Fernsehausstrahlung und audiovisuelle Nutzung (z.B. Video) als „üblich" angesehen, bei einem reinen Fernsehfilm soll die Theater- und audiovisuelle Nutzung dann aber nicht mit umfasst sein (Schricker/Katzenberger, § 89, Rd. 13, 17.). Nach der entsprechenden Anpassung des Wortlauts von § 88 Abs. I. UrhG an den des § 89 Abs. I. UrhG müsste diese Reduktion dann auch für die Urheber vorbestehender und filmbestimmt geschaffener Werke gelten.

Eine solche einschränkende Auslegung des § 89 Abs. I. UrhG wird der Interessenlage des Filmherstellers aber nicht gerecht: § 89 Abs. I. UrhG trägt der Tatsache Rechnung, dass an einer Filmproduktion nicht nur die „offensichtlichen" Urheber (wie Regisseur, Kameramann, Cutter) beteiligt sind, sondern auch zahlreiche weitere Mitwirkende, die der Filmhersteller auf Anhieb nicht dem Kreise der Miturheber zuordnen würde (wie Mischtonmeister, Requisiteure, Maskenbildner, Maler, Beleuchter, Choreographen oder Grafiker). Es wurde bereits darauf hingewiesen, dass die Urhebereigenschaft jedes einzelnen Mitwirkenden stets im Einzelfall zu prüfen und in Rechtsprechung und Lehre äußerst umstritten ist. Teilweise werden solche Mitwirkende in Filmproduktionen auf Zuruf bzw. per Handschlag tätig, so dass ausführliche Verträge gar nicht geschlossen werden. § 89 Abs. I. UrhG will den Produzenten nun davor schützen, dass diese „weniger offensichtlichen" Miturheber, für den Fall, dass sie ein Urheberrecht am Filmwerk erwerben, die filmische Auswertung mit Unterlassungs- und Schadensersatzansprüchen gefährden können. Zumindest für die filmische Auswertung des konkreten Filmwerks erwirbt der Filmhersteller m.E. die Nutzungsrechte unbeschränkt. Weitergehende Nutzungen sind von § 89 Abs. I. UrhG dann aber nicht gedeckt.

§ 89 Abs. II. UrhG enthält eine weitere wichtige Absicherung für den Filmhersteller; danach behält der Urheber selbst im Falle einer Vorausabtretung seiner Rechte an einen Dritten die dingliche Verfügungsmacht, dem Filmhersteller die Rechte nach § 89 Abs. I. UrhG beschränkt oder unbeschränkt zu übertragen. Die Vorschrift ist insbesondere für den Fall gedacht, dass ein Urheber Ansprüche bereits an eine Verwertungsgesellschaft übertragen hat (M. Schulze, Materialien, S. 557), sie ist aber auch für alle anderen Konstellationen von Bedeutung, in denen ein Urheber gemäß § 40 UrhG einem Dritten wirksam Nutzungsrechte an seinem künftigen Werk eingeräumt hat. Da der Urheber hiernach befugt ist, dem Filmhersteller die vorausabgetretenen Rechte auch unbeschränkt, also mit ausschließlicher Wirkung, einzuräumen, folgt daraus, dass die vorhergehende Rechteeinräumung wirkungslos wird und erlischt.

Die Zustimmungsrechte bei der Weiterübertragung oder Einräumung weiterer einfacher Nutzungsrechte (§§ 34, 35 UrhG) sowie die Rückrufsrechte (§§ 34 Abs. III., 41, 42 UrhG) sind für die Urheber des Filmwerks gleichfalls für alle Nutzungsrechte nach § 89 Abs. I. UrhG ausgeschlossen, § 90 S. 1 UrhG. Der Integritätsschutz ist nach § 93 UrhG ebenso auf „gröbliche Entstellungen" beschränkt. Anders als bei den Urhebern vorbestehender und filmbestimmt geschaffener Werke standen den Urhebern des Filmwerks nach altem Recht Ansprüche aus dem Bestsellerparagraphen (§ 36 UrhG) nicht zu. Nach der Reform des Urhebervertragsrechts zum 01.07.2002 haben auch Filmurheber Ansprüche auf angemessene Vergütung nach § 32 UrhG und weitere angemessene Beteiligung (Bestsellerparagraph) nach § 32a UrhG. Wie den Urhebern vorbestehender und filmbestimmt geschaffener Werke steht auch den Filmurhebern das Widerrufsrecht des § 31a UrhG für den Fall der Einräumung von Nutzungsrechten für unbekannte Nutzungsarten nicht zu.

1.1.2.3. Urheber in Arbeitsverhältnissen

Es ist zu berücksichtigen, dass die überwiegende Anzahl der Film- und Fernsehschaffenden aufgrund ihrer persönlichen und organisatorischen Eingliederung in den Produktionsablauf als Arbeitnehmer zu qualifizieren sind. Dies gilt insbesondere für den Kreis der Filmurheber (z.B. Regisseur, Kameramann, Cutter), welche stark weisungsabhängig innerhalb eines vom Filmhersteller vorgegebenen Zeit- und Produktionsplans arbeiten. Diese Personen stehen regelmäßig in einem Arbeitsverhältnis mit dem Filmhersteller.

Für Urheber in Arbeits- und Dienstverhältnissen bestimmt § 43 UrhG, dass die Vorschriften über die Einräumung von Nutzungsrechten nach den §§ 31 ff. UrhG ebenfalls anzuwenden sind, soweit sich aus dem Wesen des Arbeits- und Dienstverhältnisses nichts anderes ergibt.

Damit gilt im Bereich von Arbeitsverhältnissen die Zweckübertragungstheorie nur eingeschränkt. Deren restriktive Auslegung, wonach ein Urheber Nutzungsrechte an seinem Werk nur insoweit einräumt, als dies zur Erfüllung des gemeinsamen Vertragszwecks unbedingt erforderlich ist, lässt sich in dieser Konsequenz nicht vertreten. Vielmehr wird angenommen, dass der Urheber – mangels einer anderweitigen Vereinbarung – dem Arbeitgeber die Nutzungsrechte in dem Umfang einräumt, als dieser sie für seine betriebliche Auswertung oder dienstlichen Zwecke benötigt (Fromm/Nordemann/Vinck, § 43, Rd. 3; Schricker/Rojahn, § 43, Rd. 51). Damit findet im Rahmen der Vertragsauslegung eine Ausweitung vom Vertragszweck auf außervertragliche betriebliche Zwecke statt. Es ist damit weniger entscheidend, was die Parteien mit dem Vertrag gemeinsam beabsichtigt haben, sondern was zum geschäftlichen Betätigungsfeld des gesamten Betriebes gehört. Hierbei können die Interessen des Arbeitgebers und dessen wirtschaftliches Risiko berücksichtigt wer-

III. Vertragsgestaltung in der Produktion

den (Schricker/Rojahn, § 43, Rd. 55 m.w.N.). Diese Arbeitgeberinteressen können je nach Art und Umfang des Betriebes und der betroffenen Branche unterschiedlich sein.

Für den Fall, dass zwischen dem Filmschaffenden und dem Produzenten kein schriftlicher Arbeitsvertrag geschlossen wurde, ist fraglich, ob ersterer bereits mit Abschluss des mündlichen Arbeitsvertrages seine Nutzungsrechte an dem künftigen Werk auf den Produzenten überträgt. Gemäß § 40 Abs. I. UrhG bedürfen derartige Rechteeinräumungen an künftigen Werken der Schriftform. Teilweise wird hier im Rahmen von Arbeitsverhältnissen von einem stillschweigenden Verzicht auf das Schriftformerfordernis des § 40 Abs. I. UrhG ausgegangen (Schricker/Rojahn, § 43, Rd. 44; kritisch: Fischer/Reich, Urhebervertragsrecht, Kap. 2, Rd. 41).

Im Filmbereich wird den Interessen des Arbeitgebers – also des Filmherstellers – bereits wesentlich durch die speziellen Auslegungsregeln der §§ 88 ff. UrhG Rechnung getragen. Durch diese Vorschriften ist die umfassende filmische Auswertung des Filmwerks weitestgehend gesichert. Die Nutzung von Werken außerhalb des konkreten Filmwerks sowie im außerfilmischen Bereich wird von den Bestimmungen aber nicht umfasst. In diesen Fällen kann § 43 UrhG Bedeutung erlangen. So kann man annehmen, dass die Zweitverwertung von Filmaufnahmen im außerfilmischen Bereich sowie die Lizenzierung von Filmausschnitten zur gängigen Praxis eines jeden Filmproduktionsunternehmens gehören. Gerade der Bereich der traditionellen Nebenrechteverwertung (z.B. Merchandising, Buch zum Film) ist für den Filmhersteller heute von großer wirtschaftlicher Bedeutung. Sofern Filmurheber als Arbeitnehmer zu qualifizieren sind, erfolgt die Einräumung dieser Nebenrechte dann nicht über § 89 Abs. I. UrhG, sondern § 43 UrhG.

Daneben ist zu berücksichtigen, dass im Filmbereich zusätzlich tarifvertragliche Regelungen, wie z.B. der Tarifvertrag für Film- und Fernsehschaffende zwischen dem Berufsverband Deutscher Fernsehproduzenten e.V., der Arbeitsgemeinschaft Neuer Deutscher Spielfilmproduzenten e.V., dem Verband Deutscher Spielfilmproduzenten e.V., der Industriegewerkschaft Medien, Druck und Papier, Publizistik und Kunst und der DAG Deutsche Angestellten-Gewerkschaft (Berufsgruppe Kunst und Medien), Anwendung finden können. Auch diese enthalten mitunter Bestimmungen über den Umfang der Rechteübertragung bei der Filmherstellung und sind für die Mitglieder der betroffenen Verbände bzw. Gewerkschaften zwingend. Die Bestimmungen betreffend die Übertragung der Rechte der Film- und Fernsehschaffenden auf den Filmhersteller wurden zum 01.01.1995 gekündigt (s.u. B.III.2.2.1.2.).

1.2. Rechteübertragung der Leistungsschutzberechtigten auf den Filmhersteller

1.2.1. Allgemeines zur Übertragung von Leistungsschutzrechten

Bis zur Umsetzung der Informationsrichtlinie und der WIPO-Verträge war die Einräumung von Nutzungsrechten an Leistungsschutzrechten gesetzlich nur für die

Lichtbildner geregelt. Hier erklärte bereits § 72 UrhG die Bestimmungen des ersten Teils des UrhG (also auch die §§ 31 ff. UrhG) für entsprechend anwendbar.

Die Rechteeinräumung im Bereich der übrigen Leistungsschutzberechtigten war hingegen dogmatisch unklar. Das UrhG sprach teilweise von der „Einwilligung" in bestimmte Verwertungsformen (z.B. §§ 74 ff. UrhG a.F.), der „Übertragung" von originären Leistungsschutzrechten (z.B. § 94 Abs. II. UrhG a.F.) sowie der „Abtretung" von Leistungsschutzrechten (z.B. §§ 78, 92 UrhG a.F.). In der Literatur wurde auch im Bereich der Leistungsschutzrechte von der Einräumung von Nutzungsrechten gesprochen (Schricker/Schricker, 2. Aufl., vor § 28, Rd. 36). Der genaue Umfang der Anwendbarkeit der §§ 31 ff. UrhG auf die Leistungsschutzrechte war entsprechend umstritten. Die Gesetzesreform hat nun die Geltung der §§ 31 ff. UrhG im Einzelnen geregelt:

Für die ausübenden Künstler bestimmt nun § 79 Abs. I. UrhG, dass die Rechte und Ansprüche des § 77 UrhG (Aufnahme, Vervielfältigung und Verbreitung) sowie des § 78 UrhG (öffentliche Wiedergabe) als solche übertragbar sind. Die Verwertungsrechte der ausübenden Künstler können also im Wege einer translativen Verfügung vollständig auf Dritte übertragen werden. Daneben bleibt gemäß § 79 Abs. II. UrhG auch die konstitutive Rechteeinräumung möglich. Wie Urheber können auch ausübende Künstler anderen das Recht einräumen, ihre Darbietung auf einzelne oder alle der ihnen vorbehaltenen Nutzungsarten zu nutzen. Damit ist der Gesetzgeber von der früheren Systematik der „Einwilligungsrechte" abgekehrt und spricht auch hier – wie bei den Urhebern – von einer Rechteeinräumung. Gemäß § 79 Abs. II. UrhG finden sodann die §§ 31, 32 bis 32b und die §§ 33 bis 42 und 43 UrhG auf ausübende Künstler entsprechende Anwendung.

Damit gelten zunächst auch im Bereich der Künstlerleistungsschutzrechte die Grundsätze über die dingliche Abspaltbarkeit von Nutzungsarten entsprechend. Nutzungsrechte können hierbei ebenfalls als einfache oder ausschließliche Nutzungsrechte sowie räumlich, zeitlich oder inhaltlich beschränkt eingeräumt werden. Auch hier kann für ausschließliche Nutzungsrechte bestimmt werden, dass die Nutzung durch den Künstler vorbehalten bleibt (vgl. § 31 Abs. III. S. 2 UrhG). Auch die Zweckübertragungstheorie (§ 31 Abs. V. UrhG) findet unmittelbare Anwendung. Im Bereich der Künstlerleistungsschutzrechte war die Einräumung von Nutzungsrechten für noch nicht bekannte Nutzungsarten auch schon nach früherem Recht wirksam. Anders als bei Urhebers müssen diese Verträge aber nicht der Schriftform nach § 31a UrhG genügen (vgl. §§ 79 Abs. II., 85 Abs. II., 94 Abs. II. UrhG). Auch das Widerrufsrecht steht Leistungsschutzberechtigten nicht zu.

Seit der Reform des Urhebervertragsrechts zum 01.07.2002 stehen auch den ausübenden Künstlern Ansprüche auf angemessene Vergütung (§ 32 UrhG) sowie weitere angemessene Beteiligung (§ 32a UrhG) zu. Somit führen auch hier unangemessene Vergütungsregelungen zu einem Nachvergütungsanspruch, der durch vertragliche Bestimmungen nicht ausgeschlossen oder umgangen werden kann. Gemeinsame Vergütungsregeln und Tarifverträge genießen auch hier Vorrang. Allerdings kommen ausübende Künstler nicht in den Genuss einer gesonderten angemessenen Vergütung für die Einräumung von Nutzungsrechten an unbekannten Nutzungsarten nach § 32c UrhG (Vgl. § 79 Abs. II. UrhG).

III. Vertragsgestaltung in der Produktion

Ferner finden die Vorschriften über die Zustimmungsvorbehalte bei der Übertragung von Nutzungsrechten (§ 34 UrhG) oder der Einräumung weiterer Nutzungsrechte (§ 35 UrhG) unmittelbar Anwendung (anders noch das alte Recht, siehe Praxishandbuch Filmrecht, 1. Aufl.). Ebenfalls stehen ausübenden Künstlern nunmehr auch Rückrufsrechte wegen Nichtausübung (§ 41 UrhG), gewandelter Überzeugung (§ 42 UrhG) oder Übertragung von Nutzungsrechten im Rahmen einer Unternehmensveräußerung (§ 34 Abs. III. S. 2 UrhG) zu (anders noch das alte Recht, siehe Praxishandbuch Filmrecht, 1. Aufl.). Rechteeinräumungen der ausübenden Künstler an künftigen Leistungen, die nicht näher oder nur der Gattung nach bestimmt sind, unterliegen nun ebenfalls der gesetzlichen Schriftform (§ 40 UrhG) (anders noch das alte Recht, siehe Praxishandbuch Filmrecht, 1. Aufl.).

Für ausübende Künstler in Arbeits- und Dienstverhältnissen gilt § 43 UrhG entsprechend, so dass es auch hier – in Erweiterung der Zweckübertragungstheorie – zu einer Ausdehnung der Rechteeinräumung auf betriebliche Zwecke kommen kann.

Die Gesetzesreformen haben damit zu einer deutlichen Verbesserung der vertraglichen Stellung der ausübenden Künstler geführt. Insbesondere die neuen Ansprüche auf angemessene Vergütung werden bei der zukünftigen Vertragsgestaltung zu beachten sein. Ebenso wie im Verhältnis zu den Urhebern sind auch hier die in der Filmbranche gängigen Buy-Out-Honorare bedenklich, in denen allumfassende Rechteeinräumungen mit einer Pauschalvergütung abgegolten werden. Hierbei ist zu berücksichtigen, dass Rechteeinräumungen neben den bekannten filmischen und außerfilmischen Nutzungsarten auch die noch unbekannten Nutzungsarten umfassen können und ausübenden Künstler hier – anders als Urheber – kein gesonderter Vergütungsanspruch zusteht (§ 79 Abs. II. S. 2 UrhG).

Nach der hier vertretenen Ansicht sind Pauschalhonorare auch zur Abgeltung größerer Rechtepakete zulässig, wenn gewährleistet ist, dass die Gesamtvergütung im Verhältnis zur Gesamtheit der eingeräumten Nutzungsrechte üblich und redlich ist. Die Einräumung inhaltlich, zeitlich und räumlich uneingeschränkter Nutzungsrechte zu einem einmaligen Festpreis wird aber auch hier nicht möglich sein (s.o. A.III.2.6.1.2.1.). Hinsichtlich der Hauptnutzungsarten und -märkte wird man entweder den Nutzungsumfang im Vertrag begrenzen oder angemessene Zusatzvergütungen (pauschale Zusatzhonorare oder Beteiligungsvergütungen) vorsehen müssen. Dies gilt jedenfalls hinsichtlich solcher ausübender Künstler, die einen wesentlichen Beitrag zum Filmwerk geleistet haben (z.B. die Darsteller der Hauptrollen). Bedenklich wird es bei der Einräumung von Nutzungsrechten an unbekannten Nutzungsarten, deren Umfang bei Vertragsschluss noch gar nicht überschaubar ist. Im Bereich der Einräumung von Wiederverfilmungsrechten werden Künstlerleistungsschutzrechte meist nicht tangiert, da diese Nutzungen in erster Linie nur das zugrunde liegende Werk betreffen (z.B. bei der Herstellung eines Remakes, Sequels oder Spin-Offs). Im Falle der Nutzung außerfilmischer Auswertungsrechte kann im Einzelfall die Grenze zur Unangemessenheit der Vergütung erreicht werden, wenn Rechte mit erheblicher wirtschaftlicher Bedeutung ohne zusätzliche Vergütung verwertet werden (z.B. die Nutzung von Filmszenen mit einem Schauspieler für ein Computerspiel, von Einzelbildern für das Merchandising oder das Cover eines „Buchs zum Film", von Gesangaufnahmen aus dem Film für einen kommerziellen

Tonträger). Werden Beteiligungsvergütungen (ergänzend) vereinbart, kommen in erster Linie nur Bruttoerlösbeteiligungen in Betracht (s.o. A.III.2.1.2.2.).

Eine Übertragung von Künstlerpersönlichkeitsrechten sieht das Gesetz nicht vor. Entsprechend den für Urheberpersönlichkeitsrechte geltenden Grundsätzen muss man auch hier von einer Unübertragbarkeit dieser Ansprüche ausgehen. Der ausübende Künstler kann aber auch hier einem anderen die Ausübung seiner Künstlerpersönlichkeitsrechte gestatten bzw. auf die eigene Geltendmachung verzichten (z.B. durch einen Verzicht auf Nennung). Der Kernbereich der Künstlerpersönlichkeitsrechte verbleibt hierbei stets beim ausübenden Künstler.

Ebenso wie bei den ausübenden Künstlern sind auch die Verwertungsrechte der Filmhersteller sowie der Tonträgerhersteller im Wege der translativen Verfügung vollständig übertragbar. Daneben können diese auch konstitutiv Dritten einzelne Nutzungsrechte einräumen, §§ 94 Abs. II., 87 Abs. II. UrhG. Dabei gelten kraft gesetzlicher Verweisung in den §§ 94 Abs. II., 87 Abs. II. UrhG nur die §§ 31 sowie 33 und 38 entsprechend. Somit ist klargestellt, dass auch Produzenten einfache und ausschließliche Nutzungsrechte (ebenfalls unter Berücksichtigung der dinglichen Abspaltbarkeit einzelner Nutzungsarten) inhaltlich, räumlich oder zeitlich beschränkt einräumen können und zu ihren Gunsten die Zweckübertragungstheorie vollumfänglich greift. Wie bei ausübenden Künstlern sind aber auch hier Rechteeinräumungen an unbekannten Nutzungsarten wirksam. Anders als ausübenden Künstlern stehen den Film- und Tonträgerherstellern ausdrücklich keine Ansprüche auf angemessene Vergütung (§§ 32, 32a UrhG) oder Rückrufsrechte (§§ 34 Abs. III. S. 2, 41, 42 UrhG) zu. Das Schriftformerfordernis für die Einräumung von Nutzungsrechten an unbekannten Nutzungsarten oder künftigen Leistungen findet ebenfalls keine Anwendung. Auch die Vorschriften über die Zustimmungsvorbehalte bei der Übertragung von Nutzungsrechten oder Einräumung weiterer Nutzungsrechte (§§ 34, 35 UrhG) sind nicht von den Verweisungen in den §§ 87, 94 UrhG umfasst. Nach altem Recht hatte der BGH noch in einer Entscheidung bei der Vergabe von Sublizenzen im Videobereich einen allgemeinen Zustimmungsvorbehalt des Filmherstellers zugunsten weiterer Sublizenzen angenommen (BGH NJW-RR 1987, 181 – Videolizenzvertrag). Es ist aber nicht davon auszugehen, dass der Gesetzgeber mit Neufassung des § 94 Abs. II. UrhG von der Rechtsprechung des BGH abweichen wollte; auch nach neuem Recht kann sich ein Zustimmungsvorbehalt des Filmherstellers aus den Umständen des Einzelfalls durch Auslegung des Vertragszwecks ergeben (s.u. C.I.3.2.2.).

1.2.2. Spezielle Auslegungsregeln im Filmbereich

1.2.2.1. Ausübende Künstler

Gemäß der gesetzlichen Auslegungsregel des § 92 UrhG räumen die ausübenden Künstler (also z.B. Schauspieler, Sprecher, Musiker), die sich vertraglich zur Mitwirkung bei der Herstellung eines Filmwerks verpflichtet haben, dem Filmhersteller das Recht ein, die Darbietung auf ihnen nach den §§ 77 Abs. I., II. S. 1, 78 Abs. I. Nr. 1, 2 UrhG vorbehaltenen Nutzungsarten zu nutzen. § 92 UrhG setzt, im Gegensatz zu § 89 UrhG, ausdrücklich das Zustandekommen eines Vertrages voraus. Dieser

III. Vertragsgestaltung in der Produktion

kann allerdings auch stillschweigend geschlossen werden. Wie alle anderen Bestimmungen der §§ 88 ff. UrhG ist auch § 92 UrhG dispositiv und lässt abweichende vertragliche Vereinbarungen zu (Schricker/Katzenberger, § 92, Rd. 14; anders das alte Recht bis 1995).

Nach dem Wortlaut des § 92 UrhG werden die genannten Nutzungsrechte dem Filmhersteller nur „hinsichtlich der Verwertung des Filmwerks" eingeräumt. Hieraus folgt, dass sich die Rechteeinräumung der ausübenden Künstler auf den Filmhersteller auch nur auf die Verwertung des ganz konkreten Filmwerks bezieht (Schricker/Katzenberger, § 92, Rd. 15). Der Produzent kann die Aufnahme also nicht für einen zweiten Film verwenden, auch nicht für die außerfilmische Nutzung. Diese Rechte muss sich der Produzent separat einräumen lassen. Eine Nutzung außerhalb des Filmwerks selbst ist allenfalls zum Zwecke der Werbung (für den Film) gestattet (v. Hartlieb/Schwarz/Reber, Kap. 42, Rd. 8). Wie die Rechteeinräumungen der Urheber nach den §§ 88, 89 UrhG umfasst die Auslegungsregel des § 92 UrhG auch die unbekannten Nutzungsarten.

Fraglich ist, ob dem Filmhersteller über § 92 UrhG auch die Klammerteilauswertung, d.h. die Nutzung von Filmausschnitten in anderen Werken, zusteht. Da eine solche Verwertung der Filmausschnitte immer „außerhalb" des konkreten Filmwerks stattfindet, dürfte die Klammerteilauswertung nicht von § 92 UrhG umfasst sein (so Schricker/Katzenberger, § 92, Rd. 15; anders Schwarz, ZUM 1999, 40, 45 f.).

Hat der ausübende Künstler ein Nutzungsrecht bereits im voraus einem Dritten übertragen oder eingeräumt, so behält er gleichwohl die Befugnis, dem Filmhersteller die Nutzungsrechte hinsichtlich des konkreten Filmwerks zu übertragen bzw. einzuräumen, § 92 Abs. II. UrhG. Ebenso wie die auf Filmurheber anwendbare Vorschrift des § 89 Abs. II. UrhG soll § 92 UrhG dem Schutz des Filmherstellers dienen und ihm für den Fall einer ihm unbekannten prioritären Rechteeinräumung die Verwertung des Filmwerks sichern.

Gemäß § 92 Abs. III. UrhG gilt auch für die ausübenden Künstler § 90 UrhG entsprechend. Damit sind auch die Rechte der ausübenden Künstler auf Zustimmung bei der Übertragung von Nutzungsrechten (§ 34 UrhG) oder Einräumung weiterer Nutzungsrechte (§ 35 UrhG) sowie die Rückrufsrechte wegen Nichtausübung (§ 41 UrhG), gewandelter Überzeugung (§ 42 UrhG) oder Übertragung von Nutzungsrechten im Rahmen einer Unternehmensveräußerung (§ 34 Abs. III. S. 2 UrhG) ausgeschlossen. Der Ausschluss erstreckt sich aber nur auf die von § 92 Abs. I. UrhG umfassten filmischen Nutzungsrechte am Filmwerk, nicht auch die außerfilmischen oder außerhalb des Filmwerk liegenden Nutzungsrechte. Nicht ausgeschlossen sind die Ansprüche der ausübenden Künstler auf angemessene Vergütung (§ 32 UrhG) und weitere angemessene Beteiligung (§ 32a UrhG). Nach altem Recht konnten z.B. Filmurheber (z.B. Regisseure) Ansprüche aus dem Bestsellerparagraphen nicht geltend machen.

Wie für Urheber ist auch für ausübende Künstler der Entstellungsschutz nach § 75 UrhG gemäß § 93 UrhG auf gröbliche Entstellungen beschränkt. Eine weitere Einschränkung erfährt der Nennungsanspruch der ausübenden Künstler nach § 74 UrhG. Die ausübenden Künstler sind danach im Vor- bzw. Abspann eines Films nur aufzuführen, wenn dies keinen unverhältnismäßigen Aufwand erfordert.

1.2.2.2. Lichtbildner

Gemäß § 89 Abs. IV. UrhG gelten für die Rechte zur filmischen Verwertung der bei der Herstellung des Filmwerks entstehenden Lichtbilder die Abs. I. und II. von § 89 UrhG entsprechend. Wie dargelegt, sind Lichtbilder nur solche Erzeugnisse, die den urheberrechtlichen Werkbegriff des Lichtbildwerkes im Sinne des § 2 Abs. I. Nr. 5 UrhG nicht erfüllen.

Die bei der Filmherstellung entstehenden Lichtbilder umfassen nur die im Film verkörperten einzelnen und in kurzer Zeitfolge nacheinander aufgenommenen Lichtbilder, die vom Kameramann quasi als Zufallsprodukt geschaffen werden (vgl. M. Schulze, Materialien, S. 558 f. zu § 91 UrhG a.F.). Nicht erfasst werden solche Lichtbilder, die unabhängig vom eigentlichen Filmvorgang aufgenommen werden, wie Standfotos oder Portraitfotos bei Dreharbeiten (so auch Schricker/Katzenberger, § 91, Rd. 10; Fromm/Nordemann/Hertin, § 91, Rd. 2, zu § 91 UrhG a.F.). Derartige Aufnahmen werden auch meist nicht vom Kameramann, sondern speziell hierfür engagierten Fotografen gefertigt; der Umfang der Rechteübertragung muss hier in der jeweiligen Vereinbarung festgelegt werden.

Auch § 89 Abs. IV. UrhG beschränkt damit den Rechteerwerb des Filmherstellers im Zweifel auf die Rechte zur filmischen Auswertung. Dem Lichtbildner verbleiben zum einen die Rechte zur außerfilmischen Verwertung, z.B. zur Verwendung eines Standbildes zur Illustration des Romans, nach dem der Film gedreht wurde (M. Schulze, Materialien, S. 559). Der Filmhersteller erwirbt zum anderen auch nicht die Rechte zur Nutzung der Lichtbilder innerhalb eines anderen Filmwerks (z.B. Klammerteilauswertung). Diese genannten Rechte muss sich der Filmhersteller ausdrücklich einräumen lassen.

1.2.2.3. Leistungsschutzberechtigte in Arbeitsverhältnissen

Auch im Bereich der Leistungsschutzrechte ist zu berücksichtigen, dass die überwiegende Zahl der Mitwirkenden an einer Filmproduktion als Arbeitnehmer zu qualifizieren ist und insofern durch die Mitwirkendenverträge Arbeitsverhältnisse begründet werden.

Für die in Arbeits- oder Dienstverhältnissen stehenden Lichtbildner sowie die ausübenden Künstler gilt gemäß den Verweisungen in den §§ 72, 79 UrhG die Vorschrift des § 43 UrhG entsprechend. Somit richtet sich auch hier der Umfang der Rechteeinräumung nach den betrieblichen Zwecken des Filmproduzenten, kann demnach – je nach der üblichen Geschäftstätigkeit des Produzenten – über die §§ 89, 92 UrhG hinaus auch die Rechte zu Verwertungen außerhalb des konkreten Filmwerks oder im außerfilmischen Bereich umfassen.

Stets zu beachten ist, dass auch für die Leistungsschutzberechtigten der Tarifvertrag für Film- und Fernsehschaffende Anwendung finden kann (s.u. B.III. 2.2.1.2.).

III. Vertragsgestaltung in der Produktion

1.3. Besonderheiten bei Laufbildern

Beispiel:
Ein Produzent hatte vor Jahren für einen lokalen Kabelsender mit einer feststehenden Kamera eine Bühnenaufführung eines kleinen Theaterensembles aufgenommen. Nachdem einer der Akteure mittlerweile zum Publikumsliebling einer Vorabendserie avanciert ist, möchte der Produzent nun diese alten Filmaufnahmen gewinnbringend auswerten.

Die besonderen Bestimmungen für Filmwerke der §§ 88, 89 Abs. IV., 90, 93 und 94 UrhG werden gemäß § 95 UrhG auch auf Laufbilder für entsprechend anwendbar erklärt, allerdings mit Ausnahme der §§ 89 Abs. I.-III. und 92 UrhG (Fromm/Nordemann/Hertin, § 95, Rd. 8, 11; a.A. Schwarz, ZUM 1999, 40, 43, welcher § 92 UrhG analog anwendet).

Einer Anwendbarkeit des § 89 Abs. I.-III. UrhG, welcher eine Auslegungsregel für die Rechteübertragung der Filmurheber auf den Filmhersteller enthält, bedarf es mangels Vorhandensein eines Filmwerks und damit von Filmurhebern nicht.

Anders kann sich die fehlende Anwendbarkeit des § 92 UrhG auswirken, welcher die Abtretung der Leistungsschutzrechte der ausübenden Künstler auf den Filmhersteller regelt. geht man davon aus, dass ausübende Künstler nur für solche Darbietungen Leistungsschutz erlangen können, die sie an einem Werk oder einer Ausdrucksform der Volkskunst vollbringen und sind weder das Drehbuch noch die Regieleistung schutzfähig, können auch die ausübenden Künstler keine Leistungsschutzrechte erwerben. Einer Verweisung auf § 92 UrhG bedarf es dann nicht. Vertritt man jedoch die Auffassung, dass auch bei der Darbietung nicht schutzfähiger Stoffe Leistungsschutzrechte nach § 73 UrhG entstehen, fände eine Abtretung ihrer Rechte auf den Filmhersteller mangels einer Verweisung in § 95 UrhG auf § 92 UrhG nicht statt. Denkbar ist ferner, dass die Künstler zwar ein Werk (z.B. ein schutzfähiges Theaterstück oder Drehbuch) oder eine folkloristische Ausdrucksform (z.B. eine einfache Volksweise) darbieten, allein die Verfilmung dieses Werkes (etwa mit einer feststehenden Kameraeinstellung) keinen Werkcharakter besitzt. In diesem Fall wären die Leistungen der ausübenden Künstler ebenfalls nach § 73 UrhG geschützt,. Der Produzent bedürfte in diesen Fällen zur umfassenden Auswertung der Aufnahmen der entsprechenden Einräumung der entsprechenden Leistungsschutzrechte der Schauspieler.

Im Beispielsfall kann sich der Produzent nicht auf § 92 UrhG berufen und bedarf individualvertraglicher Rechteeinräumungen.

2. Vertragsarten in der Produktion

2.1. Produktions- und Finanzierungsmodelle

Möchte der Produzent einen programmfüllenden Spiel-, Fernseh- oder Dokumentarfilm herstellen, so wird er die Finanzierung der Herstellungskosten nicht aus eigenen Mitteln gewährleisten können, sondern auf die Beteiligung von Fremdkapital angewiesen sein. Er muss sich daher bereits frühzeitig auf die Suche nach geeigneten Finanzierungspartnern begeben. Lediglich bei der Herstellung weniger aufwendigerer Werbe-, Lehr-, Industrie oder Kurzfilme wird ein Produzent das alleinige wirtschaftliche Risiko tragen können und wollen.

Als potentielle Geldgeber für einen programmfüllenden Film kommen z.b. andere Filmproduktionsunternehmen (als Koproduzenten), Sendeunternehmen (als Auftrags- oder Gemeinschaftsproduzenten bzw. Lizenznehmer), Lizenzpartner (z.B. Vertriebs- bzw. Verleihunternehmen, Schallplattenfirmen, Merchandisingagenturen, Buchverlage), Filmförderungen (europäische, nationale oder regionale Förderinstitutionen) und sonstige Kapitalgeber aus der Privatwirtschaft (z.B. Filmfonds, Privatinvestoren) in Betracht.

Aus diesen Finanzierungsquellen muss der Produzent ein geeignetes Bündel schnüren, welches ihm – unter Berücksichtigung eines eventuellen Eigenkapitalanteils – einen ausreichenden Kapitalmittelfluss („Cash-flow") für die Deckung der kalkulierten Gesamtherstellungskosten einschließlich eventueller Überschreitungsreserven gewährleistet. Zusätzlich sollte der Produzent die Zwischen-, Lücken- und Mehrkostenfinanzierung über Banken und Versicherungen vornehmen.

Typischerweise erhält der Produzent die Finanzierungsmittel (Förderungen, Lizenzvorschüsse, Beiträge der Koproduktionspartner) nicht in voller Höhe bei Abschluss der jeweiligen Verträge oder bei Drehbeginn, sondern in Raten abhängig vom Verlauf der Filmproduktion (z.B. eine ratenweise Zahlung bei Vertragsunterzeichnung, am 1. Drehtag, bei Rohschnittabnahme und bei Fertigstellung). Werden Finanzierungsbeiträge teilweise erst zu einem späteren Zeitpunkt fällig, kann der Produzent über die Mittel nicht dann verfügen, wenn er sie tatsächlich benötigt. Er muss also eine Vorfinanzierung über eine Bank vornehmen, um diese Lücke zu überbrücken. Die Bank wird die jeweiligen Verträge diskontieren, d.h. bei ausreichender Sicherheit einen Vorschuss auf die vereinbarte Finanzierungssumme zahlen (in der Regel nicht in voller Höhe, da die Bank ihre Gebühr und Zinsen in Abzug bringt, vgl. Eggers, Filmfinanzierung, S. 54 f.). Möglich ist auch, dass die Bank dem Produzenten aufgrund der Sicherheiten einen Kontokorrentkredit einräumt, der den Kapitalbedarf des Produzenten gemäß dem Cash-flow-Plan gewährleistet (Eggers, Filmfinanzierung, S. 55 f.).

2.1.1. Koproduktion mit anderen Filmproduzenten

Unter dem Begriff Koproduktion soll hier nur die Zusammenarbeit zwischen zwei oder mehreren Filmproduzenten bzw. Filmproduktionsunternehmen verstanden werden. Kooperationen zwischen einem Filmproduzenten und einem Sendeunternehmen (entweder in privater oder öffentlich-rechtlicher Trägerschaft) werden im nachfolgenden Abschnitt dargestellt.

2.1.1.1. Koproduktionsvertrag

Beispiel:
Ein Produzent hat sich die Stoffrechte an einem Drehbuch gesichert. Während der Vorbereitung merkt er, dass er die Produktion unmöglich allein finanzieren kann und

III. Vertragsgestaltung in der Produktion

beabsichtigt, mit einem zweiten Produzenten zu kooperieren. Allerdings möchte er möglichst die Kontrolle über die Produktion behalten und diese verantwortlich durchführen.

Die Parteien eines Koproduktionsvertrages sind zwei oder mehrere Filmhersteller, die sich zum Zwecke der gemeinsame Herstellung und Auswertung eines Filmes zusammengefunden haben. Die Koproduzenten bilden damit untereinander eine Gesellschaft bürgerlichen Rechts (GbR) im Sinne der §§ 705 ff. BGB. Ist die Filmproduktion bei größeren Projekten als Handelsgewerbe zu qualifizieren, kann auch eine offene Handelsgesellschaft (OHG) im Sinne der §§ 105 ff. HGB vorliegen (v. Hartlieb/Schwarz/Schwarz/Reber, Kap. 83, Rd. 7). Bei der GbR gelten die gesellschaftsrechtlichen Bestimmungen des BGB subsidiär, soweit die Parteien im Koproduktionsvertrag keine spezielle Regelung wirksam vereinbart haben. Bei der OHG gelten bei Fehlen einer vertraglichen Regelung zunächst die Bestimmungen des HGB, ergänzend die gesellschaftsrechtlichen Bestimmungen des BGB, §105 Abs. III. HGB.

Treffen die Koproduktionspartner keine Vereinbarung über die Geschäftsführung, steht diese im Falle einer GbR den Partnern gemeinschaftlich zu; jedes Geschäft bedarf dann der Zustimmung aller Gesellschafter, § 709 BGB. Bei einer OHG ist nach § 125 Abs. I. HGB im Zweifel jeder Gesellschafter zur Vertretung ermächtigt. Sinnvoller ist es allerdings, einem Koproduktionspartner ausdrücklich die Federführung zu übertragen (oftmals als Executive, Delegate oder Supervising Producer bezeichnet). Dieser Partner ist dann berechtigt, im Rahmen seiner Geschäftsführungsbefugnis die übrigen Gesellschafter nach außen zu vertreten.

Sofern der federführende Gesellschafter beide Koproduzenten nach außen vertritt und im gemeinsamen Namen und auf gemeinsame Rechnung handelt, liegt eine Außengesellschaft vor. Soweit beide Partner hierbei auch tatsächlich Einfluss auf die organisatorische Tätigkeit nehmen und einen Teil der wirtschaftlichen Verantwortung tragen, steht ihnen das Leistungsschutzrecht des Filmherstellers nach § 94 UrhG zur gesamten Hand zu.

Bei einer Innengesellschaft handelt der federführende Koproduktionspartner im eigenen Namen und auf eigene Rechnung. Der „stille" Gesellschafter erwirbt in diesem Fall keinen dinglichen Anteil am Gesamthandsvermögen bzw. dem Vermögen des anderen Gesellschafters, sondern nur schuldrechtliche Ansprüche gegen diesen. Da die maßgeblichen Verträge nicht in seinem Namen geschlossen werden und er nach außen auch nicht das wirtschaftliche und finanzielle Risiko trägt, ist er auch nicht als Filmhersteller im Sinne von § 94 UrhG anzusehen.

Teilweise werden auch Innengesellschaften dergestalt vereinbart, dass zunächst die Produktion des Filmes bis zur Fertigstellung alleinverantwortlich von dem ersten Produzenten durchgeführt wird, und erst die spätere Auswertung gemeinschaftlich mit dem zweiten Produzenten vorgenommen werden soll. Hier wird dann nur der erste Produzent, in dessen Person sämtliche für die Filmherstellung maßgeblichen Verträge zusammenlaufen, Filmhersteller im Sinne von § 94 UrhG, die Gesellschafter erwerben die entsprechenden Rechte nur als abgeleitete Rechte zum Zwecke der gemeinsamen Auswertung des Filmes (vgl. Hertin, in: Münchener Vertragshandbuch, Bd. 3/II., Form. VII. 33, Anm. 4; Fromm/Nordemann/Hertin, § 94 Rd. 6 m.w.N.).

Neben der Frage, wer Inhaber der originären und derivativen Urheber- und Leistungsschutzrechte ist, sind auch die Rechte am Eigentum des Filmmaterials (Recht am Negativ) selbst sowie auf Zugang hierzu zur Kopienfertigung zu klären. In der Regel wird der Film auf den Namen des federführenden Koproduzenten bei einem Kopierwerk eingelagert; dieser ist sodann berechtigt, die entsprechenden Ziehungsgenehmigungen des Kopierwerkes gegenüber den jeweiligen Lizenznehmern des Filmes zu autorisieren (so genannter „Laboratory access letter").

Soweit nichts anderes vereinbart ist, haben die Koproduktionspartner nach § 706 BGB im Zweifel gleiche Beiträge zur Filmherstellung zu leisten. Die Beiträge werden im Koproduktionsvertrag allerdings festgelegt, da sich an der Höhe der Beiträge auch die Beteiligungsansprüche an den Erlösen berechnen (s.u.). Die Beiträge können aus reinen Geldleistungen bestehen (Fördermittel, Darlehen, Garantien), aber auch aus sonstigen geldwerten Leistungen, wie z.B. der Übertragung gesicherter Nutzungsrechte (am Drehbuch, Musiktiteln etc.) auf die Gesellschaft oder der Bereitstellung von Sachleistungen (Personal, Equipment, Durchführung der Postproduktion).

Mangels anderweitiger Abrede sind die Koproduzenten einer GbR am Gewinn und Verlust zu gleichen Teilen beteiligt, § 722 BGB. Hierbei bleiben Art und Umfang ihrer Beiträge zunächst unberücksichtigt (vgl. § 722 Abs. I. BGB). Bei der OHG richtet sich die Gewinnverteilung im Zweifel nach der Höhe der Einlagen, die Verlustverteilung nach Kopfteilen, § 121 HGB. In Koproduktionsverträgen werden die Gewinn- und Verlustbeteiligungen allerdings weniger diesen gesetzlichen Auslegungsregelungen überlassen, sondern im Einzelnen bestimmt. Der Beteiligungsschlüssel an den Erlösen reflektiert in der Regel das Verhältnis der Beiträge der Koproduktionspartner zur Filmherstellung.

Sind die Koproduzenten prozentual an den Erlösen aus der Auswertung des Filmes beteiligt, so ist auf die genaue Definition der Erlöse sowie der abzugsfähigen Kosten zu achten. Hierbei kann ergänzend auf die Grundsätze sparsamer Wirtschaftsführung der FFA gemäß der Richtlinie für Projektfilmförderung Bezug genommen werden, welche einen Katalog anerkennungsfähiger Herstellungs- und Verleihvorkostenarten aufführen und hierbei auch prozentuale Höchstgrenzen vorsehen.

Nach Möglichkeit ist im Koproduktionsvertrag ein verbindlicher Mittelrückflussplan aufzustellen. Da bei deutschen Koproduktionen grundsätzlich Förderungen (z.B. FFA oder Landesfilmförderungen) beteiligt sind, müssen deren Rückzahlungsbedingungen beachtet werden.

In diesem Zusammenhang ist auch zu klären, in welchem Verhältnis den Koproduzenten im Falle von Budgetüberschreitungen Nachschusspflichten obliegen. Hierbei wird in der Kalkulation bereits eine gewisse Überschreitungsreserve vorgesehen (z.B. bis zu 8% der Fertigungskosten), derer sich der federführende Produzent zunächst bedienen kann. Weitergehende Überschreitungen werden dann zu seinen Lasen gehen. Im Falle der Unterschreitung des Budgets ist ebenfalls zu klären, inwieweit diese nichtverbrauchten Mittel etwa dem federführenden Produzenten zur Belohnung seiner sparsamen Wirtschaftsführung zugestanden werden können.

Oftmals wird die Gewinnverteilung auch inhaltlich über eine Zuweisung exklusiver Nutzungsrechte vorgenommen. Handelt es sich z.B. um eine Koproduktion zwi-

III. Vertragsgestaltung in der Produktion

schen einem klassischen Filmproduzenten und einem Merchandisingunternehmen, wird ersterer vielleicht die Filmtheater-, Fernseh- und Videoauswertung, letzterer die außerfilmische Nutzung für Unterhaltungs- und Spielesoftware, Drucknebenrechte, Kosmetik- und Bekleidungsartikel, Multimediaanwendungen etc. vornehmen. Hierbei sollten allerdings die Promotion- und Verwertungsaktivitäten im Vorfeld koordiniert werden, insbesondere im Hinblick auf die Festlegung eventueller Starttermine oder Sperrfristen für bestimmte Auswertungsarten (z.B. Zeitpunkt der Uraufführung im Kino, der Erstausstrahlung im Fernsehen, der Herausgabe des Videospiels, des Soundtracks, der Merchandisingartikel etc.) Möglich ist aber auch eine territoriale Aufspaltung der Nutzungsrechte (unter Berücksichtigung eventueller kartellrechtlicher Beschränkungen). Diese ist gerade bei internationalen Koproduktionen üblich (s.u. B.III.2.1.1.2.).

Auch ohne besondere vertragliche Regelung haben alle Koproduktionspartner, auch die von der Federführung ausgeschlossenen Produzenten, ein Kontroll- und Einsichtsrecht in die Papiere und Bücher der Gesellschaft (§§ 716 BGB, 118 HGB). Dieses wird in der Regel dahingehend eingeschränkt, dass die Bucheinsicht nur durch eine zur Verschwiegenheit verpflichtete Person, z.B. einen Rechtsanwalt oder Wirtschaftsprüfer, durchgeführt werden kann.

In Ausübung ihrer gesellschaftlichen Aufgaben haben die Koproduzenten ihre gegenseitigen Treue- und Mitwirkungspflichten zu wahren. Die gesellschaftsrechtliche Treuepflicht verlangt es, im Einzelfall den Belangen der Gesellschaft den Vorrang zu geben und eigennützige Handlungen zu unterlassen. Ist die Mitwirkung eines Koproduzenten zur Ausführung der gesellschaftlichen Aufgaben erforderlich, kann dieser ohne wichtigen Grund keine Blockierungshaltung einnehmen.

Sowohl bei der GbR als auch der OHG gilt der Grundsatz der persönlichen Haftung der Gesellschafter für Verbindlichkeiten der Gesellschaft gegenüber Dritten, §§ 128, 129 HGB. Das heißt, sämtliche Gesellschafter haben für die vom federführenden Koproduktionspartner eingegangenen Verbindlichkeiten mit dem Gesamthandsvermögen (Gesellschaftsvermögen) und dem Privatvermögen einzustehen (Palandt/Sprau, § 714, Rd. 11ff.).

Bei der GbR lässt sich eine Haftungsbeschränkung auch nicht durch Zusätze wie „GbR mit beschränkter Haftung" oder „GbR mit Haftungsbeschränkung" bewirken, wenn diese Haftungsbeschränkungen nicht ausdrücklich oder stillschweigend mit dem Vertragspartner vereinbart worden sind. Eine lediglich im Koproduktionsvertrag getroffene Vereinbarung, wonach die Koproduzenten untereinander keine Gesellschaft bürgerlichen Rechts bilden und keine persönliche Haftung übernehmen wollen, entfaltet keine Wirkung nach außen, wenn die Koproduzenten Dritten gegenüber wie eine GbR gemeinschaftlich handelnd aufgetreten sind und keine separate Haftungsbeschränkung vereinbart haben. Bei der OHG lässt sich die persönliche Haftung auch nicht vertraglich ausschließen, § 105 Abs. I. HGB.

Die Koproduktionspartner haben sich hinsichtlich der Nennung im Vor- und Abspann sowie auf sonstigen Werbeträgern ebenfalls zu verständigen. Ein eigenständiger Nennungsanspruch, wie er z.B. für Urheber in § 13 UrhG geregelt ist, steht Filmherstellern nicht zu. Hierbei sollte die Art und Weise der Nennung der Koproduzenten sowie der wichtigsten Beteiligten bzgl. Rangfolge und Größe genau festgelegt und nicht auf die Floskel der „branchenüblichen Nennung" zurückgegriffen werden, da andernfalls Streitigkeiten vorprogrammiert sind.

Schließlich haben die Koproduzenten für den Fall des vorzeitigen Ausscheidens eines Partners Vorsorge zu treffen, sei es wegen eines schwerwiegenden Vertragsverstoßes, Kündigung, Insolvenz etc.

Die Vorschriften des Gesellschaftsrechts des BGB sehen hier z.B. in allen Fällen zwangsläufig als Folge die Auflösung der Gesellschaft und Auseinandersetzung zwischen den Gesellschaftern vor, also die Rückgabe eingebrachter Gegenstände, Berichtigung der Schulden, Erstattung der Einlagen, Verteilung des Überschusses oder Verpflichtung zum Nachschuss bei Verlust. Dies hätte bei einer Koproduktion stets das Scheitern des Filmprojektes und mangels entsprechender Einnahmen auch den Verlust der geleisteten Beiträge zur Folge.

Bei der OHG hat die Eröffnung eines Insolvenzverfahrens, nicht aber das Ausscheiden eines Gesellschafters zwangsläufig die Auflösung der Gesellschaft zur Folge, § 131 ff. HGB.

Es empfiehlt sich daher in jedem Fall zur Absicherung eine Übernahme- oder Fortsetzungsklausel dahingehend, dass der Produzent, der aus der Koproduktion ausscheidet, alle Rechte an der Produktion verliert und der verbleibende Produzent die Filmherstellung und Auswertung der Produktion im Wege der Gesamtrechtsnachfolge fortführt. Inwiefern der ausscheidende Koproduzent abzufinden oder an Erlösen doch noch zu beteiligen ist, wird von dem Grund des Ausscheidens und Art und Umfang der bis dahin geleisteten Beiträge abhängig sein.

2.1.1.2. Internationale Koproduktion

Beispiel:
1. Der Produzent möchte mit dem amerikanischen Unternehmen US-Productions in Koproduktion einen Film herstellen. Der Film soll hauptverantwortlich vom Produzenten in Deutschland hergestellt, aber von US-Productions weltweit ausgewertet werden. US-Productions verpflichtet sich zur Zahlung von 30% der Fertigungskosten. Gemäß dem Vertrag ist der Film einschließlich der vorbestehenden Werke (z.B. Drehbuch) ein so genanntes „work made for hire"; US-Productions soll originär alle Urheber- und Leistungsschutzrechte an den Werken erwerben.
2. Der Produzent möchte mit einem österreichischen und einem spanischen Produzenten koproduzieren.

2.1.1.2.1. Allgemeines. Bei der internationalen Koproduktion, d.h. der Zusammenarbeit zwischen einem inländischen und einem ausländischen Produktionsunternehmen, ergeben sich aus der Natur der Sache heraus einige Besonderheiten:

Zunächst sollte der Vertragsgegenstand, also der gemeinsam herzustellende Film, im Koproduktionsvertrag so genau wie möglich definiert werden. Hierbei ist es üblich, neben der Festlegung des zu verfilmenden Drehbuchs und einzelner Drehorte auch die vorläufige Besetzung der Hauptdarsteller (1., 2. und 3. Rolle) und der wesentlichen Stabmitglieder (Regisseur, Komponist, Kameramann etc.) zu vereinbaren, da die Einbeziehung heimischer Stars die Auswertungschancen im eigenen Land wesentlich beeinflusst.

III. Vertragsgestaltung in der Produktion

Typischerweise wird die Federführung bei der Filmherstellung demjenigen Koproduzenten übertragen, in dessen Heimatstaat auch die Produktion durchgeführt wird. Dieser Koproduzent schließt dann in der Regel Verträge auch nur im eigenen Namen und auf eigene Rechnung ab, so dass im Ergebnis eine Innengesellschaft vorliegt. Bei einer solchen Innengesellschaft wird auch nur der federführende Produzent Filmhersteller im Sinne des § 94 UrhG. Die Konstruktion einer echten Außengesellschaft, bei welcher der federführende Koproduzent im Namen und auf Rechnung der Koproduktionsgesellschaft handelt, ist aufgrund der Haftungsrisiken eher untypisch. Es ist natürlich auch möglich, dass beide Koproduzenten in ihren jeweiligen Ländern Teile der Produktion in eigener rechtlicher und wirtschaftlicher Verantwortung durchführen und insoweit beide originäre Leistungsschutzrechte erwerben.

Da die gegenseitige Kontrolle und Überwachung aufgrund der räumlichen Distanz der Koproduktionspartner eingeschränkt ist, sind Kontroll- und Mitspracherechte, Beitrags- und Nachschusspflichten sowie Kompetenz- und Haftungsfragen besonders ausführlich zu regeln. Wird die Produktion alleinverantwortlich von einem federführenden Koproduzenten hergestellt, ist zu regeln, inwieweit dieser für Budgetüberschreitungen haftet oder von Unterschreitungen profitieren kann.

In diesem Zusammenhang muss der Koproduzent auch die steuerlichen Auswirkungen der so genannten Betriebsstättenproblematik (§ 2a EStG) prüfen lassen: Wird der Film ganz oder teilweise durch einen beteiligten Koproduzenten in einem anderen Staat hergestellt und begründet der inländische Koproduzent hierdurch im steuerlichen Sinne eine Betriebsstätte im Ausland, kann er die Verluste, die in der ausländischen Betriebsstätte entstehen, nach § 2a EStG nicht mit inländischen Einkünften verrechnen. Der auf diese Betriebsstätte entfallende Gewinn kann vom Betriebsstätten-Staat besteuert werden. Nach dem Medienerlass des Bundesministeriums der Finanzen vom 23.02.2001 soll die Frage, ob die inländische Koproduktionsgesellschaft eine Betriebsstätte im Ausland begründet hat, davon abhängen, ob der ausländische Beteiligte die Filmherstellung aufgrund „gesellschaftsrechtlicher" oder aufgrund „schuldrechtlicher" Grundlage erbringt (Medienerlass vom 23.02.2001, Tz. 45 c).

Der federführende Produzent hat im Rahmen der Ausarbeitung des Koproduktionsvertrages auf die Stimmigkeit des Finanzierungsplans zu achten, um einen ausreichenden Cash-flow vom Aus- in das Inland zu gewährleisten. In dem Mittelflussplan sollten verbindliche Zahlungstermine vereinbart sein, deren Nichteinhaltung (nach Fristsetzung) die Ausschließung des säumigen Koproduktionspartners zur Folge haben kann. Aber auch der regelmäßig zahlende Koproduzent wird seinerseits eine Garantie dafür verlangen, dass sein Investment gut angelegt und der Film auch tatsächlich hergestellt wird. In der Regel wird bei internationalen Filmproduktionen eine so genannte Fertigstellungsgarantie (Completion Bond) abgeschlossen, wenn nicht der Produzent mit seinem eigenen Vermögen ausreichend Sicherheit zu leisten bereit ist. Im Falle des Abschlusses eines Completion Bonds wird sich die Versicherungsgesellschaft allerdings umfangreiche Mitspracherechte zur Sicherung ihres eigenen Interesses einräumen lassen, u.a. das Recht zur Auswechselung von Regisseur, Produzent, Schauspielern etc.

Die Auswertungsrechte am Film werden in der Regel dergestalt zugeordnet, dass die Koproduktionspartner die Rechte jeweils für ihre eigenen Länder exklusiv, für die übrigen Länder gemeinsam wahrnehmen, sofern sie sich nicht bereits im Vorfeld einvernehmlich auf einen Weltvertrieb geeinigt haben. Wird der Film von beiden Partnern zeitgleich in ihren Territorien ausgewertet, so sind die wesentlichen Eckdaten (Uraufführung im Kino, Erstausstrahlung im Fernsehen, Video-/DVD-Releases) zu koordinieren, um die Auswertung nicht gegenseitig zu behindern. Auch die Frage der Beschickung von Festivals ist zu klären. Ist die Produktion alleinverantwortlich von nur einem Koproduzenten hergestellt worden und ist auch nur dieser Filmhersteller im Sinne von § 94 UrhG, so muss der andere Koproduzent sicherstellen, dass ihm die zur filmischen und außerfilmischen Auswertung notwendigen Nutzungsrechte im Koproduktionsvertrag übertragen werden.

Nach einer üblichen Regel werden die Erlöse aus der Nutzung des Filmes den Partnern innerhalb ihrer exklusiven Territorien zu 100%, in der übrigen Welt im Verhältnis zu ihren finanziellen Beteiligungen oder sonstigen Beiträgen an der Produktion zugeteilt. In diesem Zusammenhang ist dann zu regeln, inwieweit die Finanzierungsbeiträge der Partner zunächst rückgeführt („recouped") werden sollen, bevor eine Gewinnausschüttung an die Partner möglich ist. Dies macht eine genaue Definition aller vorabzugsfähigen Herstellungs-, Vertriebs- und sonstigen Unkosten unumgänglich. Ferner ist zu überlegen, inwieweit etwaige Preisgelder oder Referenzfilmförderungen zu verteilen sind. Im internationalen Bereich ist wegen der Schwierigkeiten mit der Abrechnung und Verteilung der unterschiedlichen Einnahmen, der eingeschränkten Kontrollmöglichkeiten und der schwer absehbaren Sicherheitsrisiken (Untreue oder Insolvenz eines Partners) die Einschaltung einer so genannten Collection Agency ratsam. Eine solche nimmt für alle Koproduktionspartner das Inkasso der Erlöse aus der Filmverwertung und die Abrechnung gemäß dem in dem Koproduktionsvertrag festgelegten Verteilungsplan wahr. Sofern ein Koproduktionspartner die Abrechnung selbst vornimmt, sind kurze Abrechnungsintervalle und Zahlungsfristen ratsam; ebenfalls müssen die üblichen Bucheinsichtsrechte gewährt werden.

Stets sind hierbei auch die steuerlichen Gesichtspunkte zu prüfen: Nach dem Medienerlass des Bundesministeriums der Finanzen vom 23.02.2001 müssen die Auswertungsrechte eindeutig zwischen den Koproduktionspartnern territorial aufgespalten werden (Medienerlass v. 23.02.2001, Tz. 29a). Gemeinsame Verwertungsterritorien oder schuldrechtliche Ausgleichsklauseln, wonach Erlöse aus separat zugewiesenen Territorien ab einer bestimmten Höhe wieder unter den Partnern zu verteilen sind, können sich danach steuerschädlich auswirken (vgl. Schwarz/von Zitzewitz, ZUM 2001, 958, 962).

Sofern Koproduzenten aus Mitgliedsländern der Europäischen Union an der Filmproduktion beteiligt sind, ist darauf zu achten, dass die Senderechte innerhalb der EU aufgrund der europäischen Satellitenrichtlinie, welche auch in § 20a UrhG ihren Niederschlag gefunden hat, nicht territorial aufgegliedert werden können. Danach ist auf Satellitensendungen, obwohl sie grenzüberschreitend erfolgen, nur das Recht des Sendelandes und nicht das der Empfangsstaaten anzuwenden. Strahlt ein deutscher Koproduzent den Film per Satellit auch nach Frankreich aus, kann der

III. Vertragsgestaltung in der Produktion

französische Koproduzent dies nicht unterbinden, auch wenn er laut Vertrag die „exklusiven Satellitenrechte für Frankreich" besitzt. Europäische Koproduktionen behelfen sich dann in der Regel damit, die Satellitenrechte nicht bezogen auf die Sendeländer, sondern die verschiedenen Sprachversionen des Filmes zu verteilen. Auch hinsichtlich anderer, länderüberschreitender Nutzungen (z.B. im Internet), lassen sich solche Abspaltungen eher über Sprachversionen als territoriale Abgrenzungen regeln.

Bezüglich des Rechts am Filmmaterial selbst ist sicherzustellen, dass auch dieses allen Partnern in Gesamteigentum im Verhältnis ihrer Beiträge zusteht und der ungehinderte Zugang zum Zwecke der Auswertung gewährleistet ist. Es empfiehlt sich hier die Einlagerung des Negativmaterials auf die Namen aller Koproduzenten bei einem einvernehmlich festgelegten Kopierwerk; für die jeweiligen exklusiven Territorien sind den Koproduktionspartnern die entsprechenden unwiderruflichen Ziehungsgenehmigungen zu erteilen.

Sinnvoll ist im Bereich der internationalen Koproduktion, deren Auswertung eine Vielzahl unbekannter Rechtsordnungen tangieren wird, der Abschluss einer Errors & Omissions Versicherung. Diese Versicherung schützt gegen die Inanspruchnahme durch Dritte wegen der Verletzung von Urheberrechten, Persönlichkeitsrechten, Marken- und sonstigen Schutzrechten. Schadensersatzansprüche wegen solcher Verletzungshandlungen können gerade in den USA beeindruckende Höhen erreichen. Eine Auswertung in den USA ist ohne Nachweis einer E & O Versicherung ohnehin kaum möglich. Die Versicherer erfordern von den Koproduzenten dann allerdings konkrete Angaben über das Projekt, d.h. eine Synopse der Story in deutsch und englisch, eine komplette Dokumentation der Rechtekette betreffend den Erwerb aller eingebrachten Rechte (Drehbuch, Mitwirkende, Musik, Drehgenehmigungen etc.), der so genannten Chain of title, sowie die Versicherung des Hausanwaltes des Produktionsunternehmens, dass er den Versicherungsantrag gemäß den Clearance Procedures des Versicherers geprüft hat. Aber auch wenn die Koproduzenten von einer E & O Versicherung Abstand nehmen, etwa wegen der teilweise erheblichen Versicherungsbeiträge, so sollten sie intern auf eine gleichwertige Prüfung und Dokumentation der eingebrachten und betroffenen Rechte nicht verzichten.

Auch bei internationalen Koproduktionen sind eindeutige Regelungen über die Rechtsfolgen des Ausscheidens eines Koproduzenten und die Möglichkeit der Übernahme bzw. Fortsetzung der Produktion durch den verbleibenden Partner zu treffen. Hier stellt sich auch die Frage, inwieweit der ausscheidende Koproduzent an den späteren Einnahmen aus der Verwertung des Filmes noch zu beteiligen ist.

Schließlich haben sich die Koproduzenten auch über die Art und Weise der Nennung im Vor- und Abspann bzw. sonstigen Werbe- oder Begleitmaterialien zu verständigen. Ein gesetzlicher Nennungsanspruch steht den Filmherstellern nicht zu. Ferner ist die Frage der „Nationalität" des Filmes zu klären. Hier wird üblicherweise bestimmt, dass jeder Koproduzent für sein Heimatland die „Nationalität" beanspruchen kann, um eventuelle Filmförderungen zu nutzen (vgl. Hertin, in: Münchener Vertragshandbuch, Bd. 3/II, Form. VII. 33, Anm. 9).

2.1.1.2.2. Rechtswahl und Gerichtsstand. Die Parteien sollten ausdrücklich bestimmen, welcher Rechtsordnung der Koproduktionsvertrag unterliegen soll; dies geschieht in der so genannten Choice of law clause.

In Urheberrechtsverträgen sind bei der Bestimmung der Rechtswahl eines Vertrages zwei unterschiedliche Prinzipien zu beachten; das Vertragsstatut sowie das Schutzlandprinzip:

Das Vertragsstatut ist eine Bestimmung des allgemeinen internationalen Privatrechts, welches in der Bundesrepublik Deutschland in den §§ 3 ff. EGBGB geregelt ist. Nach § 27 Abs. I. EGBGB sind die Parteien eines schuldrechtlichen Vertrages in der Rechtswahl grundsätzlich frei. So können die Parteien das Recht eines ihrer Heimatstaaten oder das jedes anderen beliebigen Staates vereinbaren (Palandt/Heldrich, § 27 EGBGB, Rd. 3). Haben die Parteien keine Rechtswahl getroffen, so unterliegt der Vertrag nach deutschem Kollisionsrecht dem Recht desjenigen Staates, mit dem er die engsten Verbindungen aufweist, § 28 Abs. I. EGBGB. Dies ist bei Koproduktionen der Staat, in dem der federführende Produzent seine Hauptniederlassung hat, oder, wenn die Filmherstellung von einer anderen Niederlassung aus erbracht wird, der Staat, in dem sich diese Niederlassung befindet, § 28 Abs. II. EGBGB.

Ausnahmen gelten allerdings für zwingendes deutsches Recht, § 34 EGBGB. Unter das zwingende deutsche Recht fallen neben Ausfuhr-, Kartell- und Devisenvorschriften auch bestimmte unabdingbare Bestimmungen des deutschen Urheberrechts. Zu diesen zählen z.B. das Schöpferprinzip, die Urheberpersönlichkeitsrechte, der Zweckübertragungsgrundsatz, die Rückrufsrechte wegen gewandelter Überzeugung oder Nichtausübung, die Ansprüche auf angemessene Vergütung der Urheber und ausübenden Künstler sowie die Persönlichkeitsrechte der ausübenden Künstler (vgl. auch Fromm/Nordemann Vor § 120, Rd. 8; Schricker/Katzenberger, vor § 120, Rd. 166; kritisch: Schack, Rd. 1148). Für die Ansprüche auf angemessene Vergütung enthält § 32b UrhG darüber hinaus eine Sonderregelung für das internationale Privatrecht, soweit ein Bezug zu Deutschland gegeben ist: Danach finden die §§ 32, 32a UrhG zwingend Anwendung, wenn auf den Nutzungsvertrag mangels einer Rechtswahl deutsches Recht anzuwenden wäre (§ 32b Nr. 1 UrhG) oder Gegenstand des Vertrages maßgebliche Nutzungshandlungen im räumlichen Geltungsbereich des UrhG sind (§ 32b Nr. 2 UrhG).

Ist auf den Vertrag – entweder durch Rechtswahl oder in Ermangelung einer solchen nach § 32b Nr. 1 UrhG über die Bestimmungen des EGBGB – deutsches Recht anzuwenden, umfassen die Ansprüche aus den §§ 32, 32a UrhG auch Nutzungshandlungen, die im Ausland stattfinden, wie sich im Umkehrschluss aus § 32b Nr. 2 UrhG ergibt.

Zunächst einmal stehen die Ansprüche nach den §§ 32, 32a UrhG nur deutschen Staatsbürgern zu. Handelt es sich um einen ausländischen Staatsangehörigen, steht diesem ein Anspruch zu, wenn er auch in den persönlichen Geltungsbereich des UrhG fällt. Dies richtet sich nach den §§ 120 ff., 124 ff. UrhG.

Beispiele:
3. Ein deutscher Regisseur dreht für eine Produktionsfirma mit Sitz in Berlin einen Film. Enthält der Regievertrag keine Rechtswahlklausel, ist gemäß § 28 Abs. I. EGBGB deutsches Recht anzuwenden. Dem Regisseur steht damit ein Anspruch auf angemessene

III. Vertragsgestaltung in der Produktion

Vergütung zu, § 32b Nr. 1 UrhG. Dieser Anspruch umfasst dann auch ausländische Nutzungshandlungen.
4. Ein deutscher Regisseur dreht für eine Produktionsfirma mit Sitz in Los Angeles einen Film in den USA. Der Vertrag bestimmt die Anwendbarkeit kalifornischen Rechts. Wird der Film in Deutschland im Kino vorgeführt oder im Fernsehen ausgestrahlt, hat der Regisseur in Bezug auf diese Nutzungen einen Anspruch auf angemessene Vergütung, § 32b Nr. 2 UrhG. Ein Anspruch auf angemessene Vergütung für Auslandsnutzungen nach § 32b Nr. 1 UrhG besteht nicht.
5. Handelt es sich bei dem Regisseur aus den Beispielen z.B. um einen US-Bürger, steht diesem ein Anspruch auf angemessene Vergütung gemäß § 121 Abs. IV. UrhG in Verbindung mit der Revidierten Berner Übereinkunft zu.

Das Schutzlandprinzip ist eine spezielle Bestimmung des internationalen Urheberrechts; danach entscheidet das Land, in welchem eine urheberrechtlich relevante Handlung vorgenommen wird, auch über deren Rechtmäßigkeit. Dies umfasst Fragen der Entstehung, der Inhaberschaft, der Übertragbarkeit, der Verletzung und der Schutzdauer von Urheber- und verwandten Schutzrechten (letztere, soweit kein Schutzfristenvergleich greift) (vgl. zum Schutzlandprinzip: Schricker/Katzenberger, Vor § 120, Rd. 129; ebenso BGH GRUR 1998, 427 – Spielbankaffaire). Eine grenzüberschreitende Nutzung berührt demnach mehrere Schutzländer.

Das Verhältnis zwischen Vertragsstatut und Schutzlandprinzip ist umstritten. Die Vertreter der so genannten Spaltungstheorie wenden das Vertragsstatut auf die schuldrechtlichen Elemente, das Schutzlandprinzip auf die dinglichen Verfügungen des Vertrages an. Die Vertreter der so genannten Einheitstheorie beurteilen zwar sowohl die schuldrechtlichen Verpflichtungen als auch die dinglichen Verfügungen nach dem Vertragsstatut, bestimmen aber zahlreiche Fragen (z.B. Schöpfereigenschaft, Übertragbarkeit, Inhalt und Umfang, Verletzungsfolgen) wiederum nach dem Recht des Schutzlandes (vgl. Schricker/Katzenberger, Vor § 120, Rd. 148. m.w.N.). Im Ergebnis können nach beiden Theorien die wesentlichen Bestimmungen des deutschen UrhG nicht vertraglich abbedungen werden.

So ist im Beispiel Nr. 1 die Bestimmung, wonach US-Productions sämtliche Urheber- und Leistungsschutzrechte an den Werken originär nach der „work made for hire-doctrine" erwirbt, nach beiden Theorien in Deutschland unwirksam. Eine solche Vereinbarung würde dem Schöpferprinzip als elementare Bestimmung des deutschen UrhG zuwiderlaufen. Der Vertrag könnte aber dahingehend ausgelegt werden, dass die Firma US-Productions nach dem Willen der Vertragspartner die umfassenden Nutzungsrechte an dem Filmwerk erwirbt; das Urheberrecht am Filmwerk bzw. den vorbestehenden oder filmbestimmt geschaffenen Werken steht allerdings nur den „natürlichen" Urhebern zu (vgl. Fischer/Reich, Urhebervertragsrecht, 4. Kap., Rd. 35).

Da nach beiden Theorien die wesentlichen Bestimmungen desjenigen Staates, in welchem die fragliche urheberrechtlich relevante Handlung vorgenommen wird, durchschlagen, wird teilweise mit beachtlichen Argumenten versucht, urheberrechtlich geschützte Werke für die gesamte weltweite Auswertung einer einheitlichen Rechtsordnung zu unterstellen. Dieses so genannte „Urheberrechtsstatut" soll dann allein maßgeblich sein für die Frage der Entstehung, der ersten Inhaberschaft und der Übertragung des Urheberrechts (Schack, Rd. 904 ff.; a.A. BGH GRUR 1998,

427 – Spielbankaffaire, nach welchem allein das Recht des Schutzlandes maßgeblich ist). Diese Ansicht folgt der Spaltungstheorie insoweit, als dass das schuldrechtliche Verpflichtungsgeschäft dem Vertragsstatut, das dingliche Verfügungsgeschäft aber dem Urheberrechtsstatut unterworfen wird (Schack, Rd. 1147). Anknüpfungspunkt für die Bestimmung des Urheberrechtsstatuts ist das Ursprungsland des Werkes, bei Filmwerken würde hier der Sitz des federführenden Produzenten maßgeblich sein (Schack, Rd. 903, Fn. 29).

Eine Rechtswahlklausel sollte stets durch eine Gerichtsstandsvereinbarung, die so genannte Choice of forum clause, ergänzt werden. Das angerufene Gericht wird die Wirksamkeit einer Rechtswahlklausel immer nach dem eigenen Kollisionsrecht prüfen; nur ein deutsches Gericht wird die §§ 27 ff. EGBGB anwenden. Der Gerichtsstand sollte möglichst im Staat der gewählten materiellen Rechtsordnung beheimatet sein.

2.1.1.2.3. Internationale Koproduktionsabkommen. Deutschland hat mit einer Reihe von Staaten Koproduktionsabkommen geschlossen, so z.B. bilaterale Filmabkommen mit Australien, Belgien, Brasilien, Frankreich, Großbritannien (gekündigt zum 31.12.2007), Israel, Italien, Kanada, Luxemburg, Neuseeland, Österreich, Portugal, Schweden, Schweiz, Spanien, Südafrika, Ungarn, den Ländern des ehemaligen Jugoslawien, sowie das multilaterale Europäische Übereinkommen über die Gemeinschaftsproduktion von Kinofilmen vom 02.10.1992, welchem die meisten der eben genannten Staaten ebenfalls angehören. Das letztere Filmabkommen findet Anwendung auf mehrseitige Koproduktionen von mindestens drei Koproduzenten aus drei verschiedenen Vertragsländern und geht insofern den bilateralen Abkommen vor. Es ist auch auf zweiseitige Produktionen anwendbar, wenn zwischen zwei Vertragsparteien keine bilateralen Abkommen bestehen.

Diese Abkommen haben das Ziel, die unter ausländischer Beteiligung hergestellten Filme im Hinblick auf mögliche Vergünstigungen den nationalen Filmen der jeweiligen Mitgliedsstaaten gleichzustellen und gewisse Arbeits-, Aufenthalts- und Einfuhrerleichterungen zu schaffen. Die finanzielle Unterstützung solcher Gemeinschaftsproduktionen kann dann beispielsweise durch nationale und regionale Förderprogramme sowie den Europäischen Fonds EURIMAGES erfolgen (s.u. B.III.2.1.4.3.).

Soll auf eine Koproduktion eines der bilateralen oder multilateralen Filmabkommen Anwendung finden, kann dies Auswirkungen auf die Mindest- und Höchstbeteiligungen der Koproduzenten an den Gesamtproduktionskosten, die Beteiligung der Partner an der Auswertung, die Federführung, die Eigentumsrechte am Negativ und den Zugang hierzu, die Staatszugehörigkeit der zu beschäftigenden Filmschaffenden, die Nennungsverpflichtungen und die Rechtswahl des Vertrages haben.

Dies wäre hier zu beachten im Beispielsfall Nr. 2.

III. Vertragsgestaltung in der Produktion

2.1.2. Kooperation mit Sendeunternehmen

Die Zusammenarbeit eines Filmproduzenten mit einem Sendeunternehmen kann in Form einer Auftragsproduktion, einer Ko- bzw. Gemeinschaftsproduktion oder einer reinen Fernsehlizenz geschehen.

Bei der Auftragsproduktion wird der Produzent mit der alleinigen Durchführung der Produktion beauftragt, wenngleich das finanzielle Risiko und die Kontrolle im Wesentlichen bei dem Sender verbleiben. Im Rahmen von Auftragsproduktionen wird generell zwischen „echten" und „unechten" Auftragsproduktionen unterschieden:

Bei der echten Auftragsproduktion führt der auftragnehmende Produzent die Filmherstellung in eigener Verantwortung durch und schließt im eigenen Namen und auf eigene Rechnung die Verträge mit den Urhebern und sonstigen Mitwirkenden. Regelmäßig trägt der Sender das finanzielle Risiko des Scheiterns des Projekts, obwohl der Produzent unter Umständen für den Fall der Nichtabnahme des Werkes oder der Budgetüberschreitung einzustehen hat und damit das wirtschaftliche Risiko teilweise mitträgt (vgl. Schricker/Katzenberger, Vor § 88, Rd. 33; v. Hartlieb/Schwarz/Schwarz/Reber, Kap. 84, Rd. 2f.). Eine unechte Auftragsproduktion liegt vor, wenn sich die Rolle des Produzenten auf die eines bloßen Dienstleisters beschränkt. Hier liegt die Weisungskompetenz und das finanzielle Risiko vollkommen bei dem Sender, in dessen Namen und auf dessen Rechnung der Produzent auch die maßgeblichen Verträge schließt (vgl. Schricker/Katzenberger, Vor § 88, Rd. 35; v. Hartlieb/Schwarz/Schwarz/Reber, Kap. 85, Rd. 2).

Bei einer Koproduktion beteiligt sich der Sender gegen Übertragung bestimmter Fernsehnutzungsrechte finanziell nur mit einem Teilbetrag an den Filmherstellungskosten, übernimmt also nicht wie bei der Auftragsproduktion die Gesamtfinanzierung. Erfolgt die Koproduktion auf der Grundlage des Film-Fernsehabkommens mit der FFA, so spricht man von einer so genannten Gemeinschaftsproduktion.

Keine Form der gemeinschaftlichen Produktion ist die reine Fernsehlizenz. Hier räumt der Produzent einem Sendeunternehmen gewisse Senderechte an dem zukünftigen Filmwerk gegen Zahlung entsprechender Lizenzvorschüsse ein (s.u. C.II.1.5.).

2.1.2.1. Auftragsproduktion

Beispiel:
Der Produzent wird von einem Sender beauftragt, im Rahmen der erfolgreichen Fernsehreihe „Turbulente Komödien" einen 90minütigen Fernsehfilm zu einem bestimmten Festpreis herzustellen und hat sämtliche Rechte auf den Sender zu übertragen.

Die Parteien einer Auftragsproduktion sind ein Sendeunternehmen als Auftraggeber und ein freier Produzent als Auftragnehmer. Rechtlich ist ein solcher Vertrag als Werk- oder Werklieferungsvertrag nach den §§ 631, 651 BGB zu qualifizieren, welcher im Hinblick auf die lizenzrechtlichen Bestimmungen auch Elemente des Kauf-, Pacht- oder Mietvertrages enthält.

Der Sender beauftragt den Produzenten zur Herstellung und Lieferung eines fertigen Filmes einschließlich der Verschaffung der entsprechenden Rechte zu einem

Festpreis. Bei der echten Auftragsproduktion obliegt die eigentliche Durchführung der Produktion, d.h. Organisation und Verwaltung der Geschäftsabläufe, der Abschluss der Verträge im eigenen Namen und auf eigene Rechnung, dem Produzenten. Da er selbst kein Eigenkapital einsetzt, trägt im Ergebnis das Sendeunternehmen das unternehmerische Risiko. Als Gegengewicht stehen dem Sender umfangreiche Kontroll- und Weisungsrechte und nicht zuletzt das Recht zur Abnahme zu.

Die Einflussnahme beginnt bereits auf der Ebene der Stoffentwicklung. Handelt es sich, wie hier im Beispiel, um einen einzelnen Beitrag im Rahmen einer Fernsehserie, muss sich die Produktion notgedrungen dem Format, Image und Publikum der Sendung anpassen. Das Development der Produktion wird in enger Zusammenarbeit mit der entsprechenden Redaktion des Sendeunternehmens durchgeführt. Auch während der eigentlichen Produktion ist der Produzent gegenüber der Redaktion zur regelmäßigen Berichterstattung verpflichtet. Änderungen im Produktionsablauf, der Besetzung und dem Stab werden der Zustimmung des Sendeunternehmens bedürfen. Schließlich steht dem Sender das alleinige Recht zur inhaltlichen (künstlerischen) und technischen Abnahme zu, wobei hier die technischen Standards des jeweiligen Sendeunternehmens genau spezifiziert und einzuhalten sind.

Aus Sicht des auftragnehmenden Produzenten sollte der Produktionsvertrag so früh wie möglich geschlossen werden. Insbesondere, wenn der Produzent bereits im Rahmen der Produktionsvorbereitung Ausgaben tätigt, sollte vertraglich geklärt werden, welcher Vertragspartner die Kosten der Vorproduktion im Falle des Scheiterns des Filmprojekts trägt. Selbst wenn der auftraggebende Sender nach Beginn kostenauslösender Vorbereitungshandlungen (z.B. Beauftragung des Drehbuchautors) dem Produzenten „grünes Licht" für die Produktion gegeben hat („green lighted"), kann hieraus im Zweifel noch nicht eine Haftung aus einem stillschweigend geschlossenen Vertrag oder einer culpa in contrahendo (Verschulden bei Vertragsverhandlungen) dahingehend angenommen werden, dass der Sender die Kosten der Vorproduktion in jedem Fall übernehmen wird (LG München I ZUM 1999, 491, 494 – Criminal Intent). Anders könnte der Fall liegen, wenn die Parteien von Anfang an das Projekt als unechte Auftragsproduktion geplant hatten, bei welcher das gesamte finanzielle Risiko, einschließlich der Kosten der Vorproduktion, regelmäßig vom Sender übernommen wird.

Bei der echten Auftragsproduktion, bei welcher der Produzent die Filmherstellung eigenverantwortlich durchführt, ist nur dieser Filmhersteller im Sinne des § 94 UrhG (vgl. Hertin, in: Münchener Vertragshandbuch, Bd. 3/II., Form. VII. 41, Anm. 1, 5; v. Hartlieb/Schwarz/Schwarz/Reber, Kap. 84, Rd. 3). Das Sendeunternehmen erwirbt die Rechte nur derivativ, muss sich also im Vertrag die entsprechenden Rechte zur umfassenden Auswertung der Produktion vom Produzenten übertragen lassen. Inwieweit es dem Produzenten gelingt, gewisse Rechte zurückzuhalten, bleibt seinem Verhandlungsgeschick überlassen. Der Rückbehalt von Rechten ist für den Produzenten aber gerade zum Aufbau eines eigenen Rechtekataloges (sog. „Library") und damit zur Erhöhung des eigenen Unternehmenswertes interessant (vgl. auch Brehm, in: Clevé, Investoren im Visier, S. 113 f.).

III. Vertragsgestaltung in der Produktion

Im vorliegenden Beispiel ist die Einräumung aller (zurzeit übertragbaren) Rechte vorgesehen und wohl auch sinnvoll, da eine Verwertung außerhalb des Formats durch Dritte für den Sender nicht erstrebenswert ist.

Neben den urheberrechtlichen Nutzungsrechten wird sich das Sendeunternehmen auch vollumfänglich die Rechte am Filmmaterial sowie aller sonstigen, im Rahmen der Filmherstellung geschaffenen Bild- oder Tonmaterialien sichern und das Eigentum sowie den Besitz hieran erwerben. Es muss sichergestellt sein, dass dem Produzenten eine Zweitverwertung der Materialien oder eine anderweitige Nutzung von ungebrauchtem Footage verwehrt ist.

Eine Auswertungspflicht trifft das Sendeunternehmen im Allgemeinen nicht, auch wenn diese im Vertrag nicht ausdrücklich abbedungen ist. Die Prestigeinteressen der Urheber und Leistungsschutzberechtigten müssen hier hinter der Programmhoheit der Sendeunternehmen zurücktreten (v. Hartlieb, 3. Aufl., Kap. 197, Rd. 6; kritisch nun v. Hartlieb/Schwarz/Schwarz/Reber, Kap. 84, Rd. 15).

Der Produzent hat dem Sendeunternehmen die Nutzungsrechte frei von Rechten Dritter zu beschaffen und haftet für deren Bestand. Daneben hat er auch für eine etwaige Verletzung des Trennungsgebots oder des Verbots der Schleichwerbung einzustehen und sich des unerlaubten Product-Placements zu enthalten (s.o.). Hinsichtlich des Erwerbes der Musikrechte wurde bereits darauf hingewiesen, dass im Bereich der Fernsehauftragsproduktion das Synchronisation right von der GEMA und das Master-use right von der GVL eingeräumt wird. Dies gilt zunächst nur innerhalb der fernsehmäßigen Auswertung der Produktion durch den eigenen Sender. Weitergehende Nutzungsrechte, z.B. für die DVD-Auswertung, sind gesondert nachzuerwerben (hinsichtlich der Urheberrechte ebenfalls grundsätzlich von der GEMA).

Als Vergütung erhält der Produzent in der Regel einen bestimmten Prozentsatz (etwa 6 bis 7,5%) der kalkulierten Herstellungskosten als so genannte Handlungskosten sowie einen ähnlichen Prozentsatz als fiktiven Gewinn. Überschreitet er allerdings bei der Herstellung des Filmes das kalkulierte und von dem Sendeunternehmen genehmigte Budget aus Gründen, die er zu vertreten hat, so wird dies zu Lasten seines Vergütungsanspruchs gehen. Umgekehrt hat eine (ungenehmigte) Unterschreitung des Budgets nicht automatisch zur Folge, dass der Produzent die freien Mittel selbst vereinnahmen kann. Inwieweit der Produzent erfolgreich ein Wiederholungshonorar auszuhandeln imstande ist, bleibt wiederum seinem Verhandlungsgeschick vorbehalten. Im Rahmen von Auftragsproduktionen mit privaten Sendern werden solche Wiederholungshonorare aber grundsätzlich nicht gewährt und alle Rechte pauschal im Buy-Out abgegolten. Anders als Urhebern und ausübenden Künstlern stehen dem Produzenten in seiner Eigenschaft als Filmhersteller Ansprüche auf angemessene Vergütung gemäß § 32 UrhG sowie weitere angemessene Beteiligung gemäß § 32a UrhG nicht zu (vgl. § 94 Abs. II. UrhG). Während der Sender den Produzenten mit einem Buy-Out-Honorar abgelten kann, ist dies im Verhältnis zu den Urhebern und ausübenden Künstlern nicht möglich. Der Produzent muss also sicherstellen, seinerseits nicht aus den eigenen Verträgen mit dem Autor, dem Regisseur oder einzelnen Schauspielern zur Leistung solcher Wiederholungshonorare verpflichtet zu sein (d.h., indem er eine angemessene Vergütung vereinbart) bzw. solche Verpflichtungen dann auf den Sender abwälzen (z.b. durch eine Freistellungserklärung für den Fall der Inanspruchnahme des Produzenten durch einen Rechteinhaber). Verlangt hingegen umgekehrt der Sender vom Produzenten eine Freistellung von Ansprüchen der Urheber- und Leistungsschutzberechtigten, ist dies abzulehnen, soweit der Produzent selbst vom Sender keine Beteiligungsvergütung erhält. Jedenfalls im Rahmen Allgemeiner Geschäftsbedingungen wird eine solche Freistellungsverpflichtung als unwirksam nach § 307 Abs. I. S. 1 BGB angesehen (v. Hartlieb/Schwarz/Schwarz/Reber, Kap. 84, Rd. 11).

2.1.2.2. Ko- und Gemeinschaftsproduktion

Beispiel:
Der Produzent möchte einen Sender nur als zusätzlichen Finanzierungspartner gewinnen, ihm möglichst wenig Mitspracherechte einräumen und die überwiegenden Nutzungsrechte behalten.

Im Unterschied zur Auftragsproduktion übernimmt das Sendeunternehmen bei einer Koproduktion nur einen Teil der Finanzierung und damit des Unternehmensrisikos, der Produzent hat den restlichen Kapitalbedarf durch Eigenmittel oder andere Finanzierungsquellen zu decken. Hinsichtlich der Einzelheiten der Vertragsgestaltung wird zunächst auf die allgemeinen Ausführungen zum Koproduktionsvertrag verwiesen (s.o.). Erfolgt die Koproduktion im Rahmen des Film-Fernsehabkommens der FFA, so liegt eine so genannte Gemeinschaftsproduktion vor, welche einige Besonderheiten aufweist:

Die Gemeinschaftsproduktion eines öffentlich-rechtlichen Senders (ARD-Anstalten oder ZDF) richtet sich nach dem Film-Fernsehabkommen mit der FFA, nunmehr in der 8. Fassung, gültig vom 01.01.2004 bis 31.12.2008 (F.Abk.ARD-ZDF/FFA). Die öffentlich-rechtlichen Fernsehanstalten stellen der FFA gemäß dem Film-Fernsehabkommen jährlich 4,6 Millionen EUR zur Förderung von Gemeinschaftsproduktionen und weitere 11 Millionen EUR in Geld- und Sachleistungen für Projektfilmförderungsmaßnahmen zur Verfügung (zu sonstigen Filmförderprogrammen s.u. B.III.2.1.4.).

Die Leistungen der privaten Sendeunternehmen (Premiere, ProSieben, RTL Plus, Sat 1, K 1, RTL 2, RTL Disney, VOX, DF 1, TM 3) zur Filmförderung richtet sich nach dem Film-Fernsehabkommen mit der FFA vom 01.01.2004, gültig ebenfalls bis zum 31. 12. 2008 (F.Abk.VPRT/FFA). Die privaten Sendeunternehmen stellen hierbei Filmherstellern jährlich ca. 12 Millionen EUR in Bar- und Medialeistungen zur Projektfilmförderung zur Verfügung.

Im Folgenden wird von dem klassischen Fall einer Beteiligung einer öffentlich-rechtlichen Sendeanstalt ausgegangen. Wird ein Film nach dem F.Abk.ARD-ZDF/FFA gefördert, so unterliegt die Koproduktion gewissen Beschränkungen:

Es darf sich nicht um einen Film handeln, der primär Fernsehzwecken dient; die Voraussetzungen für eine Filmtheaterauswertung müssen nachgewiesen werden (§ 3 Ziff. 3, 4 F.Abk. ARD-ZDF/FFA).

III. Vertragsgestaltung in der Produktion

Auch werden die Auswertungsfristen und die Reihenfolge der Nutzungsarten reglementiert. Zunächst unterliegt der Film einer 24monatigen Kinosperre, beginnend mit der Abnahme des Filmes. Während dieser Zeit darf er nicht im Fernsehen ausgewertet werden und bleibt der Filmtheaterauswertung vorbehalten, es sei denn, dass ein wichtiger Grund eine kürzere Vorabspielfrist gebietet. Ein solcher liegt vor, wenn der Produzent z.B. keinen Verleih für den Film gefunden hat. Die Kinosperre darf 6 Monate aber nicht unterschreiten (§ 3 Ziff. 1 c) F.Abk. ARD-ZDF/FFA). Die Videoauswertung darf ihrerseits nicht vor Ablauf von 6 Monaten nach Start der Filmtheaterauswertung begonnen werden (§ 3 Ziff. 1 d) F.Abk. ARD-ZDF/FFA).

Die erforderlichen finanziellen, künstlerischen und/oder technischen Leistungen müssen vom Hersteller und der Sendeanstalt gemeinsam erbracht werden. Der Produzent hat einen Eigenanteil in Höhe von mindestens 15% der Herstellungskosten zu erbringen (§ 3 Ziff. 1 b) F.Abk. ARD-ZDF/FFA).

Treffen die Parteien keine anderweitige Vereinbarung über die Verteilung der Erlöse, so stehen diese dem Hersteller und der Sendeanstalt im Zweifel entsprechend dem Verhältnis ihrer Beteiligung an den Herstellungskosten zu, wobei der Produzent aber vorab zur Deckung seiner eigenen Produktionskosten berechtigt ist (§ 5 F.Abk. ARD-ZDF/FFA). Die Erlösanteile der Sendeanstalt innerhalb der ersten drei Jahre ab Abnahme müssen allerdings wieder in neue Gemeinschaftsproduktionen eingebracht und der FFA bzw. dem Produzenten zur Verfügung gestellt werden.

Wie bei der Auftragsproduktion ist auch bei der Gemeinschaftsproduktion in der Regel originärer Filmhersteller im Sinne des § 94 UrhG der Produzent, von welchem das Sendeunternehmen die erforderlichen Rechte durch den Gemeinschaftsproduktionsvertrag zu erwerben hat (Hertin, in: Münchener Vertragshandbuch, Bd. 3./II, Form. VII. 42, Anm. 4). Grundsätzlich werden dem Sendeunternehmen nur die entsprechenden Fernsehnutzungsrechte übertragen, die übrigen Auswertungsrechte verbleiben bei dem Produzenten. Wann die Fernsehrechte wieder an den Produzenten zurückfallen oder inwieweit dem Sendeunternehmen Verlängerungsoptionen eingeräumt werden, bleibt einer Regelung im Gemeinschaftsproduktionsvertrag vorbehalten.

Auch wenn die Sendeunternehmen an der Finanzierung der Gemeinschaftsproduktion nur mit einem – manchmal sehr geringen – Anteil beteiligt sind, lassen sich diese dennoch sehr weitgehende Kontroll- und Mitspracherechte sowie das Recht zur inhaltlichen und technischen Abnahme ausbedingen. Stehen die Mitsprache- oder Weisungsrechte in keinem gesunden Verhältnis zur finanziellen Beteiligung des Senders, wäre eher die Einräumung einer Fernsehlizenz vorzuziehen (s.u. C.II.1.5.).

2.1.3. Kooperation mit reinen Lizenzpartnern

Beispiel:
Der Produzent schließt bereits vor Fertigstellung der Filmproduktion einen Lizenzvertrag mit einem Filmvertrieb über die internationale Kinotheaterauswertung des Films, einem Sendeunternehmen über die anschließende Fernsehausstrahlung der Produktion, einer Schallplattenfirma über die Herausgabe eines Soundtracks und einer Merchandisingfirma

über die Herstellung und Verbreitung diverser Waren (z.B. Bekleidungsartikel, Spielzeug) begleitend zum Film. Die entsprechenden Lizenzvorschüsse möchte er bereits zur Finanzierung des Films verwenden. Ferner vereinbart er mit einem Unternehmen die Einbindung eines deutlichen Product-Placements im Film gegen eine Vergütung.

Eine weitere Möglichkeit der Kofinanzierung einer Filmproduktion ist die frühzeitige Einräumung bestimmter Nutzungsrechte am zukünftigen Filmwerk an verschiedene Lizenznehmer gegen Zahlung entsprechender Lizenzvorschüsse. Als potentielle Lizenzpartner kommen hier traditionell Verleih- und Vertriebsunternehmen, öffentlich-rechtliche oder private Fernsehsender, Schallplattenfirmen, Musikverlage und Merchandisingunternehmen in Betracht.

Typischerweise werden die von diesen Lizenzpartnern zu leistenden Lizenzvorschüsse bereits bei Vertragsschluss oder bei Erreichen bestimmter Produktionsstadien (z.B. Drehbeginn) fällig und können somit in den „Cash-flow plan" einkalkuliert werden. Da es sich bei diesen Lizenzvergaben um „Vorabverkäufe" von Nutzungsrechten handelt, verwendet man hierfür auch den Begriff „Pre-sales". Im Bereich von Verleih- oder Vertriebsverträgen ist auch der Begriff Verleihgarantie bzw. Vertriebsgarantie gebräuchlich.

Da diese Lizenzverträge vornehmlich die Auswertung einer fertigen Filmproduktion zum Gegenstand haben, werden sie im entsprechenden Kapitel C. besprochen. Gegenüber „normalen" Lizenzverträgen unterscheiden sich diese Kofinanzierungsverträge vor allem durch die detailliertere Ausarbeitung der Zahlungsmodalitäten der Lizenzvorschüsse und der beiderseitigen Absicherung derselben (Fälligkeitstermine, Fertigstellungsgarantie). Erwirbt der Lizenznehmer mit dem „Pre-sale" über die reine Auswertungslizenz für das eigene Territorium hinaus noch einen Beteiligungsanspruch an den sonstigen Verwertungserlösen des Films, sprich man auch von einen „Pre-buy-equity" (Eggers, Filmfinanzierung, S. 70 f.).

Für „Pre sales" sind aber nur solche Filmprojekte geeignet, die ein gewisses Marktpotential für die jeweiligen Lizenzpartner besitzen, also eher Unterhaltungs- oder Genrefime (z.B. Actionfilme, Thriller). Bei künstlerischen Produktionen (so genannten „Arthouse movies") ist in erster Linie auf öffentliche Mittel zurückzugreifen (z.B. der Sendeanstalten oder Filmförderungen).

Die Kofinanzierung einer Filmproduktion durch Product-Placements wird wegen ihrer sachlichen Nähe zur unentgeltlichen Motivnutzung an dortiger Stelle besprochen (s.u.).

2.1.4. Inanspruchnahme von Filmförderungen

Beispiel:
Der Produzent kalkuliert mit Filmherstellungskosten von insgesamt 1,5 Millionen EUR. Er beantragt Förderungen in Höhe von 200 000 EUR bei dem Kulturbeauftragten der Bundesregierung (früher BMI), 200 000 EUR bei der FFA, 150 000 EUR bei dem Medienboard Berlin-Brandenburg und 150 000 EUR bei der Filmförderung Hamburg. Den Rest der Finanzierung schließt er über Pre-sales an Fernsehsender und ein Verleihunternehmen.

In Deutschland dürfte die Filmförderung für den Produzenten immer noch die wichtigste und attraktivste Form der Kofinanzierung eines Films darstellen. Die ge-

III. Vertragsgestaltung in der Produktion

währten Fördermittel sind entweder gar nicht (bei Zuschüssen) oder nur bedingt für den Erfolgsfall (bei Darlehen) rückzahlbar, die Förderinstitutionen selbst weder an den Rechten des Films, noch den Gewinnen aus deren Verwertung beteiligt.

Die beteiligten Förderinstitutionen stellen traditionell bei der Bewilligung einer Förderung weniger einen erwarteten wirtschaftlichen Erfolg der zu fördernden Filme, als vielmehr sonstige kulturpolitische oder regionalwirtschaftliche Auswirkungen der Filmproduktion in den Vordergrund (z.b. kulturelle oder künstlerische Bedeutung des Films, wirtschaftlicher Standorteffekt für die Region). Dies hat dazu geführt, dass in Deutschland zu einem großen Teil Filme mit öffentlichen Geldern ohne Rücksicht auf Markterfordernisse und Rentabilität finanziert werden konnten, die in anderen Ländern, die nicht über solche Förderstrukturen verfügen (z.b. die USA), niemals in Produktion gegangen wären. Dies hat eine nicht enden wollende Diskussion über die Qualität des deutschen Films und den Sinn diese Art der „Subventionswirtschaft" eingeleitet (vgl. Storm, Strukturen der Filmfinanzierung in Deutschland, S. 74 ff.). In letzter Zeit ist aber zu beobachten, dass einige Förderungen vermehrt ihre Förderentscheidungen von einer positiven Erfolgsprognose des geplanten Filmvorhabens abhängig machen und diese Zielsetzung auch in den Förderichtlinien dokumentieren.

Im Folgenden sollen die wichtigsten nationalen, regionalen und europäischen Förderungen kurz dargestellt werden. Sämtliche Institutionen verfügen über umfangreiche Regularien und Richtlinien zur Vergabe der Fördermittel, die auf Anfrage zur Verfügung gestellt werden oder bereits im Internet abrufbar sind. Wenngleich im Rahmen der nachfolgenden Darstellung ein Schwerpunkt auf die Förderungen bei der Entwicklung von Drehbücher und die Herstellung von Spielfilmen gelegt wird, ist zu beachten, dass die meisten Institutionen Förderungen auch für andere Bereiche anbieten, wie z.B. Projektentwicklung, Kurz- und Dokumentarfilme, Filmabspiel, Filmabsatz oder Filmpräsentation.

Da keine der Förderinstitutionen eine Gesamtfinanzierung des Films übernehmen wird, muss der Produzent aus den einzelnen Programmen Teilstücke seiner Finanzierung zusammenstellen. So kann es gelingen, bis zu 75% der Herstellungskosten über verschiedene Filmförderungen abzudecken (einige Förderungen, wie z.B. der FFF Bayern, legen aber niedrigere Grenzwerte, z.B. 50% für große kommerzielle Spielfilme ohne besondere kulturelle Zielsetzung, fest). Dies wird allerdings mit einem sehr hohen zeitlichen und administrativen Aufwand verbunden sein, da die Förderungen nicht über einheitliche Antragsbedingungen, -formulare und -verfahren verfügen. Es bleibt aber zu wünschen, dass der Filmproduzent trotz dieser lockenden Finanzierungsmittel die Rentabilität seines Films und die Bedürfnisse seines Publikums nicht außer Acht lässt und nicht „am Markt vorbei" produziert.

Die ablehnenden oder begünstigenden Entscheidungen der Förderanstalten sind Verwaltungsakte, für Streitigkeiten hieraus sind die Verwaltungsgerichte zuständig. Eine Überprüfung der Förderentscheidungen der Vergabekommissionen findet aber nur eingeschränkt statt. Ein Gericht kann nicht die Entscheidung einer Kommission durch eine eigene Wertung der Förderungswürdigkeit eines Films ersetzen. Vielmehr beschränkt sich die Nachprüfung darauf, ob die Kommission den Sachverhalt zutreffend erfasst, Verfahrensfehler vermieden, die unbestimmten Rechtsbegriffe einschlägiger Rechtsvorschriften beachtet, die Entscheidung ausreichend begründet sowie keine sachfremden Erwägungen einbezogen hat (v. Have, Filmförderungsgesetz, § 3, Rd. 5, § 19, Rd. 7 m.w.N.; Brehm, Filmrecht, S. 221).

2.1.4.1. Förderungen auf Bundesebene

Auf Bundesebene sind die Förderprogramme der Filmförderungsanstalt (FFA), des Kuratoriums junger deutscher Film und des Beauftragten der Bundesregierung für Angelegenheiten der Kultur und der Medien beim Bundeskanzler (früher Bundesministerium des Inneren) zu nennen.

2.1.4.1.1. Filmförderungsanstalt (FFA). Die FFA administriert die wirtschaftliche Förderung von Filmen auf der Grundlage des Filmförderungsgesetzes (FFG). Das FFG soll zum 01.01.2009 geändert werden. Kernstücke der Reform sind die Erhöhung der Mittel der Absatzförderung, die Verkürzung der Sperrfristen und die Einbeziehung neuer Online-Dienste in die Förderung (sowohl hinsichtlich der Abgabepflichten als auch der Förderung).

Zu den Aufgaben der FFA gehört es, die Qualität des deutschen Films zu steigern und die Struktur der Filmwirtschaft zu verbessern, deutsch-ausländische Gemeinschaftsproduktionen zu unterstützen, die Bundesregierung bei der Harmonisierung der Maßnahmen auf dem Gebiet des Filmwesens innerhalb der Europäischen Wirtschaftsgemeinschaft im Sinne gleicher Wettbewerbsvoraussetzungen zu beraten, die Zusammenarbeit von Film und Fernsehen zu pflegen und für die Verbreitung und marktgerechte Auswertung des deutschen Films im In- und Ausland zu wirken (§ 2 FFG). Zu den Aufgaben gehört ferner die Bekämpfung der Verletzung von urheberrechtlich geschützten Nutzungsrechten (§ 2 Abs. I. Nr. 2 FFG).

Gefördert werden insbesondere die Produktion von programmfüllenden Filmen (§ 15 ff. FFG) und Kurzfilmen (§ 41 ff. FFG), die Herstellung von Drehbüchern (§ 47 ff. FFG), der Filmabsatz durch Verleih- oder Vertriebsunternehmen (§ 53 ff. FFG), das Filmabspiel in Filmtheatern (§ 56 ff. FFG) sowie die Modernisierung von Videotheken (§ 56a FFG).

Die FFA vergibt zur Förderung von Drehbüchern Zuschüsse bis zu höchstens 25 000 EUR, in besonderen Fällen 50 000 EUR für programmfüllende Filme, die geeignet erscheinen, die Qualität und Wirtschaftlichkeit des deutschen Films zu verbessern (§ 47 FFG). Antragsberechtigt ist hier der Autor in Verbindung mit dem Filmhersteller (§ 48 FFG). Da es sich um Zuschüsse handelt, sind diese grundsätzlich nicht rückzahlbar, es sei denn, dass der Antragsteller die Gelder nicht ordnungsgemäß verwendet hat (§ 52 FFG).

Im Rahmen der Produktionsförderung wird zwischen der Referenzfilmförderung und der Projektfilmförderung unterschieden:

Die Referenzfilmförderung belohnt einen Produzenten für einen bereits hergestellten, erfolgreichen Film dadurch, dass dieser bei Erreichen bestimmter Besucherzahlen in den Filmtheatern sowie eventuell zusätzlicher Prädikate einen Zuschuss für die Herstellung eines neuen Filmes erhält (§ 22 FFG). Dem Hersteller eines programmfüllenden Films wird eine Referenzfilmförderung gewährt, wenn der Film mindestens 150 000 Referenzpunkte erreicht hat. Bei der Ermittlung der

III. Vertragsgestaltung in der Produktion

Referenzpunkte werden neben dem Zuschauererfolg verstärkt Erfolge bei international bedeutsamen Preisen und Festivals berücksichtigt, z.B. Deutscher Filmpreis, Golden Globe, Acadamy Award („Oscar"), Wettbewerbshauptpreise auf den Festivals in Cannes, Berlin oder Venedig sowie sonstige Auszeichnungen und Wettbewerbsteilnahmen (§ 22 Abs. III. FFG). Die für die Referenzfilmförderung zur Verfügung stehenden Mittel werden auf die berechtigten Hersteller nach dem Verhältnis der Referenzpunkte der einzelnen Filme zueinander verteilt (§ 22 Abs. VI. FFG). Die Höchstfördersumme beträgt 2 Millionen EUR. Antragsberechtigt ist hier der Filmhersteller, sofern er seinen Sitz (oder bei einem Produzenten aus der EU oder dem EWR seine Niederlassung) im Inland hat (§ 24 Abs. I., 15 Abs. II. Nr. 1 FFG). Die Referenzfilmförderung ist nur zurückzuzahlen, wenn sie nicht ordnungsgemäß verwendet wurde (§ 29 FFG).

Die Projektfilmförderung kann ein Produzent für ein neues Filmvorhaben in Anspruch nehmen, wenn dieses aufgrund des Drehbuchs sowie der Stab- und Besetzungsliste einen Film erwarten lässt, der geeignet erscheint, die Qualität und die Wirtschaftlichkeit des deutschen Films zu verbessern (§ 32 FFG). Dabei sollen in angemessenem Umfang auch Projekte von talentierten Nachwuchskräften berücksichtigt werden (§ 32 Abs. I. FFG). Die Förderungshilfen werden als bedingt rückzahlbare Darlehen bis zur Höhe von 1 Million EUR gewährt, wenn eine Gesamtwürdigung des Filmvorhabens und die Höhe der voraussichtlichen Herstellungskosten dies rechtfertigen. Antragsberechtigt ist wiederum der Filmhersteller (§ 33 FFG). Der Eigenanteil des Herstellers an den im Kostenplan angegebenen und von der FFA anerkannten Kosten muss mindestens 15 % betragen. Der Eigenanteil kann auch bis zu 10% durch Eigenleistungen (z.B. Leistungen des Herstellers als kreativer Produzent, Herstellungsleiter, Regisseur, Hauptdarsteller, Kameramann) oder Verwertungsrechte (z.B. am Roman, Drehbuch, an der Filmmusik) sowie Fremdmittel (z.B. Darlehen) erbracht werden (nach § 34 Abs. I. FFG-E beträgt der Eigenanteil von vornherein nur noch 5%). Der Eigenanteil kann nicht durch andere öffentliche Fördermittel finanziert werden.

Das Darlehen ist nur zurückzuzahlen, wenn die Verwertung erfolgreich verläuft (gemäß einem bestimmten Schlüssel) oder die Gelder nicht ordnungsgemäß verwendet wurden. Handelt es sich bei dem Antragsteller um eine Kapitalgesellschaft (z.B. eine GmbH), muss das Stammkapital bei der Förderung programmfüllender Filme mindestens 100 000 EUR betragen. Dies ist eine erste Hürde für junge Produktionsunternehmen, die meist nur mit dem Mindestkapital nach § 5 Abs. I. GmbHG in Höhe von 25 000 EUR ausgestattet sind. Nach § 26 FFG-E ist nur noch bei ausländischen Gesellschaften ein Mindeststammkapital von 25 000 EUR vorgesehen.

Die FFA kann zur Entlastung der Produktionsbudgets der Filmhersteller und Senkung der Zwischenfinanzierungskosten über Banken für die von ihr geförderten Filme Garantien zur Besicherung von Vor- und Zwischenfinanzierungskrediten für zugesagte, aber noch ausstehende Finanzierungsmittel anderer öffentlicher Förderer oder Fernsehveranstalter übernehmen (§ 31 FFG). Hiermit will der Gesetzgeber der Tatsache Rechnung tragen, dass deutsche Filmproduzenten im Regelfall nur über eine geringe Eigenkapitaldecke verfügen und im beschränkten Umfang bankmäßige Sicherheiten leisten können.

Bei der Auswertung der geförderten Filme sind die Sperrfristen nach § 30 FFG (zukünftig § 20 FFG) zu beachten. Die Sperrfristen betragen zurzeit für die Bildträgerauswertung 6 Monate, die Auswertung durch individuelle Zugriffs- und Abrufdienste oder festgelegte Filmprogrammangebote 12 Monate, durch Bezahlfernsehen 18 Monate und durch Free-TV 24 Monate, jeweils berechnet nach der Kinoerstaufführung. Nach § 20 FFG-E sollen die Sperrfristen für die Bildträgerauswertung und die Auswertung durch entgeltliche Videoabrufdienste und Zugriffsdienste 6 Monate, durch Bezahlfernsehen 12 Monate und durch Free-TV und unentgeltliche Videoabrufdienste 18 Monate betragen. Die Sperrfristen können auf Antrag verkürzt werden (vgl. hierzu auch Radmann, ZUM 2008, 197 ff.).

Finanziert werden die Maßnahmen der FFA in erster Linie durch die Erhebung einer Filmabgabe gegenüber Filmtheatern und Videounternehmen (§ 66 f. FFG), aber auch Leistungen der öffentlich-rechtlichen und privaten Fernsehsender (zukünftig auch den digitalen Programmvermarktern, § 67 Abs. III. FFG-E).

2.1.4.1.2. Kuratorium junger deutscher Film. Das Kuratorium junger deutscher Film wurde 1965 auf Initiative verschiedener Regisseure des Jungen Deutschen Films gegründet und zunächst mit Mitteln des damaligen Innenministeriums ausgestattet. Seit Ende der sechziger Jahre stellen die einzelnen Bundesländer die jährlichen Finanzmittel zur Verfügung. Zurzeit fördert das Kuratorium sowohl Kinderfilme als auch Filme von Nachwuchstalenten. Talentfilme umfassen im Regelfall nur den ersten und zweiten Kinofilm eines Regisseurs nach der Ausbildung, bei Drehbuchautoren nur das erste oder zweite Drehbuch des Autors.

Filmvorhaben können nur gefördert werden, wenn sie einen Film von besonderer künstlerischer Qualität erwarten lassen. Grundsätzlich erfolgt die Förderung in Form von bedingt rückzahlbaren Darlehen. Bei der Drehbuchförderung werden Darlehen bis zu 15 000 EUR gewährt (in besonderen Fällen bis zu 50 000 EUR). Antragsberechtigt sind die Autoren selbst. Das Darlehen ist zurückzuzahlen, wenn das Drehbuch verfilmt wird.

Besteht bereits ein Drehbuch, können Produzenten eine Projektentwicklungsförderung von bis zu 80% der Entwicklungskosten, höchstens aber 30 000 EUR (bei Dokumentar- und Kinderfilmen 50 000 EUR) beantragen. Diese Förderung wird nur für Talentfilme im Low-Budget-Bereich (Budget bis 1,5 Millionen EUR) gewährt. Das Darlehen ist bei Drehbeginn oder Veräußerung der Stoffrechte an einen Dritten zurückzuzahlen.

Die Produktionsförderung wird grundsätzlich ebenfalls nur für programmfüllende Kinofilme bis zu einem Budget von 1,5 Millionen EUR gewährt. Das Darlehen kann bis zu 50 000 EUR betragen (im Bereich Kinderfilm sind Ausnahmen möglich) und ist aus den Verwertungserlösen des Films zurückzuzahlen.

2.1.4.1.3. Beauftragte(r) der Bundesregierung. Das Programm des Beauftragten der Bundesregierung für Angelegenheiten der Kultur und der Medien beim Bundeskanzler fördert künstlerische Filmvorhaben in den Bereichen Drehbuchherstellung, Produktion, Verleih und Filmabspiel. Zu den geförderten Filmen gehören programmfüllende Filme, Kurzfilme mit hohem künstlerischen Rang sowie Kinder-

III. Vertragsgestaltung in der Produktion

und Jugendfilme. Die Förderungen werden in der Regel als nicht rückzahlbare Zuwendungen bewilligt.

Für „hervorragende" Drehbücher können für deren Weiterentwicklung Förderungen von bis zu 30 000 EUR (in besonderen Fällen bis zu 50 000 EUR) vergeben werden, aber grundsätzlich nur, soweit das Drehbuch nicht von anderen Stellen bereits gefördert wird. Antragsberechtigt ist der Autor.

Im Rahmen der Produktionsförderung können für „hervorragende" programmfüllende Filme Förderungen bis zu 250 000 EUR, in Ausnahmefällen auch höhere Förderungen bewilligt werden. Bei der Auswahl ist vorrangiges Kriterium der künstlerische Rang des Films, daneben aber seine zeitnahe Realisierbarkeit und Vermarktungsmöglichkeiten (insbesondere im Kino). Antragsberechtigt ist der Filmhersteller, soweit er seinen Sitz in Deutschland hat.

Der Beauftragte der Bundesregierung vergibt ferner den Deutschen Filmpreis (früher Bundesfilmpreis) mit den Auszeichnungen „Filmband in Gold" (Prämien bis zu 500 000 EUR für Spielfilme), „Filmband in Silber" (Prämien bis zu 400 000 EUR für Spielfilme) und „Urkunden" (Prämien bis zu 250 000 EUR für Spielfilme). Die hierfür gezahlten Prämien dienen sodann als Zuschüsse für künftige Filmvorhaben. Die Auswahl der Preisträger erfolgt durch den Deutsche Filmakademie e.V., deren Mitglieder sich aus den bisherigen und künftigen Preisträgern und Nominierten sowie weiteren Persönlichkeiten des deutschen Films zusammensetzen.

2.1.4.1.4. Deutscher Filmförderfonds (DFFF). Mit der Richtlinie des Beauftragten der Bundesregierung für Kultur und Medien „Anreiz zur Stärkung der Filmproduktion in Deutschland" vom 21. Dezember 2006 (so genannter Deutscher Filmförderfonds) wurde eine weitere Filmförderung ins Leben gerufen. Nach dem DFFF werden ab dem 01.01.2007 jährlich 60 Millionen EUR, zunächst für einen Zeitraum von 3 Jahren, zur Filmförderung zur Verfügung gestellt. Zuständig für die Durchführung der Richtlinie ist die FFA unter der Rechts- und Fachaufsicht des BKM (§ 15 DFFF-Richtlinie). Im Jahr 2007 wurden bereits 99 Filme mit ca. 60 Millionen EUR aus dem DFFF gefördert, davon 65 deutsche Filme und 34 internationale Koproduktionen. Gefördert werden ausschließlich Kinofilme.

Die Förderung erfolgt im Wege der Erstattung von bis zu 20% der deutschen Herstellungskosten des Antragstellers als nicht rückzahlbare Zuwendung. Der Höhe nach ist sie auf höchstens 4 Millionen EUR pro Filmprojekt, in Ausnahmefällen 10 Millionen EUR beschränkt (§§ 13, 14 DFFF-Richtlinie). Antragsberechtigt ist der Filmhersteller, wenn er entweder seinen Wohnsitz oder Geschäftssitz in Deutschland oder seinen Wohnsitz oder Geschäftssitz in einem anderen Mitgliedstaat der EU oder des EWR, aber eine deutsche Niederlassung hat.

Der Antragsteller muss innerhalb der letzten 5 Jahre vor Antragstellung mindestens einen programmfüllenden Kinofilm in Deutschland oder in einem anderen Mitgliedstaat der EU oder des EWR hergestellt und mit mindestens 30 Kopien, bei Low-Budget-Produktionen von bis zu 2 Millionen EUR mit mindestens 15 Kopien sowie bei Erstlingsfilmen mit mindestens 10 Kopien ausgewertet haben. Es ist aber auch die Förderung durch den DFFF für ein Erstlingswerk möglich, wenn eine Zuerkennung einer Förderung durch den BKM, die FFA oder eine Filmförderung eines Bundeslandes vorliegt (§ 3 DFFF-Richtlinie).

Die Förderung wird nur für programmfüllende Spielfilme mit mindestens 79 Minuten, bei Kinderfilmen 59 Minuten Dauer gewährt. Die Herstellungskosten müssen bei Spielfilmen mindestens 1 Million EUR, bei Dokumentarfilmen mindestens 200 000 EUR und bei Animationsfilmen mindestens 3 Millionen EUR betragen (§ 5 DFFF-Richtlinie). Der Film muss in Deutschland im Kino kommerziell ausgewertet werden. Hierzu ist ein rechtsverbindlicher und unbedingter Verleihvertrag spätestens bei Auszahlung der Förderung vorzulegen, der eine Auswertung des Films mit mindestens 30 Kopien, bei Zuwendungen von unter 320 000 EUR mit mindestens 15 Kopien, bei Erstlingswerken mit mindestens 10 Kopien und bei Dokumentarfilmen mit mindestens 4 Kopien vorsieht (§ 6 DFFF-Richtlinie). Auf der Homepage der FFA (www.ffa.de) findet sich eine Liste der vom Deutschen Filmförderfonds anerkannten Filmverleiher.

Die Anträge werden in der Reihenfolge ihres Eingangs bearbeitet, auch die Bewilligung der Zuwendungen erfolgt nach Maßgabe der Reihenfolge des Eingangs der jeweiligen Anträge mit den vollständigen Unterlagen.

Es handelt sich um ein rein formales Prüfungsverfahren. Jedoch muss das Filmvorhaben einen kulturellen Eigenschaftstest bestehen: Danach wird die Zuwendung nur gewährt, wenn der Film eine erforderliche Mindestpunktzahl nach dem Eigenschaftstest für Spiel-, Dokumentar- bzw. Animationsfilme erfüllt (§ 10 DFFF-Richtlinie). Das Punktesystem für den Eigenschaftstest der Filme findet sich in den Anlagen 2 bis 4 der Richtlinie. Der A-Block der Anlagen gliedert sich in die Kategorien kultureller Inhalt und kreative Talente. Innerhalb dieser Kategorien werden für verschiedene Kriterien Punktwerte vergeben.

Beispiel:
Der Film spielt hauptsächlich in Deutschland bzw. im deutschen Kulturkreis, 2 Punkte, der Film verwendet deutsche Drehorte, 3 Punkte, ein Filmkünstler in wichtiger Rolle und von internationalem Rang kommt aus Deutschland, 4 Punkte etc.

Um sich für eine Zuwendung zu qualifizieren, muss ein Spielfilm mindestens 48 Punkte, ein Dokumentarfilm mindestens 27 Punkte und ein Animationsfilm mindestens 41 Punkte aus beiden Kategorien erzielen (§ 10 DFFF-Richtline).

Die Auszahlung der Förderung erfolgt nach Fertigstellung des Films, Schlusskostenprüfung und Nachweis der Bewilligungsvoraussetzungen. Auf Antrag kann aber auch eine ratenweise Auszahlung in Höhe von 1/3 bei Drehbeginn, 1/3 bei Fertigstellung des Rohschnitts und 1/3 nach Prüfung des Schlusskostenstandes ausgezahlt werden (§ 18 DFFF-Richtlinie).

2.1.4.2. Förderungen auf Landesebene

Die einzelnen Bundesländer verfügen über eigene, regionale Filmförderungsprogramme. Grundlage einer Förderzusage für ein Filmvorhaben ist neben allgemeinen kunstspezifischen Merkmalen eines Films grundsätzlich die Erwartung eines so genannten positiven „Standorteffekts" bzw. „Ländereffekts" für das jeweilige Bundesland. Dieser Effekt soll sich in erster Linie in materiell-wirtschaftlichen Vorteilen

III. Vertragsgestaltung in der Produktion

niederschlagen, wie z.B. in Investitionen in filmspezifischen Wirtschaftszweigen, der Auslastung von Studio- oder Kopierwerkskapazitäten, der Schaffung von Arbeitsplätzen oder der Ausbildung von Nachwuchskräften im Filmbereich, aber auch zu einer nur nach ideellen Maßstäben zu bewertenden Verbesserung der allgemeinen Kulturlandschaft der fördernden Region beitragen. Da keine der Länderförderungen eine Gesamtfinanzierung eines Films vornimmt und sich der Produzent die Teilstücke seiner Finanzierung bei verschiedenen Förderinstitutionen zusammensuchen muss, gerät so mancher deutsche Spielfilm zu einer Art „Road Movie". So werden die Protagonisten eines Films oftmals weniger aus dramaturgischen, sondern rein monetären Gründen durch die verschiedenen Bundesländer getrieben, um im Rahmen der hierbei anfallenden Dreharbeiten die erforderlichen „Ländereffekte" zu bewirken.

Von den zahlreichen Länderförderungen können hier nur einige vorgestellt werden:

2.1.4.2.1. FilmFernsehFonds Bayern. Die Förderung des FilmFernsehFonds Bayern erstreckt sich im wesentlichen auf die Bereiche Stoff- und Projektentwicklung, Herstellung von Kino- und Fernsehfilmen, Verleih und Vertrieb, Investitionen filmtechnischer Betriebe, Filmabspiel und Filmpräsentation. Filmvorhaben werden nur gefördert, wenn sie einen nach den Kriterien von Qualität und Wirtschaftlichkeit förderungswürdigen Film erwarten lassen und die Refinanzierung des Förderanteils auf dem nationalen und internationalen Markt möglich erscheint.

Für die Herstellung von Drehbüchern können bedingt rückzahlbare Darlehen bis zu 20 000 EUR (bei mehreren Autoren 30 000 EUR) gewährt werden. Antragsberechtigt sind Autoren; eine Absichtserklärung (zum Letter of Intent s.o. A.III.1.2.1.) eines in Bayern ansässigen Produzenten, das Filmvorhaben zu verwirklichen, soll beigefügt werden. Bei Verwertung des Drehbuchs ist der Antragsteller verpflichtet, die Hälfte des Verwertungserlöses, höchstens aber das ausbezahlte Darlehen zurückzuzahlen.

Im Rahmen der Projektentwicklung können bedingt rückzahlbare Darlehen von bis zu 70% der Projektentwicklungskosten, maximal 100 000 EUR bewilligt werden. Der Förderbetrag soll soweit wie möglich in Bayern verwendet werden. Bei Drehbeginn oder Veräußerung der Stoffrechte ist die Förderung zurückzuzahlen.

Die Förderung der Herstellung von Filmen wird gleichfalls als bedingt rückzahlbares Darlehen gewährt und soll grundsätzlich 30% der Herstellungskosten oder 1,6 Millionen EUR (bei Kinofilmen) bzw. 530 000 EUR (bei Fernsehfilmen) nicht übersteigen. Antragsberechtigt sind die Produzenten. Um den geforderten „Bayern-Effekt" zu erzielen, muss der geförderte Film überwiegend in Bayern hergestellt werden; dies ist gegeben, wenn Dreharbeiten, Synchronisation, Mischung und Kopierwerksarbeiten überwiegend in Bayern stattfinden. Mindestens das 1,5fache des Darlehensbetrages muss in Bayern Verwendung finden. Generell ist erforderlich, dass der Produzent bei Kinofilmen bereits einen Verleihvertrag und bei Fernsehfilmen einen Fernsehlizenzvertrag vorweisen kann. Die Premiere eines geförderten Kinofilms soll in Bayern stattfinden, es sei denn, dass die hier in Anspruch genommene Förderung hinter einer anderen Länderförderung zurückbleibt. Das Darlehen ist aus den in- und ausländischen Verwertungserlösen zu tilgen, nach vorrangiger Rückführung der Eigenmittel und zurückgestellten Eigenleistungen sind 50% der Erlöse zur Tilgung zu verwenden, bei Inanspruchnahme verschiedener Förderungen entsprechend anteilig.

2.1.4.2.2. Filmstiftung Nordrhein-Westfalen. Die Filmstiftung Nordrhein-Westfalen fördert ebenfalls in den Bereichen Drehbuchentwicklung, Produktion, Vertrieb und Verleih.

Für die Herstellung von Drehbüchern können bedingt rückzahlbare Darlehen bis zu 20 000 EUR (bei mehreren Autoren bis zu 40 000 EUR) gewährt werden. Antragsberechtigt sind Produzenten mit Unternehmensniederlassung in Deutschland und Autoren mit erstem Wohnsitz in Nordrhein-Westfalen. Das Darlehen ist 6 Monate vor Drehbeginn oder bei Veräußerung der Stoffrechte zurückzuzahlen. Wird das Drehbuch innerhalb von 36 Monaten nach Auszahlung nicht realisiert, fallen die Stoffrechte an die Filmstiftung. Der Geförderte kann gegen Rückzahlung des auf die Autorenleistung entfallenen Anteils am Darlehen die Rückübertragung der Stoffrechte verlangen.

Die Produktionsförderung kann sich hierbei sowohl auf programmfüllende Spiel- und Fernsehfilme, Kurzfilme, Millionenproduktionen oder Low-Budget-Produktionen erstrecken. Die Förderung eines programmfüllenden Kinofilms erfordert, dass der Film einen wirtschaftlichen Erfolg in den Filmtheatern erwarten lässt. Bei Fernsehproduktionen wird verlangt, dass sich das Programm entweder durch besondere Qualität auszeichnet, gemeinsam mit internationalen Koproduzenten produziert wurde, für die Auswertung auf dem internationalen Markt bestimmt ist oder das Projekt im besonderen Interesse des Landes Nordrhein-Westfalen steht. Die Förderungen werden als bedingt rückzahlbare Darlehen gewährt und sollen 50% der Kostenanteile des Antragstellers bzw. der kalkulierten Gesamtherstellungskosten nicht übersteigen (bei Low-Budget-Filmen im Einzelfall auch bis zu 70%). Antragsberechtigt sind Produzenten, die in der Lage sind, eine qualitativ niveauvolle Durchführung der Produktion zu gewährleisten. Um den Ländereffekt zu gewährleisten, muss der Produzent mindestens das 1,5fache des Förderbetrages in Nordrhein-Westfalen verwenden, zudem soll bei der Herstellung in angemessenem Umfang die filmberufliche Aus- und Weiterbildung von Personen mit Hauptwohnsitz in Nordrhein-Westfalen gefördert werden. Die Premiere eines geförderten Kinofilms soll in Nordrhein-Westfalen erfolgen. Die Rückzahlung des Darlehens erfolgt wiederum nach Rückspiel der Eigenmittel des Produzenten zu 50 % aus den in- und ausländischen Verwertungserlösen, bei der Beteiligung mehrerer Förderungen anteilig.

2.1.4.2.3. Medienboard Berlin-Brandenburg. Auch das Medienboard Berlin-Brandenburg (früher Filmboard Berlin-Brandenburg) stellt bei der Förderentscheidung eine positive Erfolgsprognose des geplanten Filmvorhabens in den Vordergrund.

Bei der Herstellung von Drehbüchern werden an Produzenten mit Sitz in Berlin-Brandenburg bzw. Deutschland bedingt rückzahlbare Darlehen gewährt. Die

Herstellung der Projekte soll überwiegend in Berlin-Brandenburg stattfinden. Bei Drehbeginn oder anderweitiger Verwertung der Stoffrechte ist das Darlehen zurückzuzahlen.

Voraussetzung für eine Produktionsförderung eines Kinofilms ist es grundsätzlich, dass bereits bei Antragstellung ein geschlossener Verleihvertrag vorliegt und die wirtschaftliche Auswertung des Films in Kinotheatern sichergestellt ist. Bei Fernsehfilmen muss ebenfalls die internationale Verwertung abgesichert sein. Antragsberechtigt sind nur Produzenten. Um den Ländereffekt zu erreichen, muss der Produzent mindestens einen Betrag in Höhe der bewilligten Fördermittel filmspezifisch, d.h. zur Herstellung des Films, im Raum Berlin-Brandenburg verwenden. Die Premiere geförderter Kinofilme soll in Berlin oder Brandenburg stattfinden, es sei denn, dass die Förderung hinter einer anderen Länderförderung zurückbleibt. Die Rückzahlung des Darlehens erfolgt nach Deckung des Eigenanteils wieder aus 50% der Verwertungserlöse, bei Inanspruchnahme mehrerer Förderungen anteilig. Das Medienboard Berlin-Brandenburg versteht sich als Service- bzw. Dienstleistungsunternehmen, welches den Produzenten über die reine Geldmittelvergabe hinaus von der Projektentwicklung bis zur Ausarbeitung des Marketingplans unterstützen möchte.

2.1.4.2.4. Filmförderung Hamburg Schleswig Holstein (FFHSH). Die FFHSH ist ebenfalls auf den Gebieten Drehbuchförderung, Projektentwicklung, Produktionsförderung, Verleih- und Vertriebsförderung sowie Abspielförderung tätig.

Die Entwicklung eines Drehbuchs kann mit einer Förderung von bis zu 50 000 EUR unterstützt werden. Antragsberechtigt sind Produzenten, die bereits mit Autoren zusammenarbeiten, oder Autoren allein. Das Darlehen ist bei Drehbeginn oder Rechteveräußerung zurückzuzahlen. Bei mangelnder Realisierung fallen die Rechte automatisch nach 36 Monaten auf die Filmförderung zurück, wobei auch hier die Rückübertragung der Rechte gegen Rückzahlung der Förderung verlangt werden kann.

Die Höhe der maximalen Produktionsförderung ist wiederum abhängig von den jeweiligen kalkulierten Herstellungskosten und den Besonderheiten des Filmvorhabens und kann bei Kinofilmen zwischen 50% und 80% des Gesamtbudgets betragen. Antragsberechtigt sind Produzenten. Die Förderung eines programmfüllenden Kinofilms setzt voraus, dass der Film einen wirtschaftlichen Erfolg in Filmtheatern oder eine besondere kulturelle Bedeutung für Hamburg erwarten lässt. Bei Fernsehproduktionen wird verlangt, dass eine Refinanzierung auf dem nationalen und internationalen Fernsehmarkt aussichtsreich erscheint. Ferner muss der Produzent bei Antragstellung den zu erwartenden Ländereffekt für Hamburg angeben. Die deutsche Premiere geförderter Spielfilme soll in Hamburg stattfinden. Das Darlehen ist nach Deckung des Eigenanteils aus den Erlösen (entsprechend dem prozentualen Anteil der Fördersumme an den Herstellungskosten oder dem deutschen Anteil der Gesamtherstellungskosten) zu tilgen. Sonderregelungen gelten für Low-Budget-Filme mit Herstellungskosten bis zu 800 000 EUR. Hier sind auch Regisseure antragsberechtigt, die den Film selbst produzieren.

2.1.4.2.5. Mitteldeutsche Medienförderung. Die Mitteldeutsche Medienförderung (MDM) wird gebildet aus den Bundesländern Sachsen, Sachsen-Anhalt, Thüringen, dem MDR und dem ZDF und fördert ebenfalls in allen Bereichen wie Stoffentwicklung, Produktion, Verleih und Vertrieb, Abspiel und Präsentation.

Für die Entwicklung eines Drehbuchs können Förderungen bis zu 25 000 EUR gewährt werden. Antragsberechtigt sind Produzenten, Autoren und Regisseure. Das Darlehen ist bei Drehbeginn oder Rechteveräußerung zurückzuzahlen. Der Film ist nach Möglichkeit in Mitteldeutschland zu realisieren. Wird das Drehbuch innerhalb von 36 Monaten nicht verfilmt, fallen die Rechte an die Förderung zurück; auch hier kann die Rückübertragung der Rechte gegen Rückzahlung des Darlehens verlangt werden.

Für die Herstellung von Filmen können Produzenten und Multimediaunternehmen Darlehen gewährt werden. Zur Antragstellung sind Verträge oder Absichtserklärungen (zum Letter of Intent s.o. A.III.1.2.1.) über die Verwertung des Films vorzulegen. Die Auszahlung setzt dann den Nachweis der Gesamtfinanzierung und der unterzeichneten Verwertungsverträge voraus.

In den beteiligten drei Bundesländern sollen mindestens die bewilligten Fördermittel film-, fernseh- und medienspezifisch verwendet werden. Im Einzelfall kann hierauf verzichtet werden, wenn auch andere Länderförderungen zugunsten der MDM in gleicher Höhe auf ihre Ländereffekte verzichten. Die Premiere geförderter Projekte soll in Sachsen, Sachsen-Anhalt oder Thüringen erfolgen. Die Rückzahlung der Darlehen erfolgt nach Deckung der anerkannten Eigenmittel aus den Verwertungserlösen, anteilig mit andern beteiligten Förderungen.

2.1.4.2.6. Sonstige Länderförderungen. Neben diesen vorgenannten regionalen Förderungen wären noch das Filmbüro NW e.V., die Hessische Filmförderung, das Filmbüro Bremen, die NordMedia (Mediengesellschaft Niedersachsen Bremen), die Filmförderung Mecklenburg-Vorpommern, die Gesellschaft zur Medienförderung Saarland, die Medien- und Filmgesellschaft Baden-Württemberg, die Kulturelle Filmförderung Sachsen und die Kulturelle Filmförderung Thüringen zu nennen, welche ebenfalls Produktionsförderungen sowie Förderungen in anderen filmischen Bereichen wahrnehmen.

2.1.4.3. Europäische Förderprogramme

Neben den bundesdeutschen Förderprogrammen kann der Produzent auch europäische Fördermittel in Anspruch nehmen. Hierzu zählen z.B. die Förderungen der MEDIA-Programme und der EURIMAGES.

2.1.4.3.1. MEDIA. Die MEDIA-Programme werden seit 1990 von der Europäischen Union zur Stärkung der europäischen audiovisuellen Industrie aufgelegt. Nach den Programmen MEDIA, MEDIA II und MEDIA Plus gilt nun für den Zeitraum 2007 bis 2013 das Programm MEDIA 2007.

Die Förderung verfügt über einen Gesamtetat von 755 Mio. EUR, der für die Bereiche Vertrieb, Unterstützung für Produzenten, Training, Promotion und Pilot-Projekte zur Verfügung steht.

III. Vertragsgestaltung in der Produktion

Die Fördermaßnahmen für Produzenten umfassen die Unterstützung für Film- und Fernsehproduzenten bei der Projektentwicklung („Development"), bei den Projektfinanzierungskosten („i2i-Audiovisual") und den Produktionskosten von TV-Produktionen („TV-Ausstrahlung").

Im Bereich Development wird zwischen der Einzelprojektförderung und der Paketförderung („Slate Funding") unterschieden. Einzelprojekte können zwischen 10 000 und 60 000 EUR (maximal 80 000 EUR bei Kino- und Animationsfilmen), Pakete zwischen 70 000 und 190 000 EUR (pro Projekt wieder nur zwischen 10 000 und 60 000 EUR) erhalten. Gefördert werden Kino- Fernsehfilme, Dokumentar- und Animationsfilme sowie Serien mit Potential für den europäischen Markt.

Daneben fördert das Programm die Projektentwicklung interaktiver Werke für Computer, Internet, Spielekonsolen, mobile Endgeräte oder neue, interaktive Formate mit Beträgen zwischen 10 000 EUR und 60 000 EUR (bis zu 100 000 EUR für die Entwicklung eines Prototyps für Spielekonsolen und Computer).

I2i-Audiovisual übernimmt die Finanzierungsförderung und unterstützt max. 50% der Risiko- und Finanzierungskosten von Kino- und Fernsehfilmen (Versicherungskosten, Kosten für Completion Bond oder Finanzierung).

Im Bereich TV-Ausstrahlung werden europäische TV-Produktionen mit Zuschüssen von bis zu 500 000 EUR (für Fiction- und Animationsfilme) oder 300 000 EUR (für Dokumentarfilme) gefördert.

Die EU-Kommission veröffentlicht für die geförderten Bereiche regelmäßig so genannte Aufrufe, in denen die Förderbedingungen und die Einreichtermine für Förderanträge bekannt gegeben werden.

2.1.4.3.2. EURIMAGES. Die EURIMAGES wurde 1989 aufgelegt und unterstützt zurzeit mit ihren Förderprogrammen europäische Koproduktionen, Vertriebe, Filmtheater und Digitalisierung. Der Großteil des Etats (bis zu 90%) fließt in die Koproduktionsförderung.

Gefördert werden programmfüllende Koproduktionen aus dem Spiel-, Animations- oder Dokumentarfilmbereich, sofern diese von mindestens zwei Koproduzenten aus unterschiedlichen europäischen Mitgliedsstaaten des Programms hergestellt werden. Sofern Koproduzenten aus Nicht-Mitgliedsstaaten beteiligt sind, dürfen deren Anteile an den Herstellungskosten des Films 30% nicht übersteigen. Die Förderung soll 17% der Gesamtherstellungskosten oder 70 000 EUR nicht übersteigen.

Die geförderten Projekte müssen europäischen Ursprungs sein, bei Spielfilmen aus dem Bereich Fiktion findet das Punktesystem des europäischen Koproduktionsabkommens Anwendung. Die Auswahl der Projekte erfolgt dann nach kulturellen und wirtschaftlichen Gesichtspunkten; neben künstlerischen Aspekten des Stoffes oder der Mitwirkenden ist auch das kommerzielle Potential zu berücksichtigen.

Mindestens 50% der Finanzierung muss in jedem Mitgliedstaat der Koproduzenten durch nationale Förderungen, TV-Pre-Sales, eine Minimumgarantie oder sonstige Finanzierungsmittel durch Verträge, Deal-Memos oder Letters of Intent nachgewiesen werden. Bei Filmen aus dem Bereich Animation oder Dokumentation enthalten die EURIMAGES-Regelungen ebenfalls Punktesysteme.

Die EURIMAGES-Förderungen sind dann aus den Verwertungserlösen nach den vorgegebenen Bedingungen zurückzuzahlen.

2.1.5. Filmfonds und sonstige Investoren aus der Privatwirtschaft (Private Placements)

Beispiel:
Da eine Förderung nicht bewilligt wurde, möchte der Produzent die entstandene Finanzierungslücke in Höhe von 10% durch Beteiligungen privater Kapitalanleger schließen und verhandelt mit einem Filmfonds und mehreren Privatinvestoren.

Der Produzent, der Investoren aus der Privatwirtschaft gewinnen möchte, wird hierfür zunächst einen Business-Plan aufstellen müssen, welcher die Unternehmensstrategie des Produktionsunternehmens, das Marktpotential der Filmproduktion bzw. der geplanten Produktionspalette sowie die Vermarktungspläne und Ergebnisprognosen vorstellt (vgl. hierzu v. Have/Clevé, in Clevé: Investoren im Visier, S. 211 ff.). Da der wirtschaftliche Erfolg eines Filmstoffs ungewiss ist, wird das Verlustrisiko gerne auf mehrere Filmvorhaben gestreut. Selbstverständlich können auch einzelne Filmprojekte auf Interesse der Kapitalanleger stoßen, wenn das Renommee oder die Erfolgsgeschichte des vom Produzenten zusammengestellten Teams oder bereits bestehende Geschäftsverbindungen zu einflussreichen Vertriebs- oder sonstigen Medienunternehmen für den kommerziellen Erfolg der Produktion bürgen.

In den letzten Jahren sind vermehrt Filmfonds als Kapitalgeber im Filmbereich aufgetreten. Bei Filmfonds handelt es sich um Kapitalanlegermodelle, welche Kapital aus der Privatwirtschaft akquirieren und dieses in Filmproduktionen investieren. Traditionell bevorzugen Filmfonds englischsprachige oder zumindest international verwertbare Filmproduktionen (insbesondere Animationsfilme), obwohl in den letzten Jahren aber auch verstärkt in deutsche Produktionen investiert wurde (vgl. Storm, Strukturen der Filmfinanzierung in Deutschland, S. 62 f.).

Für die Anleger sind bei solchen Fonds in erster Linie die Steuervorteile entscheidend. Filmfonds hatten ihre Blütezeit Ende der 90er Jahre, bis der Gesetzgeber und das Bundesministerium der Finanzen die steuerlichen Vorteile zurückgeschnitten haben.

Mit dem neuen § 15b EStG hat der Gesetzgeber die Steuervorteile für modellhaft gestaltete Medienfonds abgeschafft. Nach dem Schreiben des Bundesministeriums der Finanzen vom 17.07.2007 sind Medienfonds modellhaft gestaltet, wenn sie insbesondere ein vorgefertigtes Konzept (typischerweise in Anlegerprospekten, wie Katalogen, Verkaufsunterlagen, Beratungsbögen) und gleichgerichtete, im wesentlichen identische Leistungsbeziehungen aufweisen (z.B. gleichartige Verträge mit identischen Vertragsparteien, wie Treuhändern, Vermittlern, Banken). Diese Voraussetzungen sind bei Filmfonds regelmäßig erfüllt. Nach § 15b EStG können Verluste im Zusammenhang mit solchen Steuerstundungsmodellen nicht mehr mit den übrigen Einkünften des Steuerpflichtigen, sondern lediglich mit den späteren Gewinnen aus diesen Steuerstundungsmodellen verrechnet werden, wenn die prognostizierten Verluste mehr als 10% des gezeichneten und aufzubringenden oder

III. Vertragsgestaltung in der Produktion

eingesetzten Kapitals betragen. Es wird abzuwarten sein, welche Rolle Filmfonds zukünftig noch auf dem Markt spielen werden.

Neben Filmfonds können auch sonstige Investoren aus der Privatwirtschaft Finanzierungsmittel für eine Filmproduktion bereitstellen. Die steuerlichen Vorteile kann der Privatinvestor nur in Anspruch nehmen, wenn er als einer der Filmhersteller im Sinne von § 94 UrhG anzusehen ist. D.h., dass der Investor den Film als alleiniger Produzent, als Koproduzent oder Auftraggeber einer unechten Auftragsproduktion auftreten muss (zur steuerlichen Behandlung siehe FG München, ZUM 2008, 259; Feyock/Heinkel, ZUM 2008, 179 ff.; Manegold, ZUM 2008, 188 ff.).

Sofern es nicht aus steuerlichen Gründen notwendig ist, dass der Investor im Rahmen eines echten Koproduktionsvertrages Filmhersteller im Sinne von § 94 UrhG wird, muss dieser auch nicht weiter unternehmerisch bzw. organisatorisch in die Produktion eingegliedert werden. In diesem Fall erwirbt der Investor keine originären Rechte an der Produktion. Im Rahmen des Kofinanzierungsvertrages ist sodann zu regeln, inwieweit dem Investor bestimmte Nutzungsrechte an dem Filmwerk eingeräumt und nach welchem Verteilungsplan die Rückflüsse aus der Verwertung der Produktion ausgeschüttet werden sollen. Zur Minimierung des Investitionsrisikos wird der Produzent zum Abschluss der notwendigen Versicherungen sowie einer Fertigstellungsgarantie (Completion Bond) verpflichtet sein.

2.2. Verträge mit Mitwirkenden

Beispiel:
Der Produzent muss nunmehr den Regisseur, die Darsteller, das Kamerateam, den Produktionsstab, die Requisiteure, die Fahrer etc. für die Produktion verpflichten.

2.2.1. Vorbemerkung: Arbeitsrecht bei der Filmherstellung

Bei Abschluss von Verträgen mit Film- und Fernsehschaffenden in der Filmproduktion muss beachtet werden, dass hier oftmals Arbeitsverhältnisse begründet werden und demzufolge Regelungen des kollektiven und individuellen Arbeitsrechts sowie die zahlreichen Arbeitnehmerschutzgesetze Anwendung finden. Daneben sind auch urheberrechtliche Sonderbestimmungen für Arbeitsverhältnisse zu beachten.

2.2.1.1. Film- und Fernsehschaffende als Arbeitnehmer

Das Arbeitsrecht ist ein Sonderrecht für Arbeitnehmer. Dies sind Personen, die fremdbestimmte, weisungsgebundene und unselbständige Arbeit leisten. Die Schutzvorschriften des Arbeitsrechts finden teilweise ebenfalls Anwendung auf arbeitnehmerähnliche Personen und die so genannten „Scheinselbständigen". Keine Anwendung findet das Arbeitsrecht auf „echte" Selbständige, hier ist auf das normale Werk- oder Dienstvertragsrecht des BGB zurückzugreifen.

Die Art und Weise der Bezeichnung des Mitwirkenden im Vertrag (z.B. als „freier Mitarbeiter", „selbständig Verpflichteter") oder der vertragliche Ausschluss der Arbeitnehmereigenschaft (z.B. „zwischen den Parteien wird kein Arbeitsverhältnis begründet"), ist ohne Einfluss. Entscheidend ist die tatsächliche, objektive Ausgestaltung der zu leistenden Tätigkeit. Umgekehrt ist allerdings die Bezeichnung des Vertrages als „Arbeitsvertrag" schädlich. Das maßgebliche Kriterium für die Prüfung der Arbeitnehmereigenschaft ist der Grad der persönlichen Abhängigkeit des Mitwirkenden, dieser wird erreicht bei Übernahme fremdgeplanter, fremdnütziger und von fremder Risikobereitschaft getragener Arbeit unter Eingliederung in einen fremden Produktionsbereich.

Ist der Mitarbeiter weisungsgebunden, einem Zeit- oder Produktionsplan untergeordnet, besitzt er zeitlich oder örtlich definierte Anwesenheitspflichten, ist der Arbeitseinsatz auf eine bestimmte Dauer ausgerichtet und trägt er letztlich nicht das unternehmerische Risiko der Produktion, so spricht dies für den Arbeitnehmerstatus des Mitwirkenden. Ist der Mitwirkende Arbeitnehmer, so wirkt sich dies unmittelbar auf die inhaltliche Ausgestaltungsmöglichkeiten des Arbeitsverhältnisses (Arbeitszeit, Vergütung, Entgeltfortzahlung, Haftung, Urlaub), die Beendigungsmöglichkeiten (Kündigungsschutz, Arbeitszeugnis) sowie die steuer- und sozialversicherungsrechtliche Behandlung aus. Da im Rahmen von Filmproduktionen befristete Arbeitsverhältnisse abgeschlossen werden, ist auch das Teilzeitbefristungsgesetz (TzBfG) zu beachten.

Unter arbeitnehmerähnlichen Personen werden solche Mitarbeiter verstanden, die zwar persönlich wie Selbständige auftreten, aber dennoch wirtschaftlich vom Arbeitgeber abhängig sind. Dies trifft z.B. auf bestimmte Künstler zu, die zwar nur gelegentlich Aufträge annehmen (etwa auf Abruf bereit stehen), aber im Ergebnis doch von der regelmäßigen Auftragsvergabe wirtschaftlich abhängig sind. Als Regelfall gelten hier die freien Mitarbeiter in Verlagen und Fernseh- bzw. Rundfunkanstalten. Auch bei diesen gelten die Bestimmungen des Arbeitsschutzgesetzes und des Bundesurlaubsgesetzes.

Nach den bis zum 31.12.2002 geltenden Gesetzesvorschriften zur Verhinderung der Scheinselbständigkeit wurde auch bei freien Mitarbeitern die Sozialversicherungspflicht vermutet, wenn bestimmte Kriterien auf das Arbeitsverhältnis zutrafen (z.B. der Mitwirkende beschäftigte selbst keine Arbeitnehmer, war weisungsgebunden und in die Arbeitsorganisation des Auftraggebers eingebunden, trat nicht unternehmerisch am Markt auf). Im Zuge der Umsetzung der Hartz-Konzepte wurden diese Vermutungskriterien zum 01.01.2003 wieder aufgehoben, so dass die Sozialversicherungspflicht wohl wieder nach den früheren Grundsätzen der Rechtsprechung zu bestimmen ist.

Man kann davon ausgehen, dass die Mehrzahl der an einer Film- oder Fernsehproduktion beteiligten Mitwirkenden aufgrund ihrer persönlichen und organisatorischen Eingliederung in den Betriebsablauf der Produktion als Arbeitnehmer einzustufen ist und der Sozialversicherungspflicht unterliegt. Dies muss gerade für den Produzenten von Interesse sein, da ihn bei Nichtbeachtung die volle Arbeitgeberhaftung für alle nicht abgeführten Sozialversicherungsbeiträge trifft.

Ist der Mitwirkende als Arbeitnehmer einzustufen, so finden zahlreiche Arbeitnehmerschutzgesetze Anwendung, wie das Arbeitszeitgesetz, welches die Höchstdauer der täglichen und wöchentlichen Arbeitszeit, der Nacht und Schichtarbeit und Ruhepausen regelt, das Mutterschutzgesetz, das Arbeitsschutzgesetz, ferner das

Entgeltfortzahlungsgesetz, welches die Höhe und Dauer der Entgeltfortzahlung im Krankheitsfall garantiert, sowie das Bundesurlaubsgesetz, welches das Recht des Arbeitnehmers auf bezahlten Erholungsurlaub bzw. Urlaubsabgeltung festlegt. Ausgenommen vom Arbeitszeitschutz sind aber so genannte leitende Angestellte, d.h. solche Personen, welche besonders qualifizierte und mit persönlicher Verantwortung versehene Arbeitsleistungen verrichten.

Die Vorschriften über Allgemeine Geschäftsbedingungen der §§ 305 ff. BGB finden auf Arbeitsverträge allerdings nur eingeschränkt Anwendung. So gelten die Erfordernisse über die Einbeziehung von AGB in den Vertrag gemäß § 305 Abs. II., III. BGB ausdrücklich nicht, hinsichtlich der übrigen Bestimmungen sind die arbeitsrechtlichen Besonderheiten angemessen zu berücksichtigen, § 310 Abs. IV. BGB. Ebenfalls ausgeschlossen ist die Anwendbarkeit der §§ 305 ff. auf Tarifverträge.

2.2.1.2. Tarifvertrag für Film- und Fernsehschaffende.
Neben diesen individualarbeitsrechtlichen Normen ist auch das kollektive Arbeitsrecht zu beachten. Hierunter versteht man die Normen und Gesetze, die die rechtlichen Beziehungen einer Mehrheit von Arbeitnehmern und Arbeitgebern regulieren. Zum kollektiven Arbeitsrecht zählt auch das Tarifvertragsrecht. Tarifverträge sind schriftliche Vereinbarungen zwischen Arbeitgebern (Arbeitgebervereinigungen, Verbänden) und Arbeitnehmergruppen (Gewerkschaften) für bestimmte Berufsbereiche.

Im Bereich der Filmproduktion existiert der Tarifvertrag für Film- und Fernsehschaffende, gültig ab 01.01.1996, abgeschlossen zwischen dem Berufsverband Deutscher Fernsehproduzenten e.V., der Arbeitsgemeinschaft Neuer Deutscher Spielfilmproduzenten e.V., dem Verband Deutscher Spielfilmproduzenten e.V. auf der Arbeitgeberseite, und der Industriegewerkschaft Medien, Druck und Papier, Publizistik und Kunst sowie der DAG Deutsche Angestellten-Gewerkschaft – Berufsgruppe Kunst und Medien – auf der Arbeitnehmerseite. Dieser gliedert sich in einen allgemeinen Manteltarifvertrag, einen Gagentarifvertrag sowie einen Tarifvertrag für Kleindarsteller. Der alte Gagentarifvertrag wurde zum 31.12.1999 gekündigt und neu verhandelt, was zu einer Erhöhung der Gagen zum 01.05.2000 führte. Der Manteltarifvertrag ist teilweise gekündigt. Mit dem Übergangstarifvertrag vom 09.05.2005 sind die gekündigten Mantel- und Gagentarifverträge bis zum 31.12.2008 wieder in Kraft gesetzt, ferner ein Zeitkontenmodell vor dem Hintergrund der Hartz II. und IV. Gesetze eingeführt. Danach werden Überstunden in ein Zeitkonto eingespeist, welches im Anschluss an die Produktionsdauer aufgelöst wird (entweder in Beschäftigungszeit umgewandelt oder in Geld abgegolten).

Die tarifvertraglichen Bestimmungen gelten für das Arbeitsverhältnis grundsätzlich nur dann, wenn beide Parteien, also Arbeitgeber und Arbeitnehmer, Mitglieder der Tarifvertragsparteien sind. Eine Ausnahme ist dann gegeben, wenn der Tarifvertrag von der zuständigen Behörde für allgemeinverbindlich für den gesamten Berufszweig erklärt worden ist, was auf den Tarifvertrag für Film- und Fernsehschaffende allerdings nicht zutrifft (allerdings von beiden Parteien angestrebt wird, Ziffer 19.4 Manteltarifvertrag). Aber auch wenn eine Partei oder beide Parteien des Mitwirkendenvertrages nicht Mitglied einer Tarifpartei sind, können diese den Tarifvertrag durch Individualvereinbarung in den Arbeitsvertrag einbeziehen.

Zwischen den einzelnen rechtlichen Bestimmungen, d.h. den Arbeitnehmerschutzgesetzen, dem Tarifvertrag sowie dem individuellen Arbeitsvertrag, gilt zugunsten des Arbeitnehmers das Günstigkeitsprinzip. Danach geht die für den Film- und Fernsehschaffenden jeweils günstigste Norm vor. Im Arbeitsvertrag können daher stets mehr Rechte zugunsten des Mitwirkenden eingeräumt werden, als es die Gesetze oder der Tarifvertrag verlangen.

Der Manteltarifvertrag für Film- und Fernsehschaffende gilt für alle Film- und Fernsehschaffenden innerhalb der nicht öffentlich-rechtlich organisierten Betriebe zur Herstellung von Filmen in der Bundesrepublik Deutschland. In den persönlichen Geltungsbereich fallen nur Angestellte und gewerbliche Arbeitnehmer, nicht auch freie Mitarbeiter oder arbeitnehmerähnliche Personen (Götz von Olenhusen, Film und Fernsehen, TV FF Rd. 116, 118). Nach der beispielhaften Aufzählung in Ziff. 1.3. sind Film- und Fernsehschaffende hiernach Architekten (Szenenbildner), Ateliersekretärinnen (Skript), Aufnahmeleiter, Ballettmeister, Continuities, Cutter, Darsteller (Schauspieler, Sänger, Tänzer), Filmgeschäftsführer, Filmkassierer, Fotografen, Geräuschemacher, Gewandmeister, Kameramänner, Kostümberater, Maskenbildner, Produktionsfahrer, Produktionsleiter, Produktionssekretärinnen, Regisseure, Requisiteure, Special Effect Men, Tonmeister, sowie Assistenten vorgenannter Sparten und Filmschaffende in ähnlichen, mit der Herstellung von Filmen unmittelbar im Zusammenhang stehenden Beschäftigungsverhältnissen (Ziff. I.1.3. Manteltarifvertrag). Für so genannte ständig beschäftigte Filmschaffende, welche bei einem Filmhersteller länger als sechs Monate für mindestens drei Filmproduktionen während der Dauer eines Jahres beschäftigt sind, können abweichende Vereinbarungen getroffen werden. Nicht unter den Manteltarifvertrag fallen die so genannten Kleindarsteller (Statisten, Komparsen), für diese gelten gelockerte Bestimmungen gemäß dem separaten Tarifvertrag für Kleindarsteller.

Die Regelungen des Tarifvertrages dienen allerdings nicht nur dem Schutz der Arbeitnehmer, sondern passen sich auch den Bedürfnissen des Produzenten und den Besonderheiten von Filmproduktionen an.

Wie bereits angesprochen, wurden die tarifvertraglichen Regelungen in Ziffer 3 betreffend die Übertragung der Rechte der Filmschaffenden an Film, Foto und Namen auf den Filmhersteller mit Wirkung vom 01.01.1995 gekündigt und werden neu verhandelt. Allerdings wirken diese Regelungen bis zur Neufassung nach (vgl. Ziffer 19.2 Manteltarifvertrag).

Nach der bisherigen Regelung räumen die Filmschaffenden dem Filmhersteller alle ihnen im Laufe des Beschäftigungsverhältnisses zuwachsenden Nutzungs- und Verwertungsrechte an Urheber- und verwandten Schutzrechten für die Herstellung und Auswertung des Filmes ausschließlich und ohne inhaltliche, zeitliche oder räumliche Beschränkung ein. Dies umfasst den Film in seiner Gesamtheit, in Teilen einschließlich aller Fotos, Zeichnungen, Entwürfe, Bauten etc., sowie seine Nutzung in unveränderter oder veränderter Form in allen technischen Mitteln (Ziff. 3.1 Manteltarifvertrag).

III. Vertragsgestaltung in der Produktion

Der Filmhersteller ist zwar nur zur Nutzung der Beiträge zum Zwecke der Herstellung, Auswertung oder Werbung von Filmen befugt, er ist hierbei aber nicht auf einen bestimmten Film beschränkt. Zur Nutzung der Materialien in weiteren Filmen ist er aber nur berechtigt, wenn hierdurch das künstlerische Ansehen der Filmschaffenden nicht gröblich verletzt wird (Ziff. 3.2 Manteltarifvertrag). Diese Regelung spiegelt die gesetzliche Wertung der §§ 93, 14, 83 UrhG wieder.

Name und Bild des Filmschaffenden können vollumfänglich zum Zecke der Herstellung, Auswertung und Bewerbung des Filmes genutzt werden (Ziff. 3.10. Manteltarifvertrag). Diese Rechteeinräumung beschränkt sich aber auf die filmische Nutzung und umfasst insbesondere nicht die Auswertung von Name und Abbild im Wege des Merchandisings; hierfür sind Individualabreden erforderlich (Götz v. Olenhusen, Film und Fernsehen, Rd. 1726).

Einen Anspruch auf Nennung im Vor- oder Abspann, soweit dieser vorhanden ist, haben die Regisseure, Hauptdarsteller, Produktionsleiter, Kameramänner, Architekten, Tonmeister, Cutter, 1. Aufnahmeleiter, sowie Masken- und Kostümbildner. Andere Filmschaffende müssen einen Nennungsanspruch individualvertraglich aushandeln (Ziff. 3.10 Manteltarifvertrag).

Hinsichtlich der Beschreibung der Tätigkeitspflichten wird auf den Produktionsablauf Rücksicht genommen und größtmögliche Flexibilität erwartet. So kann der Produzent verlangen, dass der Filmschaffende während der Vertragszeit auch anderweitige Tätigkeiten erbringt, die seiner beruflichen und vertraglich vorausgesetzten Eignung entsprechen oder in anderen Filmproduktionen mitarbeitet. Die Weigerung des Filmschaffenden zieht den Verlust seiner Gagenansprüche nach sich (Ziff 4.2. Manteltarifvertrag).

Der Filmschaffende muss für den Produzenten jederzeit erreichbar sein und ihm an jedem gewünschten Arbeitsort zur Verfügung stehen, soweit dies nicht aus schwerwiegenden Gründen unzumutbar ist. Er hat auch an der Uraufführung und bestimmten weiteren Aufführungen teilzunehmen; dies muss allerdings im Arbeitsvertrag separat vereinbart werden (Ziff. 4.4 Manteltarifvertrag). Der Filmschaffende hat auch bei der Herstellung eines Werbetrailers mitzuwirken (Ziff. 4.5 Manteltarifvertrag).

Ferner regelt der Tarifvertrag dezidiert die Arbeits- und Pausenzeiten sowie die entsprechenden Zuschläge für Mehrarbeit, Nachtarbeit, Arbeit an Sonn- und Feiertagen, Erstattung von Reisekosten, Urlaubsansprüche sowie Folgen von Krankheitsfällen oder sonstigen Verhinderungen.

Solche Filmschaffende, die gegen Pauschalgagen, Wochen- oder Monatsgagen arbeiten, haben dem Produzenten während der Vertragszeit ausschließlich zur Verfügung zu stehen, sofern der Produzent hier keiner Ausnahme zustimmt (Ziff. 8.1. Manteltarifvertrag). Mitwirkende, die auf Tagesbasis verpflichtet sind, können auch andere Arbeiten annehmen, sofern sie diesen Arbeitgeber über ihre Verpflichtung informieren. Fordern mehrere Produzenten den Filmschaffenden für den gleichen Tag an, so gilt die prioritätsältere Verpflichtung vorrangig (Ziff. 8.2. Manteltarifvertrag).

Der Beginn der Vertragszeit soll kalendermäßig bestimmt werden, andernfalls muss der datierte Vertragsbeginn mindestens 6 Wochen vorher schriftlich angezeigt werden. Erfolgt diese Mitteilung nicht, so kann der Filmschaffende von dem Vertrag zurücktreten (Ziff. 10.2. MTV). Der Beginn der Vertragszeit kann bis zu 7 Tage verschoben werden, wenn dies dem Filmschaffenden schriftlich angezeigt wird. Das Vertragsende verschiebt sich entsprechend (Ziff. 10.3. MTV). Das Ende des Vertrages kann aus produktionsbetrieblichen Gründen verlängert werden, sofern dem keine anderweitigen Verpflichtungen des Filmschaffenden entgegenstehen.

Nach Ablauf der Vertragszeit hat der Filmschaffende zunächst noch für weitere drei Tage dem Produzenten zur Behebung von Ausfall- oder Negativschäden zur Verfügung zu stehen und diese Priorität des Filmherstellers im Hinblick auf neue Verpflichtungen zu berücksichtigen. Hierfür erhält der Filmschaffende zeitanteilig die vereinbarte Gage (Ziff. 10.4. MTV). Auch hat der Filmschaffende dem Filmhersteller nach Vertragsende – unter Berücksichtigung seiner anderweitigen Verpflichtungen – für Neu-, Nach- und Synchronaufnahmen zur Verfügung zu stehen, wobei er auch hier nach Maßgabe der vereinbarten Gage zeitanteilig vergütet wird (Ziff. 10.5. MTV).

Die Höhe der Gage bemisst sich nach dem Gagentarifvertrag. Die in der Gagentabelle des Tarifvertrages angegebenen Tages- und Wochengagen sind Mindestgagen, die für die unter den persönlichen Geltungsbereich des Tarifvertrages fallenden Film- und Fernsehschaffenden nicht unterschritten werden dürfen. Allerdings führt die Tabelle nicht für alle Berufe Mindestgagen auf. Von den oben genannten, in den persönlichen Geltungsbereich fallenden Film- und Fernsehschaffenden sind insbesondere die Gagen der Regisseure und Darsteller (Schauspieler) nicht enthalten. Deren Gagen sind – auf der Basis des Manteltarifvertrages – frei auszuhandeln (Ziff. 6.1. GagenTV).

Findet der Gagentarifvertrag auf einen Mitwirkendenvertrag Abwendung, etwa weil die Vertragspartner Mitglieder der Tarifpartner sind oder der Tarifvertrag in den Mitwirkendenvertrag einbezogen wurde, kann der Filmschaffende keine hiervon abweichende angemessene Vergütung gemäß § 32 Abs. I. S. 3 UrhG geltend machen (vgl. § 32 Abs. IV. UrhG). Die Regelung des Gagentarifvertrages geht dann auch eventuell einschlägigen gemeinsamen Vergütungsregeln vor, § 36 Abs. I, S. 3 UrhG.

Bei der Besprechung der nachfolgenden Mitwirkendenverträge wird davon ausgegangen, dass die Parteien nicht tarifvertraglich gebunden sind. Die Regelungen des Tarifvertrages für Film- und Fernsehschaffende können allerdings als Anregung bei der Ausgestaltung der Verträge dienen und notfalls ergänzend in die Verträge einbezogen werden. Für Film- und Fernsehschaffende, die zwar nicht in den persönlichen Geltungsbereich des Gagentarifvertrages fallen, deren Gagen aber dort aufgeführt werden, kann der Gagentarifvertrag zur Bemessung einer angemessenen Vergütung als Indiz herangezogen werden (es ist nicht auszuschließen, dass auch Gerichte den Gagentarifvertrag als Maßstab einer angemessenen Vergütung für den jeweiligen Berufszweig heranziehen werden).

2.2.1.3. Arbeitsvertragliche Bestimmungen im Urheberrechtsgesetz

Wie bereits oben dargestellt, sind im Rahmen von Arbeitsverhältnissen bei der Einräumung von Nutzungsrechten für die Urheber und ausübenden Künstler § 43 UrhG zu beachten. Hieraus kann sich im Einzelfall eine Erweiterung des Umfanges

III. Vertragsgestaltung in der Produktion

der Rechteeinräumung zugunsten des Filmherstellers ergeben, soweit dies durch betriebliche Zwecke des Arbeitgebers gerechtfertigt ist (s.o. B.III.1.1.2.3./1.2.2.3.).

2.2.2. Regievertrag

2.2.2.1. Allgemeines

Vertragspartner des Regievertrages sind der Regisseur und der Filmproduzent. Der Regisseur ist aufgrund seiner Weisungsgebundenheit gegenüber dem Produzenten und festen Eingliederung in den Produktionsablauf regelmäßig als Arbeitnehmer zu qualifizieren; entscheidend ist aber die Ausgestaltung der Zusammenarbeit im Einzelfall. Da er besonders qualifizierte Leistungen erbringt und seinerseits wieder weisungsbefugt gegenüber den sonstigen Filmschaffenden ist, ist er grundsätzlich als leitender Angestellter anzusehen; damit finden bestimmte Arbeitnehmerschutzrechte, wie der Arbeitszeitschutz, auf ihn keine Anwendung (Reich in: Fischer/Reich, Der Künstler und sein Recht, S. 234).

Der Arbeitsvertrag selbst ist regelmäßig ein Dienstvertrag im Sinne der §§ 611 ff. BGB, je nach den Umständen kann auch ein Werkvertrag nach den §§ 631 ff. BGB vorliegen (einen Werkvertrag bejahend z.B. KG ZUM-RD 1999, 337, sowie KG ZUM-RD 1999, 349).

Hauptleistungspflicht des Regisseurs ist die Verfilmung des zugrunde liegenden Stoffes gemäß den Weisungen des Produzenten. Dem Regisseur obliegt die künstlerische Ausgestaltung des Filmes im Rahmen des abgenommenen Drehbuchs, des Drehplans und der Kalkulation; der Produzent ist verantwortlich für die organisatorische Planung sowie die technische Durchführung der Produktion, also den Einsatz von Material und Personal. Wenn sich der Regisseur im Regievertrag durch eine formularmäßige Klausel zur Einhaltung des Budgets verpflichtet hat, trifft ihn hieraus nicht ohne weiteres eine Haftung für Budgetüberschreitungen, da er selbst nicht die entsprechenden Verträge mit Dritten schließt und keine Kontrolle über die Kosten besitzt (anders kann es z.B. beim Produktionsleiter sein, vgl. OLG München ZUM-RD 1997, 125).

Die Beschäftigungsdauer des Regisseurs reicht in der Regel von der Vorproduktion über den Dreh bis zur Postproduktion und endet erst mit der Mischung und Endabnahme des Filmes. Da Beginn und Ende der Filmherstellung vorab nur geschätzt werden können, wird im Arbeitsvertrag oft nur die voraussichtliche Dauer der Beschäftigung angegeben und von dem Regisseur erwartet, dass er auch für eine bestimmte Zeit nach der geplanten Fertigstellung für Nach-, Neu- oder Synchronisationsarbeiten zur Verfügung steht. Der Regisseur muss sich deshalb für eine bestimmte Zeit nachfolgenden anderweitigen Engagements enthalten oder dem Produzenten mögliche Überschneidungen rechtzeitig anzeigen. Ebenfalls zu klären ist, inwieweit der Regisseur während oder nach der Produktion in zumutbarer Weise persönlich oder mit Namen oder Bild für Werbe- und Promotionzwecke, Interviews oder Festivalauftritte zur Verfügung stehen muss, sofern dies ja nicht ohnehin in seinem eigenen Interesse ist.

Da der Regisseur die gesamte Filmherstellung in künstlerischer Hinsicht leitet, ist er einer der möglichen Urheber des Filmwerks (teilweise wird er auch als

Haupt- oder Alleinurheber bezeichnet, Fromm/Nordemann/Hertin, § 89 UrhG, Rd. 3 m.w.N.). Allerdings muss für jeden Einzelfall geprüft werden, ob die kreativen Beiträge des Regisseurs tatsächlich die nötige Schöpfungshöhe und Individualität besitzen. Eine gesetzliche Vermutung der Urheberschaft des Regisseurs gibt es nicht (s.o. B.I.3.).

Im Rahmen seiner Regieleistung genießt der Regisseur eine große Gestaltungsfreiheit, die seiner künstlerischen Eigenart entspricht und es ihm erlaubt, seine individuelle Schöpferkraft und seinen Schöpferwillen einzubringen. Der Produzent kann die Abnahme des Films nicht allein deshalb verweigern, weil er nicht seinem Geschmack oder seinen Qualitätsvorstellungen entspricht. Dies gilt nach Ansicht des Kammergerichts insbesondere im Bereich des Dokumentarfilms, da es objektive Qualitätskriterien hier nicht gibt und sich Dokumentarfilmer deshalb einem Vergleich mit anderen Künstlern entziehen (KG ZUM-RD 1997, 337 ff.). Der Produzent kann sich hiergegen nur insofern absichern, als er seine Vorstellungen hinsichtlich der Gestaltung des Films so konkret wie möglich im Exposé, Treatment oder Drehbuch festschreibt und diese Vorgaben zur verbindlichen Grundlage der Verfilmung macht.

Ist der Regisseur als Urheber anzusehen, so erwirbt der Filmhersteller – mangels einer anderweitigen Vereinbarung im Arbeitsvertrag – gemäß § 89 UrhG das ausschließliche Recht, den Film einschließlich aller Bearbeitungen und Umgestaltungen auf alle Nutzungsarten zu nutzen. Dieser derivative Rechteerwerb umfasst zunächst nur die filmische Nutzung im Rahmen dieses konkreten Filmwerks (s.o. B.III.1.1.2.2.). Je nach Art und Umfang des Geschäftsbetriebs des Filmherstellers lässt sich über § 43 UrhG auch eine Erstreckung der Nutzungsrechte auf bestimmte außerfilmische Nutzungen (z.B. Buch zum Film) herleiten. Zur Vermeidung diesbezüglicher Unsicherheiten sind aber klare und umfassende Rechteübertragungsklauseln im Regievertrag unumgänglich.

Der Regisseur hat als Filmurheber einen eigenen Nennungsanspruch nach § 13 UrhG; auch dieser sollte genau konkretisiert werden. Der Produzent sollte sich verpflichten, diese Nennungsverpflichtung auch Dritten, wie etwa Koproduzenten oder Lizenznehmern, aufzuerlegen.

Die Vergütung kann als Pauschalhonorar, bei längerfristigen Projekten auch als Wochen- oder Monatsgage ausgestaltet sein. Inwieweit hierbei Mehr- oder Überarbeit vergütet wird, ist Verhandlungssache. Der Regisseur ist als leitender Angestellter auch ohne besondere Vereinbarung im Arbeitsvertrag zur Ableistung von Mehrarbeit verpflichtet; grundsätzlich ist davon auszugehen, dass diese Mehrarbeit auch durch das allgemeine Gehalt abgegolten ist. Zur Sicherheit sollte dies im Arbeitsvertrag noch einmal klargestellt werden.

Da der Regisseur einer der Urheber des Films ist, steht ihm gemäß § 32 UrhG ein Anspruch auf angemessene Vergütung zu. Auch hier stellt sich die Frage, wie die Höhe einer angemessen Vergütung zu bestimmen ist. Der Gagentarifvertrag zum Tarifvertrag für Film- und Fernsehschaffende sieht keine Mindestgagen für Regisseure vor, so dass hier die Vermutung des § 32 Abs. IV. UrhG nicht einschlägig ist. Haben Regisseur und Filmhersteller im Vertrag auf eine gemeinsame Vergütungsregel Bezug genommen, gilt deren Maßstab gemäß § 32 Abs. II. S. 1 UrhG als an-

III. Vertragsgestaltung in der Produktion

gemessen. Andernfalls ist die angemessene Vergütung nach der Legaldefinition des § 32 Abs. II. S. 2 UrhG nach den Umständen des Einzelfalls festzustellen.

Reine Pauschalhonorare sind solange unbedenklich, wie die Gesamtvergütung noch in einem angemessenen Verhältnis zur Gesamtheit der eingeräumten Nutzungsrechte steht. Zumindest für den Bereich der filmischen Nutzungsrechte müssen Pauschalvergütungen zulässig bleiben. Anders als bei den Autoren der verfilmten Werke (Romane, Drehbücher) haben bei Regisseuren auch Wiederverfilmungsrechte keine Bedeutung, so dass sich Pauschalgagen hier nicht gleichermaßen schädlich auswirken. Jedoch wird immer dann, wenn Nutzungsrechte räumlich, zeitlich und inhaltlich unbeschränkt bzw. daneben noch umfassende außerfilmische Nutzungsrechte mit eigenständiger wirtschaftlicher Bedeutung (z.B. Merchandisingrechte, Computerspielrechte) eingeräumt werden, die Grenze zur Unangemessenheit schnell erreicht. Pauschalhonorare sollten deshalb bei umfangreichen Rechteeinräumungen gegebenenfalls mit Erlösbeteiligungen am Gewinn des Filmes kombiniert werden. Aus Sicht des Urhebers kommen hier in erster Linie Bruttoerlösbeteiligungen in Betracht (s.o. A.III.2.6.1.2.2.). Dies werden sich allerdings nur wenige Star-Regisseure ausbedingen können. In der Praxis werden sich nur Nettoerlösbeteiligungen durchsetzen lassen. Die üblichen Vergütungsregelungen, wonach der Regisseur einen festen Prozentsatz der Herstellungskosten als Gage erhält, sind ebenfalls nach dem neuen § 32 UrhG zu prüfen (s.o. A.III.2.6.1.2.4.). So richtet sich die Angemessenheit der Vergütung in erster Linie nach dem Umfang der Nutzungsrechte und nicht des Budgets. Allerdings ist die Höhe des Budgets ein Indiz dafür, in welchem Umfang die Nutzungsrechte später ausgewertet werden. So wird eine Low-Budget-Produktion von vorneherein mit wesentlich weniger Kopien in den Filmtheatern starten als ein Film, der 5 bis 10 Millionen EUR gekostet hat. Entsprechend geringer werden die DVD- und TV-Erlöse sein. Sollte die Produktion allerdings unerwartet großen Auswertungserfolg haben, wird man die Vergütung des Regisseurs über § 32a UrhG anpassen können. Um spätere Auseinandersetzungen bereits im Vorfeld zu vermeiden, können bereits im Regievertrag Bonuszahlungen (so genannte „Escalator"-Regelungen) im Hinblick auf § 32a UrhG vereinbart werden.

Wie alle Arbeitnehmer hat auch der Regisseur Anspruch auf den gesetzlichen Mindesturlaub. Die Urlaubszeit sowie das Urlaubsentgelt sollten im Vertrag als solche ausgewiesen werden. Da aber allgemein während der Filmproduktion die Inanspruchnahme von Urlaub durch den Regisseur unüblich ist, werden diese Ansprüche im Rahmen der Beschäftigungszeit und der Vergütung mit abgegolten und im Ergebnis nur fingiert (Reich, in Fischer/Reich, Der Künstler und sein Recht, S. 234).

Zu empfehlen ist zur Sicherheit des Produzenten der Abschluss einer Personenausfallversicherung für den Fall von Krankheit, Unfall oder Tod des Regisseurs, um bei einem Abbruch der Produktion die bisherigen Aufwendungen ersetzt zu erhalten. Der Regisseur hat sich im Vorfeld für die notwendigen ärztlichen Untersuchungen zur Verfügung zu stellen.

2.2.2.2. Das Recht zum „Final Cut"
In der Praxis ist immer wieder die Frage von Bedeutung, inwieweit der Regisseur zur Mitwirkung an der letzten, zur Verwertung bestimmten Schnittfassung (dem so

genannten „Feinschnitt" oder „Final Cut") berechtigt ist bzw. bei vorzeitigem Ausscheiden eine Fertigstellung und Auswertung durch Dritte verhindern kann. Der vom Regisseur erstellte Final Cut wird dann als „director's cut" bezeichnet.

Ein zwingendes Recht zur Mitwirkung bis zur Fertigstellung des Films hat der Regisseur nicht. Wie bei anderen Dienstverhältnissen auch kann der Produzent den Regievertrag außerordentlich kündigen, wenn ein wichtiger Grund gegeben ist, § 626 BGB. Mit Beendigung des Vertrages entfällt dann auch ein Beschäftigungsanspruch. Ferner kann der Produzent den Regisseur bis zur ordentlichen Beendigung des Regievertrages (durch ordentliche Kündigung oder Zeitablauf) von der Leistung freistellen bzw. suspendieren, wenn er ein schutzwürdiges Interesse daran hat (z.B. wenn die bisherigen Leistungen des Regisseurs trotz mehrerer Nachbesserungsversuche kein befriedigendes Ergebnis erwarten lassen und ein finanzielles Desaster bei Fortsetzung der Arbeiten droht). Bei einer einseitigen Suspendierung bleibt der Produzent allerdings zur Fortzahlung des Honorars verpflichtet, § 615 BGB.

Fraglich ist, ob der Produzent nach dem Ausscheiden des Regisseurs den Film durch einen neuen Regisseur fertig stellen darf. Die Fertigstellung des Filmwerks stellt eine Bearbeitung der bisherigen Werkleistung des Regisseurs dar. Grundsätzlich kann der Urheber die bloße Herstellung einer Bearbeitung seines Werkes durch Dritte nicht verhindern, erst die nachfolgende Veröffentlichung und Verwertung der Bearbeitung bedarf seiner Einwilligung (vgl. § 23 S. 1 UrhG). Eine Ausnahme gilt im Falle der Verfilmung eines Werkes, hier ist bereits für die Herstellung der Bearbeitung die Einwilligung des Urhebers erforderlich (§ 23 S. 2 UrhG). § 23 S. 2 UrhG ist allerdings auf die Verfilmung einer Werkvorlage nach § 88 Abs. I. UrhG und nicht die Fertigstellung eines Filmwerks nach § 89 Abs. I. UrhG zugeschnitten (so schon M. Schulze, Materialien, S. 553; a.A. Fromm/Nordemann/Vinck, § 23 Rd. 4). Der Regisseur in seiner Eigenschaft als Filmurheber im Sinne von § 89 UrhG kann sich deshalb gegen die bloße Fertigstellung seines Filmwerks durch Dritte nicht wehren, also z.B. nicht die weiteren Dreharbeiten oder die Postproduktion unter der Leitung des neuen Regisseurs untersagen.

Die Frage ist jedoch, ob der ohne Mitwirkung des Regisseurs fertig gestellte Film anschließend auch ohne dessen Freigabe ausgewertet werden kann. Die Freigabe eines Werkes stellt eine Ausübung des Erstveröffentlichungsrechts nach § 12 UrhG dar (zur Freigabe allgemein s.o. A.I.6.1.1.). Dieses Urheberpersönlichkeitsrecht steht auch dem Regisseur als einem der Urheber des Filmwerks zu. Zwar ist es anerkannt, dass ein Urheber einem Dritten in gewissem Umfang die Ausübung einzelner urheberpersönlichkeitsrechtlicher Befugnisse gestatten darf (Fromm/Nordemann/Hertin, Vor § 12, Rd. 4). Eine solche Gestattung setzt allerdings stets die Vollendung des Werkes voraus; die vorweggenommene Gestattung der Ausübung des Veröffentlichungsrechts an einem zukünftigen Werk ist nicht möglich (Reupert, Der Film im Urheberrecht, S. 120 f., so auch OLG München, ZUM 2000, 767, 771 – Rechteverteilung zwischen Regisseur und Produzent).

Grundsätzlich wird der Regisseur mit der Herstellung des gesamten Filmwerkes beauftragt. Von diesem Regelfall geht im Übrigen auch § 89 Abs. I. UrhG aus, so dass sich die dort zugunsten des Filmherstellers geregelte Rechteeinräumung

III. Vertragsgestaltung in der Produktion

ausschließlich auf die Auswertung und nachträgliche Bearbeitung des vollendeten und vom Filmurheber zur Veröffentlichung freigegebenen Films als geschlossenes Gesamtkunstwerk bezieht. Die Vollendung eines Filmwerks erfolgt frühestens mit der Beendigung des Feinschnitts (der endgültigen Schnittversion), im Zweifel sogar erst mit Fertigstellung des Masters (also nach dem Sound-Editing, Color-Matching, Gestaltung der Titel etc.). Der Regisseur kann im Regelfall also erst zu diesem Zeitpunkt über die Freigabe seines Werkes bestimmen; dies kann dann auch konkludent (z.B. durch Aushändigung der Masterbänder an den Produzenten) geschehen.

Nach Ansicht des OLG München soll von diesem gesetzlichen Regelfall durch eine vertragliche Gestaltung abgewichen werden können: Vereinbaren die Parteien von vornherein im Regievertrag, dass der Produzent „nicht verpflichtet ist, die Leistungen des Regisseurs in Anspruch zu nehmen, sondern das Recht hat, jederzeit auf die Leistungen des Regisseurs zu verzichten und sie von Dritten erbringen zu lassen", soll die Inanspruchnahme des Regisseurs auf bestimmte Teilabschnitte – z.B. bis zur Herstellung der Rohschnittfassung – beschränkt werden können. Im Ergebnis erstreckt sich die Verpflichtung des Regisseurs dann nicht mehr auf die Herstellung eines Werkes, sondern eines Werkteils. Übergibt der Regisseur z.B. den fertig gestellten Rohschnitt an den Produzenten zur Abnahme, so übt er hierdurch das Veröffentlichungsrecht im Sinne des § 12 UrhG hinsichtlich der Aufnahmen als solche aus. Verzichtet dann der Produzent – unter Bezugnahme auf eine entsprechende vertragliche Regelung – auf eine weitere Mitwirkung des Regisseurs, so sollen ihm hinsichtlich seiner Werkbeiträge keine Freigabeansprüche mehr zustehen. Sieht der Vertrag zugleich vor, dass die Nutzungsrechte des Regisseurs nicht erst bei Fertigstellung des Films, sondern bereits im Zeitpunkt der Entstehung des Urheberrechts übergehen sollen, erwirbt der Produzent in diesem Fall auch die vereinbarten Nutzungs- und Bearbeitungsrechte an den dem Verzicht vorausgehenden Arbeitsschritten (OLG München ZUM 2000, 767, 770 f. – Rechteverteilung zwischen Regisseur und Produzent im Regievertrag). Das Gericht würdigte hierbei, dass der Regisseur laut Vertrag auch bei einem Verzicht auf bestimmte Einzelleistungen grundsätzlich seinen Anspruch auf das volle Honorar behalten sollte (OLG München, a.a.O., 772).

Aus Sicht des Regisseurs ist eine solche vertragliche Vereinbarung sehr bedenklich: Bei Vertragsschluss geht der Regisseur von seiner Mitwirkung bis zur Vollendung des Werkes aus. Die Tragweite einer solchen Formulierung wird ihm kaum bewusst sein. Nach der Rohschnittabnahme erfährt ein Film in der Regel noch einschneidende Änderungen; die Auswechselung eines Regisseurs wird zudem gerade das Ziel verfolgen, eine konzeptionell neue Filmversion herzustellen, so dass der von dem Dritten geschaffene Feinschnitt erheblich vom Rohschnitt des ausgeschiedenen Regisseurs abweichen wird. Andererseits muss auch dem Filmproduzenten die Möglichkeit gegeben sein, den Regisseur im Falle des Scheiterns der Zusammenarbeit während der laufenden Produktion zu ersetzen und die bisherigen (mit erheblichen Kosten hergestellten) Arbeitsergebnisse weiter zu nutzen. In seiner Entscheidung weist das OLG München zu recht darauf hin, dass auch der Tarifvertrag für Film- und Fernsehschaffende (der auch für Regisseure anwendbar sein kann) eine inhaltsgleiche Klausel enthält, wonach der Filmhersteller auf die Dienste des

Filmschaffenden verzichten kann, soweit im Einzelfall nichts anderweitiges vereinbart ist und der Filmschaffende in diesem Fall den Anspruch auf die vereinbarte Vergütung behält (Ziff. 4.3.).

Auch wenn die Parteien demzufolge eine solche Verzichtsklausel wirksam in einem Regievertrag vereinbaren können, kann der Produzent hiervon nicht rein willkürlich, z.B. unter Verstoß gegen den Gleichheitsgrundsatz (Art. 3 GG) oder Treu und Glauben (§ 242 BGB) Gebrauch machen; vielmehr bedarf er hierfür eines besonderen rechtfertigen Grundes (Götz von Olenhusen, Film und Fernsehen, TV FF Rd. 338). Dies wird man jeweils im Einzelfall unter Berücksichtigung der gegenseitigen Interessen zu prüfen haben.

Das BVerfG hatte in dem vorgenannten Fall die Verfassungsbeschwerde des Regisseurs gegen das Urteil des OLG München, mit welchem der Antrag des Regisseurs auf Erlass einer einstweiligen Verfügung gegen die Fertigstellung und Auswertung seines Films zurückgewiesen wurde, nicht zur Entscheidung angenommen. In seiner – sehr knappen – Begründung führt es aus, dass das Urheberrecht außerhalb seines Kernbereichs keinen absoluten Schutz vor jedweder Nutzung genieße. Ein Film werde nicht allein vom Regisseur, sondern auch unter Mitwirkung anderer Künstler schöpferisch gestaltet. Soweit die Kunstfreiheit und das Urheberpersönlichkeitsrecht des einen nur zu Lasten der Rechte anderer durchgesetzt werden könne, sei ein Ausgleich herbeizuführen. Dies habe das Berufungsgericht angemessen berücksichtigt (BVerfG ZUM 2001, 66, 67 – Rechteverteilung zwischen Regisseur und Produzent).

Das BVerfG hatte sich allerdings in dem streitgegenständlichen Fall nur mit der Frage auseinandergesetzt, inwieweit unter den konkreten Umständen dieses Einzelfalls ein vollständiges Verbot des Films durch den Regisseur gerechtfertigt war. Man wird zu berücksichtigen haben, dass der Regisseur hier bereits im Regievertrag den Produzenten mit der Möglichkeit des Verzichts auf einzelne Leistungen zu einer erheblichen Beschneidung seiner Urheberpersönlichkeitsrechte ermächtigt hatte. Fehlt es jedoch an der Vereinbarung einer solchen Klausel im Regievertrag (und fällt das Rechtsverhältnis nicht in den persönlichen und sachlichen Geltungsbereich des Tarifvertrages für Film- und Fernsehschaffende, z.B. durch Einbeziehung in den Vertrag), ist m.E. die Freigabe des vollendeten Filmwerks (Feinschnitt bzw. Master) durch den ausgeschiedenen Regisseur notwendig; die eigenmächtige Fertigstellung eines Rohschnitts durch Dritte dürfte dann in der Regel auch Unterlassungsansprüche gegen die Auswertung dieser neuen Filmversion rechtfertigen. So hat auch das Kammergericht in einem Fall, in dem der Regievertrag offenbar eine solche Verzichtsklausel nicht vorsah, einen Anspruch des Regisseurs gegen den Produzenten auf Unterlassung der Herstellung und Verbreitung der von ihm noch nicht als mangelfrei abgenommenen Nullkopien des Films aus § 12 UrhG anerkannt (Schulze, Rechtsprechung zum Urheberrecht, KGZ 86). Auch § 93 UrhG (wonach sich der Urheber im Filmbereich nur gegen gröbliche Entstellungen seines Werkes zur Wehr setzen kann) schränkt allein den Entstellungsschutz nach § 14 UrhG und nicht das Veröffentlichungsrecht nach § 12 UrhG ein (Schulze, a.a.O., S. 5), so dass § 93 UrhG zugunsten des Filmherstellers im Ergebnis erst ab Freigabe des Werkes greift.

Hat der Regisseur jedoch die Freigabe des vollendeten Werkes oder Werkteils (ausdrücklich oder konkludent) erteilt, ist zu beachten, dass der Filmhersteller anschließend wiederum zur Vornahme weiterer Schnittänderungen nach Maßgabe der §§ 89, 39 93 UrhG berechtigt bleibt. Die §§ 89, 39 UrhG erlauben nur solche geringfügigen Bearbeitungen, die im Rahmen der vertragsgerechten Filmauswertung erforderlich werden und zu denen der Regisseur nach Treu und Glauben seine Zustimmung ohnehin nicht versagen könnte (z.B. notwendige kleinere Kürzungen, Synchronisation für die Auslandsauswertung). In erster Linie ist hier § 93 UrhG von Bedeutung, der den Produzenten auch vor einer Inanspruchnahme bei umfangreichen Bearbeitungen schützt, solange diese nicht in einer gröblichen Entstellung des Filmwerks resultieren. Nimmt der Produzent allerdings nachträglich Änderungen vor, die erheblich in Aufbau und Struktur des Films eingreifen (z.B. durch Weglassung, Einfügung oder Neuordnung wesentlicher Szenen), inhaltliche Kernaussagen verdrehen oder die Ästhetik des Films verfälschen, ist dies auch durch § 93 UrhG nicht mehr gedeckt (eine solche gröbliche Entstellung konnte der Regisseur z.B. in dem vom OLG München entschiedenen Fall nicht substantiiert darlegen, so dass er die Auswertung seiner nach § 12 UrhG freigegebenen Rohschnittfassung auch nicht nach den §§ 14, 93 UrhG untersagen konnte, OLG München ZUM 2000, 767, 772). Im Rahmen der gegenseitigen Interessenabwägung ist zu berücksichtigen, dass der Regisseur als einer der Haupturheber des Filmwerks mehr als jeder andere Beteiligte mit seinem Ruf und Ansehen für dessen Erfolg oder Misserfolg einzustehen hat.

Zur Vermeidung späterer Rechtsstreitigkeiten und zur eindeutigen Klärung seiner Rechtsposition sollte sich der Regisseur das Recht zum „Final Cut" im Vertrag ausdrücklich zuweisen lassen. In diesem Fall ist er zwingend an der Feinschnittabnahme (im Zweifel bis zur Herstellung des Masters) zu beteiligen; die Verwertung vorhergehender Zwischenfassungen durch Dritte ohne Zustimmung des Regisseurs ist ausgeschlossen. Gleichfalls werden m.E. durch eine derartige ausdrückliche Zuweisung auch die nachträglichen Bearbeitungsbefugnisse des Filmherstellers gemäß den §§ 39, 89, 93 UrhG abbedungen. Selbst geringfügige Schnittänderungen sind dann nicht mehr erlaubt. Das Recht zum „Final Cut" des Regisseurs wird aber im Regelfall nur schwer gegen die Interessen der beteiligten Produzenten, Sender und Verwerter durchzusetzen sein.

Zu beachten ist, dass es auch nach Fertigstellung des Films zu Änderungen am Film durch Verwerter kommen kann. So hat das Kammergericht die nachträgliche Kürzung eines Dokumentarfilms um die Hälfte (von 80 auf 40 Minuten) durch den Fernsehsender zum Zwecke der Ausstrahlung nicht als eine gröbliche Entstellung des vom Regisseur geschaffenen Filmwerks im Sinne von § 93 UrhG gewertet (KG, Urt. v. 23.03.2004, 5 U 278/03).

2.2.3. Verträge mit Schauspielern

Schauspielerverträge sind reine Dienst- oder Arbeitsverträge. Vertragspartner eines solchen Mitwirkendenvertrages sind der Schauspieler und der Produzent.

Engagementverträge werden auf Seiten der Künstler meist von den sie vertretenden Agenturen ausgehandelt. Diese Agenturen betreiben Arbeitsvermittlung und unterliegen den Bestimmungen des SGB III (Arbeitsförderung) sowie der Vermittler-Vergütungsverordnung. Die von den Schauspielern abzuführenden Vermittlungsprovisionen dürfen gesetzlich vorgeschriebene Höchstsätze (grundsätzlich 14%, bei Beschäftigungsverhältnissen bis zu 7 Tagen 18% der vermittelten Schauspielergage) nicht überschreiten, überhöhte Vermittlungsprovisionen sind unwirksam und gegebenenfalls auf das zulässige Maß zu reduzieren.

Unternimmt die Agentur für den Schauspieler auch die Verhandlung der Konditionen des Schauspielervertrages bzw. das Inkasso der Schauspielergage, konnte nach früherer Rechtslage ein Verstoß gegen das Rechtsberatungsgesetz vorliegen (so auch Jacobshagen, Filmrecht im Kino- und TV-Geschäft, S. 245). Eine Besorgung fremder Rechtsangelegenheiten oder Einziehung fremder Forderungen war z.B. Rechtsanwälten vorbehalten (vgl. § 3 Nr. 2 RBerG). Zum 01.08.2008 wurde das Rechtsberatungsgesetz durch das Rechtsdienstleistungsgesetz (RDG) ersetzt. Nach § 5 RDG sind Rechtsdienstleistungen, die im Zusammenhang mit einer anderen Tätigkeit stehen und als Nebenleistung zum Berufs- oder Tätigkeitsbild gehören, erlaubt. Allerdings nennt das RDG als Beispiele die Testamtensvollstreckung, Haus- und Wohnungsverwaltung und die Fördermittelberatung, nicht jedoch Künstleragenturen. Es ist daher fraglich, ob solche Rechtsdienstleistungen zukünftig Agenturen gestattet sind.

Für die Vertragslaufzeit wird der Schauspieler exklusiv verpflichtet und hat dem Produzenten vorrangig vor Dritten zur Verfügung zu stehen (so genannte „First call period"). Darsteller, die nur für vereinzelte Tage engagiert werden, können auch nach Absprache für andere Produktionen freigestellt werden, wobei hier aber sichergestellt sein muss, dass Überschneidungen, bedingt durch etwaige Verschiebungen im Drehplan, vermieden werden. Genau zu regeln ist, in welchem Umfang sich die Exklusivverpflichtung auch auf Vorarbeiten (wie z.B. Proben) und Nacharbeiten (wie z.B. Synchronisation) erstreckt oder ob der Schauspieler auch anderweitige Engagements wahrnehmen kann (dann nur so genannte „Second call period"). Bei Fernsehproduktionen lässt sich der Produzent gerne Optionen auf weitere Staffeln einräumen, wodurch die Zeitplanung des Darstellers hinsichtlich etwaiger anderweitiger Nachfolgeengagements erschwert wird. Zur Sicherheit des Schauspielers ist genau zu bestimmen, in welcher Form und innerhalb welcher Fristen diese Optionen vom Produzenten ausgeübt werden müssen.

Der Produzent wird die Freiheit besitzen wollen, den Darsteller mit jeder beliebigen Rolle zu besetzen oder kurzfristig umzubesetzen. Namhafte Schauspieler werden sich aber nur für eine bestimmte Rolle verpflichten lassen.

Wird ein Darsteller im Arbeitsvertrag für eine bestimmte Rolle verpflichtet, stellt sich die Frage, inwieweit der Produzent im Laufe der Drehbuchentwicklung Änderungen an der Rolle vornehmen kann. Wird im Vertrag nur die Rolle namentlich bezeichnet, aber nicht weiter definiert (z. B. nicht auf eine konkrete Drehbuchfassung Bezug genommen), so muss der Darsteller auch gewisse Änderungen seiner Rolle hinnehmen. Das BAG hatte den Fall zu entscheiden, dass die betroffene Rolle während der Dreharbeiten in einer neuen Drehbuchversion nicht mehr die Schwägerin und Freundin einer anderen Figur, sondern deren 60jährige Mutter beinhaltete. Die Darstellerin hatte daraufhin die Darstellung der Rolle der Mutter abgelehnt und mit

III. Vertragsgestaltung in der Produktion

der Klage die restliche Vergütung geltend gemacht. Nach der Entscheidung des BAG hätte die Darstellerin die Rollenänderung hinnehmen müssen. Von darstellenden Künstlern müsse eine gewisse Flexibilität erwartet werden. Fester Vertragsbestandteil sei hier nur der Kern der im Drehbuch beschriebenen Rolle gewesen. Da die neue Drehbuchfassung nur geringe Änderungen in Text und Handlung vorsah, sei der Kern der Rolle unangetastet geblieben (BAG, Urt. v. 13.06.2007, 5 AZR 564/06).

Wird ein Schauspieler längerfristig für eine bestimmte Rolle einer TV-Serie verpflichtet, kann der Produzent im Vertrag auch eine auflösende Bedingung für den Fall vereinbaren, dass die Rolle ganz wegfällt (also aus der Serie herausgeschrieben wird). Dies gilt jedenfalls dann, wenn die Streichung der Rolle nur aus künstlerischen Gründen erfolgt (z.B. bei Änderung des Zuschauergeschmacks) (vgl. BAG, Urt. v. 02.07.2003, 7 AZR 612/02 – auflösende Bedingung). Eine Auflösung des Arbeitsvertrages durch eine derart sachlich rechtfertigende Bedingung umgeht dann nicht die arbeitsrechtlichen Kündigungsschutzvorschriften zugunsten der Arbeitnehmer.

Der Schauspieler hat dem Produzenten an jedem beliebigen Drehort zur Verfügung zu stehen. Entsprechende Regelungen für Mindeststandards der Unterkunft (z.B. 3-Sterne-Hotel, Vollpension), Fahrtkosten (Bahnfahrten 1. Klasse, Flüge, Taxi) sowie Spesen oder Tagesdiäten sind auszuhandeln.

Auch wenn von den Schauspielern größtmögliche Flexibilität erwartet wird, so ist der Produzent hier formal an die gesetzlichen Vorgaben des Arbeitszeitgesetzes gebunden, wenn dies in der Praxis auch nicht durchführbar ist. Die regelmäßige Arbeitszeit darf werktäglich 8 Stunden nicht überschreiten, kann aber in Einzelfällen bis zu 10 Stunden verlängert werden, sofern der Durchschnitt bei 8 Stunden bleibt. Darüber hinausgehende Arbeitszeiten sind zusätzlich zu vergüten. Daher ist im Schauspielervertrag zu bestimmen, dass die vereinbarten Tagesgagen auch die entsprechend angeordnete Mehr- oder Überarbeit im gesetzlich zulässigen Rahmen mit abgelten. Hinsichtlich der Abgeltung der Urlaubsansprüche wird auf die Ausführungen zum Regievertrag verwiesen.

Der Schauspieler erwirbt als ausübender Künstler Leistungsschutzrechte an seinen Darbietungen, unter Umständen bei eigenschöpferischen Beiträgen zum Filmstoff auch Urheberrechte. Wie dargestellt, erwirbt der Filmhersteller von den Mitwirkenden im Zweifel die für die Filmverwertung wesentlichen Leistungsschutzrechte nach § 92 UrhG, die urheberrechtlichen Nutzungsrechte hingegen nach § 89 UrhG. Weder über § 89 Abs. I. UrhG noch § 92 UrhG werden dem Filmhersteller die Rechte zur Nutzung der Beiträge außerhalb des konkreten Filmwerks oder für den außerfilmischen Bereich übertragen. Da der Schauspieler mit dem Filmhersteller in einem Arbeitsverhältnis steht, lassen sich weitergehende Rechteübertragungen im Zweifel über § 43 UrhG herleiten, sofern die wirtschaftlichen Interessen und betrieblichen Zwecke des Filmherstellers dies rechtfertigen (s.o. B.III.1.1.2.3./1.2.2.3.). Der Produzent sollte sich im Schauspielervertrag aber ausdrücklich alle filmischen und außerfilmischen Nutzungsrechte an den Darbietungen vollumfänglich einräumen lassen, um die uneingeschränkte Auswertung des Filmes in allen Medien sicherzustellen. Ferner benötigt er umfassende Bearbeitungsrechte, z.B. im Hinblick auf die Synchronisation der Aufnahmen in fremde Sprachen und digitale Nachbearbeitungen der Bilder. Zu beachten ist, dass die Nachsynchronisation einer schauspielerischen Leistung in der gleichen Sprache durch einen Dritten das allgemeine Persönlichkeitsrecht des Schauspielers verletzt (OLG München UFITA 28, 342).

Generell wird die Vergütung von Schauspielern anhand der Anzahl der Drehtage bemessen und (insbesondere im Fernsehbereich) monatlich abgerechnet. Erforderliche Nach- oder Neuaufnahmen sowie Synchronisationsarbeiten orientieren sich dann ebenfalls an dieser Tagesgage. Erhält der Schauspieler eine Pauschalgage, sollten in seinem eigenen Interesse die Höchstzahl der Arbeitstage (Vorbereitung, Dreh, Nacharbeiten) festgelegt und im Falle von Überschreitungen Mehrarbeitszuschläge vereinbart werden.

Schauspieler arbeiten oft nach dem Prinzip „Pay or play". Danach ist der Produzent zur Zahlung der vereinbarten Gage auf jeden Fall verpflichtet, unabhängig davon, ob er den Schauspieler tatsächlich beschäftigt hat. Voraussetzung ist natürlich, dass der Schauspieler seine Arbeitskraft generell zur Verfügung gestellt hat und leistungsbereit war. Auch ohne „Pay or play"-Klausel ist der Produzent zur Leistung der vollen Vergütung verpflichtet, wenn der Schauspieler seine Leistung anbietet und der Produzent sich mit der Annahme in Verzug befindet, § 615 S. 1 BGB. Der Schauspieler muss sich aber die Gagen anrechnen lassen, die er durch anderweitige Engagements während der nun freien Zeit erhalten oder böswillig abgelehnt hat, § 615 S. 2 BGB. Bei einer „Pay or play"-Klausel sollte keine Anrechnung anderweitiger Honorare erfolgen, soweit dies nicht ausdrücklich vereinbart worden ist. Der Arbeitnehmer, der sich auf den gesetzlichen Vergütungsanspruch nach § 615 BGB beruft, trägt für das Vorliegen eines ausreichenden Angebots (grundsätzlich ein tatsächliches Arbeitsangebot zur rechten Zeit am rechten Ort) sowie den Annahmeverzug (ausdrückliche oder stillschweigende Weigerung) zudem die Beweislast, die zusätzliche Vereinbarung einer „Pay or play"-Bestimmung im Arbeitsvertrag erleichtert die Durchsetzung des Vergütungsanspruchs.

Zu beachten ist, dass auch der Schauspieler als ausübender Künstler nach § 32 UrhG einen Anspruch auf angemessene Vergütung für die Einräumung der Nutzungsrechte an seinen Leistungen gegen seinen Vertragspartner hat. Fraglich ist auch hier, wie dieser Anspruch zu bemessen ist. Der Gagentarifvertrag zum Tarifvertrag für Film- und Fernsehschaffende sieht keine Mindestgagen für Darsteller vor, so dass hier die Vermutung des § 32 Abs. IV. UrhG nicht greift. Da es eine gemeinsame Vergütungsregel als Bemessungsgrundlage der vertraglichen Vergütung für Darsteller zurzeit nicht gibt, ist die angemessene Vergütung nach der Legaldefinition des § 32 Abs. II. S. 2 UrhG festzustellen.

So sind auch hier Umfang und Laufdauer der Nutzungsrechte zu berücksichtigen. Ebenso wie bei Urhebern müssen auch bei ausübenden Künstlern Pauschalgagen möglich bleiben, auch wenn diese einen größeren Katalog filmischer Nutzungsrechte abgelten. Die Gesamtheit aller eingeräumten Nutzungsrechte muss allerdings in einem angemessenen Verhältnis zur Gesamtvergütung stehen, wobei auch die sonstigen wesentlichen Rahmenbedingungen des Filmvorhabens (z.B. die Höhe des Budgets) zu berücksichtigen sind. Letztlich handelt es sich auch bei Tagesgagen um Pauschalhonorare im Sinne des § 32 UrhG, da diese nicht den Umfang der Rechteeinräumung, sondern allein den zeitlichen Aufwand berücksichtigen. Der zeitliche Einsatz eines Schauspielers ist aber ein Indiz für die Bedeutung seiner Leistung für das Filmwerk und deshalb ebenfalls als besonderer Umstand im Sinne von § 32 Abs. II. S. 2 UrhG zu beachten.

Sollen mit der Tages- oder Pauschalgage neben den filmischen Auswertungsrechten auch alle unbekannten und außerfilmischen Nutzungsrechte abgegolten werden, ist dies im Hinblick auf § 32 UrhG bedenklich. Zukünftige Nutzungsarten sind für den ausübenden Künstler bei Vertragsschluss noch nicht absehbar, hier muss eine Möglichkeit der Nachhonorierung bestehen. Bei der Einräumung außerfilmischer Nutzungsrechte von wirtschaftlichem Gewicht (z.B. Verwendung von Filmbildern für das Merchandising, von Filmausschnitten für Computerspiele, von Gesangaufnahmen für Tonträger etc.) ohne besondere, über die übliche Tages- oder Pauschalgage hinausgehende Vergütung wird die Grenze zur Unangemessenheit schnell erreicht. Wiederholungshonorare für TV-Sendungen, wie sie von amerikanischen Schauspielern verlangt werden (Residuals), werden deutschen Darstellern – trotz der Existenz eines § 32 UrhG – nicht gewährt.

Entsteht bei besonderem Erfolg des Films ein auffälliges Missverhältnis zwischen Schauspielervergütung und Verwertererlösen, hat aber auch der Schauspieler einen Anspruch auf Zahlung einer weiteren angemessenen Beteiligung gemäß § 32a UrhG (so genannter Bestsellerparagraph) gegen den jeweiligen Verwerter.

Der Schauspieler sollte auch verpflichtet werden, außerhalb der reinen Filmarbeiten dem Produzenten für Werbe- und Promotionzwecke im zumutbaren Rahmen zur Verfügung zu stehen, etwa für Interviews, auf Festivals etc. Um einer Gefährdung des Marketingplans vorzubeugen, sind die von dem Darsteller jeweils abzugebenden Erklärungen in groben Zügen abzusprechen. Generell verpflichtet sich der Filmschaffende im Vertrag zur Verschwiegenheit über den Inhalt des Filmes sowie sonstige produktionsinterne Ereignisse.

Die Nennungsverpflichtung sollte ebenfalls genau konkretisiert werden. Seit der Umsetzung der WIPO-Verträge steht auch ausübenden Künstlern das Künstlerpersönlichkeitsrecht auf Anerkennung ihrer Leistung zu, § 74 UrhG. Schon nach altem Recht wurde vertreten, dass ein Nennungsanspruch des ausübenden Künstlers als stillschweigend vereinbart galt, wenn dies branchenüblich war (Fromm/Nordemann/Hertin, Vor § 73, Rd. 8 m.w.N.; kritisch Schwarz, ZUM 1999, 40, 48). Allerdings kann im Filmbereich eine Nennung von ausübenden Künstlern dann unterbleiben, wenn dies einen unverhältnismäßig hohen Aufwand erfordert, § 93 Abs. II. UrhG. Aufgrund der branchenüblichen großzügigen Nennungspraxis im Vor- und Abspann kann sich der Produzent zumindest bei Kinospielfilmen grundsätzlich nicht auf § 93 Abs. II. UrhG berufen. Sowohl Schauspieler in Haupt- als auch Nebenrollen sind im Vor- bzw. Abspann des Films zu nennen.

Oftmals wird in Schauspielerverträgen vereinbart, dass eine Nennung in branchenüblicher Art und Weise erfolgen soll. In diesem Fall hat der Schauspieler den Produzenten zur konkreten Gestaltung der Nennung – im üblichen Rahmen – ermächtigt. Ein Unterlassen der Nennung wird hierdurch aber nicht legitimiert. Um einer späteren Auseinandersetzung darüber, was denn nun branchenüblich ist, vorzubeugen, sollte die Art und Weise der Nennung im Vor- und/oder Abspann sowie auf Begleitmaterialien zum Film frühzeitig im Vertrag festgeschrieben werden.

Für den Fall des unbeabsichtigten Ausfalls eines Darstellers wegen Krankheit, Unfall oder Tod empfiehlt sich auch hier der Abschluss einer entsprechenden Personenausfallversicherung.

2.2.4. Verträge mit sonstigen Film- und Fernsehschaffenden

Hinsichtlich der Verträge mit den übrigen Filmschaffenden in der Produktion, wie Assistenten, Requisiteure, Kostümberater, Bühnen- und Maskenbildner, Fahrer, Kleindarsteller etc. gib es kaum weitere Besonderheiten. In der Regel werden diesen Filmschaffenden standardisierte Einheitsverträge angeboten, die eine geringe Basis für individuelle Verhandlungen bieten. Es kann hier sinnvoll sein, den Tarifvertrag für Film- und Fernsehschaffende einzubeziehen, sofern die Mitwirkenden und der Produzent nicht ohnehin Mitglieder der Tarifparteien sind.

Für einen Produktionsleiter ist im Einzelfall eine mögliche Haftung für Budgetüberschreitungen zu beachten. Hat sich dieser im Anstellungsvertrag mit dem Produzenten verpflichtet, das Budget einzuhalten, und wird dieses später überschritten, soll die vertraglich vereinbarte Haftung ohne weiteres eintreten. Der Produzent muss lediglich nachweisen, dass die Haftungsvereinbarung geschlossen und das Budget überschritten wurde, dem Produktionsleiter obliegt dann der Nachweis, dass und in welcher Höhe Kosten nicht von ihm verursacht wurden bzw. ihn hieran kein Verschulden trifft (OLG München ZUM-RD 1997, 125, 126 – Haftung des Produktionsleiters).

Stets zu berücksichtigen ist, dass einige dieser Personen durch ihre Mitwirkung bei der Filmherstellung Urheberrechte am Filmwerk (z.B. als Kameraleute) oder Leistungsschutzrechte an der Filmaufnahme (z.B. als Tänzer oder Moderatoren) erwerben können. Insoweit wird auf die Ausführungen zum Regievertrag (hinsichtlich der Einräumung der urheberrechtlichen Nutzungsrechte) sowie zum Schauspielervertrag (bezüglich der Einräumung der Leistungsschutzrechte) verwiesen. Grundsätzlich steht nicht nur dem Regisseur, sondern auch allen anderen Miturhebern ein Recht auf Freigabe ihrer Leistungen im Sinne von § 12 UrhG zu. Ein Recht auf Mitwirkung beim Final Cut haben aber nur solche Miturheber, deren vertraglich definierter Aufgaben- bzw. Verantwortungsbereich auch diesen Abschnitt der Filmherstellung umfasst (z.B. der Cutter, nicht aber der Kameramann).

Auch im Hinblick auf Film- und Fernsehschaffende hat der Produzent eventuelle Ansprüche auf angemessene Vergütung nach § 32 UrhG sowie weitere angemessene Beteiligung nach § 32a UrhG zu beachten. Fallen die Mitwirkenden in den persönlichen Geltungsbereich des Tarifvertrages für Film- und Fernsehschaffende (entweder aufgrund Mitgliedschaft zu einem der Tarifvertragspartner oder Einbeziehung in den Vertrag) und sieht der Gagentarifvertrag Mindestgagen für den jeweiligen Berufszweig vor, besteht kein Anspruch auf Vertragsanpassung nach § 32 UrhG. Gleiches gilt, wenn eine gemeinsame Vergütungsregel Anwendung findet. Andernfalls ist die angemessene Vergütung nach den besonderen Umständen des Einzelfalls zu bemessen. Liegen die Gagen im Rahmen des Gagentarifvertrages oder gar darüber, dürfte dies ein Indiz für die Angemessenheit der Vergütung sein.

2.3. Motivnutzungsverträge

2.3.1. Nutzungsvertrag für Requisiten

Dieser Vertrag regelt die Überlassung beliebiger beweglicher Gegenstände (z.B. Fahrzeuge, Möbelstücke, Kunstgegenstände) zur Verwendung als Requisiten in einem Film, ohne dass deren Inhaber hierdurch primär eine Werbeabsicht verfolgt. Vertragspartner sind der Produzent sowie der Eigentümer der betroffenen Sache. Der Nutzungsvertrag für Requisiten ist regelmäßig als Mietvertrag (§§ 535 ff. BGB) ausgestaltet, wenn der Gegenstand gegen ein Entgelt überlassen wird, oder als Leihe (§§ 598 ff. BGB) wenn dies unentgeltlich geschieht. Ist vereinbart, dass der Gegenstand zum endgültigen Verbleib bei dem Produzenten bestimmt ist, handelt es sich im Ergebnis um eine Form der Schenkung (§§ 516 ff. BGB).

Sofern es sich nicht um eine Schenkung handelt und der Produzent zur Rückgabe der Sache verpflichtet ist, sollte vertraglich bestimmt werden, dass der Produzent für sämtliche Schäden unabhängig vom Verschulden haftet, die durch die Benutzung des Gegenstands für die Dreharbeiten entstehen. Auch ohne spezielle Regelung hat der Produzent für schuldhaft, d.h. vorsätzlich oder fahrlässig verursachte Schäden nach den allgemeinen gesetzlichen Vorschriften einzustehen (§§ 280, 823 BGB). Abnutzungen, die durch den normalen, vertragsgemäßen Gebrauch entstehen, hat der Produzent allerdings nicht zu vertreten (§ 538, 602 BGB). Unter Umständen muss bei wertvollen Gegenständen gewährleistet werden, dass diese bis zu ihrem vollen Wert von einer eventuell bestehenden Requisitenversicherung abgedeckt sind, andernfalls muss eine separate Versicherung abgeschlossen werden.

Der Vermieter oder Verleiher sollte vertraglich garantieren, dass der Gegenstand frei von Rechten Dritter ist und der Produzent diesen in die geplante Filmproduktion einbetten kann, dies gilt insbesondere für eventuell bestehende Urheber- oder Markenrechte. Handelt es sich nämlich um eine Leihe oder Schenkung, würde der Verleiher bzw. Schenker für Rechtsmängel nur dann einzustehen haben, wenn er diese arglistig verschwiegen hatte.

Dem Produzenten sind die zur umfassenden filmischen und außerfilmischen Nutzung erforderlichen Rechte an dem Gegenstand ausdrücklich einzuräumen, andernfalls ist der Umfang der Rechteübertragung nach dem Vertragszweck zu ermitteln (Zweckübertragungstheorie).

Eine Frage des Einzelfalls ist es, inwieweit dem Verleiher ein Mitspracherecht hinsichtlich der Art und Weise der Darstellung des Gegenstands im Film einzuräumen ist. Ist der Gegenstand in der Lage, aufgrund seines Bekanntheitsgrads oder einer angebrachten Markenbezeichnung seine Herkunft zu identifizieren, kann dem Verleiher daran gelegen sein, dass sein guter Ruf oder seine persönliche oder geschäftliche Ehre nicht durch eine herablassende oder beleidigende Darstellung gefährdet wird.

2.3.2. Product-Placement-Vertrag

Der Product-Placement-Vertrag regelt die Einbindung eines beliebigen Marken- oder sonstigen Kennzeichens in eine Filmproduktion (z.B. durch Darstellung von

Produkten oder Dienstleistungen unter deutlicher Hervorhebung des Markensignets) mit der Absicht, für dieses durch die Art und Weise der Präsentation einen positiven Werbeeffekt zu erzielen (s.o. B.II.3.1.1.). Vertragspartner bei einem Product-Placement sind in der Regel der Filmhersteller sowie eine Placement-Agentur.

Die Agentur lässt sich oft bereits in der Development-Phase das Drehbuch zusenden, um dieses auf die Tauglichkeit von Product-Placements zu untersuchen. Wie dargelegt, ist die Einbeziehung von Product-Placements gegen eine Entgeltzahlung zu werblichen Zwecken des Markeninhabers nur im reinen Spielfilmbereich möglich unter den dargestellten Grundsätzen (s.o. B.II.3.1.; zur möglichen Sittenwidrigkeit s.o. B.II.3.4.). Sofern im Fernsehbereich ein Product-Placement vorgenommen wird, treffen die Parteien im Allgemeinen keine schriftlichen Vereinbarungen. Die mündliche Absprache steht dann unter dem Damoklesschwert der Sittenwidrigkeit mit der Folge, dass die gegenseitigen Verpflichtungen nicht mit juristischen Mitteln durchsetzbar sind.

Im Falle eines Product-Placements gehört die Art und Weise der werblichen Darstellung der Marke im Film zu den wesentlichen Vertragspflichten des Produzenten. Die Einbindung des Produktes in den Film wird deshalb bereits anhand des Drehbuchs festgelegt, der Produzent muss sich zu einer bestimmten Anzahl und Dauer der Einblendungen verpflichten. Ferner wird bestimmt, dass die Markeneinblendung „erkennbar und deutlich" zu erfolgen hat. Hierbei ist dafür zu sorgen, dass die Markenplatzierung nicht zu plakativ erfolgt. Ein Product-Placement entfaltet seine größte Wirkung dann, wenn es unbewusst auf den Zuschauer einwirkt. Eine als offensichtliche Werbung erkennbare Platzierung kann unter Umständen sogar den gegenteiligen Effekt erzielen und abschreckend wirken. Eventuell ist es dem Produzenten auch untersagt, innerhalb derselben Filmproduktion für Konkurrenzprodukte anderer Markeninhaber zu werben, die mit ähnlichen Produkten in der gleichen Branche vertreten sind.

Die mit einem Product-Placement werbenden Firmen werden regelmäßig bei der Abnahme des Filmes beteiligt, um die vertragsgerechte Platzierung ihres Produkts zu überprüfen (vgl. Hertin, in: Münchener Vertragshandbuch, Bd. 3/II., Form. VII. 33 A/B, Anm. 3). Das Entgelt für die Markenplatzierung wird typischerweise nachträglich anhand der Anzahl der tatsächlichen Logosekunden (Dauer der Markeneinblendung im Film) ermittelt.

Sofern es sich bei den platzierten Produkten um wertvolle Gegenstände handelt (z.B. Computer, Autos, Schmuck), sind diese unter Umständen zu versichern und nach Ende der Dreharbeiten wieder zurückzugeben.

2.3.3. Location Agreement (Drehgenehmigung)

Wie dargelegt, bedarf der Produzent bei Dreharbeiten innerhalb von Gebäuden, befriedeten Besitztümern, aber auch auf öffentlichen Straßen und Plätzen der Erteilung einer Erlaubnis des Eigentümers bzw. Besitzers oder der zuständigen Behörde. Bei Immobilien kommen als Vertragspartner des Produzenten verschiedene Berechtigte in Betracht, wie, z.B. Eigentümer, Mieter, Hausverwaltungen oder auch der Urheber des Bauwerks (d.h. der Architekt). In Anlehnung an den angloame-

III. Vertragsgestaltung in der Produktion

rikanischen Sprachgebrauch werden diese Vereinbarungen hier als „Location Agreements" bezeichnet. Bei Straßen und Plätzen sind Drehgenehmigungen bei den zuständigen Behörden einzuholen.

In erster Linie muss dem Produzenten für die Dauer der Drehzeit der freie Zugang zum Drehort gewährt werden, wobei aber auf die gegenseitigen Belange entsprechend Rücksicht genommen werden muss. Der Produzent muss sicherstellen, dass er sowohl bereits in der Vorbereitung, etwa zu Proben, den Drehort betreten kann, als auch zum Zwecke der Durchführung eventuell erforderlicher Nachdrehs. Beginn und Ende der Dreharbeiten sollten daher nur vorläufig geschätzt werden. Daneben muss darauf geachtet werden, dass ein eventuell parallel verlaufender Geschäftsbetrieb oder Kundenverkehr eines Eigentümers oder anderen Betroffenen nicht gestört werden. Der Produzent muss ferner sicherstellen, dass ausreichend Strom- und Wasseranschlüsse zur Verfügung stehen; eventuell bedarf er ausreichender Parkflächen.

Auch hier sollte der Produzent den Vertragspartner von allen Schäden, unbeschadet des eigenen Verschuldens, freistellen und entsprechende Haftpflichtversicherungen abschließen. Der Vertragspartner hat den Produzenten seinerseits von allen Schäden durch Verletzungen von Rechten Dritter (z.B. Urheberrechte) freizustellen und die entsprechenden filmischen und außerfilmischen Nutzungsrechte, sofern welche bestehen, zu übertragen.

Unter Umständen muss es dem Produzenten ermöglicht werden, die äußere Erscheinung der Immobilie zu verändern, um etwa ein Bürogebäude durch Überdecken der Reklameschilder, Stromleitungen und elektrischen Anlagen an einen im neunzehnten Jahrhundert angesiedelten Kostümfilm anzupassen. Auch hier kann es dem Vertragspartner daran gelegen sein, zu bestimmen, auf welche Art und Weise das Gebäude in dem Film präsentiert wird. Unter Umständen ist ihm vorab das Drehbuch zur Einsicht zur Verfügung zu stellen. Nach Beendigung der Dreharbeiten muss der Produzent sämtliche Änderungen wieder auf eigene Kosten entfernen, den Müll entsorgen und eventuell eine Reinigung durchführen.

Fordert der Vertragspartner eine Vergütung für die Nutzung des Besitztums vom Produzenten, kann diese als Pauschalvergütung, oder, was für den Vertragspartner im Falle einer Überschreitung der Drehzeit günstiger ist, nach Auf- und Abbau- sowie Drehtagen bemessen sein. Hat umgekehrt vornehmlich der Vertragspartner ein Interesse an der Darstellung der Immobilie im Film (z.B. eine Bank, ein Unternehmen), handelt es wieder um ein Product-Placement, meist gegen ein Entgelt für den Produzenten.

2.4. Filmmusikverträge

2.4.1. Fremdtiteleinblendung

Beispiel:
Der Produzent möchte einen Musikdokumentarfilm über die sechziger Jahre herstellen und hierfür etwa 15 Minuten Musik verwenden. Als Titelsong (und eventuell auch Film-

titel) soll „Here comes the sun" von den Beatles dienen. Hierfür möchte er die Originalaufnahme der Gruppe von dem Langspieltonträger „Abbey Road" einspielen.

Wie bereits dargestellt, bedarf der Produzent bei der Einblendung eines Fremdtitels zweier Lizenzen, der Einräumung des Synchronization rights zur Verbindung von Komposition und Text mit dem Filmwerk, und der Übertragung des Master-use rights zur Einblendung der Aufnahme selbst in den Film. Die dargestellten Verträge sind hauptsächlich von Bedeutung im Spielfilmbereich, da bei den meisten Fernsehproduktionen die genannten Rechte von den Verwertungsgesellschaften (GEMA und GVL) vergeben werden (s.o. B.II.4.4.2.1.).

2.4.1.1. Synchronization license (Filmmusiklizenzvertrag)

Vertragspartner der Synchronization license (Synch license) sind der Produzent sowie die Inhaber der urheberrechtlichen Nutzungsrechte am Musikwerk, dies können der Komponist und der Textdichter oder ein Musikverlag sein.

Gegenstand der Synch license ist die Einräumung des Filmherstellungsrechts an einem Musikwerk (eventuell verbunden mit einem Sprachwerk). Rechtlich ist der Vertrag als urheberrechtlicher Lizenzvertrag eigener Art zu qualifizieren, auf den auch die Vorschriften der Miet- und Pachtverträge ergänzend Anwendung finden können. Der Musiktitel sollte so genau wie möglich im Lizenzvertrag konkretisiert werden (spezielle Version bzw. Bearbeitung des Songs, exakte Sekundenzahl).

Der Produzent sollte sich zunächst vergewissern, dass sein Verhandlungspartner auch tatsächlich Inhaber der Filmherstellungsrechte ist, derer er sich berühmt, und diese nicht vielmehr bei anderen Sub- oder Originalverlagen liegen. Einen gutgläubigen Rechteerwerb gibt es im Urheberrecht nicht. Der Produzent sollte daher eine volle Dokumentation der Chain of title verlangen und entsprechende Rechte- und Freistellungsgarantien vereinbaren.

Die Rechteeinräumung umfasst in erster Linie das Recht zur Erstverbindung von Musikwerk und Filmwerk, also der Herstellung der Nullkopie. Die anschließenden, zur filmischen Verwertung notwendigen Vervielfältigungs-, Verbreitungs- und Vorführungsrechte werden überwiegend von der GEMA vergeben (s.o. B.II.4.4.2.2.1.). Hierunter fallen nach der Rechtsprechung des BGH im Falle der Zweitauswertung eines Kinofilms auch die Videogrammrechte (Vervielfältigung und Verbreitung von DVDs und Videokassetten), die Rechte zur Fernsehsendung und zur Onlineauswertung (s.o. B.II.4.4.1.1.). Auch das Recht zur außerfilmischen Soundtrackauswertung wird von der GEMA vergeben; die Urheber oder Verlage können die Herausbringung eines Tonträgers zum Film also nicht unterbinden. Nicht von der GEMA vergeben werden allerdings die Nutzungsrechte zur Herstellung von Werbespots (einschließlich Programmtrailer) oder multimedialen Bild-Tonträgern (§ 1 k), i) GEMA- Berechtigungsvertrag). Diese Rechte müssen wiederum von den Berechtigten direkt erworben werden. Zur Sicherheit sollte sich der Produzent den gesamten Rechtekatalog einschließlich aller filmischen und außerfilmischen Rechte übertragen lassen, soweit diese nicht von einer Verwertungsgesellschaft wahrgenommen werden.

Die Nutzungsrechte werden in der Regel räumlich und zeitlich beschränkt übertragen. Soweit die Nutzungsrechte bei der GEMA und ausländischen Verwertungs-

III. Vertragsgestaltung in der Produktion

gesellschaften liegen, haben solche Beschränkungen nur schuldrechtlichen Charakter, die sich ausschließlich im Verhältnis Lizenzgeber – Produzent auswirken. Ein Dritter (z.B. ein Fernsehsender) kann deshalb auch nach Ablauf der zeitlichen Befristung Nutzungsrechte (z.B. die Fernsehsenderechte) von der GEMA erwerben, da GEMA eine solche schuldrechtliche Verpflichtung des Produzenten nicht beachten muss (Ventroni, Das Filmherstellungsrecht, S. 222). Gestattet der Produzent jedoch eine solche Nutzung, macht er sich gegenüber dem Lizenzgeber wegen Verletzung seiner vertraglichen Enthaltungspflichten schadensersatzpflichtig. Daneben kann sich eine Haftung des Produzenten für das Verhalten seiner Lizenznehmer aus § 278 BGB ergeben. Möglicherweise löst eine Verletzung auch eine vereinbarte Vertragsstrafe aus. Daher sollte der Produzent auf derartige räumliche und zeitliche Beschränkungen im Synchronisationslizenzvertrag achten. In räumlicher Hinsicht sollte der Produzent die möglichen Auswertungsterritorien realistisch einschätzen; unter Umständen kann eine pauschale Abgeltung der weltweiten Nutzungsrechte im Ergebnis preiswerter sein als die Lizenzierung für zahlreiche Einzelterritorien. In zeitlicher Hinsicht belaufen sich die Lizenzen oft auf 10 Jahre und weniger, wobei für den Produzenten längerfristige Laufzeiten zur Vermeidung zeit- und kostenintensiver Nachverhandlungen vorzugswürdig sind.

Der Produzent erwirbt grundsätzlich nur ein einfaches Nutzungsrecht an dem Musikwerk; die Lizenzvergütung wird dadurch aber nicht wesentlich geringer ausfallen, da eine wiederholte lukrative Nutzung eines Musiktitels in einem Filmwerk nach einer erfolgreichen und auffälligen Platzierung oftmals wenig wahrscheinlich oder erst wieder nach einigen Jahren möglich ist.

Die Vergütung selbst wird überwiegend pauschal festgesetzt und bemisst sich am Umfang der bezweckten Nutzung, sie kann mitunter beträchtliche Höhen erreichen. Als Richtschnur für die branchenübliche Lizenzgebühr können die so genannten DMV-Erfahrungsregeln herangezogen werden. Diese gehen bei weltweiter Nutzung eines Musikwerks in einer Filmproduktion von einem Sekundenpreis von 100,00 EUR für Filmtheaterauswertung (Mindestvergütung 10 000 EUR), 120,00 EUR für Fernsehauswertung (Mindestvergütung 12 000 EUR) und 50,00 EUR für Videoauswertung (Mindestvergütung 5 000,00 EUR) aus, wobei bei den Lizenzbeträgen Mengenrabatte anzusetzen sind. Ferner sind Abschläge für Dokumentarfilme Akademie- oder Low-Budget-Filme, aber auch Zuschläge für Werbe- oder Industriefilme sowie besondere Nutzungsformen (z.B. im Vor- und Abspann, als Titelsong) zu berücksichtigen. Die DMV-Erfahrungsregeln dürften m.E. als angemessene Vergütung im Sinne von § 32 Abs. II. S. 2 UrhG anzusehen sein. Sie werden auch von Gerichten für die Bestimmung einer angemessenen Lizenzgebühr im Rahmen von Schadensersatzansprüchen nach § 97 UrhG herangezogen und tragen durch die Aufschlüsselung nach verschiedenen Nutzungsarten sowie die Zu- und Abschläge auch den Besonderheiten des Einzelfalls Rechnung.

> Bei dem im Beispiel dargestellten Musikdokumentarfilm mit 15 Minuten Filmmusik wäre also allein zur Abgeltung der urheberrechtlichen Nutzungsrechte für die weltweite Auswertung in Kino, Free-TV und Video mit einer Lizenz von 72 900 EUR (15 × 60 × [100 + 120 + 50] = 243 000 EUR, minus Dokumentarfilmrabatt von 50% = 121 500 EUR, minus Mengenrabatt von 40% = 72 900 EUR) zu rechnen. Sofern die Rechte an einzelnen Stücken allerdings bei

verschiedenen Lizenzgebern liegen, sind die Mengenrabatte nicht einschlägig. Für die Nutzung des Beatles-Klassikers „Here comes the sun" als Titelsong wird allerdings noch einmal mit mindestens der gleichen Summe zu rechnen sein, sofern eine Lizenzierung überhaupt möglich ist.

Sinnvoll ist es, die Pauschalvergütung in verschiedene Teilbeträge zu staffeln und die Fälligkeit der Einzelbeträge an den Beginn der verschiedenen filmischen und außerfilmischen Nutzungshandlungen zu koppeln, also z.B. jeweils einen Teilbetrag der Lizenzgebühr bei Vertragsunterzeichnung (dies umfasst gleichzeitig das Recht zur Theaterauswertung), weitere Teilbeträge bei Beginn der Videoauswertung, der Fernsehauswertung, eventueller Onlinenutzung etc. (vgl. auch Schulz, in: Moser/Scheuermann, Handbuch der Musikwirtschaft, S. 1275 ff.).

Die Urheber des Musikwerks haben einen eigenen Nennungsanspruch aus § 13 UrhG. Auch die beteiligten Verlagsunternehmen werden üblicherweise im Abspann genannt.

Gemäß § 88 Abs. I. UrhG hat der Produzent das Recht, das lizenzierte Musikwerk beliebig zu bearbeiten und umzugestalten, sofern er hierdurch keine gröbliche Entstellung vornimmt (§ 93 UrhG). Will der Urheber oder Verlag ein derart weitgehendes Änderungsrecht ausschließen, muss er dies vertraglich regeln. Da Musikwerke grundsätzlich nicht in voller Länge im Film erscheinen, kann zumindest das entsprechende Recht zur Kürzung des Titels nicht ausgeschlossen werden.

In den Filmmusikverträgen wird oft ergänzend bestimmt, dass der Produzent nicht auch das Recht zur Nutzung des Titels des Musikwerks als Filmtitel erwirbt, auch wenn sich unter Umständen der Bekanntheitsgrad des Musikwerks sehr förderlich auf die Auswertung des Filmes auswirken würde Diese Regelung dient nur der Klarstellung; der Titel eines Musikwerks wäre auch ohne diese Bestimmung als Werktitel gemäß § 5 Abs. III. MarkenG und – bei ausnahmsweise urheberrechtlicher Schutzfähigkeit – nach § 2 UrhG gegen eine solche Verwendung geschützt (vgl. Hertin, in: Münchener Vertragshandbuch, Bd. 3/II., Form. VII. 31, Anm. 5).

2.4.1.2. Master-use license (Tonträgerlizenzvertrag)

Vertragspartner der Master-use license sind der Produzent und der Tonträgerhersteller, letzterer als Inhaber der eigenen und der von den Künstlern abgeleiteten Leistungsschutzrechte. Die Leistungsschutzrechte können bei dem ursprünglichen Schallplattenproduzenten liegen, welcher die Erstaufnahme durchgeführt hat, oder bei einem nachfolgenden Lizenznehmer, welcher diese Rechte z.B. aufgrund eines Bandübernahmevertrages erworben hat. Auch hier ist eine sorgfältige Prüfung der Chain of title vorzunehmen.

Gegenstand des Vertrags ist die Einblendung der Schallaufnahme in die Filmproduktion. Rechtlich ist der Master-use-Vertrag ein urheberrechtlicher Lizenzvertrag eigener Art, auf den die Vorschriften der Miet- oder Pachtverträge ergänzend Anwendung finden können.

Die Rechteeinräumung umfasst die Rechte zur Vervielfältigung und Verbreitung der Musikaufnahme zum Zwecke der Herstellung und Auswertung des konkreten Filmwerks. Die Vergütungsansprüche für die Funksendung und öffentliche Wieder-

III. Vertragsgestaltung in der Produktion

gabe werden hingegen von der GVL wahrgenommen und sind nicht Gegenstand des Master-use Vertrages. Will der Filmhersteller die Aufnahme auch auf einem Soundtrack zum Film verwenden, benötigt er die entsprechenden Vervielfältigungs- und Verbreitungsrechte für die Herstellung und Auswertung von Tonträgern. Die Tonträgerrechte müssen direkt von den Leistungsschutzberechtigten erworben werden, da die GVL diese Rechte – anders als die GEMA hinsichtlich der korrespondierenden mechanischen Rechte – nicht wahrnimmt. Auch die Rechte zur DVD- und Onlineauswertung sowie zur Herstellung eines Werbetrailers werden nicht von der GVL wahrgenommen und müssen in den Rechtekatalog ausdrücklich aufgenommen werden. Die Nutzungsrechte selbst werden als einfache Nutzungsrechte ausgestaltet und zeitlich sowie räumlich je nach Nutzungszweck beschränkt. Im Falle der Soundtrackauswertung wird sich der Tonträgerhersteller eine Override-Beteiligung an den Verkäufen ausbedingen wollen.

Die Vergütung entspricht den Lizenzen für die Einräumung des Synch rights, insofern können auch hier die DMV-Erfahrungsregeln als Ansatzpunkt dienen.

> Im Falle des Musikdokumentarfilms aus dem Beispiel wäre bei 15 Minuten Filmmusik mit einer weiteren Lizenz von etwa 72 900 EUR zu kalkulieren, vorausgesetzt, dass alle Rechte bei einem Lizenzgeber liegen. Die Lizenzierung des Titelsongs dürfte hier ebenfalls schwierig sein.

Der Tonträgerhersteller hat keinen eigenen gesetzlichen Nennungsanspruch; die Nennung sollte daher ausdrücklich vereinbart werden. Allerdings wird man aufgrund der branchenüblichen Nennungen der Berechtigten im Filmabspann auch ohne ausdrückliche Vereinbarung von einer stillschweigenden Nennungsabrede ausgehen können. Die ausübenden Künstler besitzen einen eigenen Nennungsanspruch nach § 74 UrhG. Wird die Leistung von mehreren ausübenden Künstlern gemeinsam erbracht (z.B. von einer Band) und erfordert die Nennung jedes Einzelnen einen unverhältnismäßigen Aufwand, so müssen sie nur als Künstlergruppe genannt werden, § 74 Abs. II. UrhG. Im Filmbereich kann die Nennung auch gänzlich unterbleiben, wenn dies einen unverhältnismäßigen Aufwand erfordert, § 93 Abs. II. UrhG. Die Nennung der Interpreten (bzw. Künstlergruppen) eingeblendeter Musiktitel im Abspann eines Kinospielfilms ist allerdings branchenüblich und dem Produzenten auch zumutbar.

Den ausübenden Künstlern steht ferner der Anspruch auf angemessene Vergütung nach § 32 UrhG zu. Diesen können sie aber nur gegenüber ihrem Vertragspartner, dem Tonträgerhersteller geltend machen. Anders ist es mit dem Anspruch auf weitere angemessene Beteiligung im Falle eines auffälligen Missverhältnisses zwischen der Künstlergage und den Erträgen des Filmherstellers aus der Musikauswertung. Der Anspruch gemäß § 32a UrhG kann gegenüber jedem Verwerter geltend gemacht werden, der solche Erträge erzielt, also neben dem Tonträgerhersteller als Vertragspartner auch dem Filmhersteller oder jedem weiteren Lizenznehmer in der Lizenzkette. Dem Tonträgerhersteller selbst stehen Ansprüche nach den §§ 32, 32a UrhG nicht zu.

2.4.2. Auftragskomposition (Filmmusikvertrag)

Bei der Auftragskomposition gibt der Produzent die Erstellung einzelner Musiktitel oder der dramaturgischen Musik (Score) bei einem oder mehreren Komponisten in Auftrag. In der Regel umfasst die Tätigkeit des Auftragnehmers dann nicht nur die Komposition des Musikwerks, sondern auch gleich die Durchführung der Produktion, oftmals im eigenen Studio oder am heimischen PC, sowie die Überwachung sonstiger mitwirkender Künstler.

Vertragspartner der Auftragskomposition sind der Filmproduzent und der Komponist, welcher zugleich als Musikproduzent und Künstler auftritt. Gegenstand des Vertrages ist die Komposition des Musikwerks, Erstellung und Lieferung der fertigen Musikproduktion, eventuell Mitwirkung bei der Mischung des Filmes sowie schließlich die Einräumung der notwendigen urheberrechtlichen Nutzungsrechte sowie Leistungsschutzrechte. Der Vertrag enthält somit sowohl werk- als auch urheberlizenzvertragliche Elemente.

Die Komposition der Filmmusik erfolgt in enger Abstimmung mit dem Produzenten und dem Regisseur, meist erhält der Komponist bereits im Vorfeld das Drehbuch zur Sichtung und nimmt an gemeinsamen Besprechungen teil. Die Vertragslaufzeit ist so genau wie möglich zu bestimmen, der Auftragnehmer hat das fertige Master zu einem bestimmten Zeitpunkt und rechtzeitig vor Beginn der Mischung zu liefern. Hat der Auftragnehmer auch die entsprechende Filmtonmischung zu überwachen, ist deren Zeitraum ebenfalls einzugrenzen. Im Falle eventueller Nacharbeiten oder Neuaufnahmen des Filmes sollte der Komponist auch zu entsprechenden nachträglichen Anpassungen und Umänderungen der Filmmusik bereit sein und bis zur Feinschnittabnahme zur Verfügung stehen.

Als Werk im Sinne von § 631 BGB bedarf die abzuliefernde Produktion der Abnahme durch den Filmhersteller. Die Überprüfung der Produktion muss sich allerdings auf die Einhaltung der inhaltlichen Vorgaben des Produzenten sowie der spezifizierten oder branchenüblichen technischen Standards beschränken. Eine Verweigerung der Abnahme aus rein künstlerischen Gründen sollte ausgeschlossen sein; der Produzent sollte sich im Vorfeld über die Qualität und den Stil seines Auftragnehmers informieren und die inhaltlichen Weisungen entsprechend zuschneiden.

Hinsichtlich der Rechteeinräumung gilt das im Rahmen der Darstellung der Synch license und Master-use license Gesagte; der Umfang der Rechteeinräumung stellt sich dann als eine Kombination beider Rechtekataloge (urheber- und leistungsschutzrechtliche Nutzungen) dar. Allerdings überträgt der Komponist hier in der Regel die ausschließlichen Nutzungsrechte an Komposition und Produktion. Der Filmhersteller wird wohl nicht akzeptieren, dass die von ihm speziell in Auftrag gegebene und finanzierte Filmmusik später in Filmen anderer Produzenten Verwendung findet. Will der Produzent die Musik auch zur Verfilmung anderer Filmstoffe oder für eine Wiederverfilmung verwenden, muss er sich diese Rechte ausdrücklich einräumen lassen (§ 88 Abs. II. UrhG).

Geht man davon aus, dass die dem Produzenten nach § 88 Abs. I. UrhG zustehenden nachträglichen Bearbeitungsbefugnisse bei filmbestimmt geschaffenen Werken (also auch Auftragskompositionen) im Zweifel stillschweigend abbedungen

III. Vertragsgestaltung in der Produktion

sind (s.o. B.II.4.4.2.5.1.), muss sich der Produzent diese im Filmmusikvertrag wieder ausdrücklich einräumen lassen. Notwendige Anpassungen (z.b. Ein- und Ausblendungen, klangliche Veränderungen), die nicht die Komposition in ihrem Kern beeinträchtigen (wie z.b. eine Zerstückelung), sind aber auch ohne ausdrückliche Freigabe nach § 39 Abs. II. UrhG zulässig. Zu beachten ist, dass der nachträgliche Austausch wesentlicher Teile der Originalmusik durch Kompositionen eines Dritten eine Entstellung des Werkes des ursprünglichen Komponisten nach § 14 UrhG darstellen kann (OLG München ZUM 1992, 307, 309 – Christoph Columbus). Anders ist es nur bei einem vollständigen Austausch der Filmmusik durch neue Kompositionen: Da das ursprüngliche Werk hier nicht genutzt wird, sind Rechte des Originalkomponisten auch nicht betroffen, so dass keine Entstellung „seines" Werkes gegeben ist (OLG Hamburg GRUR 1997, 822, 825 f. – Edgar-Wallace-Filme; a.A. M. Schulze, in: Schertz/Omsels, Festschrift Hertin, S. 265). Wohl aber kann die nachträgliche Auswechselung der Filmmusik durch den Filmhersteller Rechte des Regisseurs verletzen, da hierdurch dessen Rechte als Miturheber des Films betroffen sind (Brauner, Die urheberrechtliche Stellung des Filmkomponisten, S. 182 f.).

Der Komponist garantiert, dass das von ihm geschaffene Musikwerk frei von Rechten Dritter und er zur Einräumung der entsprechenden Rechte an den Filmhersteller in der Lage ist. Es ist also sicherzustellen, dass der Auftragnehmer als Komponist nicht bereits durch einen Autorenexklusivvertrag an einen Musikverlag bzw. einen Künstlerexklusivvertrag an ein Schallplattenlabel gebunden ist. Diese Verträge beinhalten oft Vorausabtretungsklauseln, wonach die ausschließlichen Nutzungsrechte an künftigen Werken bzw. Leistungen dem Vertragspartner im Zeitpunkt ihrer Entstehung automatisch eingeräumt werden. Führt der Auftragnehmer die Produktion nicht selbst, sondern mit Hilfe anderer Musiker durch, sollte er dem Filmproduzenten den Abschluss entsprechender Künstlerverträge oder Honorarquittungen mit den betroffenen Künstlern nachweisen. Ferner sollte vereinbart werden, dass der Komponist nur von ihm selbst stammende und für diesen Film individuell geschaffene Originalmusik verwenden darf.

Die Vergütung wird in der Regel als Pauschalhonorar ausgestaltet. Führt der Komponist auch die Produktion durch, erhält er ein festes Budget für die gesamte Produktion; es liegt dann an ihm, nach Zahlung der Studiokosten und Künstlergagen einen eigenen Gewinn zu erzielen. Genau zu regeln ist dann allerdings, wer im Falle einer Budgetüberschreitung das Kostenrisiko trägt. Im Fernsehbereich führen die knapp kalkulierten Budgets oftmals dazu, dass der Komponist nur geringe oder gar keine Vergütungen erhält und sich mit den späteren GEMA-Einnahmen begnügen muss. Zu beachten ist, dass der Auftragnehmer sowohl als Urheber als auch ausübender Künstler einen Anspruch auf angemessene Vergütung nach § 32 UrhG besitzt. Eine Reduzierung des Honorars auf die GEMA-Tantiemen erscheint insofern bedenklich.

Wenn eine Pauschalvergütung gezahlt wird, ist es ratsam, die Honoraranteile für die Komposition sowie die Durchführung der Aufnahme im Vertrag getrennt auszuweisen. Einerseits unterliegen beide Vergütungen getrennten Umsatzsteuersätzen, andererseits benötigt der Auftragnehmer zur Abrechnung gegenüber der GVL die Angabe seines Honoraranteils als ausübender Künstler für die Erstverwertung (Aufnahme). Wie dargelegt, nimmt die GVL zwar nur die Zweitverwertungsrechte (z.B. Funksendung im Fernsehen) wahr, berechnet den Lizenzausschüttungsanspruch der ausübenden Künstler aber nach Maßgabe ihrer Erstverwertungshonorare, die diese jährlich der GVL melden. Vergütungsansprüche für die Funksendung einer Musikaufnahme im Fernsehen nimmt die GVL wahr, wenn das Musikstück zugleich auf einem separaten Tonträger (z.B. Soundtrack) erschienen ist (§ 1 Ziff. 2 a Wahrnehmungsvertrag). Werden die Rechte zur Soundtrackauswertung eingeräumt, sollte sich der Auftragnehmer eine angemessene Overrride-Beteiligung an den Verkäufen ausbedingen. Hierbei ist dafür Sorge zu tragen, dass dem Auftragnehmer nicht bessere Lizenzbeteiligungen eingeräumt werden, als sie der Filmproduzent seinerseits aufgrund des Bandübernahmevertrages von der Schallplattenfirma erhält, die den Soundtrack vertreibt (vgl. Lichtenhahn, in: Clevé, Von der Idee zum Film, S. 118).

Als Komponist und ausübender Künstler hat der Auftragnehmer einen eigenen Nennungsanspruch nach den §§ 13, 74 UrhG im Vor- oder Nachspann. Der Nennungsanspruch als Tonträgerhersteller kann aufgrund der allgemeinen Branchenübung als stillschweigend vereinbart gelten, sollte aber im Vertrag zusätzlich fixiert werden.

Meist muss sich der Komponist verpflichten, die Verlagsrechte in einen (mit dem Filmproduzenten affiliierten) Musikverlag einzubringen. Dies sollte sich in der Höhe der Lizenzvergütung niederschlagen oder zumindest einen separaten Vorschuss für die Übertragung der Verlagsrechte im abzuschließenden Musikverlagsvertrag rechtfertigen. Die formularmäßige Einräumung der Verlagsrechte an einem bestimmten Musikwerk in den AGB eines Komponistenvertrages ohne korrespondierende Vergütungsregelung kann als unangemessene Benachteiligung des Komponisten unzulässig sein (so OLG Zweibrücken ZUM 2001, 346, 347 f. – AGB-Verstoß in ZDF-Komponistenverträgen). Die Einräumung von Musikverlagsrechten setzt deshalb üblicherweise den Abschluss eines Musikverlagsvertrages zwischen Komponist und Musikverlag voraus (v. Hartlieb/Schwarz/Reich, Kap. 99, Rd. 17).

2.5. Verträge in der Postproduktion

Die Verträge in der Postproduktion werden entweder zwischen dem Produzenten und selbständig tätigen Filmschaffenden direkt abgeschlossen, oder bei abhängig Beschäftigten mit den jeweiligen arbeitgebenden Unternehmen. Rechtlich handelt es sich hierbei grundsätzlich um Dienstverträge oder Geschäftsbesorgungsverträge. Verpflichtet sich der Filmschaffende oder das Postproduktionsunternehmen aber zur Lieferung eines abschließend geschnittenen, sendefähigen Filmmaterials, kann auch ein Werkvertrag vorliegen, da hier der Erfolg der Leistung geschuldet wird. Maßgeblich sind hier die individualvertraglichen Absprachen.

2.5.1. Sounddesign, Bild- und Tonnachbearbeitung

Wenn in der Postproduktion Personen mit der Nachbearbeitung von Ton bzw. Bild oder der Einarbeitung von Geräusch- oder Toncollagen beauftragt werden, ge-

III. Vertragsgestaltung in der Produktion

schieht dies in der Regel nicht auf der Grundlage komplizierter Verträge, sondern wie in diesem Dienstleistungssektor üblich, aufgrund mündlicher Vereinbarungen oder knapper Kostenvoranschläge. Es ist aber daran zu denken, dass die von diesen Personen im Zusammenhang mit der Nachbearbeitung erbrachten Leistungen unter Umständen selbst urheberrechtlich geschützt sein können. Dies setzt aber voraus, dass es sich bei den Beiträgen um persönlich geistige Schöpfungen handelt, die einen gewissen eigenschöpferischen, individuellen Gehalt besitzen. Bloße technische oder handwerkliche Arbeiten (z.B. Farbkorrekturen) fallen nicht hierunter. Spielt ein Sounddesigner oder Bearbeiter eine Aufnahme auch selbst ein, können hierbei in seiner Person zudem Leistungsschutzrechte entstehen, soweit die Beiträge Werkcharakter besitzen oder es sich um eine Ausdrucksform der Volkskunst (eine folkloristische Darbietung) handelt.

Besteht die Gefahr, dass urheberrechtlich geschützte Positionen erlangt worden sind, hat der Produzent dafür Sorge zu tragen, von den Bearbeitern oder Sounddesignern vollumfänglich die notwendigen Rechte zu erwerben. Hinsichtlich der Urheberrechte erwirbt der Produzent im Zweifel gemäß § 89 Abs. I. UrhG das Recht, das Werk auf alle Nutzungsarten zu nutzen. Die Leistungsschutzrechte an den Aufnahmen werden gemäß § 92 UrhG an den Filmhersteller eingeräumt. Diese Rechteübertragungen beschränken sich aber nur auf Nutzungshandlungen im filmischen Bereich im Rahmen dieses konkreten Filmwerks (s.o. B.III.1.1.2.2./1.2.2.1.). Will der Produzent besonders gelungene und markante Toncollagen anderweitig verwenden, etwa für einen anderen Film, auf einem zum Film erscheinenden Soundtrack, für ein Multimediaprojekt oder ein Computerspiel, bedarf er hierfür einer ausdrücklichen weitergehenden Rechteeinräumung. Soweit der Bearbeiter oder Sounddesigner aber in einem Arbeits- oder Dienstverhältnis mit dem Produzenten steht, kann sich die Einräumung solcher urheber- oder leistungsschutzrechtlicher Nebenrechte über § 43 UrhG herleiten lassen (s.o. B.III.1.1.2.3./1.2.2.3.).

Auch der Sounddesigner oder Bearbeiter hat dem Produzenten die Nutzungsrechte frei von Rechten Dritter einzuräumen, dies gilt insbesondere für verwendete vorbestehende Samples. Der Bearbeiter sollte verpflichtet werden, nur eigenes Material zu verwenden, andernfalls schriftliche Releases der Rechteinhaber beizubringen.

Erwirbt der Nachbearbeiter ein eigenes Urheberrecht, so hat er auch einen Nennungsanspruch im Vor- oder Abspann, § 13 UrhG. Als ausübender Künstler steht ihm dieses Recht nach § 74 UrhG zu, sofern die Nennung keinen unverhältnismäßigen Aufwand erfordert, § 93 Abs. II. UrhG. Um Missverständnisse über die Art und Weise der Nennung zu vermeiden, sollten die Parteien diese im Vertrag einvernehmlich bestimmen.

2.5.2. Schnitt, Mischung

Hier ist zu beachten, dass nach allgemeiner Ansicht auch Cutter bzw. Schnittmeister sowie Tonmeister Urheber des Filmwerks sein können, wenn ihre Werkbeiträge die notwendige Schöpfungshöhe und Individualität besitzen. Diese räumen ebenfalls nach § 89 Abs. I. UrhG dem Produzenten die umfassenden Nutzungsrechte für alle

Nutzungsarten an ihren Werken ein, allerdings wiederum beschränkt auf filmische Nutzungshandlungen im Rahmen des konkreten Filmwerks. Weitergehende Nutzungsrechte muss sich der Produzent ausdrücklich einräumen lassen. Stehen die Mitwirkenden in einem Arbeits- oder Dienstverhältnis mit dem Filmhersteller, können die betrieblichen Zwecke des Filmherstellers über § 43 UrhG eine Erweiterung des Umfangs der Rechteeinräumung rechtfertigen.

Im Rahmen der Postproduktion müssen mit dem Personal auch Schnitträume, Geräte und Material angemietet bzw. gekauft werden. Auch hierbei ist zu beachten, dass die voraussichtliche Dauer der Inanspruchnahme der Leistungen der Filmschaffenden oder Unternehmen realistisch eingeschätzt wird und genügend freie zeitliche Kapazitäten auf beiden Seiten für mögliche Verzögerungen vorhanden sind.

2.5.3. Titelherstellung, Untertitelung, Synchronisation

Der Vertrag zwischen Produzent und Titeldesigner ist in der Regel als Werkvertrag ausgestaltet. Die Titel für Vor- und Abspann sowie eventuelle Zwischentitel werden dem Designer inhaltlich vom Produzenten vorgegeben, so dass sich der künstlerische Freiraum des Titelherstellers auf die grafische Ausgestaltung beschränkt. Ist diese besonders neuartig und eigentümlich, können auch die Titelgestaltungen Werke der bildenden Kunst im Sinne von § 2 Abs. I. Nr. 4 UrhG sein. Unter Umständen kann auch bereits eine eigenwillige Anordnung nicht schutzfähiger Elemente wiederum als Sammelwerk geschützt sein (§ 4 UrhG). Die Anordnung der Einzeltitel wird dem Titeldesigner aber in der Regel vom Produzenten vorgegeben.

Stellt ein Übersetzer Untertitel zum Film her (z.B. deutsche Untertitel zu einem englischsprachigen Originalfilm), erwirbt dieser an der Übersetzung der Dialoge ein eigenes Bearbeiterurheberrecht, § 3 UrhG. Auch der Übersetzer der gesprochenen Dialoge für die Synchronfassung erwirbt ein solches Bearbeiterurheberrecht.

Ferner entstehen mit der Herstellung der Synchronfassung die Leistungsschutzrechte der ausübenden Künstler (Sprecher). Auch der Synchronregisseur kann ein eigenes Urheberrecht an der von ihm erschaffenen Synchronfassung erwerben (v. Hartlieb/Schwarz/Reber/Schwarz, Kap. 100, Rd. 6).

In allen Fällen muss sich der Produzent von den Urheber- und Leistungsschutzberechtigten vollumfänglich auch die über §§ 88 Abs. I., 89 Abs. I., 92 UrhG hinausgehenden Nutzungsrechte einräumen lassen. Andernfalls kann er die Titel oder die Übersetzung nur für die filmischen Nutzungshandlungen im Rahmen des konkreten Filmwerks verwenden, soweit sich über § 43 UrhG keine weitergehende Rechteeinräumung herleiten lässt. Titelhersteller und Übersetzer haben als Urheber gemäß § 13 UrhG, ausübende Künstler gemäß § 74 UrhG einen eigenen Nennungsanspruch.

Werden Titel, Untertitel oder Synchronfassungen nicht vom Produzenten, sondern von Dritten hergestellt (z.B. einem ausländischen Filmverleih), erwerben diese eigenen Urheber- und Leistungsschutzrechte an der Fassung. Der Produzent muss sich von diesen daher die erforderlichen Nutzungsrechte zur Auswertung übertragen lassen.

C. Auswertung:
Vom Festival zum Weltvertrieb

I. Die Lizenzpartner und ihre Rechte

1. Was sind Lizenzen?

Der Begriff der „Lizenz" ist gesetzlich nicht definiert und wird auch in der Praxis uneinheitlich verwendet.

Im UrhG wird z.B. das Recht eines Tonträgerherstellers gegen den Urheber eines bereits auf anderen Tonträgern erschienenen Musikwerks auf Einräumung der mechanischen Rechte zur Vervielfältigung und Verbreitung eigener Tonträger als so genannte „Zwangslizenz" bezeichnet (§ 42a UrhG). Im Ergebnis handelt es sich hier um die Einräumung von Nutzungsrechten vom Urheber auf den Berechtigten nach den §§ 31 ff. UrhG. Im MarkenG wird der Begriff der „Lizenz" z.B. verwendet für die Einräumung von ausschließlichen oder nicht ausschließlichen Nutzungsrechten an einer Marke für alle oder bestimmte Waren oder Dienstleistungen (§ 30 MarkenG).

In der Praxis wird der Begriff „Lizenz" für nahezu jede Rechteeinräumung benutzt, z.B. die Einräumung einfacher und ausschließlicher Nutzungsrechte vom Urheber auf den Nutzungsberechtigten (§ 31 ff. UrhG), die Übertragung dieser Nutzungsrechte vom Berechtigten auf Dritte (§ 34 UrhG), die Einräumung weiterer Nutzungsrechte an Dritte durch Inhaber ausschließlicher Nutzungsrechte (§ 35 UrhG), die Einräumung und Übertragung von Nutzungsrechten an Leistungsschutzrechten (z.B. §§ 77, 78 UrhG), die Weiterübertragung dieser Rechte auf Dritte, die Übertragung von Rechten an Marken (§ 30 MarkenG), die Gestattung der Nutzung von Namen (§ 12 BGB) und die Einwilligung zur Verbreitung und Zurschaustellung von Bildnissen (§ 22 KUG).

Innerhalb längerer Rechteketten spricht man auch von Lizenzen verschiedener Stufen. Die Rechteeinräumung erster Stufe wird gebildet durch das ursprüngliche Vertragsverhältnis (z.B. den Verfilmungsvertrag) zwischen einem originären Rechteinhaber (z.B. dem Urheber eines Romans) und dem ersten Nutzungsberechtigten (z.B. dem Produzenten). Diese Lizenz wird auch als „Hauptlizenz" bezeichnet. Die Rechteübertragung zweiter Stufe ist die nachfolgende Vereinbarung (z.B. der Vertriebsvertrag) des derivativen Nutzungsberechtigten (z.B. des Produzenten) mit einem dritten Verwerter (z.B. dem Weltvertrieb). Daran anknüpfen können sich zahlreiche weitere Rechteübertragungen dritter und höherer Stufen (z.B. von dem Weltvertrieb auf einen US-Distributor, dem US-Distributor auf einen US-Fernsehsender etc.). Alle Rechteeinräumungen ab der Hauptlizenz werden in der Regel als „Sublizenzen" bezeichnet.

Im Filmbereich stellen zahlreiche Lizenzen Mischformen aus Haupt- und Sublizenzen dar. Räumt z.B. ein Filmproduzent einem Vertrieb die Auswertungsrechte an seinem Filmwerk ein, so ist der Produzent einerseits derivativer Rechteinhaber an den vorbestehenden Rechten (Drehbuch, Filmmusik), andererseits als Filmhersteller aber auch Inhaber originärer Leistungsschutzrechte am Filmwerk. Er vergibt somit innerhalb eines Vertrages Lizenzen erster und zweiter Stufe. Für das folgende Kapitel wird der Begriff „Lizenz" für alle Rechteeinräumungen im Filmbereich verwendet, gleichgültig, auf welcher Stufe sich der Lizenzgeber befindet und wie das Nutzungsrecht rechtlich zu qualifizieren ist. Wird der Begriff „Sublizenz" verwendet, handelt es sich hierbei stets um Rechteeinräumungen derivativer Rechteinhaber an Dritte.

2. Lizenzgeber und Lizenznehmer

Die Vertragspartner eines Lizenzvertrages werden als Lizenzgeber und Lizenznehmer bezeichnet. Innerhalb längerer Rechteketten haben die mittleren Vertragspartner eine Doppelfunktion; sie sind einerseits als Lizenznehmer Erwerber der erforderlichen Nutzungsrechte, andererseits gegenüber dem nachfolgenden Lizenznehmer wiederum Lizenzgeber. Hier ist besonders darauf zu achten, dass ein solcher Lizenzpartner nicht mehr Nutzungsrechte zu vergeben verspricht, als er selbst zuvor erworben hat. Insbesondere sind die oft verschachtelten Rechteübertragungsklauseln in den Lizenzverträgen einer sorgfältigen Prüfung zu unterziehen. Wenn möglich, sollten sich die Rechteübertragungsklauseln in nachfolgenden Verträgen vom Aufbau und Wortlaut her an den vorhergehenden orientieren, um Auslegungsschwierigkeiten zu vermeiden und die Rechtekette transparent und nachprüfbar zu halten.

3. Besonderheiten bei der Einräumung von Filmlizenzen höherer Stufen (Sublizenzen)

3.1. Geltung der Zweckübertragungstheorie

> Beispiel:
> Der Weltvertrieb räumt einem privaten Fernsehsender pauschal die „exklusiven TV-Rechte" ein, ohne diese näher zu spezifizieren.

Nach der so genannten Zweckübertragungstheorie bestimmt sich der Umfang einer Rechteeinräumung für den Fall, dass die Nutzungsarten, auf die sich das Recht erstrecken soll, nicht einzeln spezifiziert sind, nach dem vertraglich verfolgten Zweck, § 31 Abs. V. UrhG (s.o. A.III.2.5.). § 31 Abs. V. UrhG gilt nicht nur für Urheber, sondern über die Verweisungen in den §§ 72, 79, 85 Abs. II., 94 Abs. II. UrhG auch für die Lichtbildner, ausübenden Künstler, Tonträger- und Filmhersteller.

Die Zweckübertragungstheorie findet hierbei nicht nur Anwendung auf urheberrechtliche Nutzungsverträge erster Stufe, deren Lizenzgeber der originäre Rechteinhaber selbst ist, sondern auch auf nachfolgende Nutzungsverträge höherer Stufen (Sublizenzen) (Fromm/Nordemann/Hertin, §§ 31/32, Rd. 26).

Als allgemeiner Rechtsgrundsatz hat die Zweckübertragungstheorie über den § 31 Abs. V. UrhG hinaus im gesamten Bereich des immateriellen Rechtsschutzes Bedeutung. Sie findet ebenso Anwendung auf die Gestattung der Nutzung von Namens-, Bild- und Persönlichkeitsrechten. Die Zweckübertragungstheorie ist für die Auslegung aller Lizenzverträge über geistiges Eigentum zu beachten.

Im vorliegenden Fall wird man den Umfang der Rechteeinräumung so eng wie möglich auszulegen haben. Der Lizenznehmer erwirbt im Zweifel nur das ausschließliche Recht, den Film einmal im Free-TV (durch Gebühren bzw. Werbung finanziertes Fernsehen) auszustrahlen. Ob Wiederholungssendungen gestattet sind, kann sich unter Umständen aus der Länge der Lizenz ergeben. Im Zweifel nicht übertragen sind die Rechte für Pay-TV bzw. Pay-per-View (Bezahlfernsehen) oder Video-on-Demand bzw. sonstige Internetnutzungen (sog. Zugriffs- und Abrufdienste).

3.2. Zustimmungsvorbehalte bei der Sublizenzvergabe

Beispiel:
Ein Regisseur hat einem Produzenten das Verfilmungsrecht sowie sämtliche Auswertungsrechte einschließlich der Videogrammrechte und der Drucknebenrechte eingeräumt. Der Produzent überträgt die Videogrammrechte gegen eine Erlösbeteiligung auf einen Videovertrieb, dieser vergibt, ohne hierzu im Vertrag besonders ermächtigt worden zu sein, eine Unterlizenz an einen Dritten für die Videovermietung. Die Drucknebenrechte überträgt der Produzent auf einen Buchverlag.

3.2.1. Zustimmungsvorbehalte der Urheber und ausübenden Künstler

Wie bereits dargelegt, bedürfen Inhaber von Nutzungsrechten an urheberrechtlich geschützten Werken und Leistungen im Falle der Übertragung dieser Nutzungsrechte (§ 34 Abs. I. UrhG) oder der Einräumung weiterer Nutzungsrechte (§ 35 Abs. I. UrhG) grundsätzlich der Zustimmung der betroffenen Urheber und ausübenden Künstler. Für den Filmbereich gilt dies allerdings nur eingeschränkt:

Nach § 90 S. 1 UrhG gelten die Bestimmungen der §§ 34, 35 UrhG hinsichtlich der in den § 88 Abs. I., 89 Abs. I. UrhG bezeichneten Rechte nicht.

Unter diese Rechte fallen einmal alle filmischen Auswertungsrechte, wie z.B. die Rechte zur Kinotheater-, Fernseh- oder Videoauswertung am konkreten Filmwerk. Hintergrund des § 90 S. 1 UrhG ist, dass der Filmproduzent in seiner klassischen Funktion nur die Herstellung des Filmes unternimmt, für die Auswertung aber Drittfirmen, wie Verleih, Videohersteller, Kinotheaterbesitzer etc. beauftragt. § 90 S. 1 UrhG soll damit die ungehinderte Auswertung des Filmprojektes über Dritte absichern.

Eine andere Interessenlage ist allerdings in Bezug auf das in § 88 Abs. I. UrhG genannte Verfilmungsrecht gegeben: Bei der Vergabe dieses Rechtes steht das persönliche Vertrauensverhältnis zwischen dem Urheber und dem herstellenden Produzenten im Vordergrund. Deshalb bestimmt § 90 S. 2 UrhG, dass das Verfilmungsrecht bis zum Beginn der Dreharbeiten nicht ohne Zustimmung des Urhebers auf Dritte übertragen werden kann.

Tatbestandlich nicht von den §§ 88 Abs. I., 89 Abs. I. und damit § 90 UrhG umfasst sind alle außerfilmischen Auswertungsrechte (z.B. die Merchandising- und Drucknebenrechte) sowie die Rechte zur Nutzung der Werke und Leistungen außerhalb des konkreten Filmwerks (z.B. die Klammerteilauswertungrechte). Lässt sich der Produzent vom Rechteinhaber solche Nebenrechte einräumen, bedarf er im Falle der Weiterübertragung dieser Rechte also der Erteilung der entsprechenden Zustimmung.

Im vorliegenden Fall erwirbt der Produzent vom Regisseur als Filmurheber die Videogrammrechte gemäß § 89 Abs. I. UrhG. Der Produzent kann dieses Recht gemäß § 90 UrhG auch ohne Zustimmung des Filmurhebers übertragen. Anders ist es bei den Drucknebenrechten, da diese als außerfilmische Auswertungsrechte nicht von § 89 Abs. I. UrhG und damit § 90 UrhG erfasst werden.

Sind die Zustimmungsrechte der Urheber und ausübenden Künstler gemäß § 90 UrhG ausgeschlossen, so gilt dies nicht nur zugunsten des Filmherstellers, sondern auch aller weiteren Sublizenznehmer in der Lizenzkette. Nach dem Wortlaut des § 90 UrhG werden die von den § 88 Abs. I., 89 Abs. I. UrhG umfassten Rechte als solche beschränkt, ohne Rücksicht darauf, ob es sich um eine Sublizenzvergabe erster oder höherer Stufe handelt.

Im vorliegenden Fall steht dem Regisseur ein Zustimmungsvorbehalt für den Fall der Sublizenzvergabe der Videogrammrechte nicht zu, da diese Rechte von § 89 Abs. I. UrhG umfasst sind. Die Drucknebenrechte können als außerfilmische Nutzungsrechte von vornherein nur mit dessen Zustimmung übertragen werden (s.o.).

3.2.2. Zustimmungsvorbehalte des Filmherstellers

Die Zustimmungsvorbehalte der §§ 34, 35 UrhG stehen nur den originären Urhebern und ausübenden Künstler zu. Auf den Filmhersteller sind die §§ 34, 35 UrhG nicht anwendbar. Die erstmals im Rahmen der Umsetzung der Informationsrichtlinie geschaffene Verweisung in § 94 Abs. II. UrhG erklärt lediglich die Vorschriften der §§ 31, 33 und 38 UrhG für entsprechend anwendbar, klammert die Zustimmungsvorbehalte somit ausdrücklich aus. Auch auf die sonstigen Inhaber abgeleiteter urheber- und leistungsschutzrechtlicher Nutzungsrechte (z.B. Sublizenznehmer des Filmherstellers) finden die gesetzlichen Zustimmungsvorbehalte keine unmittelbare Anwendung.

Der BGH hatte allerdings – noch vor Umsetzung der Richtlinie – im Falle der Sublizenzvergabe im Videobereich unter bestimmten Voraussetzungen einen allgemeinen Zustimmungsvorbehalt angenommen. Dort hatte ein Lizenznehmer (ein Filmverwertungsunternehmen als Inhaberin abgeleiteter Nutzungsrechte) seinem Lizenznehmer im Videolizenzvertrag ausschließlich nur die Vergabe von Unterlizenzen für den Vertrieb von Videokassetten eingeräumt; der BGH hatte hierin im Gegenschluss einen allgemeinen Zustimmungsvorbehalt zugunsten weitergehender Unterlizenzen (z.B. Vergabe des Rechts zur Vermietung) gesehen (BGH NJW-RR 1987, 181, 182 – Videolizenzvertrag). Nach Ansicht des BGH seien solche Zustimmungsvorbehalte der Lizenzgeber im gesamten gewerblichen Schutzrecht bei der

I. Die Lizenzpartner und ihre Rechte

Übertragung von Nutzungsrechten üblich, bei Filmverwertungs- und Videolizenzverträgen sogar die Regel (BGH, a.a.O.). Gerade wenn der Lizenzgeber an der Auswertung mit einer Erlösbeteiligung vergütet werde, bringe er dem konkreten Vertragspartner ein besonderes Vertrauen entgegen, denn er sei von dessen Einsatzfähigkeit und -bereitschaft sowie Zuverlässigkeit abhängig (BGH, a.a.O.). Daneben deutete der BGH an, dass hier ein Zustimmungsvorbehalt auch in Analogie zu § 28 Abs. I. VerlG hätte hergeleitet werden können, da nach dem Vertragszweck und den Bedürfnissen der Parteien von einer Auswertungspflicht durch den konkreten Vertragspartner ausgegangen werden musste (BGH, a.a.O.).

Ein Hinweis, dass der Gesetzgeber bei Neufassung des § 94 Abs. II. UrhG von der Rechtsprechung des BGH abweichen wollte, findet sich im Regierungsentwurf nicht. Da dem Filmhersteller, anders als Urhebern und ausübenden Künstlern, auch nicht die Korrekturmöglichkeit über den Nachvergütungsanspruch des § 32a UrhG zusteht (s.u. C.I.3.3.), erscheint ein solcher Zustimmungsvorbehalt aufgrund der Interessenlage auch weiterhin unter den vom BGH festgelegten Voraussetzungen gerechtfertigt.

Wird ein solcher Zustimmungsvorbehalt angenommen, so ist er dinglicher Natur (BGH, a.a.O.). Seine Nichtbeachtung löst Schadensersatzansprüche nach § 97 UrhG aus (BGH, a.a.O.). Da hierbei auch nicht die Rechte der originären Urheber im Verhältnis zum Filmhersteller und dessen Lizenznehmern, sondern gerade deren Rechte in Beziehung zu nachfolgenden Sublizenznehmern betroffen sind, ist auch § 90 UrhG weder direkt noch analog anwendbar.

> Im Beispiel hätte der Videovertrieb nach Ansicht des BGH die Unterlizenz zur Videovermietung im Zweifel nicht ohne Zustimmung des Produzenten vergeben dürfen (§ 90 UrhG ist hier auf die Rechte des Filmherstellers nicht anwendbar).

Im Zweifel sollten die Lizenzverträge die Befugnis der Lizenznehmer zur Weiterübertragung von Nutzungsrechten und Einräumung weiterer einfacher Nutzungsrechte stets deutlich regeln.

3.3. Angemessene Vergütung in der Lizenzkette

> Beispiel:
> Die Autorin hat sämtliche Nutzungsrechte an ihrem Drehbuch an einen Produzenten für pauschal 5 000 EUR eingeräumt, der Regisseur hat für 7 000 EUR Regie geführt und der Hauptdarsteller 5 000 EUR Gage erhalten. Der Produzent hat den Film für 125 000 EUR hergestellt und pauschal für 200 000 EUR an einen Weltvertrieb lizenziert. Dieser hat für die einzelnen Territorien wieder Sublizenzverträge mit Filmverwertern geschlossen. Der Film wird weltweit ein Erfolg und erzielt einen Gesamterlös von mehr als 50 Millionen EUR. Haben die Autorin, der Regisseur, der Hauptdarsteller oder der Produzent eventuell Ansprüche auf angemessene Vergütung gegen den Weltvertrieb oder die einzelnen Sublizenznehmer?

Wie dargestellt, wurde mit der Reform des Urhebervertragsrechts zum 01.07.2002 ein Anspruch auf angemessene Vergütung für die Einräumung von Nutzungsrechten an Werken und Leistungen eingeführt, § 32 UrhG. Ergänzend hierzu tritt der auch schon nach früherem Recht vorgesehene Nachvergütungsanspruch auf weitere angemessene Beteiligung für den Fall, dass eine vereinbarte Gegenleistung – unter Berücksichtigung der gesamten Beziehungen der Vertragsparteien – in einem auffälligen Missverhältnis zu den erzielten Erträgen und Vorteilen aus der Verwertung des Werkes steht, § 32a UrhG (früher § 36 UrhG a.F.).

Inhaber der Ansprüche aus den §§ 32, 32a UrhG sind zunächst alle Urheber eines Werkes, die einem anderen Nutzungsrechte eingeräumt haben. Im Filmbereich sind dies die Urheber vorbestehender Werke (z.B. Romanautor) und filmbestimmt geschaffener Werke (z.B. Drehbuchautor, Komponist) sowie die Filmurheber (z.B. Regisseure, Kameraleute, Cutter etc.). Daneben finden die §§ 32, 32a UrhG auch Anwendung auf alle ausübenden Künstler (z.B. Schauspieler, Musiker, Tänzer etc.). Ebenfalls gelten die §§ 32, 32a UrhG über die Verweisung in § 72 UrhG auch für die Lichtbildner. Keinen Anspruch auf angemessene Vergütung haben hingegen Filmhersteller, Tonträgerhersteller, Veranstalter, Sendeunternehmen oder Inhaber abgeleiteter Urheber- und Leistungsschutzrechte.

> Im Beispiel stehen Ansprüche aus den §§ 32, 32a UrhG somit nur der Autorin, dem Regisseur und dem Hauptdarsteller zu, nicht aber dem Produzenten, dem Weltvertrieb oder nachfolgenden Sublizenznehmern. Hat z.B. der Produzent vom Urheber die Nutzungsrechte zu unangemessen niedrigen Bedingungen erworben und seinerseits wieder zu schlechten Bedingungen einem Dritten übertragen, läuft er Gefahr, dem Urheber gegenüber zur Zahlung einer Nachvergütung verpflichtet zu sein, ohne aber einen gleichwertigen Anspruch gegen den Dritten zu besitzen. Um zu verhindern, dass er am Ende „zwischen den Stühlen sitzt", kann der Produzent dieses Haftungsrisiko allenfalls durch eine vertragliche Regelung mit dem Dritten abfedern. Eine Freistellung von einer solchen Inanspruchnahme durch Urheber oder ausübende Künstler bzw. Übernahme einer gesamtschuldnerischen Haftung wird der Sublizenznehmer aber im Regelfall nicht akzeptieren.

Gegner des Anspruchs auf angemessene Vergütung nach § 32 UrhG ist nur der Vertragspartner des Urhebers oder ausübenden Künstlers, also nicht auch jeder weitere Sublizenznehmer in einer Rechtekette. Der Anspruch ist auf Einwilligung in eine Vertragsanpassung gerichtet, nach der eine angemessen Vergütung gewährt wird. Ein Durchgriff des Anspruchs aus § 32 UrhG auf Sublizenznehmer, die nicht mit dem Urheber oder ausübenden Künstler in vertraglicher Beziehung stehen, ist nicht vorgesehen. Lediglich im Falle der Übertragung von Nutzungsrechten kann sich eine gesamtschuldnerische Haftung des Erwerbers mit dem Veräußerer für die sich aus seinem Vertrag mit dem Urheber ergebenden Verpflichtungen ergeben, wenn der Urheber der Übertragung des Nutzungsrechts nicht im Einzelfall ausdrücklich zugestimmt hat, § 34 Abs. IV. UrhG. Von § 34 UrhG werden allerdings nur translative Verfügungen erfasst, die die vollständige Übertragung dieses Nutzungsrechts zum Gegenstand haben. Bei den Lizenzen des Produzenten auf Verwerter sowie den nachfolgenden Sublizenzen handelt es sich allerdings im Regelfall um konstitutive Verfügungen, also eine Belastung des Stammrechts durch Einräumung weiterer Nutzungsrechte nach § 35 UrhG, so dass die gesamtschuldnerische Haftung nicht greift (vgl. § 35 Abs. II. UrhG; siehe hierzu auch oben A.III.2.6.1.2.6.).

I. Die Lizenzpartner und ihre Rechte

Im Beispiel können Autorin, Regisseur und Hauptdarsteller nur den Produzenten auf Anpassung ihrer Verträge nach § 32 UrhG verklagen.

Gegner des Anspruchs auf weitere angemessene Beteiligung nach § 32a UrhG ist zunächst ebenfalls der Vertragspartner des Urhebers oder ausübenden Künstlers. Anders als § 32 UrhG sieht § 32a UrhG auch einen Durchgriff des Vergütungsanspruchs auf nachfolgende Verwerter vor, die nicht in Vertragsbeziehung mit dem Rechteinhaber stehen. Hat der Vertragspartner das Nutzungsrecht Dritten übertragen und ergibt sich das auffällige Missverhältnis aus den Erträgnissen oder Vorteilen eines Dritten, so haftet dieser dem Urheber oder ausübenden Künstler unmittelbar, § 32a Abs. II. UrhG. Da mit dem nachfolgenden Verwerter kein Vertrag besteht, ist der Anspruch nicht auf Vertragsanpassung, sondern im Sinne einer unmittelbaren Haftung auf Zahlung gerichtet. Der Wortlaut des § 32a Abs. II. UrhG bereitet allerdings für den Rechtsanwender einige Probleme:

§ 32a Abs. II. S. 1 UrhG bestimmt, dass bei Inanspruchnahme eines Dritten die vertraglichen Beziehungen in der Lizenzkette zu berücksichtigen sind. Hieraus wird zunächst gefolgert, dass das auffällige Missverhältnis anhand der Gesamterträge aller Sublizenznehmer zu errechnen sei, unabhängig davon, was der einzelne Lizenznehmer erzielt habe. Hierbei seien die vollständigen Erträge und Vorteile aller Lizenznehmer zu addieren, ohne Abzug eventueller Zwischenprovisionen und sonstigen Anteile der Beteiligten in der Verwertungskette (so Nordemann, Das neue Urhebervertragsrecht, S. 101). Denkbar ist in der Tat, dass sich das auffällige Missverhältnis zur Urheber- bzw. Künstlervergütung gerade aus der Summe der Erträge aller Sublizenznehmer ergibt. Sicherlich müssen auch diese Konstellationen von § 32a UrhG umfasst sein, da Urhebern und ausübenden Künstlern eine angemessene Beteiligung an der Gesamtauswertung ihrer Werke und Leistungen gewährt werden soll, unabhängig von der Zahl der Sublizenznehmer sowie Aufteilung der Nutzungsrechte. Ferner wird vertreten, § 32a Abs. II. S. 1 UrhG solle dem in Anspruch genommenen Verwerter erlauben, seinerseits den eigenen finanziellen Aufwand gegenüber dem Urheber geltend zu machen (falls er z.B. die Rechte selbst zu einem hohen Preis erworben hatte, vgl. Ory, AfP 2002, 93, 100). Es erscheint sachgerecht, auch zugunsten des Verwerters seine eigenen Aufwendungen und Provisionspflichten im Rahmen einer Verhältnismäßigkeitsprüfung zu bewerten. Der Rechtsausschuss, der die Formulierung des § 32a UrhG erst sehr spät in das Gesetzgebungsverfahren eingebracht hat, hat hierzu keine Auslegungshilfen gegeben. Nach Sinn und Zweck des § 32a UrhG wird man die vertraglichen Besonderheiten der Lizenzkette sowohl bei der Prüfung der Anspruchsvoraussetzungen (d.h. Ermittlung des auffälligen Missverhältnisses), als auch auf der Rechtsfolgenseite (d.h. Bestimmung der Höhe der Zahlungsverpflichtung) zum Ausgleich der gegenseitigen Interessen zu berücksichtigen haben.

Nach dem eindeutigen Wortlaut des § 32 Abs. II. S. 1 UrhG haftet sodann jeder Lizenznehmer nur im Hinblick auf seine eigenen Erträge und Vorteile und nicht die eines anderen Lizenzpartners; eine gesamtschuldnerische Haftung ist nicht vorgesehen. Hat der Urheber oder ausübende Künstler einen Lizenznehmer seines Vertragspartners in Anspruch genommen, entfällt nach § 32 Abs. II. S. 2 UrhG die Haftung seines ursprünglichen Vertragspartners, nach richtiger Ansicht auch die Haftung aller anderen Dritten in der Lizenzkette (Wandtke/Bullinger, § 32a, Rd. 30; Reinhard/Distelkötter, ZUM 2003, 269, 273). Da es sich bei dem Vertragspartner gerade um denjenigen handelt, der die Vereinbarung einer angemessenen Urheber- oder Künstlervergütung für den Fall eines besonderen Auswertungserfolges (z.B. durch Bonushonorare) in der Hand hatte, besteht hier für eine Besserstellung des Vertragspartners kein Bedürfnis. Wird ein Lizenznehmer auf Zahlung in Anspruch genommen, entfällt die Haftung der übrigen allerdings nicht vollständig, sondern nach Sinn und Zweck des § 32a UrhG nur in Bezug auf die konkreten Erträge und Vorteile, die auf den in Anspruch genommenen Lizenznehmer entfallen. Die Haftung der anderen für ihre eigenen anteiligen Erträge und Vorteile bleibt unberührt.

Es bleibt abzuwarten, welche Auswirkungen der Beteiligungsanspruch des § 32a UrhG in der Zukunft haben wird. Der § 36 UrhG a.F. hatte zwar in der Praxis nur eine geringe Bedeutung erlangt, die Anspruchsvoraussetzungen des § 32a UrhG wurde allerdings zugunsten der Rechteinhaber erleichtert und der persönliche Anwendungsbereich auf den Kreis ausübender Künstler erweitert. Jeder Sublizenznehmer, der erhebliche Auswertungserfolge erzielt, muss deshalb mit potentiellen Nachvergütungsansprüchen beteiligter Urheber und ausübender Künstler rechnen. Er kann allenfalls versuchen, in den Verträgen mit seinen Lizenzgebern wiederum Freistellungsansprüche für den Fall einer Inanspruchnahme zu vereinbaren. Es ist dann eine Frage der jeweiligen Verhandlungsposition, inwieweit sich solche Klauseln durchsetzen lassen.

Im Beispiel können die Autorin, der Regisseur und das Hauptdarsteller auch den Weltvertrieb oder einen bzw. alle Sublizenznehmer auf Zahlung einer angemessenen Beteiligung nach § 32a UrhG in Anspruch nehmen. Nutzungshandlungen im Ausland unterliegen dem Vergütungsanspruch nur, wenn im entsprechenden Nutzungsvertrag die Geltung deutschen Rechts vereinbart wurde oder dieses mangels einer solchen Rechtswahl aufgrund der Bestimmungen des internationalen Privatrechts (EGBGB) Anwendung finden würde, § 32b Nr. 1 UrhG (s.o. B.III.2.1.2.2.).

3.4. Rückruf von Lizenzen

Beispiel:
Der Weltvertrieb hat die ausschließlichen Vorführungsrechte an einen Filmverleih und die Computerspielrechte wiederum einer Multimediafirma übertragen.

1. Die Urheber und der Produzent möchten die Nutzungsrechte zurückrufen, da der Verleih und die Multimediafirma nach Ablauf von 3 Jahren seit Übertragung der Rechte immer noch nicht mit der Auswertung begonnen haben.
2. Urheber und Produzent möchten die Rechte zurückrufen, da das Werk nicht mehr ihren Überzeugungen entspricht.
3. Urheber und Produzent möchten die Rechte zurückrufen, da sich an Filmverleih und Multimediafirma zu jeweils 50% ein Hollywood-Studio beteiligt hat und zu befürchten ist, dass sich die Marketingaktivitäten zukünftig auf das eigene Material des Studios konzentrieren werden.

Wie dargestellt, sieht § 41 UrhG den Rückruf von ausschließlichen Nutzungsrechten wegen Nichtausübung, § 42 den Rückruf wegen gewandelter Überzeugung und § 34

I. Die Lizenzpartner und ihre Rechte

Abs. III. S. 2 UrhG den Rückruf im Falle einer Unternehmensveräußerung bei Vorliegen bestimmter Voraussetzungen vor (s.o. A.III.2.7.).

Anspruchsinhaber dieser Rückrufsrechte können ausschließlich Urheber, ausübende Künstler und Lichtbildner sein. Produzenten, anderen originären Leistungsschutzberechtigten sowie Inhabern abgeleiteter Nutzungsrechte stehen die Rückrufsrechte nach den §§ 34, 41, 42 UrhG nicht zu. Diese können nur die allgemeinen Beendigungsrechte (z.B. Kündigung eines Vertrages nach § 314 BGB) geltend machen.

Allerdings schließt § 90 UrhG im Filmbereich die Anwendbarkeit der §§ 34, 41 und 42 UrhG für die in den §§ 88 Abs. I., 89 Abs. I. UrhG genannten Rechte aus.

Die §§ 88 Abs. I., 89 Abs. I. UrhG umfassen zunächst die filmischen Nutzungsrechte der Urheber, soweit sich diese Nutzungsrechte auf das konkrete Filmwerk selbst beziehen. Der Rückruf der sonstigen Nutzungsrechte im außerfilmischen Bereich oder außerhalb des konkreten Filmwerks wird durch § 90 UrhG nicht ausgeschlossen. Ebenfalls nicht ausgeschlossen ist – bis zum Beginn der Dreharbeiten – der Rückruf des Verfilmungsrechts, § 90 S. 2 UrhG. Für die Lichtbildner, auf die gemäß § 89 Abs. IV. UrhG der erste Absatz von § 89 UrhG entsprechend Anwendung findet, gelten damit die gleichen Grundsätze. Auf ausübende Künstler ist § 90 UrhG gemäß der Verweisung in § 92 Abs. III. UrhG ebenfalls entsprechend anwendbar, umfasst auch hier nur die filmischen Auswertungsrechte am konkreten Filmwerk.

Während im Beispiel der Rückruf der Vorführungsrechte (in ihrer Eigenschaft als filmische Nutzungsrechte nach den §§ 88 Abs. I., 89 Abs. I. UrhG) durch § 90 UrhG ausgeschlossen ist, ist dies hinsichtlich der Computerspielrechte nicht der Fall. Sofern hier die Voraussetzungen der §§ 34, 41 oder 42 UrhG vorliegen, kann der Rückruf vom Urheber ausgeübt werden.

Anspruchsgegner für den Rückruf wegen Nichtausübung oder gewandelter Überzeugung kann jeder beliebige Inhaber eines Nutzungsrechts sein. Die §§ 41, 42 UrhG verlangen nicht das Vorliegen eines Vertragsverhältnisses zwischen Rechteinhaber und Nutzungsberechtigten (Fromm/Nordemann/Nordemann, § 41 Rd. 2, § 42 Rd. 3), der Rechteinhaber kann den Rückruf also gegen Lizenznehmer gleich welcher Stufe erklären. Anspruchsgegner des Rückrufs bei Unternehmensveräußerung ist der Erwerber des Nutzungsrechts.

Die Urheber im Beispiel können die Rechte zur Auswertung von Computerspielen also auch gegenüber dem Verleih oder der Merchandisingfirma zurückrufen.

3.5. Vergabe von Sublizenzen über die Dauer der Hauptlizenz hinaus

Beispiel:
Der Produzent räumt dem Weltvertrieb verschiedene ausschließliche Nutzungsrechte für den Zeitraum vom 01.01.2004 bis 31.12.2009 ein. Am 01.10.2009 überträgt der Weltvertrieb einem Fernsehsender die ausschließlichen Senderechte für die Dauer von 5 Jahren bis zum 30.09.2014.

Einen gutgläubigen Erwerb von Nutzungsrechten gibt es im Urheberrecht nicht. Ein Lizenzgeber kann Nutzungsrechte nur in dem Umfang übertragen, in dem er sie selber erworben hat (Schricker/Schricker, § 34, Rd. 22). Eine Sublizenz kann daher weder räumlich, zeitlich noch inhaltlich über die erteilte Hauptlizenz hinausgehen.

> Da der Weltvertrieb die ausschließlichen Senderechte bis zum 31. 12. 2009 besaß, hätte er diese dem Fernsehsender auch nur bis zu diesem Zeitpunkt übertragen können.

Grundsätzlich ist ein Vertrag, in welchen eine die Dauer der Hauptlizenz überschreitende Sublizenz eingeräumt wird, unerfüllbar, da der Vertrag auf eine unmögliche Leistung gerichtet ist. Der Lizenzgeber wäre dann von seiner Leistungspflicht befreit (§ 275 Abs. I. BGB), dem Lizenznehmer aber unter Umständen zum Ersatz des Schadens oder der Aufwendungen verpflichtet (§ 311a BGB). Es ist aber immer zunächst durch Auslegung zu ermitteln, ob die Parteien – bei Kenntnis der Unerfüllbarkeit der Rechtevergabe – unter Abwägung ihrer Interessen nach Treu und Glauben die kürzere Lizenz vereinbart hätten.

> Im vorliegenden Fall hätte die Durchführung des Vertrages für den Fernsehsender aber wahrscheinlich wegen der Kürze der verbleibenden Zeit von zwei Monaten wenig Sinn, so dass hier von einer Unerfüllbarkeit des Gesamtgeschäfts auszugehen sein wird.

Die Parteien können aber vereinbaren, dass der Lizenznehmer berechtigt ist, Unterlizenzen zu vergeben, die die Dauer der Hauptlizenz überschreiten. Hier sollte allerdings eine Höchstgrenze (z.B. 2 Jahre) angegeben werden, andernfalls wäre das angemessene Maß nach dem Vertragszweck auf der Grundlage der Zweckübertragungstheorie zu ermitteln.

3.6. Bestand der Sublizenz bei Wegfall der Hauptlizenz

> Beispiel:
> Die Autorin hat einem Produzenten verschiedene ausschließliche Nutzungsrechte eingeräumt; dieser hat die Nutzungsrechte einem Weltvertrieb, dieser die Videogrammrechte einer Videofirma übertragen. Die Autorin kündigt aus wichtigem Grund den Verfilmungsvertrag mit dem Produzenten. Fallen alle Rechte automatisch an die Autorin zurück? Bleibt die Einräumung der Videolizenz auf die Videofirma wirksam bestehen?

Endet der zwischen dem Ursprungslizenzgeber und dem ersten Lizenznehmer geschlossene schuldrechtliche Nutzungsvertrag (so genannte „Hauptlizenz"), sei es durch eine Kündigung, einen Rücktritt oder eine Anfechtung, so fallen nach der wohl herrschenden Meinung die dem Lizenznehmer übertragenen dinglichen Nutzungsrechte automatisch an den Ursprungslizenzgeber zurück, ohne dass es hier eines besonderen Übertragungsakts seitens des Lizenznehmers bedarf (Fromm/Nordemann/Hertin, Vor § 31, Rd. 10). Der sonst im Zivilrecht geltende Abstraktionsgrundsatz, wonach die Unwirksamkeit des schuldrechtlichen Vertragsverhältnisses die Wirksamkeit der dinglichen Rechtsübertragung unberührt lässt, allenfalls einen Rückübertragungsanspruch auslöst, findet im Urheberrecht nach wohl

I. Die Lizenzpartner und ihre Rechte

herrschender Ansicht auf Hauptlizenzen keine Anwendung (Fromm/Nordemann/ Hertin, Vor § 31 Rd. 10; Schricker/Schricker, Vor § 28, Rd. 61; Götting, in: Beier a.u., Urhebervertragsrecht, S. 70f.; Haberstumpf, Handbuch des Urheberrechts, Rd. 385). Die Übertragung von urheberrechtlichen Nutzungsrechten ist von einer kausalen Zweckbindung geprägt, welche einen automatischen Rechterückfall auf den Urheber im Falle des Erlöschens des Verpflichtungsgeschäfts notwendig macht (Fromm/ Nordemann/Hertin, Vor § 31, Rd. 10; OLG Hamburg, ZUM 2001, 1005 – Rückfall der Nutzungsrechte). Dies entspricht einem allgemeinen Rechtsgedanken im deutschen Urheberrecht, welcher auch in der Zweckübertragungstheorie zum Ausdruck kommt (so die Vorinstanz, LG Hamburg ZUM 99, 858, 860 – Sesamstrasse). Eine solche Zweckbindung des dinglichen Verfügungsgeschäfts an den schuldrechtlichen Vertrag ließe sich auch aus einer Analogie zu § 9 VerlG herleiten, welcher ebenfalls von einem automatischen Rückfall der Verlagsrechte vom Verleger auf den Urheber bei Beendigung des Verlagsvertrages ausgeht (vgl. OLG Hamburg, ZUM 2001, 1005 – Rückfall der Nutzungsrechte; Wente/Härle, GRUR 1997, 96 ff.).

Fällt hiernach die Hauptlizenz automatisch an einen Hauptlizenzgeber zurück, so erlöschen auch die bestehenden Sublizenzen. Die Rechtsposition des Sublizenznehmers leitet sich ab von der des Hauptlizenznehmers, er kann nicht mehr Rechte besitzen, als sein Lizenzgeber innehat (Fromm/Nordemann/Hertin, § 34, Rd. 15). Endet dessen Nutzungsbefugnis, gleich aus welchem Rechtsgrund, fallen auch alle nachfolgenden Lizenzen an den Ursprungslizenzgeber zurück.

Die gleichen Grundsätze sollen nach wohl herrschender Ansicht auch dann gelten, wenn ein Mangel im Verpflichtungsgeschäft einer Sublizenz vorliegt, jedenfalls dann, wenn diese rechtsdogmatisch mit einer Hauptlizenz vergleichbar ist. Dies gilt insbesondere für so genannte konstitutive Verfügungen (Schricker/ Schricker, Vor §§ 28, Rd. 62). Auch hier verfügt der Lizenzgeber nur über einen Teil seiner Verwertungsbefugnisse, während ein Stammrecht bei ihm verbleibt (Beispiel: Ein Filmhersteller vergibt aus dem Katalog der ihm zustehenden Nutzungsrechte nur das Kinovorführungsrecht an einen Filmverleih). Auch diese konstitutiven Sublizenzen sind von einer immanenten Zweckbindung geprägt, so dass das Abstraktionsprinzip hier durchbrochen wird.

Anders ist die Rechtslage nach h.M. nur bei so genannten translativen Verfügungen. Hier überträgt der Lizenzgeber – ähnlich einem Rechtskauf – sein Recht als Ganzes, so dass ihm kein Stammrecht verbleibt (Beispiel: Ein Filmverleih überträgt die Gesamtheit aller Nutzungsrechte einem zweitem Verleih). Hier gilt die kausale Zweckbindung nicht, so dass das Abstraktionsprinzip greift (Schricker/Schricker, Vor §§ 28 ff., Rd. 62). Dies hat zur Folge, dass die Nutzungsrechte nicht automatisch auf den Lizenzgeber zurückfallen und weitergehende Sublizenzen nicht beeinträchtigt werden.

Die gegenteilige Ansicht spricht sich für eine strikte Anwendung des Abstraktionsprinzips auf alle Lizenzen aus bzw. möchte einen automatischen Rechterückfall in Analogie zu § 9 VerlG auf wenige Ausnahmen beschränken (Schack, Urheber- und Urhebervertragsrecht, Rd. 525 ff.; v. Gamm, UrhG, Einf. Rd. 70; Rehbinder, Urheberrecht, Rd. 602; vgl. auch Schwarz/Klingner, GRUR 1998, 103, 105 ff., 109, welche einen Rechterückfall nach § 9 VerlG allenfalls auf Verfilmungsverträge zwischen Urheber und Produzenten bis zum Beginn der Filmherstellung annehmen wollen). Selbst wenn es bei Vergleichbarkeit der Interessenlage dann zu einem automatischen Rechterückfall der Hauptlizenz kommt, soll dieser aber nicht auf Unterlizenzen durchschlagen. Der Bestand der Sublizenzen bleibt nach dieser Ansicht auch bei einem Heimfall der Hauptlizenz unberührt (Schwarz/Klingner, GRUR 1998, 103, 110 ff.).

Während die herrschende Ansicht den Schutz des Urhebers in den Mittelpunkt stellt, hebt die Gegenansicht das Gebot der Rechtssicherheit und die damit verbundene Notwendigkeit eines Bestandsschutzes von Filmlizenzen hervor. Im Ergebnis ist die herrschende Meinung vorzugswürdig: Bei allen konstitutiven Verfügungen entledigt sich der Rechteinhaber nur eines Teilausschnitts seiner Rechte, während das Stammrecht bei ihm verbleibt. War der zugrunde liegende Verpflichtungsvertrag fehlerhaft, fallen die Nutzungsrechte automatisch an das Stammrecht zurück. Ist eine solche Lizenz mit dem Makel eines Anfechtungs-, Rücktritts- oder Kündigungsgrundes behaftet, so schlägt dieser auch auf die nachfolgenden Unterlizenzen durch. Der Lizenznehmer kann einem Dritten nicht mehr Rechte einräumen, als er selbst vom Rechteinhaber erworben hat. Andernfalls wären solche Rechtsbehelfe sinn- und wirkungslos, könnte ein Rechteinhaber diese nur gegenüber seinem unmittelbaren Vertragspartner, nicht aber dem eigentlichen Verwerter des Rechts geltend machen.

Den Parteien eines Filmlizenzvertrages steht es allerdings frei, das Schicksal von Haupt- und Sublizenzen ausdrücklich zu regeln und jeweils einen entsprechenden Rechterückfall bzw. einen Bestand zu vereinbaren, um eine klare Rechtslage zu schaffen. Geht man von einer gegenständlichen Rechtsnatur des einfachen Nutzungsrechts aus, kann m.E. auch hier ein solcher Bestandsschutz vereinbart werden (s.o. A.III.2.3.).

So kann im Verfilmungsvertrag zwischen der Autorin und dem Produzenten vereinbart werden, dass eine Anfechtung, ein Rückruf, ein Rücktritt oder eine Kündigung der Hauptlizenz einen automatischen Rückfall dieser Lizenz sowie aller eventuell erteilten Sublizenzen zur Folge hat. Ebenso können die Parteien eine gegenteilige Vereinbarung treffen.

3.7. Insolvenz von Lizenzpartnern

Beispiel:
Die Autorin hat verschiedene Nutzungsrechte einem Produzenten eingeräumt, dieser entsprechende Sublizenzen an einen Weltvertrieb vergeben.

1. Der Vertrag enthält eine Klausel, wonach die Autorin den Vertrag mit dem Produzenten kündigen kann, wenn dieser in Vermögensverfall gerät. Der Produzent gerät in Vermögensverfall und beantragt die Eröffnung eines Insolvenzverfahrens. Kann die Autorin den Verfilmungsvertrag kündigen?
2. Die Autorin möchte den Vertrag kündigen, weil der Produzent bzw. der Insolvenzverwalter mit den Lizenzzahlungen im Verzug ist.
3. Der Vertrag enthält eine Klausel, wonach die Nutzungsrechte im Falle der Eröffnung eines Insolvenzverfahrens über das Vermögen des Produzenten automatisch an die Autorin zurückfallen.

I. Die Lizenzpartner und ihre Rechte

4. Nachdem der Produzent die Eröffnung eines Insolvenzverfahrens beantragt hat, möchte nun ein Lizenznehmer (ein Filmverleih) den Verleihvertrag kündigen.

Gerät ein Lizenzpartner in Vermögensverfall und ist ein Antrag auf Eröffnung des Insolvenzverfahrens zu stellen, sind die Bestimmungen der Insolvenzordnung zu beachten. Die InsO bestimmt einerseits das Schicksal des Lizenzgebers im Falle der Insolvenz des Lizenznehmers, sowie andererseits auch die Rechtsposition des Lizenznehmers im Falle einer Insolvenz des Lizenzgebers.

3.7.1. Insolvenz des Lizenznehmers

Gerät ein Lizenznehmer in Vermögensverfall, so hat der mit einem Lizenzgeber geschlossene Filmlizenzvertrag nicht automatisch Bestand.

Einen allgemeinen Fortbestand von Vertragsverhältnissen sieht die InsO nur bei bestimmten Dauerschuldverhältnissen vor, wie z.B. bei Miet- und Pachtverhältnissen über unbewegliche Gegenstände und Räume, § 108 Abs. I. S. 1 InsO. Filmlizenzverträge, d.h. Verträge über Rechte, fallen nicht unter diese Regelung (Haussmann, ZUM 1999, 914, 915, 922).

Auf Filmlizenzverträge findet vielmehr § 103 InsO Anwendung (Uhlenbruck/Berscheid, § 18 InsO, Rd. 17). Danach hat der Insolvenzverwalter ein Wahlrecht:

Ist zur Zeit der Eröffnung des Insolvenzverfahrens ein gegenseitiger Vertrag von einem der beiden Vertragspartner nicht oder nur zum Teil erfüllt, so hat der Insolvenzverwalter die Wahl, ob er den Vertrag erfüllt und seinerseits Erfüllung verlangt, oder den Vertrag mit Eröffnung des Insolvenzverfahrens beenden lässt. Auf der Seite des Lizenzgebers (z.B. des Urhebers) ist von einer Erfüllung seiner vertraglichen Haupt- und Nebenpflichten nicht bereits dann auszugehen, wenn die dingliche Einräumung der Nutzungsrechte erfolgt ist. Da es sich bei urheberrechtlichen Nutzungsverträgen um Dauerschuldverhältnisse handelt, ist der Lizenzgeber auch nach Übertragung der Nutzungsrechte zu deren Erhalt während der gesamten Laufzeit des Vertrages verpflichtet. Damit tritt die Erfüllung der Verpflichtungen des Lizenzgebers erst mit Ablauf der Lizenzzeit ein (Frhr. Raitz v. Frentz/Marrder, ZUM 2003, S. 94, 97 m.w.N.). Auf der Seite des (insolventen) Lizenznehmers ist eine Erfüllung so lange nicht gegeben, wie dieser noch Lizenzzahlungen zu entrichten hat und ihn entsprechend eine Auswertungspflicht trifft (z.B. bei einer Erlösbeteiligung). Nur in dem (seltenen) Fall der bereits vollständigen Zahlung einer Pauschallizenz wird man von einer Erfüllung ausgehen können, sofern hier nicht andere Umstände für eine Auswertungspflicht sprechen, etwa im Hinblick auf dann entfallende Vergütungsansprüche des Lizenzgebers aus der Wahrnehmung von Nutzungsrechten durch Verwertungsgesellschaften (Frhr. Raitz v. Frentz/Marrder, a.a.O., S. 97 ff.). Im Regelfall wird dem Insolvenzverwalter daher das Wahlrecht nach § 103 InsO noch zustehen.

Dieses Wahlrecht ist zudem zwingendes Recht und obliegt allein dem Insolvenzverwalter, der Lizenzgeber kann hierauf keinen Einfluss nehmen. Es kann auch nicht vertraglich ausgeschlossen werden (§ 119 InsO).

Fraglich ist, ob der Lizenzgeber seinerseits den Filmlizenzvertrag kündigen kann. In Betracht kommen hier z.B. gesetzliche (und vertragliche) Kündigungsgründe wegen Zahlungsverzuges (Zahlung der Lizenzvergütung) oder vertragliche Kündigungsmöglichkeiten wegen einer Verschlechterung der Vermögensverhältnisse des Lizenznehmers.

Hier bestimmt § 112 InsO zu Lasten des Lizenzgebers eine so genannte Kündigungssperre:

Danach kann ein Vermieter bzw. Verpächter einen Miet- oder Pachtvertrag ab Stellung des Antrags auf Eröffnung des Insolvenzverfahrens wegen eines Verzugs des Schuldners mit der Errichtung des Miet- oder Pachtzinses, der in der Zeit vor Stellung des Eröffnungsantrags eingetreten ist (§ 112 Ziff. 1 InsO), oder wegen einer Vermögensverschlechterung des Schuldners (§ 112 Ziff. 2 InsO) nicht mehr kündigen. § 112 InsO umfasst vom Wortlaut her alle Miet- und Pachtverhältnisse und wird auch auf Lizenzverträge angewendet (Uhlenbruck/Berscheid, InsO, § 112, Rd. 5).

Zu beachten ist aber, dass § 112 InsO nur Kündigungen ausschließt, die nach Stellung des Eröffnungsantrages erfolgen. Werden die Kündigungen aufgrund Verzuges erklärt, sind sie nur unzulässig, wenn dessen Voraussetzungen zudem vor Antragstellung eingetreten sind. Dem Lizenzgeber bleiben also auch außerhalb des Anwendungsbereichs von § 112 InsO bestimmte Kündigungsmöglichkeiten, die im Lizenzvertrag entsprechend geregelt werden können:

So bleibt bis zur Stellung des Antrags auf Eröffnung des Insolvenzverfahrens die Kündigung eines Lizenzvertrages durch den Lizenzgeber wegen des Zahlungsverzuges oder Vermögensverschlechterung des Lizenznehmers weiterhin zulässig (vgl. § 112 S. 1 InsO). War die Kündigung bis zum Insolvenzantrag zugegangen (§ 130 BGB), bleibt diese auch wirksam (Uhlenbruck/Berscheid, InsO, § 112, Rd. 7; Eckert., in: Kirchhof u.a., Münch. Komm. z. InsO, § 112, Rd. 18). Die Kündigung ist dann gegenüber dem Lizenznehmer zu erklären.

Ebenfalls bleibt nach Stellung des Eröffnungsantrags die Kündigung zulässig wegen eines Verzuges des Lizenznehmers, der in der Zeit zwischen Eröffnungsantrag und Verfahrenseröffnung eintritt (Uhlenbruck/Berscheid, InsO, § 112, Rd. 13). Notwendig ist dann, dass der zur Kündigung berechtigende Zahlungsrückstand insgesamt nach Antragstellung aufgelaufen ist; sofern ein vorläufiger Insolvenzverwalter bestellt ist, ist sie gegenüber diesem zu erklären (Eckert, in: Kirchhof u.a., Münch. Komm. z. InsO, § 112, Rd. 41).

Schließlich bleibt nach Stellung des Eröffnungsantrags die Kündigung zulässig wegen eines Verzuges des Insolvenzverwalters, der in der Zeit nach Verfahrenseröffnung eintritt (Uhlenbruck/Berscheid, InsO, § 112, Rd. 14). Diese ist dann gegenüber dem Insolvenzverwalter zu erklären.

Ein nach § 112 InsO ausgeschlossenes Kündigungsrecht lebt wieder auf, wenn der Eröffnungsantrag rechtskräftig abgewiesen ist oder der Antrag zurückgenommen wird (Uhlenbruck/Berscheid, InsO, § 112, Rd. 16).

Außerhalb der hier dargestellten Möglichkeiten werden vertragliche Kündigungsgründe für den Fall der Insolvenz des Lizenznehmers nicht mehr vereinbart werden können. Die Kündigungssperre des Lizenzgebers ist zwingendes Recht und kann nicht abbedungen werden, § 119 InsO.

Auch wenn § 112 InsO vom Wortlaut her nur „Kündigungen" erfasst, werden auch die bisher in Lizenzverträgen üblichen automatischen Rechterückfallklau-

I. Die Lizenzpartner und ihre Rechte

seln im Falle der Stellung eines Eröffnungsantrags bzw. Eröffnung eines Insolvenzverfahrens als unwirksam angesehen (vgl. Haussmann, ZUM 1999, 914, 921; Uhlenbruck/Berscheid, InsO, § 112, Rd. 17; Eckert, in: Münch. Komm. z. InsO, § 112, Rd. 16).

Im Beispiel Nr. 1 kann die Autorin den Verfilmungsvertrag nach dem Antrag auf Eröffnung des Insolvenzverfahrens über das Vermögen des Produzenten nicht mehr kündigen. In Beispiel Nr. 2 kann die Autorin den Vertrag wegen Verzuges vor Stellung des Eröffnungsantrages noch kündigen, nach Antragstellung nur wegen Verzuges des Produzenten, wenn der Zahlungsrückstand zwischen Antragstellung und Verfahrenseröffnung eingetreten ist, ferner nach Eröffnung wegen Verzuges des Insolvenzverwalters (wenn die vertraglichen bzw. gesetzlichen Verzugsvoraussetzungen gegeben sind). In Beispiel Nr. 3 wäre die Vereinbarung eines automatischen Rechterückfalls bei Insolvenz des Lizenznehmers in dieser Form unwirksam.

Entscheidet sich der Insolvenzverwalter gegen eine Erfüllung des Hauptlizenzvertrags oder kann der Lizenzgeber den Vertrag ausnahmsweise kündigen, stellt sich wiederum die Frage, inwieweit die eingeräumten Rechte an den Lizenzgeber zurückfallen und sich dies ferner auf bereits eingeräumte Unterlizenzen auswirkt. Auf die vorhergehenden Darstellungen wird verwiesen; nach der wohl herrschenden Meinung fallen Hauptlizenzen und konstitutive Sublizenzen einschließlich ihrer jeweiligen Unterlizenzen auf den Ursprungslizenzgeber zurück, falls nicht ein Bestand der Unterlizenz vereinbart wurde (C.1.3.6.).

3.7.2. Insolvenz des Lizenzgebers

Bei Insolvenz des Lizenzgebers steht dem Insolvenzverwalter ebenfalls das Wahlrecht nach § 103 InsO zu, sofern der Vertrag noch nicht vollständig erfüllt worden ist.

Entscheidet sich der Insolvenzverwalter gegen eine Erfüllung, stellt sich die Frage, ob die an den Lizenznehmer bereits übertragenen Rechte bei diesem verbleiben oder auf den Lizenzgeber zurückfallen. Nach Ansicht des BGH ist eine vor Insolvenzeröffnung erfolgte dingliche Rechteübertragung – selbst wenn sie nur aufschiebend bedingt erfolgt ist und die Bedingung nach Eröffnung des Insolvenzverfahrens eintritt – insolvenzfest; der Insolvenzverwalter kann den Rechteübergang nicht durch Wahl der Nichterfüllung verhindern (BGHReport 2006, 469).

Hat der Lizenznehmer (z.B. ein Produzent) die Rechte zu Sicherungszwecken an einen Dritten (z.B. eine Bank) abgetreten, haben diese abgetretenen Rechte nach § 108 Abs. I. S. 2. InsO Bestand. Anders als bei § 108 Abs. I. S. 1 InsO ist die Anwendbarkeit von S.2 nicht auf Miet- und Pachtverträge über unbewegliche Gegenstände und Räume beschränkt, sondern umfasst auch Verträge über die Vermietung bzw. Verpachtung von Rechten, demnach auch Filmlizenzverträge (Haussmann, ZUM 1999, 914, 923).

Die Kündigungssperre des § 112 InsO findet auf den Fall der Insolvenz des Lizenzgebers keine Anwendung. Der Lizenznehmer kann daher von einem vertraglichen oder gesetzlichen Kündigungsrecht gegenüber dem Lizenzgeber Gebrauch machen.

Bei der Urheberinsolvenz sind die §§ 112 ff. UrhG zu beachten. Danach ist die Einwilligung des Urhebers erforderlich, wenn ein Urheberrecht Gegenstand des Insolvenzverfahrens werden soll. Dem Insolvenzverwalter steht insofern kein Wahlrecht nach § 103 InsO zu; die Vergütungsansprüche des Urhebers aus den abgeschlossenen Verträgen sind jedoch Gegenstand des Insolvenzverfahrens (Klages/Kreuzer, Grundzüge des Filmrechts, Rd. 1055).

Im Beispiel Nr. 4 obliegt es der Wahl des Insolvenzverwalters, ob er an dem Lizenzvertrag festhält oder den Verleihvertrag kündigt. Nach der Rechtsprechung des BGH verbleiben bereits mit dinglicher Wirkung auf den Verleih eingeräumte Nutzungsrechte bei diesem. Hat sich der Verleih ein vertragliches Kündigungsrecht für den Fall der Insolvenz des Produzenten ausbedungen, steht der Ausübung des Kündigungsrechts durch den Verleih § 112 InsO nicht entgegen.

II. Vertragsgestaltung in der Auswertung

1. Filmische Auswertung

1.1. Festivalteilnahme

Beispiel:
Ein Produzent hat einen Film hergestellt. Er möchte den Film bei einem Filmfestival anmelden und übersendet eine Kopie. Der Film wird nicht zur Teilnahme am Wettbewerb angenommen und die Kopie per Nachnahme zurückgesandt. Diese ist beschädigt und nunmehr wertlos.

Die Teilnahme an einem Festival dient oftmals dazu, den Film erstmals einem breiten Forum vorzustellen und die Resonanz von Publikum und Fachpresse zu testen; viele Filme, die vielleicht noch keinen Verleih oder Vertrieb haben, können hier erstmals unter optimalen technischen und räumlichen Bedingungen präsentiert werden. Auf den angegliederten Filmmärkten können die notwendigen nationalen und internationalen Kontakte geknüpft bzw. gepflegt werden (bei dem so genannten „schmoozing"), so manches Deal Memo wird hier unterzeichnet und legt die Weichen für eine (hoffentlich) fruchtbare gemeinsame Zukunft der Vertragspartner (zu den rechtlichen Besonderheiten des Deal Memos s.o. A.III.1.2.1.).

Besonders umfangreiche Vertragswerke werden zwischen den Teilnehmern und dem Festivalveranstalter in der Regel nicht abgeschlossen; der Teilnehmer füllt meistens ein einfaches Formular aus und unterwirft sich danach den allgemeinen Geschäftsbedingungen (AGB) für die Festivalteilnahme (zu AGBs s.o. A.III.1.3.).

Zum Zwecke der Vorführung muss der Produzent dem Festivalunternehmen die entsprechenden Vorführungsrechte einräumen, meist begrenzt auf eine bestimmte Anzahl von Vorführungen. Gleichzeitig haftet er für den rechtlichen Bestand der übertragenen Nutzungsrechte. Hat es der Produzent verabsäumt, für das entsprechende Land die notwendigen Vorführungsrechte zu klären, muss er das Festival im Falle einer Inanspruchnahme durch Dritte schadlos halten.

Die notwendigen Filmkopien und eventuellen untertitelten Originalfassungen muss der Produzent in der Regel selbst und auf eigene Kosten herstellen lassen, wobei hier die Festivals manchmal auf Antrag Zuschüsse geben.

In den AGBs ist die Haftung des Festivals für Beschädigungen oder Verlust von Filmkopien bei Versand, Auswahl oder Vorführung weitestgehend ausgeschlossen. Oftmals wird der Schadensersatzanspruch des Produzenten auf vorsätzliches oder grob fahrlässiges Handeln des Festivalpersonals beschränkt. Auch eine Haftungsbegrenzung auf Ersatz der branchenüblichen Herstellungskosten der zerstörten Kopie ist zwischen Unternehmern zulässig (vgl. Palandt/Grünberg, § 309, Rd. 49).

Einen Anspruch auf Überprüfung der Auswahlentscheidungen oder Preisauszeichnungen hat der Teilnehmer in der Regel nicht; die entsprechenden Sitzungen finden oft hinter verschlossenen Türen statt, die Mitglieder unterliegen Geheimhaltungspflichten. Sofern ein Teilnehmer einen Preis gewinnt, kann er zukünftig mit diesem seinen Film bewerben, wird mitunter sogar zur korrekten und vollständigen Nennung der Preisauszeichnung verpflichtet.

1.2. Verleih- und Vertriebsvertrag

Beispiel:
Der Produzent verhandelt mit einem deutschen Verleih, der den Film in die Kinotheater bringen möchte. Auch ein Weltvertrieb zeigt an dem Film sein Interesse.

Traditionell wird bei der Auswertung von Filmen zwischen dem so genannten „Filmverleih" und dem „Filmvertrieb" unterschieden. Unter dem Begriff „Filmverleih" versteht man in der Regel die inländische Kinotheaterauswertung, während die internationale Auswertung als „Filmvertrieb" bezeichnet wird. Hält ein solcher Filmvertrieb die umfassenden weltweiten filmischen und außerfilmischen Auswertungsrechte, so spricht man auch von einem „Weltvertrieb" oder „World-Sales".

Bei sämtlichen dieser Vertragsformen handelt es sich um so genannte Filmlizenzverträge, durch welche der Produzent die entsprechenden ausschließlichen Auswertungsrechte an dem Filmwerk auf den Lizenzpartner überträgt. Filmlizenzverträge sind urheberrechtliche Nutzungsverträge eigener Art, auf die auch die Vorschriften über Pacht- und Mietverträge sinngemäß Anwendung finden können (Fromm/Nordemann/Hertin, Vor § 31, Rd. 62). Von Lizenzverträgen zu unterscheiden sind bloße Agenturverträge; hier erwirbt die Agentur keine eigene dingliche Rechtsposition an dem Filmwerk und tritt nach außen im Namen und als Vertreter des Produzenten auf. Schließt die Agentur Verträge im eigenen Namen für den Produzenten, handelt sie in der Regel als Kommissionsagentin.

Steht bei einem Verleih- oder Vertriebsvertrag die Kinotheaterauswertung im Vordergrund, verdienen die entsprechenden Bestimmungen besonderer Beachtung:

Für die Herstellung der nötigen Filmkopien und Auswertung derselben bedarf der Lizenznehmer der Einräumung der entsprechenden Vervielfältigungs- und Verbreitungsrechte sowie des Vorführungsrechts. Hierbei sollten innerhalb der Theaterrechte die Nutzungsarten so genau wie möglich bezeichnet werden (z.B. gewerbliche oder nicht-gewerbliche Vorführungen, Closed-Circuit-Veranstaltungen etc.). Nicht übertragen wird das Vorführungsrecht an den im Filmwerk verwendeten Musikwerken. Diese Rechte werden von der GEMA vergeben, soweit die Urheber bzw. Verlage dieser Verwertungsgesellschaft angeschlossen sind.

Da der Lizenznehmer die Filme nicht selbst vorführt, bedarf er der Zustimmung zur Einräumung der entsprechenden einfachen Nutzungsrechte an die Kinotheaterbetreiber. Die Einräumung dieses Zustimmungsrechts lässt sich im Zweifel auch aus der Zweckübertragungstheorie herleiten.

Soll der Lizenznehmer ebenfalls den Werbetrailer herstellen, bedarf er hierzu der Einräumung der entsprechenden Klammerteilauswertungsrechte. Ferner ist zu regeln, inwieweit dem Lizenznehmer auch Änderungsrechte hinsichtlich des Filmtitels (etwa bei der Sublizenzvergabe) einzuräumen sind. Auch ist die Frage zu klären, welcher Vertragspartner in welchem Territorium für die Festivalbeschickung verantwortlich ist.

Im Regelfall sind die Vorkosten für die Herausbringung des Filmes in die Kinotheater vom Lizenznehmer zu verauslagen. Diese umfassen u.a. die Herstellung des Negativmaterials, die Ziehung von Kopien, die Anmeldung und Teilnahme an Filmfestivals, die Durchführung von Werbe- und Promotionaktivitäten (wie Anzeigenschaltung, Premiereveranstaltungen, Empfänge etc.). Stellt der Produzent auf eigene Kosten das Negativmaterial her und lagert er dieses bei einem Kopierwerk ein, bedarf der Lizenznehmer der Erteilung einer unwiderruflichen Ziehungsgenehmigung für die Dauer der Filmlizenz bei diesem Kopierwerk (so genannter „Laboratory access letter"). Nimmt der Lizenznehmer den Weltvertrieb wahr, ist zu klären, wer die Herstellung von synchronisierten oder untertitelten Fassungen zu besorgen hat.

Ferner sollte die Art und Weise der Kinoauswertung genau geregelt werden. So können die Parteien bereits im Lizenzvertrag die Mindestzahl der Kopien, mit denen der Film starten soll, sowie den Zeitpunkt und den Ort der Uraufführung festlegen. Auch können bereits wichtige Werbemaßnahmen (Release campaign, Marketing, Merchandising) koordiniert werden. Ist der Lizenzgeber an den Einspielergebnissen prozentual beteiligt, kann hieraus eine Auswertungspflicht des Filmverleihs folgen (BGH ZUM 2003, 135, 136 – Auswertungspflicht des Filmverleihs). Der Filmverleih ist hingegen nicht unbedingt zur bestmöglichen Filmauswertung verpflichtet. Er muss nicht allein unter dem Gesichtspunkt der Erzielung des höchstmöglichen Ertrages für den Lizenzgeber vorgehen, sondern lediglich alle zumutbaren Anstrengungen unternehmen (BGH a.a.O., S. 137, vgl. auch Anmerkung hierzu v. Obergfell, ZUM 2003, 292). Daher ist eine genaue Konkretisierung der Auswertungspflichten im Vertrag sinnvoll (z.B. Bestimmung der Zahl der Kinovorstellungen in wichtigen Städten).

Sofern neben dem Recht zur Kinotheaterauswertung weitere Nutzungsrechte eingeräumt werden (z.B. Fernsehsendung, DVD-/Videonutzung, Internetnutzung), müssen auch hier sämtliche Nutzungsarten genau spezifiziert werden. Auch ist es üblich, die Reihenfolge der Auswertungen sowie eventuelle Sperrfristen („Holdbacks") zu bestimmen. Üblich ist zumindest eine grobe Festlegung der Sperrfristen für die Auswertung in der Reihenfolge Festivals, Kinotheater, Video-on-Demand, Videokassette/DVD, Pay-TV und anschließend Free-TV. Sofern der Film mit Mitteln der Förderanstalten gefördert wurde, sind deren Sperrfristen zu beachten (§ 30 FFG, § 20 FFG-E).

Der Produzent haftet für den rechtlichen Bestand der übertragenen Nutzungsrechte, soweit diese nicht von Verwertungsgesellschaften wahrgenommen werden. Zusätzlich sehen die Lizenzverträge umfangreiche Freihaltungsansprüche zugunsten des Lizenznehmers im Falle der Inanspruchnahme durch Dritte wegen der Verletzung von urheberrechtlichen bzw. gewerblichen Schutzrechten oder Persönlichkeitsrechten vor. Unter Umständen hat der Produzent die erforderlichen Rechteeinräumungen und den Abschluss einer Errors & Omissions Versicherung („E&O-Versicherung") nachzuweisen.

Möchte sich ein Lizenznehmer die exklusiven Auswertungsrechte für die gesamte Welt einräumen lassen, ist zu fragen, ob dieses Unternehmen die Kapazitäten hat, eine optimale Auswertung in jedem Land dieser Erde zu gewährleisten. Unter Umständen ist eine Ausklammerung bestimmter Territorien, für die der Lizenznehmer keine bisherigen Vermarktungserfolge nachweisen kann, sinnvoll. Ebenfalls kann darüber nachgedacht werden, für bestimmte Key-Territories Mindestlizenzbedingungen für die Vergabe von Unterlizenzen verbindlich festzuschreiben. Für den Fall der Unterschreitung dieser Mindestbedingungen können dann Vertragsstrafen oder Rückrufsrechte vereinbart werden.

Die Bemessung der Lizenzdauer ist eine Frage des Einzelfalls und kann auch für verschiedene Territorien oder Nutzungsarten unterschiedlich sein. Eine Einräumung der ausschließlichen Nutzungsrechte für die gesamte Dauer der gesetzlichen Schutzfristen wird eher die Ausnahme darstellen und müsste mit erheblichen Garantieverpflichtungen des Lizenznehmers korrespondieren. Ferner sollte zur Klarstellung im Vertrag festgeschrieben werden, dass der Lizenznehmer nicht berechtigt ist, Unterlizenzen zu erteilen, deren Dauer die Hauptlizenz überschreiten.

Die Vergütung des Produzenten erfolgt üblicherweise nicht in Form einer pauschalen Abgeltung, sondern einer prozentualen Umsatzbeteiligung. Hier können für verschiedene Nutzungsarten oder Territorien auch unterschiedliche Verteilungsschlüssel vereinbart werden. Mitunter gelingt es dem Produzenten, eine Verleihgarantie auszuhandeln. Hierunter versteht man einen Vorschuss, welcher in der Regel bereits während der Produktion gewährt wird und als Mittel zur Finanzierung des Filmes dient. Man spricht hierbei auch von so genannten Pre-Sales (vgl. hierzu Clevé, Wege zum Geld, S. 143 f.; Brehm, in: Clevé, Investoren im Visier, 145 f.). Der Produzent sollte stets versuchen, den Lizenznehmer zur Zahlung eines solchen Vorschusses zu verpflichten. Dies gilt insbesondere dann, wenn die Kinotheaterauswertung nicht im Vordergrund steht und der Lizenznehmer deshalb nur sehr geringe Vorkosten zu verauslagen hat. Erst die Zahlung einer erheblichen Garantiezahlung ist dann der Antrieb, der den Lizenznehmer zur Entfaltung der notwendigen Vermarktungsaktivitäten veranlasst. Werden Vorschüsse vom Lizenznehmer geleistet, so sind diese stets mit späteren Vergütungsansprüchen des Produzenten aus der Verwertung des Filmes verrechenbar, aber nicht rückzahlbar.

Oftmals erfolgt die Weiterlizenzierung eines Filmtitels durch den Lizenznehmer im Rahmen so genannter „Paketverkäufe". Hier ist es möglich, dass der Film des Produzenten für einen symbolischen Preis mitveräußert wird, um die Attraktivität anderer Filme zu steigern. Würde die Abrechnung des Lizenznehmers nur den tatsächlich auf den Film fallenden Vergütungsanteil ausweisen, würde dies die Umsatzbeteiligung des Produzenten unangemessen schmälern. Es ist darauf zu achten, dass in solchen Fällen zumindest ein fiktiver Durchschnittspreis für jeden Film garantiert wird.

Da die prozentuale Umsatzbeteiligung des Produzenten erst nach vollständiger Deckung aller abzugsfähigen Vorkosten und gezahlten Garantien zum Tragen

II. Vertragsgestaltung in der Auswertung

kommt, sind die abzugsfähigen Kosten im Vertrag so genau wie möglich und abschließend aufzuführen. Von Formulierungen wie „Der Produzent erhält von den Nettoeinnahmen nach Abzug aller Kosten des Verleihs 30%" sollte Abstand genommen werden. Aufgrund ständig neuer Kostenpositionen kann es dann vorkommen, dass ein Film trotz jahrelanger Auswertung niemals die Gewinnzone erreicht (so genannter „Rolling break-even"). Ergänzend sollten die üblichen Bucheinsichtsrechte und feste Abrechnungs- und Zahlungstermine vereinbart werden.

Da der Produzent kein gesetzliches Nennungsrecht hat, ist die Art und Weise der Nennung auf Vervielfältigungsstücken und Werbematerialien genau zu definieren. Hat sich der Produzent seinerseits gegenüber Urhebern oder sonstigen Mitwirkenden zu bestimmten Nennungen verpflichtet, muss er diese deckungsgleich an die Lizenzpartner weitergeben, um nicht selbst Schadensersatzansprüchen ausgesetzt zu sein. Vor- und Abspann sollten daher vom Lizenznehmer unverändert übernommen werden.

1.3. Filmvorführungsvertrag

Beispiel:
Der Verleih schließt mit einem Kinobetreiber einen Vertrag zur Vorführung des Filmes in dessen Kinotheater für 12 Spielwochen, der Preis für eine Kinokarte soll bei 8 EUR liegen, die Erlöse hälftig geteilt werden.

Der Filmvorführungsvertrag wird oftmals auch als Bestellvertrag bezeichnet, die Vertragsparteien als Verleihfirma (Verleih oder Produzent) und Besteller (Kinotheater) (vgl. Hertin, in: Münchener Vertragshandbuch, Bd. 3/II, Form. VII. 35, Anm. 1). Dieser Vertrag ist nicht identisch mit dem „Bestellvertrag" über ein Verlagswerk (z.B. ein Buch) nach § 47 VerlG (s.u. C.II.2.3.1.). Rechtlich ist der Filmvorführungsvertrag dem Miet- oder Pachtvertrag angenähert.

Für gewerbliche Vorführungen haben sich einheitliche Bestellformulare etabliert, die die Bezugsbedingungen für Filme in Form von allgemeinen Geschäftsbedingungen (AGBs) regeln (vgl. Hertin, in: Münchener Vertragshandbuch, Bd. 3/II, Form VII. 35; v. Hartlieb/Schwarz/Klingner/Schwarz, Kap. 177, Rd. 11f., Kap. 184, Rd. 1ff.). Die Verträge für nichtgewerbliche Vorführungen werden unterschiedlich gestaltet.

Der Besteller erwirbt durch den Filmvorführungsvertrag nur das einfache Nutzungsrecht zur Vorführung des Filmes, eine ausschließliche Rechtsposition wird dem Kinotheater nicht eingeräumt. Das Filmtheater besitzt damit keinen eigenen Verbietungsanspruch gegenüber Dritten. Wird dem Besteller im Vertrag eine bestimmte Priorität gegenüber anderen Filmtheatern der Region zugesagt, und lizenziert der Verleih dennoch an ein rangniedrigeres Theater, so kann der Besteller nicht direkt gegen dieses Theater vorgehen. Vielmehr hat er nur einen vertraglichen Anspruch gegenüber dem Verleiher, seinerseits die Vorführung in dem rangniedrigeren Theater zu untersagen. Nach der h.M. gilt dies auch für den Fall, dass dem Besteller das Erstaufführungsrecht für sein Filmtheater übertragen worden ist (Hertin, in: Münchener Vertragshandbuch, Bd. 3/II, Form. VII. 35, Anm. 5). Allerdings lässt sich m.E. argumentieren, dass zumindest die Gewährung der Ausübung des

Uraufführungsrechts im Sinne von § 12 UrhG dem Besteller einen bereicherungsrechtlichen Anspruch gegen den Dritten auf Herausgabe der erzielten Mehreinnahmen, die dieser durch die Verletzung des Uraufführungsrechts erlangt hat, gewährt (analog zum Merchandisingrecht, s. BGH NJW-RR 1987, 231 – Nena).

Nicht übertragen wird das Vorführungsrecht an den auf dem Filmtonträger verkörperten Musikwerken, dieses Recht wird von der GEMA wahrgenommen, soweit die Urheber oder Verlage dieser angeschlossen sind. Auch nicht übertragen wird das Recht, Änderungen an dem Film vorzunehmen. Selbst eigenmächtige Reparaturarbeiten werden dem Filmtheater in der Regel untersagt. Handelt es sich um die Lizenzierung eines Hauptfilmes, darf dieser für reguläre Vorführungen grundsätzlich nicht mit anderen Hauptfilmen gekoppelt werden, da dies die Einnahmen des Lizenzgebers schmälern würde.

Während der Spieldauer ist der Besteller zur Vorführung des Filmes verpflichtet, wenn der Verleih mit einer Umsatzbeteiligung vergütet wird (Hertin, in: Münchener Vertragshandbuch, Bd. 3/II, Form. VII. 35, Anm. 6 m.w.N.; vgl. v. Hartlieb/Schwarz/Klingner, Kap. 193, Rd. 1, welcher von einer generellen Vorführungspflicht ausgeht). Im Falle eines großen Kassenerfolgs können Verlängerungsoptionen oder auch automatische Vertragsverlängerungen (so genannte „Prolongationen") vereinbart werden; für den gegenteiligen Fall ist zu klären, unter welchen Umständen eine vorzeitige Absetzung des Filmes möglich ist (Hertin, in: Münchener Vertragshandbuch, Bd. 3/II., Form. VII. 35, Anm. 7, 8).

Der Verleiher haftet in entsprechender Anwendung der §§ 536, 536a BGB gegenüber dem Filmtheater für den Bestand der übertragenen Nutzungsrechte und dafür, dass der Film nicht mit Rechten Dritter oder sonstigen Rechtsmängeln (z.B. zensurrechtlichen Problemen) behaftet ist (vgl. Hertin, in: Münchener Vertragshandbuch, Bd. 3/II, Form. VII. 35, Anm. 12). Kennt der Besteller aber den Rechtsmangel oder ist er ihm aufgrund grober Fahrlässigkeit unbekannt geblieben, so stehen ihm die Ansprüche gegen den Verleiher nicht zu, § 536b BGB.

Daneben schuldet der Verleiher entsprechend § 535 Abs. I. S. 2 BGB Lieferung einer den branchenüblichen technischen Standards entsprechenden Filmkopie, die zur Vorführung geeignet ist. Den Besteller treffen seinerseits entsprechende gesetzliche Anzeige- und Obhutspflichten. Etwaige Mängel der Mietsache, die bei Lieferung oder im Laufe der Spieldauer sichtbar werden, hat er dem Verleiher unverzüglich anzuzeigen, andernfalls ist er zum Ersatz des daraus resultierenden Schadens verpflichtet, § 536c BGB. Er haftet auch für solche Schäden, die durch einen vertragswidrigen Gebrauch oder Einsatz mangelhafter Vorführungstechnik entstehen. Ferner ist die Gefahrtragung für Transport sowie sonstige, nicht vom Besteller zu vertretende Schäden (z.B. aufgrund höherer Gewalt) zu regeln; unter Umständen wird der Besteller verpflichtet, hierfür eine entsprechende Filmversicherung abzuschließen.

Der Verleiher haftet nicht für die Rentabilität des Films; einen geschäftlichen Misserfolg tragen Verleiher und Besteller insofern gemeinsam (vgl. v. Hartlieb/Schwarz/Reber, Kap. 189, Rd. 7).

Die Vergütung ist bei gewerblicher Vorführung grundsätzlich als erfolgsabhängige Umsatzbeteiligung ausgestaltet, der Verleiher erhält nach Abzug von Steuern

II. Vertragsgestaltung in der Auswertung

und Abgaben einen festen Prozentsatz der Kasseneinnahmen, welcher bis zu 50% betragen kann. Aufgrund des Konkurrenzdrucks der Kinotheater und Multiplexunternehmen und der daraus resultierenden Preissenkungen für spezielle Kinotage wird teilweise versucht, feste Lizenzbeträge pro Zuschauerticket zu vereinbaren. Nicht möglich ist die Festschreibung von festen Ausgabepreisen für Kinokarten im Filmvorführungsvertrag. Solche Bestimmungen verstoßen gegen das Kartellrecht. Vertikale Preisbindungen (zwischen Verleiher und Entleiher), die die Freiheit der Gestaltung von Preisen gegenüber Dritten (den Kinobesuchern) beschränken, sind verboten (Art. 81 EG).

> Im Beispiel ist es also für den Verleiher nicht möglich, Einfluss auf die Preisgestaltung des Kinotheaters zu nehmen und den Kartenausgabepreis mit 8 EUR festzulegen. Der Verleiher kann aber z.B. eine Pauschallizenz von 3 EUR pro Kinokarte verlangen. Damit steht die Festsetzung des Kartenendpreises dem Kinobetreiber weiterhin frei.

1.4. DVD- und Videolizenzvertrag

1.4.1. Vertrieb physischer Bildtonträger (DVD, VHS)

> Beispiel:
> Ein Verleih lizenziert an eine Videofirma die Rechte zur Herstellung, zum Verkauf und zur Vermietung von Videokassetten und DVD-Bild-/Tonträgern für einen Zeitraum von 2 Jahren, beginnend 1 Jahr nach Beginn der Kinoauswertung.

Vertragspartner eines Video- oder DVD-Lizenzvertrages sind der Filmhersteller bzw. Verleih sowie der Videohersteller. Im Regelfall vergibt der Lizenznehmer selbst wiederum Unterlizenzen in Form von einfachen Nutzungsrechten zur Vermietung an Videotheken oder Mediatheken sowie zum Verkauf an Kaufhäuser, Verbrauchermärkte, Buch- oder Versandhandel etc. Die traditionellen Videokassetten wurden inzwischen von der DVD (Digital Versatile Disc) aufgrund ihrer hohen Speicherkapazität, der herausragenden Bild- und Tonqualität und der zusätzlichen Leistungsmerkmale (mehrere Sprachversionen, Hintergrundinformationen über den Film, Direktanwahl von Einzelszenen) verdrängt.

Der Video- oder DVD-Lizenznehmer bedarf der Einräumung der ausschließlichen Nutzungsrechte zur Vervielfältigung und Verbreitung des Filmwerks auf Videokassetten, DVDs und sonstigen Speichermedien, wie z.B. Videobänder, Bildplatten, Schmalfilme, Schmalfilmkassetten, Chips etc. Diese Rechte werden auch als so genannte „Videogrammrechte" oder „audiovisuelle Rechte" (AV-Rechte) bezeichnet. Im Hinblick auf die Zweckübertragungstheorie sollten die einzelnen Nutzungsarten im Rahmen der Rechteeinräumung so genau wie möglich spezifiziert werden. Wird nur der Oberbegriff „audiovisuelle Rechte" gewählt, wird dies von der Rechtsprechung bisweilen dennoch sehr weit ausgelegt und soll sogar individuelle Zugriffs- und Abrufdienste, wie z.B. Video-on-Demand, erfassen können (OLG München, ZUM 98, 413 – Video-on-Demand-Rechte, s.o. A.III. 2.2.2.). Aufgrund der Unterschiede in der Werkvermittlung (Vermietung bzw. Verkauf eines körperlichen Speichermediums oder analoge bzw. digitale Datenübertragung) ist diese weite Auslegung abzulehnen, zumal hier auch unterschiedliche Verwertungsrechte betroffen sind (Vervielfältigung bzw. Verbreitung oder öffentliche Wiedergabe). Da die Rechte zur Videovermietung und zum Videoverkauf im Verhältnis zueinander selbständige Nutzungsarten darstellen (BGH NJW-RR 1987, 181, 182 – Videolizenzvertrag), ist theoretisch auch hier eine separate Lizenzierung an verschiedene Videofirmen mit ausschließlicher, dinglicher Wirkung möglich.

Nicht übertragen wird dem Lizenznehmer das Recht, Bearbeitungen oder sonstige Änderungen an dem Werk vorzunehmen. Insofern sind Vor- und Abspann sowie Titel unverändert zu übernehmen. Ferner nicht übertragen werden die Vervielfältigungs- und Verbreitungsrechte an den Musikwerken, diese Rechte werden von der GEMA wahrgenommen, sofern die Urheber bzw. Verlage dieser Verwertungsgesellschaft angeschlossen sind.

In diesem Zusammenhang ist auch zu klären, inwieweit der Lizenznehmer zur Weiterübertragung der ausschließlichen Nutzungsrechte ohne Zustimmung des Lizenzgebers berechtigt ist. Hat der Lizenzgeber ausdrücklich nur das Recht zur Vergabe von Sublizenzen zum Vertrieb der Videos übertragen, so liegt – insbesondere wenn eine Erlösbeteiligung vereinbart ist – hierin im Zweifel ein Ausschluss des Rechts zur Weiterübertragung auch des Vermietungsrechts (vgl. BGH NJW-RR 1987, 181, 182 – Videolizenzvertrag, s.o. C.I.3.2.2.).

Zum gegenseitigen Schutz der Lizenzpartner vereinbaren diese in der Regel verschiedene Sperrfristen (so genannte „Holdbacks"). Zur Sicherung der Interessen des Lizenzgebers vereinbart dieser mit der Videofirma eine Rechtesperre, wonach diese mit der Auswertung der Videos erst nach Ablauf einer bestimmten Zeitdauer seit dem Tag der Erstaufführung des Filmes im Kinotheater beginnen darf. Diese bewegt sich oftmals im Rahmen einer Zeitspanne von sechs Monaten bis zu zwei Jahren. Umgekehrt liegt es im Interesse der Videofirma, dass der Verleih bei Vergabe der Fernsehnutzungsrechte gegenüber den Sendern wiederum eine Sperrfrist vereinbart, nach welcher mit der Fernsehsendung des Filmes nicht vor Ablauf einer bestimmten Frist seit Beginn der Erstaufführung im Kino bzw. der Videoauswertung begonnen werden darf. Auch diese Rechtesperre kann bis zu zwei Jahren betragen, wobei oftmals für die verschlüsselte Ausstrahlung (z.B. Pay-TV) kürze Sperrfristen vorgesehen sind.

Stellt der Lizenzgeber der Videofirma fertige Produkte (Videokassetten oder DVDs) zur Verfügung, sind die entsprechenden Liefer- und Gewährleistungspflichten zu regeln. Im Regelfall werden die Materialien aber von der Videofirma selbst hergestellt; die Lieferverpflichtung des Lizenzgebers beschränkt sich damit auf die Bereitstellung eines technisch einwandfreien Masterbandes sowie der Begleitmaterialien (Bild- und Textvorlagen, Design- und Werbematerial). Die Übertragung der Kassetten- bzw. Datenträgerherstellungspflichten auf den Lizenznehmer geht mit einem entsprechenden Kontrollverlust des Lizenzgebers einher. Dieser sollte sich zumindest das Recht zur Abnahme des fertigen Endprodukts ausbedingen (hinsichtlich der technischen Qualität des Bild-, Ton- oder Datenträgers sowie der künstlerischen Gestaltung des Designs).

Die Dauer der Lizenz ist Verhandlungssache. Es muss in diesem Zusammenhang sichergestellt sein, dass der Videolizenznehmer nicht berechtigt ist, noch kurz vor Ende der Lizenzzeit große Stückzahlen von Bild-Tonträgern herzustellen. Es empfiehlt sich, nach Beendigung des Lizenzvertrages eine Ausverkaufsfrist („Sell-Off-Period") von vielleicht sechs Monaten vorzusehen, danach kann ein Rückkauf der restlichen Bild-Tonträger durch den Lizenzgeber oder eine Vernichtung durch den Lizenznehmer vorgesehen werden. Ebenfalls festzulegen ist der räumliche Geltungsbereich des Lizenzvertrages, wobei es innerhalb der europäischen Union allerdings nicht zu Wettbewerbsbeschränkungen kommen darf. Auch eine faktische territoriale Abgrenzung über die Lizenzierung verschiedener Sprachversionen wird zumindest im Falle der DVD-Lizenzierung nur noch bedingt möglich sein.

Die Vergütung des Lizenzgebers kann wiederum als Pauschalvergütung oder prozentuale Erlösbeteiligung ausgestaltet sein. Oft wird für den Verkauf und die Vermietung ein unterschiedlicher Beteiligungsschlüssel vereinbart. Nicht möglich ist wegen des Verbots der vertikalen Preisbindung eine Festsetzung des Endverkaufspreises oder Mindestpreises für Videokassetten oder DVDs durch den Lizenzgeber.

1.4.2. Nicht-physische Auswertung (Video-on-Demand)

Beispiel:
Der Produzent möchte seinen Film an einen Video-on-Demand-Dienst lizenzieren, damit dieser den Film auf seiner Plattform im Internet Kunden zum Download anbietet

In Deutschland bieten mittlerweile verschiedene Dienste im Internet Filme zum entgeltlichen Download an, z.B. videoload (Deutsche Telekom AG) maxdome (ProSieben) und iTunes (Apple). In der Regel werden Spielfilme und Fernsehserien angeboten.

Wie bei physischen Bildtonträgern erfolgt auch der nicht-physische Vertrieb von Filmen über Video-on-Demand entweder in der Form der Vermietung oder des Verkaufs. Die Abrechnung erfolgt entweder pro Titel oder im Rahmen eines Abonnements.

Bei der Vermietung (Download-to-rent) sind zwei Modelle üblich: Der Kunde kann den Film entweder vom Videoportal herunterladen, auf seiner Festplatte vervielfältigen und für einen bestimmten Zeitraum (in der Regel 24 Stunden ab Vertragsschluss) beliebig oft nutzen oder im Streaming-Verfahren ebenfalls für diesen Zeitraum beliebig oft ansehen.

Im Unterschied hierzu erwirbt der Kunde beim Kauf von Filmen (Download-to-own) ein zeitlich unbefristetes Nutzungsrecht. Aber auch hier können über das Digital Rights Management (DRM) Nutzungsbeschränkungen vorgesehen werden. So kann bestimmt werden, inwieweit der Kunde die erworbenen Filme auch auf DVDs oder andere Datenträger brennen und/oder auf weitere Abspielgeräte kopieren darf.

Vertragspartner des Video-on-Demand-Dienstes ist der jeweilige Rechteinhaber, d.h. der Produzent bzw. dessen Lizenznehmer, z.B. ein Verleih, ein Fernsehsender oder ein Filmrechtehändler. Nicht selten haben sich Verleihunternehmen in Altverträgen die Video-on-Demand-Rechte einräumen lassen, so dass hier die Rechteinhaberschaft sorgfältig zu prüfen ist. Bei der Auswertung der Video-on-Demand-Rechte hat der Produzent auch die Sperrfristen von 12 Monaten nach

Beginn der Kinoauswertung (§ 30 FFG; demnächst 6 Monate nach § 20 FFG-E) zu beachten.

Das Video-on-Demand-Recht ist im Verhältnis zur Fernsehsendung oder Videogramauswertung eine eigenständige Nutzungsart. Schließt der Produzent direkt mit dem Video-on-Demand-Dienst einen Lizenzvertrag, wird er diesem nur ein nicht-ausschließliches Nutzungsrecht für diese Nutzungsart einräumen. Hat der Produzent die Nutzungsrechte ausschließlich einem Dritten eingeräumt (z. B. im Rahmen eines Filmverleih- oder Vertriebsvertrages), wird dieser wiederum nicht-ausschließliche Nutzungsrechte an den Diensteanbieter übertragen.

Die Vergütung des Lizenzgebers kann auch hier entweder als Pauschalvergütung oder Erlösbeteiligung ausgestaltet sein. Möglich ist, dass der Video-on-Demand-Dienst dem Lizenzgeber einen Pauschalbetrag pro Film unabhängig von den Zugriffszahlen, eine Pauschalbetrag pro Zugriff oder eine Erlösbeteiligung (z.B. 50% des Nettoerlöses aus dem Verkauf und der Vermietung der Filme) zahlt. Eine Erlösbeteiligung kommt dann nicht in Betracht, wenn der Lizenznehmer den Spielfilm – meist im Rahmen eines weitergehenden Medienangebotes – unentgeltlich zum Streaming oder zum Download anbietet. Hier kann sich der Lizenzgeber allenfalls an den sonstigen Einnahmen des Diensteanbieters, etwa aus der Werbung, beteiligen lassen.

1.5. Fernsehlizenzvertrag

Beispiel:
Der Verleih räumt einem privaten Fernsehsender das ausschließliche Recht zur dreimaligen Fernsehausstrahlung des Filmes für eine Lizenzdauer von 5 Jahren gegen eine pauschale Vergütung, fällig bei der ersten Ausstrahlung, ein.

1.5.1. Terrestrisch, Kabel, Satellit

Vertragspartner des Fernsehlizenzvertrages sind der Filmhersteller bzw. ein Verleih sowie das Sendeunternehmen, entweder in privater oder öffentlich-rechtlicher Trägerschaft.

Das Sendeunternehmen bedarf der Übertragung des Senderechts nach § 20 UrhG, hierbei sind aufgrund der Zweckübertragungstheorie die einzelnen Nutzungsarten so genau wie möglich zu spezifizieren, also z.B. Pay-per-View, Pay-TV, Free-TV, Closed-Circuit-TV etc. Hierbei ist es auch üblich, einzelne Nutzungsarten, wie z.B. Pay-TV-Rechte und Free-TV-Rechte, an separate Lizenznehmer zur eigenständigen Auswertung zu übertragen, wobei hier wiederum auf die Einhaltung der Sperrfristen zu achten ist. Aufgrund der Ungewissheit hinsichtlich der dinglichen Abspaltbarkeit der einzelnen Nutzungsarten in diesem Bereich ist allerdings fraglich, inwieweit die Übertragung ausschließlicher Rechtspositionen möglich ist. Nicht vom Senderecht umfasst sind so genannte Abruf- oder Zugriffdienste, wie Video-on-Demand; sollen auch derartige Nutzungsrechte übertragen werden, bedarf es der Einräumung der entsprechenden Rechte zur öffentlichen Zugänglichmachung nach § 19a UrhG (s.o. C.I.1.4.2.; zum Internet-TV s.u.)..

Das Sendeunternehmen benötigt ebenfalls gewisse Bearbeitungsbefugnisse, z.B. das Recht, den Film mit Werbeblöcken zu unterbrechen, kurze Klammerteile zur Anfertigung von Fernsehwerbetrailern zu verwenden sowie den Vor- und Abspann entsprechend zu kürzen. Die Dispositionsfreiheit der Vertragspartner findet hierbei aber ihre Grenzen in den Urheber- und Künstlerpersönlichkeitsrechten der betroffenen Urheber und ausübenden Künstler im Rahmen der §§ 14, 39, 75, 93 UrhG. So kann die Ersetzung wesentlicher Teile der Originalfilmmusik durch neue Kompositionen eines Dritten eine Entstellung des ursprünglichen Werkes nach § 14 UrhG darstellen (hiergegen kann sich der Originalkomponist zur Wehr setzen, vgl. OLG München ZUM 1992, 307, 309 – Christoph Columbus, u.U. auch der Regisseur). Bei einer nachträglichen Kürzung eines Dokumentarfilms um die Hälfte kann im Einzelfall noch keine gröbliche Entstellung im Sinne von § 93 UrhG vorliegen (KG, Urt. v. 23.03.2004, 5 U 278/03).

Handelt es sich bei dem Gegenstand des Lizenzvertrages um einen ausländischen Film, muss hiervon erst eine deutsche Fassung hergestellt werden. Der Lizenznehmer benötigt auch insofern die erforderlichen Bearbeitungsrechte (insbesondere zur Synchronisation). Eventuell kann der Lizenzgeber dem Sender auch gewisse Mindestnennungen vorschreiben, falls er selbst wiederum gegenüber seinen Ursprungslizenzgebern und Vertragspartnern Nennungsverpflichtungen einzuhalten hat.

Möchte der Sender eine Verwertung von Nebenrechten wahrnehmen (z.B. das Merchandisingrecht), so müssen diese Nutzungsarten im Vertrag genau angegeben werden. Im Zweifel erwirbt der Sender nicht mehr Rechte, als zu einer reinen Fernsehsendung durch Funk notwendig sind.

Unabhängig von dem Umfang der Rechteeinräumung im Lizenzvertrag erwirbt das Sendeunternehmen durch die erste Funksendung des Filmes ein eigenes, originäres Leistungsschutzrecht nach § 87 UrhG. Der Gesetzgeber beabsichtigte hierbei, den besonderen technischen und wirtschaftlichen Aufwand des Sendunternehmens zu honorieren und dieses vor einer unbefugten Ausnutzung seiner Sendungen zu schützen (M. Schulze, Materialien, S. 550). Das Sendeunternehmen erhält nach § 87 Abs. I. Nr. 1 UrhG das ausschließliche Recht, die Funksendung weiterzusenden und öffentlich zugänglich zu machen. Das Recht zur Weitersendung umfasst nur die zeitgleiche Weitersendung, auch durch Satellit oder Kabel, nicht aber die zeitversetzte Wiederholungssendung. Für die Kabelweitersendung bestimmt allerdings § 87 Abs. V. UrhG die gesetzliche Verpflichtung des Sendeunternehmens, anderen Kabelunternehmen dieses Recht zu angemessenen Bedingungen einzuräumen. Nach § 87 Abs. I. Nr. 2 UrhG erwirbt das Sendeunternehmen das Recht, die Funksendung auf Bild- oder Tonträger aufzunehmen, Lichtbilder hiervon herzustellen und diese Tonträger oder Lichtbilder zu vervielfältigen und zu verbreiten (mit Ausnahme des Vermietrechts). Nach § 87 Abs. I. Nr. 3 UrhG besitzt der Sender das ausschließliche Recht, seine Funksendung öffentlich wahrnehmbar zu machen, soweit die Sendung gegen Zahlung eines Eintrittsgeldes, also vor einem zahlenden Publikum, wiedergegeben wird. Die ausschließlichen Leistungsschutzrechte der Sendeanstalt unterliegen aber den Schranken der §§ 44a ff. UrhG mit Ausnahme des § 47 Abs. II. 2 UrhG (Vergütungsanspruch bei Schulfunksendungen) und des § 54 Abs. I UrhG (Vergütungsanspruch bei privater Vervielfältigung).

Die ausschließlichen Leistungsschutzrechte des § 87 UrhG sind als Verbietungsansprüche ausgestaltet. Danach kann das Sendeunternehmen gegen jedermann wegen einer nach § 87 UrhG ihm vorbehaltenen Nutzung seiner Sendung vorgehen. Umgekehrt bedeutet dies aber nicht, dass der Sender gleichfalls Dritten ohne weiteres die Erlaubnis zu den in § 87 UrhG genannten Handlungen erteilen kann. Dies bemisst sich danach, ob dem Sendeunternehmen seitens des Lizenzgebers (z.B. des Filmherstellers) die entsprechenden Rechte übertragen worden sind (vgl. Hertin, in: Münchener Vertragshandbuch, Bd. 3/II, Form VII. 43, Anm. 4).

Die Nutzungsrechte sind in zeitlicher sowie räumlicher Hinsicht zu beschränken. Im Rahmen der zeitlichen Begrenzung der Lizenz ist auch die Anzahl der Wiederholungssendungen innerhalb des Auswertungszeitraumes festzuschreiben. Ist dies verabsäumt worden, bedeutet dies nicht, dass der Sender zu beliebigen Re-Runs berechtigt ist; vielmehr ist auch hier der Umfang der Rechteeinräumung nach der Zweckübertragungstheorie zu bemessen. Teilweise wird vertreten, dass der Sender je nach den Umständen im Zweifel nur zu einer einzigen Ausstrahlung pro Lizenz befugt ist (Ulmer, Urheber- und Vertragsrecht, § 115 II. 2). Dies kann allenfalls bei kurzen Lizenzzeiträumen von ein bis zwei Jahren angenommen werden; bei längerfristigen Lizenzierungen ist davon auszugehen, dass die Parteien von einer mehrfachen Auswertung durch den Lizenznehmer ausgegangen sind. Andernfalls würde der Film über Jahre für das Fernsehpublikum verschlossen sein, was sich wiederum auf Cross-Promotions und Licensing (z.B. Soundtrackauswertung, Begleitbücher, Spielwaren) negativ auswirken könnte und damit im Ergebnis zu Lasten der Lizenzgeber (z.B. Urheber) ginge. Bei der territorialen Begrenzung der Nutzungsrechte ist wiederum die europäische Satellitenrichtlinie zu beachten mit der Folge, dass innerhalb der Europäischen Union ein Lizenznehmer, der die Satellitenrechte für das Sendeland erworben hat, auch grenzüberschreitende Signale in andere, von der Lizenz an sich nicht umfasste Empfangsstaaten senden kann (s.o. A.I.6.2.2.3.1.).

Der Lizenzgeber schuldet dem Sendeunternehmen die Lieferung einer sendefähigen, technisch einwandfreien Filmkopie, wobei die Sender in der Regel auf die technischen Spezifikationen und Normen ihrer Unternehmen verweisen. Auch sind die Fragen eines eventuellen Eigentumsübergangs an den gelieferten Materialien auf den Sender bei Zahlung der Gesamtvergütung bzw. des Verbleibs der Kopien nach Ablauf der Lizenz zu klären.

Die Vergütung ist in der Regel als Pauschalvergütung ausgestaltet, da eine Erlösbeteiligung bei eigener Ausstrahlung durch einen Sender kaum in Frage kommt. Hier ist zu überlegen, inwieweit der Lizenzgeber separate Vergütungen für Wiederholungssendungen aushandeln kann. Sollte der Lizenzgeber selbst gegenüber Autoren und sonstigen Berechtigten zur Zahlung von Wiederholungsvergütungen verpflichtet sein (ein solcher Anspruch könnte im Verhältnis der Urheber und ausübenden Künstler zum Produzenten aus § 32 UrhG hergeleitet werden), muss er diese Kosten an das Sendeunternehmen weitergeben und in die Verhandlungen einkalkulieren. Andererseits sitzt er „zwischen den Stühlen" und muss solche Lizenzen aus seinem eigenen Lizenzgewinn decken.

Die Fälligkeit der Vergütung sollte nicht oder nicht vollständig an den Zeitpunkt der Sendung gekoppelt werden, da das Sendeunternehmen den Film vielleicht erst sehr spät oder nie ausstrahlen wird. Es ist daran zu denken, wenigstens einen Teilbetrag der Lizenz bereits bei Vertragsunterzeichnung oder zu einem bestimmten Termin fällig zu stellen (vgl. Hertin, in: Münchener Vertragshandbuch, Bd. 3/II, Form. VII. 43. Anm. 7).

Insofern ist die Fälligkeitsregelung im Beispiel für den Produzenten ungünstig. Auf der anderen Seite ist natürlich auch das Interesse des Sendeunternehmens zu sehen, den Hauptteil der Lizenzgebühr erst dann zu zahlen, wenn eine tatsächliche Nutzung erfolgt.

1.5.2. Internet-TV, Web-TV, IPTV

Unter Internet-TV oder Web-TV soll die Sendung, d.h. die zeitgleiche Übermittlung von Programmen an einen unbestimmten Empfängerkreis über das World Wide Web verstanden werden. Handelt es sich bei dem Empfängerkreis um ein geschlossenes System, ist der Begriff IPTV gebräuchlich. Bei Internet-TV, Web-TV oder IPTV handelt es sich im Verhältnis zur Fernsehsendung über Antenne, Satellit oder Kabel um eine eigenständige Nutzungsart, da Empfangsgeräte und Abrechnung (andere Verbindungsentgelte) unterschiedlich sind (s.o. A.III.2.2.2.). Dies kann sich in Zukunft ändern, wenn aufgrund der Konvergenz der Medien auch die Empfangsgeräte immer weiter verschmelzen.

Echtes Internet-TV oder Web-TV für den PC durch die großen TV-Sender ist zurzeit selten. Meist stellen TV-Sender ihre Programme nicht parallel zur regulären TV-Ausstrahlung über Antenne, Satellit oder Kabel ins Internet, sondern bieten diese zum individuellen Abruf an. So ist es z.B. bei ARD, ZDF oder ProSieben möglich, im Fernsehen ausgestrahlte Sendungen innerhalb von 7 Tagen auch über die Homepages der Sender im Streaming-Verfahren abzurufen. Da es sich hier um individuelle Abruf- und Zugriffsdienste handelt, fallen diese Nutzungen weniger in den Bereich des Senderechts, sondern die verschiedenen Nutzungsformen des Video-on-Demand (s.o. C.I.1.4.2.), wobei die Übermittlung hier in der Regel kostenlos erfolgt.

Die erforderlichen Nutzungsrechte hierfür erwerben die TV-Sender in den Fernsehlizenzverträgen, bei Altfilmen ist nach der Übergangsregel in § 137l UrhG zu verfahren (s.o. A.III.2.4.1.).

Daneben gibt es kleinere Internet-TV-Sender, die ihre Programme ausschließlich über das Internet verbreiten. Aus Sicht des Produzenten können solche Nutzungen zu Promotionzwecken gestattet werden.

2. Außerfilmische Auswertung

2.1. Merchandising und Licensing

Beispiel:
Der Verleih überträgt das komplette Merchandising für den Film exklusiv auf ein hierauf spezialisiertes Unternehmen. Dieses soll unter Verwendung von Motiven und Personen

aus dem Film Spielzeuge, Textilien, Computerspiele, Sportartikel, Hörkassetten etc. über Drittfirmen verwerten lassen.

Unter „Merchandising" versteht man im Filmbereich die umfassende Vermarktung von Elementen einer Filmproduktion durch diverse Waren- und Dienstleistungen auf so genannten Nebenmärkten, d.h. außerhalb der traditionellen Filmauswertung im Kino, Fernsehen oder auf Video/DVD. Soweit im Vordergrund des Merchandising die Lizenzvergabe an Drittunternehmen mit der Absicht der Gewinnerzielung durch Lizenzvergütungen steht, wird für diese Art der Rechteverwertung auch der Begriff „Licensing" verwendet. Zu den klassischen Formen dieser Nebenrechteverwertung gehört die Auswertung der Drucknebenrechte sowie der Soundtrackrechte, welche aufgrund ihrer verlags- bzw. musikrechtlichen Eigenheiten gesondert besprochen wird (s.u. C.II.2.2./2.3.).

Vertragspartner des Merchandising- bzw. Licensingvertrages sind der Produzent bzw. ein Verleih sowie eine Merchandisingagentur, welche ihrerseits wieder Subunternehmen einschalten kann. Gegenstand des Merchandisingvertrages ist die Übertragung der Nutzungsrechte an den vermarktungsfähigen Elementen der Filmproduktion zur Herstellung und zum Vertrieb von Waren- und Dienstleistungen.

Bei Filmproduktionen gehören zu den vermarktungsfähigen Elementen (neben den Buch- und Musikrechten) vor allem die im Film verwendeten fiktiven Charaktere und deren Namen (verkörpert durch reale Personen oder Animationen, sog. „Character-Licensing"), die an der Filmproduktion beteiligten realen Personen (z.B. Schauspieler, Regisseur, sog. „Personality-Licensing"), verwendete Marken oder der Filmtitel (sog. „Trademark- Licensing" bzw. „Brand-Licensing"), sowie besondere Filmkostüme, Requisiten („Props") oder Szenenbilder („Sets") (dies könnte man als „Content-Licensing" bezeichnen).

Diese Elemente können im Zusammenhang mit der Herstellung und Verbreitung von Waren oder der Anbietung von Dienstleistungen aller Art verwertet werden, z.B. Audio- und Videoartikel (CDs, Hörkassetten, DVDs), Textilien (T-Shirts, Bettwäsche, Sweat-Shirts, Jacken, Mützen, Schuhe), Geschenkartikeln, Kosmetik, Parfums, Malbücher, Spielzeug (Puppen, Bausätze) Computerhard- und -software (z.B. Maus, Computerspiel), Spiel- und Geldautomaten (z.B. Flipper), Lebensmitteln (Beipackfiguren, Aufkleber, Aufdrucke), Themenparks (Freizeitparks, Kirmes), Veranstaltungen (Sport- und Kulturveranstaltungen) sowie im Rahmen sonstiger Kooperationen (mit Restaurantketten, Fahrzeugherstellern, Kaufhäusern).

Der Lizenzgeber muss in allen Fällen des Merchandising bzw. Licensing dem Vertragspartner die ausschließlichen Rechte zur Vermarktung der betroffenen Elemente aus dem Film in Verbindung mit den bestimmten Waren und Dienstleistungen einräumen. Hier stellt sich das Problem, dass es ein „Merchandisingrecht" bzw. „Licensingrecht" als solches nicht gibt. Die Vermarktung dieser Elemente tangiert eine Reihe ganz unterschiedlicher Rechte, wie z.B. Urheber- und Leistungsschutzrechte, Rechte am eigenen Bild, allgemeine Persönlichkeitsrechte, Namensrechte, Markenrechte, Rechte an Unternehmenskennzeichen und Werktiteln sowie sonstige wettbewerbsrechtlich geschützte Rechtspositionen. Während die Schutzfähigkeit bei Markenrechten leicht festgestellt werden kann, ist dies hingegen bei anderen Schutzpositionen, wie Urheber- oder sonstigen Kennzeichenrechten, wieder im Einzelfall anhand der Individualität und Schöpfungshöhe bzw. Kennzeichnungskraft der fraglichen Elemente zu prüfen (zu den Voraussetzungen für die Schutzfähigkeit der Einzelelemente ausführlich Schertz, Merchandising, S. 25 ff.). Aufgrund der Unsicherheiten hinsichtlich der Schutzfähigkeit der Einzelelemente verpflichtet sich der Lizenznehmer im Vertrag in der Regel, die Rechteinhaberschaft und die schutzwürdigen Besitzstände des Lizenzgebers anzuerkennen (Schertz, Merchandising, S. 165).

Nur hinsichtlich der Urheber- und Leistungsschutzrechte sowie der Markenrechte kann der Lizenzgeber dem Lizenznehmer nach den §§ 31 ff. UrhG bzw. 27 ff. MarkenG ausschließliche Nutzungsrechte mit dinglicher Wirkung übertragen. Hier kann der Lizenznehmer aus seiner absoluten Rechtsstellung heraus Dritten eine unbefugte Nutzung untersagen.

Die Persönlichkeits- und Namensrechte sowie die wettbewerbsrechtlichen Schutzpositionen sind als solche nicht übertragbar; hier hat der Lizenzvertrag den Charakter eines schuldrechtlichen Gestattungsvertrages. Der Lizenzgeber gestattet dem Lizenznehmer die Nutzung der eigenen oder abgeleiteten Persönlichkeits- und Namensrechte, verpflichtet sich aber ferner, eine eigene Verwertung im Wege des Merchandisings zu unterlassen (vgl. Fromm/Nordemann/Hertin, Vor. § 31, Rd. 61). Gegenüber Dritten wirkt diese Enthaltungspflicht nicht; etwaige Verbotsansprüche gegenüber diesen können nicht von dem Lizenznehmer, sondern nur von den originären Rechteinhabern (z.B. den abgebildeten Schauspielern) geltend gemacht werden. Der Lizenznehmer hat gegenüber Dritten aus der unbefugten Nutzung der abgeleiteten Persönlichkeitsrechte aber einen eigenen bereicherungsrechtlichen Anspruch in Höhe der ersparten Vergütung (BGH NJW-RR 87, 231 – Nena; a.A. z.B. Schertz, Merchandising, S. 155 ff., welcher von einer (teilweisen) Übertragbarkeit der vermögenswerten Bestandteile von Persönlichkeitsrechten ausgeht und dem Lizenznehmer eines solchen ausschließlichen Nutzungsrechts einen eigenen Verbotsanspruch gegenüber Dritten gewährt). In letzter Zeit tendiert auch der BGH zu einer Kommerzialisierung des Persönlichkeitsrechts durch Stärkung der vermögensrechtlichen Interessen der Inhaber. So hat der BGH jedenfalls die Vererblichkeit vermögensrechtlicher Bestandteile des Persönlichkeitsrechts anerkannt (BGH NJW 2000, 2195, 2197 – Marlene Dietrich; BGH, Urt. v. 05.10.2006, I ZR 277/03 – Klaus Kinski). Die sich hieraus ergebenden Rechtspositionen sind aber nicht mit den urheberrechtlichen Ausschließlichkeitsrechten vergleichbar und sollen nicht dazu führen, dass der Rechteinhaber die Art und Weise der Darstellung der verstorbenen Personen kontrollieren oder steuern kann (BGH, Urt. v. 05.10.2006, I ZR 277/03 – Klaus Kinski).

Der Umfang der im Rahmen des Lizenzvertrages eingeräumten (dinglichen oder schuldrechtlichen) Nutzungsbefugnisse bemisst sich wiederum nach der Zweckübertragungstheorie, welche als allgemeiner Grundsatz im gesamten Bereich des immateriellen Eigentums Geltung genießt. Es ist daher ratsam, die zur Vermarktung gestellten Elemente des Filmes sowie die genehmigten Waren und Dienstleistungen so genau wie möglich zu beschreiben. Dies gilt insbesondere deshalb, weil es eine feste Definition des Merchandising oder Licensing nicht gibt. Keinesfalls erwirbt der Lizenznehmer (z.B. eine Merchandisingagentur) die umfassenden Auswertungsrechte für alle denkbaren Waren- oder Dienstleistungsgruppen, da es dann unweigerlich zu Überschneidungen mit andern Nebenrechteverwertungen kommen würde, die vielleicht vom Lizenzgeber selbst oder Dritten wahrgenommen werden sollen (z.B. der Soundtrackauswertung durch eine Schallplattenfirma). Zur Klarstellung können auch bestimmte Nutzungsarten ausdrücklich mit Hilfe einer Negativliste von der Rechteeinräumung ausgeschlossen werden.

Der Lizenzgeber wird im Regelfall konkrete Vorlagen liefern, z.B. eine Serie von Zeichnungen einzelner Comicfiguren aus dem Film, welche dann unverändert auf den Produkten angebracht werden müssen. Der Lizenzgeber kann nach Möglichkeit bereits im Merchandisingvertrag gewisse Qualitätsstandards für einzelne Produkte setzten (z.B. T-Shirts nur aus 100% Baumwolle, elektrische oder elektronische Geräte nur mit bestimmten Gütesiegeln). Vor Fertigstellung sollten jeweils die Muster der neuen Produkte dem Lizenzgeber zur Abnahme vorgelegt werden. Ferner ist zu vereinbaren, dass der Lizenznehmer bei jeder Nutzung zur Anbringung des entsprechenden Copyright-Vermerkes für den Produzenten verpflichtet ist und diese Verpflichtung auch Subunternehmern weitergibt. Einen eigenen Nennungsanspruch hat der Produzent andernfalls nicht. Wichtig sind schließlich auch die exakte Koordination der beiderseitigen Vermarktungsaktivitäten sowie die Einplanung ausreichender Zeitfenster. Insbesondere der Lizenznehmer sollte darauf eingestellt sein, dass sich der Filmstart erheblich verzögern kann.

Bei bestimmten Waren, von denen eine gewisse Produktgefahr ausgeht (z.B. bei elektrischen Geräten), kann es sich empfehlen, auf der Ware einen Hinweis anzubringen, dass der Hersteller der Waren nicht personenidentisch mit dem Filmhersteller ist. Nach dem Produkthaftungsgesetz haftet der Hersteller für Schäden an Leben, Körper, Gesundheit und Sacheigentum, die durch einen Fehler des Produkts entstanden sind, § 1 ProdHaftG. Als Hersteller gilt nach § 4 Abs. I. S. 2 ProdHaftG auch derjenige, der sich durch Anbringung eines Namens oder Kennzeichens als Hersteller ausgibt.

Die Dauer des Lizenzvertrages wird von der Art der konkreten Filmproduktion und der geplanten Auswertungsstrategien abhängen. Die erhofften Synergieeffekte durch Kopplung der Werbe- und Marketingaktivitäten werden sich bei großen Spielfilmen meist auf den Zeitraum der Kinoauswertung beschränken, allenfalls noch einmal bei der Video- und DVD-Auswertung aufleben und bei nachfolgenden Verwertungshandlungen (Pay-TV, Free-TV) an Bedeutung verlieren. Lizenzverträge werden daher meist nur auf kürzere Zeiträume von etwa zwei Jahren abgeschlossen. Bei langfristigen Vermarktungsmöglichkeiten (z.B. beim Character-Licensing einer Serienfigur) können die Lizenzzeiten auch durchaus zehn Jahre betragen. Bei räumlichen Beschränkungen innerhalb der Europäischen Union ist zu bedenken, dass diese zu einer Einschränkung des Wettbewerbes führen und nichtig sein können (LG München I NJW-RR 1994, 680 – Unzulässige räumliche Aufteilung eines Lizenzvertrages).

Als Vergütung kann eine Pauschalvergütung, eine Umsatzbeteiligung oder eine Stücklizenz vereinbart werden. Die Umsatzbeteiligung orientiert sich hierbei in der Regel am Nettoverkaufspreis, d.h. dem Endverbraucherpreis abzüglich Mehrwertsteuer. Eine reine Umsatzbeteiligung ist aber nicht zu empfehlen, da der Produzent hier von einer erfolgreichen Auswertung durch seinen Merchandisingpartner abhängig ist. Vielmehr sollte er darauf drängen, dass bereits frühzeitig (z.B. bei Vertragsschluss) eine hohe Garantiezahlung geleistet wird, welche dann als Mittel zur Filmfinanzierung in die Produktion einfließen kann. Spätere Umsatzbeteiligungen können hiermit verrechnet werden. Die Abrechnungsperioden sollten höchstens drei Monate betragen.

2.2. Soundtrack

> Beispiel:
> Der Produzent möchte parallel zum Film einen Soundtrack mit Teilen der Filmmusik und den von ihm produzierten Titeln bei einer Plattenfirma herausbringen. Er schließt mit dieser bereits frühzeitig einen Lizenzvertrag. Als Gegenleistung erhält er eine Umsatzbeteiligung auf Tonträgerverkäufe und auf diese wiederum einen verrechenbaren Vorschuss, den er bereits zur Finanzierung der Filmproduktion einbringen kann.

Vertragspartner eines Soundtrackvertrages sind der Filmhersteller und eine Plattenfirma. Gegenstand des Vertrages ist die Übertragung der Leistungsschutzrechte an den im Film verwendeten Musikaufnahmen.

Der Soundtrackvertrag wird auch als „Bandübernahmevertrag" oder „Tonträgerlizenzvertrag" bezeichnet (siehe hierzu Homann, Praxishandbuch Musikrecht, S. 275ff.). Der Produzent übergibt hiernach der Plattenfirma das Masterband mit den Musikaufnahmen, die in seinem Auftrag produziert wurden, zum Zwecke der Tonträgerauswertung. Hierbei muss der Produzent sicherstellen, dass sämtliche Verträge mit den ausführenden Künstlern oder sonstigen Beteiligten neben den filmischen Auswertungsrechten auch die Soundtrackauswertungsrechte ausdrücklich aufführen. Ob die Veröffentlichung eines Soundtrackalbums zu einem Film sinnvoll ist, muss im Einzelfall bewertet werden. Die übliche, für einen Film komponierte Score Musik eignet sich nur selten für eine separate Auswertung. Eine erfolgreiche Soundtrackauswertung bedarf eines durchdachten Musikkonzepts für die Entwicklung, Produktion und Verwertung der Musik (dies übernehmen oft Music Supervisors, vgl. v. Hartlieb/Schwarz/Reich, Kap. 99, Rd. 31).

Gegenstand der Rechteübertragung sind nur die Leistungsschutzrechte an den Musikaufnahmen. Die urheberrechtlichen Nutzungsrechte an den zugrunde liegenden Musikwerken zur Verwertung auf Tonträgern sind nicht Gegenstand des Soundtrackvertrages; diese Rechte der mechanischen Vervielfältigung und Verbreitung werden von der GEMA vergeben.

Die Rechteübertragung umfasst zunächst die Rechte zur Vervielfältigung und Verbreitung von Tonträgern aller oder bestimmter Konfigurationen (z.B. CD, Vinyl-LP, Audiokassette, Single- und Maxi-Single, Kopplungstonträger). Inwieweit hier eine Begrenzung auf einzelne Tonträgerarten mit ausschließlicher, dinglicher Wirkung möglich ist, bestimmt sich wiederum danach, ob die einzelnen Konfigurationen als selbständige Nutzungsarten gewertet werden können (s.o. A.III.2.2.). Die CD ist gegenüber der Vinyl-Schallplatte trotz der Unterschiede in Erscheinungsform und Technik nicht als getrennte Nutzungsart anzusehen. Nach der Ansicht des BGH handelt es sich bei der CD nicht um eine zusätzliche Nutzung, die neben die Schallplatte tritt und eine wirtschaftlich eigenständige Verwertung erlaubt. Vielmehr habe die CD die herkömmliche Schallplatte verdrängt (BGH ZUM 2003, 229, 231 – EROC III). Innerhalb der CD-Vervielfältigung werden Abspaltungen von diversen Formaten (CD-Single, CD-Maxi) dann ebenfalls keine dingliche Wirkung haben. Die Audiokassette wird im Verhältnis zur CD und zur Schallplatte allerdings eine eigene Nutzungsart darstellen.

In diesem Zusammenhang ist zu regeln, inwieweit der Plattenfirma gestattet wird, auch zusätzliches Repertoire aus ihrem eigenen Katalog auf dem Soundtrack unterzubringen, das in der Filmproduktion gar keine Verwendung gefunden hat bzw. einzelne Titel aus dem Film für andere Tonträgerzusammenstellungen zu verwenden (so genannte „Kopplungen" oder „Compilations"). Gerade wenn Umsatzbeteiligungen pro rata gezahlt werden (der Beteiligungsanspruch des Filmherstellers berechnet sich anteilig nach der Anzahl der von ihm beigesteuerten Aufnahmen im Verhältnis zur Gesamtzahl der Musiktitel auf dem Tonträger), schmälert jeder Fremdtitel einer Plattenfirma die eigene Verkaufsbeteiligung des Filmproduzenten. Auch kann es dem wirtschaftlichen Interesse des Filmherstellers entgegenstehen, wenn eine besonders erfolgreiche Aufnahme aus dem Film (z.B. der Titelsong) von der Schallplattenfirma als Aufhänger für eine Compilation mit eigenen, weniger erfolgreichen Titeln der Plattenfirma dient.

Wird im Soundtrackvertrag ein Verbot von Kopplungen geregelt, kann dieses m.E. nur schuldrechtliche Wirkung entfalten. Der bloße Vorgang der Kopplung von Musikaufnahmen ist keine technisch und wirtschaftlich selbständige Nutzungsart im Sinne von § 31 Abs. I. UrhG. Der einzige Unterschied eines Kopplungstonträgers zu einem normalen Mehrtitelalbum besteht letztlich darin, dass im ersteren Fall Aufnahmen verschiedener Rechteinhaber auf einem Tonträger zusammengestellt werden, während im letzteren Fall sämtliche Aufnahmen von einem Berechtigten stammen. Im Ergebnis handelt es sich in beiden Fällen um die Vervielfältigung und Verbreitung von Musikaufnahmen auf herkömmlichen Tonträgern; Herstellung, Vertrieb und Abspielvorgang sind hier jeweils identisch. Aber auch ohne ein ausdrückliches Kopplungsverbot kann sich m.E. aufgrund der damit stets verbundenen Lizenzreduzierungen eine schuldrechtliche Enthaltungspflicht des Vertragspartners aus dem Grundsatz von Treu und Glauben nach § 242 BGB ergeben; bei Vorliegen besonderer Unlauterkeitsmerkmale (z.B. Rufausbeutung) sind auch wettbewerbsrechtliche Ansprüche denkbar (vom OLG Frankfurt wird das Kopplungsrecht offenbar als eigenständige Nutzungsart aufgefasst, die im Rahmen üblicher Plattenverträge aber nach dem Vertragszweck mit übertragen wird, vgl. OLG Frankfurt GRUR 1994, 215 – Springtoifl).

Ist geplant, begleitend zur Veröffentlichung des Soundtracks oder einzelner Singleauskopplungen Musikvideos herauszubringen, hat der Produzent der Schallplattenfirma die entsprechenden Rechte zur Herstellung, Vervielfältigung und Verbreitung von Bild-Tonträgern (z.B. Videoclips) zu übertragen. Hierbei wird er sich verpflichten müssen, zusätzlich entsprechende Filmmaterialien zur Anfertigung von Musikvideos zur Verfügung zu stellen.

Der Produzent haftet für den rechtlichen Bestand der übertragenen Rechte und muss die Schallplattenfirma von Ansprüchen Dritter freihalten. Demzufolge muss er vor Abschluss des Bandübernahmevertrages sorgfältig alle notwendigen Rechte an den Schallaufnahmen in seiner Person bündeln. Dies geschieht durch die entsprechenden Künstlerverträge oder Honorarquittungen mit den Musikern, dem Dirigenten, dem Orchester oder sonstigen Beteiligten (siehe Homann, Praxishandbuch Musikrecht, S. 251ff, 285). Während die Solokünstler oder Musikgruppen meist auf der Basis ausführlicher Künstlerverträge mit erfolgsabhängigen Umsatzbeteiligungen vergütet werden, werden einfache Studiomusiker in der Regel durch einseitige Honorarquittungen mit Pauschalgagen abgefunden. Sofern auch Musiker mit untergeordneten Beiträgen Inhaber von Leistungsschutzrechten werden, müssen derartige Pauschalgagen den Maßstäben für eine angemessene Vergütung nach § 32 UrhG genügen.

Die Lizenzdauer des Soundtrackvertrages erstreckt sich selten über die gesamte gesetzliche Schutzfrist der Aufnahmen, sondern liegt in der Regel bei etwa 10 Jahren. Das Lizenzgebiet kann auf einzelne Staaten beschränkt oder weltweit vergeben werden; innerhalb der Europäischen Union darf es hierbei allerdings nicht zu Wettbewerbsbeschränkungen kommen.

Besonders wichtig bei der Soundtrackauswertung ist die optimale Koordination der Werbe- und Marketingaktivitäten der beiden Kooperationspartner. Insbesondere müssen der Veröffentlichungstermin des Soundtracks und der Filmstart aufeinander abgestimmt werden, dies gilt auch für eventuelle Singleauskopplungen. Werden einzelne Songs von Filmschauspielern selbst interpretiert, müssen diese auch für die Videoproduktion und Promotionaktivitäten zur Verfügung stehen. Design und Grafik von Cover und Musikvideos müssen sich dem Stil und dem Image des Filmes unterordnen; hierfür wird der Produzent geeignetes Film- und Fotomaterial zur Verfügung stellen.

Die Vergütung ist in der Regel als prozentuale Umsatzbeteiligung an den Verkäufen der Tonträger ausgestaltet; Abrechnungsgrundlage ist typischerweise der Händlerabgabepreis (HAP) der Tonträger. In den Verträgen wird zunächst ein Ausgangsprozentsatz festgelegt, der dann aber erheblichen Reduzierungen für bestimmte Preisklassen (Midprice, Bugdetprice) und Vertriebswege (Auslandsveröffentlichung, Club-, Mailorder- und Direktverkauf, TV- und rundfunkbeworbene Tonträger) sowie Kostenpauschalen (für Technik, Verpackung, Retouren etc.) unterliegt. Die Höhe der tatsächlich zu zahlenden Lizenz lässt sich in solchen Fällen nur mit Mühe ermitteln (hierzu ausführlich Homann, Praxishandbuch Musikrecht, S. 264ff.).

Der Produzent kann anstelle einer prozentualen Umsatzbeteiligung aber auch eine Stücklizenz vereinbaren (z.B. 1 Euro pro verkauften Langspieltonträger). Dies verschafft den Abrechnungen der Plattenfirma mehr Transparenz und Nachprüfbarkeit, der Produzent kennt von Anfang an seinen Anteil an den späteren Verkäufen. Für den Fall besonderer Verkaufserfolge können Staffelungen der Beteiligung vorgesehen werden. So ist eine Erhöhung des Ausgangslizenzsatzes oder der Stücklizenz bei Erreichen bestimmter Auszeichnungen (z.B. Gold, Platin) oder Verkaufszahlen (z.B. ab der 50 001. oder 100 001. Einheit) sinnvoll. Werden Vorschüsse gezahlt, sind diese mit den späteren Verkaufsbeteiligungen verrechenbar, im Fall geringer

Verkäufe aber grundsätzlich nicht rückzahlbar. Der Produzent sollte bereits frühzeitig die Plattenfirma in die Produktion einbinden, um solche Vorschüsse als Mittel zur Finanzierung des Filmes in die Kalkulation einzubeziehen. Die Vorschüsse werden dann typischerweise zu 50% bei der Vertragsunterzeichnung und zu 50% beim Filmstart fällig gestellt (Lichtenhahn, in: Clevé, Von der Idee zum Film, S. 110).

Alternativ zum Bandübernahmevertrag kann der Filmhersteller auch lediglich Vertriebsverträge schließen, und zwar einen Tonträgervertriebsvertrag mit einem Vertriebsunternehmen (siehe hierzu Homann, Praxishandbuch Musikrecht, S. 287ff.) und Digitalvertriebsverträge mit Download-Shops und Aggregatoren (siehe Homann, a.a.O., S. 293ff.). Dies erfordert aber vom Filmhersteller, dass er das entsprechende Know-how über die Musikbranche besitzt und die Leistungen für Promotion und Marketing selbst erbringen kann. Da dies meist nicht der Fall ist, wird in der Praxis der Bandübernahmevertrag bevorzugt.

2.3. „Buch zum Film" und andere begleitende Printmedien

Beispiel:
Der Produzent hat sich im Stoffentwicklungsvertrag mit der Drehbuchautorin die Drucknebenrechte einräumen lassen und möchte nunmehr ein „Buch zum Film", ein Kinderbuch sowie ein Comic-Heft, jeweils basierend auf den Figuren und der Handlung des Filmes, herstellen lassen.

Das Recht zur Herstellung und Verwertung von Begleitbüchern zum Film, die auf Elementen oder Inhalten des Filmwerks basieren (z.B. „Buch zum Film" mit Hintergrundinformationen über die Filmproduktion, Romanfassung des Drehbuchs, Comic-Hefte, Kinder-, Mal- und Spielbücher etc.), bezeichnet man als Drucknebenrecht.

Der Filmhersteller kann selbst einen Autoren mit der Verfassung des Begleitbuches beauftragen und das fertige Werk an einen Drittverlag lizenzieren. Oftmals werden die Drucknebenrechte aber vom Produzenten im Rahmen des kompletten Merchandisingpakets auf eine Merchandisingfirma übertragen, welche dann ihrerseits mit spezialisierten Autoren oder Drittverlagen zusammenarbeitet. Hier ist der Produzent mit den verlagsrechtlichen Besonderheiten der Herstellung und Verwertung der Printwerke nicht näher befasst.

2.3.1. Bestellvertrag mit dem Autor

Beauftragt ein Produzent, ein Verlag oder ein Merchandisingunternehmen einen Autoren mit der Erstellung eines Begleitbuches zum Film (etwa einer auf dem Drehbuch basierenden Romanfassung), hat sich dieser in der Regel eng an die Vorgaben des Auftraggebers sowie die vorliegenden literarischen und filmischen Vorlagen zu halten. Bei einer solchen Weisungsgebundenheit ist der Verlagsvertrag als so genannter „Bestellvertrag" im Sinne von § 47 Abs. I. VerlG zu qualifizieren.

Mit dem Bestellvertrag überträgt der Verfasser dem Besteller das so genannte Verlagsrecht; dies ist in diesem Fall das Recht, ein Werk der Literatur zu vervielfältigen und zu verbreiten, § 1 VerlG. Grundsätzlich wäre der Besteller in seiner Funktion als Verleger auch verpflichtet, das Werk branchenüblich auszuwerten (vgl. § 1 S. 2 VerlG). Die Rechte des Verfassers eines bestellten Werkes sind aber geringer ausgeprägt als die eines Verfassers eines regulären Werkes der Literatur. So trifft den Besteller, anders als den Verleger, keine Auswertungspflicht, § 47 Abs. I. VerlG. Auch die gesetzliche Bestimmung des § 5 Abs. I VerlG, wonach der Verleger im Zweifel nur die Verlagsrechte für eine Auflage erwirbt, gilt für den Verfasser eines bestellten Werkes nicht (BGH GRUR 1984, 528, 529 – Bestellvertrag). Ebenfalls die sonstigen Bestimmungen des VerlG sind wegen der andersartigen Interessenlage auf Bestellverträge nicht unbedingt anwendbar (BGH GRUR 1984, 528, 529 – Bestellvertrag).

Allerdings findet die Zweckübertragungstheorie als allgemeiner Rechtsgrundsatz des immateriellen Rechtsschutzes auf Bestellverträge Anwendung; daher sind auch hier im Vertrag die Nutzungsrechte einzeln zu spezifizieren. Wird das Verlagsrecht überhaupt nicht weiter konkretisiert, erwirbt der Besteller unter Umständen nur das Recht zur Herausgabe eines gebundenen Buches (Hardcover). Bei einem Vertrag über ein traditionelles „Buch zum Film" könnte man nach der Branchenübung aber davon ausgehen, dass der Besteller zur Herausgabe eines Taschenbuchs berechtigt ist. Dies sollte allerdings im Vertrag klargestellt werden, da es sich hierbei um dinglich selbständige Nutzungsarten handelt (BGH NJW 1992, 1320 – Taschenbuch-Lizenz).

Neben den klassischen Buchrechten sollte sich der Besteller auch die üblichen Nebenrechte einräumen lassen. Hier unterscheidet man die buchnahen Rechte (Taschenbuchausgabe, sofern nicht ohnehin vom allgemeinen Verlagsrecht umfasst, Buchclub- und Sonderausgaben, Vorab- und Nachdruckrechte für Periodika, Reprint- und Mikrofilmrechte) und die buchfernen Rechte (Verfilmung, Hörspiel, Bühnenversion, Tonträgerrechte). Die modernen digitalen Nutzungsformen, wie die CD-ROM-Auswertung (Wiedergabe von Texten auf Compact Discs), das E-Book (ein tragbares Wiedergabegerät für Textdateien) oder das „virtuelle" Buch zum Download im Internet (für den heimischen PC oder sonstige Abspielgeräte) wird man inzwischen unter die buchnahen Nutzungen fallen lassen können (zur Frage der Abspaltbarkeit und Bekanntheit der Verwertungsformen Web-Publishing, E-Book, CD-ROM, Book-on-Demand siehe: Haupt, Electronic Publishing, S. 6, 85, 149, 239f., 308f. m.w.N.).

Daneben sollte dem Besteller auch das Recht eingeräumt werden, aus dem bestellten Werk ohne Mitarbeit des Autors weitere Remakes, Fortsetzungen, Spin-Offs etc. zu entwickeln und zu verwerten. Da die Rechte an den zugrunde liegenden schutzfähigen Elementen (z.B. Charaktere, Fabel) ohnehin nicht bei dem Autor des bestellten Werkes, sondern den Urhebern der vorbestehenden Werke (z.B. dem Romanautor) oder der filmbestimmt geschaffenen Werke (z.B. dem Drehbuchautor) liegen, geschieht diese Rechteeinräumung nur ergänzend für den Fall, dass auch der neue Autor eigenschöpferische Beiträge einbringt. Sofern der Besteller die Vervielfältigung und Verbreitung des Werkes nicht selbst sondern durch einen anderen Verlag wahrnehmen wird, bedarf er zusätzlich der Einräumung des Rechts zur Übertragung der Verlegerrechte (§ 28 I VerlG) einschließlich der korrespondierenden Nutzungsrechte (§ 34 Abs. I UrhG). Auch bei Bestellverträgen muss der Autor grundsätzlich seine Zustimmung zur Weiterübertragung von Nutzungsrechten erteilen (BGH GRUR 1984, 528, 529 – Bestellvertrag).

Typischerweise wird der Verfasser mit einer Pauschalvergütung honoriert. Sofern sich aber die Leistung des Verfassers nicht nur auf untergeordnete Beiträge beschränkt, ist die Angemessenheit der Vergütung (§ 32 UrhG) und im Falle eines überraschenden Erfolgs des Begleitbuchs auch im Rahmen von Bestellverträgen der Bestsellerparagraph (§ 32a UrhG) zu beachten (BGH GRUR 1998, 680, 683 – Comic-Übersetzungen zu § 36 UrhG a.F.).

Dem Verfasser eines bestellten Werkes steht – wie jedem anderen Urheber auch – gemäß § 13 UrhG ein Nennungsrecht zu. Will der Besteller keine Nennung des Autors vornehmen, muss ein entsprechender Verzicht ausdrücklich im Vertrag geregelt sein.

2.3.2. Verlagsvertrag zwischen Besteller und Verlag

Hat der Besteller (Produzent, Merchandisingunternehmen) nunmehr das bestellte Werk abgenommen, kann er einen entsprechenden Verlagsvertrag mit einem Buchverlag abschließen. Der Besteller tritt hierbei nicht selbst als Verfasser, sondern als so genannter Verlaggeber auf; die Vorschriften des VerlG für Verträge zwischen Verfasser und Verleger finden aber auch auf derartige Verträge Anwendung, § 48 VerlG. Im Gegensatz zum Besteller trifft den Verleger nach § 1 S. 2 VerlG eine Auswertungspflicht. Der Zeitpunkt der Veröffentlichung wird hier an den Filmstart gekoppelt und entsprechend von dem Produzenten vorgegeben werden.

Gegenstand der Rechteübertragung ist wiederum zunächst das Verlagsrecht, also das Recht zur Vervielfältigung und Verbreitung des Werkes in Buchform, wobei hier im Zweifel wieder eine Taschenbuchausgabe gemeint sein wird. Sollen daneben noch weitere Nebenrechte übertragen werden, sind diese aufgrund der Zweckübertragungstheorie im Einzelnen zu spezifizieren. Im Interesse des Verlaggebers wird der Umfang der Rechteeinräumung hier so eng wie möglich gefasst werden. Die Rechteübertragung wird sich hierbei auf die so genannten buchnahen Nutzungsrechte beschränken, insbesondere kommen hier die Rechte zur Verwertung des Werkes als Buchgemeinschaftsausgabe, Übersetzung, CD-ROM sowie durch Online-Medien in Betracht. Die so genannten buchfernen Nutzungsrechte, wie z.B. Verfilmungs-, Bühnen- und Hörspielrechte, wird der Verlaggeber (insbesondere der Produzent) selbstverständlich nicht übertragen.

Aber auch, wenn der Verlaggeber einzelne, selbständig abspaltbare Nutzungsarten zurückgehalten hat, muss er gegenüber dem Verlag die verlagsrechtlichen Treuebindungs- und Enthaltungspflichten beachten und kann unter Umständen konkurrierenden Verlagen nicht ebenfalls Nutzungsrechte an dem Buch einräumen, wenn er damit gegen die Grundsätze von Treu und Glauben verstößt. Bei Vorliegen besonderer Unlauterkeitsmerkmale kann ein solches Verhalten auch wettbewerbswidrig sein.

Der Verlaggeber garantiert, dass das Werk nicht mit Rechtsmängeln behaftet ist und hat den Verlag von der Inanspruchnahme durch Dritte freizustellen. Es muss also sichergestellt sein, dass der Verlaggeber von allen Betroffenen (Autoren vorbe-

II. Vertragsgestaltung in der Auswertung

stehender und filmbestimmt geschaffener Werke, Autoren des Begleitbuchs, Lichtbildnern, Schauspielern und sonstigen abgebildeten Personen) die notwendigen Rechte erworben hat.

Als Vergütung kann der Verlaggeber ein Pauschalhonorar oder eine Umsatzbeteiligung verlangen, letztere orientiert sich am Netto-Ladenpreis des Begleitbuchs, kann aber auch als Stücklizenz ausgestaltet sein. Bei einem Pauschalhonorar ist die Vergütung bei Ablieferung des Werkes fällig (§ 23 S. 1 VerlG), im Falle eines Absatzhonorars hat der Verlag dem Verlaggeber jährlich abzurechnen (§ 24 VerlG), allerdings ist hier die Vereinbarung kürzerer Abrechnungsperioden zu erwägen. Sollte der Verlaggeber wiederum den eigentlichen Verfasser des Begleitbuchs am Absatz beteiligt haben, sollte darauf geachtet werden, dass die Abrechnungstermine und -modalitäten aufeinander abgestimmt sind (z.B. keine Vermischung von Absatzhonorar und Stücklizenz vorgenommen wird). Selbst wenn der Produzent als Verlaggeber nur eine geringe Vergütung erhält, schuldet er seinerseits dem Verfasser eine angemessene Vergütung (§ 32 UrhG) und muss daher sicherstellen, nicht „zwischen den Stühlen zu sitzen" und eine mögliche Haftung an den Verlag weitergeben.

Neben dem Autor des Begleitbuchs stehen auch den Autoren der benutzten Werke (z.B. Roman oder Drehbuch) entsprechende Nennungsansprüche zu, soweit eigenschöpferische Elemente aus ihren Werken Verwendung im neuen Buch gefunden haben. Zusätzlich werden weitere Nennungen und Informationen über den Film angebracht sein, z.B. Angabe des Produzenten, des Regisseurs, wichtiger Schauspieler, bestimmter Details über den Film etc.

2.4. Markenauswertung

Beispiel:
Ein Produzent hat einen Film mit dem Titel „Mega-Dance Berlin" hergestellt. Der Film hat eine in der Stadt Berlin ausbrechende Tanzhysterie zum Gegenstand und soll das breite Massenpublikum ansprechen. Um möglichst viele Märkte zu erschließen, möchte der Produzent neben der Auswertung im Kino, Fernsehen, auf Video, Soundtrack und Buch zum Film unter dem Motto „Mega-Dance Berlin" eine Kosmetikreihe (mit Parfum, Duschgel, Deodorant etc.), eine Turnschuhkollektion, einen Stadt- und Restaurantführer sowie eine monatlich erscheinende Zeitschrift anbieten und zur Uraufführung eine Tanz-Parade unter Beteiligung von – hoffentlich – Millionen Fans veranstalten. Er fragt an, ob und wie er sich die Markenrechte an der Bezeichnung „Mega-Dance Berlin" für diese Nebenprodukte am besten sichern kann.

2.4.1. Allgemeines zum Markenschutz

Die entsprechende Rechtsgrundlage für den Schutz von Marken bietet das MarkenG. Die Marke dient dem Kennzeichnungsschutz von Waren oder Dienstleistungen von Unternehmen auf dem Markt. Als Marke können nicht nur Wörter geschützt werden, sondern daneben alle Zeichen, Abbildungen, Buchstaben, Zahlen, Hörzeichen, dreidimensionale Gestaltungen einschließlich der Form einer Ware oder ihrer Verpackung sowie sonstige Aufmachungen einschließlich Farben und Farbzusammenstellungen. So ist es beispielsweise für einen Fernsehsender möglich, ein Jingle, welchem mangels Schöpfungshöhe eventuell Urheberrechtsschutz versagt bliebe, als so genanntes Hörzeichen markenrechtlich schützen zu lassen.

Markenschutz kann auf drei verschiedene Weisen entstehen; entweder durch Eintragung der Marke bei dem Deutschen Patent- und Markenamt (DPMA), durch die Benutzung im geschäftlichen Verkehr, soweit das Zeichen innerhalb der beteiligten Verkehrskreise als Marke Verkehrsgeltung erworben hat, oder als so genannte notorische bekannte Marke, d. h. einer im Inland allbekannten Marke im Sinne des Art. 6 ^{bis} der Pariser Verbandsübereinkunft, unabhängig von der Frage ihrer tatsächlichen Benutzung im Inland.

Im Falle eines neu erschaffenen Begriffs (wie z.B. „Mega-Dance Berlin") kommt nur die Entstehung des Markenschutzes durch Eintragung in Betracht, da das Kennzeichen bisher nicht im Verkehr benutzt oder bekannt geworden ist. Deshalb soll zuvor auf das Eintragungsverfahren und den Schutz von Marken eingegangen werden. Da das Verfahren sehr zeitintensiv sein kann, sollte der Produzent bereits frühzeitig – möglichst in der Phase der Pre-Production – die notwendigen Schritte in Angriff nehmen. Da nicht jedes Zeichen eintragungsfähig ist, sind bereits im Vorfeld eventuelle Eintragungshindernisse zu prüfen, damit im Ernstfall noch Änderungen am Film (z.B. Auswechselung des Filmtitels) vorgenommen werden können.

Das DPMA weist eine Anmeldung eines Zeichens als Marke insbesondere dann zurück, wenn der Eintragung so genannte absolute Schutzhindernisse entgegenstehen, § 8 MarkenG. Grundvoraussetzung für die Eintragungsfähigkeit einer Marke ist stets, dass sie sich graphisch darstellen lassen kann, § 8 Abs. I. MarkenG. Die optische Darstellbarkeit eines Zeichens ist notwendig, damit die Marke überhaupt beim DPMA in das Register eingetragen werden kann. Für eine Wortmarke erfolgt die Darstellung in Buchstaben, bei einem Hörzeichen z.B. durch einen Notenauszug.

Ein Filmtitel wird stets in Buchstabenform darstellbar sein.

Selbst wenn die graphische Darstellbarkeit eines Zeichens gegeben ist, definiert das Gesetz in § 8 Abs. II. MarkenG neun Gruppen von Merkmalen, die absolute Schutzhindernisse begründen. Zu den hier wichtigen Eintragungshindernissen gehören die Fälle, in denen einer Marke jegliche Unterscheidungskraft fehlt, § 8 Abs. II. Nr. 1 MarkenG, oder an dem Zeichen ein Freihaltebedürfnis besteht, § 8 Abs. II. Nr. 2 MarkenG.

Einer Marke fehlt jegliche Unterscheidungskraft im Sinne von § 8 Abs. II. Nr. 1 MarkenG, wenn das Zeichen nicht geeignet ist, die Waren oder Dienstleistungen des Antragstellers im Marktwettbewerb von denen anderer Unternehmen zu unterscheiden. Hierunter fallen in der Regel dem allgemeinen Sprachgebrauch angehörende, beschreibende Worte oder Gattungsbezeichnungen. An das Erfordernis der Unterscheidungskraft werden allerdings keine allzu hohen Anforderungen gestellt; jede, noch so geringfügige Eigenheit eines Zeichens kann ausreichend sein (vgl. Fezer, Markenrecht, § 8, Rd. 26). Die notwendige Unterscheidungskraft kann auch daraus folgen, dass ein an sich allgemein gebräuchlicher Begriff für ein gänzlich unübliches Produkt verwendet wird.

II. Vertragsgestaltung in der Auswertung

Ein Freihaltebedürfnis gemäß § 8 Abs. II. Nr. 2 MarkenG besteht für solche Zeichen, die ausschließlich beschreibenden Charakter haben, d.h., die ausschließlich aus Zeichen oder Angaben bestehen, die im Verkehr zur Bezeichnung der Art, der Beschaffenheit, der Menge, der Bestimmung, des Wertes, der geographischen Herkunft, der Zeit der Herstellung der Waren oder der Erbringung der Dienstleistungen oder zur Bezeichnung sonstiger Merkmale der Waren oder Dienstleistungen dienen können. So wird beispielsweise für das Wort „Film" als Marke für einen Spielfilm ein Freihaltebedürfnis bestehen, da es rein beschreibenden Charakters ist. Gleichfalls fehlt diesem Wort jegliche Unterscheidungskraft, da das Zeichen nicht geeignet ist, diesen Film von anderen zu unterscheiden.

Ab wann ein Zeichen die notwendige Eintragungsfähigkeit besitzt, ist jeweils eine Frage des Einzelfalls. Als Richtschnur mag gelten, dass die Eintragbarkeit eines Zeichens mit dem Maß seines Phantasiegehalts steigt: Je mehr Wortneuschöpfungen oder -abwandlungen von allgemeingebräuchlichen Wörtern der Antragsteller vornimmt, um so größer ist die Wahrscheinlichkeit, dass eine Kennzeichnungsfunktion des Zeichens anzunehmen ist. Auch kann unter Umständen gerade die Wortverbindung eintragungsunfähiger Teile in ihrer Gesamtheit eintragungsfähig werden, wenn hierdurch eine besonders ungewöhnliche oder phantasievolle Markeneinheit entsteht. Hierbei werden längere Wortfolgen in der Regel nicht unterscheidungskräftig sein; Indizien für die Unterscheidungskraft sind vielmehr Kürze, eine gewisse Originalität und Prägnanz einer Wortfolge (BGH ZUM 2001, 874, 875 – Gute Zeiten – Schlechte Zeiten). Auch Mehrdeutigkeit bzw. Interpretationsbedürftigkeit können eine hinreichende Unterscheidungskraft herbeiführen, da diese die Verkehrskreise zum Nachdenken anregen (BGH, a.a.O.).

Betrachtet man nunmehr die Wörter aus dem Beispiel, so erscheint die Eintragungsfähigkeit eher zweifelhaft. Die Bezeichnung „Mega" ist lediglich ein Maß für das Millionenfache einer Einheit und dürfte daneben auch im allgemeinen Sprachgebrauch mittlerweile als besondere Steigerungsform einer Sache oder Leistung und damit Beschreibung ihrer Beschaffenheit angesehen werden. So wird beispielsweise die Bezeichnung „Ultra" seit den 50er Jahren als für alle Produktbereiche freihaltebedürftig und nicht unterscheidungsfähig angesehen (vgl. Fezer, Markenrecht, § 8 Rd. 249). Für die Bezeichnung „Dance" dürfte wohl ebenfalls ein Freihaltebedürfnis bestehen, da dieses Wort, trotz seiner fremdsprachlichen Herkunft, im Allgemeinen deutschen Sprachgebrauch als bloße Beschreibung für „Tanz" verstanden wird. An dem Begriff „Berlin" als bloße Beschreibung der Herkunft der Erbringung der Dienstleistungen besteht ebenfalls ein konkretes Freihaltebedürfnis nach § 8 Abs. II. Nr. 2 MarkenG. Auch in seiner Gesamtheit geht das Zeichen „Mega-Dance Berlin" nicht über die bloße Beschreibung eines besonders intensiven Tanzes in der Stadt Berlin hinaus. Der Produzent sollte hier eigene Phantasiebegriffe hinzufügen, um die notwendige Eintragungsfähigkeit des Zeichens zu begründen.

Bei dem Eintragungsverfahren ist darauf zu achten, dass der Anmelder sorgfältig die entsprechenden Waren- oder Dienstleistungsklassen bestimmt, um den Markenschutz so umfänglich wie notwendig zu begründen. Da zur Prüfung des Identitätsschutzes sowie des Verwechslungsschutzes nach § 14 Abs. II. Nr. 1 und Nr. 2 MarkenG die Identität bzw. Ähnlichkeit der für die Marke geschützten Waren bzw. Dienstleistungen festgestellt werden muss (s.u.), sollte die Klassifizierung so genau wie möglich vorgenommen werden. Hierbei sollte die Anzahl der geschützten Klassen einerseits nicht zu knapp bemessen werden, da eventuell das Waren- bzw. Dienstleistungsangebot des Unternehmens nicht voll abgedeckt wird; andererseits auch nicht zu großzügig, da hiermit auch die Möglichkeit der Kollision mit bereits anderen geschützten Marken vergrößert wird.

Im Rahmen des Anmeldeverfahrens ist sodann für jede Ware und Dienstleistung, für die Markenschutz begehrt wird, Unterscheidungskraft und mangelndes Freihaltebedürfnis gesondert zu prüfen.

> So fehlt nach Ansicht des BGH der Wortfolge „Gute Zeiten – Schlechte Zeiten" der bekannten Fernsehserie für Tonträger, Bücher, Magazine, Ausstrahlung von Fernsehprogrammen, Fernsehunterhaltung und Filmproduktion wegen des thematischen Bezugs zu diesen Waren und Dienstleistungen jegliche Unterscheidungskraft. Hier beschränkt sich die Wortfolge auf eine verständliche Beschreibung des Inhalts der Werke, also der „Darstellung der jeweiligen Personen in den Wechselfällen ihres Lebens, die in schicksalhaftausgleichender Folge guter und schlechter Lebensphasen wiedergegeben werden". Anders sei es aber bei Waren und Dienstleistungen wie Kalender, Notizbücher, Online-Diensten, Filmverleih, Veröffentlichung von Büchern sowie für die außerhalb des Medienbereichs anzusiedelnden Waren und Dienstleistungen (z.B. Kosmetik, Schmuckwaren, Bekleidung). Hier nimmt der Verkehr nicht an, derartig gekennzeichnete Waren und Dienstleistungen seien auf ein mit „Gute Zeiten – Schlechte Zeiten" gekennzeichnetes Thema beschränkt (BGH ZUM 2001, 874, 875 – Gute Zeiten – Schlechte Zeiten; vgl. in diesem Zusammenhang ebenfalls BGH ZUM 2002, 876 – Reich und Schön).

Bei der Markenanmeldung spielt auch der Kostenfaktor eine nicht unerhebliche Rolle: Die Grundgebühr für die Eintragung einer Marke beträgt zurzeit 300 EUR, in dieser Grundgebühr ist die Eintragung für drei Klassen enthalten. Für jede weitere Klasse ist eine zusätzliche Gebühr in Höhe von 100 EUR zu entrichten. Die Klasseneinteilung gliedert sich in insgesamt 34 Warenklassen und 11 Dienstleistungsklassen, das Verzeichnis ist auf der Website des DPMA abrufbar.

> Wollte der Produzent im Beispielsfall die Eintragung von „Mega-Dance Berlin" vornehmen, so wären z.B. folgende Klassen zu empfehlen:
> Klasse 3:   Parfümerien, ätherische Öle, Mittel zur Körper- und Schönheitspflege, Haarwässer
> Klasse 16: Druckereierzeugnisse
> Klasse 25: Schuhwaren
> Klasse 28: Turn- und Sportartikel
> Klasse 41: Unterhaltung; sportliche und kulturelle Aktivitäten.
> Die Anmeldegebühren würden hierbei insgesamt 500 EUR betragen.

Das DPMA prüft allerdings nicht, ob dem Schutz des Zeichens als Marke eventuelle relative Schutzhindernisse gemäß den §§ 9 ff. MarkenG entgegenstehen. Danach können Inhaber von Marken oder sonstiger Rechte (z.B. Namensrechte, Urheberrechte) mit älterem Zeitrang Löschungsansprüche gegen den Markeninhaber geltend machen, wenn deren Rechtspositionen beeinträchtigt werden (z.B. im Wege des Widerspruchsverfahrens gemäß § 42 MarkenG bzw. der Löschungsklage nach § 55 MarkenG). Der Produzent sollte sich daher vor Anmeldung der Marke über

II. Vertragsgestaltung in der Auswertung 341

das Nichtbestehen solcher älterer Rechte größtmögliche Gewissheit verschaffen und eventuelle Kollisionen prüfen.

Inhaber einer Marke ist der Anmelder zur Eintragung beim DPMA, dies können sowohl natürliche als auch juristische Personen (z.B. GmbH, AG) oder Personengesellschaften mit der Fähigkeit zum Rechteerwerb und Eingehung von Verbindlichkeiten (z.B. OHG, KG, Partnerschaftsgesellschaft, für die GbR wird dies nach Anerkennung der Rechtsfähigkeit durch den BGH nunmehr ebenfalls angenommen, Ingerl/Rohnke, § 7, Rd. 12).

Anders als nach dem alten WarenzeichenG gilt im MarkenG für Marken keine Akzessorietät; die Rechte an der Marke sind damit selbständig von dem zugehörigen Unternehmen übertragbar (Ensthaler, Gewerblicher Rechtsschutz und Urheberrecht, S. 318). Marken können ganz oder teilweise, ausschließlich oder nicht ausschließlich lizenziert werden, § 30 Abs. I. MarkenG. Die Schutzdauer einer Marke beträgt nach § 47 MarkenG 10 Jahre mit der Möglichkeit der jeweiligen Verlängerung von weiteren 10 Jahren. Die Verlängerung ist gebührenpflichtig. Wird eine Marke alle 10 Jahre ordnungsgemäß verlängert, kann der Schutz auf unbegrenzte Zeit gesichert werden (Ingerl/Rohnke, § 47, Rd. 5). Anderenfalls wird die Marke bei Nichtverlängerung nach Ablauf der Schutzdauer gelöscht, § 47 Abs. VI. MarkenG.

Sobald der Inhaber Markenschutz gemäß § 4 MarkenG durch Eintragung erlangt hat, genießt er den ausschließlichen und absoluten Identitätsschutz nach § 14 Abs. II. Nr. 1 MarkenG, den Verwechslungsschutz nach § 14 Abs. II. Nr. 2 MarkenG sowie den Bekanntheitsschutz nach § 14 Abs. II. Nr. 3 MarkenG:

Gemäß § 14 Abs. II. Nr. 1 MarkenG ist es Dritten untersagt, ein mit der Marke identisches Zeichen für identische Waren oder Dienstleistungen zu benutzen. Weder ist hierbei die Gefahr der Verwechslung noch die Bekanntheit der Marke erforderlich. Insofern geht der Schutz der Marke über den des Werktitels gemäß § 15 MarkenG hinaus (s.o. B.I.8). Gemäß § 14 Abs. II. Nr. 2 MarkenG ist es Dritten untersagt, ein identisches oder ähnliches Zeichen zu verwenden, wenn die Gefahr der Verwechslungen mit der Marke besteht. Sofern es sich um eine im Inland bekannte Marke handelt, ist auch die Benutzung von nicht identischen Zeichen oder nicht ähnlichen Zeichen untersagt, wenn die Benutzung des Zeichens die Unterscheidungskraft oder die Wertschätzung der bekannten Marke ohne rechtfertigenden Grund in unlauterer Weise ausnutzt oder beeinträchtigt, § 14 Abs. II. Nr. 3 MarkenG.

Zu beachten ist, dass der markenrechtliche Schutz des MarkenG auf das deutsche Inland begrenzt ist. Sofern der Produzent ebenfalls einen markenrechtlichen Schutz seiner Waren und Dienstleistungen im Ausland für sinnvoll erachtet, muss er gemäß den in diesen Ländern geltenden Vorschriften die Markeneintragung beantragen. In der europäischen Union besteht seit dem 1. 1. 1996 die Möglichkeit, beim Harmonisierungsamt für den Binnenmarkt (HABM) in Alicante in Spanien die Eintragung einer Gemeinschaftsmarke vorzunehmen. Die Gemeinschaftsmarke genießt einen einheitlichen Schutz im gesamten Gebiet der Europäischen Gemeinschaft.

Sofern ein Markenschutz als Trademark in den USA sinnvoll erscheint, muss die Registrierung gemäß den dortigen gesetzlichen Vorschriften vorgenommen werden. Da der markenrechtliche Schutz in den USA grundsätzlich geographisch auf den jeweiligen Bundesstaat begrenzt ist, in welchem die Marke tatsächlich im Markt benutzt worden ist, wäre nur eine Registrierung als nationale Trademark vor dem Patent & Trademark Office (USPTO) sinnvoll. Nur die nationale Registrierung berechtigt sodann zu der Verwendung des Zeichens ®.

2.4.2. Markenlizenzvertrag

Vertragspartner des Lizenzvertrages sind der Inhaber der Marke (z.B. der Produzent) sowie ein Anbieter von Waren oder Dienstleistungen (z.B. das Merchandisingunternehmen). Gegenstand ist die Übertragung von Lizenzen an einer eingetragenen oder angemeldeten Marke. Die Marke sollte im Vertrag unter Angabe der Registernummer beim DPMA genau bezeichnet sein.

Gemäß § 30 Abs. I. MarkenG können an einer durch Eintragung geschützten Marke für alle oder für einen Teil der Waren und Dienstleistungen, für die die Marke Schutz genießt, ausschließliche oder nicht ausschließliche Lizenzen vergeben werden. Die Einräumung von Markenlizenzen ist zu unterscheiden von der Übertragung der Marke für alle oder einen Teil der Waren und Dienstleistungen nach § 27 MarkenG, etwa durch Verkauf. In einem solchen Fall kann die Marke unter Benutzung eines vom DPMA herausgegeben Formblatts auf den neuen Inhaber umgeschrieben werden. Hier wird von der Konstellation ausgegangen, dass der Produzent die originären Rechte an der Marke, wie auch die übrigen Auswertungsrechte am Film, in einer Hand bündeln will, um sich eine Rechte-Bibliothek aufzubauen. Daher wird im Folgenden nur der Markenlizenzvertrag besprochen werden.

Es ist nicht notwendig, dass die Marke tatsächlich bereits eingetragen worden ist; auch die Rechte an einer angemeldeten Marke können lizenziert (oder verkauft) werden, § 31 MarkenG. Der Produzent kann also bereits mit Datum des Anmeldetags, d.h. dem Tag des Eingangs der erforderlichen Anmeldeunterlagen beim DPMA, sein Anwartschaftsrecht an der Marke lizenzieren, welches im Augenblick der Eintragung zum Vollrecht erstarkt (Reimann, in: Münchener Vertragshandbuch, Bd. 3/II, Form. VI. 4, Anm. 7). Der Lizenznehmer erwirbt jedoch nicht mehr Rechte, als der Markenanmelder selbst besitzt. Scheitert die Eintragung z.B. am Vorliegen absoluter Schutzhindernisse, so fällt damit auch die Markenlizenz.

Möchte der Produzent die Markenrechte für eine ganze Produktlinie (z.B. Parfums und Kosmetik) an einen einzelnen Hersteller lizenzieren, so bietet sich eine auf diese Warenart beschränkte ausschließliche Lizenz an. Eine solche Exklusivitätsbindung wird zu einer erheblichen Steigerung der Marketingaktivitäten des Lizenznehmers führen, als dies bei der Einräumung einfacher Lizenzen der Fall wäre. Allerdings sollte sich der Produzent über die tatsächlichen Kapazitäten und die bisherige Erfolgsgeschichte seines Vertragspartners informieren. Der genaue Umfang der Ausschließlichkeit ist aber fraglich: Während bei der Einräumung eines ausschließlichen Nutzungsrechts an einem urheberrechtlich geschützten Werk § 31 Abs. III. UrhG bestimmt, dass der Inhaber berechtigt ist, das Werk unter Ausschluss aller Personen – einschließlich des Urhebers selbst – zu nutzen, sofern die Nutzung durch den Urheber nicht ausdrücklich vorbehalten bleibt, gibt das MarkenG für den Fall der Einräumung einer ausschließlichen Markenlizenz hierüber keine Auskunft.

II. Vertragsgestaltung in der Auswertung 343

Will der Lizenznehmer auch den Markeninhaber für die Dauer der Lizenz von der Nutzung der Marke für die lizenzierte Ware oder Dienstleistung ausschließen, sollte dies im Vertrag klargestellt werden (Greuner, in: Münchener Vertragshandbuch, Bd. 3/II, Form. VI. 1, Anm. 6).

Innerhalb des Schutzbereichs der Marke kann der Lizenzgeber die Markenlizenz inhaltlich, räumlich und zeitlich beschränken. Auch für die Auslegung des Umfangs der eingeräumten Markenlizenz gilt im Zweifel die Zweckübertragungstheorie, welche im gesamten Bereich des immateriellen Rechtsschutzes Bedeutung besitzt (vgl. Nordemann, Wettbewerbsrecht Markenrecht, Rd. 423; Ingerl/Rohnke, Markengesetz, § 30, Rd. 15). Daher müssen auch hier die Nutzungsbefugnisse so genau wie möglich spezifiziert werden. Innerhalb der Europäischen Union begegnen räumliche Beschränkungen auf einzelne Mitgliedsstaaten allerdings Bedenken, da sie möglicherweise zu einer Einschränkung des Wettbewerbs führen können (vgl. Greuner, in: Münchener Vertragshandbuch, Bd. 3/II, Form. VI. 1, Anm. 6, 22; Pfaff, Lizenzverträge, Form. B.VIII., Anm. 7).

Sofern es nicht ausdrücklich im Vertrag ausgeschlossen wird, ist der Inhaber einer ausschließlichen Markenlizenz auch zur Erteilung von Unterlizenzen berechtigt (Ingerl/Rohnke, Markengesetz, § 30, Rd. 14; a.A. Fezer, Markenrecht, § 30, Rd. 22 f., welcher eine ausdrückliche oder konkludente Ermächtigung hierzu verlangt). Einen dem Urheberrecht in § 35 Abs. I. S. 1 UrhG nachgebildeten Zustimmungsvorbehalt gibt es im Markenrecht nicht.

Der Markeninhaber selbst garantiert für den rechtlichen Bestand des Markenrechts und ist verpflichtet, dem Lizenznehmer die Markenrechte frei von Rechten Dritter zu übertragen. Teilweise wird hier vorgeschlagen, der Markeninhaber solle statt dessen einen entsprechenden Gewährleistungsausschluss vereinbaren, da der Lizenznehmer ebenso wie der Markeninhaber in der Lage sein wird, die Wahrscheinlichkeit eventueller Rechtekollisionen zu prüfen und hier bis zu einer rechtskräftigen Gerichtsentscheidung stets hohe Unsicherheiten bestehen werden (Greuner, in: Münchener Vertragshandbuch, Bd. 3/II, Form. VI. 1, Anm. 11; Reimann, ebenda, Form. VI. 4, Anm. 14).

Nach § 30 Abs. III. MarkenG kann der Lizenznehmer ohne Zustimmung des Markeninhabers nicht wegen Verletzung seiner Markenrechte aus dem Lizenzvertrag klagen. Klagt der Markeninhaber selbst, kann jeder Lizenznehmer dieser Verletzungsklage nach § 30 Abs. IV MarkenG beitreten, um den Ersatz seines eigenen Schadens geltend zu machen.

Der Lizenznehmer ist verpflichtet, die Marke bei Herstellung und Vertrieb der Waren oder Anbietung der Dienstleistungen in der von der Eintragung erfassten Form zu benutzen. Nimmt der Lizenznehmer Veränderungen des Zeichens vor, kann der Lizenzgeber wiederum Verbotsansprüche nach den §§ 30 Abs. II. Nr. 2, 14 ff. MarkenG geltend machen. Der Lizenznehmer hat zudem bei jeder Benutzung der Waren und Dienstleistungen einen entsprechenden Lizenzvermerk anzubringen (® plus Name des Markeninhabers).

Je nach Art der vertriebenen Produkte kann es sich empfehlen, auf der Ware einen Hinweis anzubringen, dass der Produzent als Inhaber der Marke nicht personenidentisch mit dem Hersteller der Ware ist. Nach dem Produkthaftungsgesetz haftet der Hersteller für Schäden an Leben, Körper, Gesundheit und Sacheigentum, die durch einen Fehler des Produktes entstanden sind, § 1 ProdHaftG. Als Hersteller gilt nach § 4 Abs. I. S. 2 ProdHaftG auch derjenige, der sich durch Anbringung einer Marke als Hersteller ausgibt. Insofern sollten alle Produkte eindeutig den Lizenznehmer als Hersteller bezeichnen, welcher lediglich unter Lizenz des Produzenten als Inhaber der eingetragenen Marke handelt. Die haftungsbefreiende Wirkung einer solchen Klarstellung im Verhältnis gegenüber Dritten ist allerdings umstritten, daher sollten die Parteien auch im Markenlizenzvertrag bestimmen, dass der Hersteller den Markeninhaber von der Inanspruchnahme Dritter wegen möglicher Fehler der Produkte freizustellen hat (vgl. Greuner, in: Münchener Vertragshandbuch, Bd. 3/II, Form. VI. 1, Anm. 11).

Der Lizenzgeber sollte ferner der den Qualitätsstandard der angebotenen Waren oder Dienstleitungen regelmäßig überprüfen, insofern ist es sinnvoll, diesem vorzeitig entsprechende Muster der Produkte oder Konzepte der geplanten Dienstleistungen zur Abnahme vorzulegen. Der Produzent, der einen erfolgreichen Film hergestellt hat, wird auch verlangen wollen, dass die begleitende Produkt- oder Leistungspalette seinen Qualitätsanforderungen entspricht. Auch ein Verstoß gegen die Qualitätsbestimmungen des Lizenzvertrages zieht Verbotsansprüche des Markeninhabers nach § 30 Abs. II. Nr. 5 MarkenG nach sich.

Die Vergütung kann als Pauschallizenz, Umsatzbeteiligung oder Stücklizenz ausgestaltet werden. Der Produzent sollte sich aber nach Möglichkeit bemühen, eine bestimmte Garantiesumme bereits bei Vertragsunterzeichnung fällig zu stellen. Gelingt es ihm, frühzeitig potentielle Markenverwerter in das Filmprojekt einzubinden und die Markenrechte bereits in der Vorbereitung zu lizenzieren, können diese Garantien zur Finanzierung der Produktion eingesetzt werden.

Stichwortregister

Abnahme
- Abnahmefiktion (Drehbuch) 152
- Auftragsproduktion (Fernsehen) 250
- Auftragsproduktion (Musik) 292
- Drehbuch 151 f.
- Gemeinschaftsproduktion (TV) 253
- Product-Placement 286
- Markenartikel 344
- Merchandisingartikel 330
- Videokassetten/DVDs 322

Absichtserklärungen (s. Letter of Intent)
Absolute Personen der Zeitgeschichte
- Schutz bei Stoffentwicklung 63 f.
- Schutz bei Dreharbeiten 193 f.

Abspaltbarkeit von Nutzungsarten
- Urheberrechte 97 ff.
- Leistungsschutzrechte 232, 234

Abstraktionsgrundsatz bei Lizenzen 308
Abtretung von Leistungsschutzrechten 232
Agenturen
- Merchandising-Agenturen 328
- Product-Placement-Agenturen 201
- Schauspieler-Agenturen 279

Agenturvertrag für Filme 316
AGICOA 183
Allgemeine Geschäftsbedingungen
- Begriff 95
- bei Festivalverträgen 315
- Bezugsbedingungen 319
- in Arbeitsverträgen 269

Allgemeines Persönlichkeitsrecht
- Begriff 68 ff.
- und Gebäudeaufnahme 198
- und Kunstfreiheit 73 ff.
- und Markenrecht 84 f.

Allgemeinverbindlichkeit
- des Tarifvertrags f. Film- und Fernsehschaffende 269
- von gemeinsamen Vergütungsregeln 121

Andere Beeinträchtigung (§ 14 UrhG) 26
Andere Umgestaltung (§ 23 UrhG) 45
Anerkennung der Urheberschaft
 (s. Nennungsanspruch)
Angebot zum Vertragsabschluß 89
Angemessene Vergütung (§ 32)
- Allgemein 118 ff.
- Aufschlüsselung der Vergütung 127
- ausübende Künstler 173
- bei Soundtrack 333
- Bestimmung der Höhe 120 ff.
- Bonuszahlungen 128
- Buy-Out Honorare 125 ff.
- Durchgriff des Anspruchs 131 ff., 305
- Entstehung des Anspruchs 119 f.
- Erlösbeteiligungen 128 ff.
- Fälligkeit 123
- für Ausländer 246 f.
- für Auslandsnutzung 246 f.
- gemeinsame Vergütungsregeln 120 ff.
- im Bestellvertrag 336
- im Regievertrag 274
- im Schauspielervertrag 282
- im Stoffentwicklungsvertrag 152
- im Verfilmungsvertrag 148 f.
- im Verlagsvertrag 337
- in der Lizenzkette 303
- Legaldefinition 122
- Pauschalhonorar 125 ff.
- Querverrechnung von Honoraren 131 ff.
- Rückstellungen 130
- übrige Filmschaffende 284
- Urheber 118 ff.
- weitere angemessene Beteiligungen (§ 32 a) (s. Bestsellerparagraph)

Annahme eines Vertrages 89
Annahmeverzug bei Schauspielervertrag 282

Anonyme Werke 23
Anwalt (s. Rechtsanwalt)
Arbeitgeber als Urheber 17, 19
Arbeitsrecht
 – Arbeitnehmer 267 f.
 – arbeitnehmerähnliche Personen 268
 – Arbeitsrecht in der Filmherstellung 267 ff.
 – Arbeitsverhältnisse 267 ff.
 – Arbeitsvermittlung 279 f.
Architekt eines Bauwerks 196, 286
Arrangement eines Musikwerks 213 f., 225
Audiovisuelle Rechte 102, 147, 321
Aufführungsrecht 34
Auftraggeber als Urheber 17, 19
Auftragskomposition 223, 292
Auftragsproduktion (Film) 166, 249
Ausdrucksform d. Volkskunst 167, 175, 190, 210, 211, 225, 295
Ausfallhonorare (Drehbuchautor) 153
Ausländer
 – Anspruch auf angemessene Vergütung (s. Angemessene Vergütung)
Auslandsnutzung
 – angemessene Vergütung (s. dort)
Ausstellungsrecht 33
Außengesellschaft (Koproduktion) 239, 243
Ausübende Künstler
 – Begriff 167
 – Rechte 171 ff.
Auswechslung
 – Filmmusik (s. Filmmusik)
 – Regisseur (s. Regisseur)
Auswertungspflicht
 – des Filmverleihers 317
 – des Sendeunternehmens 251
Auswertungsrechte am Film 114 ff.
Autor, Begriff 16
AV-Rechte (s. audiovisuelle Rechte)

Bandübernahmevertrag (Musik) 331 ff., 290, 294
Banken, Vorfinanzierung über 238
Bearbeiter
 – Begriff 18
 – Filmurheber als Bearbeiter 164

Bearbeitung
 – allgemein 45 ff.
 – in der Postproduktion 224 ff., 294 ff.
Beauftragter der Bundesregierung für Kultur 258
Beiwerk
 – Bildnisschutz 65, 193
 – Urheberrecht 194
 – Musikwerk 212
Bekanntheit der Nutzungsart
 (s. Nutzungsart)
Beleuchter 162, 229
Berechtigungsverträge
 – GEMA 181, 219 ff.
 – Verwertungsgesellschaften 180
Berichterstattung über Tagesereignisse 38
Bestellvertrag
 – Verlagswerke 334
 – Filmwerke 319
Bestsellerparagraph
 – allgemein (Urheber) 135 ff.
 – ausübende Künstler 173, 235
 – Bestellvertrag 336
 – Filmurheber 230
 – Schauspielvertrag 283
 – Verfilmungsvertrag 149
Betriebsgeheimnis, Verrat 10
Betriebsstättenproblematik 243
Bezugsbedingungen für Filme 319
Bildnisschutz 61 ff.
Bildschirmteilung 24, 206
Bildzitat (s. Zitat)
Biopic 59, 61 f., 153, 156
Bonuszahlungen 128 f., 150, 275
Branchenübliche Nennung 25
Brand-Licensing 328
Break-even 129, 149, 319
Browsen 31
Bruttoerlösbeteiligung 128 f., 149
Buch zum Film 334 ff.
Budget 130, 150
Budgetüberschreitung
 – durch Auftragskomponist 293
 – durch Koproduzent 240
 – durch Produktionsleiter 284
 – durch Regisseur 273
 – bei Auftragsproduktion 166, 249, 251
Bürgerlicher Name 70
Business-Plan 266

Buy-Out
- als angemessene Vergütung 125 ff.
- bei Auftragsproduktion 251
- bei ausübenden Künstlern 233
- im Verfilmungsvertrag 149

Caching 31
Cash-flow 238, 243, 254
CD als eigene Nutzungsart 99, 331 f.
CD-ROM als eigene Nutzungsart 99
Chain of title 150, 245, 288, 290
Charakter
- Schutz eines Charakters 335, 10 f.
- Übernahme eines Charakters 117
- Character-Licensing 328
Choice of forum clause 248
Choice of law clause 246
Choreographen 162, 229
Closed-Circuit 115, 125, 147, 316, 324
Co-Autor 18 ff., 23
Collection agency 244
Compilations 332
Completion bond 243, 265, 267
Content-Licensing 328
Copyright Office 14
Copyright-Vermerk 14, 16, 330
Culpa in contrahendo 91, 250
Cutter als Urheber 162, 295
Cyber-TV als unbekannte Nutzungsart 108

Darlehen (Förderung) 235
Darsteller (s. Schauspieler)
Dauer des Urheberrechts (s. Schutzfristen)
Deal Memo 91 f.
Dekorateure als Urheber 162
Delegate producer 239
Depiction Release 153 ff.
Deutscher Filmpreis 259
Deutscher Musikverleger-Verband (DMV) 222, 289, 291
Dienst- und Arbeitsverträge 267 ff.
Dienstleister und Leistungsschutz 145
Dingliche Abspaltung von Nutzungsarten (s. Abspaltbarkeit)
Dirigent als ausübender Künstler 168 ff.
Diskontierung von Verträgen 238
DMV-Erfahrungsregeln (s. Deutscher Musikverleger-Verband)

Dokudrama 62, 59
Dokumentarfilme 28, 57, 62, 76, 160, 163, 215 f., 274, 279, 325
Doppelcharakter, Lehre vom 162
Doppelschöpfung 53
Downloading
- Verwertungsrecht 31
- (unbekannte) Nutzungsart 109, 101
- Privatkopie 41
- Video-on-Demand (s. dort)
Dramatisch-musikalische Werke 220
Dramatische Musik (s. Score Musik)
Dreharbeiten 193 ff.
Drehbuch
- Abnahme eines Drehbuchs (s. Abnahme)
- Drehbuchautor 16 ff.
- Drehbuchautor als Filmurheber 161 f.
- Drehbuchentwicklungsvertrag (s. Stoffentwicklungsvertrag)
- Drehbuchförderung 258 ff.
- Schutzfähigkeit 12 f.
- Drehbuchverfilmung als Bearbeitung 37
Drehgenehmigung 199 f., 286 f.
Droits Moraux (s. Urheberpersönlichkeitsrechte)
Droit de Suite (s. Folgerecht)
Drucknebenrechte 302, 328, 334
DVD als eigene Nutzungsart 102
- Videogrammrecht (s. dort)
- bei Musikrechten 217 ff.
DVD-Lizenzvertrag 321 ff.

Echte Auftragsproduktion (s. Auftragsproduktion)
Einheitstheorie 247
Elektronische Form 94
Elektronische Signatur 94
Email und Schriftform (s. Schriftform)
Entstellung, Begriff 26
Entstellungsschutz 26 ff.
- ausübende Künstler 172
- Drehbücher 26 ff.
- Filmhersteller 170
- Urheber 26 ff.
Erbauseinandersetzung und UrhR 21, 97
Erfolgsbeteiligungen (s. Erlösbeteiligungen)

Erlösbeteiligungen
- allgemein 128 ff.
- im Regievertrag 275
- im Verfilmungsvertrag 149
Errors & Omissions Versicherung 245, 318
Erscheinen eines Werkes 15
Erschöpfung
- Verbreitungsrecht 32
- Veröffentlichungsrecht 22
Erstveröffentlichungsrecht des Regisseurs (s. Regisseur)
Escalator- Regelung (s. Erlösbeteiligungen)
Essentialia negotii 90, 93, 119
EU-Fernsehrichtlinie (Product-Placement) 206
EURIMAGES 265
Executive producer 239
Exklusivitätsvereinbarung
- Depiction Release 154
- Schauspielervertrag 280
Expression of folklore (s. Ausdrucksform d. Volkskunst)
Exposé 7, 19, 113, 151
- Schutzfähigkeit 10 ff.

Fabel, Schutzfähigkeit 11 f., 13, 47, 56
Fax und Schriftform (s. Schriftform)
Federführung (Koproduktion) 166, 239, 241, 243, 248
Feinschnitt (s. Final Cut)
Fernsehen
- als eigene Nutzungsart 100
- als unbekannte Nutzungsart 109
Fernsehlizenzvertrag 324 ff.
Fernseh-Show-Formate (s. Formatschutz)
Fertigstellungsgarantie 243, 254, 267
Festivalbeschickung 317
Festivalteilnahme 315 f.
Festlegung eines Werkes 13
FFA (s. Filmförderungsanstalt)
Figur, Schutzfähigkeit 50 f.
Filmarchitekt als Urheber 162
Filmausschnittrechte
- allgemein 186
- für Werbetrailer (317), 325
Filmbestimmt geschaffene Werke 113
Filmexposé (s. Exposé)
Film-Fernsehabkommen FFA 249, 252
FilmFernsehFonds Bayern 261 f.

Filmförderungen 254 ff.
Filmförderung Hamburg 263
Filmförderungsanstalt 256 ff.
Filmfonds 266 ff.
Filmhersteller
- Begriff 164 ff.
- Rechte 169 f.
Filmherstellungsrecht (Musikwerke) 99, 181, 209, 216 ff., 288 f.
Filmidee
- Schutzfähigkeit 9 f.
- Verrat 10
Filmkonzept, Schutzfähigkeit 10 ff.
Filmmusik 209 ff.
- späterer Austausch 293
Filmmusikverträge 287 ff.
Filmproduzent (s. Filmhersteller)
Filmstiftung Nordrhein-Westfalen 262
Filmtitel, Schutzfähigkeit 176 ff.
Filmverleih (s. Verleih)
Filmvertrieb (s. Vertrieb)
Filmvorführungsvertrag 319 ff.
Filmwerk, Begriff 160
Filmzitat (s. Zitat)
Final Cut (s. Regisseur)
Finanzierung von Filmen 237 ff.
Firmenpersönlichkeitsrecht 84
Fixation (s. Festlegung)
Förderentscheidungen als Verwaltungsakt 255
Folgerecht 29
Folkloristische Darbietung (s. Ausdrucksform d. Volkskunst)
Footage 251
Formalbeleidigung (s. Meinungsfreiheit)
Formalien für Urheberschutz 13
Formatanpassung von Filmen 171
Formatschutz 12, 46 f.
Fortsetzung (s. Sequel)
Fotografen (s. Lichtbildner)
Fotografien (s. Standfotos)
Free-TV als Nutzungsart 100, 115
Freie Benutzung 45 ff., 185 ff.
Freigabe
- eines Films durch Regisseur (s. Regisseur)
- eines Films durch Mitwirkende 284
- eines Werkes allgemein 22

Freiheit der
- Filmberichterstattung 57 ff., 86
- Kunst (s. Kunstfreiheit)
- Meinungsäußerung (s. Meinungsfreiheit)
Freistellung des Regisseurs (s. Regisseur)
Fremdtiteleinblendung 222

Gage (s. angemessene Vergütung)
Gagentarifvertrag 269, 272, 274, 284
Garantiezahlung (s. Vorschuss)
Gebrauchsmusterrecht 6
Gegenseitigkeitsverträge (Verwertungsgesellschaften) 181
Geheimhaltungsvereinbarung 16
Gehilfe als Urheber 17, 19 f., 23, 163, 166
GEMA
- allgemein 181 f.
- Filmmusik 219 ff.
- Filmmusikverträge 287 ff.
Gemeinfreie Werke 55 f.
Gemeinsame Vergütungsregeln 120
Gemeinschaftsmarke 341
Gemeinschaftsproduktion 252
Gerichtsstandsvereinbarung (s. Choice of forum clause)
Geschäftsgeheimnis, Verrat 10
Geschmacksmusterrecht 6, 9
Geschwindigkeitsänderung bei Filmen 171
Gestaltungshöhe (s. Schöpfungshöhe)
Gestattungsvertrag 153 ff.
Gewerbliche Nutzungsrechte 102
Gewerblicher Sonderrechtsschutz 6
Grafiker als Urheber 162, 229
Gröbliche Entstellung 27 ff., 116, 171 f., 225, 228, 230, 235, 278 f., 290, 325
Grundsätze sparsamer Wirtschaftsführung 149, 240
GÜFA 182
Gutgläubiger Erwerb von Nutzungsrechten 288, 308
GVL
- allgemein 182
- Filmmusik 219 ff.
- Filmmusikverträge 287 ff.
GWFF 182

Händlerabgabepreis (CD) 125, 333
Handlung einer Story, Schutz 11 ff., 47 ff.

Handlungskosten 251
Hauptlizenz, Begriff 299
Hauptregisseur 43, 174
Hausfriedensbruch bei Dreharbeiten 199
Hausrecht bei Dreharbeiten 199
Historische Vorgänge, Schutz 13, 47, 56
Holdbacks (s. Sperrfristen)
Honorare (s. angemessene Vergütung)
Honorarquittung 223, 293, 333

Idee (s. Filmidee)
Ideengeber als Urheber 19 f., 166
Immaterialgüterrecht 5
Individualität eines Werkes 8
Innengesellschaft (Koproduktion) 239, 243
Insolvenz (von Lizenzpartnern) 310 ff.
Integritätsschutz (s. Entstellungsschutz)
Intellectual Property 5
Internationale Koproduktion 242 ff.
Internet
- als eigene Nutzungsart 101
- als unbekannte Nutzungsart 105 ff.
- Internetnutzung von Filmen 323 ff.
- Internet-TV 108 f., 327
- öffentliche Zugänglichmachung 35
- Tauschbörsen 34, 41
Intimsphäre (s. allg. Persönlichkeitsrecht)
Investoren aus der Privatwirtschaft 266
IPTV 101, 327

Kabelweitersendung 35 f., 101, 108, 139, 182
Kameramann
- als Lichtbildner 236
- als Urheber 133, 162 f., 174 f., 228
Karikatur 48, 68, 79
Kennzeichenrechte (s. Marken)
Kinosperre (s. Sperrfristen)
Kinovorführung 98, 100, 319 ff.
Klammerteilauswertung (s. Filmausschnittrechte)
Kleine Münze 9, 210
Komponist eines Musikwerks 209, 210, 219, 223, 292 ff., 325
Kopplungstonträger 331 f.
Koproduktion 238 ff.
- Internationale Koproduktion 242 ff.
- mit Sendeunternehmen 249 ff.
- Koproduktionsabkommen 248

- Koproduktionsvertrag 238 ff.
Kostümbildner 162, 168, 182, 271
Kritik (s. Meinungsfreiheit)
Kündigungssperre (s. Insolvenz)
Künstlerbezeichnungen (s. Namensrecht)
Künstlergruppen (s. Nennungsanspruch)
Künstlerpersönlichkeitsrechte 171, 234, 283
Künstlerquittung (s. Honorarquittung)
Künstlervertrag (Musik) 220, 223, 293, 333
Kunst, Begriff 58 f.
Kunstfreiheit 58 ff., 73 ff., 86 ff.
Kuratorium junger deutscher Film 258

Laboratory access letter (s. Ziehungsgenehmigung)
Ländereffekt (s. Standorteffekt)
Laufbilder 175
Lebensgeschichte, Verfilmung 153 ff.
Lebens- und Charakterbild 61
Leistungsschutzrechte 159 ff.
Lesezeiten (Drehbuchvertrag) 151 f.
Letter of Intent 91
Library of Congress 14
Licensing-Vertrag 327 ff.
Lichtbildner
  – Begriff 168
  – Rechte 173
Lizenz, Begriff 299
Location agreement 286
Low-Budget-Film 102, 130, 258 ff.
Luftaufnahmen 197

Marken
  – Allgemeines 79 ff.
  – Eintragungsverfahren 337 ff.
  – Markenlizenzvertrag 342 ff.
  – Markennennung 80 f.
  – Markenverunglimpfung 87 f.
Maskenbildner 162, 168, 229
Master-use license 290 ff.
Master-use right 219
MEDIA 264
Medienboard Berlin-Brandenburg 262
Medienerlass vom 23.02.2001 243 f.
Menschenwürde (s. allg. Persönlichkeitsrecht)
Meinungsäußerung (s. Meinungsfreiheit)
Meinungsfreiheit 73 ff.

Melodienschutz 213 f.
Merchandising 327 ff.
Milieu, Schutzfähigkeit 11
Mischtonmeister als Urheber 163 f.
Mitteldeutsche Medienförderung 264
Mittelrückflussplan 240
Miturheber, Begriff 17
Moderatoren 168, 173
Moral rights 21 ff.
Motivnutzungsverträge 285 ff.
Mündliche Erzählung 14
Mündliche Verträge 89
Musik-CD (s. CD)
Music-on-Demand 35
Musiker 220
Musikrechte 209 ff.
Musikverlag 181 f., 217 ff., 254, 288, 293 f.
Musikzitat (s. Zitat)
Musikvideos 332

Nachkolorierung von Filmen 171, 187
Nachsynchronisation eines Schauspielers 187, 282
Namensrechte 70 ff.
Nationalität des Films 245
Nennungsanspruch
  – allgemein 22 ff.
  – ausübende Künstler 171
  – Autoren 22 ff.
  – branchenüblicher Nennungsanspruch 25
  – Filmhersteller 170
  – Regisseure 274
  – Schauspieler 283
Nettoerlösbeteiligung 128
Nichtgewerbliche Nutzungsrechte 102
Notar (s. Prioritätsverhandlung)
Nutzungsart
  – Begriff 97 ff.
  – unbekannte Nutzungsarten 105 ff.
Nutzungsrechte
  – Allgemeines 96 ff.

Öffentliche Straßen und Plätze 200
Öffentliche Wiedergabe 33 ff.
Öffentliche Zugänglichmachung 35
  – von Filmwerken f. d. Unterricht 39
Online-Übermittlungen
  – allgemein 35

– (s. Video-on-Demand)
Optionsvereinbarungen
– allgemein 92 ff.
– f. weitere Staffeln in Schauspielerverträge 280
Override-Beteiligung am Soundtrack 291

Paketverkäufe (Filme) 318
pari passu 130
Parodie 48
Pauschalvergütungen
– als angemessene Vergütung 125 ff.
Pay or play 282
Pay-per-View als Nutzungsart 100
Pay-TV als Nutzungsart 100
Persönlichkeitsrecht (s. allgemeines Persönlichkeitsrecht)
Personality-Licensing 328
Personenausfallversicherung
– für Regisseur 275
– für Schauspieler 284
Plagiat 52
Postproduktion 294 ff.
Prequels 49 ff.
Pre-sales 123, 129, 278, 318
Prioritätsverhandlung 15
Privatpersonen 63 ff.
Producer bei Film 164 ff.
Product-Placements
– allgemein 200 ff.
– Product-Placement-Vertrag 285
Produktionsfahrer 270
Produktionsleiter 270 ff., 284
Produzent (s. Filmhersteller)
Programmauftrag der Sender 205
Projektfilmförderung der FFA 256 f.
Prolongationen 320
Pro rata-Beteiligung 332
Provider 35
Pseudonyme 16, 23, 43
Public domain 14
Pull-Media (s. Zugriffs- und Abrufdienste)
Push-Media (s. Zugriffs- und Abrufdienste)

Querverrechnung von Teilvergütungen 131
Quizmaster 168

Recht am eigenen Bild 61 ff.
Rechtsanwalt
– Haftung für Titelschutzanzeige 178
– Hinterlegung von Werken 15
Rechtswahl (s. Choice of law clause)
Referenzfilmförderung der FFA 256 f.
Regievertrag 273 ff.
Regisseur
– Auswechslung 275 ff.
– als Leistungsschutzberechtigter 168
– als Urheber 162
– Final Cut 275 ff.
– Freigabe des Films 276 ff.
Registrierung von Werken 14
Relative Personen der Zeitgeschichte 63 ff.
Remake 51
Remixer 220
Requisiten 285
Requisitennutzung (s. Motivnutzungsvertrag)
Requisiteure 229
Residuals (s. Wiederholungshonorare)
Revidierte Berner Übereinkunft 14
Right of Making Available 35
Right of Publicity 154
Risikogeschäfte 105 f.
Rohschnitt, Freigabe 277
Rolle (Schauspieler)
– Änderung 280 f.
– Wegfall 281
Rolling Break-even 149, 319
Rückruf von Nutzungsrechten 139 ff.
Rückstellungen 130
Rundfunkfreiheit 207

Sänger 220
Sammlungen für Kirchen-, Schul- und Unterrichtsgebrauch 38
Samples des Sounddesigners 295
Satellitenausstrahlung 35, 101
Satire
– und Klammerteile 187 f.
– und Markenrecht 87
– und Persönlichkeitsrecht 79
– und Urheberrecht 48
Schallplatte als eigene Nutzungsart 99
Schallplattenfirma (s. Tonträgerhersteller)
Schauspieler 168
– Schauspielerverträge 279 ff.

Schlager als Musikwerk 210
Schleichwerbung
  – allgemein 204
  – Verbot bei Auftragsproduktion 251
Schlichtungsstellen f. gemeinsame
  Vergütungsregeln 120
Schlüsselroman 76 ff.
Schnittmeister (s. Cutter)
Schmähkritik (s. Meinungsfreiheit)
Schmalfilmrechte (s. audiovisuelle Rechte)
Schöpfer eines Werkes 16
Schöpfungshöhe 8 f.
Schranken des Urheberrechts 37 ff.
Schriftform
  – bei Optionsverträgen 94
  – bei Verträgen über künftige Werke,
    Optionen 94
  – bei Verträgen über neue Nutzungsarten
    106
  – durch Email, Fax, Brief 94
Schutzfristen
  – Urheberrecht 42 ff.
  – Rechte am Filmwerk 174
Schutzlandprinzip 246 ff.
Score-Musik 223, 292 ff.
Scriptberater als Urheber 18, 20, 153
Sell-Off-Period 323
Sendelandtheorie 36
Senderecht 35
Sequels 49 ff.
Sondernutzung 200
Sound-Design 224 ff., 294
Soundtrack 223, 288, 291, 294
  – Soundtrack-Vertrag 331 ff.
Sozialversicherungspflicht 268
Spaltungstheorie 247 f.
Sperrfristen 39, 256, 317, 322
Spin-Off 49 ff.
Split-Screen (s. Bildschirmteilung)
Sponsoring 205
Sprachversionen eines Films 245, 296, 323
Sprecher als ausübende Künstler 168, 234, 296
Standfotos 168, 236
Standorteffekt 255, 260 f.
Steuerfragen
  – bei Filmfonds 266
  – bei internationalen Koproduktionen 243, 244

Stimmenimitation 173
Stoffentwicklungsvertrag 151 ff.
Story, Schutzfähigkeit 11
Storyliner als Urheber 16 ff.
Straftäter und Bildnisschutz 64, 67
Straßenfront 197
Stücklizenz
  – angemessene Vergütung 130
  – Marke 344
  – Merchandising 330
  – Soundtrack 333
Sublizenz
  – allgemein 307
  – Bestand 308
Supervising producer 239
Synchronisation 296
Synchronization right (Musik)
  – allgemein 216
  – Fernsehen 219
  – Kino 221
Szenenbildner 162, 270

Tänzer (als ausübender Künstler) 168
Tarifvertrag für Film- und Fernseh-
  schaffende 173
  – allgemein 269 ff.
Tatsachenmitteilungen (s. Meinungsfreiheit)
Telekommunikation 35
Texter eines Musikwerks 209 f., 219, 223
Titel
  – Schutz 176 ff.
  – Titelhamsterei 177
  – Titelregister 177
  – Titelschutzanzeige 177
Toningenieur 168
Tonmeister 162 ff.
Tonträgerhersteller 209 ff., 290 f.
Tonträgerlizenzvertrag (s. Master-use
  license)
Trademark 341
  – Marken (s. dort)
  – Trademark-Licensing 328
Treatment
  – als Sprachwerk 7
  – Schutzfähigkeit 12 f.
Trennungsgebot im TV 204 ff.

Überschreitungsreserve 238, 240
Übersetzer als Bearbeiter 19, 296

Übertragungsrecht (s. Senderecht)
Übertragung
 – von Urheberrechten   96
 – von Leistungsschutzrechten   231 ff.
Unechte Auftragsproduktion
 (s. Auftragsproduktion)
Unschuldsvermutung bei Straftätern   67
Unternehmenskennzeichen   70, 72, 82
Unternehmer, Begriff (nach BGB)   96
Untertitelung   296
Uploading   31
Uraufführung   318 f.
Urheber
 – allgemein   16 ff.
 – Bearbeiter (s. dort)
 – eines Drehbuchs   16 ff.
 – eines Filmwerks   161 ff.
 – eines Musikwerks   210
 – in Arbeitsverhältnissen   230
 – Miturheber (s. dort)
 – Rechte der Urheber   20 ff., 170
 – Urheber verbundener Werke   18
Urheberbezeichnung (s. Nennungs-
 anspruch)
Urheberpersönlichkeitsrechte
 – allgemein   21
 – Entstellungsschutz (s. dort)
 – Nennungsanspruch (s. dort)
 – Veröffentlichungsrecht (s. dort)
Urheberrecht
 – Ende   42 ff.
 – Entstehung   13 f.
 – Schutz   15
 – Übertragung (s. dort)
 – Werkbegriff   8 f.
Urheberrechtsstatut   247 f.

Verblassen eines Werkes   46 ff.
Verbreitungsrecht   32
Verfilmungsrecht
 – als Verwertungsrecht   37
 – Begriff   99
Verfilmungsvertrag   145 ff.
Vergütung (s. angemessene Vergütung)
Verjährung d. Anspruchs aus § 32   123
Verjährung d. Anspruchs aus § 32 a   137
Verlaggeber   336
Verlagsrecht   148, 152, 336

Verleih
 – Verleihgarantie   129, 254, 318
 – Verleihvertrag   316 ff.
 – Verleihvorkosten   240, 317
Veröffentlichung eines Werkes   21
Veröffentlichungsrecht   21
Vermutung der Rechteinhaberschaft
 – Urheber   15, 23
 – Filmhersteller   170
 – ausübende Künstler   173
Verteilungsplan (Verwertungsgesellschaft)
 181
Verträge
 – Auftragsproduktion (s. dort)
 – Bestellvertrag (s. dort)
 – Depiction Release (s. dort)
 – DVD-Lizenzvertrag (s. dort)
 – Fernsehlizenzvertrag (s. dort)
 – Filmmusikverträge (s. dort)
 – Filmvorführungsvertrag (s. dort)
 – Gemeinschaftsproduktion (s. dort)
 – Internationale Koproduktion
  (s. dort)
 – Koproduktionsvertrag (s. dort)
 – Licensing-Vertrag (s. dort)
 – Location agreement (s. dort)
 – Markenlizenzvertrag (s. dort)
 – Merchandising-Vertrag (s. dort)
 – Motivnutzungsverträge (s. dort)
 – Optionsverträge (s. dort)
 – Product-Placement-Vertrag (s. dort)
 – Regievertrag (s. dort)
 – Schauspielervertrag (s. dort)
 – Soundtrack-Vertrag (s. dort)
 – Stoffentwicklungsvertrag (s. dort)
 – Verfilmungsvertrag (s. dort)
 – Verleih- und Vertriebsvertrag
  (s. dort)
 – Videolizenzvertrag (s. dort)
 – Vorverträge (s. dort)
 – Zustandekommen von Verträgen   89 ff.
Vertragsanpassung (§ 32)   118 ff.
Vertragsschluss
 – (s. mündliche Verträge)
 – (s. Schriftform)
Vertragsstatut   246 ff.
Vertrieb
 – Vertriebsgarantie   129, 254, 318
 – Vertriebsvertrag   316 ff.

Vervielfältigung zum privaten und eigenen Gebrauch 39 ff.
Vervielfältigungsrecht 31
Verwaltungsakt (Förderungentscheidungen) 255
Verwertungsgesellschaft 179 ff.
Verwertungsrechte 30 ff.
VFF 182
VGF 182
VG Bild-Kunst 182
VG Media 183
VG Werbung 183
VG Wort 183
Video
 – als eigene Nutzungsart 101
 – als unbekannte Nutzungsart 109
Videogrammrechte 101 f.
Videolizenzvertrag 321 ff.
Video-on-Demand
 – Verwertungsrecht 35
 – VoD-Vertrag 323 ff.
 – Nutzungsrecht 101 f.
Videozweitauswertung 100, 109, 217 f.
Volkskunst (s. Ausdrucksform d. Volkskunst)
Vorbestehende Werke 113
Vorführungsrecht 34
Vorproduktion, Kostentragung bei Auftragsproduktion 250
Vorrechtsvereinbarung (s. Option)
Vortragsrecht 34
Vorverträge 91 ff.

Wahrnehmungsvertrag 179 f.
 – GVL 182, 220 ff.
Web-TV (s. Internet-TV)
weitere angemessene Beteiligung (s. Bestsellerparagraph)
Welturheberrechtsabkommen (WUA) 14
Weltvertrieb (s. Vertrieb)
Werbeunterbrechung von Filmen 171
Werbetrailer 291, 317, 325
Werbung
 – als Product-Placement 200 ff.
 – Trennungsgebot (s. dort)
Werkbegriff 8 ff.
Werktitel (s. Titel)
Werkvorlagen, Benutzung 45 ff.
Werturteile (s. Meinungsfreiheit)
Wettbewerbsrecht
 – Dreharbeiten 198
 – Ideenschutz 10
 – Markennutzung 79, 83
 – Übernahme eines Charakters 51
Wiedergabe
 – durch Bild- und Tonträger 36
 – öffentliche Wiedergabe 33
 – von Funksendungen 36
Wiederholungshonorare
 – Schauspieler 283
 – als angemessene Vergütung 125
 – bei TV-Auftragsproduktion 251
 – im Drehbuchvertrag 152
Wiederverfilmung (s. Remake)
WIPO
 – WIPO Copyright Treaty 35
 – WIPO Performances and Phonograms Treaty 35, 167, 171, 283
Works made for hire 8
World-Sales (s. Vertrieb)

Zeichentrickfigur 61
Ziehungsgenehmigung 240, 245, 317
Zitat
 – allgemein 53 ff.
 – Filmzitat 53 ff., 191 ff.
 – Musikzitat 214 ff.
Zugriffs- und Abrufdienste
 – allgemein 35
Zusatzvergütungen 127, 134, 150, 233
Zuschuss (bei Förderung) 255
Zustimmung (s. auch Einwilligung)
 – bei Sublizenzvergabe 301 ff.
 – bei Weiterübertragung von Nutzungsrechten 103 f.
Zwangslizenz 180
Zweckübertragungstheorie
 – Allgemeines 110 ff.

Printed by Books on Demand, Germany